★★★★★
과외식 EBS 국어
분석 끝판왕!

01 논문을 통한 출제 포인트 분석
02 과외식 해설로 친절한 설명
03 연계 기출 문제로 실전 훈련

수능 국어
EBS 전지문 분석 및
연계 실전 문제까지

KB237942

나BS
수능특강
문학

고전문학

1 콘텐츠가 강하다!
실전 국어 전형태

megastudy

나BS의 특징 · 이 책의 활용법

01.

나BS는 치밀하고 철저합니다.

모든 지문의 구조 분석, 작품 해제와 주요 시어의 의미가 담겼습니다.이토록 치밀하고 철저한 EBS 분석은 수험생이 수능을
완벽하게 준비하기를 바라는 **전형태 선생님의 피나는 노력입니다.**

[EBS에 나오지 않은 파트까지 모두 넣은 전문 분석]

옛사람 이제 사람 이목구비 갇건마는
- 화자가 추구하는 가치(를 지닌 사람)
- 화자가 추구하지 않는 가치(를 지닌 사람)

나 혼자 어찌하여 옛사람을 그리는고
- 설의법

이제도 옛사람 계시니 긔 내 벗인가 하노라
화자의 벗은 화자가 추구하는 가치를 지닌 사람임.

제1수 : 벗에 대한 화자의 그리움 〈제1수〉

내 양자 하 험하니 비누 성적 아니 하네

분 바른 각시님네 다 웃고 다니거든
겉모습을 중요하게 생각하는 세상 사람들

엊그제 지나간 한 분이 혼자 곱다 하노라
겉모습이 아닌 내면을 보는 화자의 벗

제2수 : 세상 사람들과 달리 화자의 내면을 봐준 벗 〈제2수〉

⇒ 옛사람과 지금 사람이 얼굴이 같건만

⇒ 나 혼자 어찌하여 옛사람을 그리워하는가?

⇒ 지금도 옛사람 계시니 그가 내 벗인가 하노라

⇒ 내 얼굴 하도 험악하여 비누로 씻고 단장하지 않네

⇒ 분 바른 각시님들 다 날 비웃고 다니거든

⇒ 엊그제 지나간 한 분이 혼자 (날더러) 곱다 하더라

옛사람 이제 사람~옛사람을 그리는고 → 화자는 외
양은 같으나 추구하는 가치가 다른 두 인물형을 대
조함으로써 '옛사람'을 예찬하고 있다. 「월곡답가」라
는 제목과 작품이 창작된 시기를 고려했을 때, '옛사
람'은 임진왜란 당시 대구의 의병장이었던 월곡 우배
선을 가리킨다고 볼 수 있다.

이제도 옛사람 계시니 긔 내 벗인가 하노라 → 화
자는 시어 '옛사람'을 반복하여 그리운 마음을 드러
내는 동시에, 그를 자신의 '벗'으로 설정하여 그에
대한 긍정적인 태도를 보이고 있다.

내 양자 하 험하니~혼자 곱다 하노라 → 화자는 단
장하지 않는 여인처럼 꾸밈이 없는 태도를 보이기에,
'분 바른 각시님', 즉 겉치레를 중요시하는 사람
들에게 비웃음을 당하고 있다. 그러나 '엊그제 지나
간 한 분'은 화자의 내면을 보고 '곱다'고 말한다. 이
러한 대조를 통해 화자는 자신의 겉모습이 아닌 내
면을 바라보는 '한 분', 즉 '벗'을 예찬하고 있다.

01 | 주제

벗에 대한 그리움의 정

02 | 특징

① 시적 대상을 그리워하며 그에 대한 화자의 정서를 드러내는
화자 중심의 시
② 어미의 반복을 통해 운율을 형성함.
③ 설의적, 영탄적 어조를 통해 화자의 정서를 표현함

03 | 작품 해제

이 작품은 화자가 그리워하는 벗에 대한 정을 노래한 시조로, 화자는 벗을 그리워하면서도 그의
인품을 흠모하며 자신이 추구하는 삶의 모습을 그리고 있다. 「월곡답가」는 월곡에게 보내는 답가라는
의미로, 화자는 임진왜란 당시 대구 의병장이었던 월곡 우배선을 벗으로 설정하여 그를 추모하고 있다.
월곡은 왜적에 맞서 백성들을 보살폈고 전란 이후에는 초야에 은둔하며 살아갔다. 화자는 월곡의 이러한
모습을 진정한 성현의 모습이라고 생각하며 그를 그리워하고, 월곡의 충의와 인품을 예찬하고 있는 것이다.

02.

나BS에는 평가원 기출이 있습니다.

나BS에는 평가원 선지가 수록되었습니다. 평가원의 개념으로 EBS를 분석할 수 있도록, 평가원 기출 선지로 O.X 문제를 구성했습니다.

OX문제

01 (가)의 화자는 아직 반만 피어난 '꽃'이 언젠가 질 것이 아쉬워, 활짝 피지 않고 '매양 그만하여 있'길 바라고 있다. (O / X)

02 (나)는 다양한 행위를 연속적으로 나열하여 화자가 누리는 생활의 일면을 제시하고 있다. [2022학년도 6월] (O / X)

03 (가)와 (나)는 계절을 드러내는 시어를 사용하여 분위기를 조성한다. [2014학년도 9월B] (O / X)

04 (다)의 화자는 '험한 꼴'임에도 '왕손 공자들'이 '부귀 호사'를 누리고 '나라'를 '부유'하게 만든 것은 자신이라고 자부하고 있다. (O / X)

05 (다)는 설의적 표현을 통해 화자의 자족감을 표출하고 있다. [2011학년도 수능] (O / X)

03.

나BS에는 논문을 담았습니다.

출제자는 전공자의 논문을 통해 보기와 선지를 구성합니다.

나BS [고전문학편]과 [현대문학편]은 수많은 논문을 인용하여 EBS를 분석합니다. **출제자의 시선으로.**

「원가」의 배경 설화

『삼국유사』 권5, 신충괘관 조에 실린 「원가」의 배경 설화는 다음과 같다.

효성왕이 아직 왕위에 오르지 않았을 적에 어진 선비인 신충과 더불어 궁궐 마당의 잣나무 아래에서 바둑을 두면서 말하기를, "훗날에 내가 만약 그대를 잊는다면 저 잣나무가 알려 줄 것이다."라 하였다. 이에 신충은 일어나서 절을 올렸다. 몇 달 후에 효성왕은 즉위하여 공신들에게 상을 주었지만, 신충을 잊고 등급에 넣지 않았다. 신충이 원망스러워 노래를 지어 잣나무에 걸자 나무가 갑자기 누렇게 시들어 버렸다. 왕이 이상히 여겨 사람을 시켜 살펴보게 했더니 그들이 노래를 가져다 바쳤다. 왕은 크게 놀라 말했다. 나랏일로 바쁘다 보니 혈육 같은 사람을 잊을 뻔했구나." 이에 신충을 불러 벼슬을 주니 잣나무가 그제야 되살아났고 신충은 두 왕조에 벼슬하여 이름을 드날렸다.

이순신의 한시

이순신이 남긴 한시는 내용적으로 크게 '결의', '우국충정', '고뇌와 번민의 토로'로 분류할 수 있다. 이러한 3가지의 내용은 우국충정을 중심으로 하여 연결된다. 이순신은 전쟁이 일어났던 7년 동안 『난중일기』를 썼다. 그 일기 속에 한시 작품이 남아있으며, 이순신 사후 1795년에 간행된 『이충무공전서』에도 시가 남아있다. 일기를 쓰는 행위는 매일매일 하루를 돌아보며, 심신 수양을 위한 방편이었을 것으로 판단된다. 『칼의 노래』를 쓴 소설가 김훈은 『난중일기』의 문체를 두고 "한 문장 한 문장 칼을 휘두르듯 글을 쓰고 있다."라고 말하기도 하였다.

그렇다면, 이순신은 시를 통해 무엇을 말하고자 하였을까? 그에게 시는 어떤 의미였을까? 시에는 자신의 감정이 더 응축되어 있다. 일기가 주로 일어난 사실 등의 기록에 초점을 맞추고 있다면, 시를 통해 가슴 속에 품고 있는 감정을 토로하고 있는 것이다. 바다의 진영에서 전쟁을 지휘하고 싸워야 했기에, 늘 가슴 속에는 나라에 대한 근심과 충의 실천을 품고 있었을 것이다. 그의 우국충정은 그의 일기와 시에서 강하게 드러난다. 그는 결의를 다지고 비장한 마음을 세우기 위해, 칼에 짧은 구절을 새겨 넣기도 하였다. 즉, 이순신은 한시를 씀으로써 전쟁에 나가는 장군으로서의 비장함을 되새기며 결의를 표출하였고, 우국충정의 마음을 표출하였으며, 자신의 고뇌와 번민을 토로하였다. 이순신의 시작(시를 지음) 활동은 이순신의 성정을 맑게 하여 번민과 고뇌를 치유하였고, 마음을 경영하는 원천이었다.

04.

나BS에는 실전 문제가 있습니다.

철저한 작품 분석, 평가원 개념 적용을 통해 이해한 내용을 확인할 수 있도록 실전 문제와 자세한 해설을 수록했습니다.

다음 글을 읽고 물음에 답하시오. [14.3B.고3 교육청 기출]

(나)

산수간(山水間) 바위 아래 띠집을 짓노라 하니
그 모른 남들은 웃는다 한다마는
어리고 햐암*의 뜻에는 내 분(分)인가 하노라 〈제1수〉

보리밥 풋나물을 알맞게 먹은 후(後)에
바위 끝 물가에 슬카지 노니노라
그 남은 여남은 일이야 부럴* 줄이 있으랴 〈제2수〉

내 셩이 게으르더니 하늘이 알으실사
인간 만사(人間萬事)를 한 일도 아니 맡겨
다만당 다툴 이 없는 강산(江山)을 지키라 하시도다 〈제5수〉

강산이 좋다 한들 내 분(分)으로 누었느냐
임금 은혜를 이제 더욱 아노이다
아무리 갚고자 하여도 하올 일이 없어라 〈제6수〉

- 윤선도, 「만흥(漫興)」 -

*햐암 : 시골에 사는 견문이 좁고 어리석은 사람.
*부럴 : 부러워할.

08. 〈보기〉의 관점에서 (나)를 이해한 것으로 적절하지 **않은** 것은?

<보기>

삼가 생각하건대 선비의 처세는 나아감에 있어 떳떳하지 못해도 진정 아니 될 것이며 물러남에 있어 떳떳하지 못해도 진정 아니 될 것입니다. 나아감엔 마땅히 이익을 탐한 것이 아닌가 경계해야 할 것이며 물러남엔 마땅히 세상을 잊은 것이 아닌가 경계해야 할 것입니다.

① '알맞게 먹'고 '슬카지 노니'는 것은, 물러난 '나'가 선택한 삶의 방식으로 볼 수 있겠군.
② '그 남은 여남은 일'은 이익을 탐하는 것으로 '나'가 경계하고자 하는 것이라 할 수 있겠군.
③ '셩이 게으르'다는 것은 물러남에 있어 떳떳하지 못한 '나'의 모습을 드러낸 것이라 할 수 있겠군.
④ '나'는 물러남으로 인해 '다툴 이'와 거리를 두고 있다고 할 수 있겠군.
⑤ '임금 은혜'를 '갚고자' 하는 태도는, '나'가 세상을 잊은 것이 아님을 보여주는 것이라 할 수 있겠군.

CONTENTS 이 책의 순서

Part 01 | 고전시가

Part 02 | 고전산문

정답과 해설

나 없이
EBS
풀지마라

EBS 수특 국어
완벽 대비!

Part 01
고전시가

1 | 고울사~, 꾀꼴꾀꼴~, 농부를 대신하여 읊다

수능 국어 대비
실전 국어 전형태

STEP

01 OX 문제를 통한 지문 이해 훈련

나BS 수능특강 | **고전문학**

(가)

고울사 저 **꽃**이여 반(半)만 야윈 저 꽃이여
더도 덜도 말고 **매양 그만하여 있어**
춘풍에 향기 좇는 나비를 웃고 맞이하노라

— 안민영 —

(나)

꾀꼴꾀꼴 우는 소리에 낮잠 깨어 일어나 보니
작은아들 글을 읽고 며늘아기 베 짜는데 어린 손자는 꽃놀이한다
때마침 지어미 술 거르며 맛보라고 하더라

— 오경화 —

(다)

비 맞으며 논바닥에 엎드려 김매니	帶雨鋤禾伏畝中
흙투성이 **험한 꼴**이 어찌 사람 모습이랴만	形容醜黑豈人容
왕손 공자들아 더 이상 얕보지 마오	王孫公子休輕侮
그대들의 **부귀 호사** 우리 농부로부터 나오나니	富貴豪奢出自儂
햇곡식은 푸릇푸릇 논밭에서 자라는데	新穀靑靑猶在畝
아전들은 벌써부터 조세 거둔다고 성화로세	縣胥官吏已徵租
힘써서 경작하여 **나라 부유**케 한 건 우리들이거늘	力耕富國關吾輩
어찌 이리도 극성스레 침탈하는가	何苦相侵剝及膚

— 이규보 —

OX문제

01 (가)의 화자는 아직 반만 피어난 '꽃'이 언젠가 질 것이 아쉬워, 활짝 피지 않고 '매양 그만하여 있'길 바라고 있다. (O / X)

02 (나)는 다양한 행위를 연속적으로 나열하여 화자가 누리는 생활의 일면을 제시하고 있다. [2022학년도 6월] (O / X)

03 (가)와 (나)는 계절을 드러내는 시어를 사용하여 분위기를 조성한다. [2014학년도 9월B] (O / X)

04 (다)의 화자는 '험한 꼴'임에도 '왕손 공자들'이 '부귀 호사'를 누리고 '나라'를 '부유'하게 만든 것은 자신이라고 자부하고 있다. (O / X)

05 (다)는 설의적 표현을 통해 화자의 자족감을 표출하고 있다. [2011학년도 수능] (O / X)

STEP 02 지문 분석

나BS 수능특강 | 고전문학

과외식 해설

(가)

「고울사 저 꽃이여 반(半)만 야윈 저 꽃이여」 「」 : 영탄법 → 예찬적 태도
　　　　　　　시든
　　　　　　　　　　　초장 : 반쯤 시든 꽃의 아름다움

더도 덜도 말고 매양 그만하여 있어
　　매 때마다
　　　　　안타까움의 정서 강조
　　　　　　　　　중장 : 꽃이 더 시들지 않기를 바람.

춘풍에 향기 좇는 나비를 웃고 맞이하노라
계절적 배경(봄)　　　　　의인법
　　　　　　　　　종장 : 웃으며 나비를 맞이하는 꽃의 모습
　　　　　　　　　　　　　　　　- 안민영 -

⇒ 곱구나 저 꽃이여 반쯤 시든 저 꽃이여

⇒ 더도 덜도 말고 언제나 그 정도만 하고 있어

⇒ 봄바람에 향기를 좇는 나비를 웃고 맞이하노라

고울사~그만하여 있어 → 화자는 활짝 핀 꽃이 아닌 반쯤 시든 꽃을 바라보고 있다. 피어난 꽃이 언젠가 지게 된다는 것은 필연적인 자연의 섭리이다. 그러나 화자는 '더도 덜도 말고' 언제나 그 정도만 하고 있으라고 말하고 있다. 즉, 상실과 소멸에 대한 아쉬움과 안타까움을 이야기하고 있는 것이다.

춘풍에~웃고 맞이하노라 → 화자는 '나비'와 꽃을 보고, 꽃이 '나비'를 '웃고 맞이'한다며 의인화하여 표현하고 있다. 이때 시를 인생을 비유한 것으로 해석한다면, '반만 야윈 저 꽃'은 삶의 절정기를 넘어선 노인의 삶을 가리켜 이를 긍정하는 내용으로 이해할 수 있다.

(나)

　　　　　　　　　▨ : 계절적 배경(봄)을 알려 주는 시어

꾀꼴꾀꼴 우는 소리에 낮잠 깨어 일어나 보니
음성 상징어　　　　평화로운 삶
　　　　　　　　초장 : 꾀꼬리 우는 소리에 낮잠에서 깨어남.

작은아들 글을 읽고 며늘아기 베 짜는데 어린 손자는 꽃놀이한
　　　　　　　열거법, 대구법
　□ : 화자의 가족 구성원

다
　　　　　　　　중장 : 평화롭고 여유로운 가족의 모습

때마침 지어미 술 거르며 맛보라고 하더라
　　　아내
　　　　　　종장 : 평화로운 분위기를 고조시키는 아내의 권유
　　　　　　　　　　　　　　- 오경화 -

⇒ 꾀꼴꾀꼴 (꾀꼬리가) 우는 소리에 낮잠에서 깨어 일어나 보니

⇒ 작은아들은 글을 읽고 며느리는 베 짜는데 어린 손자는 꽃놀이 한다

⇒ 때마침 아내가 술을 거르며 맛보라고 하는구나

꾀꼴꾀꼴~꽃놀이한다 → 화자는 꾀꼬리가 우는 소리를 듣고 낮잠에서 깨어나 평화로운 일상을 보내는 가족 구성원들을 바라보고 있다. 이때 '꾀꼴꾀꼴' 하는 꾀꼬리의 울음소리는 화자가 가족 구성원들의 삶을 응시하는 계기로 볼 수 있다. 또한 꾀꼬리는 봄철의 정경을 대표하는 새로 고전 문학에 자주 등장하고, 꽃놀이는 봄에 하는 것이기에 시의 계절적 배경이 봄임을 유추할 수 있다. 한편, '작은아들'은 '글을 읽고', 며느리는 '베'를 짜는 모습은 성별과 나이에 따른 행위의 전형을 보여 준다고 할 수 있다. 화자는 평화로운 봄날의 가족 구성원을 시선의 이동에 따라 제시하고 있다.

때마침~맛보라고 하더라 → 한창 평화로운 가족들의 모습을 바라보던 화자에게 화자의 아내가 술을 권하고 있다. 이를 통해 평화로운 노년 삶의 만족감을 고조시키고 있다.

(다)

비 맞으며 논바닥에 엎드려 김매니

흙투성이 험한 꼴이 어찌 사람 모습이랴만

지체가 높은 집안의 아들
왕손 공자들아 더 이상 얕보지 마오
임금의 후손　　　　　　　명령형 어미 사용

힘겹게 농사를 짓는 모습을 시각적으로 제시함.

▨ : 지배층
▨ : 피지배층

⇒ 비 맞으면서 논바닥에 엎드려 김매니

⇒ 흙투성이의 험한 모습을 어찌 사람 모습이라 할 수 있겠느냐만

⇒ 왕손 공자들아 더 이상 업신여기지 말아라

비 맞으며~모습이랴만 → 비를 맞으며 김을 매는 (김매기 : 잡초를 없애고 땅을 부드럽게 가는 것) 농부들의 모습을 제시하여, 힘겨운 노동을 통해 생계를 이어가는 피지배층의 삶을 보여 주고 있다.

왕손 공자들아~나오나니 → 화자는 '왕손 공자들'과 같은 지배층을 직접 부르며 함부로 농부들을 업신여기지 말라며 항의하고 있다. 이는 나라의 부강이 '우리 농부'로부터 나온다는 자부심을 드러내고 있는 것이다. 작가인 이규보는 지배층이지만, '농부'를 화자로 설정하여 현장감과 호소력을 높이고 있다.

그<u>대들</u>의 부귀 호사 우리 <u>농부</u>로부터 나오나니
'왕손 공자들'

　　　　　1~4행 : 자신(농부)들을 업신여기는 지배층에 항의함.

<u>햇곡식</u>은 <u>푸릇푸릇</u> 논밭에서 자라는데
　　　　색채어

<u>아전들</u>은 벌써부터 조세 거둔다고 성화로세
　　　　　세금 → 지배층의 수탈

힘써서 <u>경작</u>하여 나라 부유케 한 건 <u>우리들</u>이거늘
　　　땅을 갈아서 농사를 지음.

어찌 이리도 극성스레 <u>침탈</u>하는가
　　　　　침범하여 빼앗는가(설의법)
　　　　　5~8행 : 지배층의 수탈에 대한 비판
　　　　　　　　　　　　　　　　　　　　- 이규보 -

⇒ 그대들의 부귀와 호사는 우리 농부로부터 나오는 것이니

⇒ 햇곡식은 (아직) 푸릇푸릇하여 논밭에서 자라는데

⇒ 아전들은 벌써부터 조세를 거둔다고 성화로구나

⇒ 힘써서 땅을 갈아 농사를 지어 나라를 부유하게 한 것은 우리들인데

⇒ 어찌하여 이렇게 극성스레 침범하여 빼앗는가

햇곡식은 푸릇푸릇~거둔다고 성화로세 → 아직 햇곡식이 '푸릇푸릇'하다는 것에서 수확이 이루어지는 가을까지는 많은 시간이 남은 것을 알 수 있다. 화자는 이를 아랑곳 않고 벌써부터 조세를 거두려는 아전(관아에 속한 구실아치)의 모습을 보며 비판적인 태도를 드러내고 있다.

힘써서 경작하여~침탈하는가 → '우리 농부'를 통해 화자는 '농부'이며 '우리들' 역시 '농부들'을 가리키는 말임을 알 수 있다. 나라를 부유케 한 것은 농부들이라며 자부심을 드러내고, 설의법을 통해 자신들을 수탈하는 지배층을 향한 비판적 의식을 강조하고 있다.

---

01 | 주제

(가) 반쯤 시든 꽃에 대한 예찬과 안타까움
(나) 평화롭고 여유로운 가족의 일상
(다) 지배층을 향한 항의와 수탈에 대한 비판

02 | 특징

(가)
① 반쯤 시든 꽃의 아름다움에 주목하고 있는 대상 중심의 시
② 다양한 감각적 심상을 활용함.
③ 대상에 대한 예찬적 태도를 드러냄.

(나)
① 평화로운 가족들의 모습을 바라보며 만족감을 드러내는 화자 중심의 시
② 열거법, 대구법 등을 사용하여 가족의 모습을 그려 냄.
③ 음성 상징어를 사용하여 생생함을 더함.

(다)
① 농부의 삶에 대한 자부심을 드러내고 지배층을 비판하는 화자 중심의 시
② 화자를 농부로 설정하여 농민의 정서를 대변함.
③ 지배층과 피지배층을 대조적으로 제시하여 주제 의식을 드러냄.

03 | 작품 해제

(가) 이 작품은 활짝 핀 시기를 지나 보낸 후 반쯤 시든 꽃에 주목하여 그것의 아름다움을 예찬하고 있는 평시조이다. 화자는 다양한 감각적 심상을 활용하여 절정이 지난 후에 오히려 더 깊어진 꽃의 아름다움을 예찬하면서도, 사라지는 것에 대한 안타까운 마음을 함께 드러내고 있다.

(나) 이 작품은 평화로운 한 가정의 일상을 그려 낸 평시조로, 화자는 낮잠에서 깨어 한가로운 봄날 속 가족 구성원들의 모습을 지켜보고 있다. 가족들은 제각기 맡은 일을 하거나 봄날을 즐기는 여유로운 모습을 보여 주고 있으며, 이에 화자는 노년의 삶에 대한 깊은 만족감을 느끼고 있다.

(다) 이 작품은 노력 없이 부를 누리는 지배층과 달리, 고된 노동과 지배층들의 수탈을 견뎌야 하는 농민들의 슬픔을 그려 낸 한시이다. 화자의 목소리로 농부의 심정을 대변하고 있으며, 나라의 부강이 농민의 생산적 노동으로부터 온다는 긍정적 인식과 수탈을 일삼는 지배층을 향한 비판이 드러나 있다.

2 | 원가, 진중음

STEP
01 OX 문제를 통한 지문 이해 훈련

(가)

질(質) 좋은 잣이	物叱好支栢史
가을에 말라 떨어지지 아니하매,	秋察尸不冬爾屋支墮米
너를 중(重)히 여겨 가겠다 하신 것과는 달리	汝於多支行齊教因隱
낯이 변해 버리신 겨울에여.	仰頓隱面矣改衣賜乎隱冬矣也
달이 그림자 내린 연못 갓	月羅理影支古理因淵之叱
지나가는 물결에 대한 모래로다.	行尸浪 阿叱沙矣以支如支
모습이야 바라보지만	皃史沙叱望阿乃
세상 모든 것 여희여 버린 처지(處地)여.	世理都 之叱逸烏隱第也
	(後句亡)

- 신충, 「원가」 -

(나)

한바다에 가을바람 불어오는 이 밤	水國秋風夜
홀로 높은 누각에 앉아 하염없이 생각에 잠기네	愁然獨坐危
어느 날에야 이 나라가 다시 태평해질까	太平復何日
지금 바로 큰 난리를 겪고 있는 때라네	大亂屬玆時
업적은 많은 사람들이 깎아내리려 하건만	業是千人貶
이름은 오히려 온 세상이 알게 되네	名猶四海知
변방의 근심을 평정할 수 있다면	邊憂如可定
도연명의 귀거래사* 응당 읊으리	應賦去來辭

- 이순신, 「진중음」 -

*귀거래사 : 중국 진나라 도연명이 관직을 그만두고 고향으로 돌아갈 때 지은 시. 자연과 더불어 사는 전원생활의 즐거움을 드러냄.

OX문제

01	(가)는 남의 말을 인용함으로써 화자가 지닌 궁금증을 드러내고 있다. [2024학년도 6월]	(O / X)
02	(나)는 시적 공간의 탈속성이 시상을 형성하는 데 기여하고 있다. [2019학년도 9월]	(O / X)
03	(가)의 화자는 자신을 '중히 여겨 가겠다 하신' 것과 달리 '변해 버린' 임을 '겨울'로 형상화하여 표현하고 있다.	(O / X)
04	(나)의 화자는 자신의 '업적'을 '많은 사람들이 깎아내리려 하는 '큰 난리를 겪고 있다.	(O / X)
05	(가)와 (나) 모두, 해소하기 어려운 문제적 상황에 당면하여 고뇌하는 태도가 드러나 있다. [2018학년도 수능]	(O / X)

STEP 02 지문 분석

(가)

질(質) 좋은 잣이	物叱好支栢史
① 변치 않는 신의(믿음과 의리)	
② 임과 나의 약속에 대한 증표	
가을에 말라 떨어지지 아니하매,	秋察尸不冬爾屋支墮米
너를 중(重)히 여겨 가겠다 하신 것과는 달리	汝於多支行齊教因隱
지난날 임이 화자에게 한 약속(인용법) / 과거 환기	
낯이 변해 버리신 겨울에여.	仰頓隱面矣改衣賜乎隱冬矣也
■ : 차갑게 돌변한 임의 태도를 빗댄 표현	**1~4구 : 잣나무를 두고 한 맹세를 잊은 임**
달이 그림자 내린 연못 갓	月羅理影支古理因淵之叱
임을 상징	
지나가는 물결에 대한 모래로다.	行尸浪 阿叱沙矣以支如支
□ : 소외된 화자의 처지가 투영된 대상	
모습이야 바라보지만	皃史沙叱望阿乃
세상 모든 것 여희여 버린 처지(處地)여.	世理都 之叱逸烏隱第也
여의다 : 멀리 떠나보내다	**5~8구 : 세상 모든 것과 멀어진 처지가 됨.**
	(後句亡)
	9~10구 : 망실됨(잃어버려져 없어짐).

(나)

한바다에 가을바람 불어오는 이 밤	水國秋風夜
■ : 시간적 배경(가을밤)	
홀로 높은 누각에 앉아 하염없이 생각에 잠기네	愁然獨坐危
	1~2행 : 가을밤 홀로 생각에 잠김.
어느 날에야 이 나라가 다시 태평해질까	太平復何日
태평성세에 대한 염원	
지금 바로 큰 난리를 겪고 있는 때라네	大亂屬玆時
일본군의 침략으로 인한 전쟁	**3~4행 : 태평한 시대가 오기를 바람.**
업적은 많은 사람들이 깎아내리려 하건만	業是天人貶
화자의 활약을 시기하는 사람들	

「원가」 → '원가'는 원망하는 노래라는 뜻으로, 신라의 신충이 효성왕에 대한 원망을 담아 지은 향가이다. 이는 STEP 04에 실린 배경 설화와 함께 전해진다.

질 좋은 잣이~변해 버리신 겨울에여. → 배경 설화와 연관 지어 이해해 볼 때, '너를 중히 여겨 가겠다 하신 것'은 효성왕이 신충에게 한 약속을, '질 좋은 잣'은 그러한 약속을 할 때 증표 삼았던 잣나무를 가리킨다. 화자는 가을에도 말라 떨어지지 않는 잣나무를 언급하며 '낯이 변해 버리신 겨울', 즉 맹세를 잊어버린 임에 대한 원망을 드러내고 있다.

달이 그림자 내린~물결에 대한 모래로다. → 연못에 떨어진 달은 임을, 흐르는 물결에 밀려난 모래는 화자를 상징한다. 즉, 화자는 실제 달이 아닌 달의 그림자만이 비치는 연못가에서 흐르는 물결에 떠밀리는 모래에 자신을 투영하여 임으로부터 소외된 자신의 처지와 정서를 감각적으로 표현하고 있다.

모습이야 바라보지만~여희여 버린 처지여. → 임에게 외면 받은 자신의 처지를 '세상 모든 것 여희여 버린 처지'라고 표현하여 신의를 저버린 임에 대한 원망의 마음을 강조하고 있다.

한바다에 가을바람~큰 난리를 겪고 있는 때라네 → 가을밤 홀로 누각에 앉아 나라에 대해 근심하는 화자의 모습이 나타나 있다. 작가가 이순신 장군이라는 점과 '진중에서 읊다'라는 의미의 제목을 고려할 때, '큰 난리'는 일본군의 침략으로 인한 전쟁이며 화자는 진중에서 나라가 태평해지길 소망하고 있는 상황임을 알 수 있다.

업적은 많은 사람들이~온 세상이 알게 되네 → 화자를 시기하는 많은 사람들이 그의 업적을 깎아내리려 하지만, 그의 명성은 꺾이지 않고 널리 퍼지게 되었음이 나타나 있다. 참고로, 실제로도 이순신은 원칙과 소신이 분명한 성격으로, 주변 사람들의 질투와 시기를 많이 받았다고 전해진다.

ЦBS _ 나 없이 EBS 풀지마라

이름은 오히려 온 세상이 알게 되네	名猶四海知
	5~6행 : 사람들의 시기에도 명성을 떨침.
변방의 근심을 평정할 수 있다면	邊憂如可定
중국 동진의 시인	
도연명의 <u>귀거래사</u> 응당 읊으리	應賦去來辭
자연과 더불어 사는 전원생활의 즐거움을 노래한 시	
	7~8행 : 전원생활에 대한 소망

변방의 근심을~귀거래사 응당 읊으리 → 중국 동진의 시인이었던 도연명은 으뜸 벼슬을 제수 받은 지 얼마 되지 않아 「귀거래사」를 남기고 관직에서 물러나 귀향하였다. 전원생활의 즐거움을 담은 「귀거래사」를 읊을 것이라는 표현을 통해, 화자 또한 나라가 평화로워진 뒤 자연과 더불어 살고 싶어 함을 알 수 있다.

STEP
03 작품 해제

ЦBS 수능특강 | **고전문학** ●

01 | 주제

(가) 신의를 잊은 임에 대한 원망
(나) 우국충정과 전원생활에 대한 소망

02 | 특징

(가)
① 신의를 잊은 효성왕에 대한 원망을 드러낸 화자 중심의 시
② 자연물에 빗대어 표현하는 방식으로 화자의 처지를 드러냄.
③ 『삼국유사』에 배경 설화와 함께 실림.
④ 본래 10구체 향가이나, 낙구가 망실되어 8구체로 전해짐.

(나)
① 나라에 대한 걱정과 전원생활에 대한 소망을 드러낸 화자 중심의 시
② 계절적 배경을 드러내는 시어를 활용하여 시적 분위기를 조성함.
③ 옛 한시를 언급하여 전원생활을 향한 소망을 드러냄.

03 | 작품 해제

(가) 「원가」는 신라 효성왕 때 신충이 지은 10구체 향가로, 낙구(완결 부분)가 사라져 8구체로 전해지고 있는 작품이다. 함께 전해지는 배경 설화를 기반으로 할 때, 자신과의 약속을 잊은 효성왕에 대한 원망을 담은 노래로 이해할 수 있다. '질 좋은 잣', '그림자' 등의 자연물을 통해 화자의 처지와 정서를 생생하게 드러내고 있다는 점이 특징이다.

(나) 「진중음」은 조선 선조 때 무신이었던 이순신이 지은 한시로, '진중에서 읊다'라는 의미의 제목을 지닌 작품이다. 일본의 침략으로부터 나라를 지키기 위해 전장에 나간 화자는, 높은 누각에 홀로 앉아 나라를 걱정하는 마음을 드러낸다. 화자는 자신을 향한 많은 시기에도 자신의 이름이 나라에 자자함을 인식하면서도, 변방의 근심을 평정하고 자연과 더불어 사는 삶을 사는 것이 자신의 소망임을 밝히고 있다.

「원가」의 배경 설화

『삼국유사』 권5, 신충괘관 조에 실린 「원가」의 배경 설화는 다음과 같다.

효성왕이 아직 왕위에 오르지 않았을 적에 어진 선비인 신충과 더불어 궁궐 마당의 잣나무 아래에서 바둑을 두면서 말하기를, **"훗날에 내가 만약 그대를 잊는다면 저 잣나무가 알려 줄 것이다."**라 하였다. 이에 신충은 일어나서 절을 올렸다. 몇 달 후에 효성왕은 즉위하여 공신들에게 상을 주었지만, 신충을 잊고 등급에 넣지 않았다. **신충이 원망스러워 노래를 지어 잣나무에 걸자 나무가 갑자기 누렇게 시들어 버렸다.** 왕이 이상히 여겨 사람을 시켜 살펴보게 했더니 그들이 노래를 가져다 바쳤다. 왕은 크게 놀라 말했다. 나랏일로 바쁘다 보니 혈육 같은 사람을 잊을 뻔했구나." 이에 신충을 불러 벼슬을 주니 잣나무가 그제야 되살아났고 신충은 두 왕조에 벼슬하여 이름을 드날렸다.

이순신의 한시

이순신이 남긴 한시는 내용적으로 크게 '결의', '우국충정', '고뇌와 번민의 토로'로 분류할 수 있다. 이러한 3가지의 내용은 우국충정을 중심으로 하여 연결된다. 이순신은 전쟁이 일어났던 7년 동안 『난중일기』를 썼다. 그 일기 속에 한시 작품이 남아있으며, 이순신 사후 1795년에 간행된 『이충무공전서』에도 시가 남아있다. 일기를 쓰는 행위는 매일매일 하루를 돌아보며, 심신 수양을 위한 방편이었을 것으로 판단된다. 『칼의 노래』를 쓴 소설가 김훈은 『난중일기』의 문체를 두고 "한 문장 한 문장 칼을 휘두르듯 글을 쓰고 있다."라고 말하기도 하였다.

그렇다면, 이순신은 시를 통해 무엇을 말하고자 하였을까? 그에게 시는 어떤 의미였을까? 시에는 자신의 감정이 더 응축되어 있다. 일기가 주로 일어난 사실 등의 기록에 초점을 맞추고 있다면, 시를 통해 가슴 속에 품고 있는 감정을 토로하고 있는 것이다. 바다의 진영에서 전쟁을 지휘하고 싸워야 했기에, 늘 가슴 속에는 나라에 대한 근심과 충의 실천을 품고 있었을 것이다. 그의 우국충정은 그의 일기와 시에서 강하게 드러난다. 그는 결의를 다지고 비장한 마음을 세우기 위해, 칼에 짧은 구절을 새겨 넣기도 하였다. 즉, **이순신은 한시를 씀으로써 전쟁에 나가는 장군으로서의 비장함을 되새기며 결의를 표출하였고, 우국충정의 마음을 표출하였으며, 자신의 고뇌와 번민을 토로하였다.** 이순신의 시작(시를 지음) 활동은 이순신의 성정을 맑게 하여 번민과 고뇌를 치유하였고, 마음을 경영하는 원천이었다.

3 만전춘별사, 내 영혼~, 창밖에~

수능 국어 대비
실전 국어 전형태

STEP 01 OX 문제를 통한 지문 이해 훈련

나BS 수능특강 | 고전문학

(가)

얼음 위에 댓잎 자리 보아 임과 나와 얼어 죽을망정
얼음 위에 댓잎 자리 보아 임과 나와 얼어 죽을망정
정(情) 둔 오늘 밤 더디 새오시라 더디 새오시라

경경(耿耿) 고침상(孤枕上)*에 어느 잠이 오리오
서창(西窓)을 열어하니 도화(桃花)가 발(發)하도다
도화는 시름 없어 소춘풍(笑春風)*하도다 소춘풍하도다

넋이라도 임을 한데 지내겠다고 여겼더니
넋이라도 임을 한데 지내겠다고 여겼더니
벼기더시니* 뉘러시니잇가 뉘러시니잇가

오리야 오리야 아련 비오리야
여울은 어디 두고 소(沼)에 자러 오느냐
소마저 얼면 여울도 좋으니 여울도 좋으니

- 작자 미상 -

*경경 고침상 : 근심에 싸여 있는 외로운 잠자리.
*소춘풍 : 봄바람을 희롱함.
*벼기더시니 : 우기시던 이가. 또는 어기신 이가.

(나)

내 **영혼 술에 섞여** 임의 속에 흘러들어
굽이굽이 창자를 다 찾아다닐망정
날 잊고 **남 향한 마음을** 다 태우려 하노라

- 김삼현 -

(다)

창밖에 가마솥 때우라는 장사 이별 나는 구멍도 때우는가
장사의 대답하는 말이 진시황 한 무제는 천지를 호령하되 위엄으로 못 막고 제갈량의 천하 경영하는 재주로도 막았다는 말 못 들었고 하물며 서초
패왕의 힘으로도 능히 못 막았으니 이 구멍 때우라는 말이 아마도 우스워라
진실로 장사의 말과 같을진대 긴 이별인가 하노라

- 작자 미상 -

OX문제

01 (가)에서는 명시적 청자에게 말을 건네는 방식으로 화자의 감정을 드러낸다. [2024학년도 수능]　　(O / X)

02 (가)와 (나)는 동일한 구절을 반복하여 시적 상황에 대한 화자의 정서를 강조하고 있다. [2021학년도 9월]　　(O / X)

03 (가)에서 화자는 자신과 같은 처지의 '도화'를 보며 위로를 받고 있다.　　(O / X)

04 (나)의 화자는 자신의 '영혼'이 임이 마시는 '술에 섞여' 들어가 '남 향한 마음'을 태우고자 한다.　　(O / X)

05 (다)는 상황을 부정적으로 규정하고 나서 다양한 예들을 나열하고 있다. [2014학년도 6월A]　　(O / X)

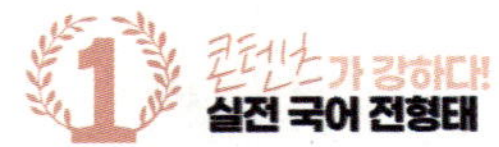

(가)

「얼음 위에 댓잎 자리 보아 임과 나와 얼어 죽을망정
  좋지 않은 잠자리 → 임과 화자가 겪는 시련

얼음 위에 댓잎 자리 보아 임과 나와 얼어 죽을망정」
  「 」: 시행 반복 → 임과의 사랑을 강조함.

정(情) 둔 오늘 밤 더디 새오시라 더디 새오시라
임과 정을 맺은

1연 : 임과의 짧은 밤에 대한 아쉬움

『경경(耿耿) 고침상(孤枕上)에 어느 잠이 오리오』
  근심에 싸여 외로운 잠자리
           『 』: 임의 부재로 마음이 편하지 않음.

서창(西窓)을 열어하니 도화(桃花)가 발(發)하도다
           객관적 상관물 / 계절감(봄)

도화는 시름 없어 소춘풍(笑春風)하도다 소춘풍하도다

2연 : 임의 부재로 인한 외로움

넋이라도 임을 한데 지내겠다고 여겼더니

넋이라도 임을 한데 지내겠다고 여겼더니

벼기더시니 뉘러시니잇가 뉘러시니잇가

3연 : 임과 관계가 어긋난 것에 대한 원망

오리야 오리야 아련 비오리야
        어리석은

  □ : 방탕한 생활을 하는 임을 비유

여울은 어디 두고 소(沼)에 자러 오느냐

소마저 얼면 여울도 좋으니 여울도 좋으니

  ■ : 화자 자신 or 다른 여성을 가리킴.
  ↕
  ■ : 다른 여성 or 화자를 가리킴.   **4연 : 방탕한 임에 대한 풍자**
                        - 작자 미상 -

⇒ 얼음 위에 대나무 잎으로 잠자리 보아, 임과 내가 얼어 죽을망정

⇒ 얼음 위에 대나무 잎으로 잠자리 보아, 임과 내가 얼어 죽을망정

⇒ 정 둔 오늘 밤 더디게 새소서 더디게 새소서

⇒ 근심에 싸여 있는 외로운 잠자리에서 어찌 잠이 오겠는가

⇒ 서쪽 창문을 열어 보니 복숭아꽃이 피어나도다

⇒ 복숭아꽃은 시름이 없어서 봄바람에 웃는구나 봄바람에 웃는구나

⇒ 넋이라도 임과 함께 지내겠다고 여겼더니

⇒ 넋이라도 임과 함께 지내겠다고 여겼더니

⇒ 어기신(우기시던) 이가 누구였습니까 누구였습니까

⇒ 오리야 오리야 어리석은 비오리야

⇒ 여울은 어디 두고 연못에 자러 오느냐

⇒ 연못마저 얼면 여울도 좋으니 여울도 좋으니

과외식 해설

얼음 위에 댓잎 자리~더디 새오시라 → 얼어 죽는 한이 있더라도 임과 정을 나눈 오늘 밤이 느리게 가기를 바라는 화자의 모습이 나타나 있다. 화자는 얼음 위에 대나무 잎으로 만든 잠자리에 누워 임과 화자가 밤을 지새운다는 비현실적인 상황을 설정하고 있다. 이때 '얼음 위'라는 극한의 상황은 '정 둔 오늘 밤'이 천천히 가길 바라는 화자가 임에 대한 사랑을 강조하기 위해 설정된 것이다.

경경 고침상에~소춘풍하도다 → 임의 부재로 인해 홀로 잠자리에 누워 잠을 이루지 못하는 화자의 상황이 제시되고 있다. 이때 '도화'는 화자와 대비되는 객관적 상관물로, 화자의 외로운 정서를 더욱 심화하는 자연물로 볼 수 있다. 화자는 이러한 '도화'가 자신과 달리 '시름'이 없어 봄바람에 웃고 있다며 한탄하고 있다.

넋이라도 임을 한데~뉘러시니잇가 → 화자는 넋이라도 함께하자고 했던 맹세를 어긴 임에 대한 원망을 드러내고 있다. 한편, '벼기시더니 뉘러시니잇가'는 정서의 「정과정」의 6행과 매우 유사하다. 현재 전해진 고려 가요는 조선 시대 궁중 음악으로 정리된 것임을 감안할 때, 이 구절은 당시 사람들 사이에 구전되어 유행하던 구절이라 이 작품에도 중복으로 실린 것으로 이해할 수 있다.

오리야 오리야~여울도 좋으니 → 화자는 임을 방탕한 생활을 하는 오리에, 자기 자신을 '여울'이나 '소'에, 다른 여성을 '소'나 '여울'에 비유하여 표현하고 있다. '소'를 화자로 본다면, 임에게 '여울(네 여인)은 어디 두고 소(나)에 자러 오느냐'라는 화자의 물음을 통해, 화자는 임의 방탕한 생활에 대해 풍자하고 있음을 알 수 있다. 한편, '여울'을 화자로 본다면, 임에게 '여울(나)은 어디 두고 소(다른 여자)에 자러 오느냐'라는 화자의 물음을 통해, 화자는 방탕한 임을 원망하고 있음을 알 수 있다. 해당 부분에 대한 다양한 해석은 출제될 때 〈보기〉에 명확한 근거를 제시하여 출제할 가능성이 높다. 따라서 평가원이 요구하는 〈보기〉의 근거에 맞추어 해석하고, 선지에 접근하면 된다.

ЧBS _ 나 없이 EBS 풀지마라

(나)

내 영혼 술에 섞여 임의 속에 흘러들어
　　　　　화자가 돌아오기를 기다리는 대상
　　⇒ 내 영혼이 술에 섞여 임의 속에 흘러들어

　　　초장 : 자신의 영혼을 술에 섞어 임의 속에 들어감.
굽이굽이 창자를 다 찾아다닐망정
여러 개의 굽이 / 음성 상징어
　　⇒ 굽이굽이 창자를 다 찾아다닐망정

　　　중장 : 임의 속을 굽이굽이 찾아다님.
날 잊고 남 향한 마음을 다 태우려 하노라
　　　　　영탄적 표현
　　⇒ 날 잊고 남을 향한 마음을 다 태우려 하노라

　　　종장 : 다른 이를 생각하는 임의 마음을 태우려 함.
　　　　　　　　　　　　　　　- 김삼현 -

(다)

창밖에 가마솥 때우라는 장사 이별 나는 구멍도 때
　　　　　화자가 말을 건네는 대상
우는가　　초장 : 이별 구멍을 막을 수 있냐는 화자의 물음
　　⇒ 창 밖에 가마솥 막는다는 장사야. 이별로 인해
　　　나는 구멍도 막는가

　　　　　　중국 한나라의 제7대 황제
장사의 대답하는 말이 진시황 한 무제는 천지를 호
　　　　　　중국 진나라의 제1대 황제
　■ : 역사적 인물들을 나열함.
령하되 위엄으로 못 막고 제갈량의 천하 경영하는 재
　　　　　　　　　　중국 삼국 시대 촉한의 정치가
주로도 막았다는 말 못 들었고 하물며 서초 패왕의 힘
　　　　　　　　　　　　진나라 말 서초를 건국한 항우
으로도 능히 못 막았으니 이 구멍 때우라는 말이 아마
　　　　　　　　　이별 나는 구멍
도 우스워라　중장 : 이별 구멍을 막을 수 없다는 장사의 대답
　　⇒ 장사의 대답하는 말이 "진시황과 한 무제는 천
　　　지를 호령하되 위엄으로 못 막고 제갈량의 천
　　　하 경영하는 재주로도 막았다는 말 못 들었고
　　　하물며 서초 패왕의 힘으로도 능히 못 막았으
　　　니 이 구멍 막으라는 말이 아마도 우습구나"

진실로 장사의 말과 같을진대 긴 이별인가 하노라
　　　종장 : 임과 오랫동안 이별해야 하는 상황에 대한 한탄
　　⇒ 진실로 장사의 말과 같다면 (나의 상황은) 긴
　　　이별인가 하노라
　　　　　　　　　　　　　　　- 작자 미상 -

내 영혼 술에 섞여~다 태우려 하노라 → 화자는 자신의 영혼이 임이 마시는 술에 섞여 임의 뱃속으로 들어가 그 속 구석구석을 돌아다니겠다고 말하고 있다. 이러한 참신한 발상을 바탕으로, '남 향한 마음', 즉 화자가 아닌 다른 이성에 대한 마음을 깨끗하게 태우겠다는 의지를 드러내고 있다. 화자는 재치 있는 표현을 사용하여 자신을 잊고 다른 이를 마음에 품은 임에 대한 원망과 임에 대한 강렬한 사랑을 강조하고 있다.

창밖에 가마솥~때우는가 → 장사에게 '이별 나는 구멍'을 막을 수 있냐며 말을 건네는 화자의 모습이 제시되고 있다. 화자는 추상적 대상인 '이별'을 때울 수 있는 구체적 대상으로 표현하여 임에 대한 그리움과 슬픔을 부각하고 있다.

장사의 대답하는 말이~아마도 우스워라 → 화자의 물음에 장사는 역사적 인물들의 이름을 나열하며, 그들도 '이별 나는 구멍'을 막지 못했다고 답하고 있다.

진실로 장사의 말과~긴 이별인가 하노라 → 장사의 말을 들은 화자는 임과 긴 시간 동안 이별해야 하는 상황에 대해 한탄하고 있다.

STEP 03 작품 해제

01 | 주제

(가) 임과의 영원한 사랑 기원
(나) 임에 대한 강렬한 사랑
(다) 임과의 이별로 인한 한탄

02 | 특징

(가)
① 임과의 영원한 사랑을 바라는 화자 중심의 시
② 과장법과 반복법을 통해 주제 의식을 부각함.
③ 대조의 방식을 사용하여 정서를 강조함.
(나)
① 임에 대한 그리움을 드러낸 화자 중심의 시
② 영탄적 표현을 사용하여 화자의 정서를 강조함.
(다)
① 임과의 이별에 대한 슬픔을 대화의 형식으로 노래한 화자 중심의 시
② 추상적 대상을 구체적 대상으로 형상화함.
③ 역사적 인물들을 나열하여 임과의 이별을 막을 수 없다는 점을 강조함.

03 | 작품 해제

(가) 이 작품은 남녀 간의 사랑을 노래한 고려 가요이다. 임과의 사랑이 영원하기를 소망하는 화자의 심정이 솔직하게 나타난 작품이며, 과장법과 비유적 표현을 통해 남녀의 애정을 표현하고 있다. 작자 미상의 고려 가요는 조선 시대에 궁중 음악으로 편입되어 책으로 만들어졌다. 이 작품도 『악장가사』에 실려 있는 작품으로, 당시 다양한 사랑의 감정과 관련한 노래를 엮어 놓은 형태라고 볼 수 있다.

(나) 이 작품은 추상적 대상인 '영혼'을 술에 섞을 수 있다는 참신한 발상을 통해 임에 대한 그리움과 자신을 잊고 다른 이를 마음에 둔 임에 대한 원망을 드러낸 평시조이다. 화자가 임의 마음속을 들어가 다른 이를 생각하는 마음을 다 태우겠다고 말하는 것을 통해 임에 대한 화자의 사랑의 깊이를 짐작할 수 있다.

(다) 이 작품은 장사와 대화하는 형식을 통해 이별의 고통을 해학적으로 표현한 사설시조이다. 화자는 '이별로 인한 구멍'을 막을 수 없다고 답하는 장사의 말에, 임과 오랫동안 이별해야 하는 상황에 대해 한탄하고 있다. 임과의 이별을 때울 수 있는 구체적 대상으로 사물화하여 임에 대한 그리움과 이별의 슬픔을 드러낸 참신함이 돋보이는 작품이다.

나BS _ 나 없이 EBS 풀지마라

STEP 04 논문으로 만나는 출제자의 시선

나BS 수능특강 | **고전문학** ●

고려 가요 「만전춘별사」

『악장가사』에 실려 있는 「만전춘별사」는 남녀의 사랑이나 이별에 관한 독립된 노래를 일정한 질서 없이 모아 놓은 것이라는 주장도 있고, 유기적인 짜임에 의해 한 편의 노래로 구성해 놓은 것이라는 주장도 있다. 특히 3연은 「정과정곡」에도 나오는 구절로 되어 있어서, 각각 독립적으로 불리는 노래를 엮어 놓았으리라는 주장의 근거가 되기도 한다. 이는 「만전춘별사」가 당대 유행하던 민요들과 상당한 관련성을 지니며 창작되었음을 보여 준다. 「만전춘별사」는 당대 불리던 여러 가지 사랑 노래를 모아 궁중 속악에 맞춰 개편하면서 각각 독립적으로 그대로 놓아두기보다는 어느 정도 하나의 노래로서 일관성과 유기성을 갖출 수 있게 재구성한 작품으로 볼 수 있다.

「만전춘별사」의 중의적 해석

충신연주지사로 알려진 정서의 「정과정」 곡 중 '넉시라도 님은 ᄒᆞᆫᄃᆡ 녀져라 아으 벼기더시니 뉘러시니잇가(넋이라도 임이 한 곳에 있자 하더니 우기시던 이 누구였습니까)' 라는 부분이 「만전춘별사」에 삽입되어 있는데, 이는 **'충신연주지사'와 '남녀상열지사'의 노랫말이 중의적 함의**를 지니고 있음을 보여 주는 부분으로서 고려 가요에서 흔히 보이는 예이다. '남녀상열지사'의 '남자'와 '여자'의 관계는 '충신연주지사'의 '임금'과 '신하'의 관계로 치환하기 쉽기 때문이다.

문제는 4연의 해석이다. '오리'를 임으로 해석할 때, '소'는 화자이고 '여울'은 임이 찾는 다른 여인이 된다. 이럴 때 화자가 기다리는 임은 바람둥이가 된다. 그러나 이 같은 해석 외에 '여울'은 화자로, '소'는 다른 여인으로 보는 견해도 있다. 다양한 해석에 대해 어느 것이 정답이라고 단언할 수는 없지만 **노래 전체를 놓고 볼 때 '소'는 다른 여인을, '여울'은 화자 자신으로 보고 오리가 '소'에 자러 오는 것을 보면서 '소가 얼면 여울도 좋을 텐데'라고 하면서 '여울'을 자신의 처지와 부합시키는 것**이 노래의 전체적인 맥락에 더 어울려 보인다. 왜냐하면 이 노래의 처음부터 깔리는 한계 상황이나 절박함은 노래의 화자가 남자를 안정적으로 독차지할 수 있는 부류가 아니라는 것을 암묵적으로 말해 주기 때문이다.

STEP 05 나BS 실전 문제

다음 글을 읽고 물음에 답하시오. [16.9.고2 교육청 기출]

(가)

ⓐ 얼음 위에 댓잎 자리 보아 님과 내가 얼어 죽을망정
얼음 위에 댓잎 자리 보아 님과 내가 얼어 죽을망정
㉠ 정 나눈 오늘 밤 더디 새오시라 더디 새오시라

경경(耿耿) 고침상(孤枕上)*에 어느 잠이 오리오
서창(西窓)을 열어보니 도화(桃花)가 발(發)하도다
ⓑ 도화는 시름없어 소춘풍(笑春風)하노라* 소춘풍하노라

넋이라도 임과 함께 지내고자 했는데
넋이라도 임과 함께 지내고자 했는데
우기던 사람 누구입니까 누구입니까

- 작자 미상, 「만전춘별사(滿殿春別詞)」 -

*경경 고침상 : 근심에 싸인 외로운 잠자리.
*소춘풍하노라 : 봄바람에 웃는구나.

(나)

엊그제 젊었더니 벌써 어찌 다 늙거니
소년행락(少年行樂) 생각하니 말해도 속절없다
늙어서야 서러운 말 하자 하니 목이 멘다
부생모육(父生母育) 고생하여 이내 몸 길러 낼 제
공후배필(公侯配匹)*은 못 바라도 군자호구(君子好逑)* 원하더니
삼생(三生)의 원업(怨業)이요 월하(月下)*의 연분(緣分)으로
장안(長安) 유협(遊俠) 경박자(輕薄子)를 꿈같이 만나 있어
당시에 마음 쓰기 ㉢ 살얼음 디디는 듯
삼오이팔(三五二八) 겨우 지나 천연여질(天然麗質)* 절로 이니
이 얼굴 이 태도로 백년기약(百年期約) 하였더니
연광(年光)이 훌쩍 지나 조물(造物)이 시샘하여
㉡ 봄바람 가을 물이 베올에 북 지나듯
설빈화안(雪鬢花顔)* 어디 가고 면목가증(面目可憎)* 되었구나
내 얼굴 내 보거니 어느 임이 날 사랑할까
스스로 참괴(慚愧)하니 누구를 원망하랴
삼삼오오(三三五五) 야유원(冶遊園)*의 새 사람이 났단 말인가
꽃 피고 날 저물 제 정처 없이 나가 있어
백마금편(白馬金鞭)*으로 어디어디 머무는고
원근(遠近)을 모르거니 소식이야 더욱 알랴
인연(因緣)을 끊었어도 생각이야 없을쏘냐
얼굴을 못 보거든 그립기나 말면 좋으련만

㉣ 열두 때 길기도 길구나 서른 날 지리하다
옥창(玉窓)에 심은 매화 몇 번이나 피었다 진고
겨울밤 차고 찬 제 ⓓ 자취눈 섞어 치고
여름날 길고 길 제 궂은 비는 무슨 일인고
㉤ 삼춘화류(三春花柳) 호시절(好時節)의 경물(景物)이 시름없다
가을 달 방에 들고 ⓔ 실솔(蟋蟀)이 상(床)에 울 제
긴 한숨 지는 눈물 속절없이 생각만 많다
아마도 모진 목숨 죽기도 어려울사

- 허난설헌, 「규원가(閨怨歌)」 -

*공후배필 : 높은 벼슬아치의 아내.
*군자호구 : 군자의 좋은 배필.
*월하 : 부부의 인연을 맺어 준다는 전설상의 노인.
*천연여질 : 타고난 아름다운 모습.
*설빈화안 : 고운 머릿결과 아름다운 얼굴.
*면목가증 : 얼굴 생김새가 밉살스러움.
*야유원 : 술집.
*백마금편 : 호화로운 차림.

---

01. (가)와 (나)의 공통점으로 적절한 것은?

① 시적 공간을 이동하여 긴장감을 유발하고 있다.
② 물음의 형식을 통해 시적 상황을 부각하고 있다.
③ 동일한 시구를 반복하여 화자의 심정을 강조하고 있다.
④ 대화체와 독백체를 교차하여 극적 효과를 높이고 있다.
⑤ 감정을 절제한 표현으로 화자의 단호한 의지를 표출하고 있다.

02. 〈보기 1〉을 바탕으로 ㉠~㉣을 이해한다고 할 때, 〈보기 2〉에서 적절한 것만을 있는 대로 고른 것은?

〈보기 1〉

고전 시가에서 화자는 임이 곁에 있고 없음에 따라 객관적인 시간을 다르게 인식한다. 임이 부재하는 시간은 상대적으로 길다고 느끼거나 의미가 없다고 생각한다. 반면, 임과 함께하는 시간은 상대적으로 짧게 느껴져서 그 시간을 지연하고 싶어 한다.

〈보기 2〉

㉮ : ㉠은 임과 함께하는 '오늘 밤'이라는 시간을 지연하고 싶은 심리를 담고 있다.
㉯ : ㉡에는 임과 함께하기 위해 시간이 '베올에 북 지나듯' 빨리 흐르기를 바라고 있다.
㉰ : ㉢에서 화자는 임이 부재하는 시간인 '열두 때', '서른 날'은 길고 지루하다고 느낀다.
㉱ : ㉣에서 화자는 임이 곁에 없는 상황이기에 꽃 피고 새잎 나는 '삼춘화류'의 계절임에도 아무런 감흥을 느끼지 못한다.

---

① ㉮, ㉯　　　　② ㉮, ㉱　　　　③ ㉯, ㉰
④ ㉮, ㉰, ㉱　　　⑤ ㉯, ㉰, ㉱

03. ⓐ~ⓔ에 대한 이해로 적절하지 <u>않은</u> 것은?

① ⓐ : 극한 상황을 가정하여 화자의 사랑을 강조한 표현이다.
② ⓑ : 화자의 처지와 비슷하여 동질감을 불러일으키는 대상이다.
③ ⓒ : 화자의 조심스러웠던 마음을 비유적으로 나타내는 표현이다.
④ ⓓ : 계절과 연결되어 화자의 쓸쓸한 심정을 드러내는 소재이다.
⑤ ⓔ : 화자의 슬픈 감정이 이입된 자연물이다.

4 | 정훈, 월곡답가

수능 국어 대비
실전 국어 전형태

STEP 01 OX 문제를 통한 지문 이해 훈련

나BS 수능특강 | 고전문학 ●

옛사람 이제 사람 이목구비 같건마는
나 혼자 어찌하여 옛사람을 그리는고
이제도 옛사람 계시니 긔 내 벗인가 하노라

〈제1수〉

내 양자* 하 험하니 비누 성적* 아니하네
분 바른 각시님네 다 웃고 다니거든
엊그제 지나간 한 분이 혼자 곱다 하노라

〈제2수〉

청송으로 울을 삼고 백운으로 장 두르고
초옥 삼간에 숨어 계신 저 내 벗님
흉중에 진념이 없으니 그를 사랑하노라

〈제4수〉

벗님 사는 땅을 생각코 바라보니
용추동 밖이오 **구름다리 위로다**
밤마다 외로운 꿈만 혼자 다녀오노라

〈제5수〉

달이 밝은 제는 잔을 들고 생각하고
시절이 좋은 제는 경을 보고 그리노라
사람이 덜 괴운* 탓으로 잊힐 적이 적어라

〈제6수〉

뫼는 첩첩하고 구름은 잦았으니
고인의 집 땅이 바라도 볼 성 없다
마음만 길 알아 두고 오락가락하노라

〈제7수〉

상산에 채지하러* 부디 넷이 가리런가
좇을 이 없는데 우리 둘이 가사이다
세상의 어지러운 일들 듣도 보도 마사이다

〈제9수〉

방장산 기슭에서 신선님네 만나신가
얼핏이 보아든 내 말씀 전하소서
산중에 타시는 청학을 나도 타다 어떠하리

〈제10수〉

*양자 : 모습.
*성적 : 화장.
*괴운 : 사랑하는.
*상산에 채지하러 : 상산으로 지초를 뜯으러. 고사 상산사호를 두고 한 말. 상산사호는 중국 진시황 때 난리를 피해 산시성 상산에 들어가서 숨은 네 사람을 이름.

OX문제

01 대상과의 문답을 통해 시상을 심화하고 있다. [2017학년도 9월]   (O / X)

02 화자는 '옛사람'을 그리워하여 '달이 밝은 제'에도 '시절이 좋은 제'에도 잊지 못하고 있다.   (O / X)

03 색채의 대비를 통해 현실에 대한 화자의 안타까움을 강조하고 있다. [2019학년도 6월]   (O / X)

04 설의적 표현을 통해 대상을 예찬하고 있다. [2018학년도 6월]   (O / X)

05 화자는 '구름다리 위'에서 벗을 그리워하고 있다.   (O / X)

STEP 02 지문 분석

[EBS에 나오지 않은 파트까지 모두 넣은 전문 분석]

옛사람 이제 사람 이목구비 같건마는
■ : 화자가 추구하는 가치(를 지닌 사람)
■ : 화자가 추구하지 않는 가치(를 지닌 사람)

⇒ 옛사람과 지금 사람이 얼굴이 같건만

나 혼자 어찌하여 옛사람을 그리는고
□ : 설의법

⇒ 나 혼자 어찌하여 옛사람을 그리워하는가?

이제도 옛사람 계시니 긔 내 벗인가 하노라
화자의 벗은 화자가 추구하는 가치를 지닌 사람임.

⇒ 지금도 옛사람 계시니 그가 내 벗인가 하노라

제1수 : 벗에 대한 화자의 그리움 〈제1수〉

내 양자 하 험하니 비누 성적 아니 하네

⇒ 내 얼굴 하도 험악하여 비누로 씻고 단장하지 않네

분 바른 각시님네 다 웃고 다니거든
겉모습을 중요하게 생각하는 세상 사람들

⇒ 분 바른 각시님들 다 날 비웃고 다니거든

엊그제 지난간 한 분이 혼자 곱다 하노라
겉모습이 아닌 내면을 보는 화자의 벗

⇒ 엊그제 지난간 한 분이 혼자 (날더러) 곱다 하더라

제2수 : 세상 사람들과 달리 화자의 내면을 봐준 벗 〈제2수〉

거기서 유신하면 나 혼자 무신할까
화자의 벗 믿음을 주면

⇒ 거기서 믿음 주니 나 혼자 믿음 안 줄까

백년 전의란 둘이 다 믿사이다
백 년 전부터 → 한평생

⇒ 한평생 다 되도록 둘이 서로 믿습니다

세상운우 인정이야 배울 줄 있으랴
세상의 비구름 같은 인정
→ 쉽게 변하는 마음

⇒ 세상의 비구름 같은 인정 배울 줄 있으랴

제3수 : 벗과 함께 믿음을 지키기를 다짐함. 〈제3수〉

「청송으로 울을 삼고 백운으로 장 두르고
자연 속에서 은거하며 살아가는 벗의 모습

⇒ 푸른 소나무로 울타리 삼고 흰 구름으로 장막 둘러

초옥 삼간에 숨어 계신 저 내 벗님
초가집 → 벗의 청빈함   「 」: 월곡을 사랑하는 이유
→ 속세에 대한 욕심없이 살아가기 때문

⇒ 세 칸 초가집에 숨어 계신 저 나의 벗님

흉중에 진념이 없으니」 그를 사랑하노라
마음속   ↳ 속세의 명예와 이익을 생각하는 마음

⇒ 가슴 속에 속세의 미련 없으니 그를 사랑하노라

제4수 : 자연에 묻혀 사는 벗에 대한 화자의 애정 〈제4수〉

벗님 사는 땅을 생각코 바라보니
벗이 있는 곳

⇒ 벗님 사는 땅을 생각하고 바라보니

용추동 밖이오 구름다리 위로다
화자와 벗과의 거리감

⇒ 그곳은 용추동 밖이요 구름다리 위로다

밤마다 외로운 꿈만 혼자 다녀오노라
화자의 직접적인 정서 표출

⇒ 밤마다 외로운 꿈만 혼자 다녀오노라

제5수 : 벗과 멀리 있어 외로운 화자 〈제5수〉

과외식 해설

옛사람 이제 사람~옛사람을 그리는고 → 화자는 외양은 같으나 추구하는 가치가 다른 두 인물형을 대조함으로써 '옛사람'을 예찬하고 있다. 「월곡답가」라는 제목과 작품이 창작된 시기를 고려했을 때, '옛사람'은 임진왜란 당시 대구의 의병장이었던 월곡 우배선을 가리킨다고 볼 수 있다.

이제도 옛사람 계시니 긔 내 벗인가 하노라 → 화자는 시어 '옛사람'을 반복하여 그리운 마음을 드러내는 동시에, 그를 자신의 '벗'으로 설정하여 그에 대한 긍정적인 태도를 보이고 있다.

내 양자 하 험하니~혼자 곱다 하노라 → 화자는 단장하지 않는 여인처럼 꾸밈이 없는 태도를 보이기에, '분 바른 각시님', 즉 겉치레를 중시하는 사람들에게 비웃음을 당하고 있다. 그러나 '엊그제 지나간 한 분'은 화자의 내면을 보고 '곱다'고 말한다. 이러한 대조를 통해 화자는 자신의 겉모습이 아닌 내면을 바라보는 '한 분', 즉 '벗'을 예찬하고 있다.

거기서 유신하면~둘이 다 믿사이다 → 화자는 자신에게 믿음을 주는 '벗'에게 자신도 믿음을 줄 것이라 이야기하고 있다. 또 백 년 전부터 이러한 믿음이 이어져 왔다고 하며 평생 신의를 지키겠다는 태도를 드러내고 있다.

세상운우 인정이야 배울 줄 있으랴 → 화자는 비구름마냥 쉽게 변하는 세상의 인정을 비판적으로 바라보며 이를 배우지 않겠다고 다짐하고 있다. 이를 통해 변하지 않는 마음으로 살아가겠다는 의지적 태도가 드러나고 있다.

청송으로 울을 삼고 백운으로 장 두르고 → 푸른 소나무로 울타리 삼고 흰 구름으로 장막을 두른다는 뜻으로, 자연 속에서 은거하였던 '벗님'의 자연친화적 삶의 모습을 표현하는 구절이다. 한편, '청송'과 '백운'에서 푸른색과 흰색의 색채 대비가 드러나고 있다.

흉중에 진념이 없으니 그를 사랑하노라 → 마음속에 세속적인 생각이 없다는 것은 안분지족(편안한 마음으로 제 분수를 지키며 만족할 줄을 앎)의 자세이며, 화자는 이러한 자세를 가진 '벗님'을 사랑한다고 말하고 있다. 이를 통해 화자의 탈속적 태도와 안분지족에 대한 지향이 드러난다.

용추동 밖이오~혼자 다녀오노라 → 물리적으로 멀리 떨어져 있는 화자와 '벗' 사이의 공간적 거리감을 표현하고 있다. 이때 '구름다리 위'는 사후 세계를 말하는 것으로 이해할 수 있다. 즉, 화자는 꿈에서 죽은 벗을 찾아간다는 가정을 통해 현실에서 이루기 어려운 소망을 이루고자 하는 것이다.

달이 밝은 제는 잔을 들고 생각하고 ⎤
⎦ 대구법
시절이 좋은 제는 경을 보고 그리노라
① 태평한 시절 ① 서울
② 좋은 계절 ② 경치

사람이 덜 괴운 탓으로 잊힐 적이 적어라

⇒ 달이 밝은 때는 잔을 들고 생각하고

⇒ 시절이 좋은 때는 경치(서울) 보고 그리노라

⇒ 사람이 덜 사랑했기에 잊힐 때가 적어라

제6수 : 벗을 잊을 수 없는 화자 〈제6수〉

■ : 벗에게 가는 길을 막는 장애물

뫼는 첩첩하고 **구름**은 잦았으니
대구법

⇒ 산은 첩첩하고 구름은 잦았으니

고인의 집 땅이 바라도 볼 성 없다
벗의 죽음

⇒ 옛 벗의 집터를 바라봐도 볼 수 없구나

마음만 길 알아 두고 오락가락하노라
벗에게 가고 싶으나 가지 못하여 안타까워하는 화자의 마음

⇒ 마음만 가는 길 알아 두고 오락가락하노라

제7수 : 벗에게 갈 수 없어 안타까워하는 화자 〈제7수〉

여기서 그리는 뜻을 저기서 아니 **모르는가**
내가 있는 곳   벗이 있는 곳

⇒ 여기서 그리는 뜻 저기서 아니 모를까

무던히 고운 **님** 덧없이 여의올 듯

⇒ 무던히 고운 님 덧없이 이별할 듯

하룻밤 더 새고 간 후에 다시 볼까 하노라

⇒ 하룻밤 더 새고 간 후에 다시 볼까 하노라

제8수 : 벗에 대한 그리움 〈제8수〉

상산에 채지하러 부디 넷이 **가리런가**
상산사호의 고사 인용

⇒ 상산에 버섯 캐러 굳이 넷이 갈 것인가

좇을 이 없는데 우리 둘이 가사이다
벗과의 동질감을 드러냄. → 같은 삶을 추구함.

⇒ 따라올 이 없는데 우리 둘이 갑시다

세상의 어지러운 일들 듣도 보도 마사이다
속세의 일   속세에 대한 경계 → 속세와의 단절을 지향함.

⇒ 세상의 어지러운 일들 듣도 보도 맙시다

제9수 : 벗과 함께 속세를 잊고자 하는 화자 〈제9수〉

방장산 기슭에서 신선님네 **만나신가**
벗이 있는 곳

⇒ 방장산 기슭에서 신선님네 만나시는가

얼핏이 보아든 내 말씀 전하소서

⇒ 얼핏 보시거든 내 말씀 전하소서

산중에 타시는 청학을 나도 타다 **어떠하리**
선계를 동경하는 화자의 마음

⇒ 산중에 타시는 청학 나도 탄들 어떠하리

제10수 : 벗을 따르고 싶어 하는 화자 〈제10수〉

달이 밝은 제는~경을 보고 그리노라 → 화자는 '달이 밝은 제'에는 잔을 들면서, '시절이 좋은 제'에는 서울(혹은 경치)을 보면서 '벗'을 그리워하고 있다.

사람이 덜 괴운 탓으로 잊힐 적이 적어라 → 화자는 자신이 '벗'을 충분히 사랑하지 못했기 때문에 '벗'이 잊히지 않는다고 고백하고 있다.

뫼는 첩첩하고~알아 두고 오락가락하노라 → 화자는 '고인'을 그리워하며 그의 집이 있던 곳을 보고자 하나 '뫼'와 '구름' 때문에 보지 못하고 있다. 즉, 세상을 떠난 '벗'의 집터라도 보고자 하나 '뫼'와 '구름'에 가려져 볼 수 없는 것이다. 이에 화자는 마음으로밖에 '벗'을 찾아갈 수 없는 상황을 말하며 안타까움을 드러내고 있다.

여기서 그리는 뜻을 저기서 아니 모르는가 → 화자는 자신이 '벗'을 그리워하는 마음을 벗이 모르지 않을 것이라고 생각하고 있다.

무던히 고운 님~다시 볼까 하노라 → '벗'과 이별하고도 '벗'을 다시 보고 싶어 하는 화자의 간절한 소망이 드러나고 있다.

상산의 채지하러 부디 넷이 가리런가 → 이는 상산사호라는 옛 고사를 인용한 것이다. 과거 진시황이 중국을 통일한 뒤 포악한 정치를 일삼자 상산의 깊은 산중에 네 사람의 선비가 난리를 피해 숨어 살고 있었다고 한다. 이들은 세상의 근심 걱정을 잊어버리기 위해 산에 살며 약초를 캐고 바둑을 두며 살고 있었는데, 세상 사람들이 이들을 상산사호(상산에 사는 머리 흰 네 노인)라고 했다고 전해진다.

상산의 채지하러~듣도 보도 마사이다 → 화자는 '벗'에게 속세의 일은 잊고 단둘이서 '상산'으로 가고 제안하고 있다. 상산사호의 네 노인처럼 넷이나 갈 필요 없이 오직 '벗'만 있으면 된다는 뜻으로, '벗'을 향한 화자의 각별한 애정이 드러나는 동시에 속세와 단절하고 자연에서의 삶을 추구하는 화자의 모습이 드러나고 있다.

방장산 기슭에서~청학을 나도 타다 어떠하리 → 화자는 죽은 '벗'이 신선을 만났는지를 물으며, 자신도 '벗'처럼 속세를 벗어나 살고자 하는 마음을 드러내고 있다.

STEP
03 작품 해제

01 | 주제

벗에 대한 그리움의 정

02 | 특징

① 시적 대상을 그리워하며 그에 대한 화자의 정서를 드러내는 화자 중심의 시

② 어미의 반복을 통해 운율을 형성함.

③ 설의적, 영탄적 어조를 통해 화자의 정서를 표현함.

03 | 작품 해제

이 작품은 화자가 그리워하는 벗에 대한 정을 노래한 시조로, 화자는 벗을 그리워하면서도 그의 인품을 흠모하며 자신이 추구하는 삶의 모습을 그리고 있다. 「월곡답가」는 월곡에게 보내는 답가라는 의미로, 화자는 임진왜란 당시 대구 의병장이었던 월곡 우배선을 벗으로 설정하여 그를 추모하고 있다. 월곡은 왜적에 맞서 백성들을 보살폈고 전란 이후에는 초야에 은둔하며 살아갔다. 화자는 월곡의 이러한 모습을 진정한 성현의 모습이라고 생각하며 그를 그리워하고, 월곡의 충의와 인품을 예찬하고 있는 것이다.

STEP
04 논문으로 만나는 출제자의 시선

「월곡답가」에서의 '월곡'

정훈의 「월곡답가」에서 '월곡'이라는 호를 가진 인물을 우리 역사 속에서 찾아보는 것은 「월곡답가」 뿐만 아니라 정훈의 작품 세계 전반을 이해하는 데 중요한 단서가 될 수 있다. 우리 역사 속에서 '월곡'이라는 호를 가진 인물 중 정훈의 생몰 연대(1563~1640년)와 일치하는 사람이 바로 월곡 우배선(1569~1621년)이다. 정훈과 우배선은 임란 병란의 양난기를 거치고 있다는 점에서 시기적으로 일치한다. 게다가 **우배선은 임란시 대구 지방 최고의 의병장으로서 당시에도 추앙을 받았던 인물**이다. 우배선은 당시 24세에 지나지 않았지만 1백 명 안팎의 소규모 의병진을 갖추고 최정산에서 왜적과 싸워 연전연승하며 위용을 떨친 바 있다. 이를 토대로 **우배선은 우국충정을 염원하는 인물들에게는 충의지사의 우상으로 각인되었을 것임을** 짐작할 수 있다. 실제로 정훈과 우배선이 교류를 했던 사이인지 아니면 정훈이 일방적으로 월곡을 흠모하였던 것인지는 기록이 남아 있지 않아 알 수 없으나, 「월곡답가」를 보면 한 인물에 대한 전폭적인 존경과 애정이 일관되게 나타남을 알 수 있다.

이와 같이 「월곡답가」를 '월곡 우배선'을 흠모하는 정훈의 시조로 읽는다면, 「월곡답가」에서 님을 그리는 화자는 시대의 현실에 맞서 싸우고 백성들을 보살피며 치열하게 살았던 충의지사로서의 월곡의 삶의 궤적과 그 정신을 따라가고자 하는 것으로 해석할 수 있다. 정훈의 「우희국사가」에서도 이와 같이 임란 당시 최고의 의병장들의 죽음을 안타까워하고 있어, 충의지사에 대한 정훈의 각별한 애착을 엿볼 수 있다. 특히 「월곡답가」의 아홉 번째 수에서 '세상의 어지러운 일을 듣지도 보지도 말고 우리 둘이 가자'라고 하는 것은 월곡과 정신적으로 연결되고자 하였던 정훈의 내적 세계를 보여 주는 대목이다. 따라서 「월곡답가」는 **외형상 님을 사모하는 노래이지만 내적인 기반에는 당대 현실에서 의병 활동에 앞장섰던 충의지사 월곡 우배선의 정신적 세계를 추앙하는 적극적인 현실 인식을 표출하는 작품**이라 할 수 있다.

'고인'의 의미

여기서 '벗'은 옛사람으로 그려지기도 하고 고인으로 그려지기도 한다. '고인'은 오래된 벗으로서의 의미도 있지만 죽은 사람이라는 의미를 지니기도 하는 것으로 보아, 정훈이 그리는 월곡은 이 작품을 지었을 당시 서로 교류를 하는 벗이었거나 아니면 흠모의 대상으로서 이미 죽은 사람이었을 수도 있다. 제목에서 '답가'라 한 것으로 보아 월곡이 보낸 편지나 기타 사건을 보고 그에 구체적으로 답하여 쓴 것일 수도 있으나 작품의 전반적인 내용으로 볼 때 이 작품은 월곡 사후에 그를 그리며 간절한 마음으로 심회를 표현하기 위해 쓴 것으로 보인다.

STEP 05 나BS 실전 문제

다음 글을 읽고 물음에 답하시오. [19.7.고3 교육청 기출]

(가)

어제 밤 불던 바람에 가을바람 소리가 완연(宛然)하다
외로운 베개와 이불에 깊이 든 밤 상사몽(相思夢) 훌쩍 깨여
㉠죽창(竹窓)을 반만 열고 막막히 앉아보니

[A]
창창한 만리장공 여름 구름이 흩어지고
천연한 이 강산에 찬 기운이 새로워라
심사도 서운한데 경치도 유감하다

[B]
정원에 부는 바람 이별의 한을 알리는 듯
추국(秋菊)에 맺힌 이슬 이별의 눈물을 머금은 듯

[C]
실 같은 버들 남쪽 봄 꾀꼬리 이미 돌아가고
소월비파 동정호에 가을 잔나비 슬피운다

[D]
임 여희고 썩은 간장 하마터면 끈치리라
삼춘(三春)에 즐기던 일 예련가 꿈이련가

(중략)

지척 동방 천 리되어 바라보기 묘연(杳然)하고
은하작교(銀河鵲橋) 끈쳤으니 건너갈 길 아득하다
㉡인정이 끈쳤으면 차라리 잊히거나
아름다운 자태거동 눈과 귀에 매여 있어
못 보아 병이 되고 못 잊어 원수로다
슬픔과 한이 가득한데 끝끝치 느끼워라
하물며 이는 ㉢추풍(秋風)에 이별의 마음을 부쳐내니
눈앞에 온갖 것이 전혀 다 시름이라
바람 앞에 지는 잎과 풀 속에 우는 짐승
무심히 듣게 되면 관계할 바 없건마는

[E]
아득한 이별의 한 간절한데 소리소리 근심소리라
아해야 술부어라 행여나 회포 풀까

　　　　　　　　　　　　- 작자 미상, 「추풍감별곡(秋風感別曲)」 -

(나)

녯 사름 이젯 사름 이목구비(耳目口鼻) ᄀᆞᆺ것마ᄂᆞᆫ
나 혼자 엇디 ᄒᆞ야 녯 사름을 그리ᄂᆞᆫ고
이제도 녯 사름 겨시니 긔 내 벗인가 ᄒᆞ노라

　　　　　　　　　　　　〈제1수〉

청송(靑松)으로 울흘 삼고 ㉣백운(白雲)으로 장(帳) 두로고
초옥삼간(草屋三間)이 숨어 겨신 져 내 벗님
흉중(胸中)에 사념(邪念)이 업스니 그를 ᄉᆞ랑ᄒᆞ노라

　　　　　　　　　　　　〈제4수〉

벗님 사ᄂᆞᆫ 땅을 싱각고 ᄇᆞ라보니
용추동(龍湫洞) 밧씌오 구룸ᄃᆞ리 우희로다
밤마다 외로운 ᄭᅮᆷ만 호자 ᄃᆞ녀 오노라

　　　　　　　　　　　　〈제5수〉

ᄆᆡ는 첩첩(疊疊)ᄒᆞ고 구룸은 자자시니
고인(故人)의 집 땅이 ᄇᆞ라도 볼셩업다
ᄆᆞ음만 길 알아 두고 오락가락 ᄒᆞ노라

　　　　　　　　　　　　〈제7수〉

㉤상산(商山)의 영지(靈芝) 캐러 구태여 넷이 가리런가
좃ᄎ 리 업슨듸 우리 둘이 가사이다
세상(世上)의 어즈러온 일들 듯도 보도 마사이다

　　　　　　　　　　　　〈제9수〉

　　　　　　　　　　　　- 정훈, 「월곡답가(月谷答歌)」 -

---

01. (가)와 (나)의 공통점으로 가장 적절한 것은?

① 대상에게 흠모의 정을 느끼는 화자가 부재하는 대상을 그리워하는 태도를 보이고 있다.
② 사랑하는 대상에게 외면당한 화자가 자신의 현실에 대해 체념하는 태도를 보이고 있다.
③ 세상 사람들에게 인정받지 못하는 화자가 세상에 대하여 냉소적인 태도를 보이고 있다.
④ 사모하는 대상을 지키지 못한 화자가 자신의 행동에 대해 후회하는 태도를 보이고 있다.
⑤ 인생의 덧없음을 느끼는 화자가 삶의 의미를 찾기 위해 자신을 성찰하는 태도를 보이고 있다.

02. ㉠~㉤에 대한 이해로 가장 적절한 것은?

① ㉠: 임과의 만남을 가능하게 하는 통로이다.
② ㉡: 돌아오지 않는 임을 원망하는 화자의 심정이다.
③ ㉢: 임에 대한 화자의 정서를 심화시키는 자연물이다.
④ ㉣: 화자와 임과의 만남을 방해하는 장애물이다.
⑤ ㉤: 화자가 연모하는 임과 함께 지내는 공간이다.

03. [A]~[E]에 대한 이해로 적절하지 <u>않은</u> 것은?

① [A] : 감각적 이미지를 활용하여 화자가 느끼는 계절의 변화에 대한 정서를 표현하고 있다.
② [B] : 동일한 문장 구조를 반복하여 화자의 정서와 조응하는 시적 분위기를 자아내고 있다.
③ [C] : 화자의 정서가 투영된 대상을 의인화하여 화자의 정서를 우회적으로 드러내고 있다.
④ [D] : 회상의 방식을 사용하여 과거와 달라진 현재 상황에서 느끼는 화자의 정서를 부각하고 있다.
⑤ [E] : 화자의 처지와 대비되는 대상을 활용하여 화자의 정서를 드러내고 있다.

04. 〈보기〉를 바탕으로 (나)를 감상한 내용으로 적절하지 <u>않은</u> 것은?

> **〈보기〉**
>
> '우도(友道)'란 벗을 사귀는 데 중요한 덕목으로, 사대부 시가에서 '우도'는 신의와 공경, 충효 등의 유교적 이념이나 풍류와 은거 등의 친자연적 삶의 모습과 같이 작가가 추구하는 가치를 드러내는 방식으로 활용되었다.
> 이 작품에서 작가는 임진왜란 때 의병장이었던 월곡 우배선을 벗으로 설정하고 있다. 월곡은 자신들의 안위를 위해 백성을 외면한 지배층과는 달리 왜적에 맞서 백성들을 보살폈고, 전란 후에는 벼슬에 연연하지 않고 초야에 은둔했던 삶을 살았다. 작가는 '우도'를 통해 월곡을 추모하며 충의를 중시했던 월곡의 내면에 동조하려는 의식을 보이고 있다.

① 〈제1수〉에서 작가는 의병장이었던 '월곡'을 '벗'으로 지칭함으로써 '월곡'의 삶을 긍정적으로 바라보는 자신의 인식을 드러내고 있군.
② 〈제4수〉에서 작가는 '초옥삼간'에서 '사념'이 없이 살고 있는 벗을 사랑한다고 표현함으로써 벗이 지향하는 가치를 높이 평가하고 있음을 드러내고 있군.
③ 〈제5수〉에서 작가는 벗이 있는 공간인 '구룸ᄃ리' 위를 '쑴'에서나마 다녀옴으로써 벗을 만나고 싶은 간절함을 드러내고 있군.
④ 〈제7수〉에서 작가는 벗의 '집'을 'ᄆᆡ'와 '구룸'에 묻혀 있는 은거의 공간으로 설정함으로써 'ᄆᆡ'와 '구룸'을 매개로 자신이 추구하는 친자연적 삶의 가치를 드러내고 있군.
⑤ 〈제9수〉에서 작가는 '우리'라는 시어를 통해 벗과의 동질감을 표현하며 '어즈러온 일'에 대한 경계를 나타냄으로써 현실에 대한 인식을 드러내고 있군.

5 | 두류산~, 요일월~, 대장부 공 이루고~

**수능 국어 대비
실전 국어 전형태**

STEP
01   OX 문제를 통한 지문 이해 훈련

나BS 수능특강 | **고전문학** ●

(가)
두류산 양단수를 예 듣고 이제 보니
도화 뜬 맑은 물에 산영*조차 잠겼어라
아희야 **무릉**이 어디오 나는 옌가 하노라

— 조식 —

*산영 : 산의 그림자.

(나)
요(堯)일월 순(舜)건곤은 **옛날**대로 있건마는
세상 인사는 어이 저리 달랐는고
이 몸이 늦게 난 줄을 못내 슬퍼하노라

— 김천택 —

(다)
　대장부 공 이루고 물러난 뒤에
　임천에 초당 짓고 만권 서책 옆에 쌓고 천금준마 솔질하여 보라매 길들여 두고 노복 시켜 밭 갈리고 절대가인 옆에 두고 금준*의 술을 부어 벽오동 거문고 새 줄 얹어 무릎에 얹고 남풍시 화답하여 강구연월*에 누웠으니
　보고 듣기 좋음과 마음의 즐거움은 이뿐인가 하노라

— 작자 미상 —

*금준 : 금으로 만든 술통.
*강구연월 : 번화한 거리에 달빛이 연기에 은은하게 비치는 모습. 또는 태평한 세상의 평화로운 풍경. 또는 태평한 세월.

OX문제

01 (가)는 명시적 청자에게 말을 건네는 방식으로 화자의 감정을 드러낸다. [2024학년도 수능]   (O / X)
02 (가)의 화자는 '두류산 양단수'를 바라보며, 이곳의 아름다움이 '무릉'보다 뛰어남을 예찬하고 있다.   (O / X)
03 (나)의 화자는 '옛날'과 달라진 '세상 인사'에 대한 탄식을 드러내고 있다.   (O / X)
04 (나)는 대조의 방식을, (다)는 열거의 방식을 활용하여 주제를 부각하고 있다. [2025학년도 6월]   (O / X)
05 (가), (나), (다)에서는 모두 영탄적 어조를 통해 대상에 대한 그리움을 부각하고 있다. [2026학년도 6월]   (O / X)

나BS _ 나 없이 EBS 풀지마라

STEP 02 지문 분석

나BS 수능특강 | 고전문학

과외식 해설

(가)

두 갈래로 흐르는 물줄기
두류산 양단수를 예 듣고 이제 보니
지리산의 다른 이름

■ : 공간적 배경

⇒ 지리산의 두 갈래 물을 옛날에 듣고 이제 와 보니

초장 : 두류산 양단수를 봄.

도화 뜬 맑은 물에 산영조차 **잠겼어라**
복숭아꽃   산 그림자

■ : 영탄법

⇒ 복숭아꽃이 떠내려가는 맑은 물에 산 그림자까지 잠겨 있구나

중장 : 두류산의 아름다움

무릉도원 : 현실 세계와 떨어진 평화롭고 아름다운 이상향 상징
「아희야 무릉이 어디오 나는 옌가 **하노라**」
말을 건네는 방식   지리산의 경치를 무릉도원에 비유함.

⇒ 아이야 무릉도원이 어디냐? 나는 여기인가 하노라

「 」: 자문자답의 형식

종장 : 두류산 양단수에 대한 예찬

- 조식 -

두류산 양단수를~산영조차 잠겼어라 → 두류산(지리산)의 양단수가 맑고 아름답다는 말만 듣고 직접 보지는 못했던 화자는 지금 복숭아꽃이 떠 있는 맑은 물에 산 그림자까지 비친 풍경을 보며 소문이 사실임을 확인하고 있다. 영탄적 표현을 사용하여 아름다움 풍경에 대한 만족감을 드러내고 있다.

아희야 무릉이 어디오 나는 옌가 하노라 → 화자는 두류산의 풍경을 무릉도원에 빗대어 현재 상황에 대한 만족감을 드러내고 있다. 자문자답의 형식을 통해 두류산이 속세가 아닌 이상향과 같은 공간임을 강조하고, 아름다운 경치에 대해 예찬하고 있다.

(나)

요(堯)일월 순(舜)건곤은 옛날대로 있건마는
요순시대(평화로운 시대인 요임금과 순임금의 시절)의 자연

초장 : 과거 모습 그대로인 자연

⇒ 요임금 때의 해와 달, 순임금 때의 하늘과 땅은 옛날 그대로 있건마는

세상 인사는 어이 저리 **달랐는고**
세상에서 벌어지는 일

중장 : 자연은 변함없지만 속세는 달라짐을 탄식함.

⇒ 세상의 사람 사는 모습은 어찌 저렇게 달라졌는가

이 몸이 늦게 난 줄을 못내 **슬퍼하노라**
늦게 태어나 요순시대를 누리지 못한 것

⇒ 이 몸이 늦게 태어난 것을 계속해서 슬퍼하노라

종장 : 불우한 시대에 대한 슬픔

- 김천택 -

요일월 순건곤은 옛날대로 있건마는 → 요임금과 순임금 시절의 자연이 예나 지금이나 변함없이 그대로 있음을 말하고 있다. 이는 오래전부터 이어져 온 자연의 모습이 지금도 달라지지 않았음을 드러낸 것이다.

세상 인사는 어이 저리 달랐는고~못내 슬퍼하노라 → 화자는 예전과 다르지 않은 자연과 달리, 세상 사람들의 삶과 사회 질서는 크게 달라졌음을 탄식하고 있다. 이는 요순시대의 이상적인 사회와 대비되는 혼란스럽고 부조리한 현실에 대한 비판적 인식을 드러낸 것이다. 이에 화자는 자신이 혼란한 시대에 태어났음에 대한 슬픔과 탄식을 드러내며, 영탄적 표현을 통해 이를 강조하고 있다.

(다)

대장부 공 이루고 물러난 뒤에

초장 : 대장부가 공을 이룸.

⇒ 대장부가 공을 이루고 (세상에서) 물러난 뒤에

억새나 짚 따위로 지붕을 인 조그마한 집채
임천에 초당 짓고 만권 서책 옆에 쌓고 천금준마 솔질하여 보라매 길
숲속의 샘, 세상을 버리고 은둔하기 알맞은 곳(=자연)   ↳ 천금의 값이 나갈 만큼 썩 좋은 말

⇒ 자연에 초가집을 짓고 수많은 책을 곁에 쌓고, 값비싼 좋은 말을 돌보고 보라매를 길들여 두고, 종을 시켜 밭을 갈게 하고 뛰어난 미인을 곁에 두고, 금잔에 술을 부어 벽오동 나무 거문고에 새 줄을 얹어 무릎에 올려놓고, 남풍시에 화답하는 시를 읊으며 태평한 세월 속에 누워 있으니

금으로 만든 술통
들여 두고 **노복** 시켜 밭 갈리고 절대가인 옆에 두고 금준의 술을 부
사내종   세상에 견줄 만한 사람이 없을 정도로 뛰어나게 아름다운 여인

순임금이 백성들의 평안을 바라며 지어 부른 노래
어 벽오동 거문고 새 줄 얹어 무릎에 얹고 남풍시 화답하여 **강구연월**
번화한 거리에 달빛이 연기에 은은하게 비치는 모습,
태평한 세상의 평화로운 풍경, 태평한 세월

대장부 공 이루고~강구연월에 누웠으니 → 대장부로서 큰 공을 이룬 뒤 벼슬에서 물러난 화자의 상황이 제시되고 있다. 임천(자연)에 초당(초가집)을 짓고 책·말·매(사냥에 씀)·노복·미인·술·거문고 등을 갖춘 생활을 열거함으로써, 풍요롭고 여유로운 삶의 모습을 부각하고 있다. 이를 통해 세속적 성취 이후에 도달한 태평한 시기, 즉 화자가 '강구연월(태평세월)'로 인식하는 이상적이고 평화로운 시간을 구체적으로 드러내고 있다.

에 누웠으니

보고 듣기 좋음과 마음의 즐거움은 이뿐인가 하노라

중장 : 평화로운 세월을 보냄.

종장 : 평화로운 삶에 대한 만족감

⇒ 보고 듣는 즐거움과 마음의 기쁨은 이뿐인가 하노라

- 작자 미상 -

보고 듣기 좋음과 마음의 즐거움은 이뿐인가 하노라 → 화자는 현재 자신이 누리고 있는 삶이 보고 듣는 즐거움과 마음의 만족을 모두 충족시키는 상태임을 영탄적으로 표현하고 있다. 이는 대장부의 공을 이룬 이후에 맞이한 삶을 긍정적으로 인식하며, 자족감을 느끼고 있음을 강조하는 구절이다.

STEP 03 작품 해제

01 | 주제

(가) 지리산 양단수의 절경 예찬
(나) 혼란스러운 시대에 대한 탄식
(다) 대장부의 삶에 대한 만족감

02 | 특징

(가)
① 자연 속에 묻혀 지리산의 아름다운 풍경을 감상하고 예찬하는 화자 중심의 시
② 지리산을 무릉도원에 빗대어 그 아름다움을 예찬함.
③ 말을 건네는 방식, 자문자답 형식을 통해 경치에 대한 감탄의 정서를 강조함.
(나)
① 변함없는 자연과 달리 바뀌는 속세에 탄식하고 자신의 처지를 한탄하는 화자 중심의 시
② 과거와 현재를 대비하여 주제 의식을 강조함.
③ 영탄적 표현을 통해 상황에 대한 화자의 탄식과 한탄을 드러냄.
(다)
① 공을 이룬 이후의 평화로운 삶을 제시하여 만족감을 드러낸 화자 중심의 시
② 여러 대상을 열거하여 화자의 상황을 구체화함.
③ 영탄적 표현을 통해 현재의 삶에 대한 화자의 만족감을 강조함.

03 | 작품 해제

(가) 두류산은 지리산의 다른 이름으로, 이 작품은 지리산의 뛰어난 경치를 무릉도원이라는 이상적 공간에 빗대어 그 아름다움을 예찬한 시조이다. 화자는 말로만 듣던 지리산 양단수의 맑은 경치를 직접 마주하며, 물 위에 떠 있는 복숭아꽃을 단서로 그곳을 무릉도원과 같은 이상향으로 인식한다. 이를 통해 자연의 아름다움에 대한 감탄과 자연 속에 묻힌 삶에 대한 만족감을 함께 드러내고 있다.

(나) 이 작품은 요임금과 순임금이 다스리던 태평성대를 떠올리며, 그 시대와 달라진 현실을 대비해 혼란스러운 세상에 대한 탄식을 드러낸 시이다. 자연의 질서인 해와 달, 하늘과 땅은 예나 지금이나 변함이 없지만, 세상 사람들의 삶과 사회 질서는 크게 달라졌다며 현실의 부조리함을 부각한다. 이러한 대비를 바탕으로 화자는 자신이 요순시대와 같은 이상적인 시대가 아닌 혼란한 시대에 태어난 것을 슬퍼하며 자신의 처지를 한탄하고 있다.

(다) 이 작품은 작자 미상의 사설시조로, 대장부가 사회적인 공을 이룬 뒤 벼슬에서 물러나 임천에 초당을 짓고 살아가는 모습을 그리고 있다. 화자는 자신이 누리는 일상을 열거하며, 의식주와 정서적 영역 모두에서 결핍이 없는 풍요롭고 여유로운 삶을 구체적으로 제시한다. 이러한 삶은 화자가 '강구연월'로 인식하는 태평한 세월로, 세속적 성취 이후에 도달한 이상적이고 평화로운 시간이다. 이를 통해 화자는 공을 이룬 뒤 물러나 누리는 삶에 대한 깊은 만족감과 자족감을 드러내고 있다.

6 | 눈 맞아 휘어진~, 연못에 비 오는~, 임으란 회양~

STEP 01 OX 문제를 통한 지문 이해 훈련

나BS 수능특강 | **고전문학** ●

(가)
눈 맞아 휘어진 대를 뉘라셔 굽다던고
굽을 절이면 눈 속에 푸를쏘냐
아마도 세한고절(歲寒孤節)*은 너뿐인가 하노라

　　　　　　　　　　　　　　　　　　　　- 원천석 -

(나)
연(蓮)못에 비 오는 소리 그 무엇이 놀랍관데
임 보러 가던 꿈이 못 보고 깨돗던고
잎 위에 구슬만 담겨 눈물 듣듯 하더라

　　　　　　　　　　　　　　　　　　　　- 작자 미상 -

(다)
　임으란 회양 금성 오리나무 되고 나는 삼사월 츩넝쿨이 되어
　그 나무에 그 츩이 납거미 나비 감듯 이리로 칭칭 저리로 칭칭 외오 풀어 옳게 감아 얽어지고 틀어져 밑부터 끝까지 조금도 빈틈없이 찬찬 굽이 나게 휘휘 감겨 주야장상(晝夜長常) 뒤틀어져 감겨 있어
　동(冬) 섣달 바람 비 눈서리를 아무리 맞은들 떨어질 줄 있으랴

　　　　　　　　　　　　　　　　　　　　- 이정보 -

*세한고절 : 추운 계절에도 혼자 지키는 절개.

OX문제

01 (가)의 화자는 부정적 인식을 심화하여 중심 제재와의 정서적 거리를 부각하고 있다. [2023학년도 수능]　　(O / X)
02 (나)는 '비 오는 소리'에서 '눈물'이 떨어지는 소리를 연상하여 애상에 잠기고 있다.　　(O / X)
03 (나)와 (다)는 자연물의 속성에 빗대어 화자의 의지를 드러내고 있다. [2012학년도 9월]　　(O / X)
04 (가)의 '눈'과 (다)의 '눈서리'는 모두 화자가 과거에 겪은 고난과 시련을 상징한다.　　(O / X)
05 (가), (나), (다)는 모두 의문형 어미를 활용하여 화자의 정서를 강조하고 있다. [2019학년도 9월]　　(O / X)

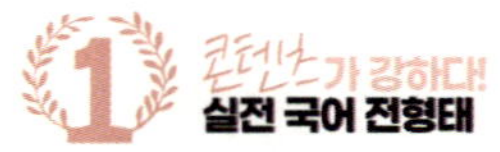

(가)

눈 맞아 휘어진 대를 뉘라셔 **굽다던고**   : 설의법
고난, 시련 / 계절적 배경(겨울)

초장 : 시련을 겪는 대나무의 절개

⇒ 눈을 맞아 휘어진 대나무를 누가 굽었다고 하던가?

굽을 절이면 눈 속에 **푸를쏘냐**
색채어 → 대나무의 절개 제시

중장 : 굽히지 않는 대나무의 절개

⇒ 굽어질 절개였으면 눈 속에서 무를 수 있었겠느냐?

아마도 세한고절(歲寒孤節)은 너뿐인가 하노라
대나무 / 의인법

종장 : 추위를 이겨 내는 대나무의 절개 예찬

- 원천석 -

⇒ 아마도 추운 계절에 절개를 지키는 이는 너뿐인가 하노라

(나)

연(蓮)못에 비 오는 소리 그 놀랍관데
청각적 심상

초장 : 비 오는 날 연못에 떨어지는 빗소리

⇒ 연못에 비 오는 소리(를 듣고) 그 무엇이 놀랍게 하기에

임 보러 가던 꿈이 못 보고 깨돗던고
임을 향한 그리움   빗소리에 놀라 잠에서 깬 화자

액체가 방울져 떨어지듯   **중장 : 임의 꿈을 꾸다 깬 화자**

잎 위에 구슬만 담겨 「눈물 듣듯 하더라」 「」: 화자의 감정 이입
연잎 위의 빗방울   화자의 정서 = 슬픔

종장 : 임을 향한 그리움에 눈물짓는 화자

- 작자 미상 -

⇒ 임을 보러 가던 꿈이 못 보고 깨었는가

⇒ (연)잎 위에 빗물이 고여 눈물이 방울져 떨어지는 듯하더라

(다)

    : 임 /   : 화자

임으란 회양 금성 **오리나무** 되고 **나**는 삼사월 **칡넝쿨**이 되어
화자가 애정을 보이는 대상

초장 : 임이 오리나무가 되고, 자신이 칡넝쿨이 되었다는 가정

그 나무에 **그 칡**이 **납거미 나비** 감듯 이리로 **칭칭** 저리로 **칭**

□ : 음성 상징어 → 칡넝쿨이 나무를 감고 있는 모습을 실감나게 나타냄.

칭 외오 풀어 옳게 감아 얽어지고 틀어져 밑부터 끝까지 조금도

빈틈없이 **찬찬** 굽이 나게 **휘휘** 감겨 주야장상(晝夜長常) 뒤틀어
밤낮으로 내내 변함없이

⇒ 임은 회양 금성의 오리나무가 되고 나는 삼사월의 칡넝쿨이 되어

⇒ 그 나무에 그 칡넝쿨이 (마치) 거미가 나비를 감듯 이리로 칭칭 저리로 칭칭 매우 단단히 올려 감아 얽어지고 틀어져 밑부터 나무 끝까지 조금도 빈틈이 없이 찬찬 굽이 나게 휘휘 감겨 밤낮으로 내내 뒤틀어져 감겨 있어

눈 맞아~너뿐인가 하노라 → 화자는 눈을 맞아 휘어졌음에도 여전히 푸른 대나무를 보며, 변치 않는 대나무의 절개에 감탄하고 있다. 한편, 작가 원천석이 고려 말의 충신이었음을 고려할 때 '눈'은 자신을 압박하던 당시의 정세 혹은 정적, '대나무'는 고려를 향한 충정을 거두지 않았던 스스로를 빗댄 표현으로 이해할 수 있다. 화자는 압박으로 인해 '휘어진'다 한들 절개를 굽히지는 않겠다며, 앞으로도 고려 왕조를 향한 충심을 이어나갈 것임을 말하고 있다.

연못에~깨돗던고 → 연못 위로 내리는 빗소리에 깜짝 놀라 잠에서 깬 화자의 모습이 제시되고 있다. 이때 화자가 '임 보러 가던 꿈'을 꾸고 있었다는 점에서 임을 향한 그리움의 정서를 느낄 수 있으며, '임'이 부재한 상황임을 유추할 수 있다. 한편, '임 보러 가던 꿈'에서조차 연못의 비 오는 소리의 방해로 인해 임을 보지 못하고 깬 화자의 상황이 제시되어 임을 향한 절절한 그리움이 부각되고 있다.

잎 위에~듣듯 하더라 → 화자는 연잎 위로 떨어져 맺힌 빗방울들을 '구슬'에 빗대어 표현하며, 마치 눈물이 방울져 떨어지는 듯하다고 말하고 있다. 이는 '임'이 부재한 상황에서 임에 대한 그리움의 정서가 심화되어, 화자가 느끼는 슬픔이 이입된 것으로 이해할 수 있다. 즉, 연잎 위로 떨어져 고이는 빗방울은 화자의 정서를 드러내는 객관적 상관물인 것이다.

임으란 회양~칡넝쿨이 되어 → 화자는 '임'이 '오리나무'가 되고 자신은 생명력 넘치는 봄날의 '칡넝쿨'이 된 상황을 가정하고 있다. 이때 '회양 금성'은 강원도 지역의 실제 지명으로 시에 사실감을 더한다.

그 나무에~뒤틀어져 감겨 있어 → 칡넝쿨이 나무를 휘감아 덮고 있는 모습을 비유법과 음성 상징어 등을 활용해 실감나게 표현하고 있다. 앞서 '오리나무'는 임, '칡넝쿨'은 화자 본인이라 가정하였으므로 이는 임과 가까이 붙어 떨어지고 싶지 않아 하는 화자의 간절한 마음을 드러내는 것이라고 이해할 수 있다.

져 감겨 있어

중장 : 나무를 감은 칡넝쿨이 되어 임과 함께 하고픈 마음

겨울
동(冬) 섣달 바람 비 눈서리를 아무리 맞은들 떨어질 줄 있으

역경과 시련 → 임과의 관계를 방해하는 장애물   '임'을 향한 화자의 애정

종장 : 시련 속에서도 변함없을 사랑에 대한 다짐

랴

⇒ 동지 섣달 바람과 비, 눈서리를 아무리 맞은들 떨어질 리 있으랴

동 섣달~떨어질 줄 있으랴 → 화자는 설의법을 통해, 섣달(음력 12월)의 바람과 비 그리고 눈서리를 맞더라도 나무로부터 떨어지지 않겠다는 의지를 드러내고 있다. 이는 임과 자신의 사이를 방해하는 어떤 역경과 시련 속에서도 임과 함께 할 것이라는 의지의 표출로, 임을 향한 화자의 변함없는 애정을 강조하는 것이다.

– 이정보 –

01 | 주제

(가) 시련 속에서도 굽히지 않는 절개
(나) 임을 향한 그리움
(다) 임과 영원히 함께 하고 싶은 마음

02 | 특징

(가)
① 눈 덮인 대나무를 바라보며 절개를 다짐하는 대상 중심의 시
② 계절을 드러내는 시어를 사용하여 시적 분위기를 조성함.
③ 상징적인 시어와 색채어를 사용하여 시적 의미를 부각함.
(나)
① 임을 향한 그리움과 애상을 드러내는 화자 중심의 시
② 감각적 심상과 비유법을 통해 시상을 감각적으로 전개함.
③ 객관적 상관물과 감정 이입을 통해 화자의 정서를 전달함.
(다)
① 사랑하는 임과 영원히 함께하고 싶어 하는 소망을 노래한 화자 중심의 시
② 임과 화자 자신을 각각 오리나무와 칡넝쿨에 빗대어 시상을 전개함.
③ 음성 상징어와 비유법, 열거법을 사용하여 화자의 간절한 소망을 드러냄.

03 | 작품 해제

(가) 이 작품은 눈 맞은 대나무를 바라보며 결코 굽히지 않는 절개를 떠올리는 평시조이다. 작품이 창작된 시대적 배경과 시인의 신분을 고려했을 때, 상징적 시어를 통해 정세의 압박 속에서도 고려를 향한 충절을 다짐하는 화자 자신의 모습을 나타낸 것으로 볼 수 있다.

(나) 이 작품은 임을 향한 그리움과 그로 인한 슬픔의 정서가 드러나는 평시조이다. 임을 보러 가던 꿈을 꾸다 빗소리에 놀라 잠에서 깨어난 화자는, 연잎 위로 떨어져 맺히는 빗물이 마치 눈물이 흐르는 것 같다며 애상에 잠기고 있다. 시·청각적 심상과 비유법을 통해 감각적으로 시상을 전개하여 화자의 그리움을 효과적으로 그려 내고 있다.

(다) 이 작품은 사랑하는 임과 떨어지고 싶지 않아 하는 화자의 간절한 소망과 의지를 드러낸 사설시조로, 임과 화자 자신을 나무와 칡넝쿨, 나비와 거미 등에 빗대어 표현한 것이 특징이다. 화자는 칡넝쿨이 나무를 칭칭 감아 떨어지지 않는 모습을 다양하게 나열하여 어떤 역경이나 시련 속에서도 임과 함께하고자 하는 마음을 나타내고 있다.

7 송순, 면앙정가

수능 국어 대비
실전 국어 전형태

STEP
01 OX 문제를 통한 지문 이해 훈련

ㄴBS 수능특강 | 고전문학

무등산 한 줄기 동쪽으로 뻗어 있어
멀리 떨쳐 와 제월봉이 되었거늘
넓은 들판에 무슨 짐작 하느라
일곱 굽이 한데 모아서 문득문득 벌였는 듯
가운데 굽이는 구멍에 든 늙은 용이
선잠을 갓 깨어 머리를 얹었으니
너럭바위 위에 송죽(松竹)을 헤치고
정자를 얹었는데 구름 탄 **청학**이
천 리를 가리라 두 날개 벌였는 듯
옥천산 용천산 내린 물이
정자 앞 넓은 들에 올올이 펼친 듯이
넓거든 길지 말든지 푸르거든 희지 말든지
쌍룡이 뒤트는 듯 **긴 비단**을 펼친 듯
어디로 가느라고 무슨 일 바빠서
내닫는 듯 따르는 듯 밤낮으로 흐르는 듯
물가의 모래밭은 눈같이 펼쳤는데
어지러운 기러기는 무엇을 어르노라
앉았다 날았다 모였다 흩어졌다
갈대꽃 사이 두고 울면서 따르는가
넓은 길 바깥이요 긴 하늘 아래에
두르고 꽂은 것은 산인가 병풍인가
그림인가 아닌가 높은 듯 낮은 듯
끊는 듯 잇는 듯 숨거니 뵈거니
가거니 머물거니 어지러운 가운데
이름난 양하여 하늘도 두려워 않고
우뚝이 섰는 것이 추월산 머리 이루고

용귀산 봉선산 불대산 어등산
용진산 금성산이 허공에 벌였으니
원근의 푸른 절벽에 머문 것도 많기도 많구나
흰 구름 뿌연 연하(煙霞) 푸른 것은 산람(山嵐)이라
수많은 바위 골짜기를 제집으로 삼아 두고
나면서 들면서 아양도 떠는구나
오르거니 내리거니 하늘로 떠나거니
광야로 건너거니
푸르락 붉으락 옅으락 짙으락
석양과 섞이어 가랑비마저 뿌리네
가마를 급히 타고 솔 아래 굽은 길로
오며 가며 하는 때에
녹양에 우는 꾀꼬리 교태 겨워하는구나
나무 풀 우거지어 녹음이 짙어진 때
기다란 난간에서 긴 졸음을 내어 펴니
물 위의 서늘한 바람은 그칠 줄을 모르는가
된서리 걷힌 후에 산빛이 금수(錦繡)로다
황운(黃雲)은 또 어찌 만경(萬頃)에 펼쳤는가
어부 피리도 흥에 겨워 달을 따라 부는구나
초목이 다 진 후에 강산이 묻혔거늘
조물주 헌사하여 빙설로 꾸며 내니
경궁요대*와 옥해은산*이 눈 아래 벌였구나
천지가 풍성하여 간 데마다 승경(勝景)이로다
인간 세상 떠나와도 내 **몸이 쉴 틈 없다**
이것도 보려 하고 저것도 들으려 하고
바람도 쐬려 하고 달도 맞으려 하고

밤일랑 언제 줍고 고기는 언제 낚고
사립문 뉘 닫으며 진 꽃일랑 뉘 쓸려뇨
아침 시간 모자라니 저녁이라 싫을쏘냐
오늘이 부족하니 내일이라 넉넉하랴
이 산에 앉아 보고 저 산에 걸어 보니
번거로운 마음에도 버릴 일이 전혀 없다
쉴 사이 없는데 오는 길을 알리랴
다만 지팡이가 다 무디어 가는구나
술이 익었으니 벗이야 없을쏘냐
부르며 타이며 혀이며 이아며*
온갖 소리로 취흥을 재촉하니
근심이라 있으며 시름이라 붙었으랴
누웠다가 앉았다가 굽혔다가 젖혔다가
읊다가 휘파람 불다가 마음 놓고 노니
천지도 넓디넓고 세월도 한가하다
태평성대 몰랐는데 이때가 그때로다
신선이 어떠한가 이 몸이 그로구나
강산풍월 거느리고 내 백 년을 다 누리면
악양루* 위의 이백이 살아온들
호탕한 회포는 이보다 더할쏘냐
이 몸이 이러함도 역군은(亦君恩)이샷다

*산람 : 산 아지랑이.
*경궁요대 : 아름다운 구슬로 장식한 집과 누각. 여기서는 눈 덮인 산천을 아름답게 표현한 말임.
*옥해은산 : 옥같이 맑은 바다와 은빛의 산. 여기서는 눈이 내려 산천이 하얗게 변한 모습을 아름답게 표현한 말임.
*부르며 타이며 혀이며 이아며 : 노래를 부르게 하며, 악기를 타고 또 켜게 하며, 악기를 흔들며.
*악양루 : 중국 동정호(洞庭湖)에 있는 누각으로, 당나라 시인 이백이 시를 지으면서 풍류를 즐긴 곳.

OX문제

01 역사적 인물을 호명하여 회고적 분위기를 조성하고 있다. [2020학년도 9월] (O / X)

02 계절의 변화를 통해 과거와 대비되는 현재의 상황을 드러내고 있다. [2020학년도 6월] (O / X)

03 의문형 어미를 활용하여 화자의 정서를 강조하고 있다. [2019학년도 9월] (O / X)

04 하늘을 나는 '청학'의 모습을 '쌍룡'과 '긴 비단'에 빗대어 역동적으로 표현하고 있다. (O / X)

05 화자는 '인간 세상'에서 벗어나도 '몸이 쉴 틈 없'고 '번거로운 마음'이 든다며 속세를 향한 미련을 드러내고 있다. (O / X)

나BS _ 나 없이 **EBS** 풀지마라

STEP 02 지문 분석

나BS 수능특강 | **고전문학** ●

무등산 한 줄기 동쪽으로 뻗어 있어 / 멀리 떨쳐 와 제월봉이 되었거늘

넓은 들판에 무슨 짐작 하느라 / 일곱 굽이 한데 모아서 문득문득 벌였는 듯
　　　　　　　의인법(주체 : 제월봉)
　　　　　　　　　　　깊이 들지 못하거나 흡족하게 이루지 못한 잠
「가운데 굽이는 구멍에 든 늙은 용이 / 선잠을 갓 깨어 머리를 얹었으니」
　「」: 일곱 굽이 중 가운데 굽이를 용이 머리를 얹은 모습에 비유

너럭바위 위에 송죽(松竹)을 헤치고 / 정자를 얹었는데 구름 탄 청학이
넓고 평평한 바위　　　　　　　　　　　　　　푸른 학 → 면앙정 비유

천 리를 가리라 두 날개 벌였는 듯
　　　　　면앙정의 지붕
　　　　　　　　　　　　　　서사 : 제월봉의 위치, 형세와 면앙정의 모습

옥천산 용천산 내린 물이 / 정자 앞 넓은 들에 올올이 펼친 듯이
　　　　　　　　　　　　　끊임없이

넓거든 길지 말든지 푸르거든 희지 말든지
　　　정철 「관동별곡」에 영향을 준 표현

쌍룡이 뒤트는 듯 긴 비단을 펼친 듯
면앙정 앞에 흐르는 시냇물을 '쌍룡'과 '긴 비단'에 비유

어디로 가느라고 무슨 일 바빠서 / 내닫는 듯 따르는 듯 밤낮으로 흐르는 듯
　　　　　　　　　　　　　'는 듯' 반복 → 운율 형성
　　　　　　　　　　　　　본사 1-① : 면앙정 앞 시냇물의 모습

물가의 모래밭은 눈같이 펼쳤는데 / 어지러운 기러기는 무엇을 어르노라
　　　　　　　　　　　　　　　　짝짓기를 하느라

앉았다 날았다 모였다 흩어졌다 / 갈대꽃 사이 두고 울면서 따르는가
　　　　　　　　　　　　　본사 1-② : 물가를 나는 기러기의 교태

넓은 길 바깥이요 긴 하늘 아래에

두르고 꽂은 것은 산인가 병풍인가 / 그림인가 아닌가 높은 듯 낮은 듯
　　　　　　　　□ : 면앙정 주위의 산봉우리들 비유

끊는 듯 잇는 듯 숨거니 뵈거니 / 가거니 머물거니 어지러운 가운데

이름난 양하여 하늘도 두려워 않고 / 우뚝이 섰는 것이 〈추월산 머리 이루고
유명한 체하여
　　　　　　　　　　〈 〉: 열거법 → 면앙정 주변의 산들을 나열함.
용귀산 봉선산 불대산 어등산 / 용진산 금성산이〉 허공에 벌였느니

원근의 푸른 절벽에 머문 것도 많기도 많구나
　　　　　　　　　　　　　본사 1-③ : 면앙정 주변의 산봉우리들

무등산 한 줄기~선잠을 갓 깨어 머리를 얹었으니
→ 「면앙정가」는 면앙정 주변의 산수와 사계절의 풍경을 노래한 가사라는 뜻으로, 이때 '면앙정'은 무등산의 동쪽 산맥 끝에 자리한 제월봉 한 자락에 위치하고 있다. 화자는 이러한 제월봉의 위치와 형세를 비유적 표현을 통해 생동감 있게 보여 주고 있다.

너럭바위 위에~두 날개 벌였는 듯 → 비유법이 빈번하게 사용되는 경우, 원관념과 보조 관념이 무엇인지 정확하게 체크해 두어야 한다. 평가원에서는 시 문학에서 비유에 대해 집요하게 물어보기 때문이다. '청학'은 정자, 즉 면앙정을 빗댄 표현이며, 이러한 '청학'의 '두 날개'는 면앙정의 지붕을 빗댄 표현이다. 좀 더 세밀하게 본다면, '구름 탄 청학이 두 달개를 벌'인 듯한 모습이 바로 '면앙정'의 모습이다.

옥천산 용천산 내린 물이~밤낮으로 흐르는 듯 → 면앙정 앞에 흐르는 시냇물의 모습을 대구법, 비유법 등의 표현법을 활용하여 역동적으로 그려 내고 있다. '뒤트는 쌍룡'과 '펼쳐진 긴 비단'은 구불구불 흐르는 시냇물의 모습을 나타내기 위한 보조 관념에 해당한다. 참고로 '넓거든 길지 말든지 푸르거든 희지 말든지'는 해당 작품이 정철의 「관동별곡」에 영향을 줬음을 보여 주는 구절로, 정철은 이를 빌려 '묽거든 조티 마나 조커든 묽디 마나'와 같이 표현하였다.

물가의 모래밭은~울면서 따르는가 → 화자의 시선이 면앙정 앞 모래밭에서 물가를 나는 기러기로 이동하고 있다. '모래밭'의 보조 관념으로 '눈'을 제시하고, 이러한 모래밭에서 기러기가 '앉았다 날았다 모였다 흩어'지며 날아다니는 모습을 실감나게 묘사하고 있다.

넓은 길 바깥이요~머문 것도 많기도 많구나 → 면앙정에서 시냇물, 기러기와 같은 근경을 감상하던 화자는 '병풍', '그림'처럼 펼쳐진 면앙정 주위의 산봉우리들로 시선을 옮기고 있다. 이를 통해 화자의 시선이 근경에서 원경으로 이어지고 있음을 알 수 있다. 또한 비유법, 설의법 등을 통해 하늘 아래 넓게 펼쳐진 아름다운 산봉우리의 모습을 생동감 있게 묘사하고 있다.

흰 구름 뿌연 연하(煙霞) 푸른 것은 산람(山嵐)이라
　　　　　안개와 노을　　　　　　　산 아지랑이　　　■ : 계절감을 나타내는 소재

수많은 바위 골짜기를 제집으로 삼아 두고 / 나면서 들면서 아양도 떠는구나

오르거니 내리거니 하늘로 떠나거니 / 광야로 건너거니

푸르락 붉으락 옅으락 짙으락 / 석양과 섞이어 가랑비마저 뿌리네

가마를 급히 타고 솔 아래 굽은 길로
화자의 신분 암시

오며 가며 하는 때에 / 녹양에 우는 꾀꼬리 교태 겨워하는구나
　　　　　　　　　잎이 푸르게 우거진 버드나무
　　　　　　　　　　　　　　　　　　　　　　　　　　본사 2-① : 면앙정의 봄 경치

나무 풀 우거지어 녹음이 짙어진 때 / 기다란 난간에서 긴 졸음을 내어 펴니
　　　　　푸른 잎이 우거진 나무나 수풀

물 위의 서늘한 바람은 그칠 줄을 모르는가
　　　　　　　　　　　　　　　　　　　　　　　본사 2-② : 면앙정의 여름 경치

　　　　　　　　　　　　　　　　　　　　　넓은 들
된서리 걷힌 후에 산빛이 금수(錦繡)로다 황운(黃雲)은 또 어찌 만경(萬頃)에 펼쳤는가
　　　　　　　수를 놓은 비단　　　누런 빛깔의 구름 → 넓은 들판에 벼가 누렇게 익은 모습을 비유적으로 이름.

어부 피리도 흥에 겨워 달을 따라 부는구나
　　　　　　　화자의 감정 이입
　　　　　　　　　　　　　　　　　　　　　　본사 2-③ : 면앙정의 가을 경치

초목이 다 진 후에 강산이 묻혔거늘

조물주 헌사하여 빙설로 꾸며 내니 / 경궁요대와 옥해은산이 눈 아래 벌였구나
　　　　　　　얼음과 눈　　　　눈 덮인 산천의 모습을 아름답게 표현한 말

천지가 풍성하여 간 데마다 승경(勝景)이로다
　　　　　　　뛰어난 경치
　　　　　　　　　　　　　　　　　　　　　　본사 2-④ : 면앙정의 겨울 경치

인간 세상 떠나와도 내 몸이 쉴 틈 없다
　　속세 → 화자가 머무는 자연과 대비되는 공간

　　　　　　　　　　　　　　　　《 》: 대구법 → 자연을 즐기느라 몸이 쉴 틈이 없음을 강조.
《이것도 보려 하고 저것도 들으려 하고 / 바람도 쐬려 하고 달도 맞으려 하고

밤일랑 언제 줍고 고기는 언제 낚고 / 사립문 뉘 닫으며 진 꽃일랑 뉘 쓸려뇨》

아침 시간 모자라니 저녁이라 싫을쏘냐 / 오늘이 부족하니 내일이라 넉넉하랴
　　　　설의법 → 자연을 완상할 시간이 부족할 정도로 자연 속에서의 삶이 즐거움을 강조

이 산에 앉아 보고 저 산에 걸어 보니 / <u>번거로운 마음</u>에도 버릴 일이 전혀 없다
　　　　　　　　　　　　　　자연을 즐기느라 바쁜 마음 → 긍정적 의미

쉴 사이 없는데 오는 길을 알리랴

다만 지팡이가 다 무디어 가는구나
　　자연을 완상하러 다니느라 분주했음을 드러냄.
　　　　　　　　　　　　　　　　　　결사 1 : 속세를 떠나 자연을 즐기는 생활

흰 구름 뿌연 연하~교태 겨워하는구나 → '산람', '녹양', '꾀꼬리'는 봄의 계절감을 드러내는 소재이다. 화자는 이러한 계절적 표현과 '흰', '푸른' 등의 색채 대비를 통해 면앙정에서 바라 본 봄날의 경치를 생생하게 보여 주고 있다. 또한 '구름'이 수많은 바위 골짜기를 '제집으로 삼'고, '아양'을 떤다고 표현한 것과 '꾀꼬리'가 교태를 부린다는 것에서 감정 이입과 의인법을 확인할 수 있다.

나무 풀 우거지어~그칠 줄을 모르는가 → '녹음'은 나무가 우거진 짙은 수풀로 여름을 상징하는 시어이다. 이를 통해 계절적 배경이 봄에서 여름으로 바뀌었음을 알 수 있다. 푸르게 우거진 나무에 둘러싸인 면앙정에서 잠을 자는 화자의 모습을 통해 자연 속에서 여유롭게 살아가는 삶의 태도가 드러나고 있다.

된서리 걷힌 후에~달을 따라 부는구나 → '서리'와 '황운'은 가을의 계절감을 준다. 화자는 면앙정에서 가을 경치를 보며 느끼는 즐거움에 대해 노래하고 있다. 이때 가을날 '산빛'을 비단에 은유하여 면앙정에서 바라보는 풍경을 예찬하고 있으며, 들려오는 '어부 피리' 소리에 자신의 감정을 이입하여 흥에 겹다고 표현하고 있다.

초목이 다 진 후에~승경이로다 → '빙설'은 겨울의 계절감을 준다. 화자는 눈으로 뒤덮인 면앙정 근처의 모습을 '경궁요대'와 '옥해은산'으로 표현하여 겨울날의 풍경을 아름답게 묘사하고 있다. 또한 '-구나'의 종결 어미를 사용하여 면앙정에서 바라본 겨울날의 경치에 대한 감탄을 드러내고 있다.

인간 세상 떠나와도~지팡이가 다 무디어 가는구나 → '인간 세상'은 화자가 머무는 자연과 대비되는 속세를 이르는 표현으로, 화자는 속세에서 벗어나 자연에 있어도 쉴 틈이 없는 상황이라 이야기하고 있다. 이어지는 구절을 고려할 때, 자연 속에서 화자가 바쁜 이유는 아름다운 자연을 완상(즐기며 감상)하느라 시간이 부족할 지경이기 때문이므로 '내 몸이 쉴 틈 없다'라는 구절은 자연 속에서 느끼는 즐거움을 강조하기 위한 표현임을 알 수 있다. 마찬가지로 '번거로운 마음'은 자연을 즐기느라 바쁜 마음을 나타내는 것으로, 긍정적 의미가 담긴 표현에 해당한다.

술이 익었으니 벗이야 없을쏘냐

부르며 타이며 혀이며 이야며
(악기를) 켜며
(거문고를) 타며   (몸을) 흔들며

온갖 소리로 취흥을 재촉하니
술에 취하여 일어나는 흥취

근심이라 있으며 시름이라 붙었으랴

누웠다가 앉았다가 굽혔다가 젖혔다가 / 읊다가 휘파람 불다가 마음 놓고 노니
열거법 → 화자의 행위를 나열하여 자연 속에서의 한가로운 삶을 부각함.

천지도 넓디넓고 세월도 한가하다 / 태평성대 몰랐는데 이때가 그때로다
어진 임금이 잘 다스리어 태평한 세상이나 시대

신선이 어떠한가 이 몸이 그로구나 / 강산풍월 거느리고 내 백 년을 다 누리면
자신을 신선에 비유함. → 풍류적 삶에 대한 자부심

악양루 위의 이백이 살아온들 / 호탕한 회포는 이보다 더할쏘냐
중국 당나라의 유명한 시인

결사 2 : 자연 속에서의 풍류적 삶

이 몸이 이러함도 역군은(亦君恩)이샷다
유교적 충의 사상 → 사대부적 면모

결사 3 : 임금의 은혜에 대한 감사

술이 익었으니~이때가 그때로다 → '벗'과 함께 '술'을 마시며 노래를 부르고, 악기를 타고 켜는 등 풍류를 즐기는 화자의 모습이 나타나고 있다. 화자는 '취흥'으로 인해 근심이나 시름은 전혀 느낄 수 없고 지금이 곧 '태평성대'라며, 자연 속에서의 삶에 대한 만족감을 드러내고 있다.

신선이 어떠한가~역군은이샷다 → 화자는 자신을 '신선'에 빗대어 표현하고, 자신의 호탕한 회포가 '악양루 위의 이백'보다 더하다며 현재의 생활에 대한 자부심을 드러내고 있다. 또한 이렇게 살아갈 수 있음을 임금의 은혜로 돌려 자연 친화적 태도와 더불어 유교적 충의 사상을 지니고 있음을 보여 주고 있다.

STEP 03 작품 해제

LIBS 수능특강 | **고전문학**

01 | 주제

면앙정 주변의 아름다운 자연 풍경을 보며 느끼는 흥취와 임금의 은혜 예찬

02 | 특징

① 면앙정 주변의 풍경을 보며 느낀 화자의 정서를 표현한 화자 중심의 시

② 사계절의 변화에 따라 본사의 내용을 전개함.

③ 자연을 즐기는 강호가도와 함께 유교적 충의 사상을 함께 나타냄.

03 | 작품 해제

　　이 작품은 벼슬에서 물러난 작가 '송순'이 면앙정에 머물며 본 아름다운 풍경과 그에 대한 자신의 정서를 표현한 가사이다. 작가는 면앙정이 위치한 제월봉과 면앙정 주변의 풍경을 열거법, 대구법, 직유법 등의 다양한 표현 방법을 활용하여 풍부하게 묘사하고 있다. 작품의 서사는 제월봉의 위치와 그 형세, 면앙정의 모습을 묘사하고 있으며, 본사 1에서는 면앙정 주변의 풍경을 근경에서 원경으로 묘사한다. 이후 본사 2에서는 사계절의 흐름에 따라 면앙정의 주변 풍경을 묘사하며 내용을 전개한다. 본사 3에서는 자연 속에서 즐기는 풍류와 흥취를 그리고 있다. 결사에는 자연 속에서 풍류를 즐기는 삶에 대한 자부심과, 이를 가능하도록 하는 임금의 은혜에 대한 예찬이 드러나 있다. 이 작품의 가장 큰 특징은 정극인의 「상춘곡」으로부터 이어받은 자연 친화 정신에 유교적 충의 이념을 함께 담고 있다는 것이다. '이 몸이 이러함도 역군은이샷다'라는 표현을 통해 화자가 '인간' 세계를 등지고 자연 속에 은거하고 있으면서도 임금에 대한 충성심을 잃지 않은 유교적 은자(벼슬을 하지 않고 숨어 사는 사람)에 해당함을 알 수 있다.

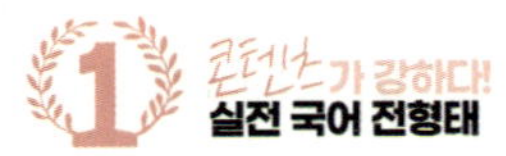

송순의 누정 문화와 '면앙정'의 의미

송순은 16세기 담양에서 누정(누각과 정자) 문화를 일으킨 중심적인 인물로 누정 면앙정을 소재로 하여 일찍이 많은 시가들을 창작한 바 있다. 누정을 중심으로 형성된 시단의 조건은 출입하는 시인들의 뛰어난 자질도 중요하지만 누정을 중심으로 펼쳐진 수려한 경관을 빼놓을 수 없을 것이다. 면앙정은 담양의 중심 누정으로서 시단을 형성하기 위한 충분한 조건을 갖추었다고 할 수 있다. 면앙정은 많은 이들로부터 풍광의 아름다움을 인정받은 곳이었다. 물론 이곳이 지니는 아름다움은 비단 겉모습에만 그치는 것이 아니다. '세속과 다른', 그래서 '머물고 싶은' 곳이라는 정신적 의미를 동시에 내포하고 있기 때문이다. 따라서 그 공간 안에서 하늘과 땅에 부끄러움이 없이 살겠다는 뜻을 세웠다는 것은 세속과는 구별되는 삶의 이상을 지키겠다는 의미와도 상통하는 것이다.

이는 「면앙정가」가 선산 부사를 제수 받고 담양에 거주하고 있던 무렵 지어졌다는 점을 고려하면 이해가 쉽다. 송순은 1550년에 도리에 어긋나는 사론을 편다는 논란에 휩싸이고 그 여파로 평안도 순천에서 1년 정도 유배 생활을 했다. 그 후 다시 수원으로 옮겨 지내다가 11월에 유배에서 풀려나게 된다. 유배에서 풀려나 담양으로 돌아온 송순은 1553년 다시 선산 부사로 나갔다가 1555년에 담양으로 돌아온다. 「면앙정가」가 이 시기부터 전주 부윤으로 출사하게 되는 1558년 사이에 제작된 것으로 본다면 유배 생활과 관직 생활을 번갈아 겪은 지 얼마 되지 않은 시기라는 점에서, 자연은 더욱 그의 이상향이었을 가능성이 컸을 것임을 짐작할 수 있다.

「면앙정가」에 담긴 순환성

시가 작품에서 사계의 제시는 순환적 의식 세계의 반영이다. 순환적 구조는, 순환이란 말에 이미 그 뜻이 내포되어 있듯이 결코 끝나지 않는다. 끊임없이 반복되는 시간을 통해서 작가들은 자신이 위치한 긍정적인 장소가 변화되지 않기를 염원한다. 일반적으로 장소는 성장, 번영, 쇠퇴한다는 점에서 일정한 방향의 시간성을 가질 수밖에 없고, 흐르는 시간 속에서 변화될 수밖에 없다. 때문에 작가들은 '일반적인 시간'이 아닌, '순환적 시간'을 지향한다. 「면앙정가」에서도 노래된 사계의 순환 개념은 시간이 흘러 장소가 상실되어 버릴 것을 염려한 일종의 염원이라 하겠다. 과거, 특히 사시가(강호에 묻혀 사는 생활을 사계절의 변화와 관련시켜 노래한 것)를 향유하였던 작가들의 성향이 사시에 순응하는 것을 바탕으로 성립되어, 사시의 순서에 따른 순차적 순환성을 가진 시상 구조를 통해 유한한 삶 속에서 무한을 추구하고 있었다는 것을 염두에 둔다면, 화자 역시 이를 바라고 있었고 그러한 열망이 사시의 순환으로 작품에 구현되었음을 알 수 있다.

송순에게 면앙정은 완벽한 장소이다. 이는 개인의 시간을 방해 받지 않는 장소라는 전제 하에, 특별한 장소 혹은 특별한 사람과 함께 보내는 시간을 의미하는 '안전한 공간'과도 상통한다. 시에서 알 수 있듯이 면앙정은 높은 곳에 위치하며 주변을 조망한다. 자연을 제외한 모든 것으로부터 간섭을 받지 않는 지리적 특성을 보유하고 있는 곳이다. 따라서 면앙정은 외부의 혼돈과는 차단된 완벽한 공간으로서, 오롯이 화자의 이상적 시간을 담보하는 장소로서 존재하는 것이다. 이러한 장소는 순환적 시간을 만나 오랜 세월이 지나 닥쳐올 변화 속에서도 특별한 장소로서 지속될 수 있게 된다.

STEP 05 나BS 실전 문제

다음 글을 읽고 물음에 답하시오. [18.3.고3 교육청 기출]

(가)

인간(人間)을 쩌나 와도 내 몸이 겨를 업다

니것도 보려 ᄒ고 져것도 드르려코

ᄇ름도 혀려 ᄒ고 ᄃ도 마즈려코

봄으란 언제 줍고 고기란 언제 낙고

시비(柴扉)란 뉘 다드며 딘 곳츠란 뉘 쓸려뇨

아춤이 낫브거니 나조ᄒ라 나올소냐

ⓐ 오늘리 부족(不足)거니 내일(來日)리라 유여(有餘)ᄒ랴

이 뫼히 안즈 보고 뎌 뫼히 거러 보니

번로(煩勞)ᄒ 므음의 ᄇ릴 일이 아조 업다

쉴 ᄉ이 업거든 길히나 젼ᄒ리야

다만 ᄒ 청려장(靑藜杖)이 다 므디여 가노미라

술리 닉어거니 벗지라 업슬소냐

블닉며 ᄐ이며 혀이며 이아며

온가짓 소ᄅ로 취흥(醉興)을 ᄇ야거니

근심이라 이시며 시롬이라 브트시랴

누으락 안즈락 구부락 져츠락

을프락 ᄑ람ᄒ락 노혜로 노거니

천지(天地)도 넙고 넙고 일월(日月)도 ᄒ가(閑暇)ᄒ다

희황(羲皇)을 모을너니 니젹이야 긔로괴야

신선(神仙)이 엇더턴지 이 몸이야 긔로고야

강산풍월(江山風月) 거ᄂ리고 내 백년(百年)을 다 누리면

악양루상(岳陽樓上)의 이태백(李太白)이 사라 오다

ⓑ 호탕정회(浩蕩情懷)야 이예서 더ᄒ소냐

이 몸이 이렁굼도 역군은(亦君恩)이샷다

- 송순, 「면앙정가」 -

(나)

ⓒ 연하(煙霞)의 깁픠 든 병(病) 약(藥)이 효험(效驗) 업서

강호(江湖)에 바리연디* 십년(十年) 밧기 되어세라

그러나 이제 다 못 죽음도 긔 성은(聖恩)인가 ᄒ노라

〈제3수〉

ᄃ 볽고 ᄇ름 자니 믈결이 비단 일다

단정(短艇)*을 빗기 노하 오락가락 ᄒ난 흥(興)을

백구(白鷗)야 하 즐겨 말고려 세상(世上) 알가 ᄒ노라

〈제5수〉

식록(食祿)을 긋친 후(後)로 어조(漁釣)을 생애(生涯)ᄒ니

헴 업슨 아히들은 괴롭다 ᄒ건마ᄂ

두어라 강호한적(江湖閑適)이 내 분(分)인가 ᄒ노라

〈제9수〉

- 나위소, 「강호구가」 -

*바리연디 : 버려진 지.
*단정 : 자그마한 배.

(다)

　나는 때때로 산수를 찾아 노니는 사람이나 떠돌아다니는 승려들을 만나 자연의 신비함에 대해 말하는 것을 특히 좋아한다. 가끔 그들과 토론을 하면 입에 침이 마르도록 떠들어댄다. 세상 사람들은 나의 이런 고집스런 취미를 비웃었다. 그런데 지금 나이가 많아 다리에 힘이 없어지니 어쩔 도리가 없다.

　나는 부득이 편하게 노닐 수 있는 방법으로 고금에 이름난 화가들이 그린 산수화를 모아 벽에 걸어놓고 감상을 하였다. 그러나 이것은 비록 조금은 위로가 되지만 역시 화가들의 훌륭한 기법과 특이한 풍경 외에는 별로 느껴지는 것이 없었다. 벽에 걸린 그림으로는 진실에 가깝게 생동하는 맛은 찾아볼 수가 없는 것이다. 그래서 늘 마음이 허전하였다.

[A]
　나는 종남(終南)에 별장을 하나 가지고 있다. 별장의 남쪽 담 밖의 돌 틈에 우물이 솟아올랐는데 물맛이 좋고 차가웠다. 나는 대청 앞에 못을 파서 그 물을 가둔 뒤에 연꽃을 심고 연못 가운데에 괴이하게 생긴 돌을 쌓아서 산 모양을 만들었다. 다시 그 돌 틈 사이사이에 소나무, 회양목 등 작은 놈만 골라 심었다.

　그런데 담 밖에서 우물이 솟아나는 곳은 땅보다 석 자가 더 높은 곳이어서 그 물을 대통으로 끌어다가 땅에 묻어 내가 만든 돌산 가운데로 솟아 나오게 하였다. 그러자 물이 폭포를 이루며 두 개의 계단을 흘러내렸다. 사람들은 담장 밖에서 끌어들인 물인 줄도 모르고 물이 돌산 위에서 펑펑 솟아나는 것을 보며 놀랍고 신기함에 감탄하였다.

　산을 좋아했던 옛사람들 중에도 돌로 만든 가짜 산을 만든 이가 많았고 또 거기에 폭포를 끌어들인 이도 더러 있었는데, 집의 뒤쪽이나 옆에 있는 높은 산을 이용하여 산골짜기에서 흐르는 물을 끌어들인 경우가 많았다. 그러나 나처럼 연못의 한가운데 산을 만들고 사면이 물로 둘러싸인 곳에 물을 끌어들여 산 위에 폭포를 만든 사람은 없었다. ⓓ작지만 큰 산을 본떴고 남이 하기 어려운 일이지만 손쉽게 만들었다.

　이 연못은 겨우 너비가 두어 장(丈)이고 깊이도 두어 자밖에 안 되며, 산 높이는 다섯 자이고 둘레는 일곱 자이며, 폭포의 높이는 두 자인데 나무들의 크기는 서너 치쯤 되어 마치 높은 산을 축소하여 만든 것 같았다. 산골짜기는 그윽하고 폭포가 두어 장 되는 연못을 깊은 바다로 알고 떨어진다. ⓔ이 축소된 자연의 경치는 아무리 산수화에 뛰어난 저 당나라의 정건이나 왕유 같은 이도 다 그리지 못할 것 같았다.

　생각해 보면 어느 것이 가짜이고 어느 것이 진짜인지 구분하지 못하겠다. 필경 천지와 사람이 모두 임시로 합친 것인데 무엇 때문에 진가(眞假)

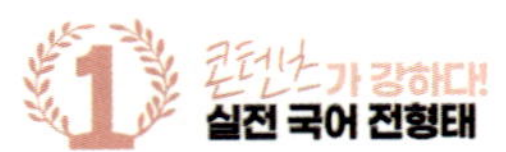

를 논하겠는가? 다만 내가 좋아하는 것만 취하면 그만인 것이다. 게다가 이 세상 만물은 입맛에는 맞지만 눈으로 보는 데는 맞지 않는 것이 있고, 보기는 좋은데 듣기는 싫은 것이 있다.

[B] 그런데 이곳의 물은 차고 맛있기 때문에 우리 집안과 이웃들이 아침저녁으로 마시니 입맛에 맞다고 할 것이고, 괴이한 돌과 소나무, 잣나무 사이로 흘러서 두어 자의 절벽 밑으로 떨어지며 맑은 기운이 푸른 산봉우리에 비쳐 밤낮 없이 바라보아도 싫증 나지 않으니 노는 데에도 즐거움을 준다고 할 수 있다. 또한 고요한 밤에 잠이 오지 않을 때, 베개를 베고 누워 있으면 쏴아 하고 쏟아지는 폭포 소리가 마치 요란한 관현악기 소리 같아서 귀를 즐겁게 한다.

나는 가난하고 벼슬도 한미하여 좋은 진주나 보배, 아름다운 것들로 눈을 즐겁게 하는 것도 없고, 기름진 음식으로 입맛을 즐겁게 하는 것도 없으며, 관현악기 같은 악기의 소리로써 귀를 즐겁게 하는 것도 없다. 그러나 다만 이 샘물로 이 세 가지의 즐거움을 맛볼 수 있으니 진실로 담박하면서도 멋이 있다. 세상의 호걸들은 모두 나의 이 취미를 비웃지만 나는 이것을 좋아하여 이것으로써 저들이 좋아하는 것과 바꾸지 않겠다.

- 채수, 「석가산폭포기」 -

01. (가)~(다)에 대한 설명으로 적절하지 <u>않은</u> 것은?

① (가)와 (나)는 음보를 규칙적으로 사용하여 리듬감을 형성하고 있다.
② (가)와 (다)는 청각적 심상을 활용하여 상황을 나타내고 있다.
③ (나)와 (다)는 비유적 표현을 통해 주관적 인식을 드러내고 있다.
④ (가)~(다) 모두 다른 대상과 비교하는 방식으로 의미를 강조하고 있다.
⑤ (가)~(다) 모두 원경에서 근경으로 시선을 이동하며 심리의 변화를 드러내고 있다.

02. 〈보기 1〉의 선생님의 질문에 대한 대답으로 적절한 내용만을 〈보기 2〉에서 있는 대로 고른 것은?

<보기 1>

선생님 : (가)와 (나)는 벼슬에서 물러난 작가들이 귀향한 후의 삶을 표현한 작품으로, 우리 문학사에 나타나는 시가의 특정한 경향을 보여 주고 있어요. 두 작품을 살펴보면 공통점을 찾을 수 있는데, 무엇인지 확인해 볼까요?

<보기 2>

ㄱ. 임금의 은혜를 떠올리며 감사하는 태도가 드러나 있습니다.
ㄴ. 속세를 떠나 자연에서 지내는 삶의 모습이 드러나 있습니다.
ㄷ. 자연에서 느끼는 흥취를 타인과 나누려는 마음가짐이 드러나 있습니다.
ㄹ. 궁핍한 생활상을 보여 주면서도 그것을 수용하는 자세가 드러나 있습니다.

① ㄱ, ㄴ   ② ㄴ, ㄷ   ③ ㄴ, ㄹ
④ ㄱ, ㄴ, ㄹ   ⑤ ㄱ, ㄷ, ㄹ

03. ⓐ~ⓔ에 대한 이해로 적절하지 <u>않은</u> 것은?

① ⓐ : 주변에 즐길 것이 많다고 인식하고 있음이 드러나고 있다.
② ⓑ : 자신의 풍류 생활에 대한 자부심이 나타나고 있다.
③ ⓒ : 자연에 대한 깊은 애정이 드러나고 있다.
④ ⓓ : 옛사람들과 동일한 방식으로 석가산을 만든 것에 대한 보람이 나타나고 있다.
⑤ ⓔ : 자신이 만든 석가산과 폭포에 대한 만족감이 드러나고 있다.

04. 〈보기〉를 참고하여 (다)를 감상할 때 적절하지 <u>않은</u> 것은?

<보기>

조선 시대 사대부들은 요산요수(樂山樂水)를 통해 심미적 가치를 추구하며 심성을 수양하는 것을 이상으로 생각하였다. 그런데 아름다운 경치를 직접 찾기 어려운 사정이 있을 때에는 자기 집 정원에 산을 본뜬 조형물인 석가산을 만들어 완상하는 경우가 있었다. 이것은 하늘이 만들었든 사람이 만들었든 간에 본질은 같기 때문에 진가의 분별이 무의미하다는 인식과 관련이 있다. 이를 통해 사대부들은 석가산을 완상하면 산의 진경(眞景)을 찾는 것과 같은 즐거움을 느낄 수 있고, 삶에 대한 깨달음을 얻을 수 있다고 본 것이다.

① 글쓴이는 노쇠하여 산과 물을 직접 찾기 어렵게 되자 별장의 정원에 석가산을 만들어 완상하고 있군.
② 글쓴이는 요산요수를 위해 연못의 한가운데 석가산을 만들어 심미적 가치를 추구한 것으로 볼 수 있군.
③ 글쓴이는 산수화를 모아 감상하는 것만으로는 산의 진경을 찾는 것과 같은 즐거움을 느낄 수 없다고 생각하고 있군.
④ 글쓴이가 진가를 논하지 않고 자신이 좋아하는 것을 취하겠다고 강조한 것은 진가의 분별이 무의미하다는 인식과 관련이 있군.
⑤ 글쓴이가 석가산의 샘물에서 비롯된 세 가지 즐거움을 언급한 것은 석가산을 만드는 과정에서 느낀 고충과 깨달음을 통해 자신을 비웃는 사람들을 설득하려는 것이라 할 수 있군.

05. [A]와 [B]에 대한 설명으로 가장 적절한 것은?

① '나'는 [A]에서 발생한 내적 갈등을 [B]에서 해소하고 있다.
② '나'는 [A]에서 한 행위로 인해 [B]에서와 같은 즐거움을 얻게 되었다.
③ [A]의 '계단'은 관념적 소재에, [B]의 '절벽'은 실재적 소재에 해당한다.
④ [A]의 '사람들'은 '물'을 긍정적으로, [B]의 '이웃들'은 '물'을 부정적으로 평가하고 있다.
⑤ [A]에서는 '물'을 집 안으로 끌어들이는 과정을, [B]에서는 '물'을 집 밖으로 흘려보내는 과정을 제시하고 있다.

다음 글을 읽고 물음에 답하시오. [10.수능 평가원 기출]

(가)

무등산 한 활개 뫼가 동쪽으로 뻗어 있어

멀리 떼쳐 와 ⓐ <u>제월봉(霽月峰)</u>이 되었거늘

무변대야(無邊大野)*에 무슨 짐작 하노라

일곱 굽이 한데 뭉쳐 우뚝우뚝 벌여 논 듯

가운데 굽이는 구멍에 든 ⓑ <u>늙은 용이</u>

선잠을 갓 깨어 머리를 앉혔으니

너럭바위 위에 송죽을 헤치고 ⓒ <u>정자</u>를 앉혔으니

구름 탄 청학이 천 리를 가리라 두 날개 벌렸는 듯

옥천산 용천산 내린 ⓓ <u>물이</u>

정자 앞 넓은 들에 올올이 펴진 듯이

넓거든 기노라 푸르거든 희지 마나

쌍룡이 뒤트는 듯 긴 깁을 펼쳤는 듯

어디로 가노라 무슨 일 바빠서

닫는 듯 따르는 듯 밤낮으로 흐르는 듯

물 좇은 사정(沙汀)*은 눈같이 펴졌거든

어지러운 기러기는 무엇을 어르노라

앉으락 내리락 모이락 흩으락

노화(蘆花)*를 사이 두고 우러곰 좇니느뇨

넓은 길 밖이요 긴 하늘 아래 두르고 꽂은 것은

뫼인가 병풍인가 그림인가 아닌가

높은 듯 낮은 듯 궂는 듯 잇는 듯

숨거니 뵈거니 가거니 머물거니

어지러운 가운데 이름난 양하여

하늘도 저어치 않고 우뚝이 섰는 것이 ⓔ <u>추월산</u> 머리 짓고

용구산 몽선산 불대산 어등산

용진산 금성산이 허공에 벌였거든

원근창애(遠近蒼崖)에 머문 짓도 하도 할샤

- 송순, 「면앙정가」 -

*무변대야 : 끝없이 넓은 들판.

*사정 : 모래톱.

*노화 : 갈대.

---

06. 〈보기〉를 참고하여 (가)를 감상한 내용으로 적절하지 <u>않은</u> 것은?

<보기>

송순이 「면앙정가」에서 펼쳐 보인 세계는 흔히 '면앙우주'라고 일컬어진다. 면앙우주는 작가에게 천지만물의 이치를 심성의 수양으로 내면화하는 공간이었다. 작가는 자연 세계를 통해 인간 세계의 이치를 읽어 내는 가운데 조화와 합일을 추구했다. 그는 객관적 자연물에 인간적 생명력과 의지를 부여하는 방식으로 자신의 이상과 세계관을 표출했다.

① ⓐ의 '제월봉'이 '무변대야에 무슨 짐작'을 한다는 표현에는 높은 이상을 향한 작가의 의지가 자연물에 투영되어 있군.

② ⓑ의 '늙은 용'이 '선잠을 갓 깨어'라는 표현에는 이상을 펼치기에 이미 늦었다고 여기는 작가의 조바심이 담겨 있어.

③ ⓒ의 '정자'가 '청학'처럼 '두 날개 벌렸는 듯'하다는 표현에서 면앙정이 비상(飛上)을 위한 심성 수양의 장소임을 알 수 있군.

④ ⓓ의 '물'이 '밤낮으로 흐르는' 모습을 통해 작가도 자신이 추구하는 바를 쉼 없이 행해야 함을 드러내고 있어.

⑤ ⓔ의 '추월산'을 비롯한 여러 산들이 '높은 듯 낮은 듯 궂는 듯 잇는 듯' 서 있다는 표현에서 조화와 합일을 추구하는 삶의 태도를 볼 수 있군.

8 〈보기〉 작품 모음 – 지수정가, 안민가

수능 국어 대비
실전 국어 전형태

STEP 01 OX 문제를 통한 지문 이해 훈련

나BS 수능특강 | 고전문학

(가)
기러기 한 소리에 맑은 서리 물들이고
산빛이 변하여 금수로 꾸몄으니
곡구암 반타암이 그림 되어 동구에 잠겨 있다
밝은 달이 떠올라 소나무에 비추거든
거문고 가로안고 난간에 기대니
깃옷 입은 손님은 다 나를 찾아와 눈에 가득 보이도다
세모에 날씨 차고 온 산에 눈 덮이니
인적은 끊어지고 우는 새도 없는 때에
언덕과 골짜기는 백옥 궁궐, 경요굴이 되었거늘

- 김득연 -

(나)
임금은 아버지요
신하는 사랑을 주는 어머니요
백성은 어린아이라고 하신다면
백성이 사랑을 알리라
꾸물거리며 사는 물생
이들을 먹여 다스려서
이 땅을 버리고 어디로 가리 한다면
나라 안이 유지될 줄 알리라
아아 임금답게 신하답게 백성답게 한다면
나라 안이 태평할 것이리라

- 충담사 -

OX문제

01 (가)는 대구 표현을 사용하여 '인적은 끊어지고 우는 새도 없는' 화자의 괴로운 처지를 드러내고 있다. (O / X)

02 (가)는 계절감을 활용하여 환경의 다양한 변화를 표현하고 있다. [2023학년도 수능] (O / X)

03 (나)는 '임금', '신하', '백성'의 관계를 가족의 관계에 비유하고 있다. (O / X)

04 (가)와 달리 (나)는 가정적 표현을 통해 부정적 전망을 제시한다. [2025학년도 수능] (O / X)

05 (가)와 (나)는 모두 감탄사를 활용하여, 대상에서 촉발된 정서의 변화를 부각하고 있다. [2026학년도 9월] (O / X)

STEP 02 지문 분석

(가)

■ : 계절적 배경을 드러내는 시어 / 가을(기러기, 서리) → 겨울(세모, 눈)

기러기 한 소리에 맑은 **서리** 물들이고 / 산빛이 변하여 금수로 꾸몄으니
청각적 이미지 　　　　　　　　　　수를 놓은 비단 → 단풍이 물든 가을 산 모습 제시

곡구암 반타암이 그림 되어 **동구**에 잠겨 있다
구체적 지명 　　　　　동네 혹은 산의 어귀

밝은 달이 떠올라 소나무에 비추거든 / 거문고 가로안고 난간에 기대니
시간적 배경(밤) 　　　　　　　　　　풍류를 즐기는 모습

깃옷 입은 손님은 다 나를 찾아와 눈에 가득 보이도다
선녀나 신선이 입는다는 새의 깃으로 만든 옷

　　　　　　　　　　　　　　가을 산의 풍경과 풍류를 즐기는 화자의 모습

세모에 날씨 차고 온 산에 **눈** 덮이니
한 해가 끝날 무렵(연말)
　　　　　　　　　　대구법 → 산의 적막함 강조

인적은 끊어지고 우는 새도 없는 때에

색채 이미지 → 눈이 덮인 겨울 산의 깨끗함과 아름다움을 드러냄.
언덕과 골짜기는 백옥 궁궐, 경요굴이 되었거늘
　　　정철의 「성산별곡」에 등장하는 표현으로, '옥으로 만든 아름다운 굴'이라는 뜻

　　　　　　　　　　　　　　적막한 겨울 산의 아름다운 풍경

- 김득연 -

(나)

「 」 : 임금, 신하, 백성을 가족 관계에 비유함(은유법).

「임금은 아버지요 / 신하는 사랑을 주는 어머니요

■ : 가정법을 통해 나라를 다스리는 올바른 조건을 나타냄.

백성은 어린아이라고 **하신다면**」 / **백성이 사랑을 알리라**
　　　　　　　　　백성을 다스리는 방법의 핵심

　　　　　1~4구 : 임금과 신하는 백성을 자식처럼 여겨야 함.

　　　백성
꾸물거리며 사는 물생 / 이들을 먹여 다스려서 　■ : 올바른 통치의 결과
주어진 여건에 순응하며 살아가는 백성을 비롯한 생물들

이 땅을 버리고 어디로 가리 **한다면** / **나라 안이 유지될 줄 알리라**
　　　백성의 말을 인용함.

　　　　　5~8구 : 나라의 유지를 위해 백성을 다스리는 원리

아아 임금답게 신하답게 백성답게 **한다면** / **나라 안이 태평할 것이리라**
낙구 첫머리의 감탄사 → 10구체 향가의 특징 　　　　궁극적 지향점

　　　　　9~10구 : 나라가 태평할 수 있는 방법

- 충담사 -

기러기 한 소리에~금수로 꾸몄으니 → '기러기'의 울음소리와 '맑은 서리'가 내린 모습을 통해 늦가을의 시간적 배경을 드러내고 있다. 또한 단풍이 든 가을 산의 맑고 화려한 모습을 '금수'에 빗대 자연의 아름다움을 강조하고 있다.

곡구암 반타암이 그림 되어 동구에 잠겨 있다 → 구체적인 지명을 제시하여 화자가 바라보는 실제 풍경을 보여 주며, 자연 경관이 마치 그림처럼 아름답게 펼쳐져 있음을 드러내고 있다.

밝은 달이 떠올라~눈에 가득 보이도다 → 화자는 적막한 밤에 풍류를 즐기며 신선과 함께하는 듯한 정신적 충만감을 보이고 있다.

세모에 날씨 차고~우는 새도 없는 때에 → '세모'에서 계절 변화가 바로 눈에 들어와야 한다. 한 해의 끝 무렵인 겨울의 차가운 날씨와 고요한 산의 모습을 제시하고 있다. 사람의 발길과 새소리마저 사라진 상황을 통해 겨울 산의 적막함과 고요한 분위기를 강조하고 있다.

임금은 아버지요~백성이 사랑을 알리라 → 임금, 신하, 백성의 관계를 각각 아버지, 어머니, 어린아이에 빗대어 부모가 자식을 돌보듯 임금과 신하가 백성을 사랑으로 보살펴야 함을 강조하고 있다. 이러한 올바른 통치가 이루어질 때 백성은 그 사랑을 깨닫고 민심이 안정될 것임을 말하고 있다.

꾸물거리며 사는 물생~나라 안이 유지될 줄 알리라 → 임금과 신하가 백성들을 책임지고 잘 다스려야 함을 강조하고 있다. 또한 '이 땅'이 가장 좋다는 백성의 말을 인용하여, 백성이 현실에 만족할 때 나라가 안정적으로 유지될 수 있음을 드러내고 있다.

아아 임금답게 신하답게 백성답게 한다면 / 나라 안이 태평할 것이리라 → 『논어』의 '군군신신부부자자(임금은 임금답고 신하는 신하답고 아비는 아비답고 자식은 자식다워야 함)'를 차용한 부분으로, 임금과 신하와 백성들이 제각기 자신의 본분을 다해 질서가 지켜질 때 나라 전체가 태평해질 것이라는 주제 의식을 집약적으로 제시하고 있다.

STEP 03 작품 해제

01 | 주제

(가) 지수정을 짓고 자연에 사는 즐거움과 만족감
(나) 백성을 다스리는 올바른 자세와 나라의 태평 염원

02 | 특징

(가)
① 자연에 사는 삶에 대한 즐거움과 만족감을 드러낸 화자 중심의 시
② 색채 이미지, 시각·청각적 심상 등을 통해 대상을 구체적으로 묘사함.
③ 대구, 비유 등 다양한 표현법을 활용하여 시상을 전개함.
④ 구체적인 지명을 활용하여 사실감을 높임.
(나)
① 나라의 질서를 안정시키기 위한 유교적 가치를 전하는 전달 중심의 시
② 은유를 통해 교훈적 내용을 효과적으로 전달함.
③ 논리적·직설적 어법을 사용하여 설득력 있게 표현함.
④ 가정(조건)과 결과의 문장 구조를 반복적으로 사용함.

03 | 작품 해제

(가) 조선 중기의 문인 김득연이 지수정과 그 주변의 자연 풍광에 대해 노래한 가사이다. 와룡산을 배경으로 하여 자신이 직접 세운 정자인 지수정과 이를 둘러싼 자연물의 아름다움, 사계절의 흐름을 배경으로 자연을 벗 삼고 풍월을 읊조리는 삶에 대한 만족감과 도학자로서의 결의를 드러낸다. 작가는 지수정을 자연 자체이자 이상적 삶의 공간으로 제시하여 조화롭고 아름다운 자연에서의 삶을 지향하는 태도를 보여 주고 있다.

(나) 신라 경덕왕 때 왕의 명을 받아 충담사가 지은 10구체 향가로, 『삼국유사』에 실려 있다. 현전하는 향가는 대부분 불교 사상을 바탕으로 하지만, 유일하게 유교적 이념을 담고 있다는 점에서 의의가 있다. 『삼국유사』의 기록을 보면, 신라 경덕왕 때는 가뭄, 지진 등의 천재지변이 잦아 민생이 어렵고 외척 중심의 정국 운영 등으로 국가적 어려움이 컸다고 한다. 이러한 상황에서 민심을 수습하고 국가 위기 상황에서 벗어나기 위해 경덕왕이 충담사에게 「안민가」를 짓도록 한 것이다. 이러한 점에서 이 작품은 예술성보다는 목적성과 교훈성이 강한 노래라고 할 수 있다. 1~4구에서는 임금, 신하, 백성의 관계를 아버지, 어머니, 자식의 관계에 빗대어 부모가 자식을 보살피듯 백성을 돌봐야 함을 강조하고 있다. 5~8구에서는 민본주의(국민의 이익과 행복의 증진을 근본이념으로 하는 정치사상)에 입각하여 백성의 기본적인 어려움을 해결해 줄 때 나라가 잘 유지될 것이라고 했다. 9~10구에서는 나라가 태평하기 위해서는 임금, 신하, 백성이 각각 맡은 바 본분을 다해야 한다는 점을 제시하고 있다.

STEP 04 논문으로 만나는 출제자의 시선

LIBS 수능특강 | **고전문학** ●

「지수정가」의 구성과 내용상 특징

김득연의 「지수정가」는 자연과 인간이 조화롭게 어우러지는 삶의 가치를 드러낸 작품이다. 화자는 자신이 직접 세운 지수정과 그 주변 자연을 바라보며, 자연 속에서 실현되는 이상적인 삶의 모습을 탐색한다. 이 작품은 자연 감상에 머무르지 않고, 인간의 삶과 태도에 대한 성찰로 나아간다는 점에서 의미가 있다.

① 서사 : 와룡산의 산세와 조상을 모신 일
② 본사 1 : 지수정을 세운 까닭과 주변 풍경에 대한 예찬
　　본사 2 : 황지에서 낙동강에 이르는 명사
　　본사 3 : 자연 속에서의 풍류
　　본사 4 : 화룡산에서의 삶에 대한 만족
　　본사 5 : 안분지족하는 생활과 우국지정
③ 결사 : 학문에 대한 결의

작품에서 화자는 황무지로 여겨지던 공간에 지수정을 세우며 자연의 새로운 가치를 발견한다. 이는 자연이 본래 지닌 아름다움이 인간의 노력과 인식 속에서 드러난다는 생각을 보여 준다. 또한 처음에는 단순한 목적에서 시작했으나, 시간이 지나며 예상하지 못한 만족과 깨달음을 얻게 되는 과정은 자연과의 교감이 인간에게 주는 정신적 성숙을 잘 드러낸다. 그리고 화자는 자신이 머무는 지수정을 무릉도원에 비유하며, 이상향이 현실 속에서 구현될 수 있음을 인식하기도 한다. 여기서 이상향은 자연을 떠난 다른 세계가 아니라, 자연과 조화를 이루며 살아가는 현재의 삶 속에 존재하는 공간이다. 이러한 인식은 안분지족의 태도와 삶에 대한 깊은 만족으로 이어진다.
「지수정가」는 비유와 구체적 묘사를 통해 자연의 아름다움과 고귀함을 강조하거나, 자연과 인간 공간의 조화로운 배치를 드러낸다. 이를 통해 김득연은 자연 속에서의 삶이 개인적 즐거움을 넘어 도덕적 태도와 학문적 결의로 확장될 수 있음을 보여 주고 있다.

「안민가」의 창작 배경과 의미 고찰

「안민가」에서는 군(아버지) → 신(어머니) → 민(아이) → 물(만물, 사물)의 순차적 상호 작용을 강조하고 있는데, 이는 임금과 신하와 백성이 조화를 이루어야 사물(만물)이 순조롭게 생성될 수 있음을 강조한 것이다.
「안민가」의 '임금답게 신하답게 백성답게 한다면(君如臣多支民隱如)'에는 공자가 정치에서 가장 먼저 해야 할 일로 꼽은 정명(正名) 사상이 배어 있다. 정명이란 임금·신하·백성이 가지는 제각각의 본질이니, 정치의 진정한 의미는 타자와 생활하면서 부여되는 사회적 관계나 직책의 역할을 올바로 구현할 때 비로소 이루어진다는 뜻이다. '임금은 아버지요~백성이 사랑을 알리라'는 유교·불교는 물론 보편적 담론으로도 볼 수 있지만 국왕이 행해야 할 왕법을 조목조목 담은 점은 불교 정법의 왕론, 즉 '왕법정이론'과 일맥상통한다. 『삼국유사』의 표훈대덕 조나 충담사의 「안민가」는 덕이 높은 스님이 왕에게 나라를 다스리는 바른 법을 전하는 과정을 잘 담고 있다. '정법'이란 진정한 도법, 즉 부처의 교법을 말한다. 신라 중대 왕실은 적극적으로 불교를 신앙했고, 국왕들의 신앙 또한 매우 독실해서 이렇듯 고승을 초청하여 설법을 듣거나 정치적 자문을 구하기도 했던 것이다. 「안민가」는 충담사가 경덕왕에게 부처의 교법을 전하는 일이기도 하고, 어려운 정치 현실에 대해 충간하는 일이기도 하다. 왕이 정명과 정법을 통해 이상적 군주가 되고 정치적 안정을 이루어 극락왕생하기를 바라는 간절한 기원을 담고 있다. 그러므로 「안민가」의 성격 규명을 위해서는 단정보다는 유연한 태도가 필요하다.

STEP 05 나BS 실전 문제

다음 글을 읽고 물음에 답하시오. [23.수능 평가원 기출]

(가)

이런들 어떠하며 저런들 어떠하료
초야우생(草野愚生)이 이렇다 어떠하료
하물며 **천석고황(泉石膏肓)**을 고쳐 므슴하료 〈제1수〉

[A]
연하(烟霞)로 집을 삼고 풍월(風月)로 벗을 삼아
태평성대에 병으로 늙어 가네
이 중에 바라는 일은 **허물이나 없고자** 〈제2수〉

춘풍(春風)에 화만산(花滿山)하고 추야(秋夜)에 월만대(月滿臺)라
사시 가흥(佳興)이 사람과 한가지라
하물며 어약연비(魚躍鳶飛) 운영천광(雲影天光)이야 어느 끝이 있으리
〈제6수〉

– 이황, 「도산십이곡」 –

(나)

산가(山家) 풍수설에 동구 못이 좋다 할새
십 년을 경영하여 한 땅을 얻으니
형세는 좁고 굵은 암석은 많고 많다

[B]
옛 길을 새로 내고 **작은 연못** 파서
활수를 끌어 들여 가는 것을 **머물게 하니**
맑은 거울 **티 없어** 산 그림자 잠겨 있다

천고(千古)에 황무지를 아무도 모르더니
일조(一朝)에 진면목을 **내 혼자 알았노라**
처음의 이 내 뜻은 물 머물게 할 뿐이더니
이제는 돌아보니 **가지가지 다 좋구나**
백석은 치치(齒齒)하여 은도로 새겨 있고
벽류는 콸콸 흘러 옥 술잔을 때리는 듯
첩첩한 산들은 좌우의 병풍이요
빽빽한 소나무는 전후의 울타리로다
구곡 상하대는 층층이 둘러 있고
삼경(三逕) 송국죽(松菊竹)은 줄지어 벌여 있다
하물며 바위 벼랑 높은 위에 노송이 용이 되어 구부려 누웠거늘
운근(雲根)을 베어 내고 ㉠ **작은 정자** 붙여 세워
띠 풀로 지붕 이고 자르지 않으니 이것이 어떤 집인가
남양의 제갈려인가 무이의 와룡암인가*

다시금 살펴보니 필굉 위언의 그림의 것이로다
무릉도원을 예 듣고 못 봤더니
이제야 알겠구나 이 진짜 거기로다

– 김득연, 「지수정가」 –

*활수 : 흐르는 물.
*남양의 제갈려, 무이의 와룡암 : 옛 현인이 은거한 거처.

(다)

내 초로의 어느 가을날, 나는 겸재가 동해안을 따라 내려가면서 동해 승경을 화폭에 옮겼던 월송정, 망양정, 청간정, 성류굴을 일삼아 떠돌아다녔다. 망양정은 옛 기성면의 바닷가에서 지금의 근남면 산포리로 옮겨 세운 지가 140여 년이 넘어, 기성면의 ㉡ 옛 망양정 자리는 도로 공사로 단애의 허리가 잘리워 나가, 바닷물은 단애 끝으로부터 멀찌감치 쫓겨났고 그 사이는 시멘트 칠갑이 되어 있었다. 정자 터는 사방이 깎여져 나갔고 화폭 속의 소나무 숲도 베어져 버린 채, 그 언덕은 그저 무의미한 흙더미로 변해 있었다. 마을의 고로(古老)들도 그곳에 들어서 있던 정자를 본 일은 없었고, 다만 그들의 증조나 고조로부터 전해 오는 구전에 의해 그 흙더미가 망양정 옛터였음을 옮길 뿐이었다.

겸재의 화폭을 마음속에 앞세우고 겸재 실경산수(實景山水)의 자리를 찾을 적에 그곳에 옛 정자가 이미 오래전에 없어져 버린 그 허전한 사태는 그다지 허전하지 않았다. 왜 그런가. 현실 속의 정자에 오르면 화폭 속의 정자는 보이지 않는다. 육신의 눈을 앞세워 정자를 찾아오는 자에게는 풍경 전체 속에서 인간세의 위치와 규모를 대표하는 상징으로서의 정자는 보이지 않는다.

(중략)

[C]
먼 산을 그릴 때 그는 그 산과 인간 사이의 거리를 그리는 것이 아니라, **그 거리를 들여다보는 시선의 깊이를 그린다.** 먼 것들은 원근상의 거리에 의해 격리되는 것이 아니라, 깊이에 의해 자리 잡는다. 겸재의 화폭 속에서 풍경은 **가깝다는 이유만으로 사실성을 부여받지 않**고 또 멀다는 이유만으로 사실성을 박탈당하지 않는다. 대체로 그의 그림 속에서는 **인간과 인간에 직접 관련된 것들** – 정자, 집, 배, 나귀, 가마, 화분, 성곽 같은 것들이 **비교적 명료한 사실성을 띠고 있지만,** 그 사실성은 원근에 의해 정립되는 사실성이 아니라, **세계를 관찰하는 인간과의 관계 속에서 정립**되는 사실성이다.

– 김훈, 「겸재의 빛」 –

01. (가)~(다)의 공통점으로 가장 적절한 것은?

① 대상에 주목하여 대상과 관련된 가치를 추구하는 자세를 나타내고 있다.
② 부정적인 현실을 비판하며 좌절을 극복하려는 의지를 부각하고 있다.
③ 현실을 통찰하며 관용적 삶에 대한 지향을 보여 주고 있다.
④ 계절감을 활용하여 환경의 다양한 변화를 표현하고 있다.
⑤ 가상의 상황을 제시하여 환상적 분위기를 강화하고 있다.

02. [A], [B]에 대한 설명으로 적절하지 않은 것은?

① [A]의 〈제1수〉 초장은 유사한 어휘의 반복을 통해 리듬감을 형성하고 있다.
② [A]의 〈제2수〉 초장은 〈제1수〉 종장의 시상을 이어받아 자연 친화적인 모습을 드러내고 있다.
③ [B]에서는 '산 그림자'가 담긴 '작은 연못'의 경관을 묘사하여 깨끗한 자연의 형상을 보여 주고 있다.
④ [A]의 '집을 삼고'와 '벗을 삼아'는 화자와 대상의 가까운 관계를, [B]의 '끌어들여'와 '머물게 하니'는 화자가 대상을 가까이하려는 행동을 제시하고 있다.
⑤ [A]의 '허물이나 없고자'는 미래에 대한 화자의 바람을, [B]의 '티 없어'는 대상을 관찰하기 전에 나타난 화자의 심리를 표현하고 있다.

04. ㉠과 ㉡을 이해한 내용으로 가장 적절한 것은?

① ㉠은 화자가 노력을 기울여 만든 인공물이고, ㉡은 글쓴이가 의도하지 않게 찾아낸 장소이다.
② ㉠은 현실에서 명예를 실현하려는 의지를, ㉡은 현실에서 편의를 실현한 결과를 보여 준다.
③ ㉠은 화자에게 만족하며 머무르는 삶에 대해, ㉡은 글쓴이에게 허전하지 않은 이유에 대해 생각하게 한다.
④ ㉠은 화자에게 일상적인 유용성을 상실한 공간이고, ㉡은 글쓴이에게 본래적인 유용성을 상실한 공간이다.
⑤ ㉠은 화자에게 자신의 삶을 가다듬는 역할을 수행하고, ㉡은 글쓴이에게 자신의 삶을 비판하는 계기로 작용한다.

03. 〈보기〉를 바탕으로 (가), (나)를 이해한 내용으로 적절하지 않은 것은?

> ─── 〈보기〉 ───
>
> 「도산십이곡」에서 강호는 자연의 이치와 인간이 지향하는 이치가 일치된 이상적 공간으로, 「지수정가」에서 강호는 자연에서 생활하면서 자연의 가치를 새롭게 발견할 수 있는 공간으로 나타난다. 「도산십이곡」에서는 조화로운 자연과 합일하는 화자가 등장하며, 「지수정가」에서는 자연의 구체적인 모습을 묘사하며 자연의 가치를 확인한 화자가 등장한다.

① (가)의 '초야우생'은 인간이 지향하는 이치와 자연의 이치가 일치된 공간에 존재하는 화자가 스스로를 이르는 말이겠군.
② (나)의 '내 혼자 알았노라'는 자연에서 생활하면서 자연의 가치를 발견한 화자의 심정을 드러내는 말이겠군.
③ (가)의 '천석고황'은 이상적 공간에 다다르지 못한 것에 대한 화자의 아쉬움이, (나)의 '무릉도원'은 현실적 공간을 이상적 공간으로 바라보는 화자의 인식이 나타난 말이겠군.
④ (가)의 '사람과 한가지라'는 자연의 이치와 인간이 지향하는 이치가 다르지 않음을 확인한 화자의 인식이, (나)의 '가지가지 다 좋구나'는 자연의 가치를 확인한 화자의 심정이 나타난 말이겠군.
⑤ (가)의 '춘풍에 화만산하고 추야에 월만대라'는 계절의 양상을 통해 조화로운 자연을, (나)의 '벽류는 콸콸 흘러 옥 술잔을 때리는 듯'은 화자가 발견한 자연의 아름다운 모습을 드러낸 말이겠군.

05. 〈보기〉를 바탕으로 [C]를 읽은 독자의 반응으로 적절하지 않은 것은?

> ─── 〈보기〉 ───
>
> 겸재는 산을 그리면서도 뺄 건 빼고 과장할 것은 과장하면서 필요한 경우에는 자리를 옮겨 가면서까지 자신이 생각하는 구도로 풍경을 재구성하였다. 한 폭의 그림 속에서 물과 바다, 하늘과 땅, 그리고 정자와 인간을 포함한 모든 대상이 화가의 시선에 의해 재구성되어 회화의 구도상 의미를 지닌 자리에 놓일 때야말로 진정한 그림의 요체가 드러나기 때문에, 겸재의 그림은 실물과 똑같이 그리는 것이 능사가 아니라는 점을 증명하고 있다.

① '먼 산을 그릴 때' 그 거리에 집착하지 않는 까닭은, 실물과 똑같이 그리는 것이 능사가 아니기 때문이겠군.
② '그 거리를 들여다보는 시선의 깊이를 그린다'는 뜻은, 화가가 자신의 시선으로 풍경을 재구성하는 작업이 중요하다는 의미이겠군.
③ '가깝다는 이유만으로 사실성을 부여받지 않'는 까닭은, 대상을 표현할 때 뺄 건 빼고 과장할 것은 과장할 수 있다는 화가의 생각 때문이겠군.
④ '인간과 인간에 직접 관련된 것들'을 '비교적 명료한 사실성을 띠'도록 그린다는 뜻은, 대상을 회화의 구도상 의미를 지닌 자리로 옮겨 풍경의 원근감을 보이는 그대로 실현해야 한다는 의미이겠군.
⑤ '세계를 관찰하는 인간과의 관계 속'에서 사실성이 '정립'되는 까닭은, 화가의 의도에 따라 풍경을 재구성하는 창작 작업을 통해 그림의 요체가 드러나기 때문이겠군.

9 | 작자 미상, 사친가

STEP 01 OX 문제를 통한 지문 이해 훈련

정월이라 십오 일에 **달구경하는 소년들아**
흉풍(凶豐)도 보려니와 부모 봉양 생각하라
신체발부 사대절*을 부모님께 타고났으니
태산같이 높은 덕과 하해같이 깊은 정을
어이하여 잊으리오 천세 만세 믿었더니
봉래 방장 영주산에 **불로초와 불사약을**
인력(人力)으로 얻을쏜가 슬프다
수욕정이 풍부지하고 자욕양이 친부재라*
공산낙목 한 줌 흙 되어 영원한 이별 되겠구나
일 년 삼백육십 일에 일일 사친(事親) 십이시라
서늘한 바람 적막하고 소식이 영영 끊기니
슬프다 우리 부모 대보름인 줄 모르시나
그달을 허송하니 이월이라 한식일에
천추절*이 적막하다 개자추*의 넋이로다
원산에 봄이 드니 불탄 풀에 속잎 난다
후인들이 슬퍼하여 한식을 지었도다
당우삼대 성제들도 승피백운 하셨도다*
여산 송백 무릉 춘초(春草)는 만고영웅 일과처*라
무서산지 퇴일하니* 이영백의 사정(私情)*이오
태행산 외로운 구름 보니 적인걸*의 생각이라
슬프도다 우리 부모 청명인 줄 모르시나
그달 그믐 다 지나고 삼월이라 삼짇날에
제비 새끼 날아들어 옛집을 찾아오고
호랑나비 분분하여 옛빛을 자랑한다
기수(沂水)에 목욕하고 무우(舞雩)에 바람 쏘이며
동쪽 언덕 올라 휘파람 불고 청류 이르러 시 짓는다
산화(山花)는 붉은 비단이오 세류(細柳)는 푸른 실이로다
촌가에 농부들은 신춘(新春)을 만났다고
농구(農具)를 둘러메고 처처(處處)에 왕래하며
백마금편 소년들은 화류춘풍 흥을 겨워
쌍을 지어 노닐 적에 산화 작작(灼灼) 난만개라

슬프도다 세월이여
애오생지가련(哀吾生之可憐)하니 탄광음지여류(嘆光陰之如流)로다*
슬프도다 우리 부모 답청절*을 모르시나
그달을 허송하고 사월이라 초파일에
남풍지훈혜(南風之薰兮)하고 해오민지온혜(解吾民之慍兮)로다*
삼각산 제일봉에 봉황 앉아 춤을 추고
한강수 깊은 물에 하도(河圖) 낙서(洛書)* 나왔단 말인가
만백성 화합하는 경성가*를 오늘날에 보리로다
요지일월 순지건곤* 태평성대 이 아닌가
만사(萬事) 인간 젊은 날에 소년행락 얼마하리
타기황앵 아이들은 막교지상 우지 마라*
황금갑옷 떨쳐입고 실버들 속 들어갈 때
우레같이 소리 질러 겨우 든 잠 깨어 보니
장안 많은 집 등을 달아 산호만세* 하는구나
슬프도다 우리 부모 관등절*을 모르시나
그달을 허송하고 오월이라 **단오일**에
해는 늦어 창밖에 있으니 여름 구름은 기봉(奇峯)에 많구나
산양 자규* 우는구나
광풍제월* 넓은 곳에 솔개 날고 물고기 뛰노는구나
백구야 날지 마라 너 잡을 내 아니라
일신이 한가하기로 너와 놀자 찾았노라
나물 먹고 물 마시고 팔을 베고 누웠으니
대장부 살림살이 이 아니 넉넉한가
일촌간장 맺힌 설움 부모 생각뿐이로다
옥창(玉窓) 앵두 붉었으니 원정부지이별(怨征夫之離別)*이오
몽중(夢中) 매화 피었으니 음풍진어영욕(吟風塵於榮辱)*이오
남린 북사* 보리타작 방방곡곡 농부가로다
송백양류 긴긴 나무에 높다랗게 그네 매고
녹의홍상 미인들은 **오락가락하는구나**
슬프도다 우리 부모 단오절을 모르시나

---

*신체발부 사대절 : 신체발부는 몸과 머리털과 피부라는 뜻으로 몸 전체를 이르고, 사대절은 '사지' 즉 두 팔과 두 다리를 말함.
*수욕정이~친부재라 : '나무는 고요히 있으려 하나 바람이 그치지 않고, 자식은 부모를 공양하려고 하나 부모께서는 이미 돌아가셨다.'라는 뜻.
*천추절 : 임금의 탄신일을 경축하던 국경일. / *개자추 : 중국 춘추 시대 진나라의 충신. 한식을 두고 개자추가 죽은 날이라 이름.
*당우삼대~하셨도다 : 요순과 하은·주 삼대 훌륭한 임금들도 흰 구름 타고 오르셨도다. / *일과처 : 한 번 지나간 곳.
*무서산지 퇴일하니 : 서산으로 해가 넘어감을 쓸쓸히 여기니. / *이영백의 사정 : 이영백의 사사로운 정. 이영백은 중국 진(晉)나라 사람으로 지극한 효성으로 이름이 높았음.
*적인걸 : 중국 당나라의 명신. 뛰어나 행정력과 공명정대함으로 나라의 기틀을 유지함.
*애오생지~여류로다 : '내 인생이 가련함을 슬퍼하고, 세월이 흐르는 물과 같음을 탄식한다.'라는 뜻임. / *답청절 : 삼짇날의 별칭. 들에 나가 파랗게 난 풀을 밟게 난 풍습이 있음.
*남풍지~온혜로다 : '남풍이 따스하고 향기로워 우리 백성들의 노여움을 풀어 주도다.'라는 뜻. 순임금이 노래한 남풍시를 묘사한 말임.
*하도 낙서 : 하도는 황하에서 용마가 지고 나왔다는 쉰다섯 점의 그림을, 낙서는 낙수에서 신귀의 등에 있었다고 하는 마흔다섯 점의 글씨를 이름.
*경성가 : 경사(慶事)의 노래. 경성은 태평성대에 나타난다는 길성(吉星)을 뜻함.
*요지일월 순지건곤 : 요임금이 다스리던 때의 해와 달이요, 순임금이 다스리던 때의 하늘과 땅. 태평성대를 이름.
*타기황앵~우지 마라 : 차용된 한시 원문은 '꾀꼬리를 쫓아 버리세요 / 가지 위에서 울지 못하게 하세요'라는 뜻임.
*산호만세 : 임금이 산과 같이 장수하기를 바라며 부르는 만세.
*관등절 : 석가모니 탄생일인 음력 4월 초파일. 지붕 위 간두에 식구 수대로 초롱을 달고 관등놀이를 하며 관등연을 베풂. / *산양 자규 : 산 양지 녘의 소쩍새.
*광풍제월 : 맑은 날씨에 부는 바람과 활짝 갠 날 밤에 뜨는 달. / *원정부지이별 : 싸움터에 나가는 지아비와의 이별을 원망함.
*음풍진어영욕 : 영광과 욕됨을 노래함. / *남린 북사 : 남북의 이웃집들.

나BS _ 나 없이 **EBS** 풀지마라

OX문제

01 말을 건네는 방식을 통해 화자의 요구를 전달하고 있다. [2025학년도 9월] (O / X)

02 시간의 흐름에 따라 인물의 심리 변화를 드러내고 있다. [2024학년도 9월] (O / X)

03 화자는 '달구경하는 소년들'이 '불로초와 불사약'을 얻지 못했음을 슬퍼하고 있다. (O / X)

04 '녹의홍상 미인들'이 '그네'를 타며 '오락가락하는' 모습은 화자가 '단오일'에 본 풍경에 해당한다. (O / X)

05 유사한 통사 구조를 반복하여 주제 의식을 부각하고 있다. [2026학년도 9월] (O / X)

STEP 02 지문 분석

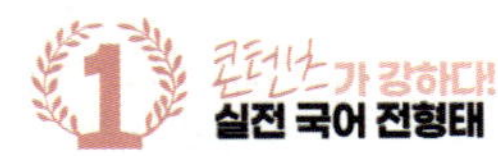

정월이라 십오 일에 달구경하는 소년들아
정월 대보름
■ : 명절/절기(월령체 구성)   □ : 돈호법

흉풍(凶豊)도 보려니와 부모 봉양 생각하라
흉년과 풍년   받들어 모심

신체발부 사대절을 부모님께 타고났으니
몸 전체   팔과 다리

태산같이 높은 덕과 하해같이 깊은 정을

어이하여 잊으리오 천세 만세 믿었더니

봉래 방장 영주산에 불로초와 불사약을
중국 전설에 나오는 세 개의 산

인력(人力)으로 얻을쏜가 슬프다

「수욕정이 풍부지하고 자욕양이 친부재라
효도를 다하지 못한 채 어버이를 여읜 자식의 슬픔을 의미함(풍수지탄).

공산낙목 한 줌 흙 되어 영원한 이별 되겠구나」
'무덤'을 이름   「 」: 화자의 상황 → 부모의 부재(죽음)

일 년 삼백육십 일에 일일 사친(事親) 십이시라
어버이를 섬김

서늘한 바람 적막하고 소식이 영영 끊기니

슬프다 우리 부모 대보름인 줄 모르시나

1~12행 : 부모 봉양에 대한 권고 [1월]

그달을 허송하니 이월이라 한식일에
한식날
중국 춘추 시대 진나라의 충신

천추절이 적막하다 개자추의 넋이로다
국경일

원산에 봄이 드니 불탄 풀에 속잎 난다

후인들이 슬퍼하여 한식을 지었도다
후세의 사람들

당우삼대 성제들도 승피백운 하셨도다
중국 고대의 요순 시대와 하·은·주나라 시대를 아울러 이르는 말

⇒ 정월 십오 일에 달구경하는 소년들아

⇒ 흉년과 풍년도 보려니와 부모 봉양을 생각하라

⇒ 몸 전체 두 팔 두 다리를 부모님께 타고났으니

⇒ 높고 큰 산처럼 높은 덕과 큰 강과 바다처럼 깊은 정을

⇒ 어이하여 잊으리오 천년만년 믿었더니

⇒ 삼신산에 불로초와 불사약을

⇒ 사람의 힘으로 얻을 것인가 슬프다

⇒ 나무는 고요히 있으려 하나 바람이 그치지 않고, 자식은 부모를 공양하려고 하나 부모께서는 이미 돌아가셨도다

⇒ 빈산에 잎이 진 나무 한 줌 흙 되어 영원한 이별 되겠구나

⇒ 일 년 삼백육십 일에 하루 십이시 부모님을 섬겨라

⇒ 서늘한 바람은 적막하고 소식이 영영 끊기니

⇒ 슬프다 우리 부모 대보름인 줄 모르시나

⇒ 그달을 헛되이 보내니 (어느덧) 이월이라 한식날에

⇒ 국경일이 적막하다 개자추의 넋이로다

⇒ 먼 산에 봄이 드니 불탄 풀에 속잎이 난다

⇒ 후인들이 슬퍼하여 한식을 지었도다

⇒ 고대의 훌륭한 임금들도 흰 구름 타고 하늘에 오르셨도다

과외식 해설

정월이라 십오 일에~어이하여 잊으리오 → 화자는 소년들에게 대보름 달을 보며 한 해 농사의 흉풍을 점치는 풍습도 좋지만, 그보다 먼저 부모님을 봉양하는 일을 생각하라고 권유하고 있다. 참고로, 대보름 때 달빛이 희면 많은 비가 내리고, 붉으면 가뭄이 들며, 달빛이 진하면 풍년이 오고, 흐리면 흉년이 든다고 믿는 풍습이 있었다.

천세 만세 믿었더니~슬프다 → '봉래 방장 영주산'은 중국 전설에 나오는 신령스러운 산으로, '삼신산'이라고도 불린다. 여기에는 '불로초'와 '불사약'이 있다고 전해지는데, 화자는 부모님을 봉양하기 위해 늙지도 죽지도 않는다는 약을 구하고자 하나 '인력', 즉 사람의 힘으로는 구할 수 없다는 사실에 슬퍼하고 있다.

수욕정이 풍부지하고~영원한 이별 되겠구나 → '수욕정이 풍부지하고 자욕양이 친부재라'는 논어의 한 구절로, 효도를 다하지 못한 채 어버이를 여읜 자식의 슬픔을 이르는 '풍수지탄'이 유래한 말이다. 이를 통해 화자는 부모님이 돌아가셔 봉양을 하고 싶어도 하지 못하는 처지에 놓여 있음을 알 수 있다.

일 년 삼백육십 일에~대보름인 줄 모르시나 → 화자는 일 년 매일 매시 어버이를 섬겨야 함을 강조하면서, 대보름을 부모님과 함께 즐기지 못하는 처지에 대한 서글픔을 '슬프다'라며 직접적으로 제시하고 있다.

그달을 허송하니~한식을 지었도다 → 화자는 2월이 되어 '한식일'을 맞게 되었음을 이야기하며, '한식일'의 유래인 개자추 설화에 대해 언급하고 있다. 해당 설화의 내용은 다음과 같다.

'개자추'는 진 문공의 충실한 신하였는데, 진 문공이 즉위 후 자신에게만 벼슬을 내리지 않자 어머니와 함께 면산으로 들어가 은거한다. 잘못을 깨달은 진 문공이 뒤늦게 그를 찾아 등용하려 했지만, 개자추는 세상에 나오기를 거부했다. 이에 진 문공은 그를 나오게 하기 위해 면산에 불을 지르고, 개자추는 자신의 뜻을 굽히지 않은 채 그대로 불에 타죽는다. 이후 진 문공은 불을 사용하지 않고, 찬 음식을 먹는 한식을 정해 개자추의 넋을 기린다.

여산 송백 무릉 춘초(春草)는 만고영웅 일과처라

사사로운 정
무서산지 퇴일하니 이영백의 사정(私情)이오
지극한 효성으로 유명한 중국 진나라 사람

태행산 외로운 구름 보니 적인걸의 생각이라
중국 당나라의 명신으로 태행산에서 부모를 그리워함.

슬프도다 우리 부모 청명인 줄 모르시나
청명절

13~21행 : 한식날의 유래 [2월]

그달 그믐 다 지나고 삼월이라 삼진날에
그달의 마지막 날

제비 새끼 날아들어 옛집을 찾아오고

호랑나비 분분하여 옛빛을 자랑한다
여럿이 한데 뒤섞여

『기수(沂水)에 목욕하고 무우(舞雩)에 바람 쏘이며

동쪽 언덕 올라 휘파람 불고 청류 이르러 시 짓는다』
『 』: 증삼의 고사 인용 → 자연에서 유유자적하는 삶

산화(山花)는 붉은 비단이오 세류(細柳)는 푸른 실이로다

촌가에 농부들은 신춘(新春)을 만났다고
겨울을 보내고 맞이하는 첫봄

농구(農具)를 둘러메고 처처(處處)에 왕래하며
농사를 짓는 데 쓰는 기구   이곳저곳

백마금편 소년들은 화류춘풍 흥을 겨워
흰 말과 금으로 된 채찍 → 화려한 차림새

쌍을 지어 노닐 적에 산화 작작(灼灼) 난만개라
많은 꽃이 몹시 화려하고 찬란하게 핌

슬프도다 세월이여

애오생지가련(哀吾生之可憐)하니 탄광음지여류(嘆光陰之如流)로다

슬프도다 우리 부모 답청절을 모르시나
'삼진날'의 별칭

22~34행 : 삼진날의 흥취 [3월]

그달을 허송하고 사월이라 초파일에
부처님 오신 날

남풍지훈혜(南風之薰兮)하고 해오민지온혜(解吾民之慍兮)로다
순임금이 노래한 남풍시를 묘사한 말

'북한산'의 별칭
삼각산 제일봉에 봉황 앉아 춤을 추고

⇒ 여산 소나무와 잣나무, 무릉 봄풀은 만고 영웅이 잠시 머무르는 곳이다

⇒ 서산으로 해가 넘어감을 쓸쓸히 여기니 (효자) 이영백의 마음이오

⇒ 태행산 외로운 구름 보니 (효자) 적인걸의 생각이라

⇒ 슬프도다 우리 부모 청명절인 줄 모르시나

⇒ 그달 그믐 다 지나고 삼월이라 삼진날에

⇒ 제비 새끼 날아들어 옛집을 찾아오고

⇒ 호랑나비 뒤섞여 옛 빛깔을 자랑한다

⇒ 기수에서 목욕하고 무우에 바람 쐬며

⇒ 동쪽 언덕에 올라 휘파람 불고 맑은 강물에 이르러 시 짓는다

⇒ 산에 핀 꽃은 붉은 비단이요, 버드나무는 푸른 실이로다

⇒ 시골집의 농부들은 첫봄을 만났다고

⇒ 농기구를 둘러메고 이곳저곳 왕래하며

⇒ 화려하게 꾸민 소년들은 봄꽃의 기운과 봄바람에 흥을 겨워

⇒ 쌍을 지어 노닐 적에 산꽃이 몹시 화려하고 찬란하게 피었어라

⇒ 슬프도다 세월이여

⇒ 내 인생이 가련함을 슬퍼하고, 세월이 흐르는 물과 같음을 탄식한다

⇒ 슬프도다 우리 부모 답청절을 모르시나

⇒ 그달을 헛되이 보내고 사월이라 초파일에

⇒ 남풍이 따스하고 향기로워 우리 백성들의 노여움을 풀어 주도다

⇒ 삼각산 제일 높은 봉우리에 봉황 앉아 춤을 추고

당우삼대 성제들도~청명인 줄 모르시나 → '여산 송백~일과처라'는 관습적으로 자주 사용하는 표현으로 '자연의 아름다움과 그 속에 잠시 머무르는 인간의 삶'을 의미한다. 화자는 한식날에 떠오르는 중국 고사 속 인물들을 나열하면서, 부모의 부재를 다시금 인식하며 부모님에 대한 그리움을 드러내고 있다. 이때 '청명'은 '청명절'을 말하는데, '한식일'과 하루 차이 혹은 겹칠 때가 많아 뚜렷하게 구분하지 않고 전해진다. '한식에 죽으나 청명에 죽으나'라는 속담도 여기서 비롯된 것이다.

그달 그믐 다 지나고~옛빛을 자랑한다 → '삼진날'은 음력 3월 3일을 가리키는 말로, 9월 9일에 강남 갔던 제비가 옛집을 찾아 돌아온다고 하여 '강남 갔던 제비 오늘날'이라고도 부른다. 이날은 파릇파릇한 풀이 돋고 꽃들이 피어 봄기운이 완연하다고 하는데, 그래서 봄에 걸맞은 놀이와 풍속을 하며 하루를 보낸다. 화자는 이러한 삼진날의 풍경에 대해 노래하고 있다.

기수에 목욕하고~청류 이르러 시 짓는다 → 『논어』에 실린 고사를 인용한 부분으로, 포부를 말해보라는 공자의 요구에 제자 증삼이 한 대답에 해당한다. 자신의 꿈과 목표를 거창하게 밝힌 다른 제자와 달리, 증삼은 따뜻한 봄날 좋아하는 동료들과 소풍하듯 기수에서 목욕하고 무우에서 바람을 쐰 뒤 노래를 부르며 돌아오고 싶다고 답한 것이다. 화자는 이러한 고사를 인용하여 자연에서 유유자적하는(속세를 떠나 자유로운) 삶을 얘기하고 있다.

산화는 붉은 비단이오~답청절을 모르시나 → 아름답게 핀 꽃들과 푸른 버드나무, 봄을 맞이하여 왕래하는 농부들과 봄날의 흥취를 즐기는 소년들의 모습을 통해 삼진날 완연하게 느껴지는 봄기운을 생생하게 드러내고 있다. 화자는 이와 대비되는 자신의 처지, 즉 다른 이들과 달리 자신은 세월의 흐름을 한탄하며 부모님을 그리워하고 있음을 보여 주어 주제 의식을 부각하고 있다. 참고로, '답청절'은 삼진날을 달리 부르는 말로, 새봄을 맞아 꽃놀이를 하고 새 풀을 밟으며 봄을 즐기기 때문에 붙여진 이름이다.

그달을 허송하고~소년행락 얼마하리 → 초파일은 부처님의 탄생을 기념하는 석가탄신일을 말한다. 이때 '남풍지훈혜하고 해오민지온혜로다'는 중국 고대의 순임금이 거문고를 가지고 불렀다는 「남풍시」의 한 구절이며, '하도 낙서'는 중국 고대 전설상의 제왕인 복희씨와 하나라의 우왕이 각각 얻은 그림과 글을 의미한다. 즉, 화자는 남풍시와 하도낙서 등의 전고(전례와 고사)를 인용하여 태평한 세상 아래 백성들이 화합하고 있음을 보여 주고 있는 것이다.

한강수 깊은 물에 하도(河圖) 낙서(洛書) 나왔단 말인가

나라 안의 모든 백성
만백성 화합하는 경성가를 오늘날에 보리로다
　　　　경사(축하할 만한 기쁜 일)의 노래

요임금이 다스리던 때의 해와 달
요지일월 순지건곤 태평성대 이 아닌가
　　　순임금이 다스리던 때의 하늘과 땅

만사(萬事) 인간 젊은 날에 소년행락 얼마하리
여러 가지 온갖 일

〈타기황앵 아이들은 막교지상 우지 마라
　　〈 〉: 봄날의 원망을 담은 한시의 일부를 차용함.

황금갑옷 떨쳐입고 실버들 속 들어갈 때
꾀꼬리의 노란 깃털을 비유적으로 이르는 표현

우레같이 소리 질러 겨우 든 잠 깨어 보니〉

수도(서울)
장안 많은 집 등을 달아 산호만세 하는구나
　　　　임금이 산과 같이 장수하기를 바라며 부르는 만세

슬프도다 우리 부모 관등절을 모르시나
　　　　'초파일'의 별칭

35~46행 : 초파일의 정경 [4월]

그달을 허송하고 오월이라 단오일에
　　　　단옷날

해는 늘어 창밖에 있으니 여름 구름은 기봉(奇峯)에 많구나

산양 자규 우는구나
산 양지 녘의 소쩍새

광풍제월 넓은 곳에 솔개 날고 물고기 뛰노는구나
맑은 날씨에 부는 바람과 활짝 갠 날 밤에 뜨는 달

백구야 날지 마라 너 잡을 내 아니라

일신이 한가하기로 너와 놀자 찾았노라

나물 먹고 물 마시고 팔을 베고 누웠으니

대장부 살림살이 이 아니 넉넉한가

일촌간장 맺힌 설움 부모 생각뿐이로다
애달프거나 애가 타는 마음을 이름

옥창(玉窓) 앵두 붉었으니 원정부지이별(怨征夫之離別)이오
　　　　우리 노랫말에 자주 등장하는 구절 차용

몽중(夢中) 매화 피었으니 음풍진어영욕(吟風塵於榮辱)이오

⇒ 한강 깊은 물에 전설의 그림과 글이 나왔단 말인가

⇒ 모든 백성이 화합하는 경축가를 오늘날에 보리로다

⇒ 요순시대 태평성대 이 아닌가

⇒ 만사 인간 젊은 날에 재밌고 즐거움이 얼마나 하리

⇒ 꾀꼬리를 쫓아내는 아이들아 나뭇가지 위에서 울지 못하게 해 다오

⇒ 황금빛 갑옷을 떨쳐입고 수양버들 속 들어갈 때

⇒ 천둥같이 소리 질러 겨우 든 잠에서 깨어 보니

⇒ 장안의 많은 집에서 등을 달아 임금의 만수무강을 기원하며 만세를 하는구나

⇒ 슬프도다 우리 부모 관등절을 모르시나

⇒ 그달을 헛되이 보내고 오월이라 단옷날에

⇒ 해는 늘어 창밖에 있으니 여름 구름은 기이하게 생긴 봉우리에 많구나

⇒ 산 양지 녘의 소쩍새가 우는구나

⇒ 달이 뜬 밤 넓은 곳에 솔개가 날고 물고기가 뛰노는구나

⇒ 갈매기야 날지 마라 너 잡을 내가 아니다

⇒ 몸이 한가하기로 너와 놀자하여 찾았노라

⇒ 나물 먹고 물을 마시고 팔을 베고 누웠으니

⇒ 대장부의 살림살이 이 아니 넉넉한가

⇒ 애타는 마음에 맺힌 서러움 부모 생각뿐이로다

⇒ 옥창에 앵두 붉었으니 지아비(남편)와의 이별을 원망하오

⇒ 꿈속에 매화 피었으니 영광과 욕됨을 노래하오

타기황앵 아이들은~겨우 든 잠 깨어 보니 → 이 구절은 '춘원', 즉 봄날의 원망이라는 한시를 차용한 부분이다. '춘원'은 군사 징발로 중국 북방 요서 땅으로 가게 되어 돌아오지 못하는 남편을 그리워하는 시로, 봄이 와 꾀꼬리가 울면 꿈에서 임과 만나던 화자가 깨게 되어 임과 더 만나지 못하게 되니 꾀꼬리를 쫓아 나뭇가지 위에서 울지 못하게 한다는 내용을 지니고 있다. 봄날 멀리 간 임을 그리는 심정을 담은 작품인 점을 고려할 때, 봄날 부모님을 그리워하는 자신의 정서를 부각하기 위해 인용한 것으로 볼 수 있다.

장안 많은 집 등을 달아~관등절을 모르시나 → 초파일에는 부처님의 덕을 찬양하기 위해 사찰을 비롯하여 여러 집, 가게, 관청 등에서 등을 달고 불을 밝힌다. 때문에 '관등절'이라고도 불린다. 화자는 많은 집들이 등을 달아 만세를 부르는 초파일의 정경에 대해 이야기하며 계속해서 부모님을 떠올리고 있다.

그달을 허송하고~부모 생각뿐이로다 → 자연과 함께 하는 유유자적한 생활을 보내면서도 부모님에 대한 생각으로 서러워하는 화자의 모습이 나타나 있다. 창밖으로 지는 해와 소쩍새의 울음소리, 유유히 날고 있는 솔개와 뛰노는 물고기의 모습을 제시하여 단오일의 평화로운 분위기를 조성함으로써 부모님에 대한 그리움을 대비적으로 부각하고 있다.

옥창 앵두 붉었으니~음풍진어영욕이오 → '옥창~원정부지이별이오'는 관습적으로 자주 등장하는 구절로, 남편과의 이별을 원망한다는 뜻이다. 단오일에 앵두가 한창 제철이어서, 앵두화채를 만들어 먹는 풍습이 있는데 이와 관련하여 인용한 것으로 이해할 수 있다. 또한 여기서 말하는 '매화'도 단오일에 만개하는 홍매화를 가리키는 것으로, 단옷날의 풍경과 관련한 한문구를 차용하여 운율을 형성한 것으로 보인다.

남린 북사 보리타작 방방곡곡 농부가로다
　　　　　농부들이 즐겨 부르는 노동요

송백양류 긴긴 나무에 높다랗게 그네 매고
소나무·잣나무·버드나무

녹의홍상 미인들은 오락가락하는구나
연두저고리와 다홍치마 → 곱게 차려입은 젊은 여자의 옷차림

슬프도다 우리 부모 단오절을 모르시나

47~61행 : 단옷날의 평화로움 [5월]

⇒ 남북의 이웃집들은 보리타작하고 방방 곡곡 농부가로다

⇒ 여러 가지 긴긴 나무에 높다랗게 그네를 매고

⇒ 곱게 차려입은 아름다운 여인들은 오락가락하는구나

⇒ 슬프도다 우리 부모 단오절을 모르시나

남린 북사 보리타작~단오절을 모르시나 → 단오에는 남녀노소를 막론하고 고운 옷을 입고 그네를 뛰는 풍습이 있다. 화자는 보리타작하며 농부가를 부르는 이웃집들과 나무에 그네를 매고 뛰노는 즐거운 풍경을 묘사하면서, 이러한 즐거움을 부모님과 함께 느끼지 못함을 안타까워하고 있다.

STEP 03 작품 해제

나BS 수능특강 | 고전문학

01 | 주제

부모님에 대한 그리움과 효(孝)의 맹세

02 | 특징

① 부모님의 부재로 인한 슬픔을 노래하는 화자 중심의 시
② 월령체(한 해 열두 달의 순서에 따라 노래한 시가) 형식으로, 달마다의 명절 및 절기를 제시하며 시상을 전개함.

③ 대체로 4·4조의 가락을 사용하여 운율을 형성함.
④ 중국 고사를 빈번하게 인용함.

03 | 작품 해제

「사친가」는 '사친(어버이를 그리워하며 생각함.)'을 노래하고 있는 작자 미상의 가사로, 달마다의 대표적인 명절·절기를 들어 월령가의 특색을 드러내고 있는 작품이다. 월령의 마지막 부분에서 명절 이름을 다시 언급하고, '슬프다 우리 부모 ~인 줄(을) 모르시나'의 구를 반복하여 주제 의식을 강조하고 있다는 것이 특징이다. 주제와 맞지 않는 한문구와 중국 고사를 다수 인용하여 작자의 식견을 내세우는데 치중했다는 지적을 받기도 한다.

STEP 04 논문으로 만나는 출제자의 시선

나BS 수능특강 | 고전문학

월령형 「사친가」의 표현 방식

월령형 「사친가」는 '사친', 즉 어버이를 그리워하고 떠올린다는 감정의 표출을 직접적으로 전달하기에는 아무래도 형식상 겉돌 수밖에 없다는 단점을 지닌다. 각 달마다 하는 행사와 고사 인용이 큰 비중을 차지하다 보니 중심부에 서술된 내용이 곧바로 사친의 표출로 연결되지는 않기 때문이다. 그래서 정월에서 12월까지 지속되는 구성이 단순하다거나 기계적으로 보인다는 평가가 나올 수밖에 없다. 그러나 작품에서는 이러한 문제를 극복하기 위해 **호소형의 표현 방식**을 사용하고 있다. 이것이 월령형 「사친가」의 특징이다. 작품에서는 '소년들'을 직접 호명함으로써 돈호법을 사용한 호소형의 표현 방식을 사용하고 있는데, 이는 앞서 지적한 단점을 극복하는 장치가 된다. 이러한 어법은 매월마다 반복되는, 부모의 부재로 이 좋은 절기를 부모와 향유하지 못하는 안타까움을 누군가에게라도 호소할 수밖에 없는 정황을 드러낸다. 특히 각 달의 행사 얘기가 길어지는 경우, 그것에 비례하여 '백구야'와 같은 식의 돈호법을 사용해 감정의 호소력을 강화하였다. 여기에 '슬프다, 슬프도다 우리 부모, 슬프도다 세월이여' 등과 같이 호소력이 짙은 표현을 변주하여 작품 전체적으로 정서를 고양하고자 하였다.

10 | 이진유, 속사미인곡

수능 국어 대비
실전 국어 전형태

STEP 01 OX 문제를 통한 지문 이해 훈련

나BS 수능특강 | 고전문학

삼 년을 임을 떠나 해도(海島)에 유배되니
내 언제 무심하여 임에게 득죄했나
임이 언제 박정(薄情)하여 날 대접 소홀히 했나
내 얼굴 고왔던지 질투하는 건 뭇 여자로다
유한(幽閑)한 이내 몸을 선음(善飮)한다 이르로세*
　　　　　　(중략)
추운 겨울 깊어지고 육지는 못 통(通)하니
양식도 핍절(乏絶)커늘 반찬이야 의논하며
염장*도 못 먹거든 어육(魚肉)이야 바랄쏘냐
섬 안 수십 리에 일년초가 희한하다
조석(朝夕) 밥도 못 익힐 제 방이 덥기 생각할까
설날 큰 명절에 솟국*에 떡을 쑤어
갯물에 절인 배추 반찬으로 올랐으니
어와 이 몰골은 태어나서 처음 보네
춘풍 도리화(春風桃李花)야 못 본다고 상관하랴
가을이 다하도록 국화를 못 보거든
낙모가절(落帽佳節)*에 쫓겨난 신하를 누가 우시며
굴원이 여기 온들 무엇으로 저녁에 먹을꼬*
여름 석 달 다 지내고 괴로움 실컷 겪으니
찌는 더위도 그지없고 습한 기운도 더욱 심하다
파리 떼와 모기떼는 백 가지로 쏘아 제치고
뱀과 전갈, 지네는 네 벽에 마구 기어다니니
어떤 일도 흥겨운 모양 없고 백악(百惡)만 구비(具備)하다
사람을 상하게 하고 물건을 해 끼칠 것 세상에 많기도 많구나
밤중에 잠이 없어 이불을 두르고 일어나 앉아
신세를 한탄하고 평생을 생각하니
외로운 이내 몸이 자손도 없는 게오
습한 바다에서 병이 든들 구호할 이 뉘 있으며
반계(盤溪)에 있는 내 집 비어 있는들 누가 지킬꼬

하사받은 천 권의 책 고각(高閣)에 묵혀 있으니
좀벌레 다 먹은들 그 누구라서 포쇄*하며
뜰 안에 가득한 꽃을 베어 버린들 누가 금할꼬
천하에 죄 없는 이 나밖에 또 있을까
주 문왕이 기산 다스릴 제 어진 정치를 베푸시면
가련한 이내 몸이 반드시 먼저 들려니
천지간 홀로 서서 사방을 둘러보니
우리 임 아니시면 누구를 다시 의지할꼬
시운(時運)이 불행하여 천 리에 떠나시니
내 신세 외로운 줄 임이 모르실까
긴 소매 들고 앉아 옛 잘못을 헤아리니
우직하기 본성이요 망령됨도 내 죄로되
근본을 생각하면 임 위한 정서일세
일월 같은 우리 임이 거의 아니 굽어볼까
날 살리신 이 **은혜**를 결초(結草)하기 생각하나
광주리의 **가을 부채** 어느 날 다시 날꼬
맑은 새벽 혼자 누워 백두음(白頭吟)*을 슬피 읊고
황금을 못 얻으니 장문부(長門賦)*를 어이 사리
마름과 연(蓮)으로 옷을 짓고 부용(芙容)으로 치마 지어
상자 안에 두어신들 눌 위하여 단장할꼬
고향에 돌아갈 꿈 벽해(碧海)를 밟아 건너
옥루(玉樓) 높은 곳에 **밤마다 임을 모셔**
일당우불(一堂吁咈)에 수답(酬答)이 여향(如響)하니*
앞에서 귀신을 묻던 가태부(賈太傅) 이러한가*
어촌의 먼 닭 소리에 긴 잠을 깨어나니
우리 임 옥음(玉音)은 귓가에 완연(宛然)하고
우리 임 어로향(御爐香)이 옷과 소매에 품었어라
어느 날 이내 꿈을 진짜로 삼을 건가
두어라 임금께서 고치시기를 날마다 바라노라

*선음한다 이르로세 : 음란한 짓을 잘한다고 이르는구나. 굴원의 「이소」에서 비롯한 표현으로 소인배가 군자를 모함함을 뜻함.
*염장 : 소금으로 간을 한 음식.
*솟국 : 고기를 넣지 않고 끓인 국.
*낙모가절 : 중국 진나라 때 인물인 맹가가 중양절(음력 9월 9일)에 국화주에 취해 모자가 떨어진 것도 몰랐는데 함께 있던 사람이 이를 조롱하는 글을 써 보이니 그 글에 화답하는 멋진 글을 지었다는 고사에서 유래한 표현.
*굴원이~먹을꼬 : 굴원의 「초사」에 '저녁에는 가을 국화 떨어진 꽃잎 주워서 먹네'라는 구절에서 비롯한 표현.
*포쇄 : 젖거나 축축한 것을 바람에 쐬고 볕에 바램.
*백두음 : 중국 한 무제 때 문인인 사마상여가 첩을 들이려 하자 그의 아내 탁문군이 원망의 마음을 담아 써 보낸 시로, 이 시를 읽은 사마상여는 자신의 행동을 반성하고 첩을 들이지 않았다고 함.
*장문부 : 중국 한 무제의 비인 진 황후가 사마상여에게 황금을 주고 이 글을 짓게 해 황제의 총애를 회복했다고 함.
*일당우불에~여향하니 : 한 방에서 서로 많은 이야기를 나누는 모습을 나타낸 표현임.
*앞에서~이러한가 : 모함을 받아 변방에 좌천되었던 가태부를 효문제가 불러 밤새 가까이 마주 앉아 귀신에 대해 논했던 일을 말함.

OX문제

01 공간의 이동 과정에서 탈속적 가치의 지향이 심화되는 모습이 나타난다. [2026학년도 9월] (O / X)

02 상황을 부정적으로 규정하고 나서 이와 관련된 다양한 소재들을 나열하고 있다. [2014학년도 6월A] (O / X)

03 계절감을 드러내는 표현을 사용하여 시간의 경과를 보여 주고 있다. [2017학년도 수능] (O / X)

04 화자는 '일월 같은 우리 임'의 '은혜'를 갚기 위해 '가을 부채'와 같은 존재가 되고자 한다. (O / X)

05 화자는 '옥루'에 '밤마다 임을 모셔' 갈등을 해소하고 있다. (O / X)

[EBS 파트 분석]

삼 년을 임을 떠나 해도(바다의 섬)에 유배되니
내 언제 무심하여 임에게 득죄했나
임이 언제 박정하여(정이 없어서) 날 대접 소홀히 했나
내 얼굴 고왔던지 질투하는 건 뭇 여자로다
유한한 이내 몸을 선음한다 이르로세(음란한 짓을 잘한다고 이르는구나)

〈서사〉

[EBS에 나오지 않은 나머지 전문]

서하(중국의 강)에서 잠시 쉬고 수레 타고 돌아오니 / 봉황성에 다다르니 고국 소식 놀랍구나.
황혼녘에 옛 약속을 다시 거의 찾았으나 / 모함이 망극하니 임이신들 어이할까.
저자에 호랑이 있다 의심하게 말 만들고 / 증모는 거짓말에 베틀을 던졌음이라.
우리 임 날 믿는 것을 세상에 뉘 비할까.
비방하는 문서들은 상자 속에 가득 두고
함정에서 건저 내어 좋은 땅에 귀양 보내니
구연성에서 노숙하고 압록강을 바삐 건너
성초에서 내려지고 초교에 몸을 실어 / 청천강 삼일우에 옷이 다 젖었으니
별뜬 밤에 빨리 달려 패수를 건너올새 / 세상의 기쁜 소식 어디가선 들었구나.
서울 근처로 압송함은 고금에 첫 일이요,
아들과 조카에게 관직을 내리시니 / 특별한 은혜가 거듭되었구나.
박명한 이 내 몸에 임의 은혜 이러하니
여관의 흐릿한 등불에 피눈물이 절로 난다.
금오리 김택귀를 벽제에서 만나보고 / 선산에 잠깐 들러 통곡하여 이별하고
성 서쪽의 옛집의 사당을 하직하니 / 가깝고 먼 친척들과 손잡고 이별할 새
함께 하던 옛 친구들은 눈앞에 드물도다.
가는 길이 험하여 여유가 없으니 / 잠시인들 오래 머물 것이런가.
관악산 십 리쯤의 선산에서 하루 쉬고 / 천릿길 행장을 급하게 차려갈 새
종남산을 바라보니 오색구름 아름답고
의릉을 바라보니 솔 잣나무 푸르구나.
외로운 신하 원통한 눈물 한강에 가득 뿌려
임 향한 한조각 마음 참고 참아 떠나가니
내 마음 이러할 제 임인신들 잊을 손가.

〈본사 1〉

호남길 가려 잡아 노령에 올라 쉬어 / 북쪽을 돌아보고 두세 번 탄식하니
뜬구름이 하늘 막아 서울 땅을 못 보겠다.
금성산 바라보고 귀양지에 찾아가니
남도의 큰 마을 낙토(좋은 땅)을 처음 보네.
주인 정사군이 마주 나와 반겨하니 / 거처도 과분하고 의식도 염려 없다.
그물처럼 벗겨진 몸 이곳에서 편히 쉬니
갈수록 임의 은혜 곳곳마다 망극하다.

삼 년을 임을 떠나~선음한다 이르로세 → 작가 이진유는 소론 계열의 문신으로, 경종 즉위 후 노론의 모함을 받아 해도(추자도)로 유배되었고, 그곳에서 3년 째 되는 해에 「속사미인곡」을 지었다. 노론을 '뭇 여자'에 빗대어 3년간 유배된 이유를 설명하며, 자신의 결백함을 강조하고 있다.

서하에서 잠시 쉬고~임이신들 어이할까. → 유배령이 내려진 당시, 사신으로서 청나라에 있던 화자가 봉황성에서 처음 자신의 유배 소식을 듣게 된 상황이다. 유배의 원인을 노론의 모함 때문이라고 여기며, 자신의 불행이 신하들의 모함에서 비롯되었음을 드러내고 있다.

저자에 호랑이 있다~베틀을 던졌음이라. → 세 명이 거짓말을 하면 없던 호랑이도 만든다는 고사와 증삼의 어머니가 아들이 살인했다는 거짓말을 믿지 않다가 계속되는 소문에 베틀을 던지고 도망갔다는 고사를 인용하고 있다. 이는 임금이 아니라 모함한 신하들에게 책임이 있음을 강조한 것이다.

구연성에서 노숙하고~피눈물이 절로 난다. → '구연성-압록강-청천강-패수'의 공간 이동이 나타난다. 화자가 죄인의 신분으로 유배지로 향하는 과정을 사실적으로 보여 주고 있다.

금오리 김택귀를~솔 잣나무 푸르구나. → '벽제', '선산', '옛집'을 들러 지인과 조상, 가족들에게 작별 인사를 하는 화자의 모습이 나타나 있다. '종남산'은 남산의 옛 이름으로 임금이 계신 곳을 의미하고, '의릉'은 경종의 능으로 선왕에 대한 충성심을 드러낸다.

외로운 신하~잊을 손가. → 화자는 억울한 눈물을 흘리면서도, 임금이 자신을 잊지 않고 있을 것이라 믿으며 변함없는 연군지정을 드러내고 있다.

호남길 가려 잡아~서울 땅을 못 보겠다. → 화자는 유배지로 가는 길에서 자신의 처지를 한탄하고 있다. '뜬구름'은 간신배들을 의미하며, 이들이 임금의 총애를 가리고 있음을 드러내고 있다.

금성산 바라보고~의식도 염려 없다. → 유배지인 나주에 대한 긍정적인 인식이 드러난다. 그물에 갇힌 신세지만 오히려 편히 지낼 수 있다며, 예상과 달리 안정적인 유배 생활에 대한 안도감을 드러내고 있다.

재상들은 나를 죽이려 하려는지 / 재앙을 일으키려 티격티격 다투오니
큰 형벌이 내려질 듯 아침저녁 위급할새
먼 섬으로 유배 보내 가시나무 둘러치고 / 여러 사람 노여움을 막으시니
끝내 간곡하심을 오늘 더욱 알겠노라.
사방으로 힘을 씀은 신하된 자 직분이라. / 봉사하는 작은 수고 말할 것이 전혀 없다.
안팎으로 베푼 은혜 천자보다 빛나시니 / 죄가 도리어 영화 되니 이 더욱 다행이라.
고운 얼굴 없는 나요, 재주도 없는 나를 / 무엇을 취하시며 무엇을 중히 여겨
말마다 너그럽고, 일마다 보호하여 / 볼품없는 이 한 몸 다칠까 염려하시니
엊그제 만난 임이 마음은 오래된 듯 / 임의 뜻 나 모르고 내 뜻도 임 모르며
무슨 일 이토록 잊지 않음이 간곡한고. / 백년을 해로한들 이보다 더하겠나.

〈본사 2〉

임의 은혜 이럴수록 미워함이 더 심하여 / 많고 많은 해도 중에 가장 먼 곳 골라내어
한평생 고통스런 추자도를 처음 여니 / 가족도 두려워하는데 남이야 이를 손가.
행장을 다 차리고 금부도사 기다릴새 / 어찌하여 우리 아우 금릉에 귀양하니
가문 운이 꽉 막히고 가문 화도 첩첩하다.
월남촌 가을밤에 다시 만나자 이별하며
타향에서 베개를 마주하고 누웠으니 / 이 또한 임의 은혜라.
바다를 사이에 두고 서로 바라보게 됨은 / 심한 천둥과 다를 손가.
이진 항구에서 배와 삿대 정돈하여 / 동풍이 건듯 불 때 쌍돛을 높이 다니
푸른 파도 아득하며 물 밖은 하늘이네. / 외로운 섬 가리키니 겨우 바둑돌이라.
바야흐로 깊은 밤에 광풍이 하늘에 닿아 / 바다에서 키를 잃고 호흡이 위태할새
선장은 속수무책 배 안에서 실색하니 / 아득한 이내 몸이 죽고 산들 관계하랴.
다시 살게 하신 임의 은혜인데 / 중간에서 헛되이 돌아가랴.
책망을 달게 받으려던 모든 소원 / 오늘날 이루려고
경사를 암송하고 옛사람을 생각하니 / 부강에서 살았던 정숙자는
정성과 공경으로 깨달아서 힘을 얻고 / 청회의 장자방은 충신으로 힘입었으니
평생을 점검하니 이 공부 남지 않았네.
채석에서 달을 잡던 이적선과 함께 놀 듯 / 상수에서 투신하던 굴삼여를 거의 볼 듯
배 창문에 의지하여 옷깃을 바로 하고 / 천명을 기다릴새
한 조각 나무 얻어 연장으로 고쳤더니 / 위험이 편안해지니 잠시 사이로다.
죽고 삶이 명에 있고 화복은 하늘에 있어 / 오늘날 살아남은 우리 임이 도우신가.
동쪽이 밝아오매 소리하고 돛을 내려 / 석기에 배를 매고 섬 가운데 들어가니
마을이 쓸쓸하니 수십 호 어가로다.
비바람 무릅쓰고 초라한 집 찾아드니 / 지붕은 다 날리고 대창에 창호지 없고
평상은 모두 젖어 마른 데 전혀 없다. / 한 말 크기 좁은 방에 이와 벼룩 많으시고.
팔 척의 큰 키가 굽어 들고 굽어 나며 / 다리를 세워 누워 긴 밤을 새우나니
배 안에서 젖은 의복 어느 불에 말리오며 / 일행이 굶주린들 무엇으로 구할 손가.
행탁을 떨어내니 쌀 몇 말뿐이로다.
흰 죽을 쑤어내어 둘러앉아 요기하고 / 복물선(짐을 실은 배)도 도착하기 밤낮으로 바라더니
남은 액이 다하지 않아 바다에서 실패하니 / 죽을 고비 만 번 넘겨 살아남아 다행하나
살 방법에 대책 없으니 어이하여 지탱하고 / 열 길이나 가시 울타리 사면에 둘러치고
북쪽에 구멍 두어 물길을 겨우 내니 / 아득히 높고 먼 하늘 우물에서 바라보듯
밤낮으로 들리나니 바닷물결 급한 바람 / 아침저녁 일어나니 독한 안개 거친 비라.
살 곳을 정하지 못해 두 조카를 이별할새 / 장부의 한 조각 간장을 태우나니
흐르는 두 줄기 눈물을 금할 소냐.
남관에서 손자와 이별하던 / 한유의 모습이요, / 월강에서 아우를 보내던 / 유종원의 회포로다.

재상들은 나를 죽이려 하려는지~말할 것이 전혀 없다. → '재상들'은 화자를 해치려 한 정적들을 가리킨다. 화자는 자신의 유배가 정적의 위협에서 자신을 지키기 위한 임금의 배려라고 인식하며, 유배지를 둘러싼 가시나무를 오히려 긍정적으로 인식하고 있다.

고운 얼굴 없는 나요,~다칠까 염려하시니 → 화자를 여성으로 설정했음을 알 수 있는 구절로, 유배 중이지만 임은 화자를 벌하는 존재가 아니라 보호하는 존재임을 드러내고 있다.

임의 은혜 이럴수록~가문 화도 첩첩하다. → 노론의 모함으로 추자도로 이배(귀양살이하는 곳을 다른 곳으로 옮김)되었음을 드러낸 부분이다. 추자도는 서울에서 멀고 살기 어려운 곳으로 두려움의 공간이다. 또한 화자는 자신의 동생까지 유배를 가게 되었다며 가문의 화가 더욱 깊어짐을 안타까워하고 있다.

바야흐로 깊은 밤에~죽고 산들 관계하랴. → 추자도로 가는 뱃길에서 사람들의 얼굴이 창백해진 모습을 묘사하고 있다. 거센 파도로 배가 위태로운 상황 속에서, 살아 돌아올 수 있을지 알 수 없는 절박한 심정을 드러내고 있다.

경사를 암송하고~이 공부 남지 않았네. → '옛사람'은 '정숙자'와 '장자방'을 가리킨다. 화자는 역사 속 충신들을 떠올리며, 그들처럼 끝까지 충성을 다하겠다는 다짐을 보인다. 죽음을 각오한 상황에서도 신하로서의 도리를 지키겠다는 태도가 드러난다.

채석에서 달을 잡던~천명을 기다릴새 → '이적선'은 당나라의 시인 이백으로 달을 잡다 물에 빠졌고, '굴삼여'는 중국의 충신 굴원으로 물에 투신하여 죽었다. 물에 빠져 죽은 고사를 인용하여, 자신 또한 죽음과 가까운 상황에 놓였음을 드러내고 있다.

동쪽이 밝아오매~무엇으로 구할 손가. → 추자도에 도착한 뒤 섬의 규모가 매우 초라함을 드러내고 있으며, 가옥과 생활 환경을 묘사하며 열악한 현실을 부각하고 있다. 이전 유배지인 나주와 정반대로 추자도에 대한 부정적인 인식을 드러내고 있다.

열 길이나 가시 울타리~물길을 겨우 내니 → 위리안치(유배된 죄인이 거처하는 집 둘레에 가시로 울타리를 치고 그 안에 가두어 두던 일)의 처지임이 드러난다. 집 안과 밖을 자유롭게 오갈 수 없는 억압된 상황으로 이전 유배지와 대비된다.

살 곳을 정하지 못해~유종원의 회포로다. → 거처를 정하지 못한 채 두 조카와 압송관이 한양으로

압송관이 이별하며 임 계신 데 돌아가니 / 염려되던 충성심이 다시금 새로워라.
가을이 점점 깊고 객의 회포 쓸쓸한데
송옥의 비추부를 초가(슬픈 가락의 초나라 노래)로 높이 읊고
유씨 박씨 두 손님을 근심으로 상대하여 / 무릎이나 겨우 움직일 수 칸 작은 집을
처음으로 집 짓고자 다스릴 새 / 섬 안의 모든 백성 진심으로 일을 끝내니
흙 이기고 기와 나르던 창화현의 풍속이라. / 격식은 못 갖췄어도 거처는 깨끗하다.
몸을 맘대로 움직임이 이제야 편안하다.
'감군은(임금의 은혜에 감사함)' 세 글자를 벽 위에 크게 쓰고
망미헌(미인을 우러러 본다) 글자가 있는 마루를 섬 안에서 뉘 모르리.
종일 문을 닫아걸고 주자학 책 펼쳐보니 / 이치가 무궁함을 늦게야 깨달았다.
새와 까치 본 데 없고 까마귀 솔개 지저귀며 / 흉하게 생긴 얼굴 어부들을 만나보니
들사슴의 성정이요, 오랑캐 말소리로다. / 상대하기 답답하니 무슨 말로 수작할꼬.

[EBS 파트 분석]

추운 겨울 깊어지고 육지는 못 통하니
양식도 핍절커늘(모자라거늘) 반찬이야 의논하며
염장(소금으로 간을 한 음식)도 못 먹거든 어육(생선)이야 바랄쏘냐
섬 안 수십 리에 일년초(한해살이풀)가 희한하다
조석(아침과 저녁) 밥도 못 익힐 제 방이 덥기 생각할까
설날 큰 명절에 솟국(고기를 넣지 않고 끓인 국)에 떡을 쑤어
갯물(바닷물)에 절인 배추 반찬으로 올랐으니
어와 이 몰골은 태어나서 처음 보네
춘풍 도리화야 못 본다고 상관하랴 / 가을이 다하도록 국화를 못 보거든
낙모가절(음력 9월 9일인 중양절과 관련한 고사)에 쫓겨난 신하를 누가 우시며
굴원이 여기 온들 무엇으로 저녁에 먹을꼬
여름 석 달 다 지내고 괴로움 실컷 겪으니
찌는 더위도 그지없고 습한 기운도 더욱 심하다
파리 떼와 모기떼는 백 가지로 쏘아 제치고 / 뱀과 전갈, 지네는 네 벽에 마구 기어다니니
어떤 일도 흥겨운 모양 없고 백악(모든 악)만 구비하다(갖추었다)

〈본사 3〉

사람을 상하게 하고 물건을 해 끼칠 것 세상에 많기도 많구나
밤중에 잠이 없어 이불을 두르고 일어나 앉아
신세를 한탄하고 평생을 생각하니 / 외로운 이내 몸이 자손도 없는 게오
습한 바다에서 병이 든들 구호할 이 뉘 있으며
반계(둥근 바위가 있는 시냇가)에 있는 내 집 비어 있는들 누가 지킬꼬
하사반은 천 권의 책 고각(높다란 집)에 묵혀 있으니
좀벌레 다 먹은들 그 누구라서 포쇄하며(젖거나 축축한 것을 바람에 쐬고 볕에 말리며)
뜰 안에 가득한 꽃을 베어 버린들 누가 금할꼬
천하에 죄 없는 이 나밖에 또 있을까
주 문왕이 기산 다스릴 제 어진 정치를 베푸시면
가련한 이내 몸이 반드시 먼저 들려니 / 천지간 홀로 서서 사방을 둘러보니
우리 임 아니시면 누구를 다시 의지할꼬
시운(시대의 운수)이 불행하여 천 리에 떠나시니 / 내 신세 외로운 줄 임이 모르실까
긴 소매 들고 앉아 옛 잘못을 헤아리니 / 우직하기 본성이요 망령됨도 내 죄로되
근본을 생각하면 임 위한 정서일세
일월 같은 우리 임이 거의 아니 굽어볼까

돌아가게 된 상황이다. 고사를 인용하여 가족과 헤어지는 슬픔을 부각하고 있다.

가을이 점점 깊고~초가로 높이 읊고 → 계절이 가을로 바뀌며 시간의 흐름이 드러난다. '부추부'는 초나라의 궁정시인인 '송옥'이, 스승인 굴원이 쫓겨나자 지은 글이다. 이를 통해 유배지에 있는 자신의 슬픈 처지를 드러내고 있다.

유씨 박씨 두 손님을~이제야 편안하다. → 손님을 맞을 수 있을 정도로 유배 생활에 적응했음을 보여 준다. 또한 집을 짓는 것을 도와준 마을 사람들을 유교적 윤리를 지키는 창화현 사람들에 비유하고 있으며, 자신의 처소가 비록 완벽하지는 않으나 사람이 살만한 곳이 되었다며 만족해하고 있다.

'감군은' 세 글자를~무슨 말로 수작할꼬. → 화자는 임금의 은혜에 감사하는 '감군은'과 임금을 그리워하는 '망미헌'이라는 글자를 크게 써서 섬 안에 널리 알리고 있다. 이는 유배된 상황에서도 임금에 대한 충성과 그리움을 변함없이 지니고 있음을 드러낸 것이다. 반면 섬의 백성들은 외모와 말투가 거칠고 교화되지 않은 존재로 인식되어, 화자에게는 소통하기 어려운 대상으로 그려진다. 이를 통해 화자는 백성과의 관계보다 임금과의 관계를 더 중요하게 여기고 있음을 알 수 있다.

추운 겨울 깊어지고~태어나서 처음 보네 → 겨울을 맞은 추자도의 가난한 현실을 직설적으로 드러내고 있다. 음식이 부족하고 난방도 안 되는 섬사람들의 삶을 통해 열악한 환경이 보여 주고, '어와'라는 탄식과 '~하니, ~하랴' 식의 표현을 통해 체념적 태도를 드러내고 있다.

춘풍 도리화야~백악만 구비하다 → 봄(춘풍)은 짧게 언급한 후에 여름 세 달(초여름, 한여름, 늦여름)의 고된 생활을 드러내고 있다. '낙모가절(모자가 떨어진 것도 모르고 중양절을 즐김)'이라는 고사와 '저녁에는 가을 국화 떨어진 꽃잎 주워서 먹네'라는 구절에서 비롯한 표현 '굴원이~먹을꼬'를 언급하며 무더위 속 유배지의 환경을 부각하고 있다.

밤중에 잠이 없어~내 집 비어 있는들 누가 지킬꼬 → 화자는 유배 이전에 머물던 집을 관리해 줄 자식도 없으므로, 집이 황폐해졌을 것이라고 걱정하며 자신의 삶을 돌아보고 자탄하고 있다.

주 문왕이~다시 의지할꼬 → 임과 멀어진 뒤에도 여전히 임을 그리워하는 여인과 자신을 동일시하며, 중국 성군인 주문왕의 고사를 인용해 임금을 성군에 비유함으로써 찬양의 태도를 드러내고 있다.

긴 소매 들고~거의 아니 굽어볼까 → '긴 소매'는 여성 화자로의 전환을 의미하며, 이를 통해 화자의 간절함을 강조한다. 화자는 자신의 시련이 임금을

날 살리신 이 은혜를 결초(죽은 뒤에라도 은혜를 잊지 않고 갚음)하기 생각하나
광주리의 가을 부채 어느 날 다시 날꼬
맑은 새벽 혼자 누워 백두음(탁문군의 시)을 슬피 읊고
황금을 못 얻으니 장문부(진황후의 글)를 어이 사리
마름과 연(연꽃)으로 옷을 짓고 부용으로 치마 지어
상자 안에 두어신들 눌 위하여 단장할꼬
고향에 돌아갈 꿈 벽해(깊고 푸른 바다)를 밟아 건너
옥루(화려한 누각) 높은 곳에 밤마다 임을 모셔
일당우불(한 집안이 울부짖고 탄식함)에 수답(문답)이 여향하니(메아리 같으니)
앞에서 귀신을 묻던 가태부 이러한가

〈본사 4〉

어촌의 먼 닭 소리에 긴 잠을 깨어나니
우리 임 옥음(아름다운 목소리)은 귓가에 완연하고(뚜렷하고)
우리 임 어로향(임금의 향기)이 옷과 소매에 품었어라
어느 날 이내 꿈을 진짜로 삼을 건가
두어라 임금께서 고치시기를 날마다 바라노라

〈결사〉

위한 충정에서 비롯되었다고 여기며, 해와 달처럼 밝은 지혜를 지닌 임이 이를 알아주고 사면해 주길 바라고 있다.

광주리의 가을 부채 어느 날 다시 날꼬 → 철이 지나 쓸모가 없어진 가을 부채에 자신을 빗대어, 버림받은 존재가 되었다는 인식을 나타내고 있다. 참고로 고전 작품에서 '가을 부채(추풍선)은 흔히 버림받은 여인에 대한 비유로 쓰인다.

맑은 새벽 혼자 누워 백두음을~장문부를 어이 사리 → 화자는 유배지에서 홀로 잠들지 못한 채 임금과의 관계를 떠올리며 연군지정을 드러내고 있다. '백두음'은 탁문군이 자신의 정성을 통해 남편인 사마상여의 마음을 되찾았다는 고사이고, '장문부' 역시 총애를 잃은 진 황후가 황금을 주고 글을 사서 황제의 사랑을 회복했다는 이야기이다. 화자는 이러한 고사를 인용함으로써 임금의 사랑과 신뢰를 다시 얻고자 하는 바람을 표현하고 있다.

상자 안에 두어신들~가태부 이러한가 → 화자는 옥루를 바라보며 밤마다 임금과 서로 많은 이야기를 나누는 모습을 상상하고 있다. 이어 모함을 받아 **변방에 좌천되었던 가태부**를 효문제가 불러 밤새 마주 앉아 귀신에 대해 논했던 고사를 들어 자신의 처지를 겹쳐 보고 한탄하고 있다. 이는 여성 화자의 형식을 통해 임금과의 재회를 바라는 정서를 드러내는 동시에, 남성 화자의 입장에서 임금을 원망하지 않고 끝까지 충성을 다하려는 태도를 보여 주는 것이다. 결국 이 구절은 유배의 시련 속에서도 충심을 지키며 다시 임금을 뵙고 은혜에 보답하고자 하는 화자의 소망을 드러낸 부분이다.

어촌의 먼 닭 소리에~진짜로 삼을 건가 → 청각적 심상과 후각적 심상을 통해, 유배지에서도 임의 존재를 생생하게 느끼는 화자의 그리움이 드러내고 있다. 또한 '꿈'은 유배에서 풀려나는 일을, '참된 것'은 임과의 재회를 의미한다. 화자는 꿈속에서 이루어진 재회가 현실이 되기를 바라고 있다.

두어라~날마다 바라노라 → 유배된 자신의 처지를 바꿀 수 있는 주체가 임금이라는 인식이 나타난다. 화자는 임이 자신의 사정을 헤아려 유배를 풀어 주기를 소망하고 있다.

화자는 〈서사〉에서 자신이 유배된 원인을 '모든 여자의 질투'로 제시하며 문제를 제기하였다. 그리고 〈결사〉에서 임이 이를 바로잡고 방면의 날을 정해 주기를 바란다고 말하며, 문제를 해결할 수 있는 존재가 임금임을 강조한다. 따라서 〈서사〉와 〈결사〉의 관계는 '문제 제기-해결의 소망' 구조로 분석할 수 있다.

STEP

03 작품 해제

01 | 주제

유배 생활의 어려움과 연군지정

02 | 특징

① 연군의 정서를 표현하고 유배지에서의 시련을 사실적으로 서술한 화자 중심의 시
② 시간의 흐름과 공간의 이동에 따라 시상을 전개함.
③ 대립되는 공간에 대한 화자의 감상을 드러냄.
④ 여성 화자의 목소리로 임금과 재회하고자 하는 바람을 드러내며, 남성 화자의 목소리가 번갈아 나타남.

03 | 작품 해제

「속사미인곡」은 조선 영조 때 이진유가 지은 가사로, 청나라에 사신으로 다녀온 뒤 정파 간의 대립으로 유배되어 추자도에서 유배 3년째에 지은 작품이다. 제목에서 알 수 있듯이 「사미인곡」의 속편 성격을 지니며, 전체적으로는 버림받은 여인이라는 여성 화자를 내세워 작가의 심정을 간접적으로 드러낸다. 그러나 유배 과정과 유배지의 참담한 현실을 묘사하는 부분에서는 여성 화자를 통하지 않고 작가 자신의 처지를 직접적으로 드러내고 있다.

한글 필사본으로 전하며, 2음보 1구 기준 전체 376구로 이루어져 있고, 3·4조와 4·4조의 음수율이 주를 이룬다. 내용은 전반부와 후반부로 나뉘는데, 전반부에서는 사신에서 돌아오는 길에 압송되어 나주에 머물던 시기의 상황을 다루며, 친척들과의 이별과 비교적 안정된 의식주, 임금의 은혜를 언급하고 있다. 반면 후반부에서는 추자도에 위리안치된 뒤 섬에서 겪는 고단한 유배 생활을 그리며, 양식 부족과 열악한 환경 속에서 느끼는 고통과 절망을 호소하고 있다.

STEP

04 논문으로 만나는 출제자의 시선

이진유와 「속사미인곡」

이진유(1669~1730년)는 조선 후기의 문신으로, 노론을 탄압하던 김일경의 무리에 속했다는 이유로 추자도로 유배되었으며, 유배지에서 가사 「속사미인곡」을 지었다. 「속사미인곡」은 제목에서 알 수 있듯이 정철의 사미인곡을 본떠서 지은 작품이다. 「속사미인곡」은 이진유가 유배된 지 3년이 지난 시점에서, 유배를 오게 된 과정과 유배지에서의 생활을 시간의 흐름에 따라 서술한 작품이다. 작품 속에서 화자는 끊임없이 임금의 은혜에 감사하며, 그리움의 마음을 드러낸다.

작품의 처음에는 임금을 그리워하는 여성 화자 '나'가 등장하지만, 작품이 진행되면서 실제 작가인 '나'와 여성 화자인 '나'가 번갈아 나타난다. 특히 왕을 이야기할 때에는 스스로를 낮추어 임금을 향한 여인으로 설정해 말하는 방식을 사용한다. 이는 선비 사회에서 임금에 대한 감정을 개인적으로 솔직하게 드러내기 어려웠기 때문이다. 이진유는 자신을 여성 화자로 설정해서라도 임금에 대한 마음을 표현할 만큼, 그 감정이 매우 간절했음을 알 수 있다.

이처럼 이진유는 여성 화자와 임금이라는 관계를 설정하여, 임금에 대한 믿음과 애정을 부드러운 목소리로 드러내고자 했다. 글을 통해 영조와의 예전 관계를 자세히 떠올리며, 변하지 않았을 그때의 믿음과 은혜로 현재의 어려운 처지에서 벗어나기를 바랐던 것이다. 「속사미인곡」은 이러한 작가의 충성심과 간절한 바람이 잘 드러난 작품이다.

「속사미인곡」의 구조와 유배지의 중층적 의미

「속사미인곡」은 전체적으로 서사·본사·결사의 삼단 구조를 따르고 있다. 서사에서는 문제를 제기하고, 본사에서는 그 문제를 구체적으로 풀어 가며, 결사에서는 서사의 문제 제기에 대한 최종적인 응답을 제시한다.

서사에서 화자는 님과 자신 사이에 특별한 잘못이나 소홀함이 없었음에도 불구하고 유배형을 받게 된 상황에 대해 의문을 제기한다. 그리고 결사에서는 님이 자신의 처지를 헤아려 유배를 풀어 주기를 바라는 마음으로 그 의문에 대한 응답을 대신한다. 따라서 서사의 의문을 해소하는 과정은 본사에서 드러나야 하며, 본사의 내용은 시상이 어떻게 전개되든 결국 유배에서 풀려나기 위한 근거를 제시하는 데 목적이 있다. 이 과정에서 화자는 죽음의 위기에 놓인 상황에서도 변함없는 충성을 드러내고, 유배라는 시련을 기꺼이 받아들인다.

유배의 과정을 기준으로 보면 서사, 유배의 여정, 나주 유배, 추자도 유배, 결사의 다섯 부분으로 구분된다. 이 가운데 유배지에 해당하는 공간은 나주와 추자도이며, 이 두 공간은 작품 속에서 서로 다른 의미를 지닌다.

처음 유배지로 정해진 나주는 남쪽의 큰 도시였으며, 이후 다시 유배를 당해 가게 된 곳이 추자도이다. 나주는 유배지이면서도 정적들의 분노를 다른 방향으로 돌려 죽음을 피할 수 있었기에 화자를 보호해 주는 공간이었으므로 낙토(즐겁고 행복하게 살 수 있는 좋은 땅)의 성격을 지닌다.

반면 추자도는 나주와는 전혀 다른 의미의 유배 공간이다. 최종 유배지로 결정된 추자도는 악토(살기가 어려운 곳)로 인식된다. 추자도로 유배지가 정해지자 가족들의 상황도 악화되는데, 이는 추자도 유배가 화자 개인분만 아니라 가족들까지 함께 겪어야 할 큰 형벌의 시작으로 받아들여졌기 때문이다.

이처럼 작품 속 유배 공간은 한 가지 의미로만 나타나지 않고 겹겹의 의미를 지닌다. 전라도 나주는 낙토로서, 님의 배려를 통해 화자가 위험에서 벗어나 머무를 수 있는 공간이다. 이곳은 상처를 회복하고 다시 기회를 얻기를 준비하는 공간이다. 반면 추자도는 악토로서, 화자가 정치적인 어려움 속에서 본격적인 유배 생활을 시작하는 공간이다.

그러나 시상의 흐름을 따라가 보면, 추자도 역시 단순한 고통의 공간만은 아니다. 정치적인 의미에서 볼 때 추자도는 죽음이 미뤄진 장소이며, 화자는 이곳을 삶의 공간으로 받아들인다. 이곳 또한 님의 은혜가 미치는 장소이기 때문이다. 따라서 추자도에서의 삶이 비록 고난의 연속일지라도, 추자도는 원망과 분노로만 채워지지 않고 새로운 삶에 대한 희망을 품을 수 있는 공간으로 의미가 확장된다.

어긋남이 드러내는 유배의 불안과 고통

「속사미인곡」에서는 사대부 가사에서 흔히 나타나는 사시의 흐름이 유배지인 추자도에 들어온 이후부터 본격적으로 드러난다. 그러나 이 작품에서 사시는 질서 있게 배열되지 않는다. 일반적인 봄·여름·가을·겨울의 순서가 아니라, 실제 유배가 시작된 여름을 기준으로 여름1 → 가을 → 겨울 → 여름2의 구조로 전개된다. 특히 겨울과 여름2 사이에는 봄이 있어야 하지만, 봄은 분명한 계절로 나타나지 않고 스쳐 지나간다. 대신 다시 여름이 이어지며 계절의 흐름이 어긋난다. 이는 유배지에서의 불안한 현실을 드러내는 장치이다.

여름1은 이진유가 배를 타고 추자도에 들어온 7월의 모습을 그린 부분이다. 이때는 유배지에서의 고통이 시작되는 며칠간의 상황이 중심이 된다.

가을이 되어 화자는 추자도에 자리를 잡고 생활하게 되며, 이 시점부터 계절의 변화가 비교적 분명하게 나타난다. 이 부분에서는 화자가 유배 생활에 어떻게 적응해 가는지, 그리고 유배지에서 실제로 무엇에 힘을 쏟고 있는지가 드러난다. **어렵기는 하지만 어느 정도 안정된 생활을 하며 비교적 평화로운 유배의 모습을 보여 준다.**

겨울은 추위와 함께 더욱 큰 고통의 계절로 나타난다. 여름이나 가을에 비해 겨울은 짧게 서술되지만, 고통의 정도는 더욱 심하다. 겨울이 깊어지면서 추자도는 육지와의 왕래가 끊기고, 화자의 고립도 심해진다. 양식이나 소금과 같은 생활에 꼭 필요한 물품을 구하기도 어려워진다. 이러한 상황 속에서 화자의 살림살이는 더욱 힘들어지지만, 이를 받아들이는 태도는 비교적 담담하다. '~하니, ~하랴'와 같은 혼잣말 형식의 표현을 통해, 지금 상황에서 반찬을 따질 형편이 아니며 고기반찬은 바랄 수도 없다는 현실을 강조한다. 이러한 겨울의 고통은 정월 초하루의 장면에서 가장 압축적으로 드러난다.

가을의 비교적 평화로운 분위기와 겨울의 고통스러운 현실은 뚜렷하게 대비된다. 가을은 16행에 걸쳐 길고 안정적으로 서술되는 반면, 겨울은 실제적인 고통만을 간단히 정리하여 8행으로 마무리된다. 겨울 다음에는 봄이 분명하게 나타나지 않고, 대신 더위와 습기, 온갖 벌레로 인한 괴로움이 이어지며 다시 여름의 고통이 자세하게 묘사된다.

결과적으로 「속사미인곡」에서는 사시의 전환이 조화롭게 이루어지지 않는다. 이러한 어긋난 계절의 배열은 유배 공간의 불안정함과 화자의 고통스러운 **현실을 효과적으로 드러내는 역할을 한다.** 특히 겨울을 배경으로 한 부분 이후에는 화자의 감정이 연속적으로 표출된다. 고통에 대한 한탄, 억울함을 호소하는 마음, 그리고 은혜에 보답하고자 하는 의지가 차례로 나타난다. 이러한 감정의 흐름은 유배지의 불안한 환경과 힘겨운 현실에서 비롯된 것이다. 작품의 후반부로 갈수록 화자의 주관적인 감정이 더욱 집중적으로 드러나며, 유배의 고통이 강하게 부각된다.

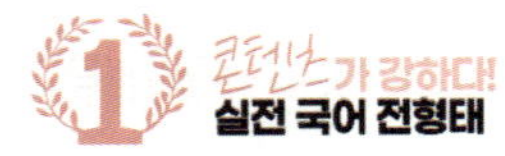

다음 글을 읽고 물음에 답하시오. [23.10.고3 교육청 기출]

(가)

삼 년을 임을 떠나 해도(海島)에 유배되니

㉠ 내 언제 무심하여 임에게 득죄했나

임이 언제 박정(薄情)하여 날 대접 소홀히 했나

내 얼굴 고왔던지 질투하는 건 뭇 여자로다

유한한* 이내 몸을 음란하다 이르로세

(중략)

긴 소매 들고 앉아 옛 잘못을 헤아리니

우직하기 본성이오 망령됨도 내 죄로되

근본을 생각하면 임 위한 정성일세

일월 같은 우리 임이 거의 아니 굽어볼까

날 살리신 이 은혜를 결초(結草)하기 생각하나

광주리의 가을 부채 어느 날 다시 날꼬

황금을 못 얻으니 장문부*를 어이 사리

마름과 연(蓮)으로 옷을 짓고 부용(芙蓉)으로 치마 지어

상자 안에 두어신들 눌 위하여 단장할꼬

고향에 돌아갈 꿈 벽해(碧海)를 밟아 건너

옥루(玉樓) 높은 곳에 밤마다 임을 모셔

일당우불에 수답이 여향하니*

가까이 다가앉아 귀신을 묻던 가태부 이러한가*

멀리서 들려오는 어촌의 닭 울음에 긴 잠을 깨어나니

㉡ 우리 임 금옥(金玉) 같은 음성이 귓가에 의연하고

우리 임 어로향*이 옷과 소매에 품었어라

어느 날 이내 꿈을 진짜로 삼을 건가

두어라 임금께서 행여 고치시기를 날마다 고대하노라

- 이진유, 「속사미인곡」 -

*유한한 : 조용하고 그윽한. 여성의 훌륭한 인품을 뜻함.

*장문부 : 한나라 진 황후가 황제의 총애를 되찾기 위해 황금 백 근을 주고 얻었다는 글.

*일당우불에~여향하니 : 한 방에서 서로 많은 이야기를 나누는 모습을 나타낸 표현.

*가까이~이러한가 : 모함을 받아 좌천되었던 가태부를 한나라 문제가 불러 밤새 가까이 마주 앉아 귀신에 대해 논했던 일을 말함.

*어로향 : 임금의 향로에서 나는 향기.

(나)

임 그려 생각하고 푸른 요 짚고 꿈을 꾸니

외로운 영혼이 임에게 가 있더니

살뜰히 원수의 꾀꼬리로 말 못하고 깨었네   〈제1수〉

깨어 일어나 앉아 꿈 일을 생각하니

끊임없는 눈물이 두 볼에 진주로다

이 진주 진짜 진주와 저 임의 집에 보내고져   〈제2수〉

보내거든 아실까 내 정성 아실까

임도 나 같으면 일정 내 뜻 아시려니

만일에 내 뜻과 다르면 분명 대소(大笑) 하리라   〈제3수〉

대소 마시고 내 정성 아소서

무슨 장부로 이리도록 이러커니

얼굴은 옛 얼굴 있어도 일촌간장은 썩은 지 오래거다   〈제4수〉

간장이 다 썩으니 목숨이 없게 되게

㉢ 죽어 진토(塵土)가 되다 이 마음 썩을손가

두어라 정성이 감천하야* 지하에 가 보새이다   〈제5수〉

- 이복길, 「오련가」 -

*감천하야 : 하늘을 감동하게 하여.

(다)

　젊은 시절에는 과연 나도 허황된 명성을 연모하여, 문장을 표절하고 화려하게 꾸며서 잠시 예찬을 받은 적이 있지요. 그렇게 해서 얻은 ㉣ 명성이란 겨우 송곳 끝만 한데 쌓인 비방은 산더미 같았으니, 매양 한밤중에 스스로 반성하면 입에서 신물이 날 지경이었지요. 명성과 실정의 사이에서 스스로 깎아내리기에도 겨를이 없거늘, 더구나 감히 다시 명성을 가까이 하겠습니까. 그러니 명성을 위한 벗은 이미 나의 안중에서 떠나 버린 지 오래입니다.

　이른바 이익과 권세라는 것도, 일찍이 그 길에 발을 들여놓아 보았지요. 대개 사람들은 모두 남의 것을 가져다 제 것으로 만들 생각만 하지, 제 것을 덜어 내서 남에게 보태 주는 일은 본 적이 없습니다. 명성이란 본시 허무한 것이요 사람들이 값을 지불하는 것도 아니어서, 혹은 쉽게 서로 주어 버리는 수도 있지요. 하지만 실질적인 이익과 실질적인 권세에 이르면 어찌 선뜻 자기 것을 양보해서 남에게 주려 하겠습니까.

　그 길로 바삐 달려가는 자들은 흔히 앞으로 엎어지고 뒤로 자빠지는 꼴을 보기 마련이니, ㉤ 한갓 스스로 기름을 가까이 했다가 옷만 더럽힌 셈입니다. 이 역시 이익과 손해를 따지는 비열한 논의라 하겠지만, 실상은 분명 이와 같습니다. 또한 진작 형에게서 이런 충고를 받은 바 있어, 이익과 권세의 이 두 길을 피한 지가 벌써 십 년이나 됩니다.

　내가 명성·이익·권세를 좇는 이 세 부류의 벗들을 버리고 나서, 비로소 눈을 밝게 뜨고 이른바 참다운 벗을 찾아보았더니, 대개 한 사람도 없습니다. 벗 사귀는 도리를 다하고자 하면, 벗을 사귀기란 확실히 어려운가 봅니다.

　하지만 어찌 정말 과연 한 사람도 없기야 하겠습니까. 어떤 일을 당했

LIBS _ 나 없이 EBS 풀지마라

을 때 잘 깨우쳐 준다면 비록 돼지 치는 종놈이라도 진실로 나의 어진 벗이요, 의로운 일을 보고 충고해 준다면 비록 나무하는 아이라도 역시 나의 좋은 벗일 겁니다. 이렇게 생각하면 과연 이 세상에서 내게 벗이 부족한 것은 아니지요. 그러나 돼지 치는 벗은 경서를 논하는 자리에 함께 참여하기 어렵고, 나무하는 벗은 손님과 주인이 읍양하는* 대열에 둘 수 없습니다. 그러니 고금을 더듬어 보면서 **어찌 마음이 답답하지 않을 수가 있겠습니까.**

(중략)

혹시 우리나라 안에서 한 번 만나 보아 **서로 거리낌 없이 회포를 털어 놓을 수 있는 사람이 있다면 천 리를 멀다 아니 하고 찾아가고 말겠습니다**만, 형도 이런 벗을 아직 만나 본 적이 없는 게 아닌지요? 아니면 영영 이런 생각을 가슴속에서 끊어 버렸는지요? 지난날 서로 끊임없이 이야기를 나눌 때에도 그런 이야기까지는 한 적이 없었기에, 지금 마침 한 가닥 울적한 마음이 들어 우선 여쭈어 보는 것입니다.

– 박지원, 「답홍덕보서 제이」 –

*읍양하는 : 예를 갖추어 공손하게 인사하는.

01. (가)~(다)의 공통점으로 가장 적절한 것은?

① 초월적 공간을 제시하여 이상적인 세계에 대한 동경을 드러내고 있다.
② 현실에 대한 인식을 바탕으로 과거로 회귀하려는 소망을 나타내고 있다.
③ 대상을 보는 여러 관점을 제시하여 대상의 특성을 입체적으로 드러내고 있다.
④ 계절감이 드러나는 소재를 제시하여 자연 풍경의 변화에 대한 감상을 드러내고 있다.
⑤ 만나고 싶은 대상을 만나기 어려운 상황을 제시하며 그에 대한 안타까움을 나타내고 있다.

02. 〈보기〉를 바탕으로 (가)를 감상한 내용으로 적절하지 <u>않은</u> 것은?

〈보기〉

「속사미인곡」은 사대부인 작가가 유배지인 추자도에서 쓴 작품이다. 작품에서 작가는 연군(戀君)의 정서를 바탕으로 자신이 겪는 시련과 그에 대한 생각을 서술하고 있는데, 작가의 간절함을 나타내고자 장면에 따라 여성 화자의 목소리를 빌려 표현하기도 한다. 특히 당쟁 속에서 반대파의 모함을 받아 유배된 일에 대한 억울함과 유배된 작가 자신의 상황을 변화시킬 수 있는 주체가 임금이라는 생각을 드러내고 있다.

① '뭇 여자'가 '질투하'여 '음란하다 이르'었다고 한 것은 작가가 반대파의 모함을 받아 유배되었다고 생각하고 있음을 나타낸 것이겠군.
② '이내 몸을' '일월 같은 우리 임이 거의 아니 굽어볼까'라고 한 것은 작가가 유배지에서 생활하고 있는 자신의 일상에 관심을 보이는 임금에 대한 감사함을 드러낸 것이겠군.
③ '옛 잘못'에 대해 '근본을 생각하면 임 위한 정성일세'라고 한 것은 작가가 자신의 시련이 임금을 위한 충정에서 비롯되었다고 생각하고 있음을 나타낸 것이겠군.
④ '눌 위하여 단장할꼬'라고 한 것은 작가가 지닌 연군의 마음이 임금에게 전해지지 못하는 상황에 대한 안타까움을 여성 화자의 목소리를 빌려 드러낸 것이겠군.
⑤ '행여 고치시기를 날마다 고대하노라'라고 한 것은 유배된 작가의 상황을 바꿀 수 있는 주체가 임금이라는 작가의 생각을 나타낸 것이겠군.

03. (나)의 시상 전개에 대한 설명으로 적절하지 <u>않은</u> 것은?

① 〈제1수〉에서는 화자에게 일어난 일을 순차적으로 제시하고 있다.
② 〈제2수〉의 중장에서는 초장에 제시된 상황과 관련된 화자의 정서가 드러난다.
③ 〈제3수〉의 초장에서는 〈제2수〉의 종장에 제시된 소망이 실현될 것이라는 화자의 믿음이 드러난다.
④ 〈제4수〉의 초장에서는 〈제3수〉의 종장에서 가정한 상황이 발생하지 않기를 바라는 화자의 마음이 드러난다.
⑤ 〈제5수〉의 초장에서는 〈제4수〉의 종장에 드러난 화자의 고통이 심화되어 나타난다.

04. (가)와 (나)의 시어에 대한 이해로 가장 적절한 것은?

① (가)의 '닭'은 (나)의 '꾀꼬리'와 달리 꿈속에서의 임과의 만남을 방해하는 존재이다.
② (나)의 '진짜 진주'에는 (가)의 '치마'와 달리 임에 대한 화자의 애정이 담겨 있다.
③ (가)와 (나)의 '얼굴'은 모두 화자의 처지가 시간의 흐름에 따라 변하였음을 보여 주는 소재이다.
④ (가)와 (나)의 '꿈'에는 모두 현재 상황에서 화자가 갖는 소망이 투영되어 있다.
⑤ (가)의 '옥루'와 (나)의 '지하'는 죽음 이후에 임과의 재회가 이루어질 것이라는 화자의 기대가 담겨 있는 공간이다.

05. ㉠~㉤의 표현상의 특징으로 적절하지 <u>않은</u> 것은?

① ㉠ : 대구적 표현을 사용하여 운율감을 조성하고 있다.
② ㉡ : 감각적 심상을 활용하여 화자의 그리움을 부각하고 있다.
③ ㉢ : 과장법을 사용하여 임을 향한 사랑을 포기해야 하는 것에 대한 화자의 절망감을 강조하고 있다.
④ ㉣ : 대조법을 사용하여 자신이 과거에 추구했던 것이 초래한 상황에 대한 글쓴이의 생각을 드러내고 있다.
⑤ ㉤ : 비유적 표현을 사용하여 특정한 가치를 좇는 사람들에 대한 글쓴이의 생각을 나타내고 있다.

06. 〈보기〉를 참고하여 (다)를 감상한 내용으로 적절하지 <u>않은</u> 것은?

― 〈보기〉 ―

　(다)는 박지원이 벗 사귐을 소재로 하여 홍대용에게 쓴 서간문이다. 글쓴이는 자신의 경험과 당대 세태에 대한 비판적 의식을 바탕으로 참된 벗 사귐에 대한 생각을 드러내고 있다.

① '문장을 표절하고 화려하게 꾸며서 잠시 예찬을 받은' 경험을 '허황된 명성을 연모'했기 때문이라 한 것은 '젊은 시절'에 자신이 한 행위에 대한 글쓴이의 반성을 드러낸 것이겠군.
② '모두 남의 것을 가져다 제 것으로 만들 생각만' 한다고 한 것은 '이익과 권세'를 중시하는 당대 세태에 대한 글쓴이의 비판적 의식을 드러낸 것이겠군.
③ '벗 사귀는 도리를 다하고자 하면, 벗을 사귀기란 확실히 어려운가 봅니다'라고 한 것은 글쓴이가 자신의 경험을 바탕으로 참된 벗 사귐에 관한 생각을 드러낸 것이겠군.
④ '어찌 마음이 답답하지 않을 수가 있겠습니까'라고 한 것은 신분이 낮은 이들조차 자신과 참된 벗 사귐을 하지 않으려고 하는 상황에 대한 글쓴이의 비판적 의식을 드러낸 것이겠군.
⑤ '서로 거리낌 없이 회포를 털어놓을 수 있는 사람이 있다면 천 리를 멀다 아니 하고 찾아가'겠다고 한 것은 참된 벗 사귐에 대한 글쓴이의 간절한 바람을 드러낸 것이겠군.

11 | 작자 미상, 몽금포 타령

수능 국어 대비
실전 국어 전형태

STEP

01 OX 문제를 통한 지문 이해 훈련

LIBS 수능특강 | 고전문학 ●

장산곶 마루에 북소리 나더니
금일도 상봉에 임 만나 보겠네
에헤요 에헤요 에헤야 임 만나 보겠네

갈 길은 멀고요 행선은 더디니
늦바람 불고요 **성황님** 조른다

바람새* 좋다고 돛 달지 말고요
몽금이 개암포 들렀다 가소레*
　　　(중략)
바다에 흰 돛은 쌍쌍이 조으나
외로운 사랑엔 눈물만 겨워라
에헤요 에헤요 에헤야 눈물만 겨워라

몽금포 백사장 해당화 불고요
푸른 솔가지엔 두루미 앉았네

장산곶 마루에 새 소식 들리니
원포귀범에 정든 임 오셨네

무정한 우리 임 말없이 가더니
봉죽을 받고서* 돌아를 오셨네

임 실러 갈 적엔 반돛을 달고요
임 싣고 올 적엔 온 돛을 단다네

거친 물결에 출렁이면서
북소리 울리며 떠들어 온다네

가는 임 야속타 속태우지 말고요
갔다가 올 때가 더 반갑답니다

*바람새 : 바람이 부는 형세.
*몽금이 개암포 들렀다 가소레 : 몽금포, 개암포 들렀다 가세요.
*봉죽을 받고서 : 고기를 가득 잡아 만선이 된 것을 황해도에서는 '봉죽을 받았다'라고 표현함. '봉죽'은 배에 다는 대나무 깃대를 뜻함.

OX문제

01　화자는 '성황님'께 임의 무사귀환을 빌고 있다.　　　　　　　　　　　　　　　　　　　　(O / X)

02　색채어를 활용하여 공간적 배경이 만들어 내는 분위기를 드러내고 있다. [2022학년도 6월]　　(O / X)

03　'~네', '~고요' 등의 반복적 사용으로 운율의 효과를 얻고 있다. [2014학년도 5월A]　　　　(O / X)

04　대립적 이미지를 통해 계절의 변화를 부각하고 있다. [2017학년도 6월]　　　　　　　　　　(O / X)

05　화자는 무정한 임이 '봉죽'을 받고 돌아온 것을 보고 실망하였다.　　　　　　　　　　　　(O / X)

STEP 02 지문 분석

장산곶 <u>마루</u>에 북소리 나더니	⇒ 장산곶 꼭대기에 북소리 나더니
등성이를 이루는 산의 꼭대기	

금일도 상봉에 임 만나 보겠네	⇒ 오늘도 가장 높은 봉우리에서 임을 만나 보겠네
오늘 가장 높은 봉	

에헤요 에헤요 에헤야 임 만나 보겠네	⇒ 에헤요 에헤요 에헤야 임 만나 보겠네
■ : 후렴구	

1연 : 배를 탄 임과의 재회에 대한 소망

갈 길은 멀고요 행선은 더디니	⇒ 갈 길은 멀고요 배가 가는 것은 더디니
배가 감.	

늦바람 불라고 성황님 조른다	⇒ 늦바람 불라고 성황님(마을신)께 조른다
저녁 늦게 부는 바람 토지와 마을을 지켜 준다는 신	

2연 : 빠른 행선에 대한 기원

바람새 좋다고 돛 달지 말고요	⇒ 바람 부는 형세가 좋다고 돛을 달지 말고요
바람이 부는 형세	

몽금이 개암포 들렀다 가소레	⇒ 몽금포, 개암포를 들렀다 가세요

3연 : 여러 포구에 들르길 바라는 마음

(중략)

바다에 흰 돛은 쌍쌍이 조으나	⇒ 바다에 흰 돛은 쌍쌍이 좋으나
화자의 처지와 상반된 모습	

외로운 사랑엔 눈물만 겨워라	⇒ 외로운 사랑에는 눈물만 겨워라

에헤요 에헤요 에헤야 눈물만 겨워라	⇒ 에헤요 에헤요 에헤야 눈물만 겨워라

8연 : 임과 헤어진 상황으로 인한 외로움

몽금포 백사장 해당화 불고요	⇒ 몽금포 백사장에 해당화가 (바람에) 불고요

푸른 솔가지엔 두루미 앉았네	⇒ 푸른 솔가지에는 두루미가 앉았네
색채어	

9연 : 몽금포의 정경

장산곶 마루에 새 소식 들리니	⇒ 장산곶 마루에 새 소식이 들리니
임이 돌아온다는 소식	

<u>원포귀범</u>에 정든 임 오셨네	⇒ 멀리 있는 돛단배에 정든 임 오셨네
먼 물가에 돌아오는 돛단배	

10연 : 배를 탄 임이 돌아온다는 소식

과외식 해설

장산곶 마루에~임 만나 보겠네 → '장산곶'은 황해도 장연군의 반도 남쪽 끝 지역이다. 장산곶 꼭대기에서 '북소리'가 나는 상황이 제시되고 있는데, 이때 '북소리'는 만선(물고기 따위를 많이 잡아 가득 실음)을 알리는 소리이다. 화자는 울리는 북소리에 장산곶 '상봉'에서 임을 만날 수 있을 것이라며 재회에 대한 소망을 드러내고 있다.

갈 길은 멀고요~성황님 조른다 → 조금이라도 빨리 임을 만나고 싶은 화자의 바람이 드러나고 있다. 화자는 갈 길이 머나 배가 가는 것은 느린 상황을 제시하며, '성황님'께 '늦바람'이 불게 해 달라고 조르며 빨리 배가 오기를 기원하고 있다.

바람새 좋다고~들렀다 가소레 → '몽금이 개암포 들렀다 가소레'는 바로 몽금포와 개암포에 들렀다 가라는 의미이다. 화자가 몽금포나 개암포에 있다고도 볼 수 있지만, 빨리 임이 돌아오길 바라는 다른 연과 비교했을 때 유기성이 떨어지는 구절이다. 민요에는 여러 민중의 애환이나 소망을 담고 있는 다층적 화자가 등장하는 경우가 많으니, 민요의 성격에서 비롯된 이질성으로 볼 수 있다.

〈민요 화자의 다층성〉

민요는 고정된 작가 없이 여러 사람의 입으로 구전되기 때문에 가사가 고정적이지 않고 가변적이다. 또한 마을 주민들이 함께 부르는 집단의 노래이기 때문에 단일한 화자의 목소리가 아닌, 여러 사람의 목소리가 섞이는 다층적 특성을 지닌다.

바다에 흰 돛은~눈물만 겨워라 → 임의 부재로 인해 외로운 처지로 인한 화자의 슬픔이 제시되고 있다. 이때 화자의 처지와는 상반되는 '바다에 흰 돛'이 쌍쌍이 있는 모습을 통해 화자의 외로움을 더욱 부각하고 있다.

몽금포 백사장~두루미 앉았네 → '해당화'가 핀 몽금포 백사장과 푸른 솔가지에 '두루미'가 앉아 있는 몽금포의 풍경을 시각적으로 묘사하고 있다.

장산곶 마루에~정든 임 오셨네 → 배를 탄 임이 돌아온다는 소식을 들은 화자의 상황이 드러나고 있다. 화자는 멀리서 임이 탄 배가 돌아온다는 소식을 듣고 반가움을 느끼고 있다.

나BS _ 나 없이 **EBS** 풀지마라

무정한 우리 임 말없이 가더니	⇒ 정이 없는 우리 임 말없이 가더니
봉죽을 받고서 돌아를 오셨네 배에 다는 대나무 깃대	⇒ 만선을 하고서 돌아 오셨네

11연 : 만선으로 돌아온 임

임 실러 갈 적엔 반돛을 달고요 반쯤 올린 돛	⇒ 임을 실러 갈 때엔 반돛을 달고요
임 싣고 올 적엔 온 돛을 단다네	⇒ 임 싣고 올 때엔 온 돛을 단다네

12연 : 떠났던 임이 돌아오는 상황

거친 물결에 출렁이면서	⇒ 거친 물결에 출렁이면서
북소리 울리며 떠들어 온다네	⇒ 북소리 울리며 떠들어 온다네

13연 : 고기를 잡고 돌아오는 배의 모습

가는 임 야속타 속태우지 말고요	⇒ 가는 임 야속하다고 속 태우지 말고요
갔다가 올 때가 더 반갑답니다	⇒ 갔다가 올 때가 더 반갑답니다

14연 : 돌아오는 임에 대한 반가움

무정한 우리 임~돌아를 오셨네 → '봉죽을 받고서 돌아왔다는 것은 생계를 위해 임이 바다로 나가 만선을 이루고 장산곶으로 돌아왔다는 것이다. 한편, 고기를 가득 잡아 만선이 된 것을 황해도에서는 '봉죽을 받았다'라고 표현한다.

임 실러 갈 적엔~돛을 단다네 → '반돛'을 달고 천천히 갔을 때와 달리, '온 돛'을 달고 빠르게 오는 배의 모습을 대비함으로써, 떠났던 임이 돌아오는 상황에 대한 기대감을 부각하고 있다.

가는 임 야속타~더 반갑답니다 → 임이 떠날 때 입은 마음의 상처는 재회의 반가움으로 치유가 되는 법이다. 임과 다시 만나는 상황을 전제로 긍정적인 인식을 드러내며 노래를 마무리하고 있다.

STEP 03 **작품 해제**

나BS 수능특강 | **고전문학** ●

01 | 주제

장산곶의 경치와 임에 대한 그리움

02 | 특징

① 임과의 재회를 소망하는 화자 중심의 시
② 후렴구를 통해 운율을 형성함.
③ 장산곶의 정경을 시각적으로 묘사함.

03 | 작품 해제

이 작품은 황해도 민요 가운데 가장 널리 알려진 민요이다. 작품에는 장연군에 있는 장산곶의 경치와 어부들의 생활이 묘사되어 있다. 이때 장산곶의 '곶'은 육지가 바다 쪽으로 돌출된 곳을 일컫는다. 장산곶의 북쪽 지점에 몽금포가 있으며 절벽이 병풍처럼 늘어져 있는 것이 특징이다.

12 | 이중경, 어부별곡

수능 국어 대비
실전 국어 전형태

STEP 01 OX 문제를 통한 지문 이해 훈련

나BS 수능특강 | 고전문학 ●

처음에 못 생각하여 시서를 일삼도다
중간에 망령되어 **명리를** 바라도다
물외의 풍월강산이 내 분인가 하노라

〈제2수〉

이런들 뉘 옳다 하며 저러한들 뉘 외다 하료
옳거나 외거나 나도 내 일 모르노라
세상이 시비를 마라 어부 무삼 그르리

〈제3수〉

경륜을 내 알더냐 **제세할 이** 없을러냐
태평시세는 얼마나 멀었는고
필부의 위국 **충심**을 내어 뵐 데 없어라

〈제4수〉

창산은 높고 높고 유수는 길고 길고
산고수장(山高水長)하니 그 아니 좋을쏘냐
산수 간 일한인(一閑人)되어 허물 없이 사노라

〈제6수〉

OX문제

01	영탄적 어조를 통해 대상에 대한 그리움을 부각하고 있다. [2026학년도 6월]	(O / X)
02	과거를 회상하며 현실의 덧없음을 환기하고 있다. [2020학년도 9월]	(O / X)
03	화자는 '시서를 일삼'고 '명리를 바'랐던 과거를 부정적으로 여기고 있다.	(O / X)
04	'제세할 이'는 화자를 가리키는 표현으로, 이를 통해 화자는 나라를 위한 자신의 '충심'을 보이고 있다.	(O / X)
05	자연의 가치를 부각하여 화자가 즐기는 흥취를 강조하고 있다. [2022학년도 6월]	(O / X)

STEP 02 지문 분석

[EBS에 나오지 않은 파트까지 모두 넣은 전문 분석]

아이고 애돌올샤 **아이고** 셜올셰고
　　■ : 감탄사의 반복 → 화자의 정서 강조

⇒ 아이고 애달파라 아이고 서러워라

罔極(망극)한 천지(天地)예 내 혼자 사라 이셔
　지극히 슬픔

⇒ 지극히 슬픈 이 세상에 나 혼자 살아 있어

녜 잇던 魚菜(어채)룰 보니 내 안 둘 딕 업세라

⇒ 예전에 있던 생선과 나물을 보니 내 마음 둘 데 없어라

제1수 : 어머니를 잃은 슬픔 〈제1수〉

처음에 못 생각하여 **시서를** 일삼도다
　　『시경』과 『서경』을 아울러 이르는 말 → 학문을 뜻함.

⇒ 처음에는 못 생각하여 학문을 일삼다가

중간에 망령되어 명리를 바라도다

⇒ 중간에는 헛된 마음에 명예와 이익을 바랐도다

물외의 풍월강산이 내 분인가 하노라
　세상의 밖 → 여기서는 속세를 벗어난 '자연'을 가리킴.

⇒ 세상 밖 풍월강산이 내 분수인가 하노라

제2수 : 과거에 대한 반성과 현재에 대한 만족감 〈제2수〉

이런들 뉘 옳다 하며 저러한들 뉘 외다 **하료**
　　　　　■ : 설의적 표현

⇒ 이런들 누가 옳다 하며 저런들 누가 그르다 하리

옳거나 외거나 나도 내 일 모르노라

⇒ 옳거나 그르거나 나도 내 일 모르노라

세상이 시비를 마라 어부 무삼 **그르리**
　옳고 그름을 따지는 말다툼

⇒ 세상은 시비를 마라 어부가 무엇이 그른가

제3수 : 어부의 삶에 대한 지향 〈제3수〉

경륜을 내 **알더냐** 제세할 이 **없을러냐**
　세상을 다스리는 능력

⇒ 세상을 다스리는 능력을 내가 알겠냐 세상을 구제할 이 없겠는가

태평시세는 얼마나 **멀었는고**

⇒ 태평한 세상은 얼마나 멀었는가

과외식 해설

아이고 애돌올샤~내 안 둘 딕 업세라 → 애달프고 서러운 감정을 직접적으로 드러내는 화자의 모습이 나타나 있다. '망극'은 임금이나 어버이의 은혜가 끝이 없다는 긍정적인 의미와 임금이나 어버이에게 안 좋은 일이 있어서 지극히 슬프다는 부정적인 의미가 있다. 여기서는 후자의 의미로, 작자가 어머니를 잃은 후의 슬픔을 표현한 것으로 볼 수 있다. 화자는 어머니가 생전 좋아하시던 음식인 '어채'를 보고 자신의 마음을 둘 곳이 없다며 망극한 심정을 드러내고 있는 것이다.

처음에 못 생각하여~내 분인가 하노라 → 화자는 생각 없이 학문만을 일삼고 헛되게 세속적 가치를 추구했던 과거의 삶에 대해 반성하고, 풍월강산의 자연 속에서 살아가는 것이 자신의 분수임을 깨닫고 있다. 욕심을 버리고 자연 속에서 만족하며 살아가고자 하는 안분지족의 태도가 드러난 부분이다.

이런들 뉘 옳다 하며 저러한들 뉘 외다 하료 → 이황의 「도산십이곡」 중 '이런들 엇더하며 뎌런들 엇더하료'라는 구절을 차용한 부분이다. 이렇게 한들 저렇게 한들 보는 관점에 따라 옳고 그름이 달라질 수 있으니 시비를 판단하기 어렵다는 의미이다. 앞서 화자가 자연 속에서 살아가는 삶에 대한 만족감을 드러냈다는 것을 고려하면, 현재 자신의 삶에 대해 옳다 그르다 판단하지 말라는 뜻으로 이해할 수 있다.

경륜을 내 알더냐~내어 뷜 데 없어라 → 화자는 자신에게 '경륜', 즉 세상을 다스리는 능력이 없고 현재 세상이 태평하지도 않으므로 자신의 충심을 나타내 보일 곳이 없다고 이야기하고 있다. 이는 자신이 세상사에 관계하지 않고 한가롭게 지내는 물외한인으로서의 삶을 살 수밖에 없는 상황을 나타낸 것으로 볼 수 있다.

필부의 <u>위국</u> 충심을 내어 뵐 데 없어라
평범한 남자 　↳ 나라를 위한 충성스런 마음

⇒ 필부(화자)의 나라 위한 충심을 내어
보일 데 없구나

제4수 : 태평한 세상에 대한 염원　〈제4수〉

내 나히 만커니~윗는 줄을 모른다 → 화자는 나이가 많거나 머리가 세는 것과는 상관없이 어린 시절의 마음은 달라지지 않고 그대로라며, 아이처럼 철없이 놀며 즐겁게 사는 태도를 보이고 있다. 마찬가지로 강호의 자연 속에서 순수하게 살아가고 있음을 나타낸 것이라 이해할 수 있다.

내 나히 만커니 ᄯᅡ나 머리도 셰거니 ᄯᅡ나

⇒ 내 나이 많거나 마나 머리가 희거나
마나

<u>소년시(少年時)</u> ᄆ옴은 츠싱 아니 늘건노라
늙어가는 몸과 달리 마음은 어린 시절과 달라지지 않았음.

⇒ 어릴 때 마음은 이승에서 늙지 않았노라

일일에 <u>아희(兒戱)</u>를 ᄒ니 윗는 줄을 모른다
아이들의 장난

⇒ 날마다 어린애 장난으로 나이를 모르노라

제5수 : 늙지 않는 마음으로 즐겁게 살아가는 삶의 태도　〈제5수〉

창산은 높고 높고~허물 없이 사노라 → 푸른 산의 높음과 흐르는 물의 깊이라는 자연적 특징을 언급하고 산수에서 한가롭게 살아가는 삶에 대한 만족감을 드러내면서 작품을 마무리하고 있다.

흐르는 물
<u>창산</u>은 높고 높고 유수는 길고 길고
파랗게 보이는 아득히 먼 산

⇒ 푸른 산은 높고 높고 흐르는 물은 길고 길고

산고수장(山高水長)하니 그 아니 좋을쏘냐

⇒ 산 높고 물은 기니 그 아니 좋을소냐

산수 간 일한인(一閒人) 되어 허물 없이 사노라
체면을 돌보거나 조심할 필요가 없이

⇒ 자연에 한가한 사람으로 허물없이 사노라

제6수 : 유유자적한 삶에 대한 추구　〈제6수〉

---

01 | 주제

자연을 즐기는 삶의 흥취

02 | 특징

① 명예와 이익을 추구하던 과거의 삶을 반성하고 어부의 삶을 살겠다는 다짐을 드러내는 화자 중심의 시

② 대구법, 설의법 등의 표현법을 사용하여 주제 의식을 강조함.
③ 태평성대를 바라는 유교적 충의 사상을 드러냄.

03 | 작품 해제

　　이 작품은 자연 속에서 안분지족하며 유유자적하게 살아가는 삶에 대한 만족감과 즐거움을 노래하고 있는 연시조이다. 화자는 자연에서의 삶에 대한 즐거움을 보여 주는 한편, 나라의 태평성대를 염원하는 유교적 충의 사상을 드러내고 있다. 이때 전 3수와 후 3수가 의미상 서로 대응하는 구조를 취하고 있다는 것이 특징인데, 〈제1수〉와 〈제4수〉는 화자의 감정을, 〈제2수〉와 〈제5수〉는 시간성을, 〈제3수〉와 〈제6수〉는 현재 화자의 삶을 중점적으로 다루고 있다.

STEP 04 논문으로 만나는 출제자의 시선

니BS 수능특강 | **고전문학**

작품론

「어부별곡」의 〈전 1장〉은 '아이고'라는 탄식을 연거푸 하는 것으로 시작한다. '애ㄷ올샤', '셜올셰고'와 같은 표현도 거름망을 거치지 않은 감정 그대로를 드러낸다. 이어지는 〈전 2장〉에서는 생각 없이 시서를 일삼던 때와 망령되게 명리를 바랐던 때를 거쳐 자신의 분수를 깨달은 지금에 이르기까지, 시간의 흐름에 따른 시적 화자의 각성을 보여 준다. 욕심을 버리고 자신의 분수를 깨닫는 데 이른 시적 화자의 자기 인식은, 자신의 깨달음을 기반으로 하여 〈전 3장〉에서 타인의 시선에 구애받지 않고 자신의 삶을 의미 있는 것으로 자리매김하는 데까지 나아간다. 이런 저런 시비가 전제되어 있는 상황에서 자신의 일을 자신도 모른다고 하고 있지만, 적어도 자신이 선택한 삶에 대해서는 더 이상 시비하지 말라고 말할 수 있을 만큼 확신하고 있는 것이다.

한편 〈후 1장 = 제4수〉에서는 세상에 대한 불평한 심사가 나타난다. 중장에서 '태평세'가 올 날은 언제인가라고 하면서 지금의 상황이 태평한 시절과는 거리가 멀다고 하는 것을 볼 때, 시적 화자가 바라보는 현실은 그다지 만족스럽지 않음을 알 수 있다. 초장에서 경륜을 모른다고 한 것은 불만스러운 심사를 겸손의 말로 포장한 것일 뿐이다. 〈후 1장〉에서 화자는 '-ㄹ 듸 업세라'라고 종장을 마무리하면서, 불평한 마음을 다스리기보다는 충심으로 가득한 자신의 마음을 꺼내어 보일 수 없음에 대한 불만을 드러내고 있다. 〈후 2장〉에서 화자는 소년 때의 마음이 변하지 않았다고 밝히며, 〈후 3장〉에서는 '높고 길다'라는 산과 물의 본질적 성격을 들어 영원불변의 본질을 향한 지향을 드러내고, 산수에서 한가로이 노닐면서 허물없이 사는 삶을 보여 준다.

창작 동기

이 작품의 창작은 작자의 모친이 세상을 떠났다는 사실과 관련된다. 즐거움의 한 축을 이루었던 모친 봉양이 의미를 잃은 후, 모친이 살아 계셨을 때 부르던 노래도 빛을 잃은 듯 다시 부를 수 없을 것 같이 느낀 이중경은 노래란 무엇인가에 대해 다시 고민했다. 고민의 결과, 노래는 불행해도 부르는 것이며, 자신의 목소리로 자신이 노래하고 싶은 것을 노래하는 것이 진정한 노래라는 생각에 이르렀다. 이러한 생각에 힘입어 다시 노래를 부르기 시작하면서 지은 것이 「어부별곡」이다.

「어부별곡」 창작 이전에 지은 작품에서 이중경은 일정한 틀과 지향을 모색하고 이를 바탕으로 자기 세계의 내적 일체를 추구하는 가운데 내부적인 안정을 이루어 내었다. 그런데 모친이 세상을 떠난 후 안정되었던 상황은 심각한 위기를 맞았다. 즉, 「어부별곡」은 위기에 따른 파탄에 대응하면서 만들어 낸 작품이라 할 수 있는 것이다. 작품의 창작 배경과 의도를 밝히고 있는 이중경의 「오대어부가자서」를 보면, 즐거움뿐만 아니라 슬픔과 불행을 드러내는 것도 노래가 될 수 있다고 하는 인식이 이 작품을 창작하는 데 밑거름이 되었음을 알 수 있다. 이와 같은 인식은 자신의 목소리로 자신이 노래하고 싶은 것을 노래하는 것이 진정한 노래라는 이중경의 시론의 단초가 된다.

다음 글을 읽고 물음에 답하시오. [16.11.고1 교육청 기출]

아이고 **애달픔사** 아이고 서러운지고
끝없는 천지에 내 혼자 살아 있어
예 있던 어채(魚菜)*를 보니 내 마음 둘 데 없어라.

〈전 1장〉

처음에 잘못 생각하여 시서(詩書)를 일삼았도다
중간에 망령되어 명리(名利)를 바랐도다
물외(物外)*에 풍월강산이 내 분수인가 하노라.

〈전 2장〉

이런들 뉘 옳다 하며 저러한들 뉘 외다* 하료
옳거나 외거나 나도 내 일 모르노라
세상은 시비(是非)를 마라 **어부(漁父)**가 무엇 그르리.

〈전 3장〉

경륜(經綸)을 내 아더냐 세상 건질 이 없겠느냐
태평시세(太平時世)는 얼마나 멀었는고
필부(匹夫)의 위국충심(爲國忠心)을 내어 보일 데 없어라.

〈후 1장〉

내 나이 많거나마나 머리도 세었거나마나
젊은 적 마음은 이승에 아니 늙었노라
날마다 어린애 장난을 하니 더먹은 나이를 몰라라.

〈후 2장〉

푸른 산은 높고 높고 흐르는 ㉠ 물은 길고 길고
산고수장(山高水長)하니 그 아니 좋을 소냐
산수간 **한가한 사람** 되어 허물 없이 사노라.

〈후 3장〉

- 이중경, 「어부별곡(漁父別曲)」 -

*어채(魚菜) : 고기와 나물.

*물외(物外) : 세상 밖.

*외다 : 그르다.

*경륜(經綸) : 천하를 다스림.

*필부(匹夫) : 신분이 낮고 보잘것없는 사내.

---

01. 윗글에 대한 설명으로 적절하지 <u>않은</u> 것은?

① 대구의 방법을 사용하여 운율감을 형성하고 있다.
② 영탄적 표현을 사용하여 화자의 감정을 드러내고 있다.
③ 설의적 표현을 사용하여 화자의 정서를 강조하고 있다.
④ 시각적 심상을 사용하여 계절의 흐름을 나타내고 있다.
⑤ 대조적 시어를 사용하여 화자의 삶의 태도를 부각시키고 있다.

02. 윗글의 ㉠과 〈보기〉의 ⓐ에 대한 설명으로 가장 적절한 것은?

〈보기〉

산은 옛 산이로되 ⓐ 물은 옛 물 아니로다
주야(晝夜)에 흐르거든 옛 물이 이실소냐
인걸(人傑)도 물과 같도다 가고 아니 오는도다

- 황진이 -

① ㉠은 ⓐ와 달리 화자가 긍정적으로 인식하는 대상이다.
② ㉠은 ⓐ와 달리 화자에게 무상감을 느끼게 하는 존재이다.
③ ㉠은 ⓐ와 달리 화자에게 과거와의 단절감을 느끼게 하는 대상이다.
④ ⓐ는 ㉠과 달리 화자가 친밀감을 느끼는 대상이다.
⑤ ⓐ는 ㉠과 달리 화자에게 자연의 불변성을 깨닫게 하는 존재이다.

03. 〈보기〉를 참고하여 윗글을 감상한 내용으로 적절하지 <u>않은</u> 것은?

〈보기〉

관직에 오르지 않고 자연에 은거하였던 작가는 어머니가 돌아가신 후 즐거움뿐 아니라 슬픔도 노래가 될 수 있다는 인식을 갖게 되었다. 작가는 이러한 인식을 바탕으로 자신의 솔직한 감정을 이 작품에 담아내고 있다. 한편 작품의 전장과 후장은 각각 대응을 이루고 있는데, 각 1장은 화자의 감정을, 각 2장은 시간성을, 각 3장은 현재 화자의 삶을 중점적으로 다루고 있다. 특히 전후 각 3장에서는 초장의 내용을 중장 전반부에 집약하고, 종장에서는 화자의 지향을 드러내고 있다.

① 〈전 1장〉의 '애달픔사'와 '서러운지고'를 통해, 어머니가 돌아가신 후 작가가 느낀 슬픔을 솔직하게 드러낸 것을 알 수 있겠군.
② 〈후 1장〉의 '경륜을 내 아더냐'와 '필부'를 통해, 관직을 경험하지 않은 작가의 처지가 드러나 있음을 알 수 있겠군.
③ 〈전 2장〉에서는 '처음에'와 '중간에'를 통해, 〈후 2장〉에서는 '젊은 적'과 '날마다'를 통해, 시간의 흐름에 따라 화자의 내면이 변화되었음을 알 수 있겠군.
④ 〈전 3장〉에서는 '어부'를 통해, 〈후 3장〉에서는 '한가한 사람'을 통해, 화자의 현재 삶의 모습을 드러내고 있음을 알 수 있겠군.
⑤ 〈전 3장〉에서는 초장의 내용이 '옳거나 외거나'에, 〈후 3장〉에서는 초장의 내용이 '산고수장'에 각각 집약되어 있음을 알 수 있겠군.

13 | 작자 미상, 유산가

수능 국어 대비
실전 국어 전형태

STEP
01 OX 문제를 통한 지문 이해 훈련

나BS 수능특강 | 고전문학 ●

화란 춘성(花爛春城)하고 만화방창(萬化方暢)이라
때 좋다 벗님네야 산천경개 구경 가세
죽장망혜(竹杖芒鞋) 단표자(單瓢子)로 천리 강산 들어가니
만산 홍록(滿山紅綠)들은 일년일도(一年一度) 다시 피어
춘색(春色)을 자랑노라 색색이 붉었는데
창송취죽(蒼松翠竹)은 창창울울(蒼蒼鬱鬱)한데 기화요초(琪花瑤草) 난만(爛漫) 중에
꽃 속에 잠든 나비 자취 없이 날아든다
유상 앵비(柳上鶯飛)는 편편금(片片金)이요 화간접무(花間蝶舞)는 분분설(紛紛雪)이라
삼춘가절(三春佳節)이 좋을시고 도화 만발 점점홍(桃花滿發點點紅)이로구나
어주축수 애산춘(漁舟逐水愛山春)*이라더니 무릉도원이 예 아니냐
양류세지 사사록(楊柳細枝絲絲綠)한데 황산곡리 당춘절(黃山谷裏當春節)*에
연명오류(淵明五柳)*가 예 아니냐
제비는 물을 차고 기러기 무리 지어
거지 중천 높이 떠서 두 날개 활짝 펴고
펄펄 백운 간(白雲間)에 높이 떠 천리 강산 머나먼 길
어이 갈꼬 슬피 운다
원산은 첩첩 태산은 주춤 기암은 층층 장송은 낙락
에이 구부러져 광풍에 흥을 겨워 우줄우줄 춤을 춘다
층암절벽상에 폭포수는 콸콸 수정렴(水晶簾) 드리운 듯
이 골 물이 주르룩 저 골 물이 쏼쏼
열의 열 골 물이 한데 합수(合水)하여
천방져 지방져 소쿠라지고 펑퍼져
넌출지고 방울져 저 건너 병풍석으로
으르렁 콸콸 흐르는 물결이 은옥(銀玉)같이 흩어지니
소부(巢父) 허유(許由)* 문답하던 기산(箕山) 영수(潁水)가 예 아니냐

*어주축수 애산춘 : 당나라 시인 왕유가 지은 「도원행」의 한 구절로, '고깃배가 물결 따라 오르내리며 산에 물든 봄빛을 사랑하네.'라는 뜻임.
*양류세지 사사록한데 황산곡리 당춘절 : 버드나무 가는 가지가 실처럼 늘어져 푸른데 황산곡 속에 봄철을 만남.
*연명오류 : 무릉도원에 대한 이야기인 「도화원기(桃花源記)」를 쓴 진(晉)나라의 문인 도연명이 집 앞에 버드나무 다섯 그루를 심은 것을 가리킴.
*소부 허유 : 고대 중국 요임금 때 기산 영수에서 은거하던 이들의 이름. 허유는 요임금이 천하를 주겠다고 하자 더러운 소리를 들었다며 강물에 귀를 씻었고, 소부는 그
  이야기를 듣고 귀 씻은 물을 소에게 먹일 수 없다고 하였음.

OX문제

01 음성 상징어의 사용으로 생동감을 부각하고 있다. [2020학년도 9월]　　　　　　　　　　　(O / X)
02 고사를 활용하여 풍자의 효과를 높이고 있다. [2011학년도 6월]　　　　　　　　　　　　(O / X)
03 '만산 홍록들은 일년일도'에서 세월의 덧없음을 노래하고 있다.　　　　　　　　　　　(O / X)
04 화자는 간편한 차림으로 봄 산의 풍류를 즐기고 있다.　　　　　　　　　　　　　　　(O / X)
05 대구를 통해 안정적인 운율감을 조성하고 있다. [2012학년도 6월]　　　　　　　　　　(O / X)

STEP 02 지문 분석

화란 춘성(花爛春城)하고 만화방창(萬化方暢)이라
　　　　　　　상투적 한문구

⇒ 봄이 오니 꽃이 활짝 피어 성에 가득하고 따뜻한 봄날에 만물이 나서 자라나는구나

때 좋다 벗님네야 산천경개 구경 가세

⇒ 시절이 좋구나 벗님네야 산천 경치 구경이나 가자

서사 : 봄을 맞이한 산천 경치의 구경을 권유함.

죽장망혜(竹杖芒鞋) 단표자(單瓢子)로 천리 강산 들어가니
　　　간편한 차림으로 봄 산의 풍류를 즐김.

⇒ 대나무 지팡이와 짚신, 한 소쿠리의 밥, 물을 들고 천리 강산 들어가니

만산 홍록(滿山紅綠)들은 일년일도(一年一度) 다시 피어
온 산에 붉은빛과 푸른빛이 가득함.　　일 년에 한 번씩

⇒ 온 산에 가득한 꽃과 풀들은 일 년에 한 번씩 다시 피어

춘색(春色)을 자랑노라 색색이 붉었는데

⇒ 봄빛을 자랑하느라고 색깔마다 붉어 있는데

창송취죽(蒼松翠竹)은 창창울울(蒼蒼鬱鬱)한데 기화요초(琪
푸른 소나무와 푸른 대나무　　　　　진기하고 아름다운 꽃과 풀

花瑤草) 난만(爛漫) 중에
　　　꽃이 활짝 피어 화려함.

⇒ 푸른 소나무와 대나무는 푸르고 울창하고, 아름다운 꽃과 풀들이 활짝 피어 흐드러진 가운데

꽃 속에 잠든 나비 자취 없이 날아든다

⇒ 꽃 속에 잠든 나비가 사뿐하게 날아든다

「유상 앵비(柳上鶯飛)는 편편금(片片金)이요 화간접무(花
　　　　「 」: 대구법, 은유법을 통해 봄의 아름다운 풍경을 제시함.

間蝶舞)는 분분설(紛紛雪)이라」

⇒ 버드나무 위로 나는 꾀꼬리는 조각조각 금 조각이요, 꽃 사이에 춤추는 나비는 가루가루 흩어지는 눈이로다

삼춘가절(三春佳節)이 좋을시고 도화 만발 점점홍(桃花滿
　　　　　　　　　복숭아꽃은 만발하여 점점이 붉어 있음.

發點點紅)이로구나
　　　　　　■ : 설의적 표현 – 청자에게 동의를 구함.

⇒ 아름다운 이 봄철이 참으로 좋구나 복숭아꽃이 만발해서 여기저기 붉었구나

어주축수 애산춘(漁舟逐水愛山春)이라더니 무릉도원이 예
　　　고사 인용

아니냐

⇒ 고기잡이배를 띄워 놓고 봄을 즐기니 무릉도원이 바로 여기 아니냐

양류세지 사사록(楊柳細枝絲絲綠)한데 황산곡리 당춘절(黃
　　　　　　　　황산 골짜기에 봄이 돌아옴.

山谷裏當春節)에

⇒ 버드나무 가느다란 가지들이 실처럼 늘어져 푸르고 황산의 골짜기 안에서 봄을 맞으니

연명오류(淵明五柳)가 예 아니냐
도연명이 마당에 버드나무 다섯 그루를 심고 스스로 오류 선생이라 칭함.
　　　　　본사 1 : 봄의 화려한 경치와 아름다움

⇒ 도연명의 오류촌이 여기 아니겠느냐

과외식 해설

화란 춘성하고 만화방창이라 → '화란 춘성'은 봄이 와 성에 꽃이 흐드러지게 활짝 핀 것을, '만화방창'은 따뜻한 봄날에 온갖 생물이 나서 자라 흐드러진 것을 의미한다. 이때 상투적 한문구를 사용한 것을 통해 잡가가 하층 문학이면서도 상층 문학을 모방, 지향했음을 알 수 있다.

죽장망혜 단표자로 천리 강산 들어가니 → 대나무 지팡이에 짚신 신고, 표주박을 둘러메고 강산으로 들어가고 있는 화자의 모습이 드러나고 있다. 화자가 먼 길을 떠날 때 간편한 차림새를 한 것을 통해, 아름다운 봄을 맞이하여 소박하게 자연을 즐기고자 하는 화자의 태도를 확인할 수 있다.

어주축수 애산춘이라더니 무릉도원이 예 아니냐 → 왕유의 「도원행」 첫 구절이 인용된 부분이다. 이 고사는 고깃배가 물결 따라 오르내리며 산에 물든 봄빛을 사랑한다는 의미이다.

양류세지 사사록한데~연명오류가 예 아니냐 → 버드나무 가지들이 푸르게 늘어선 모양을 보고 도연명을 떠올리고 있는 부분이다. 봄을 맞이한 자연의 아름다운 모습에서 도연명이 말했던 무릉도원의 세계를 연상하고 있다.

니BS _ 나 없이 **EBS** 풀지마라

제비는 물을 차고 기러기 무리 지어

⇒ 제비는 물을 차며 날고, 기러기는 무리를 지어

거지 중천 높이 떠 두 날개 활짝 펴고

■ : 음성 상징어. 3·4조의 음수율에서 벗어남.

⇒ 허공에 높이 떠서 두 날개를 활짝 펴고

펄펄 백운 간(白雲間)에 높이 떠 천리 강산 머나먼 길

상투적 표현 – 작품 전체적인 분위기와 이질적

⇒ 흰 구름 사이에 높이 떠서 천리 강산 머나먼 길

어이 갈꼬 슬피 운다

⇒ 어찌 갈까 하고 슬피 운다

『원산은 **첩첩** 태산은 **주춤** 기암은 **층층** 장송은 **낙락**

⇒ 멀리 있는 산은 겹겹이 있고, 큰 산은 우뚝 솟았으며, 기이한 바위는 층층이 쌓여 있고, 큰 소나무는 가지가 늘어지고

에이 구부러져 광풍에 흥을 겨워 **우줄우줄** 춤을 춘다』

『 』: 의태어를 사용하여 자연 경치를 실감 나게 묘사함.

⇒ 에이 구부러져 성난 바람에 흥을 못 이겨 우줄우줄 춤을 춘다

층암절벽상에 폭포수는 **콸콸** 수정렴(水晶簾) 드리운 듯

원관념 : 폭포 (직유법)

⇒ 층층 바위 절벽 위의 폭포수는 콸콸 쏟아지는데 마치 수정발을 드리운 듯

이 골 물이 **주루룩** 저 골 물이 **쐴쐴**

⇒ 이 골짜기 저 골짜기 물이 주루룩, 쐴쐴 (흘러내리고)

열의 열 골 물이 한데 합수(合水)하여

⇒ 여러 골짜기의 물이 한곳에 합쳐져서

〈천방져 지방져 소쿠라지고 펑퍼져

〈 〉: 폭포수가 흘러내리는 모습을 역동적으로 표현함.

⇒ (너무 급하여 방향을 잡지 못하고) 위로 솟아올랐다가는 내려앉아 평평하게 퍼지고

넌출지고 방울져〉 저 건너 병풍석으로

⇒ 길게 이어졌다가는 방울지며 흐르다가 건너편 병풍석으로

으르렁 콸콸 흐르는 물결이 은옥(銀玉)같이 흩어지니

직유법

⇒ 으르렁 콸콸 거리면서 흐르는 물결이 하얀 구슬처럼 흩어지니

소부(巢父) 허유(許由) 문답하던 기산(箕山) 영수(潁水)가

무릉도원과 같은 아름다운 공간을 뜻함.

⇒ 소부와 허유가 묻고 대답하였다는 기산의 영수가 여기가 아니겠느냐

예 아니냐

본사 2 : 봄을 맞이한 산들과 폭포의 장엄한 아름다움

기러기 무리 지어~어이 갈꼬 슬피 운다 → 음성 상징어를 활용하여 기러기들이 하늘 높이 떠서 슬피 울며 날아가는 모습을 제시하고 있다. 이는 봄의 유흥적인 분위기와는 어울리지 않는 표현으로 흐름을 고려할 때 이질적인 부분에 해당한다. 고전 시가는 당대에 노래로 불리는 경우가 많았음을 기억해야 한다. 여기에서도 '기러기가 우는 표현'은 화자의 정서를 반영한 것이 아니라 고전 시가에서 리듬감을 위해 의미 없는 관습적인 표현이 쓰인 것이다.

이 골 물이~은옥같이 흩어지니 → 절벽 위에서 내리치는 폭포수가 솟구쳐 흘러내리는 모습을 음성 상징어와 비유법 등 다양한 표현으로 생동감 있게 제시하고 있다.

소부 허유 문답하던 기산 영수가 예 아니냐 → 중국의 요 임금이 허유에게 임금의 자리를 양보하려 하자 허유는 더러운 말을 들었다며 영수에서 귀를 씻었고, 그 이야기를 들은 소부는 영수의 물을 소에게 먹이지 않았다고 하는 고사의 내용이다. 기산 영수는 이러한 소부와 허유가 놀던 아름다운 공간이라고 볼 수 있다.

03 작품 해제

01 | 주제

봄 경치의 아름다움에 대한 예찬

02 | 특징

① 봄 경치를 완상하며 이를 찬양하는 대상 중심의 시
② 의태어와 의성어를 빈번히 사용하여 생동감을 부여함.

③ 대구법, 비유법 등 다양한 표현 방법을 활용함.
④ 4·4조의 운율이 주조를 이루지만 파격이 많은 가사적 성격의 잡가

03 | 작품 해제

「유산가」에서는 우리말과 한자어가 혼용되어 쓰이는 특이한 언어 사용 양상이 나타난다. 창작 계층인 하층 계급의 의식이 반영된 노래임에도 한자어 표현이 많은 것은 양반 문학에 대한 모방 의식에서 비롯된 것으로 보인다. 또한 이 시의 율격은 4음보를 바탕으로 하면서도 5음절 이상의 음절이 하나의 음보로 존재하는 등 매우 파격적이다. 특히 생동감 넘치는 의성어와 의태어의 사용이 두드러지게 나타나는데, 이를 통해 자연의 아름다움을 생생하게 부각하고 있다. 내용 면에서는 현실 생활을 떠나 자연 속의 유흥만을 노래하고 있는데, 이러한 자유분방함이야말로 「유산가」를 전통적인 사대부 시가나 서민 시가와 구분해 주는 특징이라고 할 수 있다.

04 논문으로 만나는 출제자의 시선

잡가로서의 「유산가」

「유산가」는 삼춘가절에 명승지를 찾아 즐기는 풍류와 자족감을 그린 작품으로, 잡가 중 가장 으뜸으로 꼽히는 곡이기도 하다. 4·4조 연장체로 엮인 사설을 주조로 하고, 이를 6박 도드리장단에 얹어 사설, 가사와 긴밀성을 가진 대표적인 잡가로 분류되고 있다. 명승지에서의 춘흥과 자족감을 표현한 긴 사설은 한문 고사와 순 우리말로 된 의성어, 의태어를 적절히 섞어, 안정감과 생동감을 동시에 주고 있다. 「유산가」의 사설은 구전으로 전승되다가, 19세기 말~20세기 초 잡가집과 음반에 수록되기 시작하면서 사설이 고정된 듯하다. 20세기 이후 잡가집과 악보의 「유산가」 사설을 비교한 선행 연구에 의하면, 부분적인 조사의 사용 외에는 사설이 거의 변동 없이 수록되어 있는 것을 발견할 수 있다. 「유산가」의 사설 전체가 실린 최초의 가집은 『시철가』로 보이고, 1910년대 이후 집중적으로 출판된 잡가집에 고루 사설이 전한다.

「유산가」의 개방성 - 음성 상징어, 고사 인용

「유산가」의 개방성을 보여 주는 요소로는 우선 의성어와 의태어의 활용으로 인한 격식의 파괴를 들 수 있다. 의성어와 의태어는 기본적으로 대상을 감각적으로 재현하는 수사 방식이라 할 수 있다. 그런데 '우줄우줄'과 같은 의태어, '으르렁 꽐꽐'과 같은 의성어는 일정한 음수율에서 벗어난다는 점에서 대상의 감각적 재현 이상의 의미를 지닌다. 즉, 「유산가」의 의성어와 의태어는 잡가의 형식적 개방성을 보여 주는 동시에 고정된 것을 거부하는 시정인(시정의 일반 사람)들의 동태적 심상을 반영한 것으로 볼 수 있다.

의성어와 의태어의 대척점에는 고사의 활용 등 선행 텍스트와의 대화를 통한 의미의 집약이 돋보인다. 왕유의 「도원행」에서 차용한 '어주축수 애산춘'은 자연스럽게 무릉도원의 이미지를 끌어내고, 고사 속의 도연명과 소부, 허유를 소환해 낸다. 이로 인해 현실 공간은 지금, 이 순간의 감각적 쾌락을 극대화한 이상적 공간으로 탈바꿈하게 된다.

첫 행 이후 사설의 전개는 시선의 이동에 따른 산천경개의 인상적 재현으로 이루어지고 있다. 춘경의 구현은 춘경, 춘흥, 이상향 등을 표현한 선행 텍스트의 인상적인 구절을 차용하여, 재배치함으로써 작품 내에서 다양하고 이질적인 선행 텍스트와의 '대화'를 실현해 내고 있다. 그리고 이러한 대화는 잡가의 특징인 '잡스러움'과 선행 텍스트의 수용과 재맥락화를 효과적으로 구현하고 있다.

나BS _ 나 없이 EBS 풀지마라

STEP 05 나BS 실전 문제

나BS 수능특강 | **고전문학**

다음 글을 읽고 물음에 답하시오. [14.3B.고3 교육청 기출]

(가)

　제비는 물을 차고, 기러기 무리져서 거지 중천(居之中天)에 높이 떠서 두 나래 훨씬 펴고, 펄펄펄 백운 간(白雲間)에 높이 떠서 천리 강산 머나먼 길을 어이 갈꼬 슬피 운다.

　원산(遠山)은 첩첩(疊疊), 태산(泰山)은 주춤하여, 기암(奇巖)은 층층(層層), 장송(長松)은 낙락(落落), 에이구부러져 광풍(狂風)에 흥을 겨워 우줄우줄 춤을 춘다.

　층암 절벽상(層巖絕壁上)의 폭포수(瀑布水)는 콸콸, 수정렴(水晶簾) 드리운 듯, 이 골 물이 주루루룩, 저 골 물이 쏼쏼, 열에 열 골 물이 한데 합수(合水)하여 천방져 지방져 소쿠라지고 펑퍼져, 넌출지고 방울져, 저 건너 병풍석(屛風石)으로 으르렁 콸콸 흐르는 물결이 은옥(銀玉)같이 흩어지니, 소부 허유(巢父許由) 문답하던 기산 영수(箕山潁水)*가 예 아니냐.

– 작자 미상, 「유산가(遊山歌)」 –

*기산 영수(箕山潁水) : 중국 요임금 때 소부와 허유가 명리(名利)를 피하여 은거한 곳.

(나)

산수간(山水間) 바위 아래 띠집을 짓노라 ᄒᆞ니
그 모른 남들은 웃는다 한다마는
어리고 햐암*의 뜻에는 내 분(分)인가 하노라　　　　〈제1수〉

보리밥 풋나물을 **알맞게 먹은** 후(後)에
바위 끝 물가에 슬카지 노니노라
그 남은 여남은 일이야 부럴* 줄이 있으랴　　　　〈제2수〉

내 **성이 게으르더니** 하늘이 알으실사
인간 만사(人間萬事)를 한 일도 아니 맡겨
다만당 **다툴 이** 없는 강산(江山)을 지키라 하시도다　　　　〈제5수〉

강산이 좋다 한들 내 분(分)으로 누었느냐
임금 은혜를 이제 더욱 아노이다
아무리 **갚고자** 하여도 하올 일이 없어라　　　　〈제6수〉

– 윤선도, 「만흥(漫興)」 –

*햐암 : 시골에 사는 견문이 좁고 어리석은 사람.
*부럴 : 부러워할.

---

01. (가)와 (나)에 대한 설명으로 가장 적절한 것은?

① (가)는 (나)와 달리 자연물을 매개로 자아를 성찰하고 있다.
② (나)는 (가)와 달리 순차적인 계절의 변화를 드러내고 있다.
③ (가)는 낭만적인 분위기를, (나)는 애상적인 분위기를 드러내고 있다.
④ (가)와 (나)는 모두 자연에서 비롯된 화자의 감흥을 드러내고 있다.
⑤ (가)와 (나)는 모두 관조적인 자세로 대상의 의미를 탐구하고 있다.

02. (가)의 표현상 특징으로 적절하지 <u>않은</u> 것은?

① 시선의 이동에 따라 시상을 전개하고 있다.
② 대구를 활용하여 리듬감을 만들어 내고 있다.
③ 비유적 표현으로 대상의 이미지를 형상화하고 있다.
④ 역설적 표현을 사용하여 화자의 정서를 강조하고 있다.
⑤ 의성·의태어를 다채롭게 구사하여 생동감을 살리고 있다.

03. 〈보기〉의 관점에서 (나)를 이해한 것으로 적절하지 <u>않은</u> 것은?

<보기>

　삼가 생각하건대 선비의 처세는 나아감에 있어 떳떳하지 못해도 진정 아니 될 것이며 물러남에 있어 떳떳하지 못해도 진정 아니 될 것입니다. 나아감엔 마땅히 이익을 탐한 것이 아닌가 경계해야 할 것이며 물러남엔 마땅히 세상을 잊은 것이 아닌가 경계해야 할 것입니다.

① '알맞게 먹'고 '슬카지 노니'는 것은, 물러난 '나'가 선택한 삶의 방식으로 볼 수 있겠군.
② '그 남은 여남은 일'은 이익을 탐하는 것으로 '나'가 경계하고자 하는 것이라 할 수 있겠군.
③ '성이 게으르'다는 것은 물러남에 있어 떳떳하지 못한 '나'의 모습을 드러낸 것이라 할 수 있겠군.
④ '나'는 물러남으로 인해 '다툴 이'와 거리를 두고 있다고 할 수 있겠군.
⑤ '임금 은혜'를 '갚고자' 하는 태도는, '나'가 세상을 잊은 것이 아님을 보여 주는 것이라 할 수 있겠군.

다음 글을 읽고 물음에 답하시오. [19.3.고3 교육청 기출]

(가)

이 몸이 한가하여 산수간(山水間)에 절로 늙어

공명부귀(功名富貴)를 뜻 밖에 잊었으니

차중(此中)에 청유(淸幽)한 흥미(興味)를 혼자 좋아 하노라

〈제1수〉

조그만 이 내 몸이 천지간(天地間)에 혼자 있어

청풍명월(淸風明月)을 벗 삼아 누웠으니

세상(世上)의 시시비비(是是非非)를 나는 몰라 하노라

〈제2수〉

늙고 병든 몸을 세상이 버리실새

조그만 초당(草堂)을 시내 위에 일워 두고

목전(目前)에 보이는 송죽(松竹)아 내 벗인가 하노라

〈제4수〉

산림(山林)에 들어온 지 오래니 세상사(世上事)를 모르노라

㉠십장 홍진(十丈紅塵)이 얼마나 가렸는고

물외(物外)에 뛰어든 몸이 보은(報恩)이 어려워라

〈제5수〉

- 이홍유, 「산민육가」 -

(나)

화란 춘성(花爛春城)하고 만화방창(萬化方暢)이라. ㉡때 좋다 벗님네야, 산천경개를 구경을 가세.

죽장망혜(竹杖芒鞋) 단표자(單瓢子)로 천리 강산을 들어를 가니, ㉢만산홍록(滿山紅綠)들은 일년 일도 다시 피어 춘색(春色)을 자랑노라 색색이 붉었는데, 창송취죽(蒼松翠竹)은 창창울울한데, 기화요초(琪花瑤草) 난만 중에 꽃 속에 잠든 나비 자취 없이 날아난다.

유상 앵비(柳上鶯飛)는 편편금(片片金)이요, 화간접무(花間蝶舞)는 분분설(紛紛雪)이라. 삼춘가절이 좋을씨고. 도화 만발 점점홍(桃花滿發點點紅)이로구나. 어주 축수 애삼춘(魚舟逐水愛三春)이어든 **무릉도원이 예 아니냐.**

(중략)

층암절벽상의 폭포수는 콸콸, 수정렴 드리운 듯, 이 골 물이 주루루룩, 저 골 물이 쌀쌀, 열에 열 골 물이 한데 합수(合水)하여 천방져 지방져 소쿠라지고 펑퍼져, 넌출지고 방울져, 저 건너 병풍석으로 으르렁 콸콸 흐르는 물결이 은옥(銀玉)같이 흩어지니, 소부 허유* 문답하던 기산 영수(箕山潁水)가 예 아니냐.

주곡제금*은 천고절(千古節)이요, 적다정조*는 일년풍(一年豐)이라. 일출 낙조가 눈앞에 벌여나 **경개 무궁(景槪無窮) 좋을씨고.**

- 작자 미상, 「유산가」 -

*소부 허유(巢父許由): 중국 요순시대에 속세를 벗어난 삶을 살았던 인물들.

*주곡제금(奏穀啼禽): 두견새.

*적다정조(積多鼎鳥): 소쩍새.

(다)

산은 언제 어디다 이렇게 많은 색소를 간직해 두었다가, 일시에 지천으로 내뿜는 것일까?

단풍이 이렇게까지 고운 줄은 몰랐다. 문 형은 몇 번이고 탄복하면서, 흡사히 동양화의 화폭 속을 거니는 감흥을 그대로 맛본다는 것이다. 정말 우리도 한 떨기 단풍에 지나지 않아 보인다. ㉣다리는 줄기요, 팔은 가지인 채, 피부는 단풍으로 물들어 버린 것 같다. 옷을 훨훨 벗어 꼭 쥐어짜면, 물에 헹궈 낸 빨래처럼 진주홍 물이 주르르 흘러내릴 것만 같다.

그림 같은 연화담(蓮花潭) 수렴폭(垂簾瀑)을 완상하며, 몇 십 굽이의 석계(石階)와 목잔*과 철삭*을 답파하고 나니, 문득 눈앞에 막아서는 무려 삼백 단의 가파른 사닥다리 — 한 층계 한 층계 한사코 기어오르는 마지막 발걸음에서 시야는 일망무제(一望無際)로 탁 트인다. 여기가 해발 오천 척의 망군대(望軍臺) — 아! 천하는 이렇게도 광활하고 웅장하고 숭엄하던가!

이름도 정다운 백마봉은 바로 지호지간(指呼之間)에 서 있고, 내일 오르기로 예정된 비로봉은 단걸음에 건너뛸 정도로 가깝다. 그 밖에도 유상무상(有象無象)의 허다한 봉들이 전시(戰時)에 할거(割據)하는 영웅들처럼 여기에서도 우뚝 저기에서도 우뚝, 시선을 낮춰 아래로 굽어보니, 발밑은 천인단애(千仞斷崖), 무한제(無限際)로 뚝 떨어진 황천 계곡에 단풍이 선혈(鮮血)처럼 붉다. 우러러보는 단풍이 새색시 머리의 칠보단장(七寶丹粧) 같다면, 굽어보는 단풍은 치렁치렁 늘어진 규수의 붉은 치마폭 같다고나 할까. 수줍어 수줍어 생글 돌아서는 낯 붉힌 아가씨가 어느 구석에서 금방 뛰어나올 것도 같구나!

저물 무렵에 마하연(摩訶衍)의 여사(旅舍)를 찾았다. ㉤산중에 사람이 귀해서였던가. 어서 오십사는, 상냥한 안주인의 환대도 은근하거니와, 문고리 잡고 말없이 맞아 주는 여관집 아가씨의 정성은 무르익은 머루 알같이 고왔다.

여장(旅裝)을 풀고 마하연사를 찾아갔다. 여기는 선원(禪院)이어서, 불경 공부하는 승려뿐이라고 한다. 크지도 않은 절이건만, 늙은 승려만도 실로 삼십 명은 됨 직하다. 이런 심산에 노승이 그렇게도 많을까?

> [A]
> 무한청산행욕진(無限靑山行欲盡)
> 백운심처노승다(白雲深處老僧多)

옛글 그대로다.

노독(路毒)을 풀 겸 식후에 바둑이나 두려고 남포등 아래에 앉으니, 온고지정(溫故之情)이 불현듯 새로워졌다.

"남포등은 참말 오래간만인데."

하며 불을 바라보는 문 형의 말씨가 하도 따뜻해서, 나도 장난삼아 심지를 돋우어 보았다 줄여 보았다 하며, 까맣게 잊었던 옛 기억을 되살렸다. 그리운 얼굴들이, 흐르는 물의 낙화(落花) 송이같이 떠올랐다.

- 정비석, 「산정무한」 -

*목잔(木棧): 나무로 사다리처럼 놓는 길.

*철삭(鐵索): 철사를 꼬아서 만든 줄.

나BS _ 나 없이 EBS 풀지마라

04. (가)~(다)에 대한 설명으로 가장 적절한 것은?

① (가)와 (나)는 음성 상징어를 사용하여 생동감을 높이고 있다.
② (가)와 (나)는 과거와 현재를 대비하여 지향하는 가치를 밝히고 있다.
③ (가)와 (다)는 움직임을 나타내는 어휘를 반복하여 대상의 역동적 측면을 강조하고 있다.
④ (나)와 (다)는 비유적 표현을 통해 대상에 대한 긍정적 인식을 드러내고 있다.
⑤ (나)와 (다)는 어조의 변화를 통해 화자나 글쓴이의 심리 변화 과정을 보여 주고 있다.

05. ⊙~⑩을 이해한 내용으로 적절하지 <u>않은</u> 것은?

① ⊙ : 속세와 거리를 둔 처지임을 나타내고 있다.
② ⓛ : 아름다운 경치를 보러 갈 것을 권유하고 있다.
③ ⓒ : 꽃이 활짝 피어난 봄의 계절감을 부각하고 있다.
④ ⓔ : 주위의 단풍과 물아일체가 된 심정을 제시하고 있다.
⑤ ⑩ : 마하연 여사의 퇴락한 모습을 드러내고 있다.

06. 〈보기〉를 참고하여 (가)와 (나)를 감상한 내용으로 적절하지 <u>않은</u> 것은?

<보기>

(가)의 작가와 같은 사대부들은 관직에 오르지 못했거나 관직에서 물러났을 경우, 주로 자연에 귀의하여 자연물과 조화를 이루는 생활을 하였다. 그들은 자연 속에서 심리적 위안을 받으며 자신들이 직접 체험한 바를 시가를 통해 표현하였다. 하지만 (나)와 같이 평민 계층의 전문 가객들이 부른 잡가에 나타나는 자연은 주로 아름다운 풍광의 재현을 통해 청중들이 대리 체험을 하도록 하는 것과 관련이 있다. 그래서 잡가의 자연은 감각적 흥을 극대화한 이상적인 유흥(遊興)의 공간으로 형상화되고 있다.

① (가)의 '공명부귀'는 화자가 관직에 나아가 이룰 수 있는 세속적 가치와 관련이 있다고 볼 수 있겠군.
② (가)의 '조그만 이 내 몸'은 자연 속에서 심리적 위안이 필요한 속세에서의 화자의 모습을 일컫는 것으로 볼 수 있겠군.
③ (가)의 '내 벗인가 하노라'는 화자가 자연물과 조화를 이루는 친밀감을 드러낸 것으로 볼 수 있겠군.
④ (나)의 '무릉도원이 예 아니냐'는 화자가 자연을 이상향의 이미지와 연결시켜 이상적인 유흥의 공간으로 제시한 것으로 볼 수 있겠군.
⑤ (나)의 '경개 무궁 좋을씨고'는 화자가 아름다운 풍광을 통해 감각적 흥을 느끼는 상황으로 볼 수 있겠군.

07. (다)에 대한 설명으로 가장 적절한 것은?

① 마하연 여사에서 과거를 회상하며 여정을 계속하려는 이유를 제시하고 있다.
② 백마봉에서 비로봉으로 이동하는 과정을 다른 여정에 비해 상세하게 묘사하고 있다.
③ 기상 상황이 좋지 않았음에도 불구하고 연화담과 수렴폭을 둘러보았음을 밝히고 있다.
④ 객관적인 사실과 자신의 소감을 제시하며 망군대 등정 과정과 망군대에서의 조망을 나타내고 있다.
⑤ 마하연 여사에서 동행하는 사람이 한 말에 공감하며 오늘 여정 중에 발생한 일행 사이의 갈등이 해소되었음을 드러내고 있다.

08. 〈보기〉의 ㉮에 들어갈 대답으로 가장 적절한 것은?

<보기>

선생님 : [A]는 당나라 승려 영일(靈一)이 지은 한시의 일부로 '한없는 청산 끝나 가려 하는데, 흰 구름 깊은 곳에 노승도 많아라.'라는 의미입니다. 만약 글쓴이가 처음에 황혼 무렵 마하연사 주변에서 바라본 단풍의 애상적 아름다움을 부각하기 위해 '저녁볕 아래 수레 멈추고 단풍잎 바라보니(停車坐愛楓林晩), 서리 물든 가을 잎 봄꽃보다 더 붉네.(霜葉紅於二月花)'라는 구절을 인용하려 했다가, 퇴고 과정에서 생각을 바꾸어 [A]를 인용했다면 그 이유는 무엇일까요?

학생 : 단풍에 대한 묘사를 지속함으로써 발생할 수 있는 전개상의 단조로움을 피해 (㉮   ) 의도로 볼 수 있습니다.

① 마하연사의 고즈넉한 분위기와 그곳에 대한 인상을 드러내려는
② 마하연사에서 자신의 삶을 반성하고 얻은 깨달음을 독자에게 알리려는
③ 마하연사의 유래와 마하연사가 어떤 역할을 수행하는 절인지 소개하려는
④ 마하연사가 깊은 산속에 자리 잡아 방문하는 데에 고생이 많았음을 나타내려는
⑤ 마하연사에 옛날과 달리 종교적 교리를 익히기 위해 애쓰는 승려가 없음을 비판하려는

14 | 신교, 백석정별곡

STEP 01   OX 문제를 통한 지문 이해 훈련

붉은 난간에 기대앉아 원근을 바라보니
옥계산 밝은 달은 은촉이 되어 있고
석봉이 가는 구름 취장이 되었구나
사탄*의 노랫소리 고기 낚는 늙은이오
화평에 피리 소리 소 먹이는 아이로다
지담*에 떴는 배는 일엽(一葉)이 가볍고
물결에 비친 다리 반공(半空)에 **무지개**로다
백암*에 섰는 단풍 금병(金甁)을 둘러 있고
취벽의 늙은 솔은 사시에 푸르렀다
석양이 고개에 걸려 만학(萬壑)이 한 빛일 때
청려장 손에 들고 **돌길**로 돌아가니
철쭉과 살구꽃은 바람에 흩날리고
둔덕 위의 버들가지 냇가에 푸르렀다
일흥을 못 이기어 낚대를 비껴들고
이끼 긴 돌에 앉아 벽담을 굽어보니
은린옥척은 경면(鏡面)에 뛰노는고
낚싯줄에 오른 고기 난간 위에 올려 두고

비늘을 긁어내어 넓은 돌에 회 쳐 놓고
연잎에 빚은 술을 아이에게 지게 하여
표주박에 가득 부어 반취하여 누웠으니
공명을 다 잊으니 **부귀**인들 부러우랴
홍진의 벗님네야 이 생애 웃지 마오
일신이 한가하여 고요하게 거니니
화평한 풍미를 누가 아니 부러워하리
삼척오동 거문고를 무릎 위에 올려놓고
유수 고산을 줄줄이 희롱하며
맑은 노래 불러내며 묘한 곡조를 화답하니
공중에 떴는 소리 신선이 노니는 듯
삼신산 어디인가 무릉도원 여기로다
살구꽃과 복숭아꽃은 양 기슭에 피어 있고
낙하*와 외로운 따오기는 조모(朝暮)에 제비하다*
소쇄*한 정자 속의 매학으로 벗을 삼아
연하(煙霞)의 병이 들어 백 년을 지내오니
있으나 없으나 세사(世事)도 나 몰라라

*사탄 : 모래사장가의 여울. 또는 모래가 깔린 여울.
*지담 : 향기로운 풀이 피어 있는 맑은 연못.
*백암 : 흰 바위.
*낙하 : 낮게 드리운 저녁노을.
*제비하다 : 나란히 날다.
*소쇄 : 맑고 시원한 모양.

OX문제

01	색채어를 활용하여 공간적 배경이 만들어 내는 분위기를 드러내고 있다. [2022학년도 6월]	(O / X)
02	화자는 '무지개'가 뜬 풍경을 감상하다 '석양'이 지자 '돌길'을 나서 '붉은 난간'으로 다시 돌아갔다.	(O / X)
03	공간의 이동에 따라 포착된 사물을 통해 화자의 태도를 드러내고 있다. [2025학년도 6월]	(O / X)
04	화자는 다른 이들의 '부귀'가 부럽지 않은 반면, 다른 사람들은 자신이 즐기는 '화평한 풍미'를 부러워할 것이라고 생각한다.	(O / X)
05	자연물에 빗대어 화자의 움직임을 드러내고 있다. [2022학년도 6월]	(O / X)

나BS _ 나 없이 EBS 풀지마라

STEP
02 지문 분석

나BS 수능특강 | **고전문학**

[EBS에 나오지 않은 파트까지 모두 넣은 전문 분석]

남자로 세상에 나서 속절없이 늙어가니	⇒ 남자로 세상에 태어나 어찌할 도리가 없이 늙어 가니
할 일이 전혀 없어 **명승지**를 찾아보니 경치가 좋기로 이름난 곳	⇒ 할 일이 전혀 없어 경치 좋은 곳을 찾아보니
백석탄 돌아드는 풍경이 그지없다 ▇ : 공간의 이동	⇒ 백석탄(계곡)으로 굽이도는 풍경이 끝이 없다
속리산 문장대는 눈앞에 벌려 있고	⇒ 속리산 문장대가 눈앞에 펼쳐져 있고
십 리의 넓은 물을 좌우로 둘렀으니	⇒ 십 리의 넓은 물이 왼쪽과 오른쪽으로 모두 둘렀으니
지세도 좋거니와 경치도 기이하다	⇒ 땅의 형세도 좋고 경치 또한 빼어나다
백옥 같은 바위 위의 **푸른 이끼** 닦아 내고 ☐ : 색채어	⇒ 백옥 같은 바위 위의 푸른 이끼를 닦아 내고
몇 간의 고운 집을 물 가까이 지어내니 정자(백석정)	⇒ 몇 칸이나 되는 고운 집을 물가에 지으니
동정호 악양루인들 이보다 더하겠나 중국의 큰 호수와 누각 → 빼어난 경치	⇒ 동정호의 악양루라 해도 이보다 나을까

서사 : 백석탄 주변의 절경과 자연의 아름다움

붉은 난간에 기대앉아 원근을 바라보니	⇒ 붉은 난간에 기대앉아 멀고 가까운 경치를 바라보니
옥계산 밝은 달은 **은촉**이 되어 있고	⇒ 옥계산에 밝은 달은 은빛 촛불이 되어 있고
석봉이 가는 구름 **취장**이 되었구나	⇒ 석봉으로 흐르는 구름은 푸른 장막이 되었구나
청각적 이미지 **사탄**의 노랫소리 고기 낚는 늙은이오 모래사장가의 여울. 또는 모래가 깔린 여울	⇒ 모래밭의 물가에서 들려오는 노랫소리는 고기 낚는 늙은이의 소리요
화평에 피리 소리 소 먹이는 아이로다 청각적 이미지	⇒ 화평에 피리 소리는 소를 먹이는 아이의 소리로다
지담에 떴는 배는 일엽(一葉)이 가볍고 향기로운 풀이 피어 있는 맑은 연못	⇒ 연못 위에 뜬 배는 나뭇잎처럼 가볍고
물결에 비친 다리 반공(半空)에 **무지개**로다 '물결에 비친 다리' 비유	⇒ 물결에 비친 다리는 허공에 걸린 무지개로다
백암에 섰는 단풍 **금병**(金甁)을 둘러 있고 흰 바위 계절적 배경 → 가을	⇒ 흰 바위에 선 단풍은 금빛 병풍을 두르고 있고

과외식 해설

남자로 세상에 나서~경치도 기이하다 → 화자는 '속절없이 늙어가'는 자신의 처지를 인식하고, 벼슬을 하지 않는 상황에서 '명승지'를 찾아 풍류를 즐기고자 하고 있다. 그 과정에서 '백석탄'에 이르러 돌아드는 물과 주변 풍경이 어우러진 빼어난 자연 경관에 감탄하고 있다.

백옥 같은 바위 위의~이보다 더하겠나 → 화자는 푸른 이끼 낀 바위를 닦고 물가에 '고운 집'을 지어 머물며, 이곳의 아름다움이 중국의 명승지인 '동정호 악양루'보다도 낫다고 말하고 있다. 이는 자신이 마련한 공간과 자연 경관에 대한 강한 만족감과 자부심을 드러낸 것이다. 이때 「백석정별곡」이 작가가 36세 되던 해에 '백석정'이라는 정자를 짓고 창작한 가사임을 고려하면, 여기서 말하는 '고운 집'은 백석정을 가리킨다고 볼 수 있다.

붉은 난간에 기대앉아~취장이 되었구나 → 정자(백석정)의 '붉은 난간'에 앉아 자연을 바라보는 화자의 모습을 확인할 수 있다. '옥계산 밝은 달', '가는 구름'을 각각 색채 이미지인 '은촉', '취장'으로 표현하여 아름다운 자연 풍경을 묘사하고 있다.

사탄의 노랫소리~소 먹이는 아이로다 → '사탄의 노랫소리'와 '화평에 피리 소리'의 청각적 이미지를 통해 '고기 낚는 늙은이'와 '소 먹이는 아이'의 모습이 펼쳐지는 평화로운 풍경을 묘사하고 있다.

물결에 비친 다리~사시에 푸르렀다 → 물결에 비친 다리의 모습을 '무지개'에 빗대고, '단풍'이 든 가을 풍경을 '금병이 둘러 있는' 모습에 빗대고 있다. 또한 '백암이 섰는 단풍 금병을 둘러 있고', '취벽의 늙은 솔은 사시에 푸르렀다'에서 여러 색채 이미지를 통해 자연 경물의 특징을 강조함으로써 그 아름다운 모습을 감각적으로 표현하고 있다.

취벽의 늙은 솔은 사시에 **푸르렀다**

⇒ 푸른 절벽의 늙은 소나무는 사계절 내내 푸르렀다

석양이 고개에 걸려 만학(萬壑)이 한 빛일 때
저녁때의 햇빛. 또는 저녁때의 저무는 해

⇒ 석양이 고개에 걸려 온 골짜기가 한 빛일 때

청려장 손에 들고 **돌길**로 돌아가니

⇒ 푸른 지팡이를 손에 들고 돌길로 돌아가니

철쭉과 살구꽃은 바람에 흩날리고

⇒ 철쭉과 살구꽃은 바람에 흩날리고

둔덕 위의 버들가지 냇가에 **푸르렀다**

⇒ 둔덕 위의 버들가지는 냇가에 푸르르다

일흥을 못 이기어 낚대를 비껴들고

⇒ 한가한 흥을 이기지 못해 낚싯대를 들고

이끼 긴 돌에 앉아 벽담을 굽어보니

거울 → '맑은 물' 비유
은린옥척은 경면(鏡面)에 뛰노는고
은빛 비늘의 옥 같은 물고기

⇒ 이끼 긴 돌에 앉아 푸른 못을 내려다보니

⇒ 반짝이는 물고기들이 거울(같은 물 위)에서 뛰노는구나

낚싯줄에 오른 고기 난간 위에 올려 두고

⇒ 낚싯줄에 걸린 고기를 난간 위에 올려 두고

비늘을 긁어내어 넓은 돌에 회 쳐 놓고

⇒ 비늘을 긁어내어 넓은 돌 위에 회를 쳐 놓고

연잎에 빚은 술을 아이에게 지게 하여

⇒ 연잎으로 빚은 술을 아이에게 지게 하여

표주박에 가득 부어 반취하며 누웠으니

⇒ 표주박에 가득 부어 반쯤 취한 채로 누웠으니

▨ : 화자가 긍정하는 가치와 대비되는 대상

공명을 다 잊으니 **부귀인들 부러우랴**
공을 세워서 자기의
이름을 널리 드러냄.   ▨ : 설의적 표현 → 자연 속의 삶에 대한 만족감 강조

⇒ 공명을 모두 잊었으니 부귀가 어찌 부러우랴

홍진의 벗님네야 이 생애 웃지 마오
속세의 사람들   ↳ 화자의 삶(자연 속의 삶)

⇒ 속세에 있는 벗님들아 이 삶을 비웃지 마오

일신이 한가하여 고요하게 거니니

⇒ 몸 하나가 한가로워 고요히 거닐고 있으니

화평한 풍미를 누가 **아니 부러워하리**

⇒ 평화로운 풍류의 맛을 누가 아니 부러워하리

삼척오동 거문고를 무릎 위에 올려놓고
삼척 길이(약 90.9cm)

⇒ 삼척 길이의 오동나무 거문고를 무릎 위에 올려놓고

유수 고산을 줄줄이 희롱하며

⇒ 흐르는 물과 높은 산을 줄줄이 놀리며

맑은 노래 불러내며 묘한 곡조를 **화답**하니
시나 노래에 응하여 대답함.

⇒ 맑은 노래를 불러 묘한 가락으로 화답하니

석양이 고개에 걸려~냇가에 푸르렀다 → '붉은 난간'에서 일어나 '돌길'을 따라 이동하는 화자의 모습이 드러난다. 석양이 질 때의 바람에 흔들리는 꽃과 푸른 버들가지의 시각적 이미지를 통해 자연의 아름다움을 묘사하고 있다.

일흥을 못 이기어~부귀인들 부러우랴 → 화자가 흥이 나서 낚시를 할 준비를 하고, 이내 물가의 '이끼 긴 돌', 즉 강가에 이르렀음을 알 수 있다. 화자는 낚시로 잡은 고기를 '회 쳐 놓고', '연잎에 빚은 술'을 먹으며 자연 풍류를 즐기는 여유를 보이고 있다. 또한 '공명'을 다 잊었으며 세속적 가치인 '부귀'가 부럽지 않다며 설의적 표현으로 자연 속의 삶에 대한 만족감을 드러내고 있다.

홍진의 벗님네야~누가 아니 부러워하리 → 화자는 '홍진의 벗님네', 즉 속세에 있는 사람들에게 세상과 거리를 둔 채 자연을 즐기는 자신의 삶에 대한 만족감을 드러내고 있다. 자연 속에서 고요히 거닐며 화목하고 평온한 풍류를 즐기는 것을 누가 부러워하지 않겠냐며 설의적 표현으로 현재 상황에 만족스러워하는 태도를 드러내고 있다.

삼척오동 거문고를~무릉도원 여기로다 → 화자는 거문고를 연주하며 자연과 조화를 이루는 풍류를 즐기고 있다. 맑은 노래와 묘한 곡조가 허공에 울려 퍼지는 모습은 마치 신선이 노니는 듯한 분위기를 자아낸다. 화자는 자신이 머무는 자연 공간을 '삼신산'과 '무릉도원'과 같은 이상 세계에 빗대어 인식하고 있다. 이를 통해 화평하고 즐거운 이상 세계를 추구하는 화자의 가치관과, 자연 속에 은거하며 도리를 즐기는 삶에 대한 화자의 깊은 만족감을 확인할 수 있다.

이때 '유수 고산을 줄줄이 희롱'한다는 구절이 눈에 띈다. 고전 시가에서는 자연을 같이 즐기고 노는 벗으로 여겼기 때문에, 자연을 즐긴다는 표현도 쓰지만, 희롱한다는 표현도 자주 사용한다. 여기도 마찬가지다. 화자는 물과 산을 감상하며, 마치 벗을 대하듯이 희롱한다는 표현을 쓴 것이다.

ⅡBS _ 나 없이 EBS 풀지마라

공중에 뗬는 소리 신선이 노니는 듯
현실 세계와 떨어진 평화롭고 아름다운 이상향

⇒ 허공에 뜬 소리가 신선이 노니는 듯

삼신산 어디인가 무릉도원 여기로다
중국 전설에 나오는 봉래산, 방장산, 영주산
→ 신선이 산다고 전해지는 이상 세계

⇒ 삼신산이 어디인가 무릉도원이 여기로다

살구꽃과 복숭아꽃은 양 기슭에 피어 있고

⇒ 살구꽃과 복숭아꽃은 양쪽 기슭에 피어 있고

낙하와 외로운 따오기는 조모(朝暮)에 제비하다
낮게 드리운 저녁노을   나란히 날다

⇒ 노을과 외로운 따오기가 아침저녁으로 나란히 날아다닌다

소쇄한 정자 속의 매학으로 벗을 삼아
맑고 시원한 모양   의인법 → 자연 속에서 살아가고자 하는 태도 강조

⇒ 맑고 깨끗한 정자 안에서 매학으로 벗으로 삼아

연하(煙霞)의 병이 들어 백 년을 지내오니
안개와 노을 / 아름다운 자연의 경치를 이르는 말

⇒ 자연을 사랑하는 병이 들어 백 년을 지내니

있으나 없으나 세사(世事)도 나 몰라라

⇒ 세상일이 있든 없든 나는 알지 않겠노라

본사 : 자연 속의 삶을 즐기고 화평하고 즐거운 이상 세계를 지향함.

어느덧 잠들었다 꿈 깨어 일어나서

⇒ 어느새 잠들었다가 꿈에서 깨어 일어나

솔바람에 모자 벗고 이리저리 배회하니
소나무 사이를 스쳐 가는 바람

⇒ 솔바람에 모자를 벗고 이리저리 거닐다 보니

농부들과 어부들은 옛 약속을 잊지 않고
소박한 삶을 사는 벗들   ↗ 자연 속에서 함께 풍류를 나누던 오랜 교류와 정

⇒ 농부들과 어부들이 옛 약속을 잊지 않고

전나귀에 술을 싣고 나를 찾아오는구나

⇒ 다리를 저는 나귀에 술을 싣고 나를 찾아오는구나

한 잔 먹은 후에 또 한 잔 부어내어

⇒ 한 잔 마신 뒤에 또 한 잔을 따라 주며

꽃 꺾어 셈을 하며 크게 취해 노니오니

⇒ 꽃을 꺾어 셈을 하며 크게 취해 노니니

이 밖의 세상 영욕은 뜬구름으로 여기노라
멋없는 세상일을 비유적으로 이르는 말

⇒ 이 밖의 세상 영예와 치욕은 뜬구름으로 여기노라

결사 : 속세를 잊고 자연 속에 은거하는 삶을 실천함.

소쇄한 정자 속의 매학으로~세사도 나 몰라라 → '매화'와 '학'이라는 자연물에 인격을 부여한 표현을 통해 자연 속의 삶에 대한 화자의 지향이 드러나고 있다. 또한 자연을 사랑하는 마음을 뜻하는 '연하의 병'에 든 상태를 긍정적으로 인식하며, 세상일에는 '나 몰라라' 하고 거리를 두는 태도를 보인다. 이러한 대비를 통해 자연과 더불어 사는 삶에 더 큰 가치를 두는 화자의 태도가 부각되고 있다.

어느덧 잠들었다 꿈 깨어~크게 취해 노니오니 → 화자는 자연 속에서 한가롭게 잠들었다가 깨어나 소나무 사이를 스쳐 가는 바람을 맞으며 거닐고, 그 과정에서 신분의 구애를 받지 않고 벗들을 만나 술을 나누며 자연과 사람 속에서 더불어 살아가는 풍류의 즐거움을 만끽하고 있다.

이 밖의 세상 영욕은 뜬구름으로 여기노라 → 화자는 현재 누리는 여유로운 삶에 비해 세속의 영예와 치욕은 덧없고 하찮은 것으로 인식하고 있다. 이를 통해 속세를 떠나 자연에 은거하는 삶에 대한 화자의 깊은 만족감을 확인할 수 있다.

STEP 03 작품 해제

01 | 주제

한가로운 삶에 대한 만족

02 | 특징

① '백석정'이라는 정자에서 한가롭게 지내는 삶에 대한 만족감을 드러낸 화자 중심의 시
② 자연과 속세를 대비하여 자연의 삶을 예찬함.
③ 공간의 이동에 따른 자연의 모습을 묘사함.
④ 의인법, 비유법, 설의적 표현으로 현재 상황에 만족하는 화자의 태도를 드러냄.
⑤ 청각적 심상, 색채 이미지 등으로 상황을 감각적으로 표현함.

03 | 작품 해제

이 작품은 작가가 1677년경 '백석정'이라는 정자를 짓고 그곳에서 지은 가사로, 자연 속에 은거하며 한가롭게 지내는 삶에 대한 만족감을 노래한 작품이다. 화자는 백석탄에 이르러 펼쳐진 수려한 자연 경관에 감탄하며, 붉은 난간에 기대앉아 바라본 풍경에서부터 돌길을 거닐고 이끼 낀 돌에 앉아 고요히 걷는 과정까지 공간의 이동에 따라 백석정 주변의 자연을 묘사한다. 이러한 전개를 통해 자연과 더불어 살아가는 삶의 여유와 평화로움이 드러난다. 세속적인 일에는 거리를 두는 태도를 대비적으로 제시함으로써 자연 속 은거 생활의 가치를 강조하고, 자연의 순환성과 예술적 향유를 통해 조화로운 이상 세계를 그리고 있다.

STEP 04 논문으로 만나는 출제자의 시선

신교가 지은 정자 '백석정'

청주에 있는 '백석정'은 조선 중기 경기·충청 지역을 대표하는 문인이자 가사 문학의 뛰어난 작가인 신교(1641~1703)가 학문을 나누고 시문을 짓던 정자이다. 이 정자는 숙종 3년(1677)에 처음 세워졌으나 시간이 흐르며 허물어졌고, 1927년에 후손들에 의해 다시 지어졌다.

신교는 인조 19년(1641)에 태어나 젊은 시절에는 관직에 나아가지 않고 학문 연구에 힘썼다. 이후 숙종 16년(1690), 50세의 늦은 나이에 조정의 추천을 받아 약 9년 동안 관직 생활을 하였으며, 관직에서 물러난 뒤에는 고향인 청주시 낭성면 묵정으로 돌아가 여생을 보내다 숙종 29년(1703)에 생을 마쳤다.

신교는 36세가 되던 해, 청주 낭성천 지담변 절벽 위의 높은 바위에 백석정을 짓고, 이곳에서 영남·경기·충청 지역의 여러 문인과 교류하였다. 그는 백석정에 대한 애정이 깊어 정자의 이름을 자신의 호로 삼았으며, 이 정자를 배경으로 한 국문 가사 「백석정별곡」을 남겼다. 작품 속에서 그는 백석정을 조화로운 자연과 평화로운 삶이 어우러진 유교적 이상 세계로 그려 내고 있다. 백석정의 건축 자체는 화려하지 않으나 주변의 아름다운 자연 경관을 잘 살려 풍류를 즐기기에 알맞은 공간이다. 이는 조선 후기 상류층 문인들이 명승지에 정자를 세우고 자연 속에서 풍류를 즐기던 문화를 보여 주며, 조선 시대의 풍류 문화를 이해하는 데 중요한 문화재라 할 수 있다.

「백석정별곡」에 나타난 공간과 그에 따른 흥취

백석정의 공간은 정자를 중심으로 네 개의 영역으로 나뉜다. 첫째는 백석정 남쪽에 멀리 보이는 산과 하늘을 배경으로 한 경관 요소인 '옥계제월'과 '석봉귀운'이다. 둘째는 북쪽으로 펼쳐진 모래톱과 풀밭과 관련된 '사탄어가'와 '초평목적'이다. 셋째는 정자 앞 지담에서 드러나는 '지담소정'과 '류랑장교'이며, 넷째는 정자 뒤편의 경관 요소인 '백암단풍'과 '취벽창송'이다.

남쪽 경관인 '옥계제월'과 '석봉귀운'에서 화자는 달빛이 비친 옥계산을 은 촛불에, 석봉에 걸린 가는 구름을 푸른 병풍에 비유하여 자연물들이 어우러진 조화로운 경관을 드러낸다. 북쪽의 '사탄어가'와 '초평목적'에서는 모래밭에서 노래하며 낚시하는 늙은이와 풀밭에서 피리를 불며 소를 먹이는 아이의 모습이 나타난다. 여기서 피리 소리는 태평성대를 상징하는 관습적 상징으로, 화자가 백석정 공간을 통해 백성들의 평화로운 삶과 안정된 세상의 모습을 구현하고 있음을 보여 준다. 정자 앞 지담과 관련된 '지담소정'과 '류랑장교'에서는 물 위에 떠 있는 배를 나뭇잎에, 물결에 비친 다리를 하늘의 무지개에 비유함으로써, 인공 경물과 자연 경물이 조화를 이루는 모습을 형상화한다. 이어 정자 뒤편의 '백암단풍'과 '취벽창송'에서는 바위의 흰빛, 단풍의 붉은빛, 소나무의 푸른빛 등 자연물이 지닌 고유한 색채를 강조하며, 색채 간의 조화가 두드러지게 나타난다. 이처럼 화자는 백석정을 구성하는 여덟 가지 경관 요소를 통해 자연물 간의 조화, 인공물과 자연의 조화, 그리고 백성들의 평화로운 삶을 함께 드러낸다.

이때, 백석정 공간에서 화자가 영위하는 삶은 흥취가 가득한 처사적 삶(벼슬을 하지 아니하고 초야에 묻혀 사는 삶)으로 제시된다. 석양이 산골짜기에 걸려 온 계곡이 한 빛으로 물들 무렵, 화자는 지팡이를 손에 들고 밖으로 나선다. 바람에 흩날리는 철쭉과 살구꽃, 냇가의 푸른 나무와 버들가지는 봄의 기운을 전하며 화자의 마음에 흥을 불러일으킨다. 이 흥은 봄날 자연이 지닌 생동감과 자유로움에서 비롯된 것으로 이해할 수 있다. 흥이 고조된 화자는 낚싯대를 들고 낚시터로 향한다. 이는 낚은 물고기를 안주로 삼아 술과 함께 흥을 더욱 돋우기 위함이다. 화자는 맑은 강물 위에서 물고기가 노니는 모습을 바라보다가 고기를 잡고 회로 쳐서 안주를 마련한다. 이어 아이에게 연잎에 빚은 술을 가져오게 하여 지담에서 잡은 고기를 안주 삼아 술을 마신다. 이러한 모습은 소박하지만 마음이 넉넉한 처사적 삶, 곧 안빈낙도를 잘 보여 준다. 이때 자연에서 비롯된 흥과 술로 인한 취기가 겹치며 화자의 흥취는 한층 더 깊어진다.

「백석정별곡」에 나타난 화자의 삶의 지향

「백석정별곡」에서 화자는 백석탄으로 돌아들어 앞에는 속리산 문장대가 보이고 좌우로는 지담의 넓은 물결이 감싸고 있다고 말함으로써, 백석정을 중심으로 한 공간의 범위를 설정한다. 그리고 '백옥 같은 바위 위'는 '동정호 악양루'에 견줄 만큼 수려한 경관을 지녔음을 드러내면서, 정자의 주인으로서의 자부심을 나타내고 있다. 이 가운데 특히 주목되는 경물은 '백암', 즉 백옥과 같은 흰 바위이다.

백옥과 같은 흰 바위 위에 푸른 이끼를 쓸어 지은 백석정이 자리하고 있다. 이 흰 바위는 정자가 세워진 지점이자 '백석'이라는 정자 이름과 직접적으로 연결되는 자연물이다. 일반적으로 흰 바탕은 색을 그대로 받아들이는 성질을 지니는데, 이는 인간의 본성을 상징하는 것으로 볼 수 있다. 또한 돌이 지닌 굳은 성질은 그러한 본성을 굳게 지키려는 의지를 의미한다. 이를 유교적 관점에서 해석하면, '백'은 인간의 본성을, '석'은 자연 속에서 우주의 이치를 깨닫고 본성으로 회복하려는 수양의 태도를 뜻한다. 더 나아가 흰 것이 색을 받아들이는 성질은 사대부가 임금의 은혜를 백성에게 전하는 역할과도 연결되며, 은거 시기에는 수기(자신의 몸과 마음을 닦음)를 통해 도리를 깨닫고 출사 시기에는 이를 실천해야 함을 상징한다. 이러한 점에서 '백석'은 치인(남을 다스림)의 전제로서 수기의 의미를 지니며, 백석정 역시 수기를 지향하는 공간으로 이해된다.

이처럼 백석정 공간이 수기를 지향하는 상징적 장소로 설정된 것은 이후 화자가 이 공간에서 영위하는 삶의 방식과 밀접하게 연결된다. 화자는 백석정에 머물며 자연과 더불어 살아가는 삶을 통해 자신의 내면을 닦고, 그 과정 자체에서 즐거움을 발견한다. 이는 세속적 성공이나 명예를 추구하는 삶과 거리를 둔 태도로 나타난다. 화자는 거문고를 타며 유수와 고산의 곡조를 연주한다. 거문고는 마음을 전하는 악기로, 자연과 어우러질 때 인간과 자연의 조화를 가능하게 한다. 거문고 소리와 산수의 화답은 자연의 이치를 깨닫고 물아일체에 이르는 과정을 상징하며, 화자는 자신을 신선에 빗대어 백석정의 공간을 삼신산이나 무릉도원과 같은 신선 세계로 인식한다. 또한 화자는 혼자만의 즐거움에 머무르지 않고 밭을 가는 농부와 낚시하는 어부 등 벗들과 함께 술을 마시며 흥을 나눈다. 이 벗들은 화자와 뜻을 같이하는 존재로, 이들과의 교유 속에서 화자의 흥은 더욱 고조된다. 결국 「백석정별곡」에서 나타나는 화자의 삶은 자연 속 수기를 바탕으로 하여 흥을 벗과 나누는 삶이며, 이는 감각적 쾌락을 넘어 도리를 깨닫는 과정에서 비롯된 낙도의 삶이라 할 수 있다.

15 성패관천운, 정처관군동

STEP 01 OX 문제를 통한 지문 이해 훈련

L나BS 수능특강 | 고전문학

(가)

성공과 실패는 천운에 달려 있으니	成敗關天運
모름지기 의로 돌아가야 한다	須看義與歸
아침과 저녁을 바꿀 수 있을망정	雖然反夙暮
윗옷과 아래옷을 거꾸로야 입을쏘냐	未可倒裳衣
권*은 혹 어진 이도 그르칠 수 있으나	權或賢猶誤
경*만은 마땅히 여러 사람이 어길 수 없다	經應衆莫違
이치에 밝은 선비에게 말하노니	奇言明理士
급한 때라도 저울질을 삼가라	造次愼衡機

- 김상헌 -

*권(權) : 권도(權道). 상황이나 경우에 맞게 행동의 기준을 변통할 수 있다는 입장. '권'은 저울이란 뜻을 가지고 있으며, 여기서는 목적 달성을 위해 쓴 방편 등을 의미함.
*경(經) : 경도(經道). 도의는 어떤 상황에서도 변할 수 없다는 입장. 여기서는 반드시 지켜야 하는 원칙 또는 기준 등을 의미함.

(나)

고요한 곳에서 뭇 움직임을 볼 수 있어야	靜處觀群動
진실로 원만한 귀결을 지을 수 있다	眞成爛漫歸
끓는 물도 얼음장도 다 같은 물이요	湯氷俱是水
털옷도 삼베옷도 옷 아닌 것 없느니	裘葛莫非衣
일이 어쩌다가 때를 따라 다를망정	事或隨時別
속맘이야 어찌 정도와 어긋나겠는가	心寧與道違
그대 이 이치를 깨닫는다면	君能惜斯理
말함도 침묵함도 각기 천기*로세	語默各天機

- 최명길 -

*천기(天機) : 하늘의 이치, 하늘이 내려 준 성질.

OX문제

01 (가)의 화자는 가상의 상황을 제시하여 환상적 분위기를 강화하고 있다. [2023학년도 수능] (O / X)

02 (가)에서 '아침과 저녁'을 바꾸는 행위는 '권'에, '윗옷과 아래옷을 거꾸로' 입는 것은 '경'에 해당한다. (O / X)

03 (나)의 화자는 '그대'가 '이 이치'를 깨닫기 위해서는 '고요한 곳에서 뭇 움직임을 볼 수 있어야' 한다고 말하고 있다. (O / X)

04 (가)와 달리 (나)는 의문형 어미를 활용하여 화자의 정서를 강조하고 있다. [2019학년도 9월] (O / X)

05 (가)와 (나)는 모두 말을 건네는 방식을 통해 화자의 요구를 전달하고 있다. [2025학년도 9월] (O / X)

STEP 02 지문 분석

나BS 수능특강 | **고전문학**

(가)

성공과 실패는 천운에 달려 있으니
　　　　　　하늘이 정한 운명

마땅히, 반드시
모름지기 의로 돌아가야 한다
　　사람이 지켜야 할 바른 도리
　　　　　　　　　　　■ : 화자의 지향 ↔ ■ : 화자의 지양

아침과 저녁을 바꿀 수 있을망정
가정법 → 자연의 법칙을 바꿀 수 있다는 상황을 가정함.　　대구법

윗옷과 아래옷을 거꾸로야 입을쏘냐

　　　　　　　　□ : 설의법 → 화자의 정서 강조

권은 혹 어진 이도 그르칠 수 있으나
↳ 형편에 따른 임기응변　　대구법

경만은 마땅히 여러 사람이 어길 수 없다
↳ 반드시 지켜야 할 원칙, 도리

이치에 밝은 선비에게 말하노니
구체적 청자 제시(칭찬의 의도)

급한 때라도 저울질을 삼가라
위태로운 때　　　　명령적 어조

成敗關天運

須看義與歸

1~2구 : 일의 성패보다 중요한 의로움

雖然反凤暮

未可倒裳衣

3~4구 : 반드시 지켜야 하는 원칙과 기준

權或賢猶誤

經應衆莫違

5~6구 : 권이 아닌 경을 따라야 함.

奇言明理士

造次慎衡機

7~8구: 급한 때여도 경을 따라야 함.

- 김상헌 -

(나)

　　　　　■ : 원리 ↔ ■ : 현상

고요한 곳에서 뭇 움직임을 볼 수 있어야
　　　　　여러

결과, 결말
진실로 원만한 귀결을 지을 수 있다
　　순조로운

끓는 물도 얼음장도 다 같은 물이요　　대구법

털옷도 삼베옷도 옷 아닌 것 없으니

일이 어쩌다가 때를 따라 다를망정

靜處觀群動

眞成爛漫歸

1~2구 : 원만한 귀결의 조건

湯氷俱是水

裘葛莫非衣

3~4구 : 다양한 현상과 하나의 원리

事或隨時別

과외식 해설

성공과 실패는~돌아가야 한다 → 화자는 '성공과 실패'는 하늘에 달려 인간의 의지로 어찌할 수 있는 것이 아니라는 생각을 드러내며, 그렇기에 '의'를 중요시해야 한다고 주장하고 있다. 즉, 일의 결과에 연연하기보다는 '의'와 같은 바른 원칙과 지향을 따를 것을 말하고 있는 것이다.

아침과 저녁을~입을쏘냐 → 사람의 힘으로 어쩔 수 없을 정도로 큰 변화가 닥치더라도 사람이 반드시 지켜야 하는 기본적인 예의와 원칙('윗옷'과 '아랫옷'을 바르게 입는 것), 즉 '의'를 우선시해야 한다는 의미로 이해할 수 있다. 이때, 윗옷과 아래옷은 유교적 질서에서 상하의 구분으로 임금과 신하, 명나라와 조선, 중화(명)와 오랑캐(청) 등을 의미한다고 볼 수 있다. 결국, 아무리 세상이 뒤집히는 상황이라고 하더라도 상하의 질서 즉, 명분에 맞는 대의를 거슬러서는 안 된다는 의미이며 청나라에 따르는 것이 윤리에 어긋나는 일임을 강조하고 있다.

권은 혹~어길 수 없다 → 화자는 그때그때 형편에 따른 임기응변인 '권'과 지켜야 하는 원칙인 '경'을 대조하여, '경'의 중요성을 강조하고 있다. 즉, 형편에 따른 임기응변만으로는 한계가 있으므로 어떤 상황에서도 반드시 원칙을 지켜야 한다는 것이다.

이치에 밝은~저울질을 삼가라 → 화자는 '이치에 밝은 선비'에게 '저울질'을 삼가라는 충고를 건네며 시를 마무리하고 있다. 이때 '이치에 밝은 선비'는 시가 창작된 배경을 고려할 때, 작자 김상헌과 반대되는 정치적 입장을 가졌던 최명길을 가리키는 것이라고 해석할 수 있다. 또한 '저울질'은 앞서 5구의 '권'이 저울질을 뜻하는 한자로도 읽을 수 있음을 고려할 때, 목적 달성을 위한 임기응변을 가리키는 말로 이해할 수 있다. 즉 작자는 시를 통해 최명길에게 아무리 급박한 상황이라도 '의'라는 원칙을 지켜야 함을 명령적 어조로 강조하여 전달하고 있는 것이다.

고요한 곳에서~지을 수 있다 → 화자는 고요한 곳에서 온갖 움직임을 보아야 순조로운 결말을 지을 것이라고 말하고 있다. 이는 청나라의 침입이나 굴욕적 화친 등 겉으로 들어난 현상에만 휩쓸리지 말고, 차분하게 그 이면의 본질을 봐야만 국가를 보전하는 원만한 결과를 얻을 수 있다는 주장이라고 할 수 있다.

속맘이야 어찌 정도와 어긋나겠는가
↳ 지향, 의도   ↳ 바른 도리

시적 청자
그대 이 이치를 깨닫는다면
각기 다른 현상 속 원리는 같다는 것

                        하늘의 기밀 또는 조화의 신비
말함도 침묵함도 각기 천기로세
↳ 상반되는 것 ↲

- 최명길 -

心寧與道違

5~6 구 : 현상이 달라도 마음은 정도임.

君能惜斯理

語黙各天機

7~8구 : 각기 다른 현상도 제각각 천기임.

끓는 물도~아닌 것 없느니 → 화자는 앞서 말한 추상적인 얘기를 구체적 사물을 통해 표현하고 있다. '물'이라는 하나의 원리가 '끓는 물'과 '얼음장'과 같은, 혹은 '옷'이라는 하나의 원리가 '털옷'과 '삼베옷'과 같은 여러 현상으로 드러날 수 있음을 보여 주는 것이다. 이는 다양한 모습으로 드러나는 현상의 본질을 깨닫고, 변화하는 현실을 포용할 수 있는 유연한 사고의 중요성을 강조하는 것으로 볼 수 있다.

일이 어쩌다가~어긋나겠는가 → 화자는 앞서 말한 '물'과 '옷'처럼, 때에 따라 드러나는 현상의 형태가 다르더라도 '속맘(속마음)', 즉 원리는 정도에서 벗어나지 않는다고 말하고 있다. 이는 서로 다른 신념으로 갈등을 빚었던 김상헌과의 관계를 고려하여 해석할 수 있다. 즉, 화친(나라와 나라 사이에 다툼 없이 가까이 지냄)을 주장했으나 나라와 백성을 구하고자 했던 '속맘'은 김상헌의 '정도'와 다르지 않다는 것이다.

그대 이 이치를~천기로세 → 화자는 '그대'가 '이 이치'를 깨닫는다면 '말함'과 '침묵함'과 같은 상반된 것 중 어느 한쪽만이 무조건적으로 옳은 것이 아니라는 것을 깨달을 것이라고 말하고 있다. 이때 '그대'는 시가 창작된 배경을 고려할 때 '김상헌'을 가리키는 것으로 해석할 수 있다.

STEP 03 작품 해제

01 | 주제

(가) 급한 상황에서도 경을 따라야 함.
(나) 서로 달라 보이는 행동이나 선택도 그 본질은 서로 같은 정도일 수 있음.

02 | 특징

(가)
① 아무리 급한 때라도 권이 아닌 경을 따라야 함을 주장하는 전달 중심의 시
② 의문형 어미, 명령적 어조 등을 활용하여 전달하고자 하는 바를 강조함.
③ 대구법을 활용하여 화자의 생각을 효과적으로 드러냄.
(나)
① 다양한 현상 속 하나의 원리를 이해해야 함을 주장하는 전달 중심의 시
② 추상적 개념을 구체적 사물이나 행위에 빗대어 형상화함.
③ 상반된 시어를 사용하여 화자의 생각을 효과적으로 전달함.

03 | 작품 해제

　병자호란 중 남한산성에서 청나라에 항거하던 당시, 김상헌은 죽음을 불사하고 항전할 것을 주장하는 척화론을 내세웠고, 최명길은 청나라와 화친을 맺어 백성의 희생을 줄이고 나라를 살리자는 주화론을 내세웠다. 치열한 접전 끝에 주화론이 주장하던 대로 청나라와 화친을 맺게 되었고, 김상헌은 화친을 반대하였다는 이유로 심양(당시 청나라의 수도)으로 압송되었다. 이후 명나라와 밀서를 주고받은 죄목으로 최명길 역시 심양으로 압송되어 두 사람은 옥중에서 재회하게 된다. (가)와 (나)는 이때 재회한 두 사람이 주고받았다고 전해지는 작품들이다.

　(가) 김상헌의 작품으로, 아무리 급박한 상황이라 한들 반드시 지켜야 하는 도리를 외면해선 안 된다는 주제 의식을 담은 오언 율시(한 구가 다섯 글자씩으로 된 여덟 줄의 한시)이다. 화자는 '아침과 저녁을 바꿀 수 있을망정 / 윗옷과 아래옷을 거꾸로야 입을' 수는 없다며 불가항력의 상황 속에서도 '의'를 지키고자 하는 '경'의 태도의 중요성을 강조한다.

　(나) (가)에 답하는 최명길의 오언 율시로, 달라 보이는 현상 역시 같은 원리를 가졌다는 주제 의식을 보이고 있다. 화자는 원리와 현상이라는 추상적인 개념을 구체적인 사물 혹은 특정 행위에 빗대어 형상화하고 있으며, 결론적으론 서로 다른 현상이 하나의 원리를 가지고 있다고 말한다. 그러므로 '말함'과 '침묵함'과 같이 서로 완전히 상반되는 것처럼 보이는 것도 모순되지 않은 채로 제각각의 '천기'를 지닌 것이라 주장한다.

시에 드러난 두 사람의 서로 다른 신념

최명길은 '정처관군동'에서 도에 대한 자신의 고찰을 물과 옷을 통해 김상헌에게 피력하고 있다. 끓는 물과 얼음은 보기에는 그 형체가 다르지만 결국 본질적으로 모두 '물'이며, 옷 또한 재질이나 용도에 따라 이름은 다르게 불리지만 결국 한가지로 '옷'이라는 점을 역설한다. 이에 따라 일을 처리하는 방법은 때에 따라, 현실의 상황에 맞게 행해질 수밖에 없었으나 그 근본적인 마음은 도에 부합한다고 말한다. 즉, 자신의 행동은 처음부터 끝까지 도의에서 벗어남이 없었음을 강조한 것이다. 최명길의 이러한 주장에 대해 김상헌은 어진 사람이라도 그르칠 수 있으니 이치에 밝은 선비라도 이를 삼가고 뭇사람이라도 어긋나지 않는 경도를 행함이 바람직하다고 화답하였다. 낮밤이 바뀌듯 세상이 뒤바뀌어 명에서 청으로 주인이 바뀌더라도 어찌 윗옷과 아래옷을 바꿔 입을 수 있겠냐는 서술은 항상 의리를 살펴 경계하여야 한다는 태도를 보인다.

요컨대 위 두 작품은 김상헌과 최명길이 상호 간의 이해에 있어 타협할 수 없던 지점이 존재하였음을 분명히 드러낸다. 심양에서의 수창(시가를 서로 주고받으며 부름)이 서로의 입장을 피력하고 이를 상대에게 이해시키는 데 도움을 주기도 하였지만, 그러한 이해가 완전한 긍정으로 연결되지는 않았다. 그럼에도 저마다 관철하는 행동 신념이 저마다 다르다는 사실만이 분명하게 남았다. 즉 김상헌이 최명길의 행동에 담긴 저의는 인지하되, 이를 완전히 긍정하지는 않았다는 점에서 의미를 가진다.

김상헌과 최명길의 수창을 주로 화해와 이해의 측면에서 해석해 왔으나, 이들 사이의 수창에는 단순한 화해를 넘어 서로의 입장이 타협 불가능한 지점에 있음을 확인하고 각자의 입장을 재확인하는 성격 또한 내포되어 있었다. 수창은 단지 상대방의 견해에 전적으로 동의할 때에만 이루어진 것이 아니라, 오히려 자신의 입장을 표현하고 역설할 수 있는 하나의 담론적 공간으로 기능하기도 한 것이다.

병자호란 그 이후

병자호란 이후 심양은 외지에서 잡혀 온 포로와 인질, 그리고 외국 사신들이 많이 머무는 장소로 바뀌었다. 그중에 조선의 중신(중요한 관직에 있는 신하)이자 청나라를 대하는 외교 정책의 노선이 갈려서 정적으로도 대립했던 김상헌·최명길도 심양에서 5년 정도 구금되었다. 비록 심양은 조선에게는 치욕과 분노의 공간이지만, 묘하게도 김상헌과 최명길에게 서로의 진심을 확인하는 계기가 된 곳이기도 하다. 조국을 떠나 이역에서 정적의 관계로 만났지만 서로 오해를 풀고 이해하는 과정은 주목할 만하다. 최명길이 주화파의 영수로서 비록 척화파인 김상헌과 대립적인 관계를 형성하고 있었지만, 그것은 국난을 극복하는 방법적 차원에서 온 차이일 뿐이다. 척화파와 주화파 모두가 나라를 위한 충심이라는 입장은 동일했다.

16 김창협, 산민

STEP 01 OX 문제를 통한 지문 이해 훈련

말에서 내려와 사람 부르니	下馬問人居
부인이 문을 열고 나와 보고는	婦女出門看
초가집 안으로 맞아들이고	坐客茅屋下
나그네 위하여 밥상 내온다	爲客具飯餐
바깥어른은 어디 계시오	丈夫亦何在
아침에 쟁기 들고 산에 갔다오	扶犁朝上山
산밭은 너무나 갈기 어려워	山田苦難耕
해가 저물도록 못 오신다오	日晚猶未還
사방을 둘러봐도 이웃은 없고	四顧絶無隣
개와 닭들 비탈에서 서성대누나	鷄犬依層巒
숲속에는 무서운 호랑이 많아	中林多猛虎
뜯은 콩잎 광주리에 반도 안 된다	采藿不盈盤
가련할손 이곳이 뭐가 좋다고	哀此獨何好
척박한 두메산골 산단 말인가	崎嶇山谷間
편안할사 저 너머 **평지**의 생활	樂哉彼平土
가고파도 고을 관리 너무 무서워	欲往畏縣官

OX문제

01	화자는 '초가집'에 들려 마을 이웃인 '바깥어른'의 행방을 '부인'에게 묻고 있다.	(O / X)
02	대조적 소재를 통해 삶에 대한 화자의 인식을 드러내고 있다. [2020학년도 6월]	(O / X)
03	'척박한 두메산골'과 달리 '평지'는 백성들이 관리들의 횡포를 피할 수 있는 도피처이다.	(O / X)
04	명령적 어조를 통해 현실에 대한 비판 의식을 드러내고 있다. [2014학년도 9월AB]	(O / X)
05	청자를 호명하며 즐거움을 함께하려는 화자의 마음을 전달하고 있다. [2022학년도 6월]	(O / X)

STEP 02 지문 분석

말에서 내려와 사람 부르니
　　화자의 신분 : 양반

부인이 문을 열고 나와 보고는

초가집 안으로 맞아들이고

나그네 위하여 밥상 내온다
　　화자

〈바깥어른은 어디 계시오〉
산골 부인의 남편

《아침에 쟁기 들고 산에 갔다오

산밭은 너무나 갈기 어려워
　　산골의 특성 ① : 척박한 환경

해가 저물도록 못 오신다오

사방을 둘러봐도 이웃은 없고
　　산골의 특성 ② : 외로움

개와 닭들 비탈에서 서성대누나

숲속에는 무서운 호랑이 많아
　　산골의 특성 ③ : 위험함

뜯은 콩잎 광주리에 반도 안 된다》
　　산골의 특성 ④ : 궁핍함

〈가련할손 이곳이 뭐가 좋아서
산골 부부에 대한 화자의 정서가 직접 제시됨.

척박한 두메산골 산단 말인가〉
도시에서 멀리 떨어져 사람이 많이 살지 않는 변두리나 깊은 곳

《편안할사 저 너머 평지의 생활

가고파도 고을 관리 너무 무서워》
　　비판의 대상 → 산속 생활의 불편함보다 관리의 횡포에 대한 무서움이 더 커서
　　　　평지로 갈 수 없는 현실

〈 〉 : 화자의 질문
《 》 : 산골 부인의 대답

■ ↔ ■ : 공간의 대비

下馬問人居

婦女出門看

坐客茅屋下

爲客具飯餐

기(1~4행) : 산골의 민가를 방문함.

丈夫亦何在

扶犁朝上山

山田苦難耕

日晚猶未還

승(5~8행) : 산골 농민의 고된 생활

四顧絶無隣

鷄犬依層巒

中林多猛虎

采藿不盈盤

전(9~12행) : 산골 생활의 외로움과 어려움

哀此獨何好

崎嶇山谷間

樂哉彼平土

欲往畏縣官

결(13~16행) : 관리들의 가혹한 수탈

과외식 해설

말에서 내려와~밥상 내온다 → 산골 초가집에 이른 화자를 부인이 맞아들이는 모습이 묘사되고 있다. 이를 통해 산골 백성들의 순박한 인정이 드러나며, 화자가 직접 보고 겪은 장면을 제시하여 현장감을 형성하고 있다.

바깥어른은 어디 계시오 → 화자는 집에 남편이 보이지 않는 것을 궁금해하고 있으며, 그 이유를 부인에게 묻고 있다.

아침에 쟁기 들고~해가 저물도록 못 오신다오 → 부인은 남편이 아침 일찍 쟁기를 들고 산밭을 갈러 나갔으나 해가 저물도록 돌아오지 못하고 있다고 대답하고 있다. 이를 통해 부부가 고된 농사일을 하며 생계를 유지하고 있음을 알 수 있다. 산골 백성들의 힘겨운 생계 현실이 구체적으로 제시되고 있다.

사방을 둘러봐도~비탈에서 서성대누나 → '개와 닭'마저 비탈에서 서성대는 모습을 묘사하여 백성들이 산속에서 힘겹게 살아가고 있음을 상징적으로 보여 준다.

숲속에 무서운 호랑이가~반도 안 된다 → 산속에는 호랑이가 많아 생명까지 위협받는 상황이며, 힘들게 농사를 지어도 수확이 매우 적은 현실이 나타나고 있다. 이를 통해 척박한 자연환경 때문에 농사가 잘되지 않는 산골 부부의 궁핍한 삶을 드러내고 있다.

가련할손~두메산골 산단 말인가 → 화자는 '가련할손'이라며 부부의 처지를 안타까워하고, 왜 이렇게 척박한 두메산골에서 살아가고 있는지 의문을 드러내고 있다.

편안할사~고을 관리 너무 무서워 → 부인은 평지의 삶이 더 편하다는 것을 알면서도, 고을 관리들이 무서워 가지 못한다고 말한다. 이를 통해 산골에서 살아가는 근본적인 이유가 관리들의 횡포에 있음을 드러내며, 지배 계층에 대한 비판 의식을 보여 준다. 이때, 불편하지만 관리의 횡포가 없는 '두메산골'과 편리하지만 관리의 횡포가 존재하는 '평지'를 대비하여, 백성들에게는 산속의 고통보다 관리의 억압이 더 두려운 현실임을 강조하고 있다.

STEP
03 작품 해제

LıBS 수능특강 | **고전문학** ●

01 | 주제

산골 사람들의 고된 삶에 대한 연민과 관리들의 횡포 비판

02 | 특징

① 산속에서 생활하는 백성들의 애환을 전달하는 대상 중심의 시
② 한시의 5언 배율(한 구를 다섯 글자로 하여 열 구 이상 늘어놓은 한시) 구성으로 시상을 전개함.
③ 대상과 문답하는 방식을 통해 농촌 현실을 생생하게 보여 줌.
④ 공간의 대비를 통해 주제 의식을 강조함.
⑤ 자연물을 활용하여 세태에 대한 주관적 시선을 드러냄.

03 | 작품 해제

이 작품은 조선 후기에 관리들의 가혹한 수탈로 인해 고통 받는 백성들의 모습을 보여 주는 한시이다. 백성들이 편안한 평지에서의 삶을 포기하고 이웃도 없는 산골에서 외로운 삶을 살게 된 원인, 그리고 먹을 것도 구하기 힘들어 고달픈 삶을 살게 된 원인이 모두 가혹한 수탈을 일삼는 관리들 때문이라는 것을 산골에 사는 아낙의 목소리를 통해 고발하고 있다. 고통을 겪고 있는 백성과 대화하는 방식으로 내용을 전개하여 현장감을 느끼게 한다는 점, 산골과 평지라는 두 공간을 대비하여 주제 의식을 강조하고 있다는 점이 특징이다. 이 작품은 양반이 지은 것이지만, 백성의 문제를 직접 다룸으로써 백성들의 고통에 무심하고 관념적인 가치만을 예찬하던 기존 양반 시가의 한계를 벗어났다는 점에서 의의가 있다.

STEP
04 논문으로 만나는 출제자의 시선

LıBS 수능특강 | **고전문학** ●

작품의 시대 배경

「산민」의 시대적 배경은 임진왜란과 병자호란 이후의 조선 후기 사회이다. 두 차례의 큰 전쟁을 겪은 뒤 나라의 집과 토지는 크게 파괴되었고, 백성들의 삶은 더욱 어려워졌다. 전쟁으로 생활 기반이 무너진 상황에서 관리들의 세금 징수와 각종 수탈까지 더해지면서 백성들은 심한 경제적 궁핍에 시달리게 되었다. 특히 지방 관리들은 자신의 이익을 위해 세금을 과도하게 거두거나 부당한 요구를 일삼았고, 그 피해는 고스란히 백성들에게 돌아갔다.

이러한 현실 속에서 백성들 사이에는 기존의 신분 제도와 사회 질서에 대한 비판 의식이 점차 생겨나기 시작하였다. 그러나 지배층은 백성들의 어려움을 해결하려는 노력을 보이기보다, 예법과 명분을 앞세우며 성리학적 질서를 유지하는 데 더 힘을 기울였다. 사회의 변화 요구를 받아들이기보다는 기존의 질서를 그대로 따르며 자신의 특권을 지키려 하였던 것이다. 그 결과, 지배층에 대한 백성들의 불신과 불만은 더욱 커지게 되었다.

이 작품은 이러한 조선 후기의 사회 현실을 잘 보여 준다. 산골에서 힘겹게 살아가는 부부의 모습은 단순히 척박한 자연환경 때문이 아니라, 관리들의 횡포를 피해 어쩔 수 없이 산속으로 들어온 백성들의 처지를 드러낸 것이다. 특히 '고을 관리 너무 무서워' 평지로 가지 못한다는 부인의 말은 당시 관리들의 가혹한 수탈이 얼마나 심각했는지를 상징적으로 보여 준다. 따라서 이 작품은 조선 후기 사회의 모순과 지배층의 무책임을 비판하며, 백성들의 고통을 사실적으로 드러낸 작품이라고 할 수 있다.

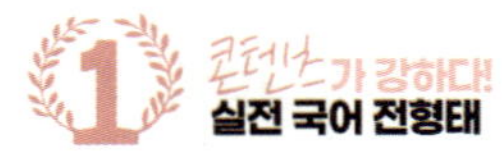

STEP 05 나BS 실전 문제

다음 글을 읽고 물음에 답하시오. [12.3.고1 교육청 기출]

(가)

논밭 갈아 김 매고 베잠방이 대님쳐 신들매고

낮 갈아 허리에 차고 도끼 벼려 둘러메고 ⓐ무림산중(茂林山中) 들어가서 삭정이 마른 섶을 베고 잘라서 지게에 짊어 지팡이 받쳐 놓고 샘을 찾아가서 점심 도시락 비우고 곰방대를 톡톡 떨어 ㉠잎담배 피워 물고 콧노래 조울다가,

석양이 재 넘어갈 제 어깨를 추스르며 긴 소리 짧은 소리 하며 어이 갈꼬 하더라.

– 작자 미상, 사설시조 –

(나)

㉡말에 내려 인가를 찾아가 보니	下馬問人居
아낙네 문간에 나와 맞이하네.	婦女出門看
띠집* 처마 아래 손을 앉게 하고	坐客茅屋下
㉢나를 위해 밥과 반찬 내어 오네.	爲我具飯餐
남편은 어디에 나가 있냐 하니	丈夫亦何在
아침에 따비*를 메고 산에 올라	扶犁朝上山
산밭을 일구느라 고생을 하며	山田苦難耕
저물도록 돌아오지 못한다네.	日晚猶未還
사방을 둘러봐도 이웃은 없고	四顧絶無隣
개와 닭도 산기슭에 의지해 사네.	鷄犬依層巒
숲 속에는 사나운 호랑이 많아	中林多猛虎
나물도 마음대로 못 뜯는다네.	採藿不盈盤
슬프다 외딴 살이 어찌 좋으리	哀此獨何好
험하고 험한 ⓑ산골짝에서…….	崎嶇山谷間
평지에 살면 더없이 좋으련만	樂哉彼平土
가고 싶어도 벼슬아치 두렵다네.	欲往畏縣官

– 김창협, 「산민(山民)」 –

*띠집 : 띠나 이엉 따위로 지붕을 인 초라한 집.

*따비 : 풀뿌리를 뽑거나 밭을 가는 데 쓰는 농기구.

(다)

어느 날, 나는 텅 빈 운동장에서 두 팔을 앞뒤로 높이 휘저으면서 혼자 걸어가는 한 어린이를 지나쳐 볼 수가 있었다.

밤 사이에 내린 첫눈으로 뒤덮인 운동장은 동녘 하늘에 솟아오르는 햇살에 더욱 눈이 부시었다. 그 흰 눈 위를 생기가 넘치는 그 어린이는 마치 사열대 앞을 행진하는 군인처럼 기운차게 신이 나서 꺼덕꺼덕 걸어가는 꼴이 하도 익살맞아서, 나는 혼자 웃음을 참으면서 바라보고 있었다. 그 어린이는 가끔 그 활발한 행진을 멈추고 차려의 자세로 서서 고개를 돌려 뒤를 한동안씩 바라보다가 전과 똑같은 보조로 두 팔, 두 다리를 높직높직 쳐들면서 다시 걸어가는 것이었다. 옥판선지(玉板宣紙)* 같이 깨끗한 흰 눈 위에 작은 발자국이 자국자국 무늬져서 길게 뻗어 나가고 있었다.

이 어린이는 눈 덮인 운동장을 꼿꼿하게 일직선으로 걸어가 보고 싶었던 것이다. 그래서 앞으로 걸어가다가는 발을 멈추고 서서 자신이 걸어온 발자취가 어느 정도로 똑바른가를 검토해 보는 것임에 틀림없다. 그러나 이 어린이가 걸어간 발자국은 부분적으로는 곧았으나 전체적으로 보면 여러 곳에서 바른편으로 또는 왼편으로 굽어 있었다.

나는 집으로 발걸음을 돌리면서 그 어린이의 행동을 통하여 적지 않은 것을 느꼈고, 또 배울 수가 있었다. 사람들은 부귀 빈천을 막론하고, 정도의 차이는 있을망정 누구나 자기들의 일생을 곧고 바르게 걸어가 보려고 노력하는 것이 사실이다. 그러나 사람들이 걸어간 그 생애의 발자취들은 작고 큰 허다한 파란(波瀾)* 속에 ㉣가지가지의 복잡한 곡선을 그리고 가다가, 어느 지점에 이르러서 영원히 끝을 맺고 마는 것이다. 인생은 결국 눈 덮인 들판에 가지가지의 발자국을 남기고 걸어가는 나그네인 것 같기도 하다. 그런데 ㉤눈 덮인 운동장 위를 걸어가는 저 어린이가 짬짬이 걸음을 멈추고 서서 고개를 돌려 자기가 걸어온 발자국을 그윽이 바라보는 것은 얼마나 슬기로운 일인가?

– 유달영, 「초설(初雪)에 부쳐서」 –

*옥판선지 : 폭이 좁고 두꺼우면서도 빛이 희고 결이 고운 고급 종이.

*파란 : 순탄하지 아니하고 어수선하게 계속되는 여러 가지 어려움이나 시련.

01. (가)~(다)에 대한 설명으로 가장 적절한 것은?

① (가)와 (나)는 대립적 이미지를 통해 주제를 드러내고 있다.

② (가)와 (다)는 대상을 의인화하여 친밀감을 드러내고 있다.

③ (나)와 (다)는 공간 이동에 따른 정서의 변화를 나타내고 있다.

④ (가)~(다)는 모두 화자의 내면 심리를 중점적으로 드러내고 있다.

⑤ (가)~(다)는 모두 인물의 행동을 구체적으로 표현하여 현장감을 살리고 있다.

니BS _ 나 없이 EBS 풀지마라

02. (나)와 〈보기〉를 연관 지어 이해한 내용으로 적절하지 <u>않은</u> 것은?

〈보기〉

　공자가 어지러운 노나라를 떠나 제나라로 가던 중 초라한 세 개의 무덤 앞에서 슬피 우는 여인을 만났다. 사연을 물으니 호랑이가 시아버지, 남편, 아들을 모두 잡아먹었다는 것이었다. 이에 공자가 "그렇다면 이곳을 떠나서 사는 것이 어떠냐?"라고 묻자 여인은 "여기서 사는 것이 차라리 괜찮습니다. 다른 곳으로 가면 무거운 세금 때문에 살 수가 없습니다."라고 대답하였다.
　이에 공자가 "가혹한 정치는 호랑이보다도 더 무섭다는 것을 알려 주는 말이로다."라고 하였다.

① (나)의 화자와 〈보기〉의 '공자' 모두 현실에 대한 비판적 인식을 지니고 있군.
② (나)의 '아낙네'와 〈보기〉의 '여인'이 처한 현재의 처지는 개선의 여지가 보이지 않는군.
③ (나)의 '아낙네'와 〈보기〉의 '여인' 모두 관리의 횡포를 피해 힘든 삶을 살아가고 있군.
④ 〈보기〉의 '호랑이'와 달리 (나)의 '호랑이'는 벼슬아치를 비유적으로 표현한 것이군.
⑤ 〈보기〉의 '공자'와 달리 (나)의 화자는 대상에 대한 자신의 감정을 직접적으로 드러냈군.

03. ⓐ와 ⓑ에 대한 설명으로 적절하지 <u>않은</u> 것은?

① ⓐ는 자연과의 일체감을 확인하는 공간이다.
② ⓐ는 일상적 삶이 드러나는 공간이다.
③ ⓑ는 외롭고 가난한 삶이 이어지는 공간이다.
④ ⓑ는 부정적 현실에서 도피한 공간이다.
⑤ ⓐ와 ⓑ는 현실적 삶을 영위하는 노동의 공간이다.

04. ㉠~㉤에 대한 설명으로 적절하지 <u>않은</u> 것은?

① ㉠ : 농부의 여유 있는 모습이 드러나 있다.
② ㉡ : 화자의 신분을 짐작할 수 있게 한다.
③ ㉢ : 인정 있는 '아낙네'의 모습이 드러나 있다.
④ ㉣ : 많은 시련 속에서 살아가는 인간의 모습이 나타나 있다.
⑤ ㉤ : 고난을 이겨내고자 하는 대상의 모습이 나타나 있다.

05. (다)의 내용을 〈보기〉와 같이 정리할 때, [가]에 가장 적절한 것은?

〈보기〉

대상	첫눈이 내린 운동장을 걸어가는 어린이
상황	어린이는 가끔 뒤돌아봄 + 어린이의 발자국이 굽어 있음
깨달음	(　　　　　[가]　　　　　)

① 도전적인 삶의 자세가 필요함.
② 유연성 있는 삶의 자세가 필요함.
③ 지나온 삶을 성찰하는 자세가 필요함.
④ 조화를 추구하는 삶의 자세가 필요함.
⑤ 실패를 두려워하지 않는 삶의 자세가 필요함.

17 | 작자 미상, 합강정가

수능 국어 대비
실전 국어 전형태

STEP 01 OX 문제를 통한 지문 이해 훈련

나BS 수능특강 | 고전문학

구경 가세 구경 가세 합강정에 구경 가세
때는 구월 이십삼일 길일인가 명절인가
순시(巡視) 나온 우리 감사 이날에 뱃놀이하니
천추절 성절일* 즐거우나 창오산 저녁 구름 슬프도다
관찰사 부임 뜻밖이나 남쪽 백성 괴로움 내 알쏜가
뱃놀이 좋을시고 가을걷이 급함을 생각하랴
돌을 깨서 강 막는 데 한 달이나 걸렸구나
산을 뚫어 길 낼 때에 민가 무덤 옮겼구나
울부짖는 저 귀신아 풍경 좋은 탓이로다
범 같은 우리 감사 조금도 원망 마라
음식 거마(車馬) 장막 온갖 채비 밤낮으로 준비하고
큰 물고기 낚아내어 배 안에서 요리하네
응향각을 숙소 삼고 세여울서 배를 탄다
물 가운데 떠내려가니 강산도 좋을시고
감사에겐 풍류요 백성에겐 원수로다
인간 세상에 남은 액운(厄運) 물나라에 미쳤도다
오 리 밖 기회정에 술과 고기 낭자하네
여러 고을 관리가 대접한 것이라 백성의 피와 기름 아닌가
(중략)
홍수 가뭄에 피해 입은 백성이 관찰사 가을 순행 기다림은
가을걷이 부족함을 채워 줄까 해서인데 지나는 곳마다 죄를 묻는 **폐단** 있네
무논 재해도 감췄는데 목화밭이야 거론할까
백 묘(畝)나 되는 벌건 땅에 백지징세(白地徵稅)* 하는구나
인자한 우리 임금 곡식 한 묶음도 모래 덮일까 염려하는데
불쌍한 백성 논밭에다 좁은 길 넓히란다
각 읍 관리 독촉하니 채찍 몽둥이 낭자하다
허다한 관인들이 대호(大戶) 소호(小戶)에 분담시켜
사방 부근 십 리 안에 닭과 개가 멸종하네
부자는 괜찮지만 가련한 이 가난한 자로다

해는 기울고 **이정**은 저녁밥 재촉할 때
텅 빈 부엌에서 우는 **아낙 발 구르며** 하는 말이
방아품에 얻은 **양식** 한두 되 있건마는
채소도 있건마는 그릇은 누구에게 빌릴꼬
앞뒷집 돌아보니 섣달그믐에 시루 빌리는 격*이로다
한 마을 닭과 개 다 먹어 치우고 집집마다 또 거둔단 말인가
대호에는 한 냥 넘고 소호에도 육칠 전이라
이 놀이 다시 하면 이 백성 못 살겠네
낙토에서 태어난 사람 태평성대 좋다 하여
편안히 지내더니 하릴없이 떠도네
한 사람의 호사(豪奢)가 몇 사람의 난리 되고
집과 논밭 다 팔고서 어디로 가잔 말인고
비나이다 비나이다 하느님께 비나이다
우리 임금님 어진 마음 밝은 촛불 되게 하시어 비추소서 비추소서
소문에 들리기를 아전 향원(鄕員) 벌한다기에
간악한 이 벌하는가 여겼더니 음식과 도로 탓하는구나
노예 차출 무슨 일인고 순령수*의 권세로다
음식은 넘쳐 나고 뇌물은 공공연히 오고 가니
좋을시고 좋을시고 상평통보 좋을시고
많이 주면 무사하고 적게 주면 트집 잡네
춘당대에 치는 장막 오목대에 무슨 일인고
참람한 과거장서 재주 겨루는 유생들아
오십삼 주 시향 예향에 의로운 선비 하나 없단 말인가
먹을 복 좋은 우리 감사 출세 운 좋은 우리 감사
들어오시면 육조 판서 나가시면 팔도 감사
공명도 거룩하고 부귀도 그지없다
망극하도다 나라 은혜여 감격스럽다 임금님 은혜여
한 토막 절개라도 있다면 온 힘을 다해 은혜에 보답하리라
배은망덕하게 되면 자손에게 화가 미치리라

*성절일 : 중국 황제와 황후의 생일. / *백지징세 : 수확이 없어 세금을 면제받아야 할 땅에 억지로 세금을 매기는 일.
*섣달그믐에 시루 빌리는 격 : 어느 집이나 시루를 사용하는 섣달그믐에 남의 집으로 시루를 얻으러 다닌다는 뜻으로, 되지도 않은 일에 애쓰는 것을 말함.
*순령수 : 대장의 전령과 호위를 맡고, 순시기·영기(令旗) 따위를 받들던 군사.

OX문제

01 순행을 나온 관찰사는 '홍수 가뭄'에 의한 백성의 피해보다 다른 것에 신경 쓰고 있다. (O / X)

02 비판적 태도로 현실의 부정적 측면을 부각하고 있다. [2025학년도 9월] (O / X)

03 영탄법을 활용하여 화자의 정서를 표출하고 있다. [2013학년도 9월] (O / X)

04 반어적 표현을 활용하여 인물에 대한 기대감을 높이고 있다. [2025학년도 6월] (O / X)

05 '아낙'은 '이정'에게 대접할 '양식'이 없어 '발 구르며' 울고 있다. (O / X)

나BS _ 나 없이 EBS 풀지마라

STEP 02 지문 분석

나BS 수능특강 | **고전문학** ●

[EBS 파트 분석]

구경 가세 구경 가세 합강정에 구경 가세
때는 구월 이십삼일 길일인가 명절인가
순시(돌아다니며 사정을 보살핌. 또는 그런 사람) 나온 우리 감사 이날에 뱃놀이하니
천추절(황제의 생일을 기념하던 날) 성절일(황제의 생일날) 즐거우나 창오산 저녁 구름 슬프도다

〈서사〉

관찰사(=감사) 부임 뜻밖이나 남쪽 백성 괴로움 내 알쏜가
뱃놀이 좋을시고 가을걷이(가을에 익은 곡식을 거두어들임) 급함을 생각하랴
돌을 깨서 강 막는 데 한 달이나 걸렸구나
산을 뚫어 길 낼 때에 민가 무덤 옮겼구나
울부짖는 저 귀신아 풍경 좋은 탓이로다
범 같은 우리 감사 조금도 원망 마라
음식 거마(수레와 말) 장막 온갖 채비 밤낮으로 준비하고
큰 물고기 낚아내어 배 안에서 요리하네
응향각을 숙소 삼고 세여울서 배를 탄다
물 가운데 떠내려가니 강산도 좋을시고
감사에겐 풍류요 백성에겐 원수로다
인간 세상에 남은 액운(액을 당할 운수) 물나라에 미쳤도다
오 리 밖 기회정에 술과 고기 낭자하네
여러 고을 관리가 대접한 것이라 백성의 피와 기름 아닌가

〈본사 1〉

[EBS에 나오지 않은 나머지 전문]

다과상의 수파련(종이로 만든 물결 모양의 연꽃 장식)은 / 시골구석 어리석은 백성들은 처음 봄이라
기이하고 화려하구나 / 한 상을 차리는데 백금이나 들었는가
백성 원망 하늘을 찔렀으며 / 풍악 소리 땅을 움직이네
하루 종일 놀기도 부족하여 / 촛불 밝혀 밤까지 논다는 말인가
관솔불(송진이 많이 엉긴, 소나무의 가지에 붙인 불)을 켜 두고 산골 백성 일 시키니
물과 뭍이 함께 밝게 빛나누나
적벽강에 연환선을 띄어 놓고 / 주유가 지른 불이런가
돗자리마다 등불을 내어 거니 / 십 리의 강 위가 꽃밭이라
삼경 달밤 거의 다 지나갈 제 / 응향각에 돌아오니
먼 길 이어 밝힌 횃불 / 백성들을 동원하여 불을 들게 했단 말인가
기패(깃발)와 절월(도끼)을 앞세우고 / 아전과 장교들은 뒤따르게 할 적에
아리따운 담양의 기생들은 / 무슨 명을 받았는지
오수의 역마를 빗겨 타고 / 의기양양하는구나

〈본사 2〉

약지 못한 함열 현감 / 공갈(공포를 느끼도록 윽박지르며 을러댐)함은 무슨 일인가
높은 분의 명을 받은 수령님들 / 누구누구 와 계신가
벌써 나이 칠십 되신 능성 원님 / 백 리 밖에서 말 달리듯 숨 가쁘고
남원 부사, 순창 군수 / 음식 맡은 벼슬인 양 준비하기 골몰한다

구경 가세 구경 가세~창오산 저녁 구름 슬프도다
→ '합강정', '구월 이십삼일' 등의 시공간적 배경이 제시되고 있다. 가을에 전남 순창과 남원 사이로 흐르는 적성강 부근의 정자인 '합강정'으로 뱃놀이를 하러 가려는 감사(조선 시대에 둔, 각 도의 으뜸 벼슬)의 모습이 드러나고 있다. 한편, 중국 남쪽에 있는 '창오산'은 순임금이 죽었다고 전해지는 곳이며, '창오산 저녁 구름 슬프도다'는 옛 중국의 시인들이 슬픈 정서를 나타내기 위해 사용하던 표현이다. 화자는 중국의 고사를 인용하여 감사의 뱃놀이에 동원된 백성들의 고단한 현실을 나타내고자 하고 있다. 즉, 지방의 풍속을 살핀다는 명목으로 순창 합강정에서 뱃놀이를 즐기려는 감사의 행태에 대한 비판을 드러내고자 하는 것이다.

관찰사 부임 뜻밖이나~원망 마라 → 뱃놀이로 인해 남쪽 지역의 백성들이 고통을 겪는 모습을 통해, 뱃놀이에서 관리들이 벌이는 음주 행각을 비판적으로 바라보는 화자의 모습을 확인할 수 있다. 한편, '돌을 깨서~무덤 옮겼구나'에서 관리들의 뱃놀이를 위해 백성들이 힘들게 노동했음을 알 수 있다. 이로 인해 주민들이 조상의 산소를 옮길 지경이 되었으며, 아무런 까닭 없이 산소를 옮겨 귀신들이 '원망'을 할 수밖에 없는 상황이지만, 화자는 귀신에게 감사를 '원망'하지 말라며 반어적으로 표현하고 있다.

큰 물고기 낚아내어~의기양양 하는구나 → 관리들의 유흥을 준비하고 실행하는 내용과 이로 인해 고통 받는 백성들의 모습이 대비되어 나타나고 있다.

세여울서 배를 탄다~백성에겐 원수로다 → 뱃놀이를 위해 일행들이 배를 타고 나아가며 배안에서 풍경을 바라보는 모습이 제시되고 있다. 이때 그 풍경이 관리들에게는 '풍류(자연이나 예술을 즐기는 운치 있는 활동)'이지만 백성에게는 '원수'임을 드러내고 있다.

오 리 밖의 기화정에~풍악 소리 땅을 움직이네 → 여러 고을의 관리들이 손님들을 위해 화려한 다과상을 마련한 모습이 드러나고 있다. 특히 백성들이 한 번도 본 적 없는 다과상의 '수파련'을 제시하여, 잔치를 위해 상을 차리는 데 많은 비용이 들었을 것임을 나타내고 있다. 이때 화자는 상에 오른 화려한 온갖 음식과 장식들은 여러 지역의 관리들이

담양 부사, 창평 현감 / 기생을 데려오려 부지런하다
좌천당한 나주 목사 / 아첨하러 와 계신가
명가의 후예인 남평 현감 / 큰 뜻 품고 바람처럼 따라오니 무슨 일인가
저들 조부 높은 풍채 생각하면 / 산림에 남긴 수치 부끄럽기 그지없다
임실 현감, 곡성 태수 / 지나치게 아첨함을 사양할까
익산 군수, 전주 판관 / 몸 흔들며 아양 떨며 웃는 모습 보기 싫다
애잔하네, 화순의 옥과 수령 / 따를 마음먹었으나 뒤 쳐졌나
맑은 강에 다음으로 남았구나
내일은 어디 가나 묻지 마소 / 오고 가는 벼슬아치 서로를 바라보니
길 위에 분주한 이 몇 천인가

〈본사 3〉

[EBS 파트 분석]

홍수 가뭄에 피해 입은 백성이 관찰사 가을 순행 기다림은
가을걷이 부족함을 채워 줄까 해서인데 지나는 곳마다 죄를 묻는 폐단 있네
무논(물이 괴어 있는 논) 재해도 감췄는데 목화밭이야 거론할까
백 묘나 되는 벌건 땅에 백지징세(불법 징세의 하나. 수확이 없어서 조세의 면세를 받아야 할 땅에 억지로 세금을 매기어 받음) 하는구나
인자한 우리 임금 곡식 한 묶음도 모래 덮일까 염려하는데
불쌍한 백성 논밭에다 좁은 길 넓히란다
각 읍 관리 독촉하니 채찍 몽둥이 낭자하다
허다한 관인들이 대호(살림이 넉넉하고 식구가 많은 집안) 소호(규모가 작은 집)에 분담시켜
사방 부근 십 리 안에 닭과 개가 멸종하네
부자는 괜찮지만 가련한 이 가난한 자로다
해는 기울고 이정(지방 행정 조직의 최말단인 마을의 책임자)은 저녁밥 재촉할 때
텅 빈 부엌에서 우는 아낙 발 구르며 하는 말이
방아품에(일을 해서) 얻은 양식 한두 되 있건마는
채소도 있건마는 그릇은 누구에게 빌릴꼬
앞뒷집 돌아보니 섣달그믐에 시루 빌리는 격이로다
한 마을 닭과 개 다 먹어 치우고 집집마다 또 거둔단 말인가
대호에는 한 냥 넘고 소호에도 육칠 전이라
이 놀이 다시 하면 이 백성 못 살겠네
낙토에서 태어난 사람 태평성대 좋다 하여
편안히 지내더니 하릴없이(어쩔 수 없이) 떠도네
한 사람의 호사(호화롭게 사치함)가 몇 사람의 난리 되고
집과 논밭 다 팔고서 어디로 가잔 말인고

〈본사 4〉

비나이다 비나이다 하느님께 비나이다
우리 임금님 어진 마음 밝은 촛불 되게 하시어 비추소서 비추소서
소문에 들리기를 아전 향원(지방의 수령을 보좌하던 자문 기관의 일을 맡아보던 사람) 벌한다기에
간악한 이 벌하는가 여겼더니 음식과 도로 탓하는구나
노예 차출(어떤 일을 시키기 위하여 인원을 선발하여 냄) 무슨 일인고 순령수(대장의 전령과 호위를 맡은 군사)의 권세(권력과 세력)로다
음식은 넘쳐 나고 뇌물은 공공연히 오고 가니
좋을시고 좋을시고 상평통보 좋을시고

손님을 모셔 대접하기 위한 것이지만, 이는 결국 백성들의 '피와 기름'을 뽑는 착취일 뿐이라며 비판 의식을 드러내고 있다.

하루 종일 놀기도~불을 들게 했단 말인가 → 관리들이 밤에도 유흥을 즐기기 위해 백성들에게 '관솔불'을 들게 하는 일을 시켜 강과 육지를 밝게 비추고 있는 모습을 확인할 수 있다. 이때 화자는 이러한 모습을 「삼국지」에서 주유가 조조의 연환선(쇠사슬로 연결된 배)을 불태울 때의 화려함에 비견할 수 있을 정도라고 비꼬고 있다. 이는 뱃놀이와 더불어 유흥을 즐기는 관리들의 행태와 이를 위해 온갖 노동에 동원된 민중들의 비참한 현실을 보여 주는 것이라 할 수 있다.

약지 못한 함열 현감~맑은 강에 다음으로 남았구나 → 각 지역 수령들의 특징과 역할을 열거하고 있는 부분이다. 각 관리들이 뱃놀이에 참석하게 된 이유와 맡은 역할을 제시하고, 이에 대한 화자의 평가를 나타내고 있다.

홍수 가뭄에 피해 입은 백성이~백지징세 하는구나 → 홍수와 가뭄으로 고생했던 백성들은 순찰을 나온 감사에게 가을걷이를 살피기를 바라지만, 관리들은 오히려 백성들에게 죄를 묻고 있는 상황이 제시되고 있다. 또한 화자는 기존의 재해도 묻어 둘 지경인데, 목화밭의 일을 거론할 수 있겠냐며 부정적 인식을 드러내고 있다. 나아가 수확할 수 없을 정도로 빨갛게 타들어간 백 이랑이나 되는 땅에 나는 곡식이 없는데도 세금을 징수하라는 관리들의 횡포를 생생하게 드러내고 있다.

인자한 우리 임금~가련한 이 가난한 자로다 → 백성들은 농토에 대한 걱정뿐인데, 이 와중에 수령들은 백성들의 밭에 있는 좁은 길을 넓히도록 강요하고 있으며, 이에 응하지 않을 경우 관리들이 백성들에게 매질도 서슴없이 행하고 있음을 나타내고 있다. 또한 관인들이 각각 집을 나누어 온갖 명목으로 징수를 하여 집집마다 닭과 개가 남아 있지 않은 현실에 대한 한탄을 드러내고 있다.

해는 기울고 이정은 저녁밥~몇 사람의 난리 되고 → 석양 무렵, 관아의 장정들이 밥을 재촉하자 마을 아낙네가 먹을 것을 준비하지만, 이 음식을 담아낼 그릇이 없음을 토로하는 모습이 제시되고 있다. 이때 '섣달그믐에 시루 빌리는 격이로다'는, 섣달그믐은 어느 가정이나 설날에 먹을 떡을 만드는 날이므로 떡시루(떡을 찔 때 쓰는 그릇)를 빌릴 수는 없는 일이라는 의미이다. 즉, 그릇조차 마련할 수 없는 백성들의 현실을 하소연하고 있는 모습을 나타내고 있는 것이다. 또한 관리들의 유흥을 목적

많이 주면 무사하고 적게 주면 트집 잡네
춘당대(예전에 과거를 치르던 창경궁의 건물)에 치는 장막 오목대(전라도의 관찰사가 직무를 보던 관아가 있던 전
주의 누정)에 무슨 일인고
참람한(분수에 넘쳐 너무 지나친) 과거장서 재주 겨루는 유생들아
오십삼 주 시향 예향에 의로운 선비 하나 없단 말인가

〈본사 5〉

먹을 복 좋은 우리 감사 출세 운 좋은 우리 감사
들어오시면 육조 판서 나가시면 팔도 감사
공명도 거룩하고 부귀도 그지없다
망극하도다 나라 은혜여 감격스럽다 임금님 은혜여
한 토막 절개라도 있다면 온 힘을 다해 은혜에 보답하리라
배은망덕하게 되면 자손에게 화가 미치리라

〈결사〉

으로 수탈을 당하는 현실에 대해, 화자는 뱃놀이를 다시 하면 백성들이 못 살 지경이 될 것이라고 토로하고 있다. 이처럼 화자는 백성들이 가혹한 세금으로 인해 하릴없이 떠돌 수밖에 없는 현실을 통해, 한 사람의 호화스러운 뱃놀이를 위해 많은 이들이 고통을 겪는 상황을 보여 주며 백성들의 비참한 현실을 드러내고 있다.

비나이다 비나이다~적게 주면 트집 잡네 → 가혹한 관리들의 횡포를 견디지 못한 백성들이 하늘에 간절한 마음으로 기원하는 모습이 제시되고 있다. 또한 민중들이 고통에 빠진 것은 감사의 뱃놀이를 위한 것임을 드러내며, 뱃놀이에 사용된 음식은 넘쳐 쏟아 버릴 지경이고 서로 뇌물을 바치는 일이 공공연하게 일어나고 있음에 대해 고발하고 있다. 한편 '상평통보', 즉 돈이 좋다고 표현하면서, 뇌물을 많이 주면 무사하고 적게 주면 트집을 잡는 현실을 비판적으로 드러내고 있다.

먹을 복 좋은 우리 감사~자손에게 화가 미치리라 → 화자는 감사가 먹을 복과 더불어 출세의 운이 좋아 조정에서는 '육조 판서'를, 지방에서는 '팔도 감사'로서 부귀공명을 누릴 수 있다고 전하고 있다. 또한 이러한 상황에서 '나라 은혜'에 감격해야 함을 드러내며 감사에게 '임금님 은혜'를 잊어서는 안 된다고 말하고 있다. 이를 통해 화자는 신하로서의 절개가 있다면 힘을 다해 은혜에 보답해야 할 것이며, 은혜를 저버리면 자손에게 그 화가 미칠 것이라며 관리들에 대한 경고를 드러내고 있다. 다만 이 부분은 〈보기〉에 따라 다양한 해석이 나올 수 있으니, 시험장에서 유연하게 판단해야 한다. 작품 전체적으로 '감사'를 부정적으로 언급하고 있기에, 이 부분에서도 반어적으로 표현한 것일 수 있기 때문이다.

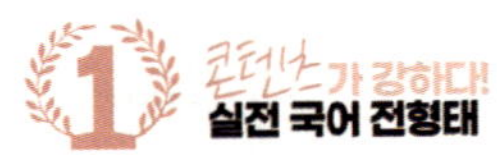

STEP 03 작품 해제

01 | 주제

부패한 관리를 향한 비판과 경고

02 | 특징

① 고통 받는 백성들을 안타까워하고 부정부패한 관리를 비판하고 있는 화자 중심의 시
② 의문의 형식을 사용하여 상황에 대한 인식을 드러냄.
③ 설의법, 대조법 등 다양한 표현 방식을 통해 화자의 정서를 드러냄.
④ 시간의 흐름에 따른 전개가 나타남.

03 | 작품 해제

　　이 작품은 순시(돌아다니며 사정을 보살핌)를 온 관찰사를 위한 뱃놀이와 관련한 현실을 비판한 내용을 담고 있다. 작품 안에서는 관리들이 백성에게 잔치에 드는 비용을 부담시키는 일, 뇌물이 오고 가며 부정이 횡행한 일, 백성들이 가렴주구(세금을 가혹하게 거두어들이고, 무리하게 재물을 빼앗음)로 인해 유랑민이 되는 일 등 지배 계층의 유흥을 위해 강제로 노역에 동원되고 수탈을 당하는 백성들의 현실을 생생하게 보여 주고 있다.

논문으로 만나는 출제자의 시선

나BS 수능특강 | **고전문학** ●

작품에 드러난 화자의 현실적인 고민

'하느님'에 대한 기원이 이뤄질 수 없음을 자각한 화자는 작품의 마지막 부분에서 현실적인 고민을 토로한다. '춘당대'는 예전에 과거를 치르던 창경궁의 건물이며, '오목대'는 전라도의 감영(관찰사가 직무를 보던 관아)이 있던 전주의 누정(누각과 정자)이다. 일반적으로 과거는 춘당대에서 장막을 치고 실시했는데, 아마도 전라 감사가 주관하던 향시(지방에서 실시하던 과거의 초시)가 전주의 오목대에서도 시행되었던 것으로 유추할 수 있다. 화자는 지방의 향시에 걸맞지 않게 장막을 마치 가시나무로 주위를 두른 듯한 공간에서 재주를 겨루는 과거 응시생들에게 '오십삼 주 시향 예향에 의로운 선비 하나 없단 말인가'라고 호소한다. 이때 '오십삼 주'는 전라도의 53개 지역을 통틀어 가리키는데, 전라도 각지의 학문을 닦는 고장에서 전주의 오목대로 과거를 보러 오는 응시생 가운데 한 사람의 '의로운 선비'가 나타나기를 기대하는 화자의 인식이 드러난 것이라 볼 수 있다. 즉, 화자는 만일 과거를 치르고 급제한 사람 가운데 '의로운 선비'가 나타난다면, 그동안 민중들이 겪은 참혹한 상황을 자기들 대신 조정에 전해줄 수 있다고 여기고 있는 것이다.

병렬로 나타낸 현실 비판의 세계

「합강정가」는 잔치를 둘러싼 두 가지 상황, 즉 잔치의 화려함과 읍민의 피폐상의 대조적 상황에서 작품의 모티브를 끌어내었다. 두 상황을 포착한 화자는 이것을 극단적으로 대조하여 나타내고자 하였다. 병렬이란 시에 있어서 서로 다른 구절, 행 등이 대응하는 상태를 말한다. 해당 작품에서 대조적인 두 상황에 대한 인식은 각 장면에 대한 묘사나 서술에서 병렬로 드러나는데, 가장 잘 드러난 두 부분을 중심적으로 보면 다음과 같다.

천추절 성절일 즐거우나 창오산 저녁 구름 슬프도다
뱃놀이 좋을시고 가을걷이 급함을 생각하랴

첫 번째 행에서 '천추절 성절일'과 '창오산'이, 즐거움과 슬픔의 대립적 병렬을 이룬다. 이어 두 번째 행에서는 감사의 음주 행각과 백성들의 가을걷이가 대조되어 대립적 병렬을 이룬다.

홍수 가뭄에 피해 입은 백성이 관찰사 가을 순행 기다림은 / 가을걷이 부족함을 채워 줄까 해서인데 지나는 곳마다 죄를 묻는 폐단 있네
인자한 우리 임금 곡식 한 묶음도 모래 덮일까 염려하는데 / 불쌍한 백성 논밭에다 좁은 길 넓히란다

백성의 바람과 실제 현실의 대조가 드러난다. 당시 기근(흉년으로 먹을 양식이 모자라 굶주림)에 고통 받던 백성들은 감사의 순시가 있으면, 구휼(재난을 당한 사람이나 빈민에게 금품을 주어 구제함)을 기대하였다. 그런데 백성들의 기대와는 달리 고역을 해야만 했는데, 이러한 상황이 '홍수 가뭄~폐단 있네'에서 정확히 대립적 병렬을 이루어 나타났다.

한편, '인자한 우리 임금~덮일까 염려하는데'와 '불쌍한~좁은 길 넓히란다'에서 대립적 병렬을 이룬다. 나라 법으로는 한 속(논밭 넓이의 단위. 한 속은 한 줌의 열 배)의 땅이라도 없앨 수 없게 되어 있는데, 감사는 길을 넓히느라고 백성의 밭에 모래를 덮어 길을 만들었다는 것이다. 즉, '논밭'과 '모래', '좁은 길'과 '넓은 길'이 대조를 이루며 대립적 병렬을 형성한다.

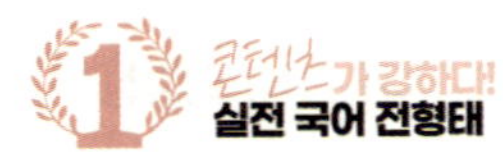

STEP 05 나BS 실전 문제

다음 글을 읽고 물음에 답하시오. [24.9.고1 교육청 기출]

(가)

장마 가뭄에 피해 입은 백성이 관찰사 가을 순행 기다림은
가을걷이 부족함을 채워줄까 해서인데 지나는 곳마다 죄를 묻는 폐단 있네
무논 재해도 감췄는데 목화밭이야 거론할까
백 묘(畝)나 되는 벌건 땅에 백지징세 하는구나
인자한 우리 임금 곡식 한 묶음도 모래 덮일까 염려하는데
불쌍한 백성 논밭 에다 좁은 길 넓히란다
각읍 관리 독촉하니 채찍 몽둥이 낭자하다
허다한 관인들이 대호(大戶) 소호(小戶)에 분담시켜
사방(四方) 부근 십 리 안에 닭과 개가 멸종하네
부자는 괜찮지만 가련한 이 가난한 자로다
해는 기울고 이정*은 저녁밥 재촉할 때
텅 빈 부엌 에서 우는 아낙 발 구르며 하는 말이
방아품에 얻은 양식 한두 되 있건마는
채소도 있건마는 그릇은 누구에게 빌릴꼬
앞뒷집 돌아보니 섣달그믐에 시루 빌리는 격이로다
한 마을 닭과 개 다 먹어 치우고 집집마다 또 거둔단 말인가
대호(大戶)에는 한 냥 넘고 소호(小戶)에도 육칠 전이라
이 놀이 다시 하면 이 백성 **못 살겠**네
낙토(樂土)에서 태어난 사람 태평성대 좋다 하여
편안히 지내더니 하릴없이 떠도네
한 사람의 호사(豪奢)가 몇 사람의 난리 되고
집과 논밭 다 팔고서 어디로 가잔 말인고
비나이다 비나이다 하느님께 비나이다
우리 임금님 어진 마음 밝은 촛불 되게 하시어 비추소서 비추소서
소문에 들리기를 아전 향원(鄕員) 벌한다기에
간악한 이 벌하는가 여겼더니 음식과 도로(道路) 탓하는구나
노예 차출 무슨 일인고 순령수의 권세로다
음식은 넘쳐나고 **뇌물은** 공공연히 오고 가니
좋을시고 좋을시고 상평통보 좋을시고
많이 주면 무사하고 적게 주면 트집 잡네
춘당대(春塘臺)*에 치는 장막 오목대(梧木臺)에 무슨 일인고
참람(僭濫)한* 과거장서 재주 겨루는 유생(儒生)들아
오십삼 주* 시예향(詩禮鄕)에 의로운 선비 하나 없단 말인가
먹을 복 좋은 우리 순상* 출세운 좋은 우리 순상
들어오시면 육조판서 나가시면 팔도 관찰사
공명도 거룩하고 부귀도 그지없다

망극하도다 나라 은혜여 감격스럽도다 임금님 은혜여
한 토막 절개라도 있다면 온 힘을 다해 은혜에 보답하리라
배은망덕하게 되면 **자손에게** 화가 미치리라

　　　　　　　　　　　　- 작자 미상, 「합강정가(合江亭歌)」 -

*이정 : 조선 시대에 지방 행정 조직의 최말단인 이(里)의 책임자.
*춘당대 : 서울 창경궁 안에 있는 대(臺)로 옛날에 과거를 실시하던 곳.
*참람한 : 분수에 넘쳐 너무 지나친.
*오십삼 주 : 조선 시대에 전라도가 53주였음.
*순상 : 조선 시대에 지방의 군무(軍務)를 순찰하던 일을 맡아보던 벼슬. 각 도의 관찰사가 겸임하였음.

(나)

돌아가리 돌아가리 말뿐이오 갈 이 없어
전원이 거칠어지니 아니 가고 어찌할까
초당 에 청풍명월(淸風明月)이 나명들명 기다리나니

　　　　　　　　　　　　　　　　〈효빈가〉

농암*에 올라 보니 노안(老眼)이 오히려 밝구나
인사(人事) 변한다고 산천이야 변할 것가
바위 앞 물과 언덕이 어제 본 듯하구나

　　　　　　　　　　　　　　　　〈농암가〉

공명(功名)이 끝이 있을까 수명도 하늘이 정한 것이라
금서 띠*에 굽은 허리에 팔십 넘어 만난 ㉠ 봄이 그 몇 해오
해마다 오늘 같은 날이 역시 임금님 은혜로다

　　　　　　　　　　　　　　　　〈생일가〉

　　　　　　　　　　　　- 이현보, 「귀전록(歸田錄)」 -

*농암 : 경북 안동 예안의 분강(汾江) 가에 있는 바위 이름.
*금서 띠 : 1품 또는 2품 관원의 조복에 두르던 금이나 물소 뿔로 만든 띠.

(다)

　나는 긴 ㉡ 여름 동안 별로 할 일이 없어서 늘 연못가 에 나가 고기들이 입을 뻐끔거리며 노는 모양을 구경하곤 했다. 그러던 어느 날 이웃에 사는 사람이 나에게 대나무를 베어다가 낚싯대를 만들어 주고 또 바늘을 굽혀 낚시를 실에 달아 주었다. 그동안 서울 생활에 바빠 일찍이 낚시 놓는 법도 알지 못했던 나는, 이웃 사람이 나를 위하여 낚싯대를 만들어 준 것만으로도 감사할 뿐이었다. 그래서 그 낚싯대를 물에 던져 넣은 뒤에 온종일을 기다려 보았다. 그러나 고기가 한 마리도 물리지 않았다.

　　　　　　　　　　　　(중략)

　나는 그 사람이 가르쳐 주는 방법대로 낚싯대를 드리워 한참 만에 서너 마리의 고기를 낚아 올릴 수가 있었다. 그 사람은 또 말하기를,
　"ⓐ 고기 잡는 방법은 그렇게 하면 잘 되었네만 ⓑ 고기 잡는 묘리는 아

직 깨닫지 못하였네." 하였다.

　그는 나의 낚싯대를 빼앗아 가지고 물속에 던져 넣었다. 그는 내가 낚던 낚싯대와 내가 쓰던 미끼와 내가 앉았던 자리를 그대로 이용하였으나 그가 잡아 올리는 물고기는 마치 기다리기라도 한 듯이 낚싯대를 던져 넣기가 바쁘게 딸려 올라왔다. 광주리에서 건져 내는 것 같았고, 소반에 올려놓은 것을 세는 것 같았다. 나는 감탄하면서 말하였다.

　"참으로 솜씨가 좋기도 하네. 자네, 그 묘한 솜씨를 좀 가르쳐 주겠나."

　"잡는 방법이야 가르쳐 줄 수 있지만 묘한 솜씨야 가르쳐 줄 수 있겠나. 만일 가르쳐 줄 수 있다면 그것은 묘수라고 할 수 없지. 그러나 내가 자네에게 말할 수 있는 것은, 곧 자네가 내가 가르쳐 준 대로 아침이나 저녁이나 이 낚싯대를 물속에 드리워 놓고 정신을 집중하여 열흘이고 한 달이고 그 방법을 익힌다면 그 묘법을 터득할 수 있다는 것일세. 그렇게 되면 손은 알맞게 움직일 수 있고, 마음은 스스로 묘법을 이해하게 될 것일세. 그럼으로써 지금까지 얻을 수 없는 것과, 또 지금까지 깨닫지 못하던 오묘한 이치와, 한 가지는 깨달았지만 그 나머지 두세 가지 깨닫지 못한 것과, 아무것도 모르고 오히려 의혹만 많아지는 것과, 또 환하게 깨달았지만 그 깨달은 까닭은 모르는 것들을 모두 얻을 수 있을 것일세. 그러나 이런 것을 다 얻게 되면 내가 어떻게 거기에 간여할 수 있겠는가? 내가 자네에게 할 수 있는 말은 오직 이것뿐일세."

　나는 낚싯대를 받아 물속에 던져 넣으면서 스스로 한탄하였다.

　"참으로 그대의 말이 훌륭하다. 이러한 방법을 가지고 미루어 이용한다면 그것이 어찌 낚시 놓는 데만 응용되겠는가? 옛사람이 말하기를 '작은 것을 가지고 큰 것을 깨우칠 수 있다'고 하였는데 바로 이를 두고 한 말 아닌가?"

– 남구만, 「조설(釣說)」 –

---

01. (가)~(다)에 대한 설명으로 가장 적절한 것은?

① (가)와 (나)는 자연물에 인격을 부여하여 화자의 정서를 강조하고 있다.
② (가)와 (다)는 색채 대비를 활용하여 대상의 특징을 드러내고 있다.
③ (나)와 (다)는 대상을 다양한 관점에서 묘사하여 장면을 구체화하고 있다.
④ (가)~(다)는 모두 대화의 형식을 사용하여 주제를 부각하고 있다.
⑤ (가)~(다)는 모두 의문의 방식을 활용하여 상황에 대한 인식을 드러내고 있다.

---

02. 〈보기〉를 바탕으로 (가)~(다)를 감상한 내용으로 적절하지 <u>않은</u> 것은?

〈보기〉

　문학 작품에서 공간은 작품 안에 표현된 다양한 경험의 배경이자 상황적·역사적 맥락으로서의 의미를 지닐 수 있다. 작품 안에서의 공간은 인물들의 말과 행동, 대상의 이미지나 상징 등과의 관련성 속에서 다양한 의미로 실현된다.

① (가)의 논밭은 지배층을 위해 길로 넓혀진다는 점에서 백성들이 빼앗긴 삶의 터전을 의미하는 공간이라고 할 수 있다.
② (가)의 텅 빈 부엌은 방아품으로 얻은 양식을 담을 그릇조차 없는 곳이라는 점에서 아낙이 자신의 처지에 슬픔을 느끼는 공간이라고 할 수 있다.
③ (나)의 초당은 화자가 청풍명월과 어울릴 수 있는 곳으로 여긴다는 점에서 화자가 지향하는 공간이라고 할 수 있다.
④ (나)의 산천은 인사로 인해 변해 버린다는 점에서 변함없는 자연에 대한 화자의 소망을 투영한 공간이라고 할 수 있다.
⑤ (다)의 연못가는 '나'가 낚시의 경험을 통해 깨달음을 얻는다는 점에서 글쓴이의 배움이 확장되는 공간이라고 할 수 있다.

---

03. ㉠과 ㉡에 대한 이해로 가장 적절한 것은?

① ㉠은 화자가 임금님의 은혜에 감사를 느끼는 시간이고, ㉡은 글쓴이가 새로운 것을 시도하는 시간이다.
② ㉠은 화자가 인생의 덧없음을 느끼는 시간이고, ㉡은 글쓴이가 이웃의 친절에 고마움을 느끼는 시간이다.
③ ㉠은 화자가 내적 갈등을 해결하는 시간이고, ㉡은 글쓴이가 자신의 삶의 가치를 새롭게 인식하게 되는 시간이다.
④ ㉠은 화자가 한 해를 또 맞이하는 슬픔을 나타내는 시간이고, ㉡은 글쓴이가 자신의 지나온 삶을 반성하는 시간이다.
⑤ ㉠은 화자가 공명을 추구하던 시절을 의미하는 시간이고, ㉡은 글쓴이가 대상과의 교감을 통해 과거의 상황을 추억하는 시간이다.

04. 〈보기〉를 참고하여 (가)를 감상한 내용으로 적절하지 <u>않은</u> 것은?

― 〈보기〉 ―

「합강정가」는 순시를 온 관찰사를 위한 뱃놀이와 관련한 현실을 비판한 작품이다. 이 작품은 관리들이 백성에게 잔치에 드는 비용을 부담시키는 일, 뇌물이 오고 가며 부정이 횡행한 일, 백성들이 가렴주구로 인해 유랑민이 되는 일 등 지배 계층의 유흥을 위해 강제로 노역에 동원되고 수탈을 당하는 백성들의 현실을 생생하게 그려 내고 있다. 특히 마지막 부분은 의로운 선비에 대한 기대와 관찰사를 향한 경고를 드러내고 있다.

① '이 놀이'를 '다시' 하게 되면 백성들이 '못 살겠'다고 한 것은 지배 계층의 유흥을 위해 수탈을 당하는 백성들의 현실을 드러낸다고 볼 수 있겠군.
② 백성들이 '집과 논밭'을 '다 팔고서' 떠나는 것은 가렴주구로 인해 유랑의 길을 떠나야 하는 백성들의 고통스러운 현실을 드러낸다고 볼 수 있겠군.
③ '뇌물'을 '많이 주면 무사하고 적게 주면 트집'이 잡히는 것은 관리들이 뇌물을 받으며 부정을 저지르는 것에 대한 비판을 드러낸다고 볼 수 있겠군.
④ '유생'들이 '과거장'에서 '재주'를 '겨루는' 것은 의로운 선비가 되기 위해 과거에 통과하기를 바라는 유생들의 기대를 드러낸다고 볼 수 있겠군.
⑤ '배은망덕'하면 '자손에게 화가 미치리라'라는 것은 임금에 대한 은혜를 잊지 말라는, 관찰사를 향한 경고를 드러낸다고 볼 수 있겠군.

05. (다)의 ⓐ, ⓑ에 대한 설명으로 적절하지 <u>않은</u> 것은?

① ⓐ는 누군가의 가르침을 통해 습득할 수 있다.
② ⓑ를 터득하면 다른 사람이 간여하지 않아도 된다.
③ ⓐ에 집중하기 위해서는 ⓑ에 대한 의혹에서 벗어나야 한다.
④ ⓐ를 꾸준히 반복하여 익힌다면 마음은 스스로 ⓑ를 이해하게 된다.
⑤ ⓑ를 알게 된 후에는 ⓐ만 알고 있을 때보다 더 많은 수확을 거둘 수 있다.

18 작자 미상, 계녀가

STEP 01 OX 문제를 통한 지문 이해 훈련

아해야 들어 봐라 내일이 신행이라
네 마음 어떠하며 이 심사 갈발*없어
우마에 짐을 싣고 금반*을 굳게 매어
친정을 하직하고 **시가로 들어가니**
부모께 떠날 적에 **경계할 말** 많고 많다
문밖에 사관할 제 세수를 일찍 하고
문밖에서 절을 하고 가까이 나와 앉아
방이나 덥사온가 잠이나 편하신가
살뜰히 물을 적에 저근덧 앉았다가
가만히 돌아 나와 진지를 차릴 적에
식성을 물어 가며 반찬을 맞게 하고
꿇어앉아 진지하고 식상을 물린 후에
할 일을 사뢰 보아 다른 일 없다시면
내 방에 돌아 나와 일손을 바삐 들여
흥돈흥돈* 하지 말고 **지낙지낙*** 하여서라
        (중략)
두세 살 먹은 후에 지각이 들거들랑
장난을 절금하고 음식을 존절하고
명주옷 입게 말고 새 소음 놓지 말고
썩은 음식 주지 말고 상한 고기 먹지 말고
귀타고 안을 받아 버릇없게 하지 말고
밉다고 과장 주어 정신없게 하지 말고
맹자의 어마임도 맹자를 기르실 제
이사를 세 번 하여 학교 곁에 사시고
이웃에 돼지 잡거늘 너 먹인다 속이시고
도로혀 후회하여 사다가 먹이신다
너희도 이것 보와 속이지 말아서라
아해야 들어 봐라 또 한 말 이르리라
노비는 수족이라 수족 없이 어이 살며
더위에 농사지어 상전을 봉양하며
추위에 물을 끼려 상전을 공양함이
그 아니 불쌍하며 그 아니 귀할손가

귀천은 다르나마 혈육은 한가지라
꾸짖어도 악언 말고 치나마 과장 말고
명분을 밝게 하여 기수*를 잃지 마라
나이 많은 종이거든 언어를 삼가고
어린 종이거든 자식같이 길러서라
제때에 해 입히고 배곯게 말아서라
아해야 들어 봐라 또 한 말 이르리라
제가를 하온 후에 치산을 하여서라
곡식이 많으나마 입치레하지 말고
포백이 많으나마 몸치장하지 말고
헌 의복 기워 입고 잡음식 먹어서라
집 안은 자주 쓸되 문지 앉게 말아서라
기명을 알아 놓아 닭과 개가 깨게 말아
이웃을 왕래할 제 무릅을 쓰고 가고
급한 일 아니거든 밤으로 왕래 말고
남의 집 가거들랑 더욱 조심하여서라
웃음을 과이하여 이뿌리 나게 말고
옷귀를 매게 하여 속옷을 나게 말고
남의 말 하지 말고 남의 집 내지 말아
인물을 평론 말고 양반을 고하 말고
부귀를 흠선 말고 음식을 욕심 말아
아해야 들어 봐라 또 한 말 이르리라
남의 집 처음 갈 때는 조심이 많건마는
세월이 많애가면 홀만키기 쉬우려니
처음의 가진 마음 늙도록 변치 마라
옛글에 있는 말과 세정에 담은 일로
대강으로 기록하여 **책을 매서** 경계하니
이 책을 잃지 말고 시시로 내어 보며
행신과 처세할 제 유익하게 되었으라
그밖에 경계할 말 무수히 있다만은
정신이 아득하여 이만하여 그치노라

*갈발 : 어디에 머물지 못하고 정처 없이 떠돎. / *금반 : 물건을 매는 줄. / *흥돈흥돈 : 두서없이. / *지낙지낙 : 침착하게. / *기수 : 순서, 차례.

OX문제

01 명령형 어조를 활용하여 대상의 행동을 유도하고 있다. [2021학년도 6월]   (O / X)

02 현실에 대한 부정적 인식을 바탕으로 앞날에 대한 회의를 드러내고 있다. [2022학년도 수능]   (O / X)

03 화자는 '부모'를 떠나는 '아해'에게 '경계할 말'을 전하기 위해 '책을 매'었다.   (O / X)

04 화자는 '아해'에게 '시가로 들어가'면 '더위에 농사'짓고, '추위에 물을 끼려' '상전'을 모실 것을 당부하였다.   (O / X)

05 현재의 상황을 바탕으로 미래에 대한 바람을 드러낸다. [2026학년도 9월]   (O / X)

STEP 02 지문 분석

아해야 들어 봐라 『내일이 신행이라
화자의 딸   혼인할 때에, 신부가 신랑 집으로 감.

■ : 말을 건네는 방식 → 교훈을 강조

말과 소
네 마음 어떠하며 이 심사 갈발없어 / 우마에 짐을 싣고 금반을 굳게 매어
어디에 머물지 못하고 정처 없이 떠돎.   물건을 매는 줄

친정을 하직하고 시가로 들어가니 / 부모께 떠날 적에 경계할 말 많고 많다』
작별을 고하고   『 』 : 화자의 상황 → 시집가는 딸에게 지켜야 할 규범과 덕목을 전함.

서사 : 시집가는 딸에게 경계하는 말을 전하고자 함.

문밖에 사관할 제 세수를 일찍 하고 / 문밖에서 절을 하고 가까이 나와 앉아

방이나 덥사온가 잠이나 편하신가 / 살뜰히 물을 적에 저근덧 앉았다가
잠시

가만히 돌아 나와 진지를 차릴 적에 / 식성을 물어 가며 반찬을 맞게 하고

꿇어앉아 진지하고 식상을 물린 후에 / 할 일을 사뢰 보아 다른 일 없다시면
음식을 갖추어 차린 상

내 방에 돌아 나와 일손을 바삐 들여 / 흥돈흥돈 하지 말고 자낙자낙 하여서라
두서없이   침착하게

사구고 : 시부모님을 섬김.

(중략)

두세 살 먹은 후에 지각이 들거들랑 /
사물의 이치나 도리를 분별하는 능력

장난을 절금하고 음식을 존절하고 / 명주옷 입게 말고 새 소음 놓지 말고
금지하고   알맞게 절제하고   솜

썩은 음식 주지 말고 상한 고기 먹지 말고

귀타고 안을 받아 버릇없게 하지 말고 / 밉다고 과장 주어 정신없게 하지 말고

〈맹자의 어마임도 맹자를 기르실 제
■ : 규범적 인물 제시 → 행해야 할 규범 구체화

이사를 세 번 하여 학교 곁에 사시고
〈 〉 : 맹모삼천지교와 매동가돈육 고사 인용

이웃에 돼지 잡거늘 너 먹인다 속이시고 / 도로혀 후회하여 사다가 먹이신다〉

너희도 이것 보와 속이지 말아서라

육아 : 아이를 잘 길러 냄.

계녀가 → '여자를 경계하는 노래'라는 의미의 계녀가는, 딸을 시집보내는 어머니가 자신의 딸에게 예의범절에 관하여 훈계하는 규방 가사이다. 조선 시대 부녀자가 지켜야 하는 덕목과 규범에 대한 내용으로 구성되어 있다.

아해야 들어 봐라~경계할 말 많고 많다 → 친정어머니인 화자가 자신의 딸을 '아해(아이)'라고 부르며 작품이 시작되고 있다. '신행'을 하루 앞둔 딸에게 시댁에서 마땅히 지켜야 하는 도리를 경계하기 위해 작품을 짓게 되었음이 드러나 있다.

문밖에 사관할 제~자낙자낙 하여서라 → 시부모님을 섬길 때 행실을 어떻게 해야 하는지에 대해 전하고 있는 부분이다. 화자는 딸에게 시부모님의 잠자리를 살피고, 식성을 고려하여 알맞게 음식을 차린 후 일손을 도우며 얌전히 행동해야 한다고 이야기하고 있다.

두세 살 먹은 후에~정신없게 하지 말고 → 아이의 양육에 대한 가르침을 전하고 있는 부분이다. 아이가 두세 살을 먹은 후 어느 정도 분별하는 능력이 생기면, 장난을 엄하게 금하고 음식과 겉치장은 소박하게 하며 좋지 않은 음식을 먹이지 말 것을 권고하고 있다. 또한 귀하다고 다 받아주어 버릇없게 만들거나, 밉다고 과하게 혼내 정신이 혼미하게 하지 말라고 당부하고 있다.

맹자의 어마임도~사다가 먹이신다 → 맹자와 관련한 '① 맹모삼천지교, ② 매동가돈육'이 인용된 부분이다. 그 내용은 다음과 같다.

① 세 살 때 아버지를 잃고 홀어머니 밑에서 성장한 맹자는 모방하려는 기질이 있어 주변의 풍습을 흉내 내곤 했다. 한번은 집이 공동묘지 근처에 있었는데, 맹자가 무덤을 만드는 흉내를 내며 노는 것을 본 맹자의 어머니는 시장 근처로 이사를 한다. 그러자 맹자는 장사꾼의 흉내를 내기 시작했고, 맹자의 어머니는 또다시 이사하여 학교 근처에 자리 잡는다. 그러자 맹자는 예의바른 행동을 하기 시작했고, 그제야 맹자의 어머니는 마음을 놓고 그곳에서 살기 시작한다. 자녀의 교육을 위해 적절한 환경을 찾는 부모의 노력이 중요함을 말하는 고사이다.

아해야 들어 봐라 또 한 말 이르리라

노비는 수족이라 수족 없이 어이 살며
　　　손과 발

「더위에 농사지어 상전을 봉양하며 / 추위에 물을 끼려 상전을 공양함이」
웃어른을 모셔 음식 이바지를 함.
　　「 」: 주인을 모시기 위해 고된 일을 해야 하는 노비의 처지

그 아니 불쌍하며 그 아니 귀할손가

귀천은 다르나마 혈육은 한가지라
신분의 귀함과 천함

꾸짖어도 악언 말고 치나마 과장 말고 / 명분을 밝게 하여 기수를 잃지 마라
　　　　　　　　　　　　　　　　순서, 차례

나이 많은 종이거든 언어를 삼가고 / 어린 종이거든 자식같이 길러서라

제때에 해 입히고 배곯게 말아서라

어노비 : 종들을 잘 거느리는 대책

집안 살림살이를 잘 돌보고 다스림.
제가를 하온 후에 치산을 하여서라
집안을 잘 다스려 바로잡음.

곡식이 많으나마 입치레하지 말고 / 포백이 많으나마 몸치장하지 말고
　　　　　　군것질　　　　　　베와 비단

헌 의복 기워 입고 잡음식 먹어서라 / 집 안은 자주 쓸되 문지 앉게 말아서라
　　　　　　　　　　　　　　　　먼지

치산 : 살림살이를 잘 다스림.

기명을 알아 놓아 닭과 개가 깨게 말아 / 이웃을 왕래할 제 무릅을 쓰고 가고
이름을 적음.　　　　　　　　부녀자들이 바깥을 출입할 때 머리 위를 덮고 얼굴 부분을 가리는 윗옷의 일종

급한 일 아니거든 밤으로 왕래 말고 / 남의 집 가거들랑 더욱 조심하여서라

웃음을 과이하여 이뿌리 나게 말고 / 옷귀를 매게 하여 속옷을 나게 말고
　　　　　　　　　　　　　옷깃

남의 말 하지 말고 남의 집 내지 말아

인물을 평론 말고 양반을 고하 말고 / 부귀를 흠선 말고 음식을 욕심 말아
　　　　　　　　　　　　우러러 공경하고 부러워함.

출입 : 이웃과의 사귐.

아해야 들어 봐라 또 한 말 이르리라

남의 집 처음 갈 때는 조심이 많건마는
　　　소홀하기
세월이 많애가면 홀만키기 쉬우려니

② 어느 날 이웃집에서 돼지를 잡는 것을 본 맹자가 어머니에게 그 이유를 물었고, 어머니는 무심코 "너를 먹이려고 그런단다."라고 답하였다. 그러나 이것이 거짓말이 될 경우 불신을 가르치게 되는 것이라 여긴 맹자의 어머니는, 결국 그 돼지고기를 실제로 사서 맹자에게 먹인다. 자녀와의 약속과 신뢰의 중요성에 대해 알려 주는 고사이다.

노비는 수족이라~배곯게 말아서라 → 노비들의 소중함과 그들을 잘 거느릴 수 있는 대책에 대해 전하고 있는 부분이다. 화자는 궂은 날씨에도 자신들을 위해 일하는 '노비' 없이는 살 수 없다며, 신분이 달라도 그들을 마땅히 올바르게 대해야 함을 강조하고 있다.

제가를 하온 후에~문지 앉게 말아서라 → 집안의 살림살이를 잘 돌봐야 한다는 가르침을 전하고 있는 부분이다. 곡식이 많더라도 군것질을 하지 말고, 옷감이 많더라도 몸치장을 하지 말라며 검소한 생활 태도를 강조하고 있다.

기명을 알아 놓아~음식을 욕심 말아 → 이웃과 교류할 때 지켜야 하는 행실에 대해 전하고 있는 부분이다. 이웃집에 갈 때는 미리 '기명'을 알아 두고 '무릅'을 쓰고 가야 한다는 것에서, 조선 시대 부녀자들이 바깥출입을 할 때 따라야 했던 규범이 드러나고 있다. 또한 밤에 출입하는 것은 자제하고 항상 조심하며, 과하게 웃거나 옷차림을 제대로 하지 않으면 안 된다는 등의 유교적 가르침이 나열되어 있다.

남의 집 처음 갈 때는~늙도록 변치 마라 → 처음 시댁에 갈 때에는 조심스런 태도가 많지만 세월이 흐를수록 소홀해지기 쉬우니 첫 마음가짐을 잊지 말고 계속 가지고 있어야 함을 당부하고 있다.

처음의 가진 마음 늙도록 변치 마라

항심 : 변함없이 올바른 마음가짐

옛글에 있는 말과 세정에 담은 일로 / 대강으로 기록하여 책을 매서 경계하니
세세히 맺힌 정

이 책을 잃지 말고 시시로 내어 보며 / 행신과 처세할 제 유익하게 되었으라
경우에 따라서 가끔 ↳ 세상을 살아가는 데 가져야 할 몸가짐이나 행동

그밖에 경계할 말 무수히 있다만은 / 정신이 아득하여 이만하여 그치노라

결사 : 경계한 말을 잊지 말고 내어 보며 처세할 것을 전함.

옛글에 있는 말과~이만하여 그치노라 → 옛글과 마음에 담은 말로 작품을 지어 경계하니 잃어버리지 말고 보며 올바르게 처세할 것을 강조하고 있다. 작품의 창작 의도를 직접적으로 제시하면서 주제 의식을 부각하고 있다.

나BS _ 나 없이 EBS 풀지마라

STEP 03 작품 해제

나BS 수능특강 | 고전문학

01 | 주제

시집가는 딸에게 전하는 부녀자로서의 행실에 대한 경계

02 | 특징

① 시집가는 딸에게 부녀자로서의 행실을 전하는 전달 중심의 시
② 명시적 청자에게 말을 건네는 방식을 사용하여 부녀자의 도리에 대해 권계(잘못함이 없도록 타일러 주의시킴)함.
③ 3·4조의 음수율과 4음보의 율격을 통해 리듬감을 형성함.
④ 맹자의 어머니와 관련된 고사를 인용하여 교육의 중요성을 강조함.

03 | 작품 해제

「계녀가」는 조선 후기 지어진 계녀가류 규방 가사의 하나로, 시집가는 딸에게 부녀자로서 지켜야 할 규범과 덕행을 가르칠 목적으로 지어진 작품이다. 교훈의 목적이 뚜렷하기에 계녀가류 규방 가사의 전형적인 구성을 가졌다는 특성이 있으며, 그 내용은 ① 서사, ② 사구고(시부모를 섬김), ③ 사군자(남편을 섬김), ④ 목친척(친척과 화목함), ⑤ 봉제사(제사를 받듦), ⑥ 접빈객(손님을 대접함), ⑦ 태교, ⑧ 육아, ⑨ 어노비(종들을 다스림), ⑩ 치산, ⑪ 출입, ⑫ 항심(평소의 마음가짐), ⑬ 결사와 같은 13개의 항목으로 짜여 있다. 이러한 계녀가 가사들은 중국의 인물이나 고사를 활용하여 규범적 인물의 행실을 제시하는 등의 방식을 통해 이상적인 여성상을 구체화하였다.

STEP 04 논문으로 만나는 출제자의 시선

나BS 수능특강 | 고전문학

▶ 계녀가류 규방 가사의 교훈

조선은 성리학을 국가의 통치 이념으로, 부계 가족 질서를 사회·국가 윤리로 확대하여 생활 전반을 지배하였다. 가문의 중요성이 대두되면서 높은 지위의 가문에서는 혼인을 통해 가문 간의 결합과 유대를 강화하였고, 이에 여자아이는 일정 기간 친정에서 성장한 다음 출가할 것을 전제로 집안의 성인 여성, 주로 어머니를 통해 유교적 윤리 규범에 입각한 부덕(부녀자의 아름다운 덕행)의 함양과 가정생활에 필요한 실용 교육을 받았다. 전통 사회 여성들은 딸로서보다는 며느리로 키워졌고, 여식으로서의 역할은 출가 후 친정 가문의 명예를 지켜 주는 것을 전제로 하여 교육되었는데, 여성 교육의 중요한 수단으로 규방 가사가 활용되었다.
계녀가류 규방 가사는 친정 부모가 딸에게 시가에서 지켜야 할 규범을 전달하는 양상을 띠고 있는데, 올바른 덕행을 깊이 듣고 본보기 삼으며, 세월이 지나면 소홀하기 쉬우므로 첫 마음가짐을 변치 않도록 하기 위해 가사로 지어 경계한 것이다. 따라서 계녀가류 규방 가사는 대체로 그 구성에 있어서 전형적인 형태를 띠며, 규범의 내용도 큰 차이가 없다. 이는 계녀가류 규방 가사가 『내훈』『규중요람』, 『우암선생 계녀서』 등 각종 여성 교훈서의 내용을 바탕으로 창작되었기 때문이다.
전통 사회에서 여성 교육의 목표는 가부장적 가족 제도에 바탕을 둔 효녀, 열부(절개가 굳은 여자)의 양성이었다. 이에 따라 계녀가류 규방 가사도 효친, 부부 간의 도리 등을 주요 내용으로 하고 있다. 계녀가류 규방 가사에서는 이들 내용을 구체화하여 교훈하기 위해 중국의 인물이나 고사를 활용하거나 부정적 인물의 행실을 제시하는 등의 방법을 활용하였다.

19 | 허난설헌, 규원가

수능 국어 대비
실전 국어 전형태

STEP 01

OX 문제를 통한 지문 이해 훈련

나BS 수능특강 | 고전문학

부생모육(父生母育) 신고(辛苦)하여 이내 몸 길러 낼 제
공후배필(公候配匹) 못 바라도 군자호구(君子好述) 원(願)하더니
삼생(三生)*의 원업(怨業)이오 월하(月下)*의 연분(緣分)으로
장안유협(長安遊俠) 경박자(輕薄子)를 꿈같이 만나 있어
당시(當時)의 용심(用心)하기 살얼음 디디는 듯
삼오이팔(三五二八) 겨우 지나 천연여질(天然麗質) 절로 이니
이 얼굴 이 태도(態度)로 백년기약(百年期約)하였더니
연광(年光)이 훌훌하고 조물(造物)이 다시(多猜)하여
봄바람 가을 달이 베올에 북 지나듯
설빈화안(雪鬢花顔) 어디 가고 **면목가증(面目可憎)** 되거고나
내 얼굴 내 보거니 어느 임이 날 괼쏘냐
스스로 참괴(慚愧)하니 누구를 원망(怨望)하리
삼삼오오(三三五五) 야유원(冶遊園)에 새 사람이 나단 말가
꽃 피고 날 저문 제 정처(定處) 없이 나가 있어
백마금편(白馬金鞭)*으로 어디어디 머무는고
원근(遠近)을 모르거니 소식(消息)이야 더욱 알랴
인연(因緣)을 그쳤은들 생각이야 없을쏘냐
얼굴을 못 보거든 그립기나 말으려믄
열두 때 김도 길사 서른 날 지리(支離)하다
옥창(玉窓)에 심은 매화(梅花) 몇 번이나 피어 진고
겨울밤 차고 찬 제 자취눈 섞어 치니
여름날 길고 길 제 궂은비는 므슴 일고
삼춘화류(三春花柳) 호시절(好時節)에 경물(景物)이 시름 없다
가을 달 방에 들고 **실솔(蟋蟀)**이 상(床)에 울 제

긴 한숨 지는 눈물 속절없이 혬만 많다
아마도 모진 목숨 죽기도 어려울사
도리어 풀쳐 혜니 이리하여 어이하리
청등(靑燈)을 돌려 놓고 녹기금(綠綺琴) 빗겨 안아
접련화(接蓮花) 한 곡조를 시름조차 섞어 타니
소상야우(瀟湘夜雨)의 대 소리 섯도는 듯
화표천년(華表千年)의 별학(別鶴)이 우니는 듯
옥수(玉手)의 타는 수단(手段) 옛 소리 있다마는
부용장(芙蓉帳) 적막(寂寞)하니 뉘 귀에 들릴소니
간장(肝腸)이 구회(九回)하여 굽이굽이 끊쳤세라
차라리 잠을 들어 꿈에나 보려 하니
바람에 지는 잎과 풀 속에 우는 짐승
므슴 일 원수로서 잠조차 깨우는다
천상(天上)의 견우직녀(牽牛織女) 은하수(銀河水) 막혔어도
칠월칠석(七月七夕) 일년일도(一年一度) 실기(失期)치 아니커든
우리 임 가신 후는 므슴 약수(弱水)* 가렸관데
오거니 가거니 소식(消息)조차 그쳤는고
난간(欄干)에 빗겨 서서 임 가신 데 바라보니
초로(草露)는 맺혀 있고 모운(暮雲)이 지나갈 제
죽림(竹林) 푸른 곳에 새소리 더욱 섧다
세상의 설운 사람 수없다 하려니와
박명(薄命)한 홍안(紅顔)이야 날 같은 이 또 있을까
아마도 이 임의 지위로 살동말동 하여라

*삼생 : 전생(前生), 현생(現生), 내생(來生)을 통틀어 이르는 말.
*월하 : 부부의 인연을 맺어 준다는 전설상의 늙은이.
*백마금편 : 흰 말과 금 채찍. 사내의 호사스런 기마 풍류를 나타내는 관용적 표현.
*약수 : 중국 서쪽의 전설 속의 강.

OX문제

01 고사를 활용하여 풍자의 효과를 높이고 있다. [2011학년도 6월]   (O / X)
02 계절감을 드러내는 표현을 사용하여 시간의 경과를 보여 주고 있다. [2017학년도 수능]   (O / X)
03 설의적 표현으로 현실에 대한 화자의 안타까움을 드러내고 있다. [2019학년도 6월]   (O / X)
04 '실솔', '새'에 화자의 감정을 이입하여 슬픈 정서를 효과적으로 표현한다.   (O / X)
05 화자는 '설빈화안'의 모습은 사라지고 '면목가증'이 되었다며 흘러간 세월에 대해 한탄하고 있다.   (O / X)

STEP 02 지문 분석

[EBS에 나오지 않은 파트까지 모두 넣은 전문 분석]

엊그제 젊었더니 하마 어이 다 늙거니
과거 환기 · 벌써
⇒ 엊그제 젊었더니 벌써 어이 다 늙었는가

소년행락(少年行樂) 생각하니 일러도 속절업다
젊은 시절의 즐거운 놀이나 풍류
⇒ 어린 시절 즐겁게 지내던 일을 생각하니 말해도 소용없다

늙어서야 서른 말 하자 하니 목이 멘다
⇒ 늙어서 서러운 말을 하자니 목이 멘다

부생모육(父生母育) 신고(辛苦)하여 이내 몸 길러 낼 제
고생
⇒ 부모님이 낳고 길러 고생하여 나의 몸 길러 내실 때

높은 벼슬을 가진 사람의 배필
공후배필(公候配匹) 못 바라도 군자호구(君子好逑) 원(願)하더니
군자의 좋은 아내
⇒ 높은 벼슬의 배필은 못 바라도 군자의 좋은 짝 되기를 원하였더니

삼생(三生)의 원업(怨業)이오 월하(月下)의 연분(緣分)으로
불교의 윤회 사상
⇒ 운명의 원망스러운 업보요 부부의 인연으로

장안유협(長安遊俠) 경박자(輕薄子)를 꿈같이 만나 있어
서울에서 유흥을 즐기는 풍류객
⇒ 서울의 경박한 사람을 꿈같이 만나서

당시(當時)의 용심(用心)하기 살얼음 디디는 듯
남편을 모시며 조심스럽게 살아가는 모습을 비유함.
⇒ 당시에 마음 쓰기가 살얼음 디디는 듯

삼오이팔(三五二八) 겨우 지나 천연여질(天然麗質) 절로 이니
타고난 아름다움
⇒ 열다섯 열여섯 겨우 지나 타고난 고운 모습 절로 나타나니

이 얼굴 이 태도(態度)로 백년기약(百年期約)하였더니
백 년 동안 한마음으로 살자는 부부간의 약속
⇒ 이 얼굴 이 모양으로 백 년 기약 하였더니

「연광(年光)이 훌훌하고 조물(造物)이 다시(多猜)하여
시기가 많음.
⇒ 세월이 빨리 지나가고 조물주가 시기가 많아

봄바람 가을 달이 베올에 북 지나듯」
세월이 빠르게 지나감을 비유적으로 표현함.　「 」: 시간의 흐름
⇒ 봄바람 가을 달이 베틀에 북 지나가듯

설빈화안(雪鬂花顔) 어디 가고 면목가증(面目可憎) 되거고나
얼굴 생김생김이 남에게 미움을 살 만한 데가 있음.
⇒ 아름다운 얼굴은 어디 가고 보기 싫은 얼굴이 되었구나.

내 얼굴 내 보거니 어느 임이 날 괼쏘냐
자신의 모습에 대한 자괴감
⇒ 내 얼굴 내가 보니 어느 임이 날 사랑할까

스스로 참괴(慚愧)하니 누구를 원망(怨望)하리
부끄러움
⇒ 스스로 부끄러우니 누구를 원망하리

서사 : 아름다웠던 과거를 회상하며 늙음을 한탄함.

삼삼오오(三三五五) 야유원(冶遊園)에 새 사람이 나단 말가
풍류객들이 노는 곳. 기생집　생겼다는
⇒ 삼삼오오 다니는 기생집에 새 사람이 생겼단 말인가

엊그제 젊었더니~목이 멘다 → 화자는 과거를 환기하며 시상을 열고 있다. 행복했던 과거와 서러운 말을 하는 현재의 대비로 상황을 강조하고 있다.

부생모육 신고하여~길러 낼 제 → 화자는 부모님이 자신을 고생하며 길러 냈다며 자신이 소중하게 자란 존재라는 것을 강조하고 있다. 이를 통해 현재 남편에게 박대 받는 억울한 화자의 처지가 더욱 강조되고 있다.

삼생의 원업이오 월하의 연분으로 → '삼생'은 전세, 현세, 내세의 세 가지 세상을, '원업'은 원망스러운 업보를 의미한다. 화자는 업에 따라 생사를 반복한다는 불교의 윤회 사상을 통해 잘못된 결혼이 자신의 업에 따른 것이라는 운명론적 태도를 드러내고 있다. 또한 '월하'는 부부의 인연을 맺어 준다는 전설상의 늙은이로, 중매쟁이를 뜻한다. 이는 중국 당나라의 위고(韋固)가 달밤에 어떤 노인을 만나 장래의 아내에 대한 예언을 들었다는 데서 유래한다.

장안유협 경박자를 꿈같이 만나 있어 → 자신의 임(남편)을 놀기 좋아하고 행동이 경박한 사람이라고 표현한 것을 통해, 화자가 임의 행동을 원망하고 있음을 확인할 수 있다.

설빈화안 어디 가고 면목가증 되거고나 → 늙어 버린 자신의 신세에 대한 화자의 한탄이 나타나고 있다. 이때 '설빈화안'과 '면목가증'의 대비를 통해 흐르는 세월로 인해 늙은 자기 자신에 대한 한탄의 감정을 심화하여 표현하고 있다.

내 얼굴 내 보거니~누구를 원망하리 → 아름다움과 젊음을 잃은 자신을 자조적으로 표현하고 있다. 이때 설의법을 통해 화자의 운명론적이며 체념적인 태도를 강조하고 있다.

꽃 피고 날 저문 제 정처(定處) 없이 나가 있어

⇒ 꽃 피고 날 저물 때 (남편이) 정처 없이 나가 있어

백마금편(白馬金鞭)으로 어디어디 머무는고
흰말과 금 채찍. 사내의 호사스러운 기마 풍류를 나타내는 관용적 표현

⇒ 화려한 복장으로 어디어디 머무는고

원근(遠近)을 모르거니 소식(消息)이야 더욱 알랴

⇒ 멀고 가까움을 모르거니 소식이야 더욱 (어찌) 알랴

인연(因緣)을 그쳤은들 생각이야 없을쏘냐

⇒ 인연을 끊어도 생각까지 없을쏘냐

얼굴을 못 보거든 그립기나 말으려믄

⇒ (남편의) 얼굴을 못 보거든 그립지나 말았으면

열두 때 김도 길사 서른 날 지리(支離)하다
외로움과 시름의 깊이를 시간으로 나타냄.

⇒ (하루도) 열두 때 길기도 길구나 (한 달도) 서른 날 지루하다

옥창(玉窓)에 심은 매화(梅花) 몇 번이나 피어 진고
남편이 집을 나간 지 여러 해가 됨.

⇒ 창가에 심은 매화 몇 번이나 피었다가 졌는가

겨울밤 차고 찬 제 자취눈 섞어 치니
겨우 발자국이 날 만큼 적게 내린 눈

⇒ 겨울밤 차고 찬 때 자취눈 섞어 치고

여름날 길고 길 제 궂은비는 므슴 일고

⇒ 여름날 길고 길 때 궂은비는 무슨 일인가

삼춘화류(三春花柳) 호시절(好時節)에 경물(景物)이 시름 없다

⇒ 봄날 좋은 시절 경치를 보아도 아무 감흥이 없다

가을 달 방에 들고 실솔(蟋蟀)이 상(床)에 울 제
□ : 감정 이입의 대상

⇒ 가을 달이 방 안에 들고 귀뚜라미가 침상에 울 때

긴 한숨 지는 눈물 속절없이 혬만 많다
생각

⇒ 긴 한숨에 떨어지는 눈물 속절없이 생각만 많다

아마도 모진 목숨 죽기도 어려울사

⇒ 아마도 모진 목숨 죽기도 어려울 테니

도리어 풀쳐 혜니 이리하여 어이하리

⇒ 돌이켜 풀어 생각하니 이리하여 어이하리

본사 1 : 임에 대한 원망과 애달픈 심정

『청등(靑燈)을 돌려 놓고 녹기금(綠綺琴) 빗겨 안아
시름 해소를 위해 켜는 악기
『 』 : 화자는 쓸쓸하고 외로운 마음을 녹기금을 통해 달래고 있음.

⇒ 등불을 돌려놓고 거문고 비스듬히 안아

접련화(接蓮花) 한 곡조를 시름조차 섞어 타니』
거문고 곡조 이름

⇒ 거문고 한 곡조를 (내) 시름 담아 섞어 타니

소상야우(瀟湘夜雨)의 대 소리 섯도는 듯
화자가 연주하는 곡의 쓸쓸함을 비유적으로 제시한 구절 ①

⇒ 소상강 밤비에 대나무 소리 섞어 도는 듯

화표천년(華表千年)의 별학(別鶴)이 우니는 듯
화자가 연주하는 곡의 쓸쓸함을 비유적으로 제시한 구절 ②

⇒ (묘 앞의) 망주석에 천 년의 이별의 학이 우는 듯

옥수(玉手)의 타는 수단(手段) 옛 소리 있다마는
여인의 아름답고 고운 손   솜씨

⇒ 아름다운 손으로 타는 솜씨 옛 소리 (그대로) 있다마는

꽃 피고 날 저문 제~어디어디 머무는고 → 방탕한 생활을 하는 임의 모습을 통해, 기생집만 들락이며 집으로 돌아오지 않는 남편에 대한 원망을 표현하면서도 한편으로는 임에 대한 그리움과 안타까움의 감정을 함께 드러내고 있다.

인연을 그쳤은들~서른 날 지리하다 → 임과 인연이 끊어졌다고 생각하면서도 임을 그리워하는 이중적인 모습이 드러나고 있다. 화자는 좀처럼 집에 들어오지 않는 남편에 대한 그리움으로 인해, 세월을 보내기 어려운 상황임을 한탄하고 있다.

겨울밤 차고 찬 제~혬만 많다 → 임에 대한 그리움과 자신의 처지에 대한 안타까움을 사계절의 풍경과 함께 표현하고 있다. 이때 '삼춘화류~시름 없다'에서 아름다운 경치를 함께할 남편이 옆에 없기 때문에, 꽃피는 봄날의 경치를 보면서도 마냥 즐길 수 없는 화자의 모습이 제시되고 있다. 이를 통해 꽃피는 봄날의 경치는 화자의 처지를 더욱 심화시키는 대상임을 알 수 있다.

소상야우의 대 소리 섯도는 듯 / 화표천년의 별학이 우니는 듯 → '소상야우의 대 소리 섯도는 듯'은 순임금의 두 왕비인 아황과 여영이 순임금이 죽었다는 소식을 듣고 소상강가에서 슬피 울다 몸을 던져 죽었다는 고사의 내용이다. 이때 흘린 눈물 자국이 대나무 반점으로 남았다고 하는데, 이를 소상반죽이라고 한다. 한편, '화표천년의 별학이 우니는 듯'은 옛날 중국 요동의 정영위라는 사람이 영허산에 가서 도를 배워 학이 되어 천 년 만에 고향에 돌아와서, 인생무상을 느끼고 화표주(묘 앞에 세우는 망주석의 기둥)에서 한탄했다고 하는 전설이다. 화자는 고사를 활용하여 거문고 소리를 '소상야우의 대 소리'와 '화표천년의 별학'의 울음소리에 빗대어 나타내고 있다.

부용장(芙蓉帳) 적막(寂寞)하니 뉘 귀에 들릴소니
연꽃을 그리거나 수놓은 휘장

⇒ 연꽃무늬 휘장(커튼)이 적막하니 누구의 귀에 들릴까

간장(肝腸)이 구회(九回)하여 굽이굽이 끊쳤세라
과장법 → 독수공방의 외로움과 한을 거문고로 겨우 달래는 자신의 처지를 한탄함.

⇒ 창자가 아홉 굽이가 되어 굽이굽이 끊어질 정도로구나

본사 2 : 거문고를 타며 외로움과 한을 달램.

차라리 잠을 들어 꿈에나 보려 하니
화자가 임과 재회하려 하는 매개체

⇒ 차라리 잠이 들어 꿈에나 (남편을) 보려 하니

바람에 지는 잎과 풀 속에 우는 짐승
■ : 재회를 방해하는 대상

⇒ 바람에 지는 잎과 풀 속에 우는 벌레

므슴 일 원수로서 잠조차 깨우는다

⇒ 무슨 일로 원수라서 잠조차 깨우는가

천상(天上)의 견우직녀(牽牛織女) 은하수(銀河水) 막혔어도
일 년에 한 번은 만날 수 있음 → 화자의 처지와 대비됨.

⇒ 하늘의 견우직녀는 은하수가 막혔어도

칠월칠석(七月七夕) 일년일도(一年一度) 실기(失期)치 아니 커든
때를 놓침.

⇒ 칠월 칠석 일 년에 하루는 때를 놓치지 않는데

우리 임 가신 후는 므슴 약수(弱水) 가렸관데
중국 서쪽의 전설 속의 강. 길이 3,000리나 되며, 부력이 매우 약하여 기러기의 털도 가라앉는다고 함.

⇒ 우리 임 가신 후엔 무슨 전설의 강이 가로막았는지

오거니 가거니 소식(消息)조차 그쳤는고

⇒ 오거나 가거나 소식조차 끊겼는가

난간(欄干)에 빗겨 서서 임 가신 데 바라보니

⇒ 난간에 기대어 서서 임 가신 데 바라보니

낮이 저물 무렵의 구름
초로(草露)는 맺혀 있고 모운(暮雲)이 지나갈 제
화자의 쓸쓸함을 강조하는 객관적 상관물

⇒ 풀에 이슬이 맺혀 있고 저녁 구름이 지나갈 때

죽림(竹林) 푸른 곳에 새소리 더욱 섧다

⇒ 대나무 숲 푸른 곳에 새 소리 더욱 서럽다

세상의 설운 사람 수없다 하려니와

⇒ 세상에 서러운 사람이 수없이 많다고 하려니와

박명(薄命)한 홍안(紅顔)이야 날 같은 이 또 있을까
붉은 얼굴의 미인

⇒ 운명이 기구한 미인이야 나 같은 이 또 있을까

아마도 이 임의 지위로 살동말동 하여라

⇒ 아마도 이 임의 탓으로 살 듯 말 듯 하여라

결사 : 임에 대한 원망과 자신의 운명에 대한 한탄

차라리 잠을 들어~잠조차 깨우는다 → 임을 잊을 수 없어 차라리 꿈속에서 임을 만나고자 하지만 그것마저도 풀벌레 소리 때문에 이룰 수 없음을 탄식하고 있다. 이를 통해 임에 대한 화자의 간절한 그리움을 확인할 수 있다.

천상의 견우직녀~소식조차 그쳤는고 → 일 년에 한 번이라도 만나는 견우직녀와 달리 임을 만나지 못하는 자신의 처지에 대한 한탄을 드러내고 있다. 또한 무슨 장애물이 가로막고 있기에 자신을 보러 한 번도 오지 않느냐며 임에 대해 아쉬움을 표출하고 있다.

초로는 맺혀 있고~새소리 더욱 섧다 → 임을 그리워하는 상황에서 '초로'는 그리움의 결정체이고, '모운'은 화자의 쓸쓸한 마음을 돋우는 대상이라 볼 수 있다. 또한 새소리는 화자의 서러운 감정이 이입된 대상으로, 화자의 감정을 더욱 심화한다.

박명한 홍안이야~살동말동 하여라 → 화자의 태도를 집약해서 보여 주는 구절이다. 화자는 자신의 운명이 기구하다고 한탄하고, 임 때문에 살 수 없다며 임을 원망하면서 마무리하고 있다.

STEP 03 작품 해제

01 | 주제

임의 부재로 인해 겪는 부녀자의 한(恨)

02 | 특징

① 화자의 외로움과 원망을 표현하는 화자 중심의 시
② '실솔', '새소리'에 화자의 감정을 이입하여 표현함.
③ 3·4(4·4)조, 4음보 연속체임.
④ 현전하는(현재까지 전하여 오는) 최초의 여류 가사임.

03 | 작품 해제

　남편과의 불행한 결혼 생활로 홀로 지냈던 작가의 불우한 삶을 형상화한 이 작품은 불성실한 남편에 대한 원망이 드러나 있어 「원부사」 혹은 「원부가」라고도 불린다. 여성의 한스러운 생활, 고독으로 인한 그리움, 슬픔의 정서를 주된 내용으로 전개하면서도 부드럽고 우아한 시풍이 나타난다. 남편의 부재로 인해 외롭게 세월을 보내는 화자는 이 작품을 통해 자기 삶을 비웃는 자조와 탄식, 돌아오지 않는 남편에 대한 원망과 그리움, 독수공방의 외로움, 운명의 한탄과 체념 등의 복합적 정서를 드러낸다.

　이 작품은 화자의 정서가 한탄과 자조에 그치는 것이 아니라 임에 대한 정면 비난을 포함하고 있다는 점이 독특하다고 할 수 있다. 탄식과 자조를 통한 남편에 대한 원망은 남편의 신의 없음에 대한 비난으로 이어진다. 결말에서는 '아마도 이 임의 지위로 살동말동하여라'라고 하며 임에 대한 원망과 비난을 직접적으로 표출했다. 또한 이 작품은 화자의 정서를 여러 가지 대상에 투영하거나 비유적으로 표현한 점이 돋보인다. 더불어 남편을 기다리는 여인의 절절한 심리를 섬세하게 형상화하여 높은 문학적 완성도를 보여 준다.

STEP 04 논문으로 만나는 출제자의 시선

LIBS 수능특강 | 고전문학 ●

남달라서 불행했던 여인의 강렬한 정서 분출

남달리 총명했던 허난설헌은 타고난 재능에 비해서 행복하게 살지 못했다. 15살에 김성립에게 시집을 갔으나 부부 사이가 별로 화목하지 못했고 시부모로부터도 사랑을 받지 못했다. 8세 때에 이미 「광한전백옥루상량문」을 쓸 정도로 재능이 뛰어났던 난설헌이 시부모와 남편에게는 오히려 큰 부담이 되었을지도 모른다. 그런 나머지 남편 김성립은 밖으로 돌며 난설헌을 외로움과 그리움에 시달리게 했다. 또한 난설헌은 어린 자식 남매를 잃었을 뿐만 아니라 뱃속의 아이까지 유산하는 불행을 겪었다. 타고난 재능에도 불구하고 어려서부터 닥친 삶의 고난 때문이었는지 23세 때에 "푸른 바닷물 신선바다에 스미고 / 푸른 난세는 채색 난세에 기대네 / 부용꽃 스물일곱 송이 / 붉게 떨어지니 서리달만 차구나"(「몽유광상산」)라는 예언적 시편을 남기고 27살에 세상을 떠났다.

난설헌은 8세에 「광한전백옥루상량문」이라는 거편을 남겨 그 문학적 재능을 보여 주었고, 한편으로는 『태평광기』를 즐겨 읽고 두보 등 당시(唐詩)에도 심취하여 문학 세계를 확장, 다양한 작품을 남겼을 뿐만 아니라 짧은 생애에 1,000여 편의 방대한 시문을 창작하였다. 그런데 자신의 작품을 남기기를 꺼려하여 다 불살라 버렸다고 한다. 이후 동생 허균은 그것을 수습하여 210여 편의 시문을 모아 난설헌 사후 『난설헌집』을 편찬했다고 한다. 허균을 통해서 난설헌의 작품은 중국에까지 전해져 명나라 오명제의 『조선시선』 등 중국인이 편찬한 조선 시 선집들에 두루 수록되어 명성을 날렸다. 그런데 조선에서는 난설헌의 작품이 폄하되었다. 16세기 당대에는 칭송을 받았지만 17세기 이후 조선후기에는 배척을 당했는데 서인 중심의 정국, 허균의 처형, 난설헌의 분방한 작품 세계 등이 요인이 되었을 것이다.

난설헌의 작품은 개인적인 불행을 노래한 시, 남녀 간의 애정시, 현실을 벗어나 무한한 신선의 세계를 노래한 유선시, 하층민이나 백성들의 고난을 노래한 시, 궁녀들의 일상을 노래한 궁사 등 당대의 여성 문학에서는 찾아볼 수 없는 다양한 시 세계와 시풍을 보여 준다. 난설헌은 자신의 주변을 중심으로 현실과 신선 세계를 오르내리고, 하층민의 공간에서 궁중을 넘나드는 광대한 시 세계를 보여 준 대형 여성 문학가였다. 가사 「규원가」 역시 한시에서 보여 준 난설헌의 이러한 시적 역량을 유감없이 보여 주는 가사이다.

여성 가사의 시작과 전개

조선 시대에는 여성들의 문학 활동이 그렇게 자유롭지 못했다. 허난설헌이 살았던 16세기에는 여성들의 사회적 지위가 조선 후기처럼 속박되어 있지 않았지만 학자와 문학가로서 활동하기에는 제약이 많은 시대였다. 그런 시기에 난설헌은 사대부 문벌가의 여성으로서 다른 여성들에게서는 찾아볼 수 없는 파격적인 작품들을 쏟아 냈다. 「규원가」는 이런 난설헌의 문학적 성향을 잘 보여 주는 작품으로, 문학사적으로 특별한 의미를 지닌다. 남성들의 가사 창작은 매우 일반화되어 있었지만 여성 가사는 없던 시절, 난설헌이 첫 가사 작품을 아주 강렬하게 시작한 것이다.

그런데 「규원가」 이후 여성 가사는 계속 창작되지 못했다. 현재 남아 있는 기록으로 볼 때, 17세기에는 여성 가사를 찾아볼 수 없고 18세기 이후에도 작가가 밝혀져 있는 작품은 그리 많지 않다. 그런 작품들도 「규원가」와는 달리 양반가 부녀자로서의 규범이나 품격을 유지하면서 그들의 정서를 완곡하게 그려 내고 있다. 「규원가」가 여성 문학의 시작을 알렸지만 부녀자로서의 규범에 얽매이지 않고 여성의 정서를 한껏 풀어내는 전통은 당시 사회 분위기에서는 쉽게 형성될 수 없었던 것이다.

18세기 이후에는 경상도 양반가의 부녀자들을 중심으로 규방 가사 창작이 일반화되어 수천 편의 작품을 남겼다. 애초에 규방 가사는 여성들의 교양과 한글 교육의 목적으로 짓고 읽었지만 한글 사용이 가능해지면서 자연스럽게 개인의 정서를 풀어내는 작품 창작으로 이어질 수 있었던 것이다. 규방 가사는 여러 유형이 있지만 크게 여성이 지켜야 하는 규범을 가르치는 계녀가류, 봄날의 꽃놀이를 가며 시름을 해소하는 화전가류, 자신의 비참함을 탄식하는 자탄가류가 대부분을 차지한다. 규방 가사는 가부장 사회에서 살아가는 여성들의 규범, 흥취, 한을 노래했는데 작품에 나타나 있는 정서 표현은 대체로 양반 부녀의 규범적 테두리 안에서 이루어졌다. 다만, 자탄가류 작품들 가운데는 격정적인 분풀이로 치닫는 작품도 있어서 「규원가」와 유사성이 많지만 이들 작품도 결말에서는 감정을 누그러뜨리는 화해의 미덕을 보여 주는 경우가 많다는 점에서 「규원가」와 다르다.

규방 가사가 일반화되면서 여러 장르와 교섭이 이루어지고 하층 여성들의 삶을 그린 작품들도 등장하여 변모를 겪기도 했다. 그리고 18~19세기에 작가가 전혀 밝혀져 있지 않은 하층의 애정 가사류가 등장했는데 이 가운데는 여성 가사라 할 수 있는 작품들도 많아서 19세기경에는 여성 가사가 광범위하게 창작되었을 것으로 보인다.

STEP 05 나BS 실전 문제

다음 글을 읽고 물음에 답하시오. [15.7A.고3 교육청 기출]

엊그제 젊었더니 하마 어이 다 늙거니
소년 행락(少年行樂) 생각하니 일러도 속절없다
늙어서야 **서러운 말** 하자 하니 목이 멘다
부생모육(父生母育) 신고(辛苦)하여 이내 몸 길러 낼 제
공후 배필(公侯配匹)은 못 바라도 군자 호구(君子好逑)* 원하더니
삼생(三生)의 원업(怨業)이요 월하(月下)의 연분(緣分)으로
장안(長安) 유협(遊俠) 경박자(輕薄子)를 꿈같이 만나 있어
당시에 마음 쓰기 살얼음 디디는 듯
삼오 이팔(三五二八) 겨우 지나 천연 여질(天然麗質) 절로 이니
이 얼굴 이 태도(態度)로 백 년 기약(百年期約)하였더니
연광(年光)이 훌훌하고 조물(造物)이 시샘하여
봄바람 가을 물이 베올에 북 지나듯
설빈화안(雪鬢花顔) 어디 가고 면목가증(面目可憎) 되었구나
내 얼굴 내 보거니 어느 임이 날 사랑할까
스스로 참괴(慚愧)하니 누구를 원망(怨望)하랴
(중략)

돌이켜 풀어 헤아리니 이리하여 어이하리
청등(靑燈)을 돌려 놓고 녹기금(綠綺琴) 비스듬히 안아
벽련화(碧蓮花) 한 곡조를 시름 좇아 섞어 타니
소상야우(瀟湘夜雨)의 댓잎 소리 섞여 도는 듯
화표(華表)* 천 년(千年)의 별학(別鶴)이 울고 있는 듯
옥수(玉手)의 타는 수단(手段) 옛 가락 있다마는
부용장(芙蓉帳) 적막(寂寞)하니 뉘 귀에 들리겠는가
간장(肝腸)이 구곡(九曲) 되어 굽이굽이 끊겼어라
차라리 잠이 들어 꿈에나 보려 하니
바람에 지는 잎과 풀 속에 우는 벌레
무슨 일 원수로서 잠조차 깨우는가
천상의 견우직녀(牽牛織女) 은하수 막혔어도
칠월 칠석(七月七夕) 일 년 일도(一年一度) 실기(失期)치 않거든
우리 임 가신 후는 무슨 약수(弱水) 가렸관대
오거나 가거나 소식조차 그쳤는고
난간(欄干)에 빗겨 서서 임 가신 데 바라보니
초로(草露)는 맺혀 있고 모운(暮雲)이 지나갈 제
죽림(竹林) 푸른 곳에 새소리 더욱 섧다
세상(世上)의 서러운 사람 수없다 하려니와
박명(薄命)한 홍안(紅顔)이야 **나 같은 이 또 있을까**
아마도 이 임의 탓으로 살동말동 하여라

– 허난설헌, 「규원가(閨怨歌)」 –

*군자 호구 : 군자의 좋은 배필. 시경의 구절에서 따온 말.
*화표 : 묘 앞에 세우는 문. 망주석 따위가 있음.

01. 윗글에 대한 설명으로 적절하지 <u>않은</u> 것은?

① 과거를 회상하며 현재의 처지에 대해 탄식하고 있다.
② 음보를 규칙적으로 사용하여 음악적 효과를 얻고 있다.
③ 대상에 감정을 이입하여 화자의 슬픔을 심화하고 있다.
④ 영탄적 어조를 사용하여 화자의 정서를 강조하고 있다.
⑤ 대구법을 사용하여 운명에 맞서려는 의지를 드러내고 있다.

02. 〈보기〉를 참고하여 윗글을 감상한 내용으로 적절하지 <u>않은</u> 것은?

> **〈보기〉**
>
> 「규원가」는 자신을 사랑해 주지 않는 남편을 원망하면서도 그 원인이 자신에게도 있음을 한탄하는 규방 가사이다. 이 작품은 여성들이 남성들에게 예속되었던 조선 시대의 봉건적 윤리 속에서 작가 자신이 여성으로서 겪어야 했던 외로움과 한을 다양한 비유적 기법을 사용하여 품격 높은 시적 감각으로 드러내고 있다.

① ‘서러운 말’에는 남편으로부터 버림받은 화자의 운명과 처지에 대한 한이 담겨 있겠군.
② ‘스스로 참괴하니’를 통해 화자는 남편이 돌아오지 않는 상황에 대해 자신을 책망하고 있군.
③ ‘천상의 견우직녀’는 임과 영원히 만날 수 없는 화자의 처지와 동일하다는 점에서 화자의 슬픔을 대변하고 있군.
④ ‘나 같은 이 또 있을까’를 통해 화자는 홀로 지내는 자신의 외로움을 강조하고 있군.
⑤ ‘아마도 이 임의 탓으로 살동말동 하여라’에는 남편을 원망하는 화자의 정서가 드러나 있군.

03. 윗글과 〈보기〉의 $\boxed{\text{꿈}}$에 대한 이해로 가장 적절한 것은?

― 〈보기〉 ―

한밤중에 혼자 일어나 묻노라 이내 $\boxed{\text{꿈}}$아
만리(萬里) 요양(遼陽)*을 어느 사이에 다녀온고
반갑다 학가 선용(鶴駕仙容)*을 친히 뵌 듯하여라
- 이정환, 「비가(悲歌)」 제1수 -

*요양 : 청나라 심양.
*학가 선용 : '왕세자가 타던 수레'와 '신선의 용모'를 뜻하는 말로, 볼모로 잡혀간 두 왕자를 이름.

① 대상에 대한 그리움이 바탕이 되어 있다.
② 화자의 내적 갈등이 발생하는 원인이 된다.
③ 대상에 대한 비판 의식을 우회적으로 드러낸다.
④ 화자와 대상이 서로의 처지를 이해하는 계기가 된다.
⑤ 현실의 문제가 환상이라는 장치로 극복된 결과를 보여 준다.

다음 글을 읽고 물음에 답하시오. [22.9.고3 평가원 기출]

(가)

공후배필은 못 바라도 군자호구 원하더니
삼생의 원업(怨業)이오 월하의 연분으로
장안유협(長安遊俠) 경박자(輕薄子)를 ㉠ 꿈같이 만나 있어
당시의 용심(用心)하기 살얼음 디디는 듯
삼오이팔 겨우 지나 천연여질 절로 이니
이 얼골 이 태도로 백년기약하였더니
연광(年光)이 훌훌하고 조물이 다시(多猜)*하여
[A] ┌ 봄바람 가을 물이 베오리에 북 지나듯
    └ 설빈화안 어디 두고 면목가증(面目可憎)* 되거고나
내 얼골 내 보거니 어느 임이 날 괼소냐
(중략)
옥창에 심은 매화 몇 번이나 피여 진고
[B] ┌ 겨울밤 차고 찬 제 자최눈 섯거 치고
    └ 여름날 길고 길 제 궂은비는 무슨 일고
삼춘화류(三春花柳) 호시절(好時節)의 경물이 시름없다
가을 달 방에 들고 **실솔(蟋蟀)**이 상(床)에 울 제
긴 한숨 지는 눈물 속절없이 헴만 많다
아마도 모진 목숨 죽기도 어려울사
도로혀 풀쳐 혜니 이리하여 어이하리
청등을 돌라 놓고 녹기금(綠綺琴) 빗겨 안아
벽련화(碧蓮花) 한 곡조를 시름 좇아 섯거 타니
소상야우(瀟湘夜雨)의 댓소리 섯도는 듯
화표천년(華表千年)의 별학이 우니는 듯
옥수(玉手)의 타는 수단 옛 소리 있다마는
부용장(芙蓉帳) 적막하니 뉘 귀에 들리소니
간장이 구곡되어 굽이굽이 끊쳤어라
차라리 잠을 들어 ㉡꿈에나 보려 하니
바람의 지는 잎과 풀 속에 우는 짐승
무슨 일 원수로서 잠조차 깨우는다
- 허난설헌, 「규원가」 -

*다시 : 시기가 많음.

*면목가증 : 얼굴 생김이 남에게 미움을 살 만한 데가 있음.

(나)

[C] ┌ 재 위에 우뚝 선 **소나무 바람** 불 적마다 흔덕흔덕
    └ 개울에 섰는 **버들** 무슨 일 좋아서 흔들흔들
   임 그려 우는 눈물은 옳거니와 **입하고 코는** 어이 무슨 일 좋아서 **후루룩 비쭉** 하나니
- 작자 미상 -

04. [A]~[C]의 표현상 특징에 대한 설명으로 적절하지 <u>않은</u> 것은?

① [A]는 여성의 생활에 밀접한 소재를 활용하여 흘러가는 세월에 대한 화자의 인식을 시각적으로 표현하였다.
② [B]는 단어를 반복하는 구절을 행마다 사용하여 화자가 주목하는 각 계절의 특성을 강조하였다.
③ [C]는 두 대상을 발음이 비슷한 의태어로 표현하여 움직이는 모습의 유사성을 드러내었다.
④ [A], [B]는 계절적 배경을 알려 주는 시어를 활용하여 시간에 따라 화자의 처지가 달라졌음을 드러내었다.
⑤ [B], [C]는 대구를 활용하여 리듬감을 형성하였다.

05. ㉠, ㉡에 대한 이해로 가장 적절한 것은?

① ㉠은 흐릿한 기억 때문에 혼란스러운 화자의 심정을 나타낸다.
② ㉡은 현실에서는 화자가 문제를 해결할 수 없어서 선택한 방법이다.
③ ㉠은 임과의 만남에 대한 기대에서, ㉡은 임과의 이별에 대한 망각에서 비롯된다.
④ ㉠은 이미 일어난 일에 대해 회상하고, ㉡은 곧 일어날 일에 대해 단정하고 있다.
⑤ ㉠은 인연의 우연성에 대한, ㉡은 재회의 필연성에 대한 화자의 우려를 드러내고 있다.

06. 〈보기〉를 참고하여 (가), (나)를 감상한 내용으로 적절하지 <u>않은</u> 것은?

<hr>
〈보기〉

　(가), (나)는 이별에 대한 서로 다른 대처를 보여 준다. (가)의 화자는 외부와 단절된 채 자신의 쓸쓸한 내면에 몰입하고, 자신의 슬픔을 주변으로 확장한다. (나)의 화자는 외부 대상의 모습에서 자신과의 동질성을 발견하며 슬픔을 확인하면서도, 슬픔을 분출하는 자신의 우스운 외양에 주목한다. (가)는 슬픔을 확장하고 펼쳐 냄으로써, (나)는 슬프지만 슬픔과 거리를 둠으로써 이별에 대처한다.
<hr>

① (가)에서 '실솔이 상에 울 제'는 화자가 자신의 슬픔을 주변으로 확장한 것을 보여 주는군.
② (가)에서 '부용장 적막하니 뉘 귀에 들리소니'는 화자가 외부와의 교감을 거부하고 내면에 몰입하는 모습을 드러내는군.
③ (나)에서 화자는 '소나무'가 '바람 불 적마다 흔덕'거리는 모습에서 자신과의 동질성을 발견한 것이겠군.
④ (가)의 '삼춘화류'는, (나)의 '버들'과 달리 화자의 내면과 대비되어 외부와의 단절감을 강조하는군.
⑤ (나)의 '후루룩 비쭉'하는 '입하고 코'는, (가)의 '긴 한숨 지는 눈물'과 달리 화자가 자신의 우스운 외양에 주목하여 슬픔과 거리를 두는 것을 보여 주는군.

20 | 임유후, 목동가

STEP 01 OX 문제를 통한 지문 이해 훈련

녹양방초 언덕에 소 먹이는 저 아이야
인간 영욕을 아는가 모르는가
인생 백 년이 풀 끝에 이슬이라
삼만 육천 일을 다 살아도 덧없거늘
하물며 장수 단명이 운명이어니 사생(死生)을 정할쏘냐
여관 같은 세상에 하루살이같이 나왔다가
공명도 못 이루고 초목같이 썩어지면
공산 백골이 그 아니 느껴우냐
하늘의 뜻을 이어 법칙을 세움은 옛 성인의 사업이요
아름다운 **이름을 후세에 전함**은 대장부의 할 일이라
생애는 유한하고 사일(死日)은 무궁하니
유한한 생애로 썩지 않을 이름을
영구히 전하여 천지와 함께 무궁하려고
(중략)
어와 그 뉘신고 그 어떤 사람인고
형용이 초췌하니 초나라 대부 굴원이신가
잔혼이 영락하니 학사 유자후이신가*
눈썹을 찡그리니 시름이 많으신가
발끝으로 서시니 어디를 보시는가
아름다운 기약을 바라는가 이별의 슬픔이 중하신가
해 질 녘 대나무에 혼자 어둑히 서 있어

내 근심 던져두고 무슨 말씀 하시는고
영락(榮落)은 운수에 달렸고 부귀는 재천(在天)이라
구한들 곁에 오며 던져둔들 어디 갈꼬
천생만물(千生萬物)하여 살아갈 일이 다 있으니
우리는 어리석어 대도(大道)를 몰라도
인생 저렇도다 소 치기에 아느리라
송아지 어미 좇아 녹음간에 절로 놓여
푸성귀 뜯어 먹고 시냇물 흘려 마셔
누웠다 일어났다 하며 제 맘대로 다니기와
코뚜레 코에 끼고 긴 고삐 굳게 매어
곤 콩대 삶은 콩을 배까지 찰지라도
불 같은 여름볕에 큰 쟁기 마주 매여
일생의 고단함이 저희 중에 볼작시면
어느 것이 한하고 어느 것이 괴로운고
일시에 빛나기야 희생(犧牲)*만 할까마는
헌 덕석 물리치고 비단 거적 가로 덮고
밧줄 굴레 벗기고 붉은 실로 얽어내어
예관(禮官)이 고삐 들고 태묘(太廟)로 몰아가서
백정의 큰 도끼에 뼈마디가 흩어지니
저더러 물어보면 어느 소 되려 할꼬
우리는 잘 보아 내 **분수**만 지키려니

*형용이~유자후이신가 : 굴원, 유자후는 귀양 가서 세상을 근심하다가 죽은 중국의 옛 문인으로 근심 많아 보이는 상대방을 그 둘에 빗댐.
*희생 : 천지신명 따위에 제사를 지낼 때 제물로 바치는, 산 짐승.

OX문제

01 (중략) 이전의 화자는 '공명'을 이루어 '이름을 후세에 전'하는 가치를 지향하고 있다. (O / X)

02 말을 건네는 방식을 사용하여 주제 의식을 심화하고 있다. [2024학년도 9월] (O / X)

03 가상의 존재에 빗대는 표현을 사용하여 자연 현상의 변화를 드러내고 있다. [2026학년도 수능] (O / X)

04 (중략) 이후의 화자는 '소 치기'를 하며 제 '분수'에 맞는 삶에 대한 회의감을 드러내고 있다. (O / X)

05 구조가 유사한 문장을 반복적으로 제시하여 시상에 통일성을 부여하고 있다. [2013학년도 6월] (O / X)

[EBS에 나오지 않은 파트까지 모두 넣은 전문 분석]

녹양방초 언덕에 소 먹이는 저 아이야
푸른 버드나무와 향기로운 풀
= 목동의 삶의 공간

⇒ 푸른 버드나무와 향기로운 풀 언덕에서 소 먹이는 저 아이야

인간 영욕을 아는가 모르는가

⇒ 인간의 영예와 치욕을 아는가 모르는가

인생 백 년이 풀 끝에 이슬이라
인생의 허무함, 무상함을 의미함.

⇒ 인생 백 년이 풀 끝에 이슬이라

삼만 육천 일을 다 살아도 덧없거늘
약 100년

⇒ 삼만 육천 일을 다 살아도 덧없거늘

하물며 장수 단명이 운명이어니 사생(死生)을 정할쏘냐

⇒ 하물며 오래 살든 일찍 죽든 (모두가) 운명이니 죽음과 삶을 정할쏘냐

여관 같은 세상에 하루살이같이 나왔다가
덧없고 허무한 세상

⇒ 여관 같은 세상에 하루살이같이 나왔다가

공명도 못 이루고 초목같이 썩어지면
공을 세워서 자기의 이름을 널리 드러냄.

⇒ 공명도 못 이루고 풀과 나무같이 썩어지면

공산 백골이 그 아니 느꺼우냐
마음에 북받쳐서 벅차지 아니 하느냐

⇒ 빈산에 백골이 되니 마음에 북받쳐서 벅차지 아니 하느냐

묻는 노래
[문가] 서사 : 공명 추구의 당위성

하늘의 뜻을 이어 법칙을 세움은 옛 성인의 사업이요
지혜와 덕이 매우 뛰어나 길이 우러러 본받을 만한 사람

⇒ 하늘의 뜻을 이어 법칙을 세우는 것은 옛 성인의 사업이요

아름다운 이름을 후세에 전함은 대장부의 할 일이라
공명을 이루는 일

⇒ 아름다운 이름을 후세에 전함은 대장부의 할 일이라

생애는 유한하고 사일(死日)은 무궁하니
대조적 의미를 지닌 표현 사용(생애 ↔ 사일)
⇒ 삶의 유한성에 대한 인식을 드러냄.

⇒ 생애는 유한하고 죽을 날은 알 수 없으니

유한한 생애로 썩지 않을 이름을

⇒ 유한한 생애로 썩지 않을 이름을

영구히 전하여 천지와 함께 무궁하려고

⇒ 영원히 전하여 하늘과 땅과 함께 끝이 없으려고

시경 서경 백가어를 낱낱이 외워내어
유학 오경의 하나   ↳ 중국 전국 시대의 제자백가들이 내세운 주장

⇒ 시경, 서경, 백가어를 낱낱이 외워 내어

공자 맹자 안회 증자 일마다 본받아서

⇒ 공자, 맹자, 안회, 증자 일마다 본받아서

중국 고대 요임금 시절의 뛰어난 신하인 직과 설
= 이상적 정치의 보조자
직설이 되기를 기약하고 요순과 비슷해져

⇒ 충신이 되기를 기약하고 요순과 비슷해져

번화한 큰 길거리에서 달빛이 연기에 은은하게 비치는 모습을 나타내는 말로,
태평한 세상의 평화로운 풍경을 이르는 말
강구연월에 태평가를 부르면서

⇒ 태평한 세상에 태평가를 부르면서

과외식 해설

녹양방초 언덕에 소 먹이는 저 아이야 → 청자인 '소 먹이는 저 아이'에게 말을 건네며 시상을 전개하고 있다.

인간 영욕을~대장부의 할 일이라 → 유한한 삶에 대한 생각과 공명에 대한 화자의 태도가 드러난 부분이다. 화자는 '장수 단명', 즉 오래 사는 것과 일찍 죽는 것은 운명이라는 인식을 바탕으로 운명에 순응하는 태도를 나타내고 있다. 한편, '공산 백골'은 아무것도 이루지 못하고 죽음을 비유한 말로, 살아 있는 동안 '공명'을 이루기 위해 힘써야 하는 태도를 강조하고 있다. 즉, 화자는 소 먹이는 아이에게 인생은 유한하므로, 공명에 힘써 세상을 위해 의미 있는 일을 해야 함을 주장하는 것이다.

생애는 유한하고~함께 무궁하려고 → 인생의 유한성에 대한 인식을 바탕으로 후대에 이름을 남겨야 한다는 화자의 생각이 드러나고 있다.

공자 맹자 안회~태평성대로 만들어 두고 → 화자는 모든 일에 공자, 맹자, 안회, 증자 같은 성인을 본받아서 직과 설 같은 어진 신하가 되고, 요순에 견줄 만한 정사(정치 또는 행정상의 일)를 베풀어 세상을 태평성대로 만들어야 한다고 주장하고 있다.

사방팔방을 태평성대로 만들어 두고
공명을 실현하기 위해 장부가 할 수 있는 일 ①
→ 태평성대를 만드는 재상이 되는 것

⇒ 사방팔방 태평성대로 만들어 두고

환과고독에게 은혜를 베풀며
늙어서 아내 없는 사람, 늙어서 남편 없는 사람, 어려서 어버이 없는 사람,
늙어서 자식 없는 사람을 아울러 이르는 말

⇒ 의지할 데 없는 처지에게 은혜를 베풀며

손무와 오기를 아이 보듯 하니 위청과 곽거병은 관심이
나 두겠는가

⇒ 손무와 오기(춘추시대 병법가)를 아이 보듯
하니 위청과 곽거병(한 무제 때 장수)은 관심
이나 두겠는가

만마천병 지휘하여 풍운을 부쳐 내어 우주를 흔들리라

⇒ 많은 말과 군사를 지휘하여 바람과 구름을 부
쳐 내어 우주를 흔들리라

「천산에 활을 걸고 한해를 뛰어 건너

「 」: 장수가 갖추어야 할 구체적 능력

⇒ 천산에 활을 걸고 한해를 뛰어 건너

긴 칼 빼내어 푸른 하늘 도움 받아

⇒ 긴 칼을 빼내어 푸른 하늘의 도움을 받아

온갖 오랑캐 다 몰아 내친 후에」

⇒ 온갖 오랑캐를 다 몰아 내친 후에

커다란 대장인을 허리 아래 비껴 차고
대장이 가지던 도장

⇒ 커다란 도장을 허리 아래 비껴 차고

당나라 때 개국공신 24명의 초상을 그려 걸었던 누각
능연각에 초상 걸고 진수성찬 누리리라
공명을 실현하기 위해 장부가 할 수 있는 일 ②
→ 나라를 위해 공을 세우는 장수가 되는 것

⇒ 능연각에 초상 걸고 진수성찬 누리리라

내 재주 얕고 좁아 장수 재상 못 되어도
화자 자신에 대한 겸손한 표현

⇒ 내 재주가 얕고 좁아 장수 재상이 못 되어도

혼탁한 세상 초탈한 사나이나 되리라

⇒ 혼탁한 세상에 벗어난 사나이나 되리라

글재주 뛰어난데 온갖 책 읽어 두고

⇒ 글재주가 뛰어난데 온갖 책을 읽어 두고

아름다운 경치를 장난삼아 읊으니

⇒ 아름다운 경치를 장난삼아 읊으니

난조 봉황 내려오는 듯 거북용이 춤추는 듯

⇒ 상상의 새인 난조와 봉황이 내려오는 듯 거북
용이 춤추는 듯

상서로운 빛 받은 듯 상서로운 기운 띤 듯
복되고 길한 조짐이 있는

⇒ 상서로운 빛 받은 듯 상서로운 기운 띤 듯

광채가 찬란하며 변화가 무궁하여 강이 서로 뒤트는 듯

⇒ 빛이 찬란하며 변화가 끝없어 강이 서로 뒤트
는 듯

한밤중 밝은 달과 산호 같은 흰 옥이 첩첩이 쌓인 듯

⇒ 한밤중 밝은 달과 산호 같은 흰 옥이 첩첩이
쌓인 듯

아황과 여영이 금슬을 원망하는 듯
중국 요임금의 두 딸이며 순임금의 부인으로 남편의 사후 소상강에 빠져 죽음.

⇒ 아황과 여영이 금슬을 원망하는 듯

주나라 영왕의 태자로, 생황을 잘 연주했음.
농옥과 왕자진이 백옥 통소 부는 듯
춘추시대 진목공의 딸로, 통소를 잘 불었음.

⇒ 농옥과 왕자진이 백옥 통소 부는 듯

사방팔방을 태평성대로~관심이나 두겠는가 → 온
나라를 태평한 세상으로 만들어 두고, 의지할 데
없는 사회적 약자에게 은혜를 베푸는 이상적인 장
부의 모습을 제시하고 있다.

손무와 오기를~한해를 뛰어 건너 → 역사 속 인물
과 비교하며 이들보다 뛰어난 장수로서의 능력을
강조하고 있다. 또한 장수의 능력을 '만마천병'이라
며 수치로 표현하고 있으며, 장수가 갖추어야 할
초인적 능력을 제시하고 있다.

천산에 활을 걸고~다 몰아 내친 후에 → '천산'은
중국 감숙성 청해에 있는 기린산을 말한다. 당나라
장수 설인귀가 이곳에서 화살 세 발로 사람 셋을
연이어 거꾸러뜨려 돌궐을 쉽게 평정하고 활을 천
산에 걸어 두었다는 고사와 연관이 있다. 또한 '한
해'는 사막이나 북해를 가리키는 말이다. 화자는 고
사와 실제 지명을 언급하며 장수가 갖추어야 할 구
체적 능력을 제시하고 있다.

커다란 대장인을~진수성찬 누리리라 → 능력을 발
휘한 장수가 얻는 보상이 언급되고 있다. 이때 '능
연각에 초상 걸고'는 장수로서의 명예를, '진수성찬
누리리라'는 장수가 얻는 부귀영화를 의미한다.

글재주 뛰어난데~십이루에 벌인 듯 → 뛰어난 글재
주를 가진 화자가 아름다운 경치를 보고 글을 짓고
있는 모습이 제시되고 있다. 이때 글을 종이에 쓰
는 과정과 글에 대한 평가를 비유적으로 표현하여
뛰어난 능력을 강조하고 있다.

서른여섯 상제와 천상의 신선들이 ⇒ 서른여섯 상제와 천상의 신선들이

천상 음악을 십이루에 벌인 듯 ⇒ 천상 음악을 십이루에 벌인 듯

아름다운 궁궐에서 성인을 모시고 있어 ⇒ 아름다운 궁궐에서 성인을 모시고 있어

도성에 이름나니 임금님 총애 그지없다 ⇒ 도성에 이름나니 임금님 총애 그지없다

문필에 관한 직책
구중궁궐에서 문한직을 누리다가 ⇒ 구중궁궐에서 문한직을 누리다가
공명을 실현하기 위해 장부가 할 수 있는 일 ③
└ 뛰어난 글 솜씨를 갖춘 문한으로 세상에 이름을 전함.

그 글이 보존되어 만고에 전해지면 ⇒ 그 글이 보존되어 오랫동안 전해지면
아주 오랜 세월 동안

소 먹이는 저 아이야, 그 아니 즐거우냐 ⇒ 소 먹이는 저 아이야, 그 아니 즐거우냐

[문가] 본사 1 : 공명 실현의 방법과 그 즐거움
이 세 일로 떨친 후엔 할일이 전혀 없다 ⇒ 이 세 일로 떨친 후엔 할일이 전혀 없다
재상, 장수, 문한

하늘이 사람 낼 때 쓰지 않는 이 없으며 ⇒ 하늘이 사람을 낼 때 쓰지 않는 이가 없으며

나라에서 사람 쓸 때 귀천을 보지 않으니 ⇒ 나라에서 사람을 쓸 때 귀천을 보지 않으니

하늘이 내신 이내 몸이 덕행 닦으면 사군자 되고 던져두면 하우 된다 ⇒ 하늘이 내신 이내 몸이 덕행 닦으면 사군자 되고 던져두면 어리석은 사람 된다

내 재주 갖고서 내 한 몸만 뛰어나고자 하면 ⇒ 내 재주 갖고서 내 한 몸만 뛰어나고자 하면

재능이 있는데도 나라 위해 쓰지 않음이니 세상사람 누가 알겠는가 ⇒ 재능이 있는데도 나라 위해 쓰지 않음이니 세상사람 누가 알겠는가

자세히 들어봐라 손꼽아 이르리라 ⇒ 자세히 들어봐라 손꼽아 이르러라
화자가 주도적으로 청자에게 충고함.

이윤이 솥을 지고 부열은 달구 들고 강태공이 낚시 들며 ⇒ 이윤이 솥을 지고 부열은 달구 들고 강태공이 낚시 들며

영척과 백리해는 소치기로 늙었으니 ⇒ 영척과 백리해는 소치기로 늙었으니

고생스럽고 천하기가 이 사람들만 할까마는 ⇒ 고생스럽고 천하기가 이 사람들만 할까마는

탕왕이 예물 보내고 고종이 꿈을 꾸고 ⇒ 탕왕이 예물 보내고 고종이 꿈을 꾸고

강태공이 주나라를 도와 은나라의 군대와 싸워 대승을 거둔 곳
강태공이 목야에서 위엄을 떨치고 ⇒ 강태공이 목야에서 위엄을 떨치고

아름다운 궁궐에서~문한직을 누리다가 → 좋은 글을 써 과거 급제를 한 화자가 임금님 가까이에서 문필에 관한 직책을 얻어 벼슬을 하는 상황이 제시되고 있다.

하늘이 사람 낼 때~귀천을 보지 않으니 → 하늘은 항상 덕성이 있는 사람에게 명령하여 천자로 삼아 백성을 다스리게 한다는 사상을 바탕으로, 사람은 차별 없이 태어나 차별 없이 등용됨을 강조하고 있는 부분이다.

하늘이 내신 이내 몸이~던져두면 하우된다 → '사군자'는 덕행이 높고 학문이 뛰어난 사람을, '하우'는 아주 어리석고 못난 사람을 의미한다. 화자는 이 둘을 대비적으로 제시하여 수양을 통해 덕행을 쌓아야 함을 강조하고 있다.

내 재주 갖고서~세상사람 누가 알겠는가 → 화자는 재주를 가진 사람이 숨어 있으면 안 된다고 말하며, 개인적 욕망만을 추구하는 태도에 대한 비판을 설의법을 통해 나타내고 있다.

이윤이 솥을 지고 부열은~이 사람들만할까마는 → '이윤이 솥을 지고'는 이윤이 탕왕의 처인 유신씨 집의 요리사가 되어 탕왕에게 천하의 도리를 음식에 비유해 재상으로 등용되었다는 고사를, '부열은 달구(땅을 단단히 다지는 데 쓰는 기구) 들고'는 은나라 때 부열이 부암의 들에서 담장 쌓는 노역을 하다가 고종을 만나 재상으로 발탁되었다는 고사를 인용한 것이다. 그리고 '강태공이 낚시 들며'는 강태공이 나이 칠순에 위에서 낚시 하며 때를 기다린 지 10여 년 만에 주나라 문왕을 만나 문왕의 스승이 되었음을 나타낸다. 한편, '영척'은 위나라 사람으로, 제나라에 가서 남의 소를 기르며 살고 있었는데 환공이 자신을 등용해 주기를 바라는 뜻으로 쇠뿔을 두드리며 백석가를 부르자, 환공이 그 노래를 듣고 영척을 재상으로 등용했다고 전해지며, '백리해'는 우나라 사람으로, 우나라가 망한 뒤 백리해가 초나라에서 소를 기르며 살고 있었는데, 진목공이 그가 어질다는 소문을 듣고 양가죽 다섯 장을 몸값으로 주고 데려와 재상으로 삼았다는 이야기가 전해진다. 화자는 대화 상대자인 목동에게 평범한 일을 하다가 나중에는 현명한 왕을 만나 등용된 인물들을 나열하여, 타고난 재주를 닦아 노력하면 인재로 쓰일 수 있음을 강조하고 있는 것이다.

NBS _ 나 없이 EBS 풀지마라

백석가 그치고 양가죽 다섯 장에 팔려가니
지위가 높고 귀하게 됨.

빈궁과 영달이 귀천을 따지겠는가
가난하고 궁색함.

[문가] 본사 2 : 공명을 이룬 인물들

어와 저 아이야, 이 말을 들었는가
감탄사

성군 만나기 바라는가 뛰어난 재주 가졌는가

시절 운수가 그렇더냐 부귀를 꺼리느냐

생각지도 못한 사이 세상일을 버렸는가

입신양명을 남의 것처럼 던져두고
화자가 지향하는 삶

궁벽한 시골에서 오락가락하는가

[문가] 결사 : 입신양명에 대한 권면

어와 그 뉘신고 그 어떤 사람인고

형용이 초췌하니 초나라 대부 굴원이신가
사람의 생김새나 모습   초나라의 충신으로 귀양 갔다가 물에 빠져 죽음.

잔혼이 영락하니 학사 유자후이신가
겨우 살아남은 목숨   당나라 문인으로 귀양 갔다가 병으로 죽음.

눈썹을 찡그리니 시름이 많으신가

발끝으로 서시니 어디를 보시는가

아름다운 기약을 바라는가 이별의 슬픔이 중하신가
임금을 미인에 빗대어, 임금을 만나는 것을 표현함.
→ 고전 문학에서 미인은 어진 왕을 가리키는 말로 흔히 사용됨.

해 질 녘 대나무에 혼자 어둑히 서 있어
시간적 배경

내 근심 던져두고 무슨 말씀 하시는고

영락(榮落)은 운수에 달렸고 부귀는 재천(在天)이라
번성함과 쇠퇴함   하늘에 있음.

구한들 곁에 오며 던져둔들 어디 갈꼬

천생만물(千生萬物)하여 살아갈 일이 다 있으니
하늘이 낸 만 가지 자연물이란 뜻으로, 이 세상 모든 동식물을 이르는 말

⇒ 백석가 그치고 양가죽 다섯 장에 팔려가니

⇒ 빈궁과 영달이 귀천을 따지겠는가

⇒ 어와 저 아이야, 이 말을 들었는가

⇒ 성군 만나기 바라는가 뛰어난 재주 가졌는가

⇒ 시대와 운수가 그렇더냐 부귀를 꺼리느냐

⇒ 생각지도 못한 사이 세상일을 버렸는가

⇒ 입신양명 남의 것처럼 던져두고

⇒ 궁벽한 시골에서 오락가락하는가

⇒ 어와 그 누구신가 그 어떤 사람인가

⇒ 모습이 초췌하니 초나라 대부 굴원이신가

⇒ 겨우 살아남은 목숨이 보잘 것 없어졌으니 학사 유자후이신가

⇒ 눈썹을 찡그리니 시름이 많으신가

⇒ 발끝으로 서시니 어디를 보시는가

⇒ 아름다운 기약을 바라는가 이별의 슬픔이 중하신가

⇒ 해 질 녘 대나무에 혼자 어둑히 서 있어

⇒ 내 근심 던져두고 무슨 말씀 하시는가

⇒ 번성함과 쇠퇴함은 운수에 달렸고 부귀는 하늘에 있다

⇒ 구한들 곁에 오며 던져둔들 어디 갈까

⇒ 하늘이 만 가지 자연물을 만들어 살아갈 일이 다 있으니

탕왕이 예문 보내고~귀천을 따지겠느냐 → '탕왕이 예문 보내고'는 탕왕(중국 은나라의 초대 왕)이 사람을 보내 이윤을 초빙한 일을, '고종이 꿈을 꾸고'는 고종이 부열을 꿈에서 보고 그를 찾아가 정승으로 삼은 일을 말한다. 한편, '백석가 그치고'는 영척이 환공의 눈에 띄어 등용된 것을, '양가죽 다섯 장에 팔려가니'는 진목공이 양가죽 다섯 장을 주고 백리해를 데려와 재상으로 삼은 것을 말한다. 화자는 빈궁한 처지에서 시작하여 영달한 내용과 관련된 고사를 통해, 가난한 처지에서 출발해 영달한 이들이, 과연 출발 신분의 귀천을 따졌겠냐며 목동을 설득하고 있다.

입신양명을 남의 것처럼~오락가락하는가 → 입신양명을 지향하지 않는 삶에 대한 화자의 비판적 시각이 드러나고 있다. 즉, 청자(소 먹이는 저 아이)로 하여금 생각을 바꾸고 입신양명에 힘쓸 것을 권하는 것이다.

어와 그 뉘신고 그 어떤 사람인고 → 소 먹이는 저 아이, 즉 목동의 답가가 시작되는 부분이다. 화자가 교체되면서 서술의 시점이 이동하고 있는 것을 통해, 물음과 대답의 형식으로 구성된 작품임을 알 수 있다.

형용이 초췌하니~유자후이신가 → 굴원, 유자후는 귀양 가서 세상을 근심하다가 죽은 중국의 옛 문인들이다. 화자는 근심 많아 보이는 상대방(문가의 화자=양반)을 그 둘의 외양에 빗대어 표현하고 있다.

해 질 녘 대나무에~무슨 말씀 하시는고 → 시간적 배경과 함께 인물이 처한 상황을 묘사하고 있다. 또한 화자는 '내 근심 던져두고 무슨 말씀 하시는고'라며 상대방의 간섭에 대해 반문하고 있다. 이는 대화에 긴장을 유지시켜 작자 의식이 어느 한쪽으로 치우쳐 드러나지 않도록 하기 위한 의도라고 볼 수 있다.

영락은 운수에~던져둔들 어디 갈꼬 → 화자는 운명론적 가치관을 바탕으로, 앞서 상대가 제시한 입신양명에 대한 비판적 의식을 드러내고 있다.

우리는 어리석어 대도(大道)를 몰라도
화자인 목동을 포함한 서민들 　크고 넓은 길 = 입신양명의 삶

인생 저렇도다 소 치기에 아느리라

답하는 노래
[답가] 서사 : 상대에 대한 반문
「송아지 어미 좇아 녹음간에 절로 놓여

푸성귀 뜯어 먹고 시냇물 흘려 마셔
사람이 가꾼 채소나 저절로 난 나물 따위를 통틀어 이르는 말

누웠다 일어났다 하며 제 맘대로 다니기와」
「　」: 송아지의 한가한 삶

「코뚜레 코에 끼고 긴 고삐 굳게 매어

곤 콩대 삶은 콩을 배까지 찰지라도

불 같은 여름볕에 큰 쟁기 마주 매여」
「　」: 소의 고단한 삶

일생의 고단함이 저희 중에 볼작시면

어느 것이 한가하고 어느 것이 괴로운고

일시에 빛나기야 희생(犧牲)만 할까마는
천지신명 따위에 제사를 지낼 때 제물로 바치는 흠이 없는 소

헌 덕석 물리치고 비단 거적 가로 덮고
　■ : 소박함 = 서민의 삶
　■ : 화려함 = 관인의 삶
밧줄 굴레 벗기고 붉은 실로 얽어내어

예관(禮官)이 고삐 들고 태묘(太廟)로 몰아가서
희생을 바치는 의식의 절차

백정의 큰 도끼에 뼈마디가 흩어지니
소나 개, 돼지 따위를 잡는 일을 직업으로 하는 사람

저더러 물어보면 어느 소 되려 할꼬

우리는 잘 보아 내 분수만 지키려니

[답가] 본사 1 : 분수에 맞는 편안한 삶
고금에 어질기는 공자 맹자 만한 이 있을까만

광인에게 포위되고 진채 사람에게 액을 당하시며

⇒ 우리는 어리석어 대도(입신양명)를 몰라도

⇒ 인생 저렇도다 소 치기에 아느리라

⇒ 송아지 어미 좇아 녹음간에 절로 놓여

⇒ 푸성귀 뜯어 먹고 시냇물 흘려 마셔

⇒ 누웠다 일어났다 하며 제 맘대로 다니기와

⇒ 코뚜레 코에 끼고 긴 고삐 굳게 매어

⇒ 곤 콩대 삶은 콩을 배까지 찰지라도

⇒ 불 같은 여름볕에 큰 쟁기 마주 매여

⇒ 일생의 고단함이 저희 중에 볼작시면

⇒ 어느 것이 한가하고 어느 것이 괴로운가

⇒ 짧은 시간에 빛나기야 제물용 소만 할까마는

⇒ 헌 멍석 물리치고 비단 거적 가로 덮고

⇒ 밧줄 굴레 벗기고 붉은 실로 얽어내어

⇒ 제사 담당 관원이 고삐 들고 제사지내는 곳으로 (소를) 몰아가서

⇒ 백정의 큰 도끼에 뼈마디가 흩어지니

⇒ 저더러 물어보면 어느 소 되려 할꼬

⇒ 우리는 잘 보아 내 분수만 지키려니

⇒ 고금에 어질기는 공자 맹자 만한 이 있을까만

⇒ 광인에게 포위되고 진채 사람에게 액을 당하시며

우리는 어리석어~소 치기에 아느리라 → 화자는 입신양명의 삶에 대해서는 알지 못하지만, 부귀 영락이 운명에 달려 있으며, 각자 마다 맡은 바가 있다는 사실(인생 저렇도다)을 알게 되었음을 말하고 있다. 이는 자신의 삶에 가치를 부여하여 입신양명의 삶을 예찬하는 대화 상대의 발언에 대한 반박을 드러낸 것이라 볼 수 있다.

송아지 어미 좇아~어느 것이 괴로운고 → '송아지 어미 좇아~제 맘대로 다니기와'는 목동의 삶을 송아지의 삶에 빗댄 것이며, '코뚜레 코에 끼고~마주 매여'는 관인(관직에 있는 사람)의 삶을 소의 삶에 빗대어 나타낸 것이다. 화자는 자신의 삶과 입신양명한 사람들의 삶을 비교하여 표현함으로써, 바람직하다고 여기는 삶은 안분지족(편안한 마음으로 제 분수를 지키며 만족할 줄을 앎)을 추구하는 것이라는 생각을 드러내고 있다.

헌 덕석 물리치고~어느 소 되려 할꼬 → 소가 희생이 되어 죽어가는 과정을 드러내고 있다. 여기서 '희생'은 제사 때 제물로 바치는 흠이 없고 순수한 소를 지칭하는데, 나중에는 '타인을 위해 목숨을 바치는 행위'로 의미가 확장되었다.

화자는 이름을 빛내며 화려하게 사는 관인의 삶을 짧은 시간에 빛나게 사는 희생에 빗대어 표현하여, 관인의 삶에 대한 부정적 인식을 드러내고 있다. 이는 자신은 세간의 이목이 모이는 자리에 있다가 희생되고 싶지 않기 때문에 분수에 맞게 살고 싶다는 뜻을 밝힌 것이라 이해할 수 있다.

고금에 어질기는 공자 맹자~목탁이 되셨으니 → 공명은 이루었으나 세상의 풍파를 피하지 못한 중국 역대 인물들의 이야기가 이어지고 있는 부분이다. '광인에게 포위되고'는 양호라는 사람이 광 지방에서 포악한 짓을 했는데, 공자가 이 고을을 지날 때 광 지방 사람들이 공자를 양호로 착각해 포위한 일을 말한다.

또한 '진채 사람에게 액을 당하시며'는 공자가 채나라에서 3년 동안 거주하고 초나라에 초빙을 받아 가던 중 진나라 대부와 채나라 대부가 보낸 사람들에게 포위되어 7일 동안 굶주리며 고초를 겪은 일을 말한다.

한편, '다섯 나라~목탁이 되셨으니'는 공자가 위, 송, 정, 진, 채 다섯 나라의 성안에 머물며 도를 펼쳤던 것을 말한다. 이때 '목탁'은 세상 사람을 가르쳐 인도하는 정신적 지도자를 의미한다.

다섯 나라 성안에서 목탁이 되셨으니 ⇒ 다섯 나라 성안에서 정신적 지도자가 되셨으니

막대 박고 밭 갈던 이 그가 옳지 않던가 ⇒ 막대 박고 밭 갈던 이 그가 옳지 않던가

원수를 갚은 후에 나라가 편해지니 ⇒ 원수를 갚은 후에 나라가 편해지니

부차의 촉루검을 오자서에게 주었단 말인가 ⇒ 부차의 촉루검을 오자서에게 주었단 말인가

충성이 적었던가 공적이 없었던가 ⇒ 충성이 적었던가 공적이 없었던가
　　　　노력과 수고를 들여 이루어 낸 일의 결과

상채 동문 밖에서 누런 개를 탄식함은 무슨 일인고 ⇒ 상채 동문 밖에서 누런 개를 탄식함은 무슨 일인고

토끼를 다 잡으니 사냥개 삶기더라 ⇒ 토끼를 다 잡으니 사냥개 삶기더라

한신은 무슨 죄로 삼족이 멸망했으며 ⇒ 한신은 무슨 죄로 삼족이 멸망했으며

백기는 어찌하여 무안군도 못 지냈는고 ⇒ 백기는 어찌하여 무안군도 못 지냈는고

예로부터 문인은 모두 다 박명하데 ⇒ 예로부터 문인은 모두 다 복이 없고 팔자가 사나운데
　뒤에 나올 문인들의 이야기를 압축적으로 제시함.

『이백 두보의 문장 만 길 되는 광채 뿜을 만하건만 ⇒ 이백 두보의 문장은 만 길 되는 광채 뿜을 만하건만
　　　　　문장의 훌륭함을 비유적으로 표현함.

유명세 치르던 이백은 야랑으로 귀양 가고 ⇒ 유명세 치르던 이백은 야랑으로 귀양 가고
　　　　　중국 변방에 살던 부족

두보는 성도 초당에서 고초를 겪었네』 ⇒ 두보는 성도 초당에서 고초를 겪었네
　『 』 : 이백과 두보의 박명한 행적을 보여 줌.

바다 같은 문장이 세상에 또 있는가 ⇒ 바다 같은 문장이 세상에 또 있는가

동정호 봄바람에 물결이 일어나니 ⇒ 동정호 봄바람에 물결이 일어나니

　　　조주에서 도성까지의 거리
조주에서 팔천 리 고향도 멀구나 ⇒ 조주에서 팔천 리 고향도 멀구나
한유가 불교를 신봉하는 헌종에게 불교를 비판하는 글을 지어 올렸다가 유배된 곳

문장이 옥 같았으니 글이나 못하든지 ⇒ 문장이 옥 같았으니 글이나 못하든지
글을 못 썼다면 화를 안 당했을 텐데, 문장이 뛰어나서 오히려 고생했다는 것

시골 벼슬살이 십이 년에도 형벌이 남았는가 ⇒ 시골 벼슬살이 십이 년에도 형벌이 남았는가

　　　유종원의 시 구절이 인용된 부분
강변 갈림길에서 눈물이 그지없다 ⇒ 강변 갈림길에서 눈물이 그지없다

미산의 초목은 누굴 위해 시드는고 ⇒ 미산의 초목은 누굴 위해 시드는고

막대 박고 밭 갈던 이 그가 옳지 않던가 → 자기 뜻을 펴고자 세상을 두루 돌아다녔던 공자의 삶보다 세상을 피해 은거하는 삶이 옳지 않을까라는 의미로, '막대 박고 밭 갈던 이'는 '논어'에 등장하여 공자를 비판하고 은거를 권유한 장저와 걸닉을 지칭한다.

원수를 갚은 후에~삶기더라 → '부차의 촉루검을 오자서에게 주었단 말인가'는 오자서의 도움으로 원수를 갚고 패권을 잡은 오왕 부차가 미색에 빠져 정사를 게을리 하자, 오자서가 간하였으나 부차가 그에게 촉루검을 주어 자결하게 했다는 내용의 고사이다. 또한 '토사구팽'(토끼가 죽으면 개가 삶긴다)을 인용하여, 충신이 죽음을 당하게 됨을 비유적으로 얘기하고 있다. 이를 고려할 때, 화자는 관인이 되어 부귀공명을 이루더라도 후에는 부정적인 결과가 있을 수 있음을 경계하고 있다.

한신은 무슨 죄로~무안군도 못 지냈는고 → '한신은 무슨 죄로 삼족이 멸망했으며'는 한신과 내통하던 진희가 반란을 일으키자, 여후가 한신을 속여 궁중으로 오게 해 처형하고 삼족을 멸했다는 고사를, '백기는 어찌하여 무안군도 못 지냈는고'는 진나라 장수 백기가 소왕 때 무안군에 봉해지고 전쟁에서 많은 공도 세웠으나 후에 파면당하고 죽었다는 고사를 의미한다.

강변 갈림길에서 눈물이 그지없다 → 유종원이 유주자사로 좌천되어 갈 때 아우와 작별하면서 지은 시에 쓴 '이별의 눈물 흘리며 강변을 넘어간다.'라는 구절이 인용되고 있다.

미산의 초목은 누굴 위해 시드는고 → '미산'은 소식의 고향이다. 소순, 소식, 소철 삼부자가 미산의 정기를 타고났다는 뜻으로, 당시 사람들이 '미산에 삼소(소순, 소식, 소철)가 태어나자 초목이 모두 시들었다.'라는 노래를 불렀다고 한다.

마름과 연잎으로 옷을 짓고 난초를 얽어 차고

⇒ 마름과 연잎으로 옷을 짓고 난초를 얽어 차고

이소 구장의 문장이야 월까마는
중국 초나라 굴원이 조정에서 쫓겨나고서 시름을 노래한 부

⇒ 이소 구장(굴원이 지은 시)의 문장이야 월까마는

세상에 홀로 깨어 있어 못가로 쫓겨났으니

⇒ 세상에 홀로 깨어 있어 못가로 쫓겨났으니

황혼이 찾아온들 미인이 오던가

⇒ 황혼이 찾아온들 미인이 오던가

산중에 사향노루 깊이 숨어 있건마는
한약재나 향수의 원료로 사용되는 '사향'을 추출할 수 있는 노루

⇒ 산중에 사향노루 깊이 숨어 있건마는

봄바람이 야단스러워 향내를 불어내니
후각적 이미지

⇒ 봄바람이 야단스러워 향내를 불어내니

사냥꾼 날쌘 화살 피하기도 어려운데
위험 요소

⇒ 사냥꾼 날쌘 화살 피하기도 어려운데

미끼 단 낚시를 어찌하여 다투는고

⇒ 미끼 단 낚시를 어찌하여 다투는고

[답가] 본사 2 : 공명은 이루었으나 불행을 겪은 인물들

인생이 꿈이니 험한들 상관할까

⇒ 인생이 꿈이니 험한들 상관할까

취한 채 살다가 꿈속에서 죽게 되면

⇒ 취한 채 살다가 꿈속에서 죽게 되면

만고에 깨달은 이 몇이나 되겠는가

⇒ 만고에 깨달은 이 몇이나 되겠는가

영천에서 귀 씻기니 상류에서 소 먹이기

⇒ 영천에서 귀 씻기니 상류에서 소 먹이기

어떠하였는지 내 노래 들어보소
□ : 자신이 현재의 삶을 선택한 이유를 드러냄.

⇒ 어떠하였는지 내 노래 들어보소

한 곡조 부르리라 서울이 어디인가
사대부의 삶의 공간

⇒ 한 곡조 부르리라 서울이 어디인가

구름이 험하구나 산빛이 어두우니

⇒ 구름이 험하구나 산빛이 어두우니

석양이 가깝구나 공명을 뉘 알더냐
사대부의 삶에 대한 부정적 인식

⇒ 석양이 가깝구나 공명을 누가 알더냐

부귀빈천 나는 모르네 도롱이 추켜 입고
짚, 띠 따위로 엮어 허리나 어깨에 걸쳐 두르는 비옷

⇒ 부귀빈천 나는 모르네 도롱이 추켜 입고

퉁소를 비껴 잡아

⇒ 퉁소를 비껴 잡아

소 등에 비스듬히 타고 술집으로 향하노라

⇒ 소 등에 비스듬히 타고 술집으로 향하노라

[답가] 결사 : 인분지족의 추구

이소 구장의 문장이야~미인이 오던가 → '세상에 홀로~못가로 쫓겨났으니'는 굴원이 혼탁한 세상에서 홀로 고결하게 행동하다 조정에서 쫓겨나 유배지로 간 일을 말한다. 또한 '황혼이 찾아온들 미인이 오던가'는 유배지에 있는 처지에 누구도 만나러 오지 않았다는 의미이다. 이를 고려할 때, 화자는 굴원이 남긴 글은 인정하지만, 죄를 지어 쫓겨난 굴원을 임금이 찾지 않은 일을 언급하며 벼슬을 한 이의 비극적 운명에 대한 부정적 인식을 드러내고 있다.

사냥꾼 날쌘 화살~어찌하여 다투는고 → 가만히 있어도 사냥꾼의 위협에 목숨이 위태로운데, 어째서 미끼를 다투다가 위험을 초래하냐는 뜻이다. 이는 헛된 부귀를 탐하다가 곤경에 처하게 됨을 경계하는 말로 이해할 수 있다.

영천에서 귀 씻기니 상류에서 소 먹이기 → 요임금 때 소부와 허유가 기산과 영수에서 숨어살았는데, 요임금이 허유에게 나라를 맡기려 하자 허유는 더러운 이야기를 들었다면서 영천에서 귀를 씻었으며, 소를 몰고 온 소부는 허유가 귀를 씻은 더러운 물은 소에게도 마시게 할 수 없다며 돌아갔다는 고사가 인용되고 있다.

어떠하였는지 내 노래~술집으로 향하노라 → 화자가 현재의 삶을 선택한 이유가 제시되고 있다. 화자는 구름이 험하고 산빛이 어두운 '서울', 즉 사대부의 삶을 나타내는 공간에 대해 부정적 인식을 나타내고 있다. 이를 바탕으로 화자는 '퉁소'를 챙겨 '술집'으로 향한다며 자연에서 낙천적으로 사는 삶에 대한 예찬을 드러내고 있다.

 **나BS** _ 나 없이 EBS 풀지마라

나BS 수능특강 | 고전문학

STEP 03 작품 해제

01 | 주제

세상을 위한 출세의 삶과 자연에서 누리는 안분지족의 삶 사이에서 모색하는 바람직한 삶

02 | 특징

① 입신양명을 추구하는 태도와 자연 친화적 삶을 추구하는 태도를 각각 드러낸 화자 중심의 시
② 전반부의 문가와 후반부의 답가로 시상이 전개됨.
③ 상호 대립적인 입장을 대표하는 두 인물의 의견이 대등하게 병치됨.
④ 비유법, 설의법, 대구법 등 다양한 표현 방법이 나타남.

03 | 작품 해제

　이 작품은 임유후가 지은 문답체 강호 가사로 '목동문답가', '목우가' 등으로도 불린다. 목동은 사대부들이 문학에서 즐겨 다룬 소재 중 하나로, 속세를 벗어나 자연에서 욕심 없이 사는 삶을 상징한다. 작품은 크게 전반부의 '문가'와 후반부의 '답가'로 나뉘는데, '문가'에는 사대부로 추정되는 화자가 등장해 목동에게 질문을 하고, '답가'에는 목동이 등장해 그에 대한 답변을 하는 독특한 구성으로 이루어져 있다.
　'문가'의 화자는 벼슬길에 나아가 세상을 구하고 백성을 구제하는 경세지민의 삶을 바람직한 삶의 방식으로 제시한다. 이에 대해 '답가'의 화자는 자연에 묻혀 욕심 없이 사는 삶을 강조한다. 두 화자가 서로 다른 삶의 방식을 주장하지만, 작가는 둘 중 어떤 것이 더 나은 삶인가를 묻지 않고, 그 둘이 모두 사대부가 지녀야 할 삶의 태도라고 말하고 있다. 때를 만나면 세상에 나아가고 때를 못 만나면 정치 현실에서 물러나 자연을 즐기며 산다는, 사대부가 지향하는 삶의 태도를 두 화자의 목소리로 진술하고 있는 것이다.

대화체 가사

「목동문답가」에서 주목할 만한 점은 문답으로 이루어진 대화체 진술 방식이다. 일상생활에서 나누는 대화와 달리, 문학 작품에 활용된 대화체는 작가가 전달하고자 하는 메시지를 효과적으로 드러내기 위해 화자와 청자를 의도적으로 설정한 진술 방식이다. 이는 주로 소설이나 극에서 사용되지만, 시가에서도 서술 기법으로 활용되곤 한다. 대화체 가사를 '둘 이상의 화자가 등장하여 화제에 대해 서로의 생각이나 의견을 주고받는 대화로 사상이 전개되는 가사'라고 규정할 때, 「목동문답가」는 작품 전체가 두 화자의 대화로 구성되어 있다는 점에서 대화체 가사에 해당한다.

대화체 가사 작품을 하나의 시적 담화로 본다면 화자, 청자, 화제가 담화의 구성 요소가 된다. 이때 발화의 주체로서 화자와 청자는 고정된 것이 아니라 화자와 청자가 교체되기도 하여 화자인 동시에 청자의 역할을 하며 상대나 화제에 대해 어떤 태도를 드러내는 것을 볼 수 있다. 화제는 외부의 대상 또는 화자의 정서·관념·인식 등에 대해 화자와 청자가 소통하는 내용을 말한다.

화자의 성격

작품은 크게 두 부분으로 나뉘는데 전반부의 화자가 묻고 후반부의 화자가 이에 답하는 형식으로 대화가 전개된다. 화자를 구분하기 위해 전반부의 화자를 제1 화자, 후반부의 화자를 제2 화자로 지칭하기로 한다. 두 화자는 자신의 가치관을 소신 있게 밝히며 대립한다.

재주를 닦아 입신양명에 힘써야 한다고 말하는 제1 화자는 성리학을 바탕으로 수기치인(자신의 몸과 마음을 닦은 후에 남을 다스림)과 경세제민(세상을 다스리고 백성을 구제함)의 이념을 실천하고자 했던 조선의 상류층과 생각이 다르지 않다는 점에서 사대부 계층에 속하는 인물로 볼 수 있다. 한편, 사대부로 보이는 제1 화자의 권유와 설득에도 당당한 어조로 은일(벼슬하지 아니하고 숨어 사는 사람) 추구를 노래하는 제2 화자는 표면적으로는 '목동'으로 불리지만 실제 목동이라고 보기는 어렵다. 왜냐하면 한자어를 능숙하게 구사하고 중국의 사적과 고사까지 통달하고 있기 때문이다. 이와 같이 구사하는 한자어와 중국 고사 활용의 수준, 상대의 주장에 대한 수용적이지 않은 태도로 보아, 목동은 제1 화자와 동등한 신분인 사대부 계층에 속하는 인물이라고 할 수 있다.

사실 '목동'은 사대부들이 즐겨 작품화한 제재 가운데 하나로서, 전원에서의 삶을 지향하며 안분지족의 가치 의식을 표상할 때 등장하는 존재라고 할 수 있다. 이 작품에서 목동은 이러한 의미를 포괄하면서 사대부 자신을 빗댄 또 다른 목소리(화자)이기도 하다. 즉, 두 화자는 삶에 대한 의식과 가치관이 상이한 사대부로, 제1 화자가 출사(벼슬을 하여 관청에 출근함)하여 공명을 실현하는 것을 지향하는 부류라면, 제2 화자는 처사(벼슬을 하지 아니하고 초야에 묻혀 살던 선비)로서 전원에서 안분지족하는 삶에 가치를 두는 부류로 볼 수 있다.

그렇다면 사대부에게 있어 입신양명과 안분지족은 어떤 의미가 있는 것일까? 수신제가치국평천하를 학문의 궁극적인 목표로 삼는 유가 사대부에게 입신양명은 당연한 것이다. 하지만 세상에 도(道)가 없어 부귀공명을 추구하는 것이 도리어 화를 불러들이게 된다면 도를 지켜 안빈낙도하는 것이 사대부가 추구하는 바람직한 삶의 방식이었다.

대칭적 서술 구조

「목동문답가」는 전반부와 후반부의 각 단락이 서사, 본사, 결사로 구성되는 유기적인 서술 방식을 보여 주고 있는데, 이를 도식으로 나타내면 다음과 같다.

전반부	제1 화자	논리 전개 방식
서사	① 공명 추구의 당위성	근거
본사 1	② 공명 실현의 방법과 그 즐거움	정당화
본사 2	③ 공명을 이룬 인물들	증거
결사	④ 입신양명에 대한 권면	주장

↑↓

후반부	제2 화자	논리 전개 방식
서사	⑤ 상대에 대한 반문	근거
본사 1	⑥ 분수에 맞는 편안한 삶	정당화
본사 2	⑦ 공명은 이루었으나 불행을 겪은 인물들	증거
결사	⑧ 안분지족의 추구	주장

작품의 전반부의 제1 화자는 제2 화자인 청자에게 유한한 인생에서 장부가 해야 할 일은 공명 추구이며[서사], 이를 실현하여 즐겁게 살 수 있는 재상, 장수, 문한의 삶을 제안한다[본사 1]. 이어 재야(초야에 파묻혀 있다는 뜻으로, 공직에 나아가지 아니하고 민간에 있음을 이르는 말)에 있다가 공명을 이룬 사대부들을 소개하고는[본사 2], 왜 입신양명에 뜻을 두지 않고 소 치기만 하느냐는 물음으로 말을 맺는다[결사]. 작품 후반부의 제2 화자는 초췌한 제1 화자의 행색을 보며 입신양명을 하면 과연 인생을 즐겁게 살 수 있는지에 대해 회의를 드러낸다[서사]. 자신은 분수에 맞게 소 치기로 살고 싶으며[본사 1] 재상, 장수, 문한으로 공명을 이루었지만 역경을 피하지 못한 인물들을 예로 들고는[본사 2], 자신은 위험에 빠질 수 있는 공명을 추구하지 않고 안분지족의 삶을 선택하겠다는 뜻을 밝힌다[결사].

한편, 전반부와 후반부의 대칭 구조는 논리 전개 방식에서도 나타난다. 두 화자 모두 전제와 결론으로 발화를 구성하여 주장의 타당성을 입증하는 논증의 과정을 거치고 있다. 「목동문답가」의 서사에서는 먼저 자신이 주장하는 이유가 담긴 근거를 들고, 본사 1에서 그 근거가 주장을 뒷받침한다는 것을 정당화해 주고 있으며, 다음 본사 2에서는 앞의 근거와 정당화가 참이라는 것을 입증하는 구체적인 사례를 증거로 제시한다. 결사에서는 마지막 과정으로 자신의 주장을 드러낸다. 즉 「목동문답가」는 '근거 → 정당화 → 증거 → 주장'의 논증 방식으로 서술되어 있다. 작품 전반부에서 제1 화자는 공명을 추구해야 하는 이유를 인생이 무상하기 때문이라고 전제한 후[근거], 공명을 실현했을 때 누릴 수 있는 즐거움에 대해 열거한다[정당화]. 그리고 출사하여 공명을 이룬 역사적인 사례를 들어[증거], 입신양명에 힘써야 한다는 점을 강조한다[주장].

이에 대해 제2 화자는 상대의 행색에서 공명 추구가 즐거운 삶을 보장할 수 있는지에 대해 의구심을 드러내고는[근거], 분수에 맞게 살아야 삶이 편안하다고 말한다[정당화]. 그리고 공명을 이루고도 불행했던 인물들의 예를 들고[증거], 자신은 안분지족의 삶을 선택하겠다고 한다[주장]. 따라서 「목동문답가」에서 제1 화자와 제2 화자의 물음과 대답은 단락 구성과 논리 전개 방식에서 이중 대칭 구조를 취하고 있다고 할 수 있다.

따라서 이중 대칭 구조를 갖춘 문답 형식에 두 화자의 인생관과 삶의 지향점을 대조적으로 부각한 「목동문답가」는 관직에 나아가 유가에서 배우고 익힌 도를 현실 정치에서 실천할 것인가, 초야에 머물며 도를 지킬 것인가를 진지하게 고민했던 당시 사대부의 갈등을 형상화한 작품이라고 할 수 있다.

다음 글을 읽고 물음에 답하시오. [24.10.고3 교육청 기출]

(가)

녹양방초 언덕에 소 먹이는 저 아이야
인간 영욕을 아는가 모르는가
인생 백년이 풀 끝에 이슬이라
삼만 육천 일이 그 아니 보잘것없는가
하물며 **장수 단명이 운명이어니** 사생(死生)을 정할쏘냐
여관 같은 세상에 하루살이같이 나왔다가
㉠ 공명도 못 이루고 초목같이 썩어지면
ⓐ 공산 백골이 그 아니 느꺼우냐
하늘의 뜻을 이어 법칙을 세움은 옛 성인의 사업이요
아름다운 이름을 후세에 전함은 대장부의 할 일이라
생애는 유한하고 사일(死日)은 무궁하니
유한한 생애로 썩지 않을 이름을
영구히 전하여 ⓑ 천지와 함께 무궁하려고
　　　　　　　　　(중략)
어와 그 뉘신고 어떠한 사람인고
형용이 초췌하니 초나라 대부 굴원이신가
잔혼이 영락하니 학사 유자후이신가*
눈썹을 찡그리시니 근심이 많으신가
발끝으로 서시니 어디를 바라는고
아름다운 기약을 바라는가 이별의 슬픔이 중하신가
ⓒ 해 질 녘 대나무에 혼자 어둑히 있어서
내 근심 던져두고 무슨 말씀 하시는고
영락(榮落)은 운수에 달렸고 부귀는 재천(在天)이라
구한들 곁에 오며 던져둔들 어디 갈꼬
천생만물(天生萬物)하여 살아갈 일이 다 있으니
우리는 어리석어 대도(大道)를 몰라도
인생 저렇도다 소 치기에 아니느라
송아지 어미 좇아 녹음 간에 절로 놓여
푸성귀 뜯어 먹고 시냇물 흘려 마셔
누웠다 일어났다 하며 제 맘대로 다니기와
코뚜레 코에 끼고 긴 고삐 굳게 매어
곤 콩대 삶은 콩을 배까지 찰지라도
불 같은 여름 볕에 큰 쟁기 마주 매여
일생의 고단함이 저희 중에 볼작시면
어느 것이 한가하고 어느 것이 괴로운고
일시에 빛나기야 **희생(犧牲)**만 할까마는

헌 멍석 물리치고 비단 거적 가로 덮고
밧줄 굴레 벗기고 붉은 실로 얽어내어
예관(禮官)이 고삐 들고 태묘(太廟)로 몰아가서
백정의 큰 도끼에 **뼈마디가 흩어지니**
저더러 물어보면 **어느 소 되려 할꼬**
우리는 잘 보아 내 분수만 지키려니

　　　　　　　　　　　　　- 임유후, 「목동가」 -

*형용이~유자후이신가 : 굴원, 유자후는 귀양 가서 세상을 걱정하다가 죽은,
중국의 옛 문인임.
*희생 : 천지신명 따위에 제사를 지낼 때 제물로 바치는, 산 짐승.

(나)

홍진(紅塵)의 꿈 깬 지 이십 년이 어제로다
ⓓ 녹양방초에 절로 놓인 말이 되어
때때로 고개를 들어 임자 그려 우노라

　　　　　　　　　　　　　　　〈제2수〉

ⓔ 장부의 몸이 되어 기한(飢寒)을 두려워할까
㉡ 일산(一山) 풍월(風月)에 즐거움이 가이 없다
내 마다*, 뜬구름 같은 부귀를 따를 줄이 있으랴

　　　　　　　　　　　　　　　〈제11수〉

득군행도(得君行道)*는 군자의 뜻이로되
때를 못 만나면 고반(考槃)*을 즐겨 하니
맑은 송풍(松風) 산월(山月)이사 나뿐인가 하노라

　　　　　　　　　　　　　　　〈제12수〉
　　　　　　　　　　　　　- 장경세, 「강호연군가」 -

*내 마다 : 나는 싫구나.
*득군행도 : 임금의 신임을 얻어 도를 행함.
*고반 : 벼슬에 나가지 않고 자연에 묻혀 풍류를 즐김.

(다)

　만물은 하나로부터 생겨나 각기 '나'가 된다. 내가 나를 나라고 생각하는 것은 다른 사람들이 자기를 자기라고 생각하는 것과 같다. 다른 사람이 아프고 가려울 때에 나는 그것을 느끼지 못하고 내가 그럴 때에는 다른 사람이 그것을 느끼지 못한다. **몸이 나누어져 생긴 거리가 어찌 이렇게 커졌나?** 살아 있을 때는 나는 나, 남은 남으로 살지만 죽은 뒤에는 함께 하나로 돌아가 나도 없고 남도 없다. 옛 현인은 죽음을 참이라 여기고 삶을 거짓이라 여겼는데, 그 역시 이런 사실을 알고 있었으리라.

　배가 고파 음식을 먹으려 할 때는 잠깐도 몇 달 같지만, 배가 부르면 먹는 것을 잊는다. 힘들어 쉬려 할 때는 지척도 천 리 같지만, 편안해지면 쉬는 것을 잊는다. 이를 통해 안으로 만족하고 있는 사람은 **바깥의 상황에**

나BS _ 나 없이 EBS 풀지마라

구애되지 않는다는 사실을 알 수 있다. 그렇다면 **영예나 치욕도** 바깥의 상황일 뿐이니 시장 길에서 쇠사슬에 묶이거나 **길거리에서 구걸을** 하게 되더라도 부끄럽지 않을 것이고, **보석으로 치장하고** 수레를 타더라도 영예롭지 않을 것이다. 마찬가지로 **삶은 낮, 죽음은 밤과 같다**는 것을 알게 되면, **팽조나 노담의 장수를 부러워하지** 않을 것이고 **요절한 이를 슬퍼하지** 않을 것이다.

만물은 본래 하나였는데 몸이 나누어지면서 서로 단절되었다. 몸은 밖에서 단절되고 정신은 내부에 갇혀, **나와 남이 서로 통하지 않게 되어** 마침내 **이기심이** 생겨났다. 그리하여 좋고 싫음에 따라 서로 빼앗고, 이익과 손해에 따라 서로 공격하여 **싸움이 번지고 혼란이** 야기되었으니 참 측은한 일이다. 이기심을 극복하면 **몸이 장애물이** 되지 않고, **순리대로 하면** 정신이 갇히지 않을 것이니, 그러면 **남이 내가 되고 내가 남이 되어** 만물이 하나의 틀 안에 들어오고 삶과 죽음도 같은 것이 될 것이다.

북극의 아래와 남극의 위가 몇 억만 리나 되는지 나는 모른다. 동해의 서쪽과 남해의 북쪽이 몇 억만 리나 되는지 나는 모른다. 혼돈의 시작부터 내가 태어나기 전까지는 얼마나 많은 시간이 흘렀을 것이며, 내가 죽은 뒤 세상의 종말까지는 또 얼마나 많은 세월이 흐를 것인가. 하늘과 땅은 **무궁**하고 과거와 현재는 **다함이** 없으니, 그 속에서 **만물이 생겼다 사라지는 것이야말로 있기도 하고 없기도 한 것이다.** 보잘것없는 내 몸은 세상 만물 가운데 하나일 뿐이니 티끌이나 **터럭보다 더 작은 존재요**, 부싯돌 불이나 **번갯불보다 더 빨리 지나가는 존재이다.**

- 장유, 「방언」 -

01. (가)~(다)에 대한 설명으로 가장 적절한 것은?

① (가)와 (나)는 모두, 사물에 인격을 부여하여 대상을 예찬하는 마음을 부각한다.
② (가)와 (다)는 모두, 일상적 소재를 나열하여 구체적 생활상을 보여 준다.
③ (나)와 (다)는 모두, 대비되는 두 공간을 제시하여 이상과 현실 사이의 괴리를 강조한다.
④ (가)~(다)는 점층적 표현을 사용하여 내적 갈등을 부각한다.
⑤ (가)~(다)는 비교되는 소재를 제시하여 대상에 대한 인식과 태도를 드러낸다.

02. 〈보기〉를 참고하여 (가)를 감상한 내용으로 적절하지 <u>않은</u> 것은?

<보기>

(가)는 '소 먹이는 저 아이야' 하고 말을 건네며 질문하는 화자와 그에게 '어와 그 뉘신고'라고 말하며 답변하는 화자가 등장하여 두 화자의 목소리로 시상이 전개된다. 작품은 화자가 달라지는 '어와 그 뉘신고'라는 구절을 기점으로 전반부의 '묻는 노래'와 후반부의 '답하는 노래'로 나뉜다.

① '장수 단명이 운명'이라는 말과 '영락은 운수에 달렸'다는 말에서 인간의 힘으로 어찌할 수 없는 운명이 있다는 것을 두 화자 모두 인정하고 있음을 알 수 있군.
② '아름다운 이름을' '영구히 전하'려고 한다는 말에 '천생만물하여 살아갈 일이 다 있'다고 대답하는 것에서 삶에 대한 두 화자의 관점이 서로 다름을 알 수 있군.
③ '아름다운 기약을 바라는가 이별의 슬픔이 중하신가'라고 말하는 것에서 답하는 노래의 화자가 상대가 근심스러워 보이는 이유를 짐작하고 있음을 알 수 있군.
④ '우리는 어리석어 대도를 몰라'라고 답변하는 것에서 답하는 노래의 화자가 자신의 무지를 인식하여 상대에게 배우고자 함을 알 수 있군.
⑤ '인생 저렇도다 소 치기에 아니냐'라고 말하는 것에서 답하는 노래의 화자가 자신의 생활 경험에 근거하여 질문에 답변하고 있음을 알 수 있군.

03. (나)의 '나'의 관점에서 ㉠, ㉡을 이해한 내용으로 가장 적절한 것은?

① ㉠과 ㉡을 모두 멀리해야 하는 때도 있다.
② ㉠에서 생겨나는 ㉡의 즐거움에 만족하며 살아야 한다.
③ ㉠을 이루는 일로부터 물러나 ㉡을 즐겨야 하는 때도 있다.
④ ㉡이 주는 즐거움을 경계하고 ㉠의 성취에 뜻을 두어야 한다.
⑤ ㉡이 주는 즐거움을 누린 후 ㉠을 이루기 위해 노력해야 한다.

04. ⓐ~ⓔ에 대한 설명으로 가장 적절한 것은?

① ⓐ : 자신의 삶을 성찰하며 느끼는 후회의 감정을 드러낸다.
② ⓑ : 삶의 유한성에 대한 인식에서 비롯한 욕망을 드러낸다.
③ ⓒ : 임과 이별한 자신의 외로운 처지를 나타낸다.
④ ⓓ : 속세를 잊고 근심 없이 사는 자신의 모습을 나타낸다.
⑤ ⓔ : 가난을 두려워하는 자신의 심정을 드러낸다.

05. 〈보기〉를 참고하여 (가)~(다)를 감상한 내용으로 적절하지 <u>않은</u> 것은?

사대부 문인들은 문학을 통해 바람직한 삶에 대한 다양한 생각을 형상화했다. 벼슬길에 나아가 더 나은 세상을 만드는 관인의 삶을 추구하기도 하고 정치 현실에서 물러나 자연을 즐기는 처사의 삶을 긍정하기도 하며, 그 모든 욕망에서 벗어나 외부 세계에 구애받지 않는 초연한 삶을 지향하기도 했다.

① (가)의 '여관 같은 세상에 하루살이같이 나왔다가', '대장부의 할 일이라'에서 화자는 삶을 잠시 지나가는 것으로 인식하며 처사의 삶을 지향하고 있군.
② (가)의 '뼈마디가 흩어지니', '어느 소 되려 할꼬'에서 화려한 관인의 삶을 '희생'에 빗대어 부정적으로 인식하며 바람직한 삶에 대한 화자의 생각을 드러내고 있군.
③ (나)의 '뜬구름 같은 부귀를 따를 줄이 있으랴'에서 화자는 자연에서의 삶을 긍정적으로 인식하며 처사의 삶을 지향하고 있군.
④ (나)의 '맑은 송풍 산월이사 나뿐인가 하노라'에서 화자는 현재의 삶에 대한 자족감을 드러내며 처사의 삶을 긍정하고 있군.
⑤ (다)의 '만물이 생겼다 사라지는 것이야말로 있기도 하고 없기도 한 것'에서 글쓴이는 삶의 찰나적 속성을 강조하며 삶의 욕망에 초연한 삶을 지향하고 있군.

06. (다)에 대한 이해로 적절하지 <u>않은</u> 것은?

① 사람들이 '보석으로 치장하'는 것과 '길거리에서 구걸을 하'는 것을 '영예나 치욕'으로 여기는 것은 정신이 몸에 갇혀 '바깥의 상황에' 영향을 받기 때문이다.
② 사람들이 '팽조나 노담의 장수를 부러워하'고 '요절한 이를 슬퍼하'는 것은 '몸이 장애물이 되'어 '삶은 낮, 죽음은 밤과 같다'고 여겨 삶과 죽음을 다른 것으로 인식하기 때문이다.
③ '나와 남이 서로 통하지 않게 되어' '싸움이 번지고 혼란이 야기'된 것은 사람의 정신이 그 몸에 얽매여 '만물은 본래 하나'라는 사실을 잊게 되었기 때문이다.
④ '순리대로 하면' '남이 내가 되고 내가 남이 되'는 것은 정신이 몸에 갇히지 않아 '몸이 나누어져 생긴 거리'가 없어지기 때문이다.
⑤ '무궁'한 세상과 '다함이 없'는 시간의 관점에서 보았을 때 '이기심'이 부질없는 것은 몸이 '터럭보다 더 작은 존재'이고 '번갯불보다 더 빨리 지나가는 존재이'기 때문이다.

21 이정, 풍계육가

수능 국어 대비
실전 국어 전형태

STEP 01 OX 문제를 통한 지문 이해 훈련

나BS 수능특강 | 고전문학

청풍(淸風)을 좋이 여겨 **창을 아니 닫았노라**
명월(明月)을 좋이 여겨 **잠을 아니 들었노라**
옛사람 이 두 가지 두고 어디 혼자 갔노

〈제1수〉

내라서 누구라 하여 작록(爵祿)*을 마음에 둘꼬
조그만 띠집을 시내 위에 이룬바
어젯밤 손수 닫은 문을 늦도록 닫치었소

〈제2수〉

두고 또 두고 저 욕심 그지없다
나는 내 집에 내 **세간**을 살펴보니
우습다 **낚싯대 하나** 외에 거칠 것이 전혀 없어라

〈제4수〉

오두미* 위하여 홍진(紅塵)*에 나아가지 마라
바람 비 어지러워 칼과 톱이 무서워라
나중에 슬퍼하고 뉘우친다 기구하다 기로다단(岐路多端)*하여라

〈제6수〉

*작록 : 관작(관직과 작위)과 녹봉을 아울러 이르는 말.
*오두미 : 다섯 말의 쌀이라는 뜻으로, 얼마 안 되는 봉급을 이르는 말. 중국의 도연명이 쌀 다섯 말 때문에 허리를 굽힐 수 없다고 하여 벼슬을 버리고 집으로 돌아왔다는 데서 유래함.
*홍진 : 번거롭고 속된 세상을 비유적으로 일컫는 말. / *기로다단 : 갈림길의 갈래가 많음.

OX문제

01 대구 표현을 사용하여 화자의 괴로운 처지를 드러내고 있다. [2026학년도 수능]　　(O / X)
02 명령형의 문장을 사용하여 주제 의식을 부각하고 있다. [2014학년도 6월AB]　　(O / X)
03 화자는 '창을 아니 닫'고 '잠을 아니' 든 채로 오지 않는 '옛사람'을 그리워하고 있다.　　(O / X)
04 '낚싯대 하나 외'에는 '세간'이 없는 화자의 모습에서 안빈낙도의 태도를 확인할 수 있다.　　(O / X)
05 화자의 현재 상황에 대한 만족감을 바탕으로 자연물에 대한 연민을 드러내고 있다. [2022학년도 6월]　　(O / X)

STEP
02 지문 분석

[EBS에 나오지 않은 파트까지 모두 넣은 전문 분석]

과외식 해설

청풍(淸風)을 좋이 여겨 창을 아니 닫았노라
부드럽고 맑은 바람
■ : 자연과의 연결 통로
↕ : 속세와의 연결 통로

⇒ 맑은 바람을 좋게 여겨 창을 아니 닫았노라

명월(明月)을 좋이 여겨 잠을 아니 들었노라

⇒ 밝은 달을 좋게 여겨 잠을 아니 들었노라

옛사람 이 두 가지 두고 어디 혼자 갔노
청풍, 명월 → 자연(대유법)

⇒ 옛사람 이 두 가지 두고 어디에 혼자 갔는가

제1수 : 자연과 더불어 사는 삶에 대한 만족감　　〈제1수〉

청풍을 좋이 여겨~아니 들었노라 → '청풍'과 '명월'과 같은 자연물을 즐기기 위해 창을 닫지 않고 잠에 들지 않는 화자의 모습이 나타나고 있다. 화자의 자연 친화적 삶의 태도를 확인할 수 있는 부분이다.

옛사람 이 두 가지 두고 어디 혼자 갔노 → 해당 구절은 해석에 따라 의미가 조금 달라질 수 있다. 첫째로 '옛사람이 이 자연을 두고 어디로 혼자 갔는가.'와 같이 해석한다면, 자연을 버리고 간 옛사람과 달리 자신은 자연을 즐길 줄 안다는 자부심이 드러난 표현으로 이해할 수 있다. 한편, 이를 '옛사람이 이 자연을 두고 어디로 혼자 갔겠는가.'와 같이 해석한다면, 누구라도 이렇게 좋은 자연을 버릴 수는 없다는 반어적 표현으로 이해할 수 있다.

내라서 누구라 하여 작록(爵祿)을 마음에 둘꼬
벼슬과 녹봉 → 세속적 가치

⇒ 내가 누구라고 벼슬 녹봉을 마음에 두겠는가

조그만 띠집을 시내 위에 이룬바
띠로 지붕을 이어 지은 집 → 화자의 소박한 삶을 보여 줌.

⇒ 조그만 띳집을 시내 위에 지어 놓고

어젯밤 손수 닫은 문을 늦도록 닫치었소

⇒ 어젯밤 손수 닫은 문을 늦도록 닫아 두었소

〈제2수〉

내라서 누구라 하여~문을 늦도록 닫치었소 → 세속적 가치를 뜻하는 '작록'을 마음에 두지 않은 채 시내 위에 '조그만 띠집'을 이루고 사는 화자의 모습에서 안빈낙도의 생활 태도가 드러나고 있다. 이때 '문'은 속세와의 연결 통로로, 〈제1수〉에서 자연과의 연결 통로를 상징했던 '창'과 대비되는데 이를 손수 닫아 두었다는 것에서 속세와 완전히 단절하려는 화자의 마음가짐을 확인할 수 있다.

상(床) 우희 책(冊)을 노코 아릐 신을 늬여라

⇒ 상 위에 책을 놓고 아래에 신을 내어라

이바 으희야 날 보리 그 뉘고
■ : 돈호법

⇒ 이봐 아이야 날 찾는 이 누구인고

알과라 어계 맞춘 므지슐 맛보러 왓느부두
무듸(추자)로 빚은 술

⇒ 알겠다 어제 맞춘 므지술을 맛보러 왔나보다

제3수 : 자연 속에서 즐기는 풍류　　〈제3수〉

상 우희 책을 노코~맛보러 왓느부두 → '으희'에게 말을 건네는 방식을 통해 화자에게 손님이 찾아왔음을 보여 주고 있다. 이때 손님이 화자를 찾아온 이유가 '므지술'을 맛보기 위함이라는 것에서 화자가 이웃과 함께 자연 속에서 풍류를 즐기며 소박하게 살아가고 있음을 알 수 있다.

두고 또 두고~거칠 것이 전혀 없어라 → 화자는 재물을 쌓아 두고도 계속 쌓아 두려는 속세 사람들의 끝없는 욕심에 대해 비판하고, 자신의 집 안에는 낚싯대 하나 외에는 없다며 그들과 대비되는 자신의 청빈한 삶에 대한 자부심을 드러내고 있다.

끝이나 한량이 없다
두고 또 두고 저 욕심 그지없다
속세 사람들의 끝없는 욕심에 대한 비판

⇒ 쌓아 두고 또 쌓아 두고 저 욕심 끝이 없다

나는 내 집에 내 세간을 살펴보니
집안 살림에 쓰는 온갖 물건

⇒ 나는 내 집에 내 세간을 살펴보니

우습다 낚싯대 하나 외에 거칠 것이 전혀 없어라
　　욕심 없이 살아가는 자신의 삶에 대한 자부심이 드러남.

　　　　　제4수 : 청빈한 삶에 대한 자부심　〈제4수〉

⇒ 우습다 낚싯대 하나 외에 거칠 것이 전혀 없어라

산(山)아 너는 어이 한갈갓치 노프시며

⇒ 산아 너는 어찌 한결같이 높았으며

물아 너는 읏지 날날리 흐르ᄂᆞ냐

⇒ 물아 너는 어찌 나날이 흐르느냐

　　　　어질고 슬기로운
처간(處間)에 인지(仁智)ᄒᆞᆫ 군자는 못ᄂᆡ 즐겨 ᄒᆞ노니ᄅ
궁벽한 시골　　　　　　　화자를 가리킴.

⇒ 시골의 슬기로운 군자는 못내 즐겨 하노라

　　　　　제5수 : 자연 속에서 살아가는 즐거움　〈제5수〉

　　　번거롭고 속된 세상을 비유적으로 이르는 말
오두미 위하여 홍진(紅塵)에 나아가지 마라
다섯 말의 쌀이라는 뜻으로, 얼마 안 되는 봉급을 이르는 말

⇒ 적은 녹봉 위하여 세상에 나오지 마라

바람 비 어지러워 칼과 톱이 무서워라
　　□ : 속세에 준비한 시련과 고난들

⇒ 바람 비 어지러워 칼 톱이 무서워라

　　　　　　　　　　　　갈림길의 갈래가 많음.
나중에 슬퍼하고 뉘우친다 기구하다 기로다단(岐路多端)하여라
　　　세상살이가 순탄하지 못하고 가탈이 많다

⇒ 나중에 실컷 뉘우친들 기구하다 갈림길이 많구나

　　　　　제6수 : 속세에 대한 경계　〈제6수〉

산아 너는 어이~못내 즐겨 하노라 → 화자는 변함없이 높은 산과 나날이 흐르는 물을 예찬하며, 시골에서 그러한 자연을 즐기는 자신의 모습을 만족스러워 하고 있다.

오두미 위하여~기로다단하여라 → '오두미'는 동진 말기에 관리 생활을 하던 도연명이 다섯 말의 쌀 때문에 허리를 굽힐 수는 없다며 벼슬을 버리고 집으로 돌아왔다는 데서 유래하는 말로, 적은 봉급을 뜻한다. 화자는 벼슬을 해서 얻는 얼마 되지 않는 돈 때문에 온갖 시련과 고난이 가득한 속세에 나가 나중에 뉘우치게 되는 일을 만들지 말라고 경고하며 작품을 마무리하고 있다.

STEP 03 작품 해제

01 | 주제

자연에서의 삶에 대한 만족감과 속세에 대한 경계

02 | 특징

① 청빈한 삶을 지향하며 어지러운 속세에 대한 거부감을 드러내는 화자 중심의 시
② 말을 건네는 방식, 비유법, 설의법 등을 통해 시적 상황을 부각함.
③ 자연과 속세를 대비하여 주제 의식을 강조함.

03 | 작품 해제

이 작품은 자연 속에서 소박하고 청빈하게 살아가는 삶에 대한 자부심과 속세에 대한 부정적 인식을 드러내고 있는 총 6수의 연시조이다. 화자는 '청풍, 명월, 산, 물'과 같은 자연물을 벗 삼아 즐겁게 살아가는 동시에, 어지러운 속세를 '바람, 비, 칼, 톱'으로 나타내어 속세와 단절하려는 모습을 보여 주고 있다.

STEP 04 논문으로 만나는 출제자의 시선

이별의 「장육당육가」와 이정의 「풍계육가」

이정은 「장육당육가」를 지은 이별의 조카다. 즉, 이별의 막내 동생인 이곤의 여섯 아들 중 둘째가 이정이다. 이정의 「풍계육가」는 「장육당육가」 이후 경주 이씨 가문에서 처음으로 창작된 육가형 시조(6수를 단위로 한 연시조)라는 점에서 「장육당육가」를 충실히 계승했을 가능성이 크다.

일반적인 강호가도에서 그려지는 세상은, 지금은 물러났지만 언젠가는 다시 나가야 할 곳이고, 부패한 정치가 횡행하는 곳이면서 동시에 천명을 수행할 왕이 존재하는 곳이기도 하다. 따라서 세상에 대한 부정은 근본적인 것이라기보다는 일시적인 것이며, 전체를 대상으로 한 것이라기보다는 일부에 국한되는 것이다. 때문에 강호가도의 화자는 현실을 부정하면서도 현실에 대한 관심을 끊임없이 표명한다. 왕에 대한 그리움의 표출이나 왕을 둘러싼 일에 대해 시름을 나타내는 것에서 그런 관심의 한 부분을 읽을 수 있다.

한편 이별의 「장육당육가」에 나타나는 방외인(일이 벌어진 테두리에서 벗어나 그 일에 관계가 없는 사람)의 현실 부정은 이와 다르다. 이별은 자연 속에 은거한 이후 현실과의 인연을 완전히 끊어버렸다. 때문에 「장육당육가」에는 왕에 대한 그리움이나 세상사에 대한 시름이 전혀 나타나지 않는다. 현실을 철저히 잊은 상태에서 자연과의 완전한 합일을 도모하는 것이 해당 작품에 그려진 세계라 할 수 있다.

이를 염두에 두고 「풍계육가」를 보면 이 작품이 「장육당육가」와 매우 유사하다는 것을 알 수 있다. 〈제2수〉에서 세상과 철저히 단절하겠다는 의지를 나타낸 작가는, 〈제3수〉에서는 무릇술을 맛보러 온 이웃을 맞는 광경을 통해 소박한 삶을 나타내고, 〈제4수〉에서는 인간의 끝없는 욕심을 비판하고 자신은 낚싯대 하나 외에 가진 게 없다고 하여 청빈한 삶을 강조했다. 또한 〈제5수〉는 자연의 한결같음을 예찬하고 그 속에서 살아가는 무한한 즐거움을 노래한 것이며, 작품의 마지막 수에서는 벼슬길을 비바람이 어지럽게 몰아치고 모진 형벌을 받게 될지도 모르는 무서운 세계라고 표현하며 괜히 나갔다가 나중에 뉘우치지 말라고 경고하고 있다. 이로써 세상에 대한 관심을 표명한 부분은 그 어디에도 나타나지 않는다는 것을 확인할 수 있다.

Memo

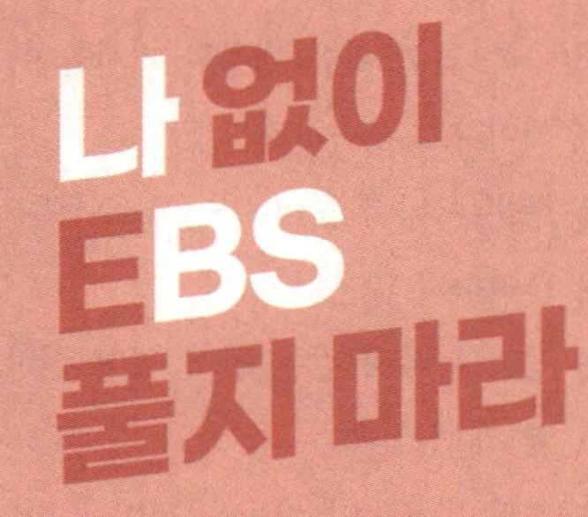

STEP 05 나BS 실전 문제

다음 글을 읽고 물음에 답하시오. [12.7.고3 교육청 기출]

(가)

내 언제고 지나치는 **길가**에 한 그루 남아 선 노송(老松) 있어, **바람** 있음을 조금도 깨달을 수 없는 날씨에도, 아무렇게나 뻗어 높이 치어든 그 검은 가지는 추추(啾啾)히* 탄식하듯 울고 있어, 내 항상 그 아래 한때를 머물러 아득히 생각을 그 소리 따라 천애(天涯)*에 노닐기를 즐거하였거니, 하룻날 다시 와서 그 나무 무참히도 베어 넘겨졌음을 보았나니.

진실로 현실은 한 그루 나무 그늘을 길가에 세워 바람에 울리느니보다 빠개어 육신의 더움을 취함에 미치지 못하겠거늘, 내 애석하여 그가 섰던 자리에 서서 팔을 높이 허공에 올려 보았으나, 그러나 어찌 나의 손바닥에 그 유현(幽玄)*한 솔바람소리 생길 리 있으랴.

그러나 나의 머리 위, 저 묘막(渺漠)*한 천공(天空)*에 시방도 오고 가는 신운(神韻)*이 없음이 아닐지니, 오직 그를 증거할 선(善)한 나무 없음이 안타까울 따름이로다.

— 유치환, 「선한 나무」 —

*추추(啾啾)히 : 구슬프게.

*천애(天涯) : 하늘의 끝.

*유현(幽玄) : 깊고 그윽함.

*묘막(渺漠) : 아득하게 넓음.

*천공(天空) : 하늘.

*신운(神韻) : 고상하고 신비로운 운치.

(나)

나는 매일 밤 수색으로 가는데 **수색**은 보이지 않는다
모래내를 지나 '수색' 표지판 밑으로 들어가지만
여기가 수색 같지는 않다
수색은 이곳이 아닐 것이다 수색이란 말만 있을 뿐이지

붙어 있을 뿐이지 수색은 이 세상에 없을 것이다
많은 사람이 이곳을 수색이라 하여도
안개가 낄 때 눈이 내릴 때
내가 매일 밤 수색으로 가면서
왜 내가 수색으로 다다르지 못할까?
날이 갈수록 낯선 이곳 **행정과 기사**들이 수색이라 하지만
결코 수색이라고 수긍하지는 않는다
그렇다 수색은 이런 곳이 아니다 수색은
이렇게 화려하지 않은 곳이다
거기는 적어도 **태백 같은 산**이 있고 석탄이 캐지고 삶 천지요
그리고 몇 개 상점에
철사로 걸린 남포등이 어둠을 먹어야 한다
그러나 이곳은 서울의 일부

아무런 꿈도 무서움도 없는 천박하고 저 더러운 식민의 부스럼이다
나는 매일 밤 수색으로 가면서
여하튼 수색으로 가지 않는다
수색은 지금 어느 어둠 속에서
가명으로 누명으로 앓고 있을 것이다

— 고형렬, 「수색(水色)으로 가며」 —

(다)

청풍(淸風)을 좋이 여겨 창을 아니 닫았노라.
명월(明月)을 좋이 여겨 잠을 아니 들었노라.
옛사람 이 두 가지 두고 어디 혼자 갔노.

〈제1수〉

내라서 누구라 하여 작녹(爵祿)*을 맘에 둘꼬.
조그만 **띠집**을 시내 위에 이룬바
어젯밤 손수 닫은 문을 늦도록 닫치었소.

〈제2수〉

상 위에 책을 놓고 아래 신을 내어라.
이봐 아해야, 날 볼 이 그 뉘고.
알게라, 어제 맞춘 므지술* 맛보러 왔나보다.

〈제3수〉

두고 또 두고 저 욕심 그지없다.
나는 내 집에 내 세간을 살펴보니
우습다 낚싯대 하나 외에 거칠 것이 전혀 없어라.

〈제4수〉

산아 너는 어이 한결같이 높았으며
물아 너는 어찌 날날이 흐르느냐.
처간(處間)*에 인지(仁智)한 군자는 못내 즐겨 하노니라.

〈제5수〉

오두미(五斗米)* 위하여 **홍진(紅塵)**의 나지 마라.
바람 비 어지러워 칼 톱이 무서워라.
나중에 실컷 뉘우치나 기구하다 기로다단(岐路多端)* 하여라.

〈제6수〉

— 이정, 「풍계육가(楓溪六歌)」 —

*작녹(爵祿) : 벼슬과 녹봉.

*므지술 : 불분명하나 맥락상 '묻어둔 술'로 보임.

*처간(處間) : 초야. 궁벽한 시골.

*오두미(五斗米) : 닷 말의 쌀, 얼마 되지 않는 녹봉을 일컬음.

*기로다단(岐路多端) : 갈림길의 갈래나 가닥이 많음.

N**BS** _ 나 없이 EBS 풀지마라

01. (가)~(다)의 공통점으로 가장 적절한 것은?

① 대상의 부재로 방황하고 있다.
② 지향하는 가치를 드러내고 있다.
③ 지나온 자신의 삶을 반성하고 있다.
④ 갈등을 극복하지 못해 괴로워하고 있다.
⑤ 자연으로부터 인생의 깨달음을 발견하고 있다.

02. (가)~(다)에 나타난 시어의 의미를 이해한 내용으로 가장 적절한 것은?

① (가)의 '길가'와 (나)의 '수색'은 화자의 의지에 따라 변화 가능한 공간이다.
② (가)의 '바람'과 (다)의 '청풍'은 화자의 존재 가치를 드러내는 소재이다.
③ (나)의 '행정과 기사'와 (다)의 '옛사람'은 화자가 연민을 느끼는 대상이다.
④ (나)의 '태백 같은 산'과 (다)의 '띠집'은 화자가 긍정적으로 인식하는 공간이다.
⑤ (나)의 '서울'과 (다)의 '홍진'은 화자가 자신을 단련하는 공간이다.

03. (가)와 (나)의 표현상의 특징에 대한 설명으로 적절하지 <u>않은</u> 것은?

① (가)와 (나)는 상징적 시어를 통해 시적 함축성을 높이고 있다.
② (가)는 (나)와 달리 쉼표를 통해 호흡의 길이를 조절하고 있다.
③ (가)는 (나)와 달리 예스러운 표현을 사용하여 점잖고 무게 있는 분위기를 형성하고 있다.
④ (나)는 (가)와 달리 사물에 인격을 부여하여 대상에 대한 친근감을 나타내고 있다.
⑤ (나)는 (가)와 달리 역설적 표현을 통해 화자의 고뇌를 효과적으로 부각하고 있다 .

04. 〈보기〉를 바탕으로 (가)를 감상할 때, 적절하지 <u>않은</u> 것은?

〈보기〉

이 시에서 자연은 단순한 배경이 아니다. 그것은 물질성을 초월한 존재이며 살아가면서 가져야 할 삶의 정신적 가치를 드러낸다. 그렇기에 화자는 자연을 파괴하여 자신의 욕망을 충족시키려는 사람들의 행동을 애석해 한다. 자연과의 교감이 가능했던, 그런 순수한 삶이 점차 사라져 가고 있는 현실이 안타까운 것이다.

① '노송(老松)'은 물질성을 초월한 존재로 화자에게 자연과의 교감을 가능하게 하는 대상이겠군.
② '내 항상 그 아래 한때를 머물러'는 현실에 대한 안타까움을 드러내는 화자의 행동으로 볼 수 있겠군.
③ '그 나무 무참히도 베어 넘겨졌음을 보았나니'는 순수한 삶에 대한 화자의 기대가 꺾였음을 의미하겠군.
④ '육신의 더움을 취함'은 자연을 파괴하여 욕심을 채우려는 사람들의 모습이라고 할 수 있겠군.
⑤ '선(善)한 나무 없음이 안타까울 따름'에는 정신적 가치로부터 멀어진 현대적 삶에 대한 비판적 태도가 암시되어 있군.

05. 다음을 (나)의 화자가 쓴 일기라고 할 때, 적절하지 <u>않은</u> 것은?

오늘도 나는 수색으로 향한다. ① <u>매일 밤 수색으로 가지만 내가 생각하는 수색은 아니다.</u> 지금 수색은 네온사인이 명멸하고 있다. ② <u>내가 찾는 모습과 달리 이곳은 지나치게 화려한 곳으로 변했다.</u> 깊은 지하의 석탄을 캐는 인간들의 삶이 있는 곳, 몇 개 상점에 남포등이 걸려 있는 곳, 그런 소박하면서도 순수한 곳이 내가 가고 싶은 수색이다. 그런데 ③ <u>지금의 수색은 아무런 꿈도, 무서움조차도 없는 곳이다.</u> ④ <u>나는 이런 수색에 조금씩 익숙해져 간다.</u>
오늘도 나는 수색으로 간다. 수색을 드나들지만 ⑤ <u>여전히 나는 수색에 도착하지 못하고 있다.</u>

06. (다)에 대한 이해로 적절하지 <u>않은</u> 것은?

① 제1수의 '청풍', '명월'과 제5수의 '산', '물'은 화자가 즐기는 대상이라 볼 수 있다.
② 제1수의 '창'은 제2수의 '문'과 달리 화자로 하여금 자연과 소통하게 하는 열린 통로라 할 수 있다.
③ 제2수의 '작녹'에 마음을 두지 않는 것은 제6수의 '바람 비'에 대한 염려 때문이라 할 수 있다.
④ 제4수의 '낚싯대'는 제5수의 '처간'에 있는 화자의 삶의 태도와 연관된다고 볼 수 있다.
⑤ 제4수의 끝이 없는 '저 욕심'은 제6수의 '홍진'과의 거리를 좁히려는 화자의 심리를 보여준다고 할 수 있다.

22 | 윤선도, 만흥

수능 국어 대비
실전 국어 전형태

01 OX 문제를 통한 지문 이해 훈련

나BS 수능특강 | 고전문학

산수 간(山水間) 바위 아래 띠집을 짓는다 하니
그 모르는 남들은 웃는다 한다마는
어리고 햐암*의 뜻에는 내 분(分)인가 하노라

〈제1수〉

보리밥 풋나물을 알맞게 먹은 후(後)에
바위 끝 물가에 실컷 노니노라
그 남은 여남은 일이야 부러울 것이 있으랴

〈제2수〉

잔 들고 혼자 안자 먼 뫼를 바라보니
그리던 **임**이 온들 반가움이 이러하랴
말씀도 웃음도 안 해도 못내 좋아하노라

〈제3수〉

그 누가 삼공(三公)보다 낫다 하더니 **만승(萬乘)**이 이만하랴
이제사 생각하니 소부(巢父) 허유(許由)가 냑돗더라*
아마도 **임천 한흥(林泉閑興)***을 비길 곳이 없어라

〈제4수〉

내 천성이 게으르더니 하늘이 알으셔서
인간 만사(人間萬事)를 한 일도 아니 맡겨
다만당 다툴 이 없는 강산(江山)을 지키라 하시도다

〈제5수〉

강산(江山)이 좋다 한들 내 분(分)으로 누웠느냐
임금 은혜(恩惠)를 이제 더욱 아나이다
아무리 갚고자 하여도 할 수 있는 일이 없어라

〈제6수〉

*햐암 : 시골에 사는 견문이 좁고 어리석은 사람.
*냑돗더라 : 약았더라.
*임천 한흥 : 자연에서 한가롭게 살아가는 즐거움.

OX문제

01 계절적 이미지를 활용하여 시의 분위기를 형성하고 있다. [2007학년도 수능]   (O / X)

02 대조적 소재를 통해 삶에 대한 글쓴이의 인식을 드러내고 있다. [2020학년도 6월]   (O / X)

03 유사한 시구를 점층적으로 변주하여 리듬감을 형성하고 있다. [2016학년도 6월AB]   (O / X)

04 화자는 자연에서의 삶이 '만승'보다 낫다며 '임천 한흥'에 대한 긍정적 인식을 드러내고 있다.   (O / X)

05 화자는 '잔 들고 혼자 안자' 먼 산을 바라보며 '임'을 그리워하는 마음을 드러내고 있다.   (O / X)

STEP 02 지문 분석

산수 간(山水間) 바위 아래 **띠집**을 짓는다 하니
속세, 정계를 초탈한 곳　　　↳ 띠풀로 지은 집(초가집)

⇒ 산과 물 사이 바위 아래 초가집을 지으려 하니

■ : 화자의 지향(자연) ↔ ■ : 화자의 지양(속세)
■ : 화자의 소박한 삶과 관련된 소재

그 모르는 **남들**은 웃는다 한다마는
자연 속의 '나'와 세속적인 '남들'을 대비함.

⇒ (나의 뜻을) 모르는 남들은 비웃지만

어리고 하얌의 뜻에는 내 분(分)인가 하노라
겸손의 표현　　　자신의 삶에 대한 만족감이 드러남.

⇒ 어리석고 시골뜨기인 내 생각에는 이것이 내 분수인가 하노라

　　제1수 : 안분지족(분수를 지키며 자연 속에서의 삶을 지향함.) 〈제1수〉

보리밥 풋나물을 알맞게 먹은 후(後)에
욕심을 부리지 않는 삶

⇒ 보리밥 풋나물을 알맞게 먹은 후에

바위 끝 **물가**에 실컷 노니노라
자연 속에서 풍류를 즐기는 모습

⇒ 바위 끝 물가에서 실컷 노니노라

그 남은 **여남은** 일이야 부러울 것이 있으랴
속세의 일　　　설의법 → 자연 속에서의 삶에 만족하고 있음.

⇒ 그 외에 남은 다른 일이야 부러워할 것이 있으랴

　　제2수 : 안빈낙도(소박하고 한가로운 삶 속에서도 즐거움을 찾음.) 〈제2수〉

잔 들고 혼자 안자 **먼 뫼**를 바라보니
　　　　　　　　산

⇒ 잔 들고 혼자 앉아 먼 산을 바라보니

그리던 임이 온들 반가움이 이러하랴
설의법 → 임을 만난 반가움보다 자연에서의 삶에 대한 만족감이 큼을 강조함.

⇒ 그리워하던 님이 온다 한들 반가움이 이 정도이랴

말씀도 웃음도 안 해도 못내 좋아하노라
자연에 몰입 → 물아일체의 경지

⇒ (먼 산은) 말씀도 웃음도 없지만 못내 좋아하노라

　　제3수 : 물아일체(자연과 함께 살아가는 삶의 즐거움) 〈제3수〉

　　　　삼정승　　　　　천자, 황제
그 누가 **삼공**(三公)보다 낫다 하더니 **만승**(萬乘)이 이만하랴
　　　　　　　　　설의법 → 황제의 삶보다 자연의 삶이 더 나음을 강조함.

⇒ 누가 (자연이) 삼공보다 낫다고 하더니 만승이 이만하랴

이제사 생각하니 「소부(巢父) 허유(許由)」가 냑돗더라
　　　　　「　」: 고사 인용 → 자연의 삶을 예찬함.

⇒ 이제 와서 생각해보니 소부와 허유가 약았구나(영리했구나)

아마도 **임천 한흥**(林泉閑興)을 비길 곳이 없어라
자연 속에서 느끼는 한가한 흥취

⇒ 아마도 자연 속에서 한가롭게 지내는 흥취는 비할 데가 없으리라

　　제4수 : 임천한흥(자연을 누리는 삶에 대한 자부심) 〈제4수〉

　　스스로를 낮춤. → 겸손한 태도가 드러남.
내 천성이 게으르더니 하늘이 알으셔서
본래 타고난 성격이나 성품

⇒ 내 천성이 게으른 것을 하늘이 아셔서

과외식 해설

산수 간 바위 아래~내 분인가 하노라 → '남들'이 화자의 자연 속 소박하고 검소한 삶을 비웃자, 화자는 스스로를 '하얌'이라고 낮춰 부르며 자신이 향유하는 자연의 삶에 만족감을 드러내고 있다. 이때, '하얌'은 자연 속에서의 삶이 갖는 가치를 모르는 '남들'과 대비되는 표현으로, 스스로를 겸손하게 지칭하는 동시에 세상 사람들과 달리 자신은 자연에 묻혀 사는 즐거움을 누릴만한 자격이 있다는 자부심이 담겨 있다.

보리밥 풋나물을~실컷 노니노라 → '보리밥'과 '풋나물'이라는 검소한 먹거리를 적당히 먹는 모습이나, '바위 끝 물가'라는 자연의 공간만으로도 만족하는 화자의 모습에서, 자연 속에서 검소하게 생활하며 유유자적한 삶의 풍류를 즐기는 태도가 나타나고 있다.

그 남은 여남은 일이야 부러울 것이 있으랴 → 화자는 자연 속에서의 삶에 대한 만족감과 자부심을 드러내며, 이러한 삶을 제외한 세속의 일에는 관심을 두지 않고자 하는 의지를 나타내고 있다.

잔 들고 혼자 안자~반가움이 이러하랴 → 화자는 먼 산과 같은 자연이, 그리워하던 임보다 더 반갑다고 말하고 있다.

말씀도 웃음도 안 해도 못내 좋아하노라 → 자연은 말도 웃음도 없지만, 이루 말할 수 없이 좋다고 말하는 화자의 모습을 통해 산(자연)과의 이심전심(마음이 서로 통함), 즉 자연물과 하나가 되는 물아일체 상태임을 알 수 있다.

그 누가 삼공보다 낫다 하더니 만승이 이만하랴 → '삼공'은 가장 높은 세 벼슬을 가리키고, 만승은 만 개의 수레를 부리는 지위를 가리키는 말로 곧 천자를 말한다. 즉, 화자는 자연에서의 삶이 '삼공'은 물론 '만승'보다도 낫다고 하며 긍정적 인식을 드러낸 것이다.

이제사 생각하니~임천 한흥을 비길 곳이 없어라 → '소부'와 '허유'는 모두 중국 요순시대의 인물들로, 속세에 나서지 않고 은거하며 자연을 벗 삼아 즐긴 은사들을 가리킨다. 화자는 이들을 약았다고 말하며 그들이 추구하던 삶의 방식을 긍정하고 있다. 한편, '임천 한흥'은 주제 의식을 압축한 표현으로, 이를 '비길 곳이 없다'는 말에서 화자의 자부심이 드러나고 있다.

내 천성이~한 일도 아니 맡겨 → 화자는 스스로를 겸손하게 낮추며 벼슬을 멀리하며 살아가는 삶의 태도를 보이고 있다.

인간 만사(人間萬事)를 한 일도 아니 맡겨
속세의 일(벼슬, 부귀영화 등)

⇒ 인간 세상의 수많은 일을 한 가지도 아니 맡겨

다만당 다툴 이 없는 강산(江山)을 지키라 하시도다
① 자신의 분수와 처지를 겸손하게 받아들이는 태도
② 다툼이 잦은 속세에 대한 비판적 인식

⇒ 다만 다툴 이 없는 강산을 지키라 하시도다

제5수 : 자연귀의(세속과 멀어져 자연에서 지내는 삶에 대한 만족) 〈제5수〉

분수, 능력
강산(江山)이 좋다 한들 내 분(分)으로 누웠느냐
설의법 → 겸손한 태도 강조함.

⇒ 강산이 좋다고 한들 내 분수로 누었느냐

임금 은혜(恩惠)를 이제 더욱 아나이다
연군지정

⇒ 임금의 은혜를 이제 더욱 알 것 같구나

아무리 갚고자 하여도 할 수 있는 일이 없어라
임금을 돕고자 하는 마음 → 속세에 대한 미련

⇒ 아무리 갚고자 하여도 할 수 있는 일이 없구나

제6수 : 군은예찬(자연에서 살게 해 준 임금의 은혜에 감사함.) 〈제6수〉

다만당 다툴 이~지키라 하시도다 → 앞서 겸손한 태도를 드러냈음을 고려할 때, 해당 구절은 자신의 분수를 받아들인다는 의미로 해석할 수 있다. 또 이익을 두고 다툼이 일어나는 속세와 다르게 자연은 서로 차지하고자 다툴 이가 없다고 말하여 속세에 대한 비판적 인식을 드러내는 것으로도 해석할 수 있다.

강산이 좋다 한들~더욱 아나이다 → 임금에 대한 충성이라는 유교적 이념이 나타나는 구절로, 임금의 은혜를 언급하는 관습적인 표현으로 조선 초기 사대부 시조의 전통을 잇고 있음을 알 수 있다.

아무리 갚고자 하여도 할 수 있는 일이 없어라 → 화자가 임금의 은혜를 갚고자 하는 마음을 표현하고 있다. 이는 화자가 속세에 대한 미련을 갖고 있음을 보여 주는 구절로도 이해할 수 있다.

STEP 03 작품 해제

01 | 주제

자연 속에 묻혀 사는 즐거움과 임금의 은혜

02 | 특징

① 자연에서 지내는 삶에 대한 자부심과 임금에 대한 감사의 마음을 함께 드러낸 화자 중심의 시
② 세속과 자연을 대비하여 주제 의식을 드러냄.
③ 한문투를 사용하지 않고 우리말의 특징을 드러냄.
④ 설의법과 영탄법으로 화자의 인식을 강조함.

03 | 작품 해제

이 작품은 세속과 멀어져 자연 속에서 유유자적하며 살아가는 삶의 즐거움을 노래한 총 6수의 연시조이다. 작가는 병자호란 때 왕의 수레를 호위하는 일을 하지 않았다는 이유로 유배되었다가 풀려난 뒤 고향인 해남에 은거하면서 「만흥」을 지은 것으로 알려져 있다. 이 작품에서 작가는 벼슬하지 않고 자연 속에서 사는 것이 자신의 분수에 맞는 일이라고 여기며 자연 속에서의 삶을 노래하고 있다. 이때 작품 속의 속세는 작가가 지향하는 공간인 자연과 대립되는 공간으로서, 작가에게 좌절감을 안겨 준 벼슬길을 의미한다. 그렇기에 「만흥」은 벼슬길에서 좌절을 경험한 작가가 속세를 벗어나 자연 속에서 은거하고자 하는 소망을 노래한 작품이라고 할 수 있다. 한편 자연에 묻혀 지내는 소박하고 한가로운 심정을 읊으면서도 임금의 은혜를 잊지 않는 것은 '역군은이샷다(이 또한 임금님의 은혜라)'라는 구절이 나오는 맹사성의 「강호사시가」와 맥을 같이하는 관습적인 표현이다. 이는 조선 초기 사대부 시조의 전통을 이어받은 것으로 볼 수 있다.

STEP 04 논문으로 만나는 출제자의 시선

나BS 수능특강 | 고전문학 ●

「만흥」에 나타난 상반된 지향의 긴장 관계

고산 윤선도는 85세의 장수를 누렸지만 타협할 줄 모르는 강직한 성격으로 평생에 걸쳐 여러 번의 귀양 생활을 겪어야 했으며, 항상 정적(정치에서 대립되는 처지에 있는 사람)들 사이에서 고통을 받았다. 일생에 걸쳐 18년이나 되는 귀양살이를 겪었고, 이런 이유로 윤선도에게 있어 자연에 은거하고자 하는 마음과 사회에 나아가고자 하는 이념은 서로 팽팽하게 긴장을 이루고 있다.

윤선도는 정계에서 파직당한 뒤 정치 현실에 회의를 품고 현실을 떠나 자연에 은거하며 살고자 하는 자연 지향 의식을 품게 되었다. 하지만 현실 세계에 나아가 '경국제민(나라를 다스리고 백성을 구제함)'을 실천하려는 현실 지향 의식을 버릴 수 없었다. 이 두 가지 지향성이 서로 갈등하는 양면적 모습이 「만흥」에 뚜렷이 드러난다.

「만흥」의 여섯 수는 각각 개별적인 작품으로 되어 있는 것이 아니라 통일된 하나의 제목 아래 여섯 수가 묶여 있는 통일된 흐름을 보여 주고 있다. 앞의 세 수에는 자연 속에 노닐며 산수와 더불어 즐기는 기쁨이 주로 표출된다. 그러다 제4수로 넘어오면서 그 기쁨이 사회에서 누릴 수 있는 기쁨, 즉 삼정승과 만승천자로서의 기쁨과 비교되면서 다시 인식되다가 마지막 제6수에 이르러 마침내 사회에서 경국제민의 이념을 실현하고자 하는 현실 지향 의식으로 전이되어 유교적 이상을 실현하고자 하는 소망의 표출로 귀결된다.

여섯 수가 통일된 흐름으로 이어져 있는 연시조임을 고려하면 마지막 제6수가 가지는 의미는 매우 중요하다. 1수부터 5수까지 자연 세계를 긍정하고 현실 세계를 부정해 오던 자세가 '임금의 은혜에 대한 감사'를 기점으로 역전되기 때문이다. 임금에게 은혜를 갚는다는 것은 정치 현실로 돌아가 경국제민하는 것을 말한다.

윤선도의 금쇄동 경영과 「만흥」

윤선도가 1642년(인조 20)에 해남의 금쇄동에서 창작한 18수의 연시조를 「산중신곡」이라 한다. 「만흥」은 「산중신곡」 18수 가운데 6번째 작품으로서, 「조무요」, 「일모요」, 「야심요」, 「기세탄」, 「하우요」, 「오우가」 등 윤선도의 다른 작품과 함께 그의 문집인 『고산유고』에 수록되어 있다. 「만흥」은 작가가 유배되었다가 풀려나 금쇄동에 은거할 때 지은 작품으로, 작가의 금쇄동에서의 삶과 긴밀한 연관 속에서 창작된 작품이라 할 수 있다.

이러한 사실에 기반하여 「만흥」 각 수의 의미를 해석해 보면 「만흥」은 아무 자연에서나 느낄 수 있는 일반적이고 보편적인 흥취가 아니라, 윤선도가 금쇄동을 경영하는 과정에서 금쇄동의 가장 중요한 위치에 회심당을 짓고 이를 중심으로 주변 일대의 자연을 즐기는 과정에서 맛본 흥취를 노래한 것이라 할 수 있다. 6수 중 제1수는 전체의 서사에 해당하며 회심당을 짓고 금쇄동을 경영하는 것이 자신의 본분임을 밝힌 것이다. 제2수부터 제5수는 본사에 해당하는데, 제2수와 제3수는 화자가 회심당 주변에서 자연을 즐기는 구체적 모습을 형상화한 것이며, 제4수와 제5수는 회심당 중심의 금쇄동 생활에 대한 만족감을 드러낸 것이다. 결사에 해당하는 제6수에서는 이런 만족스러운 삶을 누릴 수 있는 것을 군은(임금의 은혜)으로 돌리고 있는데, 이를 통해 속세를 벗어나 은일하고자(세상을 피하여 숨음) 하는 소망과 임금의 곁으로 돌아가 현실 정치에 참여해야 한다는 사대부로서의 소명 의식이 공존하는 윤선도의 내면을 엿볼 수 있다.

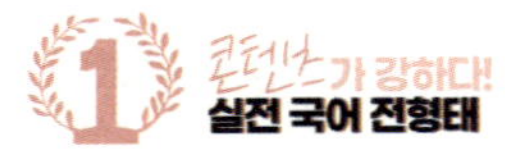

STEP 05 나BS 실전 문제

다음 글을 읽고 물음에 답하시오. [21.9.고3 평가원 기출]

(가)

ⓐ <u>문학 작품의 의미가 생성되는 양상</u>은 세 가지로 나누어 볼 수 있다. 첫째는 자기의 경험은 물론 자기 내면의 정서나 의식 등을 대상에 투영하여, 외부 세계에 새로운 의미를 부여하는 경우이다. 둘째는 외부 세계의 일반적 삶의 방식이나 가치관, 이념 등을 자기 내면으로 수용하여, 자신을 새롭게 해석함으로써 의미를 만들어 내는 경우이다. 셋째는 자기와 외부 세계를 상호적으로 대비하여 양자에 대한 새로운 해석을 통해 의미를 생성하는 경우이다.

문학적 의미 생성의 이러한 세 가지 양상은 문학 작품에서 자기와 외부 세계의 관계를 파악할 때 적용할 수 있다. 첫째와 둘째의 경우, 자기와 외부 세계와의 거리는 가까워지고 친화적 관계가 형성된다. 셋째의 경우는 자기가 외부 세계를 바라보는 관점에 따라 둘 사이의 거리가 가까워져 친화적 관계가 형성 되기도 하고, 그 거리가 드러나 소원한 관계가 유지되기도 한다.

(나)

산슈 간(山水間) 바회 아래 뛰집을 짓노라 ᄒ니

그 모론 ᄂ믈들은 욷ᄂ다 ᄒ다마ᄂ

㉠ <u>어리고 햐암의 뜻의ᄂ 내 분(分)인가 ᄒ노라</u>　　　　　〈제1수〉

보리밥 픗ᄂ믈을 알마초 머근 후(後)에

바횟 긋 믉ᄀ의 슬ᄏ지 노니노라

그 나믄 **녀나믄 일이야** 부를 줄이 이시랴　　　　　〈제2수〉

잔 들고 혼자 안자 먼 **뫼흘** ᄇ라보니

그리던 **님이** 오다 **반가옴이** 이리ᄒ랴

말슴도 우움도 아녀도 몯내 됴하ᄒ노라　　　　　〈제3수〉

누고셔 **삼공(三公)**도곤 낫다 ᄒ더니 **만승(萬乘)**이 이만ᄒ랴

이제로 헤어든 소부(巢父) 허유(許由) ᅵ 냑돗더라

아마도 **님쳔 한흥(林泉閑興)**을 비길 곳이 업세라　　　　　〈제4수〉

내 셩이 게으르더니 하ᄂ히 아ᄅ실샤

인간 만ᄉ(人間萬事)를 ᄒ 일도 아니 맛뎌

다만당 ᄃ토리 업슨 강산(江山)을 딕희라 ᄒ시도다　　　　　〈제5수〉

강산이 됴타 ᄒ들 내 분(分)으로 누얻ᄂ냐

님군 은혜(恩惠)를 이제 더옥 아노이다

아므리 갑고쟈 ᄒ야도 ᄒ올 일이 업세라　　　　　〈제6수〉

　　　　　　　　　　　　　　　　　　　　　　　— 윤선도, 만흥(漫興) —

(다)

산림(山林)에 살면서 명리(名利)에 마음을 두는 것은 큰 부끄러움[大恥]이다. 시정(市井)에 살면서 명리에 마음을 두는 것은 작은 부끄러움[小恥]이다. 산림에 살면서 은거(隱居)에 마음을 두는 것은 큰 즐거움[大樂]이다. 시정에 살면서 은거에 마음을 두는 것은 작은 즐거움[小樂]이다.

작은 즐거움이든 큰 즐거움이든 나에게는 그것이 다 즐거움이며, 작은 부끄러움이든 큰 부끄러움이든 나에게는 그것이 다 부끄러움이다. 그런데 큰 부끄러움을 안고 사는 자는 백(百)에 반이요, 작은 부끄러움을 안고 사는 자는 백에 백이며, 큰 즐거움을 누리는 자는 백에 서넛쯤 되고, 작은 즐거움을 누리는 자는 백에 하나 있거나 아주 없거나 하니, 참으로 가장 높은 것은 작은 즐거움을 누리는 자이다.

나는 시정에 살면서 은거에 마음을 두는 자이니, 그렇다면 이 작은 즐거움을 가장 높은 것으로 말한 ㉡ <u>나의 이 말은 대부분의 사람들의 생각과는 거리가 먼, 물정 모르는 소리일지도 모른다.</u>

　　　　　　　　　　　　　　　　　　　　　　　— 이덕무, 우언(迂言) —

01. (나)의 시상 전개에 대한 설명으로 가장 적절한 것은?

① 〈제1수〉에서는 경험적 성격과 연결된 공간으로부터, 〈제6수〉에서는 관념적 성격과 연결된 공간으로부터 시상이 전개된다.

② 〈제2수〉에서는 구체성이 드러나는 소재로, 〈제3수〉에서는 추상성이 강화된 소재로 시상이 시작된다.

③ 〈제2수〉에서 설의적 표현으로 제기된 의문이 〈제5수〉에서 해소되었음이 영탄적 표현으로 드러난다.

④ 〈제3수〉에서의 현재에 대한 긍정이 〈제4수〉에서의 역사에 대한 부정으로 바뀌며 시상이 전환된다.

⑤ 〈제3수〉에 나타난 정서적 반응이 〈제6수〉에서 감각적 표현을 통해 구체화된다.

02. (가)를 참고하여 (나)를 감상한 내용으로 적절하지 <u>않은</u> 것은?

① '산슈 간'에서 살고자 하는 마음과 이에 공감하지 못하는 'ᄂ믈들'의 생각을 병치하여 화자와 'ᄂ믈들' 사이의 거리가 드러남으로써, 자기와 외부 세계 사이의 소원한 관계가 유지된다.

② '바횟 긋 믉ᄀ'에서 즐거움을 누리는 삶과 '녀나믄 일'을 대비하여 세상일과 거리를 두려는 화자의 태도가 드러남으로써, 자기와 외부 세계 사이의 소원한 관계가 유지된다.

③ '님'에 대한 '반가옴'보다 더한 감흥을 불러일으키는 '뫼'의 의미를 부각하여 화자와 '님' 사이의 거리가 드러남으로써, 자기와 외부 세계 사이의 소원한 관계가 유지된다.

④ '님쳔'에서의 '한흥'이 '삼공'이나 '만승'보다 더한 가치를 지닌 다고 강조하여 화자와 '님쳔' 사이의 거리가 가까워짐으로써, 자기와 외부 세계 사이의 친화적 관계가 형성된다.

⑤ '강산' 속에서의 삶이 '님군'의 '은혜' 덕택임을 제시하여 화자와 '님군' 사이의 거리가 가까워짐으로써, 자기와 외부 세계 사이의 친화적 관계가 형성된다.

03. **(다)를 이해한 내용으로 적절하지 <u>않은</u> 것은?**

① '부끄러움'과 '즐거움'을 조화시킴으로써 더 나은 삶의 방식을 결정할 수 있다.
② '나'는 어디에 사느냐와 어디에 마음을 두느냐를 고려하여 삶의 유형을 나누고 있다.
③ '산림'에 사는 사람들 중에는 '즐거움'을 누리는 경우보다 '부끄러움'을 가진 경우가 더 많다.
④ '큰 부끄러움'과 '작은 즐거움'은 어디에 사느냐와 어디에 마음을 두느냐가 모두 서로 다르다.
⑤ '명리'를 '부끄러움'에, '은거'를 '즐거움'에 대응시킨 것으로 보아 '나'는 '은거'의 가치를 '명리'의 가치보다 높이 두고 있음을 알 수 있다.

04. **㉠, ㉡에 대한 설명으로 가장 적절한 것은?**

① ㉠은 자신의 처지를 남의 일을 말하듯이 표현함으로써 자신의 문제를 회피하고 있다.
② ㉡은 자신의 행동을 냉철하게 성찰함으로써 자신의 과오를 인정하고 있다.
③ ㉠은 ㉡과 달리, 자신의 처지를 자문자답 형식으로 말함으로써 자신의 생각을 일반화하고 있다.
④ ㉡은 ㉠과 달리, 자신의 생각을 남의 말을 인용하여 표현함으로써 자신의 신념을 객관화하고 있다.
⑤ ㉠과 ㉡은 모두, 자신이 말하고자 하는 바를 우회하여 표현함으로써 자신의 삶에 대한 자부심을 드러내고 있다.

05. **ⓐ를 바탕으로 (나), (다)를 이해한 내용으로 적절하지 <u>않은</u> 것은?**

① (나)에서 무정물인 대상에 대해 호감을 표현한 것은 자신의 정서를 대상에 투영한 것이라고 볼 수 있다.
② (다)에서 자연에 의미를 부여하는 것은 자신의 생각을 대상에 투영하여 세계를 해석하는 것이라고 볼 수 있다.
③ (다)에서 삶의 방식을 상대적 기준에 따라 나누어 평가한 것은 자신의 가치관과 세상 사람들의 생각을 비교하여 세계의 의미를 새롭게 파악한 것이라고 할 수 있다.
④ (나)에서는 선인들의 삶의 태도를 자기 내면으로 수용하는 과정을 거쳐, (다)에서는 대다수 사람들의 뜻을 자기 내면으로 수용하는 과정을 거쳐 새로운 의미를 생성한다고 볼 수 있다.
⑤ (나)에서 자기 본성을 하늘의 뜻에 연관 지은 것과, (다)에서 자기 삶의 방식을 일반적인 삶의 방식과 견준 것은 자기 삶의 가치를 새롭게 해석하여 의미를 만들어 낸 것이라고 할 수 있다.

다음 글을 읽고 물음에 답하시오. [14.3B.고3 교육청 기출]

(가)

　제비는 물을 차고, 기러기 무리져서 거지 중천(居之中天)에 높이 떠서 두 나래 훨씬 펴고, 펄펄펄 백운 간(白雲間)에 높이 떠서 천리 강산 머나먼 길을 어이 갈꼬 슬피 운다.

　원산(遠山)은 첩첩(疊疊), 태산(泰山)은 주춤하여, 기암(奇巖)은 층층(層層), 장송(長松)은 낙락(落落), 에이구부러져 광풍(狂風)에 흥을 겨워 우줄우줄 춤을 춘다.

　층암 절벽상(層巖絶壁上)의 폭포수(瀑布水)는 콸콸, 수정렴(水晶簾) 드리운 듯, 이 골 물이 주루루룩, 저 골 물이 쌀쌀, 열에 열 골 물이 한데 합수(合水)하여 천방져 지방져 소쿠라지고 펑퍼져, 넌출지고 방울져, 저 건너 병풍석(屛風石)으로 으르렁 콸콸 흐르는 물결이 은옥(銀玉)같이 흩어지니, 소부허유(巢父許由) 문답하던 기산 영수(箕山潁水)*가 예 아니냐.

- 「유산가(遊山歌)」 -

*기산 영수(箕山潁水) : 중국 요임금 때 소부와 허유가 명리(名利)를 피하여 은거한 곳.

(나)

산수간(山水間) 바위 아래 띠집을 짓노라 ᄒ니

그 모른 남들은 웃는다 한다마는

어리고 햐암*의 뜻에는 내 분(分)인가 하노라　　　　〈제1수〉

보리밥 풋나물을 **알맞게** 먹은 후(後)에

바위 끝 물가에 **슬카지** 노니노라

그 남은 여남은 일이야 부릴* 줄이 있으랴　　　　〈제2수〉

내 **성이 게으르**더니 하늘이 알으실사

인간 만사(人間萬事)를 한 일도 아니 맡겨

다만당 **다톨 이** 없는 강산(江山)을 지키라 하시도다　　〈제5수〉

강산이 좋다 한들 내 분(分)으로 누었느냐

임금 은혜를 이제 더욱 아노이다

아무리 **갚고자** 하여도 하올 일이 없어라　　　　〈제6수〉

- 윤선도, 「만흥(漫興)」 -

*햐암 : 시골에 사는 견문이 좁고 어리석은 사람.

*부릴 : 부러워할.

06. (가)와 (나)에 대한 설명으로 가장 적절한 것은?

① (가)는 (나)와 달리 자연물을 매개로 자아를 성찰하고 있다.
② (나)는 (가)와 달리 순차적인 계절의 변화를 드러내고 있다.
③ (가)는 낭만적인 분위기를, (나)는 애상적인 분위기를 드러내고 있다.
④ (가)와 (나)는 모두 자연에서 비롯된 화자의 감흥을 드러내고 있다.
⑤ (가)와 (나)는 모두 관조적인 자세로 대상의 의미를 탐구하고 있다.

07. (가)의 표현상 특징으로 적절하지 <u>않은</u> 것은?

① 시선의 이동에 따라 시상을 전개하고 있다.
② 대구를 활용하여 리듬감을 만들어 내고 있다.
③ 비유적 표현으로 대상의 이미지를 형상화하고 있다.
④ 역설적 표현을 사용하여 화자의 정서를 강조하고 있다.
⑤ 의성·의태어를 다채롭게 구사하여 생동감을 살리고 있다.

08. 〈보기〉의 관점에서 (나)를 이해한 것으로 적절하지 <u>않은</u> 것은?

─ 〈보기〉 ─

　삼가 생각하건대 선비의 처세는 나아감에 있어 떳떳하지 못해도 진정 아니 될 것이며 물러남에 있어 떳떳하지 못해도 진정 아니 될 것입니다. 나아감엔 마땅히 이익을 탐한 것이 아닌가 경계해야 할 것이며 물러남엔 마땅히 세상을 잊은 것이 아닌가 경계해야 할 것입니다.

① '알맞게 먹'고 '슬카지 노니'는 것은, 물러난 '나'가 선택한 삶의 방식으로 볼 수 있겠군.
② '그 남은 여남은 일'은 이익을 탐하는 것으로 '나'가 경계하고자 하는 것이라 할 수 있겠군.
③ '성이 게으르'다는 것은 물러남에 있어 떳떳하지 못한 '나'의 모습을 드러낸 것이라 할 수 있겠군.
④ '나'는 물러남으로 인해 '다톨 이'와 거리를 두고 있다고 할 수 있겠군.
⑤ '임금 은혜'를 '갚고자' 하는 태도는, '나'가 세상을 잊은 것이 아님을 보여주는 것이라 할 수 있겠군.

23 규수상사곡, 임 그린 상사몽이~

▶▶ 수능특강 335page

수능 국어 대비
실전 국어 전형태

STEP 01 OX 문제를 통한 지문 이해 훈련

나BS 수능특강 | **고전문학**

(가)
보고 싶네 보고 싶네 임의 얼굴 보고 싶네
인생이 생겨날 때 이목구비 같건마는 / 천만 사람 누구를 알리 다시 못 볼 임이로다
무심하다 저 여자야 가련하다 이내 청춘 / 임 못 봐서 병이 되고 임 못 잊어 원수로다
첩첩한 이내 시름 골수에 젖었으니 / 식불감미*하고 침불안석*이라
답답한 이내 생각 임 못 본 탓이로다 / 나는 홀로 병이 들어 다만 한숨뿐이로다
아무리 허사인들 무단히 잊을까 / 임 생각하고 지는 눈물 베개 아래 소(沼)이로다
나 죽은 무덤 위에 **네가 나를 찾아오**며 / 너 죽은 무덤 위에 **내가 너를 찾아**가랴
네 한 몸 위하여서 만사가 뜻이 없네 / 이내 몸 죽어지면 언제 다시 생각할까
일신이 천금보*니 그 아니 가석*한가 / 열녀 정절 본받으면 천만년을 살 것인가
임아 임아 각시님아 나의 목숨 살려 주소 / 화무십일홍*이요 세무십년리*라
이내 경상* 돌아보소 이내 심정 가련하오 / 너로 하여금 든 병이니 한 번 사정 허하여라
목석이 아니거든 인정조차 없겠는가 / 이런 일 생각하니 눈에 암암 귀에 쟁쟁
상사불견*하던 몸이 황천객이 되리로다

               - 작자 미상 -

*식불감미 : 근심과 걱정으로 음식을 먹어도 맛이 없음.
*침불안석(寢不安席) : 걱정이 많아서 잠자리에 들어도 편안히 잠들지 못함.
*천금보(千金寶) : 천금과 같이 소중한 보배. / *가석(可惜) : 애틋하게 아깝고 가엾은 것.
*화무십일홍(花無十日紅) : 열흘 붉은 꽃이 없다는 뜻으로, 한 번 성하면 반드시 머지않아 쇠해짐을 이르는 말.
*세무십년리(勢無十年利) : 아무리 높은 권세라도 십 년을 가지 못함.
*경상(景狀) : 좋지 못한 몰골. / *상사불견(相思不見) : 서로 그리워하면서도 만나지 못함.

(나)
임 그린 상사몽이 **실솔의 넋이** 되어
추야장(秋夜長) **깊은 밤**에 임의 방에 들었다가
날 잊고 깊이 든 잠을 깨워 볼까 하노라

               - 박효관 -

OX문제

01 (가)의 화자는 자신이 죽은 뒤에 '네가 나를 찾아오'고, 임이 죽으면 '내가 너를 찾아'간다며 임과의 재회를 기대하고 있다. (O / X)
02 (나)의 화자는 '실솔의 넋'이 되어 '깊은 밤'에 자신을 기다리고 있는 임을 만나고자 한다. (O / X)
03 (나)는 대상에 감정을 이입하여 화자의 애상감을 심화하고 있다. [2014학년도 9월AB] (O / X)
04 (가)와 (나) 모두 표면에 드러난 청자에게 말을 건네는 방식으로 화자의 생각을 드러내고 있다. [2022학년도 6월] (O / X)
05 (가)는 (나)와 달리, 대구적 표현을 활용하여 인물에 대한 태도의 변화를 드러내고 있다. [2025학년도 6월] (O / X)

STEP 02 지문 분석

(가)

보고 싶네 보고 싶네 임의 얼굴 보고 싶네
　　　　반복적 표현 → 정서 강조

인생이 생겨날 때 이목구비 같건마는
　　　　귀·눈·입·코

천만 사람 누구를 알리 다시 못 볼 임이로다
　　　　　　　　： 청자를 명시함.

무심하다 저 여자야 가련하다 이내 청춘
원망의 정서　　임　　　자신의 처지에 대한 한탄

임 못 봐서 병이 되고 임 못 잊어 원수로다
　　　　상사병. 그리움에서 비롯된 결과

첩첩한 이내 시름 골수에 젖었으니
　　　　과장된 표현 → 정서 강조

걱정이 많아서 잠자리에 들어도 편안히 잠들지 못함.
식불감미하고 침불안석이라
근심과 걱정으로 음식을 먹어도 맛이 없음.

답답한 이내 생각 임 못 본 탓이로다

나는 홀로 병이 들어 다만 한숨뿐이로다

아무리 허사인들 무단히 잊을까
이루어질 수 없는 사랑임을 알면서도 임을 잊을 수 없다는 마음
　　　　　　　　　　　연못, 늪
임 생각하고 지는 눈물 베개 아래 소(沼)이로다
　　　　　　　　　　　　　과장된 표현

「나 죽은 무덤 위에 네가 나를 찾아오며
　　　　　　　　　　「 」 : 대구법

너 죽은 무덤 위에 내가 너를 찾아가랴」

네 한 몸 위하여서 만사가 뜻이 없네
　　　　세상의 모든 일이 의미를 잃음. → 절망적인 심정

이내 몸 죽어지면 언제 다시 생각할까

일신이 천금보니 그 아니 가석한가
　　천금과 같이 소중한 보배　　　↳ 애틋하게 아깝고 가엾은 것

⇒ 보고 싶네 보고 싶네 임의 얼굴 보고 싶네

⇒ 사람이 태어날 때 이목구비는 같건마는

⇒ 수많은 사람 가운데 누구를 말하랴 다시 못 볼 임이로다

⇒ 무심하다 저 여자야 가련하다 이내 청춘

⇒ 임을 못 봐서 병이 되고 임을 못 잊어 (이 마음이) 원수로다

⇒ 겹겹이 쌓인 이내 시름이 뼛속에 젖었으니

⇒ 먹어도 맛을 느끼지 못하고 잠자리에 들어도 편안하지 않다

⇒ 답답한 이내 생각은 임을 못 본 탓이로다

⇒ 나는 홀로 병이 들어 다만 한숨뿐이로다

⇒ 아무리 헛된 일이라 한들 함부로 잊을까

⇒ 임을 생각하며 흐른 눈물이 베개 아래 못이로다

⇒ 내가 죽은 무덤 위에 네가 나를 찾아오며

⇒ 네가 죽은 무덤 위에 내가 너를 찾아가겠느냐

⇒ 네 한 몸을 위하여 온갖 일이 뜻이 없네

⇒ 이내 몸이 죽어지면 언제 다시 생각할까

⇒ 이 몸이 천금 같은 보배이니 그 아니 가엾은가

과외식 해설

보고 싶네 보고 싶네 임의 얼굴 보고 싶네 → 화자는 임의 얼굴을 보고 싶다는 간절한 그리움을 직접적으로 드러내고 있으며, 이는 반복적 표현('보고 싶네')를 통해 강조되고 있다.

인생이 생겨날 때~다시 못 볼 임이로다 → 사람은 태어날 때 모두 비슷한 모습으로 태어나지만, 수많은 사람 가운데서도 다시는 만날 수 없는 임의 존재가 특별함을 강조하고 있다.

무심하다 저 여자야~임 못 잊어 원수로다 → 화자는 임의 태도를 무심하다고 여기며 섭섭함과 원망을 드러내는 한편, 이루어질 수 없는 사랑으로 인해 자신의 젊은 시절이 흘러가고 있음을 한탄하고 있다. 또한 임을 보지 못한 그리움이 병이 될 정도로 깊어졌고, 임을 잊지 못하는 사랑의 마음이 오히려 자신을 괴롭히는 원인이 되어 원수처럼 느껴진다는 심정을 드러내고 있다.

식불감미하고~다만 한숨뿐이로다 → 상사병의 증상을 구체적으로 제시하여 임에 대한 그리움으로 인해 고통스러운 상황에 놓여 있음을 드러내고 있다. 또한 자신의 병과 괴로움이 모두 임을 보지 못한 데서 비롯되었음을 직접 밝히며, 홀로 한숨만 쉬는 외로운 처지를 강조하고 있다.

나 죽은 무덤 위에~내가 너를 찾아가랴 → '찾아가랴'라는 설의적 표현을 통해 죽은 뒤에는 서로를 찾아갈 수 없다는 인식을 드러내 죽은 뒤에도 이어질 수 없는 사랑임을 강조하고 있다. 이를 통해 생전에도 결코 이루어질 수 없는 사랑임을 자조적으로 드러내고 있다.

이내 몸 죽어지면~그 아니 가석한가 → 화자는 자신이 죽고 나면 임이 과연 다시 자신을 떠올려 줄지에 대한 허무와 서러움을 드러내고 있다. 또한 자신의 몸이 보물처럼 소중함을 강조하며, 지금의 고통스러운 처지가 더욱 가엾음을 드러내고 있다.

열녀 정절 본받으면 천만년을 살 것인가
열녀의 곧은 절개   영원히 살 수 없다는 인식
                    → 사회적 도덕보다 사랑의 가치를 더 중시하는 태도

⇒ 열녀의 정절을 본받으면 오랜 세월을 살 것인가

임아 임아 각시님아 나의 목숨 살려 주소
   반복적 표현

⇒ 임아 임아 각시님아 나의 목숨 살려 주소

          아무리 높은 권세라도 십 년을 가지 못함.
화무십일홍이요 세무십년리라
열흘 붉은 꽃이 없다는 뜻으로, 한 번 성하면 반드시 머지않아 쇠해짐을 이르는 말

⇒ 열흘 붉은 꽃은 없고 십 년 가는 권력과 세력도 없네

이내 경상 돌아보소 이내 심정 가련하오
변함없이 항시 일정함

⇒ 이내 좋지 못한 몰골을 돌아보소 이내 심정 가련하오

너로 하여금 든 병이니 한 번 사정 허하여라

⇒ 너로 하여금 든 병이니 한 번 사정을 허하여라

목석이 아니거든 인정조차 없겠는가

⇒ 나무나 돌이 아니거든 인정조차 없겠는가

          전에 들었던 말이나 소리가 귀에 울리는 느낌(음성 상징어)
이런 일 생각하니 눈에 암암 귀에 쟁쟁
'암암하다'의 줄인 말('기억에 남은 것이 눈앞에 아른거리는 듯함')

⇒ 이런 일을 생각하니 눈이 암암 귀가 쟁쟁

          황천(저승)에 가는 사람
상사불견하던 몸이 황천객이 되리로다
서로 그리워하면서도 만나지 못함.

⇒ 서로 그리워하며 만나지 못하던 몸이 황천의 나그네가 되리로다

          본사 : 상사병이 든 화자의 애절한 마음
                    - 작자 미상 -

(나)   ■ : 화자의 감정이 이입된 대상
          ① 임에 대한 그리움
          ② 임에게 다가가 사랑을 이루고자 하는 간절함
          ③ 자신을 잊은 임에 대한 섭섭함

임 그린 상사몽이 실솔의 넋이 되어
남녀 사이에 서로 그리워하여 꾸는 꿈 → 꿈속에서라도 임을 만나고 싶은 화자의 상황

⇒ 임을 그리워하여 꾸는 꿈이 귀뚜라미의 넋으로 변하여

          초장 : 임이 그리워 꾸는 꿈이 귀뚜라미의 넋이 되길 바람.
추야장(秋夜長) 깊은 밤에 임의 방에 들었다가
          시간적 배경 : 가을밤

⇒ 길고 긴 가을밤 깊은 밤중에 임의 방에 들어가서

          중장 : 귀뚜라미의 넋으로 임과 재회하고자 함.
날 잊고 깊이 든 잠을 깨워 볼까 하노라
자신을 잊은 것 같은 임에 대한 서운함

⇒ 날 잊고 깊이 잠든 임의 잠을 깨워 볼까 하노라.

          종장 : 임의 잠을 깨우고 싶은 마음
                    - 박효관 -

임아 임아 각시님아 나의 목숨 살려 주소 → 임을 직접 부르며 자신의 목숨을 살려 달라고 애원함으로써 절박한 심정을 드러내고 있다.

화무십일홍이요 세무십년리라 → 꽃의 아름다움과 권세가 오래가지 못함을 비유로 들어 인생과 사랑의 덧없음을 드러내고 있다.

이내 경상 돌아보소~한 번 사정 허하여라 → 병들고 초라해진 자신의 몰골과 가련한 심정을 알아 달라고 임에게 호소하고 있다. 또한 자신의 병이 임으로 인해 생긴 것이므로 한 번만이라도 자신의 사정을 들어 달라고 간청하고 있다.

이런 일 생각하니~황천객이 되리로다 → 임을 떠올리자 눈앞이 흐릿해지고 귀에 소리가 울리는 듯하다며 감각적인 표현을 통해 상사병이 심각함을 드러내고 있다. 이에 임을 그리워하며 만나지 못한 채 결국 죽음에 이를지도 모른다는 절망적인 미래를 비관하며, 이루어질 수 없는 사랑의 비극성을 강조하고 있다.

임 그린 상사몽이 실솔의 넋이 되어 → 임을 그리워하는 마음이 꿈이 되어 귀뚜라미의 넋으로 변신한다고 상상하고 있다. 여기서 '실솔'은 임에게 다가가고자 하는 화자의 간절한 연모의 정을 자연물에 이입하여 형상화한 표현이다.

추야장 깊은 밤에 임의 방에 들었다가 → 화자는 길고 쓸쓸한 가을밤에 귀뚜라미의 넋이 되어 임의 방까지 들어가고 싶어 한다. 이는 임과 떨어져 있어 만날 수 없는 현재 상황에서 비현실적인 상상을 통해서라도 임에게 다가가고 싶은 화자의 간절함을 보여 준다.

날 잊고 깊이 든 잠을 깨워 볼까 하노라 → 화자는 잠든 임을 깨워 임에게 사랑받고 싶다는 마음을 드러내는 한편, 자신을 잊은 듯 깊이 잠든 임을 떠올리며 그에 대한 섭섭함과 서운함의 정서를 함께 드러내고 있다.

01 | 주제

(가) 임에 대한 그리움과 이루어질 수 없는 사랑의 괴로움
(나) 임의 부재로 인한 외로움과 간절한 연모의 정

02 | 특징

(가)
① 다른 이와 혼인한 임을 차마 잊을 수 없는 마음을 드러낸 화자 중심의 시
② 규방가사임에도 화자를 남성으로 설정함.
③ 편지 형식으로 청자를 명시하고 내용을 전개함.
④ 반복법, 과장법, 대구법, 음성 상징어 등을 활용하여 정서를 강조함.
(나)
① 임을 그리워 귀뚜라미의 넋이 되어서라도 임을 찾아가고 싶은 간절함을 드러낸 화자 중심의 시
② 추상적 감정을 구체적 대상을 통하여 형상화함.
③ 자연물에 시적 화자의 감정을 이입하여 정서를 표현함.

03 | 작품 해제

(가) 이 작품은 남녀 간의 연정을 노래한 가사로, 제목은 「규수상사곡」이지만 규방의 규수가 지은 작품이 아니라 남성 화자가 주체가 된 상사곡이다. 화자는 마음에 두었던 여인이 이미 시집을 가 남의 아내가 된 상황에서, 그 사실을 알면서도 임을 잊지 못해 깊은 그리움에 빠진 자신의 처지를 드러내고 있다. 작품은 임을 향한 원망과 애틋한 사랑의 감정이 복합적으로 드러나는 사랑의 편지 형식으로 전개되며, 이루어질 수 없는 사랑임을 인식하면서도 임에게 인정을 베풀어 달라고 감정적으로 호소하고 있다. 또한 열녀의 정절을 언급하며 사회적 도덕보다 임과의 사랑에 더 큰 가치를 두고 있음을 드러내어, 현실적으로 용납되기 어려운 사랑 앞에서의 내적 갈등을 보여 준다.

(나) 깊은 가을밤에 임을 그리워한 나머지 잠을 이루지 못하는 심정을 노래한 평시조이다. 시적 화자는 임을 그리워하며 꾸는 상사몽 속에서 귀뚜라미의 넋이 되어 임을 찾아가고자 한다. 가을밤 울고 있는 귀뚜라미는 임을 그리워하며 홀로 잠 못 드는 화자의 처지와 겹쳐지는 존재로, 화자의 간절한 연모의 정이 이입된 대상이다. 화자는 귀뚜라미가 되어 임의 방에 들어가 자신을 잊고 깊이 잠든 임을 깨우고 싶어 하지만, 그 꿈속에서도 임은 화자를 잊은 채 잠들어 있어 화자의 외로움과 간절함이 더욱 부각된다. 이처럼 작품은 추상적인 그리움을 귀뚜라미라는 구체적 소재에 담아 형상화하고, 자연물에 감정을 이입하여 임의 부재로 인한 외로움과 애절한 사랑의 마음을 효과적으로 드러내고 있다.

EBS 수특 국어 완벽 대비!
나 없이
EBS
풀지 마라

나 없이
EBS
풀지마라

EBS 수특 국어
완벽 대비!

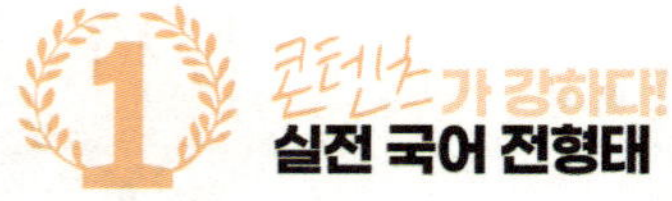

Part 02
고전 산문

1 | 작자 미상, 임진록

STEP
01 지문 분석과 OX문제

이원익 왈, / "도적이 마음이 교만하여 우리를 업수이여기면 반드시 성공하리라."
　　왜군　　　　　　건방져　　　　　업신여기면

하고, 이일을 선봉으로 삼아 고각을 울리며 나아가니, 왜장 평행장이 부장(副將) 종일로 하여금 먼저 싸우라 하니, 〈종일이 병사를 이끌어 내달아 십
　　　　　　　　　　북과 나발　　　　　　　　왜 장군　　　부대장　　　　　　　　　　　　크게 져

여 합을 싸우더니 이일이 패하여 달아나니, 종일이 따라 미치지 못하고 이원익의 진을 치거늘 원익이 대패하여 도망하더니,〉「문득 한 도사가 원익의
　↳ 칼이 서로 마주치는 횟수를 세는 단위　　　　　　　　　　　〈 〉: 조선군이 종일이 이끄는 왜군에게 지고 있는 상황

위태함을 보고 소매 안에서 복성화차*를 내어 두르며, 또 백옥 호리병을 공중에서 기울여 피 같은 물을 칼에 뿌리니 도적이 손을 놀리
　　　　　　　　　　　　　　　　　　　　　　　　　마음이 몹시 급하여 당황하고 허둥지둥하는 면이 있게

지 못하고 발이 땅에 붙는지라.」이로 인하여 종일이 군사를 다 죽이고 황망히 성안에 들어가 군이 지키고 나지 아니하는지라. 원익이 패군을 거두어
「 」: 초월적 존재의 도움 → 비현실적, 전기적 요소　　　　　도사로 인해 자신의 군사를 모두 잃고 위기에 몰리자, 종일이 농성전에 들어감.

진을 치고 여러 장수더러 왈,

"종일의 적수를 얻어야 종일을 잡으리라."
종일을 잡기 위해 뛰어난 능력을 가진 사람이 필요하다는 것을 의미함.

하더니 문득 한 군사가 왈,

"소인의 동리에 한 양반이 있으니 성명은 김응서라. 용맹이 남다르더니, 《일일은 큰 범이 담을 넘어와 개를 물고 도로 넘어가거늘, 응서가 몸을 솟아
　　'종일의 적수'로 김응서를 내세움.　　　　　　　　　　　　　하루는

범의 꼬리를 잡고 털미를 잡아 땅에 부딪쳐 죽이니,》이는 세상에 드문 장사이더이다."
《 》: 김응서의 비범함이 드러나는 일화를 제시함.

하니, 원익이 크게 기뻐 왈,

"네 동리가 어디뇨?"

대답하여 왈,

"용강(龍岡)이라."
　　　　　　　　□ : 공간의 이동 제시

하거늘, 원익이 즉시 용강에 이르러 김응서를 찾아보고, 종일의 용맹을 이르며 가기를 청하니 응서 왈,
　　　겸손한 성격이 드러남.

"내 재주도 없을 뿐 아니라 이제 부친 상중(喪中)에 있으니 어찌하리오." / 원익 왈,
전쟁에 나서는 것을 거절하는 이유 → ① 재주가 없음. ② 아버지가 돌아가신 지 얼마 안됨.

"비록 상중이나 방금 국세 위태하니 백성 된 자가 어찌 사사로운 정을 돌아보리오."
　　'상중'이라는 개인의 사정보다 '국세(나라의 형편)'가 위태로움이 더 중요하다고 설득함.

하며 가기를 간청하니, 응서 할 수 없이 영전(靈前)에 통곡하고 평복을 갈아입고 원익을 좇아 진에 이르니, 원익이 사랑하며 보검을 주어 연습하라
　　　　　　　　　　　　　　영혼을 모셔 놓은 자리　　　　↳ 평상시에 입는 옷

하더니, 하루는 응서 왈,

"소장이 오늘 밤에 평양성을 넘어 들어가 종일을 베어 오리니 장군은 일지병*을 성외에 매복하였다가 소장의 형세를 보아 접응하소서."
　　　　　　　　　　　　　　　　　　　　성밖에 매복하였다가 상황을 보아 합세하라는 뜻

하고 비수를 끼고 성을 넘어 들어가니 순라군이 졸거늘, 응서 자취 없이 군막을 지나 관문에 다다르니, 수문군 십여 인이 큰 칼을 좌우에 세우고 잠
　　　　　　　　　　　　순찰하는 군졸　　　　　　　　　　성의 문을 여닫고 통행인을 검속하던 군인

이 들었는지라, 응서 칼을 빼어 차례로 베고 문을 넘어가니 관중(關中)에 등촉이 휘황하고 인적이 고요한지라, 정히 주저하더니 마침 수청하던 기생이
　　　　　　　　　　　　　　　　등불과 촛불이 눈부시게 번쩍이고　　　　　　　　　　시중을 들던

소피보러 나왔다가 응서를 보고 놀라 왈,
소변

"어떤 사람이관대 위태한 곳에 들어왔느뇨?" / 응서 왈,

"나는 이원익의 부장(副將)이러니 이제 적장을 죽이고자 하나니, 너도 조선 사람이라, 나라를 위하여 적장의 동정을 자세히 이르라." / 그 기생 왈,
종일의 김새를 보고하여 자신에게 협조할 것을 요구함.

"종일이 관중에 거처하되 사면에 비단 휘장을 드리워 장의 귀마다 방울을 달아 조금 요동하면 방울 소리가 요란한지라. 이로써 불우지변을 방비하
모서리　새벽 1시~3시　뜻밖에 일어난 변고
며, 『삼경 전에는 귀로 자며 눈으로 보고 삼경 후에는 눈으로 자며 귀로 듣고 사경이 되면 귀와 눈을 모두 자고 보지 아니하나니,』 이제 천비 먼저 들
밤 11시~새벽 1시　　　『 』: ① 종일의 비상한 면모가 드러남.　　신분이 천한 여자 종
② 종일이 완전히 잠드는 시간을 일러 줌.
어가 저의 잠듦을 탐지하여 방울을 솜으로 막고 나오거든 장군이 들어가소서."
김응서를 적극적으로 돕고자 하는 모습

하고 들어가더니 이윽고 나오는지라. 응서 즉시 들어가 보니 종일이 술에 취하고 장창 보검을 좌우 손에 잡고 상에 누워 자거늘, 응서 급히 칼을 들
분한 기운
어 종일의 머리를 한 번 찍고 몸을 날려 들보 위에 앉으니, 종일의 머리 떨어지며 분기를 발하여 일어서며 잡았던 보검으로 들보를 치니, 응서의 군복
목이 떨어지면서도 검을 휘두르는 모습 → 비현실적, 전기적 요소
자락이 맞아 떨어지며 종일의 머리와 몸이 상 아래 거꾸러지는지라. 응서 내려와 종일의 머리를 들고 나올새, 그 기생이 울며 왈,
위험하고 위태로운 곳
"장군이 소첩을 사지(死地)에 두고 가려 하느뇨?"
자신도 데리고 가 줄 것을 요청함.

하며 따라오거늘, 응서 불쌍히 여겨 데리고 나오더니, 장중이 자연 시끄러워 순라군이 일시에 불을 들고 창검을 두르며 고함하니, 응서 기생을 보고

왈,

"네 손을 죽도록 놓지 말라."

하고 칼을 두르며 나오더니, 성 밑에 다다라서는 왜장 평의지가 칼을 들고 크게 꾸짖으며 왈,

"네 간계(奸計)로 우리 장수를 죽이고 감히 나가고자 하느냐."
간사한 꾀

하며 달려들거늘, 응서 힘을 다하여 싸우다가 응서의 칼이 있는 곳에 도적의 머리 추풍낙엽 같으니, 평의지 당하지 못하여 물러가거늘, 응서 바야흐
비유적 표현 → 김응서의 뛰어난 능력을 나타냄.
로 성을 넘으려 할새, 비록 용맹하나 기생을 업고 무수한 도적을 대적하매 기력이 기진한지라. 즉시 전대로 기생의 허리를 매어 성을 넘어가고자 하더
힘이 빠진 모습 → 김응서의 위기　　　　허리에 매는 주머니
니, 평수맹이 달려들어 한칼로 기생을 베고 바로 응서를 취하거늘, 응서 대로하여 평수맹을 일 합에 베니 적병이 사방으로 흩어지며 달아나는지라. 응
기생의 죽음　　　　　　　　　크게 분노하여
서 도적 수십을 베고 성을 넘어 나오니, 부장 안일봉이 군을 거느려 매복하였다가 응서를 접응하여 진중으로 돌아와 전말을 고하니, 원익이 크게 기뻐
처음부터 끝까지 진행되어 온 경과
하여 응서의 공을 치하하고 종일의 머리를 기에 달아 호령하더라.
고마움이나 칭찬의 뜻을 표시하고

*복성화차 : 길한 별이 그려진 꽃 비녀.

*일지병 : 한 무리의 병사.

OX문제

01 다른 장소에서 동시에 벌어진 사건을 병치하여 서사의 진행을 지연시키고 있다. [2018학년도 6월] 　　　(O / X)

02 인물의 연속적인 행위를 제시하여 인물이 처한 긴박한 상황을 드러내고 있다. [2017학년도 수능] 　　　(O / X)

03 전기적 요소를 활용하여 비현실적 장면을 부각하고 있다. [2013학년도 6월] 　　　(O / X)

04 원익의 부탁을 받은 응서는 전쟁터에 도착하자마자 혼자 종일을 베러 떠났다. 　　　(O / X)

05 기생은 종일을 죽이는 일을 돕고, 자신을 데리고 탈출할 것을 응서에게 부탁하였다. 　　　(O / X)

STEP 02 작품 해제

01 | 주제

임진왜란의 정신적 상처 극복, 민족적 자부심 고취

02 | 특징

① '임진왜란'이라는 역사적 사건을 배경으로 하여 허구의 상상을 덧붙임.
② 여러 에피소드를 엮은 삽화식 구성을 취함.
③ 실존 인물이 등장하지만, 사실 그대로 서술하지 않고 작가의 변용을 추가함.

03 | 작품 해제

「임진록」은 임진왜란의 수모를 극복하기 위하여 창작된 역사 군담(전쟁에 관한 이야기) 소설이다. 작품에서는 영웅들의 활약상을 삽화식으로 엮고 있는데, 이런 삽화식 구성은 특정 인물에 초점을 맞추어 시간의 순서에 따라서 서사를 제시하는 고전 소설의 일반적인 전개 방식과는 다소 차이를 보인다. 작품에 등장하는 영웅들을 신이한 능력을 지닌 인물들로 묘사하고, 그들의 활약을 보여 줌으로써 민족적 자긍심을 향상시키고자 하였다. 또한 실제 '임진왜란'에서 패배한 전투를 승리한 것으로 재구성하여, 왜에 대한 분노를 담아내고 민중들의 정신적 상처를 위안하고자 하였다.

04 | 등장인물

- 김응서 : 용맹한 장사로, 원익의 권유와 설득으로 종일을 잡기 위해 전쟁에 참여하게 된다. 이후 기생의 도움을 받아 종일의 목을 베어 돌아오는 데 성공한다.
- 이원익 : 종일을 이기기 위해 직접 김응서를 데리고 와, 그에게 종일을 상대해 줄 것을 부탁한다.
- 종일 : 범상치 않은 능력을 가진 왜군의 장수로, 뛰어난 능력으로 조선군을 압도하지만 김응서에 의해 목숨을 잃는다.
- 기생 : 종일의 수청을 들던 조선인 기생으로, 김응서가 종일의 목을 벨 수 있도록 적극적으로 도우나 함께 탈출하던 중 사망한다.

05 | 상세 줄거리

우의정 최일경이 선조의 꿈을 왜인들이 쳐들어올 징조라고 풀이하자, 이에 화가 난 선조는 그를 귀양 보낸다. 하지만 3년 뒤 실제로 왜란이 발발하고, 조선의 장군들은 잇따라 패한다. 선조와 조정 대신들은 도성을 버리고 평양성을 거쳐 의주까지 달아난다. 이때 이순신과 김응서, 곽재우 등의 활약으로 왜군을 몰아내며 서서히 조선 땅을 되찾아 간다. 조선은 명나라에 지원병을 요청하고, 조선군은 명군과 연합하여 평양성을 탈환하고 왜군을 남쪽 끝까지 몰아낸다. 일본 땅으로 돌아가려 하는 왜군을 이순신이 크게 물리치면서 전쟁이 끝나게 되고, 이순신은 전투에서 최후를 맞이한다. 그러나 13년 후 왜국은 다시 조선을 침략할 준비를 한다. 조선 정부는 왜의 침략에 대비하기 위해 서산 대사의 제자인 사명당을 일본으로 보낸다. 왜왕을 만난 사명당은 신이한 능력으로 왜왕을 항복시키고 조공을 약속받는다.

LㅐBS _ 나 없이 EBS 풀지마라

STEP 03 논문으로 만나는 출제자의 시선

LㅐBS 수능특강 | **고전문학** ●

「임진록」의 서술 방식

「임진록」에서는 역사적 사건을 서사화하는 서술 방식이 나타난다. 이런 서술 방식은 역사적 사건과 인물 간의 관계를 보여 주며 당대의 역사적 상황을 이해하는 데 유용하다. 서술의 초점은 역사적 상황의 이해와 사건의 전개에 맞추어져 있고, 인물의 성격 묘사는 부차적으로 이루어지고 있다. 작은 단위의 사건들이 연속되면서 플롯이 전개되며, 이를 통해 역사적 사건의 경위가 구체적이고 체계적으로 드러난다. 서사가 시간의 흐름에 따라 순차적으로 밀도 있게 짜여 있고 서사의 공간도 점차 확장된다.

단편적인 사건들과 다양한 인물 형상을 통하여 작품은 전쟁의 원인과 책임, 전쟁 수행 과정을 자세하게 파악하려 하고 긍정적인 인물과 부정적인 인물을 명확하게 부각한다. 역사적 상황을 보여 주는 서술에서는 사건과 관련된 다수의 인물이 등장하는데, 이 중 몇몇 인물은 집중적으로 서술된다. 대부분의 등장인물은 역사적 상황이 주어질 때 한정적으로 서술되며, 인물의 성장 및 죽음 등 일대기적 내용은 제한적인 경우에만 제시된다. 이처럼 집중적으로 서술되는 인물은 최일경, 선조, 강홍립, 김응서, 이여송 등이다.

작품에서 다루어지는 사건은 주로 군담인 경우가 많다. 이때 군담의 서술은 군대 단위의 전략과 전술보다는 한 개인의 도술이나 영웅적인 활약에 초점이 맞추어져 있다. 그리고 주동 세력과 반동 세력의 전투 과정이 박진감 있게 묘사된다. 이때 전장이나 인물의 성격은 사실적으로 묘사된다. 이처럼 「임진록」은 인물보다는 임진왜란이라는 역사적 사건을 바탕으로 하여 그 전개 양상을 그리는 데 초점을 맞추어 서술된 작품이다.

국가 권력의 무능함

일본군이 침입하였을 때 이들과 처음 맞서 싸운 사람들은 위정자(정치인)들이다. 이 작품에는 많은 위정자의 모습이 묘사되는데, 대부분 부정적으로 형상화된다. 도요토미 히데요시가 일본을 통일하고 조선을 침략하기 위해 준비할 때 태평했던 조신(조정에서 벼슬살이를 하고 있는 신하)들이나, 국방을 강화할 것을 요청했던 조헌을 귀양 보낸 조신들이 이에 해당한다. 또한 전쟁 이전과 전쟁 초기의 정황에서 조신, 장수, 지방 수령, 관군들의 모습은 무력하고 부정적으로 그려진다.

전쟁 초기에 일본의 침입을 당하여 지방의 수령관과 관군들은 무기력하게 도망가기에 바빴고, 이에 따라 왜군들은 조선을 쉽게 침략할 수 있었다. 일본군이 전쟁 초기에 승기를 잡을 수 있었던 것은 우세한 전력 때문이기도 했지만, 근본적인 원인은 조선 지배층 내부의 정치 싸움이 심화되면서 관료층의 부패로 인해 민심이 돌아섰고 군사 조직에 공백이 발생했기 때문이었다.

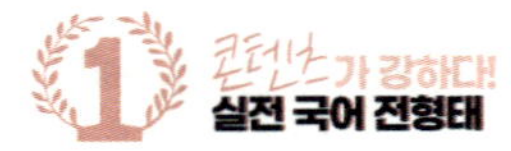

STEP 04 나BS 실전 문제

다음 글을 읽고 물음에 답하시오. [13.6.고3 평가원 기출]

이때 동래 부사 송정이 사신 온다는 공문을 보고 웃으며 왈,

"조정에 사람이 무수하거늘 어찌 구태여 중을 보내리오. 이는 더욱 패망할 징조라."

하더니 하인이 보하되,

"사명당 행차 온다 하오니 어찌 접대하리이까."

송정이 분부 왈,

"상례로 대접하라. 제 비록 부처라 한들 어찌 곧이들으리오."

하고 심상히 여기거늘, 하인 분부를 듣고 나와 부사의 말을 이르고 왈,

"지방관의 도리에 봉명 사신(奉命使臣)*을 가벼이 여기거니와 반드시 화를 면치 못하리로다."

하더니 자연 삼일 만에 이르렀는지라. 대접하는 도리와 수응하는 일이 가장 소홀하거늘 사명당이 대로하여 객사에 좌기하고 무사에게 명하여 송정을 잡아 계하에 꿇게 하고 이르되,

"네 벼슬이 비록 옥당이나 지방관이요, 내 비록 중이나 일국 대사마대장군이요 봉명 사신이어늘 네 한갓 벼슬만 믿고 국명을 심상히 여겨 방자함이 태심하니 내어 베어 국법을 엄히 하라."

하고 즉시 나라에 장문하여 선참후계(先斬後啓)*하고 인하여 길을 떠날새 순풍을 만나 행선하니라.

[중략 줄거리] 사명당이 일본에 도착하자 왜왕은 사명당의 신통력을 여러 가지로 시험한다.

채만흥이 주왈,

"신의 소견은 철마를 만들어 불같이 달구고 사명당을 태우면 비록 부처라도 능히 살지 못하리이다."

왜왕이 그 말을 옳게 여겨 즉시 풀무를 놓고 철마를 지어 만든 후 백탄을 뫼같이 쌓고 철마를 그 위에 놓아 불같이 달군 후에 사명당을 청하여 가로되,

"저 말을 능히 타면 부처 법력을 가히 알리라."

사명당이 심중에 망극하여 납관을 쓰고 조선 향산을 향하여 사배하더니 문득 서녁에서 오색구름이 일어나며 천지가 희미하거늘 사명당이 마지못하여 정히 철마를 타려 하더니 홀연 벽력 소리 진동하며 천지 뒤눕는 듯하고 태풍이 진작하여 모래 날리고 돌이 달음질하고 비 바가지로 담아 붓듯이 와 사람이 지척을 분변치 못하는지라. 경각 사이에 성중에 물이 불어 넘쳐 바다가 되고 성 외의 백성들이 물에 빠져 죽는 자 수를 아지 못하되 사명당 있는 곳은 비 한 방울이 아니 젖는지라.

왜왕이 경황실색하여 이르되,

"어찌하여 천위를 안정하리오."

예부상서 한자경이 주왈,

"처음에 신의 말씀을 들었사오면 어찌 오늘날 환이 있으리이까. 방금 사세를 생각하옵건대 조선에 항복하여 백성을 평안히 함만 같지 못하나이다."

왜왕이 자경의 말을 듣고 마지못하여 항서를 써 보내니 사명당이 높이

좌하고 삼해 용왕을 호령하더니 문득 보하되,

"네 나라 항복받기는 내 손아귀에 있거니와 왜왕의 머리를 베어 상에 받쳐 들이라. 만일 그렇지 아니하면 일본을 멸하여 산 것을 하나도 남기지 아니하리라. 네 돌아가 왜왕에게 자세히 이르라."

사자 돌아가 전말을 고하니 왜왕이 이 말을 듣고 머리를 숙이고 능히 할 말을 못하거늘 관백이 주왈,

"전하는 모름지기 옥체를 진중하소서."

왕이 정신을 차려 살펴보니 남은 백성이 살기를 도모하여 사면팔방으로 헤어져 우는 소리, 유월 염천에 큰비 오고 방초 중의 왕머구리 소리 같은지라. 왕이 이 광경을 보니 만신이 떨려 능히 진정치 못하거늘 관백이 다시 가지고 들어가 사명당께 드리니 사명당이 항서를 보고 대책 왈,

"네 왕이 항복할진대 일찍이 항서를 드릴 것이어늘 어찌 감히 나를 속이려 하느냐."

하고 용왕을 불러 이르되,

"그대는 얼굴을 드러내어 일본 사람을 보게 하라."

용왕이 공중에서 이 말을 듣고 사람의 머리를 베어 들고 소리를 벽력같이 지르고 운무 중에 몸을 드러내니 사명당이 관백에게 왈,

"네 빨리 돌아가 왜왕에게 일러 용의 거동을 보게 하라."

관백이 돌아가 그대로 고하니 왜왕이 창황 중 눈을 들어 하늘을 치밀어 보니 중천에 삼룡이 구름을 피우고 사람의 머리를 베어 들었으니 형세 산악 같고 고기비늘이 어지러이 번쩍여 일광을 바수고 소리 벽력같아 천지 진동하는지라. 이진걸이 주왈,

"본국 보화를 다 바치고 항표(降表)를 올려 애걸하소서."

왕이 즉시 이진걸을 명하여 항표를 올린대 사명당이 대로 왈,

"네 나라 임금의 머리를 베어 들이라 한대 마침내 거역하니 일본을 무찔러 혈천을 만들리라."

하고 인하여 육환장을 들어 공중을 향하여 축수하더니 문득 뇌성벽력이 진동하여 산악이 무너지는 듯 천지 컴컴한지라. 왜왕이 이때를 당하여 삼혼(三魂)이 흩어지며 칠백(七魄)이 달아나니라.

- 작자 미상, 「임진록」 -

*봉명 사신 : 임금의 명령을 받들고 외국으로 가던 사신.

*선참후계 : 군율을 어긴 자를 먼저 처형한 뒤에 임금에게 아뢰던 일.

01. 윗글에 대한 설명으로 적절하지 <u>않은</u> 것은?

① 힘의 우위를 바탕으로 갈등이 해결되고 있다.

② 인물의 외양을 묘사하여 성격을 제시하고 있다.

③ 과장된 비유를 활용하여 상황의 급박함을 드러내고 있다.

④ 전기적(傳奇的) 요소를 활용하여 비현실적 장면을 부각하고 있다.

⑤ 공간이 국내에서 국외로 바뀌면서 서사적 긴장감이 고조되고 있다.

02. '사명당'과 '송정' 사이의 갈등에 대한 이해로 적절한 것은?

① 제삼자를 통한 의사소통 과정에서 생긴 오해에서 비롯된다.
② 외교적 문제의 핵심 사안에 대한 인식의 차이에서 비롯된다.
③ 사대부의 사회적 소임에 대한 서로 다른 이해에서 비롯된다.
④ 사명당의 종교적 신념과 송정의 윤리적 신념의 충돌에서 비롯된다.
⑤ 사명당은 명분과 직위를, 송정은 신분을 중시하는 데에서 비롯된다.

03. 〈보기〉를 참고하여 윗글을 감상한 내용으로 적절하지 <u>않은</u> 것은?

─── 〈보기〉 ───

「임진록」은 임진왜란이라는 역사적 사실을 소재로 한 역사 군담 소설로서, 역사에 허구를 더해 전란으로 인해 상처받은 민족적 자존감을 보상하면서 전란의 피해와 책임에 대한 민중들의 생각과 정서를 반영하고 있다. 이를 위해 신이한 능력을 지닌 주인공을 통해 조선인의 우월성을 드러내거나 때로는 역사적 근거가 부족한 가공의 사건을 형상화하기도 했다.

① 사명당의 복수를 통해, 국토가 유린되는 과정에서 받은 민중들의 고통을 보상하고 있군.
② 초인적 능력을 지닌 사명당의 모습을 부각하여, 왜에 대한 조선인의 우월성을 드러내고 있군.
③ 부사에 대한 하인의 비판적인 발언을 통해, 전란 후 지배층에 대한 민중들의 인식을 엿볼 수 있군.
④ 왜왕이 항복하는 모습을 반복적으로 보여 주어, 전란으로 훼손된 민족적 자존감의 회복을 꾀하고 있군.
⑤ 양반 대신 승려 사명당을 주인공으로 설정하여, 전란 후 종교를 중심으로 상하층이 단결하는 모습을 형상화하고 있군.

2 백문보, 율정설

수능 국어 대비
실전 국어 전형태

윤 상군(尹相君)*이 일찍이 곤강(坤岡) 남쪽에 집터를 마련하였다. 집터 동서쪽에 밤나무 숲이 울창하여 그곳에 집을 짓고 '밤나무 정자'라는 뜻으로 '율정(栗亭)'이라는 이름을 붙였다. 지금 또 조금 서쪽으로 가서 새로 집을 샀는데 밤나무 숲이 더욱 무성하였다. 성안에 있는 주택에는 밤나무를 심는
↳ 윤 공의 집과 대조되는 공간
사람이 드문데, 윤 공은 집을 사기만 하면 밤나무가 있는 곳을 선택하였다.
↳ 남들과 달리 집에 밤나무를 두는 것을 선호하는 윤 공

그가 일찍이 나에게 말했다.

"「봄이면 성근 가지가 꽃과 서로 어른거리고, 여름이면 잎이 우거져서 그 그늘에서 쉴 수 있으며, 가을이면 밤이 맛이 들어 내 입에 가득 채울 만하
↳ 사이가 뜬
며, 겨울이면 껍질을 모아 내 아궁이에 불을 땐다. 나는 이 때문에 밤나무를 선택한다.」" 「 」: 윤 공이 밤나무를 좋아하는 이유를 계절별로 나열함.

내가 말했다.
■ : 동일한 내용을 반복하여 말하고자 하는 바를 강조함.
"『불이 마른 것으로 나아가고 물이 축축한 곳으로 흐르는 것은 같은 기운끼리 서로 찾아가는 것으로, 이치상 진실로 필연적인 것이다. 대개 그 숭상
↳ 높여 소중히 여기는 / ↳ 자연의 순리
『 』: '나'가 생각하는 만물의 이치
하는 바에 있어서 사물과 나 사이에 차이가 없는 것은 어쩔 수 없는 일이다.』 왜 그러한가? 하늘과 땅 사이에 풀이나 나무가 나는 것은 모두 한 기운
↳ 어떤 사물을 숭상하면 그 사물과 닮게 됨.
이기 때문이다. 그런데 그 뿌리와 싹과 꽃과 열매가 나고 자라고 피고 맺히는 데 어려움과 쉬움, 빠름과 느림이 제각각 다르다. 《유독 밤은 만물 중에
↳ 숭상하는 사물과 닮게 되는 이유 / ↳ 푸른 잎이 우거진 나무나 수풀
서 가장 늦게 난다. 나무를 심기가 매우 어렵고 오랜 시간이 걸리지만 자라기만 하면 쉽게 성장하며, 잎이 매우 늦게 피지만 피기만 하면 쉽게 녹음을
↳ 대구적 표현 → 느리지만 풍성한 결실을 맺는 밤나무의 특성을 강조함.
이루며, 꽃이 매우 늦게 맺히지만 맺히기만 하면 쉽게 풍성해지며, 열매가 매우 늦게 열리지만 열리기만 하면 쉽게 거둘 수 있으니, 대개 사물이 이지
↳ 한쪽 귀퉁이가
러지고 채워지며 빠지고 더해지는 이치를 보여 주고 있는 것이다.》" 《 》: 밤나무의 생장을 들어 사물의 이치를 보여 주고 있음. → 밤나무의 가치
↳ 떨어져 없어지고

〈윤 공은 나와 같은 해에 과거에 합격했는데, 그때 나이 이미 서른이 넘었다. 그러다가 마흔이 넘어서야 처음으로 벼슬에 나아갔으므로, 사람들은 모두 늦었다고 하였으나 윤 공은 벼슬에 나아가 더욱 충실히 하였다. 그러다가 선대 임금께서 먼저 공을 알아보셨는데 크게 쓰이게 되어서는 하루 동안
↳ 이전 세대의 임금 → 바로 이전의 임금
에 아홉 번 승진하여 높은 지위에 올라 중책을 담당하게 되었으니, 이것은 별로 손질을 하지 않았는데도 무성하게 뻗어 나간 나무와 같은 것이다. 그
↳ 밤나무와 유사한 점 / ↳ 중대한 책임 / ↳ 밤나무
기틀을 세우는 것이 처음에는 어려웠으나 그 성취하는 것이 뒤에는 쉽게 된 것이니, 대개 이 밤나무의 꽃과 열매와 같은 점이 있다.〉
〈 〉: 남들보다 늦게 출발했지만 능력을 인정받아 높은 자리에 오른 윤 공의 모습이 밤나무와 비슷하다고 생각함.
나는 이치로 설명하려 한다. 〔풀과 나무의 뿌리가 흙에 묻혀 있을 때에 그 싹이 깊으면 그 갈라져 올라오는 것이 늦고, 갈라져 올라오면 싹이 트고,
↳ 밤나무, 윤 공과 같이 시작이 늦은 모습
싹이 트면 가지가 생겨서 반드시 줄기를 이룬다. 샘물이 웅덩이에 가득 차면 그 물이 조금씩 흘러나오다가 그 흐르는 것이 고이게 되고 고이게 되면
물이 돌아 흐르고, 돌아 흐르면 못이 되어 반드시 바다에까지 도달하게 된다.〕 그러므로 그 느린 것은 반드시 빨라지고 멈춘 것은 반드시 먼 곳에 도달
〔 〕: '뿌리'가 '줄기'에 이르는 과정과 '샘물'이 '바다'에 이르는 과정을 연쇄법을 통해 제시하여, 포기하지 않는다면 반드시 결실을 맺을 것이라는 글쓴이의 생각을 드러냄.
하는 것이다. 그러니 이지러지면 가득 차게 되고 빠지면 더해지는 것과 또한 무엇이 다르겠는가. 한 가지 사물에 나아가 보더라도 이것을 실증할 수 있
↳ 설의법 → 느린 것이 빨라지고, 멈춘 것은 먼 곳에 도달할 수 있으므로 만물은 같다고 할 수 있음. / ↳ 실제로 증명할
는 것이다. 다만 나아갈 수 있도록 진정성 있게 꾸준히 노력하는 태도가 중요함을 강조함.

또한 사람이 숭상하는 바를 관찰하건대, 곧 불이 마른 것으로 나아가고 물이 축축한 곳으로 흐르듯이 사물과 나 사이에 차이가 없는 것은 어쩔 수 없는 일이다. 그렇다면 윤 공의 영달은 곧 밤의 생장이고 밤을 거두어 간직함은 곧 윤 공이 은퇴하는 것이니, 그 생장함에는 세상을 돕는 도가 있으며
↳ 지위가 높고 귀하게 됨. / ↳ 나서 자람.

그 간직함에는 삶을 <u>수양하는</u> 작용이 있다. 나는 이 정자에 대하여 그 이치를 들어 <u>설(設)</u>을 짓는다.
몸과 마음을 갈고닦아 품성이나 지식, 도덕 따위를 높은 경지로 끌어올리는
↳ 사물의 이치를 풀이하고 의견을 덧붙여 서술하는 문체
→ 일반적인 설 갈래와 다르지만, 밤나무의 속성과 윤 상군의 삶을 유기적으로 연관 짓고 있다는 점에서 설의 특성이 드러남.

*윤 상군 : 글쓴이의 지인인 윤택을 가리킴. '상군'은 재상을 높여 부르는 말.

OX문제

01 대상에 주목하여 대상과 관련된 가치를 추구하는 자세를 나타내고 있다. [2023학년도 수능] (O / X)

02 인간의 행위에 대한 우호적 관점을 토대로 중심 제재의 심미적 속성을 강조하고 있다. [2023학년도 수능] (O / X)

03 자연물을 소재로 하여 서로 대립하던 것들이 타협에 이른 모습을 제시하고 있다. [2016학년도 9월AB] (O / X)

04 글쓴이는 '뿌리'와 달리 '샘물'은 '먼 곳'에 도달함을 들어, '샘물'과 '밤나무의 꽃과 열매' 사이의 유사성을 강조하고 있다. (O / X)

05 윤 상군이 '곤강 남쪽에 집터를 마련'한 까닭은 밤나무와 자신이 닮았다고 여기기 때문이다. (O / X)

STEP 02 작품 해제

01 | 주제

윤 상군과 밤나무를 통해 깨닫는 인간과 사물의 이치

02 | 특징

① 구체적인 경험을 통해 보편적인 이치를 이끌어 냄.
② 자연과 인간을 대응시켜 주제를 형상화함.
③ 밤나무를 통해 바람직한 삶의 태도에 대한 교훈을 전함.
④ 대구법을 사용하여 중심 제재의 특징을 효과적으로 드러냄.

03 | 작품 해제

「율정설」은 윤 상군과 밤나무가 지닌 공통적인 성격에 집중하여, 인간과 사물의 공통적인 이치에 대한 깨달음을 드러내는 한문 수필이다. 윤 상군과 밤나무는 모두 출발이 느리지만 목표를 바라보며 정진하는 성실한 태도를 가져 누구보다 풍성한 결실을 맺는 모습을 보여 준다. 글쓴이는 밤나무를 좋아하는 윤 상군이 밤나무와 비슷하다는 점에 주목하여 '성질이 같은 것끼리 서로 찾아가는 것'은 세상의 이치라고 밝힌다. 나아가 윤 상군과 밤나무의 사례를 통해 사물과 인간의 이치가 다르지 않음을 말하며 느리더라도 꾸준하게 나아가는 삶의 태도의 중요성을 역설한다.

04 | 등장인물

- 윤 상군 : 서른에 과거에 합격해 마흔이 넘어서야 벼슬살이를 시작한 인물로, 남들보다 늦게 벼슬길에 올랐으나 성실히 정진하여 높은 자리에 앉게 되었다. 직접 지은 정자의 이름을 '율정'이라 짓는다.
- '나' : '율정'이라는 이름의 정자를 지은 '윤 상군'에게 글을 써 준다. '윤 상군'과 그가 좋아하는 밤나무를 관찰하여, 늦은 나이에 벼슬길에 나아간 '윤 상군'의 삶이 가진 가치를 밤나무의 속성을 바탕으로 칭송한다.

05 | 상세 줄거리

보통 성안에 사는 사람들은 집에 밤나무를 심는 경우가 드물지만 윤 공은 사계절 내내 밤나무로부터 얻을 수 있는 즐거움을 들며 밤나무가 있는 집터만을 고른다. 이에 글쓴이는 남들보다 늦게 벼슬길에 올랐지만 변함없이 최선을 다하는 꾸준한 태도로 높은 자리에 오른 윤 공의 모습이, 생장은 늦지만 결실이 풍성한 밤나무와 같다고 생각한다. 이를 통해 글쓴이는 시작이 늦더라도 성공할 수 있으며 중요한 것은 꾸준하고 진정성 있는 태도라는, 인간과 사물의 공통된 이치를 깨닫는다.

STEP 03 논문으로 만나는 출제자의 시선

이치에 대한 백문보의 생각

고려 말 문인인 백문보는 권보·백이정 문하에서 학문을 익혀 성리학 관련 저서를 쓴 것으로 알려져 있지만, 그의 철학적 사유 방식은 하나의 학파에 묶여 있지 않고 더욱 폭넓고 다양하게 나타난다. 백문보는 다른 것보다 이치를 앞세웠으나, 그 이치에 절대적으로 우월한 지위를 부여하지는 않았다. '물건의 이치가 가고 옴과 막히고 통함은 각기 때가 있다'는 그의 말에서 보듯이, 그에게 이치는 존재론적 의미라기보다는 '물리(모든 사물의 이치)'의 의미가 더 강하다. 즉, 백문보는 세계의 본질, 천지만물의 공동 근원으로부터 만 가지가 달라지게 된다는 일본만수(一本萬殊) 사상을 가지고 있었던 것이다.

백문보가 윤택에게 써 준 「율정설」 중 "불이 마른 것으로 나아가고 물이 축축한 곳으로 흐르는 것은 같은 기운끼리 서로 찾아가는 것으로, 이치상 진실로 필연적인 것이다."라는 대목은 『주역』 건괘에 나오는 말이다. 그는 '같은 기운끼리 서로 찾아가는 것'을 '진실로 필연적인 것'이라고 하는데, 이러한 이치 역시 '물리'적 의미가 짙다. 그는 하늘과 땅과 풀과 나무들이 모두 '한 기운'이라고 말했는데, 이는 만물의 기(氣)가 하나라는 그의 사유 방식을 직접적으로 드러낸 부분이라 볼 수 있다.

STEP 04 나BS 실전 문제

다음 글을 읽고 물음에 답하시오. [22.7.고3 교육청 기출]

(가)

[A]
청강(淸江) 녹초변(綠草邊)의 소 먹이는 아이들이
석양에 흥이 겨워 피리를 비껴 부니
물 아래 잠긴 용이 잠을 깨어 일어날 듯
안개 기운에 나온 학이 제 집을 버리고
반공(半空)에 솟아 뜰 듯

[B]
소선(蘇仙) 적벽(赤壁)*은 가을 칠월(秋七月)이 좋다 하되
팔월 보름달을 모두 어찌 칭찬하는고
고운 구름 흩어지고 물결이 잔잔할 때
하늘에 돋은 달이 솔 위에 걸렸거든
달을 잡으려 물에 빠진 적이 있는 적선(謫仙)이 야단스럽구나

[C]
공산(空山)에 쌓인 잎을 삭풍(朔風)이 거둬 불어
떼구름 거느리고 눈조차 몰아오니
천공(天空)이 호사로워 옥으로 꽃을 지어
만수(萬樹) 천림(千林)을 꾸며 내는구나

[D]
앞 여울 가려 얼어 독목교(獨木橋) 비꼈는데
막대 멘 늙은 중이 어느 절로 가는 건가
산옹(山翁)의 이 ㉠ 부귀(富貴)를 남에게 전하지 마오
경요굴(瓊瑤窟) 은세계(隱世界)를 찾을 이 있을세라

[E]
산중에 벗이 없어 한기(漢紀)*를 쌓아 두고
만고 인물을 거슬러 헤아리니
성현도 많거니와 호걸도 많고 많다
하늘 삼기실 제 곧 무심할까마는
어찌하여 시운(時運)이 일락배락* 하였는가
모를 일도 많거니와 애달픔도 그지없다

기산(箕山)의 늙은 고불 귀는 어찌 씻었던가*
박 소리 핑계하고* 조장(操狀)*이 가장 높다
인심이 낯 같아서 볼수록 새롭거늘
세사(世事)는 구름이라 험하기도 험하구나
엊그제 빚은 술이 얼마큼 익었나니
잡거니 밀거니 실컷 기울이니
마음에 맺힌 시름 적게나 하리로다

- 정철, 「성산별곡(星山別曲)」 -

*소선 적벽 : 송나라 문인 소동파가 지은 적벽부.

*한기 : 책.

*일락배락 : 흥했다가 망했다가.

*기산의 ~ 씻었던가 : 기산에 숨어 살던 허유가 임금의 자리를 제안받았을 때, 이를
　거절하면서 그 말을 들은 자신의 귀를 씻었다는 고사.

*박 소리 핑계하고 : 표주박 하나도 귀찮다면서 허유가 핑계하고.

*조장 : 기개 있는 품행.

(나)

㉡ 부귀(富貴)라 구(求)치 말고 빈천(貧賤)이라 염(厭)치 마라

인생 백 년(百年)이 한가(閑暇)할사 이내 것이
백구(白鷗)야 날지 마라 너와 망기(忘機)*하오리라

〈제1곡〉

서산(西山)에 해 져 간다 고깃배 떴단 말가
죽간(竹竿)을 둘러메고 십 리 장사(十里長沙) 내려가니
연화(煙花) 수삼(數三) 어촌(漁村)이 무릉(武陵)인가 하노라

〈제6곡〉

- 권구, 「병산육곡(屛山六曲)」 -

*망기 : 속세의 일이나 욕심을 잊음.

(다)

　윤상군이 처음에 곤강 남쪽에 집터를 마련했다. 집터 동편과 서편에 밤
나무 숲이 울창하였으므로 거기에다가 정자를 짓고 **율정(栗亭)**이라고 이름
했다. 그 후에 또 조금 서편으로 가서 새로 집을 샀는데 밤나무 숲이 더욱
무성했다. 성안에 있는 집에서는 밤나무를 심는 사람이 적은데, 윤공은 집
을 구할 때마다 밤나무 있는 곳을 선택했다.

　그는 일찍이 나에게 말했다.

　"봄에는 잎이 무성하지 않아 가지 사이가 성글어서 그 사이로 꽃이 서
로 비치고, 여름이면 잎이 우거져서 그늘에서 놀 수가 있으며, 가을에는
밤이 먹을 만하며, 겨울이면 밤송이를 모아 아궁이에 불을 땔 수가 있다.
그래서 나는 밤나무를 좋아한다."

　나는 말한다. 불이 마른 것에 잘 붙고 물이 축축한 곳으로 흐르는 것
은, 성질이 같은 것끼리 서로 찾아가는 것이니 이치에 있어서 반드시 그러
한 것이다. 대개 그 숭상하는 것이 같으면 물건이나 내가 다를 것이 없는
것은 어쩔 수 없는 일이다. 왜 그런가 하면 하늘과 땅 사이에 나는 풀이나
나무가 모두 한 기운이기 때문이다. 그러나 그 뿌리와 싹과 꽃과 열매가
어려운 것, 쉬운 것, 일찍 되는 것, 늦게 되는 것 등 가지각색인데, 오직 이
밤나무는 모든 나무 가운데서 가장 늦게 나며, 재배하기도 어렵고 기르는
데 시간도 오래 걸린다.

　그러나 자라기만 하면 쉽게 튼튼해지며, 잎이 매우 늦게 돋지만, 돋기만
하면 곧 그늘을 쉽게 만들어 준다. 꽃이 매우 늦게 피지만 피기만 하면 곧
흐드러지며, 열매가 매우 늦게 맺히지만 맺히기만 하면 곧 수확할 수 있
다. 그러니 이 밤나무는 모든 사물에 공통되는 차고 이지러지고 줄어들고
보태는 이치를 함께 가지고 있는 것이다.

　윤공은 나와 같은 해에 과거에 합격했는데 그때의 나이가 30여 세였
다. 그러다가 나이가 40세가 넘어서야 비로소 처음으로 벼슬에 나아갔으
므로 사람들은 모두가 늦었다고 하였으나, 공은 직무에 더욱 조심하며 충
실히 했다. 그러다가 임금의 인정을 받아 등용되었는데, 하루 동안에 아홉
번 자리를 옮겨 대신의 지위에 이르게 되었으니, 이것은 별로 손질을 하지
않았는데도 무성하게 뻗어 나간 밤나무와 같다. 그 기틀을 세우는 것이 처
음에는 어려웠으나 그 성취하는 것이 뒤에는 쉬웠으니, 이것은 밤나무의
꽃과 열매의 성질과 같은 바가 있다.

　나는 그것을 이치로 설명하려 한다. 대개 식물의 씨앗이 흙에서 싹틀
때 깊으면 싹이 더디 터진다. 꼬투리가 터지면 곧 눈이 트고, 눈이 트면 가

지가 생겨서 반드시 줄기를 이룬다. 샘물이 웅덩이에 차게 되면 그것이 조금씩 흘러나오게 된다. 그 흐르는 것이 멈추게 되면 물이 고이고, 고이면 못이 되었다가 반드시 바다에까지 도달한다. 그러므로 그 느린 것은 장차 빨리 되려는 것이요, 멈추는 것은 장차 끝까지 도달하려는 것이니, 곧 모자란 것은 채울 수 있으며 부족한 것은 보탤 수 있는 것과 무엇이 다르겠는가. 한 가지 사물에 대해서도 이것을 실증할 수 있는 것이다.

또한 여기에서 사람이 숭상하는 바를 관찰하건대, 곧 불을 숭상하면 불을 닮고 물을 숭상하면 물을 닮으니 나와 숭상하는 사물과 차이가 없다. 따라서 그대가 출세하여 영화롭게 된 것은 밤나무의 생장함과 같으며, 밤을 수확하여 간직함은 그대의 은퇴하는 것과 같다. 그 생장함에는 세상을 유익하게 하는 바가 있으며, 그 간직함에는 자신의 양생의 작용이 있다. 이에 나는 이 정자에 대하여 그 이치를 들어 글을 짓는다.

- 백문보, 「율정설(栗亭說)」 -

---

01. (가)~(다)에 대한 설명으로 가장 적절한 것은?

① (가)와 (나)는 시간적 배경이 드러나는 표현을 사용하여 시적 분위기를 형성하고 있다.
② (가)와 (다)는 반어적 표현을 통해 현실에 대응하는 태도를 드러내고 있다.
③ (나)와 (다)는 근경에서 원경으로 시선을 이동하며 대상의 특성을 포착하고 있다.
④ (가), (나), (다) 모두 색채어를 활용하여 대상을 생동감 있게 묘사하고 있다.
⑤ (가), (나), (다) 모두 공간의 이동을 통해 대상이 변화하는 모습을 나타내고 있다.

02. [A]~[E]에 대한 이해로 적절하지 <u>않은</u> 것은?

① [A] : '소 먹이는 아이들'의 피리 소리를 듣고 '용'과 '학'을 떠올리며 강변에서의 흥취를 노래하고 있다.
② [B] : '팔월 보름달'을 '소선 적벽'의 내용과 비교하며 달과 소나무가 어우러진 풍경에서 느끼는 감흥을 드러내고 있다.
③ [C] : '천공'이 '옥'으로 꽃을 만들어 '만수 천림'을 꾸민 것 같다고 표현하며 눈 내린 산의 아름다움을 예찬하고 있다.
④ [D] : '늙은 중'이 가 버린 것에 아쉬워하며 '은세계'를 찾는 사람들이 많아지기를 바라고 있다.
⑤ [E] : '성현'과 '호걸'을 생각하며 '시운'이 '일락배락'하는 것에 대해 안타까움을 느끼고 있다.

03. ㉠과 ㉡에 대한 설명으로 가장 적절한 것은?

① ㉠은 ㉡과 달리 과거를 극복하게 하는 대상이다.
② ㉡은 ㉠과 달리 화자가 추구하는 가치와 거리가 먼 대상이다.
③ ㉠은 갈등을 해소하는 계기가, ㉡은 갈등을 심화하는 계기가 되는 대상이다.
④ ㉠은 화자의 체념적 태도를, ㉡은 화자의 달관적 태도를 드러내는 대상이다.
⑤ ㉠과 ㉡은 모두 화자에게 인생의 무상함을 느끼게 하는 대상이다.

---

04. 다음은 (다)에 대한 〈학습 활동〉이다. ⓐ~ⓔ에 들어갈 내용으로 적절하지 <u>않은</u> 것은?

〈학습 활동〉

활동 과제 : '나'가 말한 내용이 윤상군의 삶과 어떻게 연관될 수 있는지 생각해 봅시다.

'나'가 말한 내용		활동 결과
불이 마른 것에 잘 붙고 물이 축축한 곳으로 흐르는 것.	⇨	ⓐ
밤나무는 늦게 나고, 기르는 데도 시간이 오래 걸리는 것.	⇨	ⓑ
잎이 매우 늦게 돋지만, 돋기만 하면 곧 그늘을 쉽게 만들어 주는 것.	⇨	ⓒ
별로 손질을 하지 않았는데도 무성하게 뻗어 나가는 것.	⇨	ⓓ
밤나무의 생장함과 밤을 수확하여 간직하는 것.	⇨	ⓔ

① ⓐ : 윤상군이 집을 구할 때마다 밤나무가 있는 곳을 선택한 것과 연관 지어 볼 수 있겠군.
② ⓑ : 윤상군이 나이가 40세가 넘어서야 처음으로 벼슬에 나아간 것과 연관 지어 볼 수 있겠군.
③ ⓒ : 늦게 벼슬에 오르기까지 윤상군이 직무에 더욱 조심하며 충실히 임했다는 것에 연관 지어 볼 수 있겠군.
④ ⓓ : 등용된 윤상군이 하루 동안에 아홉 번 자리를 옮겨 대신의 지위에 이르게 되었다는 것과 연관 지어 볼 수 있겠군.
⑤ ⓔ : 윤상군이 출세하여 영화롭게 된 것과 은퇴하는 것에 연관 지어 볼 수 있겠군.

05. 〈보기〉를 참고하여 (가)~(다)를 감상한 내용으로 적절하지 <u>않은</u> 것은?

〈보기〉

작가는 화자나 인물을 통해 인간과 세계를 바라보는 자신의 생각을 언어로 형상화하여 표현하기 때문에 문학 작품을 읽는 것은 곧 작가의 생각을 이해하는 것이라고도 할 수 있다. 따라서 작가가 화자나 인물을 어떻게 그리고 있는지 파악하는 것은 문학 작품 속에 담겨 있는 작가의 생각을 이해하는 방법이 된다.

① (가)에서 고사를 인용하며 '늙은 고불'을 '조장'이 높은 인물로 보고 있는 화자를 통해 바람직한 삶의 자세에 대한 인식을 드러내고 있군.
② (가)에서 세상의 일이 '구름'처럼 험하다면서 '술'로 '시름'을 잊겠다고 말하는 화자를 통해 속세를 부정적 대상으로 인식하고 있음을 드러내고 있군.
③ (나)에서 '백구'에게 날지 말라고 말하며 함께 '망기'하고 싶다는 화자를 통해 자연물을 물아일체의 대상으로 인식하고 있음을 드러내고 있군.
④ (나)에서 삶의 터전인 '어촌'을 '무릉'에 비유하며 생활에 대한 만족감을 느끼고 있는 화자를 통해 일상의 공간에 대한 긍정적인 인식을 드러내고 있군.
⑤ (다)에서 정자의 이름을 '율정'이라 짓고 늘 자신의 행동을 경계하였음에도 등용이 늦었던 인물을 통해 당시의 현실에 대한 비판적 인식을 드러내고 있군.

다음 글을 읽고 물음에 답하시오. [12.9B.고2 교육청 기출]

(가)

이 원수(怨讐) 궁귀(窮鬼)를 어이하야 여희려뇨
수래 후량(餱粮)*을 갖추오고 이름 불러 전송(餞送)하야
일길신량(日吉辰良)*에 사방(四方)으로 가라 하니
추추분분(啾啾憤憤)*하야 원노(怨怒)하야 니론 말이
㉠ 자소지로(自少至老)*히 희로우락(喜怒憂樂)을 너와로 함께 하야
죽거나 살거나 녀흴 줄이 없었거늘
어디 가 뉘 말 듣고 가라 하여 니라나뇨
우는 듯 꾸짖는 듯 온 가지로 협박커늘
㉡ 돌이켜 생각하니 네 말도 다 옳도다
무정(無情)한 세상(世上)은 다 나를 버리거늘
네 호자 유신(有信)하야 나를 아니 버리거든
인위(人威)로 피절(避絶)*ㅎ여 좀꾀로 여흴러냐
하늘 삼긴 이 내 궁(窮)을 설마한들 어이하리
빈천(貧賤)도 내 분(分)이어니 셜워 므슴하리

- 정훈, 「탄궁가(歎窮歌)」 -

*후량(餱粮) : 좋은 음식.

*일길신량(日吉辰良) : 길한 날.

*추추분분(啾啾憤憤) : 시끄럽게 떠들며 화를 냄.

*자소지로(自少至老) : 어릴 때부터 늙을 때까지.

*피절(避絶) : 파하여 관계를 끊음.

(나)

世愛牧丹紅 세상에선 모두들 붉은 **모란꽃**만 사랑하여
栽培滿院中 정원에 가득히 심고 가꾸었네
誰知荒草野 누가 이 거친 초야에
亦有好花叢 **좋은 꽃**떨기 있는 줄 알기나 하랴
色透村塘月 예쁜 모습은 연못 속의 달을 꿰뚫었고
香傳壟樹風 향기는 밭두렁 나무의 바람에 전하네
地偏公子少 외진 땅에 있노라니 찾아주는 귀공자 적어
嬌態屬田翁 아리따운 자태를 **농부에게 붙이누나**

- 정습명, 「석죽화(石竹花)」 -

(다)

　윤상군(尹相君)이 처음에 곤강(坤岡) 남쪽에 집터를 마련하였다. 집터 동서편에 밤나무 숲이 울창하여 그곳에 가옥을 건축하고 명칭을 율정(栗亭)이라 하였다. 지금은 또 조금 서편으로 가서 새로 집을 샀는데 밤나무 숲이 더욱 무성하였다. 윤공은 집터를 구할 때마다 오직 밤나무 있는 곳을 선택하였다. 일찍이 나에게 말하기를, "봄에는 가지가 엉성하여 가지 사이로 꽃이 서로 비치고, 여름이면 잎이 우거져서 그늘에서 놀 수가 있으며, 가을에는 밤이 맛이 들어 내가 먹을 수 있으며, 겨울이면 껍질을 모아 아궁이에 불을 땐다. ㉢ 나는 이러므로 밤나무를 좋아한다." 하였다. 나는 말하기를, "불은 마른 것에 잘 붙고 물은 축축한 곳으로 흐르는 것은, 성격이 같은 것끼리 서로 찾아가는 것이니 이치에 있어서 반드시 그러한 것이다. 그 숭상하는 것이 같으면 물건이나 내가 다를 것이 없는 것은 어쩔 수 없는 것이다. 어째서 그러냐 하면 하늘과 땅 사이에 풀이나 나무가 나는 것은 모두 한 기운으로 되는 것이다. 그러나 그 뿌리·싹·꽃·열매가 어려

운 것, 쉬운 것, 일찍 되는 것, 늦게 되는 것 등 일정하지 않은데, 다만 이 밤은 모든 물건보다 가장 늦게 나는 것이며, 그것을 재배하기도 매우 어렵고 장구한 시일이 걸린다. 그러나 자라기만 하면 쉽게 튼튼해지며, 잎이 매우 늦게 피지만 피기만 하면 곧 그늘을 쉽게 만들어 준다. ㉣ 꽃이 매우 늦게 피지만 피기만 하면 곧 왕성하며, 열매가 매우 늦게 맺히지만 맺히기만 하면 곧 수확할 수 있다. 이는 물건으로 이지러지면 차게되고 부족하면 보태지는 이치가 있기 때문이다. 윤공은 나와 같은 해에 과거에 합격했는데 그 때의 나이가 30여 세였다. 그러다가 나이가 40세가 넘어서야 비로소 처음으로 벼슬에 나아갔으므로 사람들은 모두들 늦었다고 하였으나, 공은 직무에 더욱 조심하며 충실히 하였다. 그러다가 임금께서 먼저 공을 알아보시고 크게 쓰이게 되어서는 하룻 동안에 아홉 번씩 승진하여 대신의 지위에 이르게 되었으니, 이것은 별로 손질을 하지 않았는데도 무성하게 뻗어나간 나무와 같다. 그 기틀을 세우는 것이 처음에는 어려웠으나 그 성취하는 것이 뒤에는 쉽게 된 것이니, 이 밤나무의 꽃과 열매와 같은 바가 있다.

　나는 이치로 설명하려 한다. 〈중략〉 그 느린 것은 장차 빨리 되려는 것이요, 그 중지되는 것은 장차 끝까지 도달하려는 것이니, 곧 ㉤ 이지러진 것은 채워질 수 있는 것이며, 부족한 것은 보태질 수 있는 것과 또한 무엇이 다르겠는가. 한 가지 물건에 다가가 보더라도 이것을 실증할 수 있는 것이다. 또한 여기에서 사람이 숭상하는 바를 관찰하게 되는 것이니, 곧 불은 건조하며 물은 습한 것이어서 물건이나 나와의 차이가 없다는 것이 모두 그렇지 않음이 없다. 따라서 곧 공이 출세하여 영화롭게 된 것은 밤나무의 생장함과 같으며, 밤을 수확하여 간직함은 공의 은퇴하는 것과 같다. 그 생장함에는 세상을 유익하게 하는 바가 있으며, 그 간직함에는 자신의 몸을 수양하는 작용이 있다. 이에 나는 이 정자에 대하여 그 이치를 들어 설(說)을 짓는다."라고 하였다.

- 백문보, 「율정설(栗亭說)」 -

06. (가)~(다)에 대한 설명으로 가장 적절한 것은?

① (가)와 (나)는 의인화를 사용하여 해학적 분위기를 조성하고 있다.

② (가)와 (다)는 공간적 배경의 이동을 통해 새로운 관점을 제시하고 있다.

③ (나)와 (다)는 자연물을 활용하여 말하고자 하는 바를 드러내고 있다.

④ (가)~(다)는 모두 비유적 표현을 이용하여 대상을 예찬하고 있다.

⑤ (가)~(다)는 모두 대조적인 소재를 들어 화자의 처지를 부각하고 있다.

07. (가)와 (나)를 비교한 내용으로 가장 적절한 것은?

① (가)의 '궁귀'와 (나)의 '모란'은 화자에게 깨달음을 주는 대상이다.

② (가)의 '사방'과 (나)의 '외진 땅'은 자신을 알아주지 않는 현실을 의미한다.

③ (가)의 '유신'은 대상이 화자를, (나)의 '향기'는 화자가 대상을 비판적으로 바라보는 시각이 담겨있다.

④ (가)의 '하늘'과 (나)의 '농부'는 화자의 신세를 위로하는 존재이다.

⑤ (가)의 '므슴하리'는 체념을, (나)의 '붙이누나'는 안타까움을 내포하고 있다.

08. <u>좋은 꽃</u>과 <u>밤나무</u>를 설명한 내용으로 가장 적절한 것은?

① '좋은 꽃'과 '밤나무'에는 모두 작가의 관심과 애정이 담겨져 있다.
② '좋은 꽃'과 '밤나무'에는 모두 작가의 외로운 정서가 투영되어 있다.
③ '좋은 꽃'과 '밤나무'에는 모두 과거의 삶을 반성하고 새로운 삶을 추구하는 자세가 내재되어 있다.
④ '좋은 꽃'은 작가의 처지를, '밤나무'는 작가의 과시적 태도를 드러내고 있다.
⑤ '좋은 꽃'은 냉소적으로, '밤나무'는 자조적으로 현실을 대하는 작가의 태도를 강조하고 있다.

09. ⑦~⑩에 대한 설명으로 적절하지 <u>않은</u> 것은?

① ⑦ : 평생 동안 가난에서 벗어나지 못한 화자의 상황을 나타내고 있다.
② ⑧ : 궁귀에 대한 화자의 인식이 전환되었음을 보여주고 있다.
③ ⑨ : 동경하는 사물을 바라보며 긍정적인 미래에 대한 신념을 드러내고 있다.
④ ⑩ : 대구적 표현으로 사물의 성질과 윤공의 삶이 유사함을 역설하고 있다.
⑤ ⑪ : 상황이 변할 수 있음을 제시하여 포기하지 않는 자세가 필요함을 강조하고 있다.

3 이현기, 포천이문

수능 국어 대비
실전 국어 전형태

STEP 01 지문 분석과 OX문제

나BS 수능특강 | 고전문학 ●

[앞부분 줄거리] 정 공이 포천 현감으로 부임하던 날 밤, 조선의 개국 공신 하륜의 귀신이 찾아와 그에게 폐허가 된 자신의 무덤을 돌봐 달라는 부탁을

임명이나 발령을 받아 근무할 곳으로 가던

한다. 정 공이 하 공(하륜)이 부탁한 바를 신속하게 처리하자 하 공이 감사 인사를 하기 위해 다시 찾아온다.

정 공이 공손하고 겸손한 태도로 응대하자 하 공이 말했다.

"이승과 저승의 길이 달라 내가 결초보은할 길이 없구려. 허나 사또께서는 저승의 보답을 두터이 받아 수명이 한 등급 연장될 테니 참으로 축하하

죽은 뒤에라도 은혜를 잊지 않고 갚음.　　*정 공*

오."

정 공이 말했다.

죽은 사람의 영혼을 높여 이르는 말

"어르신께서 세상을 떠나신 후 세상이 누차 바뀌어 상전벽해가 되었으나 어르신의 영령은 흩어지지 않았습니다. 저 같은 사람도 죽은 뒤에 이승의

하 공　　　　*세상일의 변천이 심함을 비유적으로 이르는 말*

일을 알 수 있겠습니까?"

"내 넋은 500년을 지탱하게 되어 있는데 이제 300년이 지났으니, 앞으로 200년 뒤까지는 알 수 있을 거요. 그러나 그 200년 뒤에는 아무것도 알

수 없으니 서글프기 그지없구려."

"그렇다면 세상 사람들 모두가 그럴 수 있습니까?"

"넋이 오랫동안 흩어지지 않는 것은 그 사람의 타고난 기질이 어두운지 지혜로운지에 달렸소. 제왕이나 재상이라 할지라도 용렬한 그릇이라면 죽는

지혜로운 자일수록 죽어서 이승에 혼령으로 오래 남아 있음을 의미함.　　　　*사람이 변변하지 못하고 졸렬한*

순간 아무것도 알 수 없고, 하찮은 초목이라 할지라도 빼어난 기운이 모인 것이라면 죽어도 넋이 남게 되오. 사또는 정신이 탁월해서 보통 사람에 비할

풀과 나무　　　　　　　　　　　　　　*정 공의 인품을 높이 평가함.*

바 아니니, 죽은 뒤에도 혼령이 100년은 사라지지 않을 거요."

"저승에 과연 조물주가 있습니까?"

"저승의 일은 누설할 수 없으니 묻지 말아 주시오."

자세히 말할

"명나라는 큰 은혜를 베풀어 우리나라를 다시 만들어 주었으니* 우리나라는 명나라와 함께 환난을 슬퍼하고 함께 망해야 할 의리가 있습니다. 불행

근심과 재난

히도 오랑캐 청나라가 대업을 찬탈하고 중국에서 황제를 일컫고 있으니, 지금 우리 조정 신하들은 『군사를 일으켜 청나라의 죄를 묻고 천하에 대의를

여진족이 청나라를 세워 명나라를 몰아낸 것을 말함.

펴고자 하는 정대한 논의』를 하고 있습니다. 이 일의 길흉이 어떻겠습니까?" 『　』: 북벌론(청나라를 치기 위한 논의)

올바르고 당당한　　　　　　　　　*운이 좋고 나쁨*

"길흉은 너무도 알기 쉬우니 물을 것도 없소. 다만 조정 신하들이 큰 절개를 지키고자 존망을 걸고 최후의 결전을 벌이다 변방에서 죽는다면 죽어도

존속과 멸망

이름이 남을 것이요 나라의 명맥이 끊겨져도 영예로울 것이니, 내 마땅히 우러러 찬양해 마지않을 것이오. 그러나 나라를 곤란하게 하는 것을 맑은 논

북벌 자체에 대한 하 공의 의견 → 큰 절개를 지킨다는 점에서 긍정적으로 평가함.

의의 바탕으로 삼고, 중화를 존숭하는 대의를 출세의 계단으로 삼으며, 속으로는 오랑캐를 두려워하면서 겉으로만 아름다운 명성을 얻는다면 「나는 거

높이 받들어 숭배하는

기서 인정할 만한 점을 찾지 못하겠소」." 「　」: 겉으로 드러나는 명성과 공만을 좇으며 진정성 없이 북벌을 추진하는 모습을 지적함.

　　　　　　　　　　　→ 북벌을 나라의 큰 뜻과 절개를 지키기 위한 일로 여기지 않고, 정권 유지나 개인의 출세를 위한 수단으로 삼는 태도 비판

"우리나라는 장정들을 긁어모아 군대를 이루면 백만 군사를 넉넉히 갖추고, 여러 고을에 비축된 곡식은 몇 년을 지탱하기에 충분하며, 밤낮으로 훈

: 우리나라 군대에 대한 정 공의 인식(긍정적) ↔ : 우리나라 군대에 대한 하 공의 인식(부정적)

련하면 정예 군대를 이룰 수 있습니다. 이들이 압록강을 건너고, 강계 밖으로 나가면 우리 군대의 함성이 이르는 곳마다 명나라 유민(遺民) 누구인들
　　　　　　　　　　　　　　　　　　　　　나라의 경계　　　　　　　　　　　　　　　　　　　　　망하여 없어진 나라의 백성

청나라 군대의 대오에서 이탈하여 무기를 내려놓고 우리 군대를 맞이하지 않겠습니까? 또 오삼계*의 군대가 여전히 운남에 있는데 정예 부대에 군량도
　　　　편성된 대열　　　군대의 양식

충분하니, 만약 이들과 힘을 합해 명나라 황실을 부흥하기로 맹세한다면 어찌 만전지책이 아니겠습니까?"
　　　　　　　　　　　　　　　　　　　실패의 위험이 없는 아주 안전하고 완전한 계책　　　　　　　　　명나라

"사또는 아직도 탁상공론을 하고 있소? 천하만사가 천시(天時)와 지리(地利)와 인사(人事)의 제약을 넘지 못하는 법이오. 〈지금 중화의 운은 차츰 쇠하
　　현실성이 없는 허황한 이론이나 논의　　↳ 모든 일은 하늘의 도움이 있는 시기와 땅의 형세로부터 얻는 이로움 그리고 사람의 일에 영향을 받음.

고 북방의 운은 왕성하니 청나라의 통치가 300년은 지속될 거요. 이게 바로 천시의 어쩔 수 없음이오.〉《산해관*은 천험의 요새이니 우리나라 오합지졸
　청나라　　　　　　　　　　　　〈 〉: 북벌이 불가능한 이유 ① 천시의 제약 → 하늘의 기운이 청나라에 있음.　　　　　　　↳ 땅의 형세가 천연적으로 험함.

이 험한 천 리 길을 가는 동안 100번 싸우며 산해관 앞에 이르면 저들은 연(燕), 계(薊)*의 군사들로 요충지를 굳게 지키며 편안하게 쉰 군대로 피로한

군대를 맞이할 것이오. 게다가 영고의 여진족 군사가 우리 군대의 후방을 치면 우리는 앞뒤로 적의 공격을 받아 전군과 후군이 서로 응할 수 없을 거

요. 군량을 수송하는 길도 끊어지고 후퇴해 돌아올 길도 가로막히면 수레 한 대라도 귀국할 수 있겠소? 이게 바로 지리의 어쩔 수 없음이오.》
　　　　　　　　　　　　　　　　　　　《 》: 북벌이 불가능한 이유 ② 지리의 제약 → 땅의 형세가 우리에게 불리함.

　돌이켜 보건대 병자년에 저들은 기병 수천으로 우리 영토 깊숙이 들어와 마치 드넓은 바다에 외로운 배 한 척, 넓은 들판에 썩은 풀 같은 신세였지
　　　　　　　　병자호란　　　　　　　　　　　　　　　　　　　　　　비유법 → 병자호란 당시 위태로웠던 조선의 신세를 효과적으로 나타냄.

만, 수천 리 우리 땅에 저들을 똑바로 쳐다보는 사람 하나 없더니 마침내 도성까지 침략당해 굴욕적인 강화 조약에 운명을 걸고 말았소. 〔지금 오랑캐

의 부강함은 그때에 비할 바가 아니오. 우리 군대의 진법은 고작해야 장사진*뿐이고, 용렬한 장수와 나약한 병사들은 적을 보면 미리 후퇴할 생각부터
　부유하고 강함　　　　　　　　　　　　　　　　　　　은혜와 의리

하니 젖먹이를 호랑이 굴로 들여보내는 것과 무엇이 다르겠소? 또 오삼계는 임금의 은의를 저버리고 나라를 배신한 뒤 스스로 제위를 엿보고 있으니
　　　　　비유법 → 청나라 군에 맞서기엔 역부족임.　　　　　〔 〕: 북벌이 불가능한 이유 ③ 인사의 제약

이런 자와 동맹하는 것은 불가하오.〕"
　　　　　　　　　　　　　　　　(1) 병자호란 때보다 부강해진 청나라에 비해 조선의 군사력이 부족함.
　　　　　　　　　　　　　　　　(2) '오삼계'와의 동맹은 불가능함.

"참으로 말씀하신 그대롭니다. 화의(和議)를 고수해야 하겠습니다."
　　　　　　　　　화해하는 이론 → 청나라와 좋은 관계를 유지하자는 입장

"우리나라 사람들은 허황된 논의를 좋아하다가 막상 일이 닥치면 겁부터 집어먹소. 좀 전에 하신 말씀은 모두 부질없는 생각에 지나지 않소."
　　　　　　　　　　　　　　　　　　　　　　　　　　　북벌을 추진하자는 정 공의 의견

"우리나라의 법이 지극히 훌륭하나 법이 오래되면 폐단이 생기는 법인지라 지금 백성들에게 해를 끼치고 국정을 좀먹는 것을 일일이 열거할 수 없
　　　　　　　　　　　　　옳지 못한 경향이나 해로운 현상　　　　　　　대화 주제가 북벌에서 내정(국내의 정치)으로 바뀌고 있음.

을 지경입니다. 어르신께서 가르침을 주시기 바랍니다."

『"부유한 권세가에 노예가 많아 곳간과 곡식 창고와 동산과 채마밭마다 지키는 자를 두고, 농사와 길쌈과 물 긷는 일과 나무하는 일마다 담당하는
　　　　　　　　　　　　　　　　　　　　　채소밭

종이 있소. 이 여덟 가지 일은 본래 폐단의 근원이 아니나 종 하나가 자기 직분을 다하지 못하면 한 가지 일에 폐단이 생기고, 종 여덟 명이 직분을

다하지 못하면 여덟 가지 일에 폐단이 생기오. 그러나 가장이 용렬하고 게으른 종을 도태시키고 똑똑하고 부지런한 자를 그 자리에 대체하면 모든 일
　　　　　　　　　　한 가정을 이끌어 나가는 사람 → 인재 등용의 주체(임금을 비유)

이 잘 돌아가게 될 거요. 하물며 나랏일이야 더 말할 나위가 있겠소?"』　『 』: 부유한 권세가의 노예 이야기를 통해 나랏일의 폐단을 해결하기 위해 문제되는 자를 내치고,
　　　　　　　　　　　　　　　　　　　　　　　　　　　　　　　　　똑똑하고 부지런한 자로 대체할 것을 제시함. → 올바른 인재 등용의 중요성 강조

　정 공이 절하여 사례하고 말했다.

"지금의 가르침은 참으로 간명하면서도 핵심을 찌른 말씀이라 마음과 몸이 모두 경복(敬服)하게 만듭니다."
　　　　　　　　간단하고 분명하면서도　　　　　　　　　　　　　　존경하여 복종하거나 감복하게

"내가 오랫동안 이승에 머물 수 없으니 이제 작별을 고해야겠소이다. 사또는 몸조심하고 안녕히 계시오."

*명나라는 큰~만들어 주었으니 : 명나라가 임진왜란 때 참전하여 조선을 도운 일을 말함.

*오삼계 : 명나라 말기에서 청나라 초기의 무신. 명나라 장수로 산해관을 지키다가 청나라에 투항해 평서왕에 봉해졌으며, 만년에 청나라에 반기를 들었지만 병으로 죽음.

니BS _ 나 없이 EBS 풀지마라

---

*산해관 : 만리장성 동쪽 끝에 있는 관문으로, 예로부터 군사 요충지임.

*연, 계 : 중국 하북성 일대. '연'은 북경과 그 북부, '계'는 북경 서남쪽 일대를 일컫는 말.

*장사진 : 예전의 병법에서, 한 줄로 길게 벌인 군진(軍陣)의 하나.

OX문제

01 대화를 통해 인물들의 생각을 구체적으로 드러내고 있다. [2007학년도 6월] (O / X)

02 실제 공간의 실감 있는 묘사를 통해 시대적 상황을 구체화하고 있다. [2014학년도 9월B] (O / X)

03 냉소적 어조를 통해 세태에 대한 비판적 태도를 드러내고 있다. [2014학년도 6월B] (O / X)

04 하 공은 비록 조선의 사람들이 용맹하나, '천시와 지리와 인사의 제약'이 있어 북벌이 성공하기 어려울 것이라 말하였다. (O / X)

05 하 공은 '권세가'는 '게으른 종'을 '부지런한 자'로 대체하여 '폐단'을 없앨 수 있으나, '나랏일'은 이와 다르다고 충고하였다. (O / X)

나BS 수능특강 | **고전문학** ●

STEP 02 작품 해제

01 | 주제

북벌론의 비현실성에 대한 비판과 올바른 인재 등용의 필요성

02 | 특징

① 두 인물의 대담(마주 대하고 말함)을 통해 주제 의식을 드러냄.
② 실제 역사적 인물을 등장시켜 서사를 전개함.
③ 당시 정치적 논쟁을 불러일으킨 북벌론을 제재로 하여, 북벌론의 비현실성에 대한 비판적 인식을 드러냄.
④ 올바른 인재 등용의 필요성을 주장함.

03 | 작품 해제

　'포천에서 전해진 기이한 이야기'라는 뜻의 「포천이문」은 조선 후기 문인 이현기의 문집 『기리총화』에 실린 한문 단편이다. 이 작품에는 당시 정세와 북벌론에 대한 작가의 현실적이고 비판적인 시선이 드러난다. 정 공은 자신에게 찾아온 하륜의 혼령에게 북벌에 대한 의견을 묻는다. 이에 하륜의 혼령은 북벌을 통해 절개를 지킬 수는 있겠으나, 북벌을 근거로 하여 개인의 명성을 높이는 것에만 집중하여 나라를 혼란에 빠뜨리는 것은 바람직하지 않다고 말한다. 또한 북벌론은 천시, 지리, 인사 등을 고려하였을 때 현실적으로 이루기 어렵다고 지적한다. 이때 정 공(정태화)과 하륜은 실제 역사적 인물을 등장시킨 것으로, 이는 작가가 그들의 입을 빌림으로써 민감한 정치적 주제로부터 말미암을 논란을 피하고자 한 의도로 해석할 수 있다.

04 | 등장인물

- 정 공 : 포천의 현감으로 부임하게 된 담대한 성격을 가진 인물로, 하륜의 혼령이 찾아와 자신의 무덤 자리를 옮겨 줄 것을 부탁하자 이를 승낙한다. 이후 다시 찾아온 하륜의 혼령과 사후 세계 및 국정에 관한 대담을 나눈다.
- 하륜 : 조선의 개국 공신이었던 인물로, 아무도 자신의 무덤을 돌보지 않자 정 공을 찾아와 이장(무덤을 옮겨 씀)을 부탁한다.

05 | 상세 줄거리

　정 공이 포천 현감으로 부임한 날, 밤에 책을 읽고 있었는데 조선의 개국 공신인 하륜의 혼령이 찾아온다. 하륜의 혼령은 자신의 무덤이 있는 장소를 일러 주며 정 공에게 자신의 묘를 옮겨 달라는 청원을 한다. 정 공은 일러 준 장소에서 하륜의 관을 찾은 후 정성을 다해 제를 올린다. 이후 임금에게 자초지종을 설명하여 묘를 옮길 때 필요한 돈과 좋은 터를 하사받은 후, 하륜의 후손과 함께 예를 갖춰 하륜의 묘를 옮긴다. 이장 이후 하륜의 혼령은 자신의 숙원을 해결해 준 정 공에게 사례하기 위해 다시 그를 찾아와 대화를 나눈다. 정 공은 하륜의 혼령에게 사후에 넋이 유지될 수 있는지, 저승에 조물주가 있는지 등을 물은 후 북벌의 타당성을 묻는다. 이에 하륜의 혼령은 북벌의 비현실성을 날카롭게 지적하며, 진정 나랏일의 폐단을 없애고 국정을 쇄신하기 위해서는 능력 있고 뛰어난 인재의 등용이 필요하다고 일러 준다. 이후 하륜의 혼령은 정 공이 술과 과일로 차린 제사 음식을 먹은 후 저승으로 돌아간다.

나BS _ 나 없이 EBS 풀지마라

STEP 03 논문으로 만나는 출제자의 시선

나BS 수능특강 | 고전문학

● '아랑전설' 모티프의 차용

「포천이문」은 신임 포천 현감 정태화가 도임(지방의 관리가 근무지에 도착함)한 첫날의 밤에 조선의 개국공신인 하륜의 혼령이 정태화를 찾아와 자신의 어려움을 해결해 달라고 청원하는 것으로 서사가 시작된다. 혼령이 신임 지방관 앞에 나타나 청원하는 유형의 대표로 '아랑전설'이 있다. 「포천이문」의 하륜이나 '아랑전설'의 아랑은 인간이 아닌 혼령이고, 신임 지방관이 도임한 첫날의 밤에 나타나서 자신들의 어려움을 호소하고 해결한다는 점에서 「포천이문」이 '아랑전설' 모티프를 차용했음을 알 수 있다. 그러나 「포천이문」에서 혼령이 자신의 어려움을 호소하는 점은 '아랑전설'과 같지만, 하륜은 아랑처럼 원통하게 죽은 혼령이 아닌 점, 또 여성이 아닌 남성이라는 점이 '아랑전설'과는 다른 부분이다.

그러면 「포천이문」이 '아랑전설'의 모티프를 차용하게 된 이유는 무엇일까? 「포천이문」의 서사 전반부는 정태화가 분묘 이장 문제를 처리하여 하륜의 청원을 해결해 주는 내용이고, 후반부는 자신의 숙원을 해결해 준 정태화에게 사례 차 찾아온 하륜과 정태화의 대담으로 이루어져 있다. 그 대담의 내용은 인간 사후의 문제, 명부(사람이 죽은 뒤에 간다는 영혼의 세계)에 관한 것, 국정 전반에 관한 정치적인 문제 등이다. 이런 문제들은 논란의 여지가 있고, 당대 현안인 정치적 주제들은 민감한 측면이 있다. 그리하여 모든 문제에서 자유로울 수 있는 역사 속의 인물을 주인공(하륜)으로 등장시켜 당대인(정태화)과 대담케 함으로써 논란을 피하고자 '아랑전설' 모티프를 빌린 것이라 할 수 있다. 「포천이문」이 '아랑전설' 모티프를 빌리지 않았다면 작품에서 거론된, 당대의 민감한 정치적 주제에 대한 논란을 피하기 힘들었을 것이고, 거침없는 의견을 펼치기 쉽지 않았을 것이다. 이러한 면에서 「포천이문」의 '아랑전설' 모티프 차용의 의의를 찾을 수 있다.

● 북벌론의 허상을 향한 비판적 의식

효종은 즉위하자마자 청나라를 정벌하며 명나라의 원수를 갚자는 '북벌론'을 주장했고, 인조반정을 주도한 서인 세력들은 반정의 명분으로 내걸었던 '북벌'을 주장하며 집권했다. 이때 남인들은 때로는 서인들을 지지하기도 하고, 견제하기도 하면서 세력 균형을 이루려고 했다.

「포천이문」에서, 정태화가 조선은 명나라에 은혜를 입었으니 의리를 지켜 청나라와 전쟁을 해서 천하에 대의를 펼치고자 하는 것이 여러 학자들의 정론이라고 하니, 하륜은 "그러나 나라를 곤란하게 하는 것을 맑은 논의의 바탕으로 삼고, 중화를 존숭하는 대의를 출세의 계단으로 삼으며, 속으로는 오랑캐를 두려워하면서 겉으로만 아름다운 명성을 얻는다면 나는 거기서 인정할 만한 점을 찾지 못하겠"다고 말한다. 하륜의 대답은 승산 없는 북벌론 추진자들에게 하는 경계로 '존주대의(명나라를 따르고 청나라를 배척하는 이념)', 즉 명나라를 숭배하는 자들이 북벌론을 집권 세력들의 정권 유지와 개인의 출세를 위한 명분론으로 사용하는 것에 대한 경고의 의미를 담고 있다. 이것은 북벌론자들에 대한 비판으로, 실현 가능성이 없는 북벌론을 허황된 명분으로 주장하면서 나라의 기틀을 흔들고 개인의 욕심만 좇는 권력 추종자들에 대한 경계이다.

4 작자 미상, 왕수재취득용녀설

STEP

01 지문 분석과 OX문제

상사가 일행에게 말했다.

"하늘엔 바람 한 점 없고 바다엔 작은 파도 하나 없는데 이런 뜻밖의 변고를 당해 사흘 동안이나 앞으로 나아가지 못하니, 이 일을 어찌하면 좋단
말인가?"

배 안에 있던 한 사람이 말했다.

"이는 필히 해신(海神)이 우리를 가로막고 장난하는 것입니다. 정성을 다해 기도를 올리면 당장 길을 갈 수 있을 것입니다."

상사는 그 말을 옳게 여겼다. 이에 목욕재계하고 제문을 지어 고한 뒤 제물을 갖추어 제사를 지내 보았지만 별다른 변화가 없었다. 다시 두 번 세
번 제사를 지내 보았지만 역시 배는 움직이지 않았다. 사정이 이러하니 일행 중에 두려움에 떨지 않는 사람이 없었다. 상사가 물었다.

"정성을 다해 기도했거늘 이처럼 효력이 없으니, 이 일을 어쩌면 좋단 말인가?"

일행 모두가 입을 다물고 한마디도 하지 못했다. 이때 왕수재가 말했다.

"이는 분명 일행 중에 부정한 자가 있어 함께 갈 수 없으므로 해신이 우리를 가로막고 장난하는 것입니다. 부정한 이를 찾아낸 다음 버려두고 데려
가지 않는다면 우리를 가로막고 희롱하는 일이 바로 없어질 것입니다."

상사가 말했다. / "그 사람을 어떻게 알아내서 버리고 간단 말이냐?"

수재가 말했다.

"알아낼 방법이 있습니다. 모든 사람이 각자 자기 윗옷의 옷깃을 잡고 해신에게 이렇게 고하면 됩니다. '영험하신 신의 밝은 계시를 알고자 저희 옷
깃에 이름을 써서 바다에 던지려고 합니다. 가도 되는 사람의 옷은 물속에 가라앉혀 보이지 않게 하시고, 갈 수 없는 사람의 옷은 물 위에 띄워 가라
앉지 않게 해 주십시오. 영험하신 뜻을 보여 주시면 마땅히 가르침대로 거행할 것입니다.' 이렇게 해 보시는 게 좋겠습니다."

상사가 말했다. / "그 말에 묘리가 있구나."

이에 모든 사람이 수재의 말대로 윗옷을 벗어 손수 그 옷깃을 잡고 기도한 뒤 옷을 물에 던졌다. 모든 옷이 곧바로 가라앉아 그림자도 보이지 않았
지만, 유독 수재의 옷 하나만이 물 위에 떠 가라앉지 않았다. 부사 이하 모두가 의아하게 여겨 수재의 옷을 향해 돌을 던졌다. 돌이 수재의 옷 위에 있
었건만 옷은 끝내 가라앉지 않았다. 일행 모두가 고개를 돌려 왕수재를 계속 쳐다보았다. 상사가 수재에게 말했다.

"네 말대로 옷을 던져 보았는데, 유독 네 옷만이 물 위에 떠서 끝내 가라앉질 않는구나. 이 일을 어쩌면 좋겠느냐?"

수재가 대답했다.

"이는 신이 초래한 일입니다. 제 운명이 그렇다는데, 더 무슨 말을 하겠습니까? 제가 이번 사행에 따라 오기를 자청했던 건 중국 수도의 장려한 모
습을 보고 대장부의 울울한 심사를 풀고 싶어서였습니다. 하지만 지금 해신이 이처럼 길을 막고 장난을 하니 제가 어찌 감히 억지로 떠날 수가 있겠습

니까? 이제 저는 바다에 빠져 죽겠지만, 사신 일행은 만리 길을 무사히 다녀오셔서 임금의 명을 욕되이 하지 않으시기만을 바랄 뿐입니다."
자신의 목숨보다도 임금을 향한 충의를 중요시함.

그렇게 말하더니 몸을 날려 바다에 뛰어들려 했다.
죽음을 두려워하지 않는 용맹한 모습

[중략 부분 줄거리] 상사와 일행은 바다로 뛰어들려는 왕수재를 만류한 후 가까운 섬에 내려 주고 떠난다. 섬에 도착한 왕수재는 대숲 사이로 난 길을 따라가다 초가집을 발견하고, 그곳에서 자신을 기다리던 노인으로부터 음식을 대접받는다.

이윽고 날이 어두워지자 노인은 불을 붙여 등을 켜고 앉더니 한숨을 내쉬며 이렇게 말했다.
▨ : 시간의 흐름을 알려 주는 표지

"「수재는 잠깐 이 늙은이의 말을 좀 들어 보오. 나는 본래 속세 사람이 아니라 서해 용왕의 아들이라오. 이 섬에 산 지도 벌써 천 년이 넘었소. 구
「 」: 과거부터 현재까지의 일을 요약적으로 제시함.   노인의 정체
름을 타고 하늘에 오를 날이 이제 겨우 몇 년 남았는데, 불행히도 이 섬에 사는 삼천 년 묵은 구미호가 내 집을 빼앗으려 하고 있소. 닷새 동안 일전
노인의 상황 : 구미호에게 집을 빼앗길 위기에 처함.   한바탕 싸움
을 벌였지만,」 늙은 내가 구미호에게 대항하는 게 너무 힘들어 수재의 귀신같은 활 솜씨를 좀 빌렸으면 하오. 나를 좀 도와 달라고 수재를 이런 궁벽한
왕수재의 도움을 받으려 하는 이유   왕수재의 옷이 가라앉지 않았던 것은 노인이 한 일이었음을 알 수 있음.
땅에 모셔 오게 했으니, 참으로 미안하고 죄송스럽기 그지없소이다."

수재가 물러나 앉더니 이렇게 말했다.

"저는 속세의 천한 사람이고 선생께선 용궁의 귀한 아드님이신데 어찌 감히 한자리에 나란히 앉을 수 있겠습니까? 게다가 《저는 원래 아무 재주가
노인
없는 사람이니 어찌 감히 선생의 청을 감당할 수 있겠습니까?》" 《 》: 수재는 스스로의 재주를 낮추며 겸손한 태도를 보임.

노인이 말했다.

"수재가 신궁이라는 건 오래전부터 알고 있거늘, 겸손이 지나치시군요. 모레가 구미호와 싸우기로 한 날이오. 수재께서는 한번 수고로움을 아끼지 말
활을 잘 쏘는 사람
고 이 늙은이를 위험한 처지에서 구해 주시기 바라오."

"선생의 말씀이 이러하니 어찌 감히 온 힘을 다하지 않을 수 있겠습니까? 하지만 지금 활도 없고 화살도 없으니 어쩌면 좋겠습니까?"
노인을 돕고자 함.

"튼튼한 활과 독화살을 준비해 놓은 지 이미 오래니, 그 일은 염려 마시오."

밤이 깊어 피곤해지자 각자 잠자리에 들었다. 수재는 잠에 곯아떨어져 날이 새는지도 몰랐다.

오후가 되자 종소리, 북소리, 피리 소리가 멀리서부터 점점 가까이 들려왔다. 소리가 청아한 것이 인간 세계의 음악과는 달랐다. 수재가 노인에게 물
신비로운 분위기 형성
었다.

"하늘에서 울려 퍼지는 저 음악 소리는 뭡니까?"

노인은 이마를 찌푸리며 대답했다.

"요사스런 구미호의 짓이라오."

"일개 요물일 뿐인 여우가 어떻게 이런 신선의 음악 소리를 낼 수 있습니까?"

"저 구미호는 변화무쌍한 놈이오. 귀신이 되었다가는 인간이 되고, 바람을 부르고 비를 내리게 하며, 앞에 있는가 싶으면 어느새 뒤에 가 있으니, 실
신비한 능력을 가진 구미호의 모습
로 천하의 요물이라 할 수 있소. 지금 이리로 오는 게 분명하니 수재도 곧 보게 될 거요."

조금 있으니 "물렀거라!" 하는 소리가 점점 가까이 들려왔다. 수재가 몸을 숨기고 바라보니 부인 한 사람이 임금이 타는 가마 위에 앉아 있었다. 휘장을 활짝 열어젖히고 있어 그 얼굴을 볼 수 있었는데, 꽃처럼 아름다운 얼굴과 달처럼 고운 자태에서 온갖 교태가 피어나 보는 사람의 눈을 황홀하게 하고 마음을 격동시켰다. 위엄 있는 의장(儀仗)*이며 온갖 물건과 의식이 임금이 출입할 때와 똑같았다. 어여쁘게 단장한 시비들이 앞뒤를 에워쌌고 기치와 창검이 좌우로 빽빽이 늘어서 있었는데, 피리 불고 북 치는 이들 모두가 곱게 분을 바른 미녀들이었다. 수재가 노인에게 말했다.

"저게 모두 요망한 여우들입니까?"

"그렇소."

"그렇다면 빨리 활과 화살을 갖다주세요! 가마 위의 부인을 쏴 죽여야겠으니."

"안 돼요, 안 돼! 지금 활을 쐈다가는 한 번에 백 발의 화살을 쏜다 한들 한 손으로 막아 낼 테니, 소용없는 일이오."

"그렇다면 내일 싸움에서 저와 같은 사람 열 명이 있다 한들 화살을 모조리 다 막아 낼 텐데 어쩔 작정이십니까?"

"내일 나하고 한창 싸울 때에는 저 요물도 다른 생각을 할 겨를이 없을 테니, 화살이나 돌이 날아드는 걸 알아차리지 못할 거요. 그 틈을 타서 명치를 쏜다면 성공할 수 있소이다. 내일까지 기다립시다."

이튿날 과연 요망한 여우가 많은 군졸을 거느리고 와서 싸움을 걸었다. 노인은 수재에게 거듭 부탁을 하고는 싸움을 하러 바다로 나섰는데, 바다 위를 마치 평지 밟듯이 다녔다. 수재는 화살을 메기고 시위를 잔뜩 당겨 부인을 쏘려 했지만, 부인의 얼굴이 너무도 아름다운 것을 보고는 차마 활을 쏠 수가 없었다. 수재는 이렇게 생각했다.

'저건 사람이다. 여우가 둔갑을 한다고 어찌 저리될 수 있겠나? 사람이 사람을 쏴 죽여서야 되겠는가?'

결국 활을 쏘지 못한 채 시위를 당기고 있던 손을 풀었다. 곧이어 노인과 부인은 한바탕 큰 싸움을 끝낸 뒤 각자 자기 진영으로 돌아갔다.

*의장 : 천자(天子)나 왕공(王公) 등 지위가 높은 사람이 행차할 때에 위엄을 보이기 위하여 격식을 갖추어 세우는 병장기(兵仗器)나 물건.

OX문제

01 인물 간의 대화를 통해 사건 해결의 방안을 제시하고 있다. [2021학년도 수능]　(O / X)

02 서술자의 개입과 인물의 발화를 통해 인물의 심리를 드러낸다. [2015학년도 9월AB]　(O / X)

03 과거와 현재를 교차하여 사건을 입체적으로 전개하고 있다. [2023학년도 6월]　(O / X)

04 왕수재는 뛰어난 활 솜씨 덕분에 중국으로 향하는 사신 행차에 합류할 것을 제안받아 길을 떠났다.　(O / X)

05 왕수재는 '가마 위에 앉'은 구미호의 아름다운 모습에 홀려, '부인'이 여우일 것이라 생각치 못했다.　(O / X)

STEP 02 작품 해제

나BS 수능특강 | **고전문학** ●

01 | 주제

왕수재의 영웅적 능력과 왕건의 탄생

02 | 특징

① 실제 인물을 내세워 영웅성을 부여하고 사실성을 강조함.
② 근원 설화의 기본 줄거리를 유지하며 다양한 모티프를 결합함.
③ 전통적 설화를 이어받으며 소설로 바꾸어 쓸 때의 특성이 드러남.

03 | 작품 해제

이 작품은 고려 태조 왕건의 부친을 '왕수재'라는 주인공으로 내세워 그 활약상을 나타낸 소설로 『삼국유사』에 실린 '거타지 설화'의 영향을 받은 것으로 알려져 있다. 왕수재가 여우를 활로 죽이고 그에 대한 보답으로 용녀와 부부가 되는 것, 왕수재의 아들이 나라의 주인이 될 것이라고 예언하는 도사가 출현하는 것, 아내(용녀)의 변신과 관련한 금기를 위반하여 아내와 이별하는 것 등 우리에게 익숙한 모티프들이 이어지면서 서사적 흥미를 더하는 것이 특징이다.

04 | 등장인물

- 왕수재 : 왕건의 아버지. 영웅적 자질이 있으며 활 솜씨가 뛰어나다. 중국으로 향하는 사행 중 부정한 이로 지목되어 섬에 버려지고, 그곳에서 만난 노인에게서 구미호를 쏴 죽여 달라는 부탁을 받는다.
- 노인 : 서해 용왕의 아들. 왕수재에게 구미호를 쏴 죽여 달라고 부탁한다.
- 구미호 : 삼천 년 묵은 구미호로, 아름다운 여인의 모습을 하고 있다.

05 | 상세 줄거리

고려 태조 왕건의 아버지인 왕수재는 어릴 적 전염병으로 부모를 잃고 양어머니 밑에서 자란다. 뛰어난 활 솜씨를 지닌 왕수재는 스무 살이 된 해에 사절단의 상사를 만나게 되고, 상사에게 영웅적 자질을 보인 뒤 사절단의 일원이 되어 중국 남경을 향해 출발한다. 바다를 건너던 도중, 갑자기 배가 제자리를 맴돌며 앞으로 나아가지 않는 변고가 일어난다. 이에 왕수재는 해신이 꺼리는 부정한 사람으로 지목되어 일행과 떨어져 홀로 섬에 남게 된다. 이때 서해 용왕의 아들인 노인이 나타나서 왕수재에게 자신의 승천을 방해하는 3천 년 묵은 구미호를 죽여 달라고 부탁한다. 왕수재는 활을 쏘아 구미호를 죽이고, 노인은 이에 대한 보답으로 왕수재와 자신의 딸 용녀를 혼인시킨다. 육지로 돌아온 왕수재는 송악산 아래 집을 짓고 큰 부자가 되고, 아내는 아들 왕건을 낳는다. 그 뒤 용의 자손인 아내는 인간 세상에서 생활하며 건강이 나빠진다. 이에 아내는 왕수재에게 치료를 위해 가끔 변신을 해야 하니 자기 방을 출입할 때 미리 통지해 달라고 부탁한다. 그러던 어느 날 왕수재는 실수로 통지 없이 아내 방에 들어갔다가 아내가 용으로 변신하는 모습을 보고 그녀에 대한 정이 사라지게 된다. 그러자 아내는 왕수재가 신의를 지키지 않았음을 지적하고 떠나간다.

'거타지 설화'와의 공통점과 차이점

「왕수재취득용녀설」은 원천 설화인 『삼국유사』의 '거타지 설화'에서 전반적인 서사 구도를 따르되, 구체적인 내용은 '거타지 설화'의 내용을 바꿨거나 새로 창작했다. 야담(야사(野史)를 바탕으로 흥미 있게 꾸민 이야기)계 한문 소설이 주로 거리에서 구연되던 이야기를 기록으로 옮긴 것이라는 점에서 볼 때, 「왕수재취득용녀설」은 작자의 창작이 가미된 작품이라 할 수 있을 듯하다.

「진성여대왕거타지」의 내용은 당나라에 사신으로 가는 아손 양패의 사신단의 궁수가 된 거타지가 곡도에 이르러 서해 바다의 신인 서해약의 부탁을 받고 중으로 변신한 늙은 여우를 활로 쏘아 죽인 후, 서해약의 딸과 혼인하여 행복하게 살았다는 이야기이다. 한편, 「왕수재취득용녀설」은 왕건의 부친 왕수재(왕륭)가 사신 일행이 되어 남경으로 가다가 곡도에 이르러 서해 용왕 아들의 부탁을 받고 아름다운 부인으로 변신한 구미호를 활로 쏘아 죽인 후, 서해 용왕 아들의 딸인 용녀와 혼인하여 살다가 왕건을 낳고는 용녀와 이별한다는 이야기이다.

위의 두 작품은 전반적인 서사 구도는 유사하다고 할 수 있다. 즉, 활 솜씨가 뛰어난 주인공이 곡도에서 청탁인(부탁을 청하는 사람)의 부탁을 받고 여우를 쏘아 죽여 영웅이 되고, 청탁인의 딸과 혼인하여 산다는 구도인 것이다. 그런데 「왕수재취득용녀설」은 「진성여대왕거타지」의 서사 구도를 기반으로 하고 있지만, 세부적으로 들어가 보면 내용에 있어서 상당한 변화가 이루어졌거나 새로 창작된 부분이 있음을 확인할 수 있다.

'거타지 설화'의 경우, 거타지는 50명의 궁수 중의 1인이며, 목간(글을 적은 나뭇조각)이 가라앉아서 섬에 홀로 남게 되고, 거타지가 쏘아서 죽인 여우는 중으로 변신한 여우이며, 거타지는 서해약의 부탁으로 여우를 한 번에 쏘아 죽인다. 이때 「왕수재취득용녀설」에서는 왕수재의 뛰어난 활 솜씨, 왕수재를 섬에 남게 만든 비현실적 상황, 청탁인의 부탁, 변신하는 여우, 여우의 퇴치 등을 '거타지 설화'에서 취해 왔지만, 세부적으로는 이야기가 다르다. 사신단을 보호하는 궁수 중의 1인인 거타지와는 달리 왕수재는 문무를 겸비한 비범한 인재로서 사행의 일원으로 그려지고 있다는 점, '거타지 설화'에서는 목간이 가라앉게 되면 섬에 남게 되지만 「왕수재취득용녀설」에서는 옷깃에 각자 이름을 적고 그 옷이 가라앉지 않는 사람이 섬에 남게 된다는 점, '거타지 설화'에서는 제비뽑기에 걸린 사람이 처음부터 섬에 남는 것으로 설정되었지만, 「왕수재취득용녀설」에서는 처음에는 제물로 바다에 던지는 것이었다가 왕수재가 선택되자 차마 왕수재를 바다에 던질 수가 없어서 섬에 남기게 되었다는 점, '거타지 설화'에서 거타지가 쏘아 죽인 여우는 중으로 변신했는데, 「왕수재취득용녀설」에서는 여우가 아름다운 부인으로 변신했다는 점, '거타지 설화'에서 여우는 단지 늙은 여우로 그려지지만, 「왕수재취득용녀설」에서는 꼬리 아홉 달린 3,000년 묵은 늙은 여우로 그려진다는 점, '거타지 설화'에서는 늙은 여우를 한 번에 쏴 죽이지만, 「왕수재취득용녀설」에서는 왕수재가 사람으로 변신한 여우를 보고 심리적 갈등을 겪다가 두 번 만에야 죽이게 된다는 점 등은 '거타지 설화'의 내용을 바꾼 것이라 할 수 있다. 뿐만 아니라 「왕수재취득용녀설」에는 '거타지 설화'에는 없는 새로운 내용이 창작되기도 한다. 예컨대, 왕수재와 혼인하게 될 용녀를 왕수재가 미리 보고 흠모하는 마음을 품도록 설정해 놓은 것이나, '거타지 설화'에서는 거타지와 서해약의 딸이 끝까지 함께 사는 것으로 마무리되지만, 「왕수재취득용녀설」에서는 왕수재의 부주의로 왕수재와 용녀가 이별하도록 설정한 것 등에서 창작적 변용이 드러난다. 이로 볼 때, 「왕수재취득용녀설」은 '거타지 설화'의 전반적인 서사 구도를 차용했으나 구체적인 내용들은 '거타지 설화'에서 좀 더 복잡하고 구체적인 것으로 고쳐 쓰이거나 새로 창작되었다는 것을 알 수 있다.

5 | 작자 미상, 서해무릉기

수능 국어 대비
실전 국어 전형태

STEP
01 지문 분석과 OX문제

나BS 수능특강 | 고전문학 ●

이럭저럭 3년이 지났을 때, 유생은 여승으로 변장하고 서해에 배를 띄워 대양(大洋)을 방황하고 있었다. 그러던 어느 날, 「푸른 산들이 첩첩이 물 위

에 솟아 있고 천봉만학이 봉우리마다 기이한 어느 곳에 이르렀다. 마침 달빛마저 넓게 비추고 있어 그야말로 경개(景槪)가 절승한 곳이었다.

유생이 배에서 내려 점점 깊이 들어가 보니 인가(人家)는 없고 산수 경치가 더욱 맑고 수려하였다. 마음속으로 감탄하고 칭찬하며 10여 리를 더 들

어가니 거기에 큰 섬이 있었다. 게다가 섬 앞으로 15리나 되는 큰 강이 가로막혀 있었으니 깊숙하고 한가한 풍치를 비할 데가 없었다.」 이에 유생이

반드시 은인(隱人)이나 도사가 사는 곳이라 생각하여 찾아가 보기로 하였다.

그 섬에 들어가 유생이 흰옷을 단정하게 입고 삿갓을 바로 쓰고 바랑을 메고 죽장을 짚고서 양식을 구하니, 마을 사람들이 이렇게 말하였다.

"이렇게 깊은 곳에 스님이 찾아오는 것도 뜻밖의 일이로되 저렇게 아름다운 여승은 더욱 처음이로다."

이에 유생이 대답하였다.

"소승은 금산사 뒤 암자에 있는 여승이온데, 이곳의 아름다운 산과 바다 같은 강을 구경하려고 여기에 이르게 되었습니다. 그런데 여기를 무어라 부

릅니까? 청컨대 가르쳐 주옵소서."

마을 사람들이 여승의 미모를 부러워하고 감탄하면서 말하였다.

"이곳은 서해무릉이라는 곳이오. 꽃이 피어서야 봄인 줄 알고 단풍이 들고 나뭇잎이 떨어져야 가을인 줄 알지요."

이렇게 말하며 다투어 양식을 주는 사람이 많아 바랑이 무거워 멜 수 없을 지경이었다. 유생이 이에 이곳 인심이 순박하고 후덕함을 알고 다시 큰

누각 앞으로 나아갔다.

이때 최 씨는 밤낮으로 명철하신 하느님을 향하여 길게 탄식하며 지냈고, 자나 깨나 고향을 그리는 마음이 가슴속에서 떠나지 않았다. 그런데 이날

밤, 비몽사몽 사이에 한 노승이 나타나 이렇게 말하였다. 『"나는 금산사의 부처로다. 네 지아비의 지극한 정성에 감동하여 너희 두 사람을 도와주러 왔

노라. 내일 오시(午時)에 한 여승이 밖에 있을 것이다. 이 사람이 바로 유생이니, 이제 서로 만날 수 있을 것이다."』

최 씨가 반가워하며 사례하고자 할 때 문득 꿈에서 깨어났다. 최 씨는 한낱 꿈속의 헛된 일인 듯 여겨져 몸과 마음이 모두 어지럽고 뒤숭숭한 가운

데 날이 밝기를 기다렸다.

다음 날 정오 무렵 계선이 밖으로부터 쫓아 들어오면서 말하였다.

"장지문 밖에 한 여승이 와서 양식을 청하옵는데, 그토록 아리따운 미모와 옥 같은 얼굴 영롱한 풍모를 저는 처음 보았습니다. 청수하고 단아한 자

태가 마치 우리 아가씨와 방불하였습니다."

최 씨가 다 듣고는 어제 꿈속 일이 생각나 마음속으로 놀라워하고 있었는데, 계선이 은근히 권하며 말하였다.

"여승은 내당에 들어와도 괜찮으니 아가씨께서 한번 보신들 무슨 일이 있겠습니까?"

최 씨가 이곳에 온 지 수삼 년이 지났으나 몸을 일으켜 연보(蓮步)를 옮김이 없었는데, 이날은 꿈속 일에 의심이 생겨 한번 나갈 결심을 하였다. 이
　　　　　　　　　　　　　　　미인의 정숙하고 아름다운 걸음걸이를 비유적으로 이르는 말
에 계선이 크게 기뻐하며 하인들에게 채비를 차리라고 일렀다.

　계선이 이끄는 대로 따라와 나와 보니, 서쪽으로 강물이 굽돌아 흐르는 곳에 산 우물이 있었고, 그 앞에 흰옷을 입은 여승이 바랑을 메고 대나무 막
대기를 쥐고 표연히 서 있었다. 최 씨가 은근히 눈을 들어 살펴보니, 삿갓 밑에 옥 같은 얼굴을 한 여승은 다름이 아니라 바로 자신의 지아비 유연이
　　　　바람에 나부끼는 모양이 가볍게　　　'유생'
었다.

　최 씨가 보니 낯빛과 용모가 바뀌고 풍채와 신수가 초췌하여 가슴이 찢어지는 듯하였다. 더구나 이렇게 머리를 깎고 중이 되는 부끄러움도 무릅쓰고
　　　　　　　　　　　　　겉으로 드러난 모습　　　　　　　　　　　　： 서술자의 개입
허다한 풍상과 천신만고의 고생을 겪은 것이 모두 자신 때문이었으니, 최 씨의 심정이 오죽하였겠는가?
　　　　　　　　　　　　　　　　　　　　　　　　　　　　최 씨는 자신이 납치되었기 때문에 유생이 고난을 겪었다고 생각함.

[중략 부분 줄거리] 유생은 최 씨를 따라갔다가 최 씨를 납치해 간 장군과 우연히 마주치고, 장군은 여승을 수상히 여겨 멀리 내쫓는다.

　이때 유생은 장군에게 쫓겨 나와 원촌(遠村)에 숨어서 오직 깊은 산과 은밀한 곳을 살피고 있었다. 이때 부처님이 도우시고 하늘이 가르쳐 주어 물
　　　　　　　　　　　　　멀리 떨어져 있는 마을
을 따라가다가 바람이 통하는 굴을 찾을 수 있었다. 이 굴은 밖으로 통하는 구멍이 작았지만 그 안은 몇 사람이 머물 수 있을 만큼 넓었다. 유생이 크
게 기뻐하며 여기에 머물러 몸을 숨기고 마을에서 얻어 온 양식으로 연명하며 엎드려 지냈다.

　마침 그곳은 장군의 집 뒷산이었다. 유생이 이곳에 머무르며 낮에는 바위 구멍에 지내다 밤이 되기를 기다려 인적이 끊기는 야삼경에 장원 밖에 와
　　담장
　　　밤 11시~새벽 1시
서 두루 살펴보았으나 실로 들어갈 곳이 없었다. 여러 날이 지나도록 아무런 대책이 없자 유생도 어찌할 바를 몰라 장탄식이 밤낮으로 끊어질 때가 없
　　　　　　　　　　　　　　　　　　　　　　　　　　　　　　　　　　　　　긴 한숨을 지으며 깊이 탄식하는 일
었다.

　이때 최 씨는 식음을 전폐하고 항상 하늘을 우러러 탄식하고 슬피 울기를 그치지 못하였는데, 하루는 정 부인이 최 씨를 불러 달래며 말하였다.
　　　　　　　　　　　　　　　　　　　　　　　　　　　　　　　　　　　최 씨를 납치해 간 장군의 어머니
　"소저가 여기에 이른 지 벌써 몇 해가 지났습니다. 그사이 제 자식이 오히려 소저를 핍박하지 않은 것은 이로써 소저를 위로하기 위해서였습니다.
　　　　　　　　　　　　　　　　　　　　　최 씨를 납치해 간 장군　　　　바싹 죄어서 몹시 괴롭히지
우리 아들이 청춘이 이제 저물어 가고 소저의 나이도 적지 않으니 혼례를 이루어 길이 복록을 누리도록 하십시오. 이제 그만 마음을 돌려 부부의 연을
　　　　　　　　　　　　　　　　　　　　　　　　　　　　　　　　복되고 영화로운 삶
맺고 자식을 낳아 기름이 이치에 맞는 일일 것입니다. 이제 택일하여 조만간 혼례를 치를 것이니 모름지기 소저는 고집하지 마십시오."

　〈최 씨가 다 듣고는 너무 놀라고 치욕스러워 곧바로 맑은 물에 귀를 씻으려 하였다.〉 그리고 나서 한참 뒤에 최 씨가 대답하여 말하였다.
　〈 〉: 중국 고사에서 '허유'가 왕이 되라는 말을 듣고 귀를 씻었다는 데서 유래한 표현 → 치욕스러운 말을 듣고 절개를 지키려는 최 씨의 태도를 드러냄.
　"저의 신세가 이러하니 더욱 죽는 것이 마땅하옵니다. 어찌 다른 말이 필요하겠습니까?"
　　　　　　　정절을 지키려는 최 씨의 굳은 의지
말을 마치자마자 붉은 치마를 떨치고 일어나 거처로 돌아가니, 정 부인이 최 씨의 뜻이 한결같음을 보고 크게 근심하였다.

　장군은 핍박하여 혼례를 치를 뜻이 다급하여 혼삿날이 아직 이르지 않았음을 안타깝게 여겼지만, 최 씨는 날이 갈수록 더욱 심신이 초조하여 빨리
　　　　형세가 절박하여
죽고자 할 뿐이었다. 그러나 유생의 정성을 생각하니 차마 죽을 수가 없어서 숨죽여 오열하며 어찌할 바를 몰랐다.
절개를 지키기 위한 행동
　그러던 어느 날 밤, 이부자리에 기대어 잠깐 졸다가 한 꿈을 꾸었는데, 어떤 여승이 앞에 다가와 이렇게 말하였다.　　『　』: 초월적 존재가 꿈속에서 미래를 암시하여
　　　신비로운 분위기를 형성함. ②

　『"나는 금산사 부처로다. 네 지아비의 정성에 감동하여 두 사람을 돕노라. 지금 장원 밖에 유생이 와 있으니 바삐 나가 달아날 기약을 정하여라."』

　이 말을 듣고 최 씨가 놀라 깨어 보니 잠결에 꾼 한바탕 꿈이었다. 그러나 마음속으로 부처님이 꿈에 지시한 것이 헛된 적이 없었으니 어찌 믿지

않을 수 있겠는가 하고 밖으로 나왔다. 그러고는 장원을 향하여 <u>축원</u>을 올리며 말하였다.
신적 존재에게 자기의 뜻을 아뢰고 그것이 이루어지기를 바라는 일

"아득하고 아득한 하늘이시여! 저의 이 모습을 알고 계신다면 여기서 벗어날 계책을 가르쳐 주시옵소서. 그리하여 유생과 저의 <u>쇠잔한</u> 목숨을 구해
쇠하여 힘이 약해진

주시옵소서."

그런데 이때 마침 유생이 담장 안의 동정을 살피고 있다가 최 씨가 하늘에 애원하는 목소리를 들었다. 그리하여 여기에 답하여 말하였다.
고전 소설의 특징 : 사건이 우연적으로 발생하는 경우가 많음.

"낭자가 옛 정인을 아직도 그리워하거든 <u>서로 만날 기약</u>을 정해 알려 주십시오."
재회에 대한 약속

최 씨가 이렇게 답하는 말을 들어보니, 너무나도 분명한 유생의 목소리였다. 그 신기하고 반가움을 무슨 말로 표현할 수 있으리오.

OX문제

01 꿈과 현실의 교차를 통해 앞으로 일어날 사건을 암시하고 있다. [2021학년도 수능] (O / X)

02 장면의 빈번한 교차를 통해 인물 간의 갈등을 입체적으로 드러내고 있다. [2020학년도 9월] (O / X)

03 공간적 배경에 대한 상세한 묘사를 통해 사건 전개를 지연시키고 있다. [2018학년도 9월] (O / X)

04 최 씨는 자신에게 인사를 올리는 여승의 얼굴을 보고서야 비로소 그가 자신의 남편이라고 확신했다. (O / X)

05 정 부인은 장군이 최 씨를 납치한 뒤부터 겁박해 온 사실을 알고 최 씨를 위로하였다. (O / X)

STEP 02 작품 해제

01 | 주제

유생과 최 씨 사이의 간절한 사랑

02 | 특징

① 혼사 장애 모티프와 지하국대적퇴치 설화 모티프를 차용함.
② 불교 사상을 바탕으로 초월적 존재가 개입하여 사건이 전개됨.
③ 인물과 사건에 대한 서술자의 주관적 견해가 드러남.
④ 작가의 현세적 가치관이 드러남.

03 | 작품 해제

「서해무릉기」는 주인공이 여러 난관을 헤쳐 혼사를 이루는데 성공하는 과정을 그린 애정 소설이다. 두 주인공 '유연'과 '최월혜'는 혼인이 성사되기까지 수없이 많은 고난을 겪는다. 첫 번째 고난은 그들이 친척 사이라는 점 때문에, 두 번째 고난은 부모가 배필을 정해 주는 당대의 풍습을 거부하였기 때문에 나타난다. 그리고 혼례를 올리는 날 밤에 신부인 '최월혜'가 왜적에게 납치당하고 다시 그녀를 구출하기까지 또다시 고난을 겪는다. 그러나 초월적 존재 및 주변인의 도움으로 끝내 재회에 성공하여 혼사를 성사시킨다. 이 작품은 '주인공의 변신 – 신부의 납치와 구출 – 귀환 및 혼인 성취'라는 구조를 통해 지하국대적퇴치 설화 모티프의 영향을 받았음을 알 수 있다. 그러나 '최월혜'를 납치해 간 존재가 괴물이 아닌 인간이라는 점, 공간적 배경이 상상적 공간인 지하국에서 현실의 공간인 서해무릉으로 바뀌었다는 점 그리고 두 주인공이 결연이라는 개인적인 욕망을 추구한다는 점 등에서 현세적이고 경험적인 세계관을 가졌다고 할 수 있다.

04 | 등장인물

- 유연 : 장군에게 납치당한 아내 최 씨를 찾기 위해 최선을 다하는 인물로, 우연히 다다른 서해무릉에서 마침내 최 씨를 만나게 된다.
- 최 씨 : 유연의 아내로, 서해무릉으로 납치당한 후 장군과의 혼인을 강요당한다. 회유 속에서도 필사적으로 절개를 지키고자 한다.
- 장군 : 최 씨를 납치해 간 왜적의 장군으로, 최 씨에게 자신과 혼인할 것을 재촉한다.
- 정 부인 : 장군의 어머니로, 최 씨에게 장군과의 혼인을 종용한다.

05 | 상세 줄거리

전라도 전주에 사는 선비 유현중의 아들 유연은 15세에 장원 급제하여 한림학사 자리에 오른다. 하루는 친척인 최 공을 문병하러 갔다가 그의 딸을 보고 한눈에 반한다. 이후 상사병을 앓게 되자 그들의 부모는 유연과 최 소저를 혼인시키나, 혼삿날 밤 한 무리의 왜적이 신부를 납치해 간다. 왜적들은 최 소저를 서해무릉이라는 곳에 가두었고, 왜적의 장군은 최 소저에게 자신과 혼인할 것을 요구한다.

한편, 유연은 재혼할 것을 종용하는 아버지에게 편지를 남긴 채 최 소저를 찾아 떠난다. 그러나 전국을 떠돌아도 최 소저의 흔적을 찾지 못하자 유연은 머리를 깎고 금강산에 들어가 부처님께 정성을 다해 기도를 드린다. 그러던 어느 날, 금산사 미륵불이 그의 꿈에 나타나 최 소저가 무사하다는 것과 3년 후에 재회할 수 있으리라는 말을 전해 준다. 유연은 이에 희망을 얻어 여승으로 변장하고 다시 길을 떠나 우연히 서해무릉에 다다른다.

한편, 최 소저는 납치당한 후 눈물로 밤낮을 보낸다. 그러던 어느 날 최 소저의 꿈에도 금산사 미륵불이 나타나 다음 날 오시에 남편과 만날 수 있으리라 전한다. 그렇게 여승으로 변장한 유연과 최 소저는 재회하게 되나, 때마침 돌아온 왜장이 유연을 수상하게 여겨 그를 쫓아낸다. 최 소저는 이후 다시 한번 금산사 미륵불의 꿈을 꾸게 되고, 그렇게 전해 받은 조언을 통해 탈출에 성공하여 유연과 진정으로 재회한다.

서해무릉을 빠져나온 두 사람은 마침내 집에 돌아온다. 이후 두 사람은 백년해로하여 온갖 부귀와 영화를 누리다가 극락세계로 승천한다.

논문으로 만나는 출제자의 시선

지하국대적퇴치 설화와의 다른 점

지하국대적퇴치 설화의 구조를 그대로 수용하여 변용시킨 작품인 「서해무릉기」는 설화와 인물, 공간적 배경, 대적을 퇴치하는 방법 등에서 차이를 보인다. 납치당하는 최 소저는 빼어난 미모를 지닌 명문가의 딸이라는 점에서 설화 속 공주, 부자의 딸, 정승의 딸과 별 차이를 보이지 않는 인물이다. 그러나 구출자인 유연은 설화 속 구출자와는 신분상 차이를 보인다. 지하국대적퇴치 설화가 민담인 만큼 설화에서 남주인공은 평범한 인물이다. 그러나 「서해무릉기」에서 남주인공 유연은 여주인공처럼 명문가의 자손이라는 점이 다르다. 이미 구출자의 영웅성이 내재되어 있다고 볼 수 있는 것이다.

한편, 지하국대적퇴치 설화에 나타난 요괴를 보면 이들은 귀신·사람·동물로 나타나는데, 작품에서 설화의 요괴에 대응하는 인물은 최 소저를 납치해 간 도적이다. 그러나 특이하게도 도적의 호칭이 장군으로 나타나고 있다. 이러한 납치자에 대한 호의적 호칭을 통해 작가의 서술 시각이 장군의 인물 묘사에 적극적이고 우호적임을 알 수 있다. 대부분 부인이나 처녀를 납치해 간 납치자는 설화에서처럼 고전소설에서도 악인의 인물형으로 나타나는 게 대부분인데, 이 작품에서는 그렇지 않다는 것이다. 작품에서 작가는 납치자인 장군을 악인이 아닌 선인으로 묘사하고 있다. 작가는 장군을 한 무리의 지도자로 묘사하며, 유연과 비슷한 영웅적인 인물로 그려 낸다. 장군의 인간적 면모는 작품 곳곳에서 발견할 수 있다. 장군은 모친인 정 부인을 깍듯이 모시고 최 소저를 함부로 대하지 않으며 인명을 중요시하는 모습을 보여 준다. 이는 피랍자(납치를 당한 사람)와 대립되는 인물을 악인이 아닌 선인의 성격을 내포한 인물로 그림으로써 작가 의식의 변모가 드러나는 부분이라 볼 수 있다. 이를 통해 항상 납치자는 괴물과 같은 악인이고, 피랍자는 선인이어야만 한다는 이분법적 논리를 벗어나고자 하는 작가의 의도를 확인할 수 있다.

6 | 작자 미상, 반씨전

수능 국어 대비
실전 국어 전형태

STEP 01 지문 분석과 OX문제

나BS 수능특강 | 고전문학 ●

[앞부분 줄거리] 위윤, 위진, 위준 삼 형제는 각각 반 씨, 채 씨, 맹 씨를 아내로 맞이한다. 맏며느리 반 씨는 어질지만, 두 동서는 반 씨를 시기하고 모함한다. 시어머니 양 씨는 반 씨의 진심을 알고, 두 며느리를 꾸짖는다.
→ 시동생의 아내

채 씨가 분함을 참지 못하여 양 부인께 하직하고 맹 씨와 더불어 서로 이별할새, 채 씨 왈,
작별을 고하고 / 끝장에 가서는

"이제는 그대도 외로운지라. 반 씨의 참소를 어찌 견디리오. 필경은 잔명을 보전치 못할 것이니, 빨리 본부로 돌아가 있음이 가하리로다."
남을 헐뜯어서 죄가 있는 것처럼 꾸며 윗사람에게 고하여 바침. / 본디 살던 곳 → 여기서는 친정을 말함.

맹 씨 탄식 대 왈,

"첩도 미상불 그러하올 줄 아오되, 존고께서 아직 있으라 하시니 임의로 못 하거니와, 얼마나 오래 견딜 수 있을꼬."
결혼한 여자가 윗사람을 상대하여 자기를 낮추어 이르던 일인칭 대명사

하고, 서로 눈물을 뿌려 이별하고 돌아가니라.
건강 상태 / 크게 놀라

차설, 채 씨는 본부에 돌아와 부모 슬하에 배알하고 그간 존후를 묻자오니, 부모와 집안 전체가 대경하여 그 연고를 물으니, 채 씨가 눈물을 머금어
찾아가 뵈고 / 당대에는 여성의 외출이 금기시되어 큰 문제가 나지 않는 이상 친정을 찾아갈 수 없었기 때문

양 씨가 반 씨의 참소를 듣고 무죄히 내쳐짐을 이르니, 채영 부부와 부자가 절치부심하여 설분하기를 꾀하더라.
몹시 분하여 이를 갈며 속을 썩임. ↳ 분한 마음을 풀기

차시에 채 씨의 부친은 좌승상 채영이니, 위엄이 당당하고 권세가 일세에 으뜸일러라. 일찍 아들 일곱이 있어 다 입조하여 명망이 조야에 진동하고
조정과 민간 / 벼슬에 올라

천자가 승상의 부자를 총애하사 은권이 조정에 따를 이 없더라.
임금의 총애

차시에 채 승상이 딸의 말을 듣고 대로 왈,
크게 화를 내며

"내 사람을 살피지 못하여 교양이 없어 말과 행동이 서투르고 무식한 집에 딸을 출가시켰다가 문호에 욕이 미치게 하니 어찌 분한치 아니하리오."
사돈집인 위 씨 집안을 비하함. / 임금에게 아뢰니 / 집안을 욕되게 한 점에 대해 분노함. → 가문을 우선시하는 태도

하고, 이에 천자로 더불어 의논하고 표를 올려 반옥과 위윤의 죄상을 주달하니, 차시 위 시랑이 경사에 와 벼슬에 나아가매 「청렴 정직하여 직분을
반 씨의 아버지 / 위윤 / 관아 / 정숙하게 사례하고

수행함에 일호라도 구차함이 없으니」, 상이 위윤의 재주를 기특히 여기사 벼슬을 돋우어 예부 상서를 시키시니, 위 상서가 천은에 숙사하고 돌아왔으
「 」: 위윤의 청렴한 인품을 직접 제시함. / 임금의 은덕

나, 고향 소식을 알지 못하여 아침저녁으로 부모님께 문안드리고 싶은 마음이 간절하더니, 문득 반 씨의 종형 직금랑 반희가 궐중에 들어갔다가 나오는
사촌 오빠

길에 위 상서를 보고 예필 후 이르되,
인사를 끝마침.

"금일 간에 채영의 아들 채원의 상소를 보니, 형의 허물과 숙부의 죄과를 고달하되, '숙부가 병부 상서로 성총을 가리어 상벌이 분명치 못하니, 이는
아버지의 남동생 → 반 씨의 아버지 반옥을 가리킴. / 임금의 은총

기군망상한 죄인이라. 민심을 산란케 하니, 위윤과 반옥을 함께 참하여 민심을 안정케 하여지이다.' 하였으니, 알지 못하겠노라. 이런 일이 있나니이까."

상서가 앙천 탄 왈,
『 』: 간신의 모해임을 알고도 자신의 억울함을 호소하려 하지 않음. → 체념적이고 순종적인 성격

『"이는 간인이 있어 모해함이라. 그러나 어찌 기군이라 하는고. 이제 그저 있지 못하리니 궐하에 대죄하리라."』
간사한 사람 꾀를 써서 남을 해침. / 임금을 속임. / 처벌을 기다리리라

희 왈, / "들으니 형이 채가와 불화가 있다 하더라."

하거늘, 상서가 탄식하고 궐하에 나아가니, 반희가 참연하여 하더라.
슬프고 참혹해

상이 상소를 보시고 대로 왈,

"짐이 어찌 사람을 그릇 쓰리오. 위윤은 청렴 강직하고 반옥은 충실의 후예라 짐이 수족을 삼았더니, 이제 참언이 여차하니 가장 통해하도다*."
참소

채영이 주 왈,

"위윤과 반옥은 일대 소인이라. 두렵건데 후환이 있을까 하나이다."
아주 굉장한

제신이 다 채영의 권세를 두려워하여 상고묵묵*이라. 상이 위·반 이 인을 아끼시나 조신 중 일인도 변백*치 못하는지라, 할 수 없어 위윤은 장사에
조정에서 벼슬살이를 하고 있는 신하

원찬하고*, 반옥은 강동에 정배하시고 탄식해 마지아니하더라.

(중략)

화설, 채 씨는 홍이 스승을 얻어 글을 배운다 하되, 기이한 선관이 밤마다 임한다 함을 듣고 위진에게 이 말을 일러 왈,
반 씨와 위윤의 아들   신선

"반 씨가 삼 년이나 나오지 아니함을 괴이히 알았더니, 원래 이같이 음일*한 행사가 낭자하니 이제 바삐 처치하소서."

위진이 대로하여 이날 밤에 창두 이십여 인을 보내어 반 씨 모자를 죽이려 할새, 이에 분부 왈,
종살이를 하는 남자   상을 후하게 줌.
"너희는 반 씨의 여막에 가 불을 놓고 반 씨 모자를 불의에 들이치면 마땅히 중상하리라."
무덤 가까이에 지어 놓은 초막 → 위윤의 유배로 양 씨가 죽자, 반 씨 모자는 양 씨의 무덤 근처에서 지냈음.
하니, 창두가 저마다 용약하여 일시에 가니라.
좋아서 뜀.   큰 소리로 부르며
차시에 반 씨는 정히 혼미하여 잠깐 졸더니, 비몽사몽간에 일위 부인이 대호 왈,
한 명의 부인 → 죽은 양 씨의 영혼
"미구에 액이 당도하였거늘 무슨 잠을 자느뇨."
얼마 오래지 아니함.
반 씨 놀라 깨달으니 침상일몽이라. 또 들으니 또 이르되,
잠을 자면서 잠깐 꾼 꿈
"어서 피하라. 만일 지체할진대 가히 면치 못하리라."

반 씨 대경하여 급히 홍을 불러 이 말을 이르니, 홍이 놀라 왈,

"이는 반드시 왕모의 혼령의 가르침이라. 바삐 피하사이다."
자신의 할머니를 높여 이르는 말(=양 씨)
하고, 모친을 붙들어 한 뫼를 넘어가 부인을 바위틈에 앉히고 뫼에 올라 바라보니, 벌써 집에 불이 일어나고 무수한 사람이 두루 다니며 요란하거늘,

급히 돌아와 모친께 고 왈,

《"만일 도적 같으면 우리를 찾을 바 없거니와, 우리를 방문하여 찾아보니 매우 의심스러운지라. 이곳에 있지 못할지니 멀리 가사이다."》
《 》: 위급한 상황에서도 뛰어난 판단력을 보임. → 위흥의 영특한 성격이 드러남.
하고, 모친을 인도하여 산곡으로 들어가니, 천지가 아득하여 갈 길이 묘연하고 기력이 점점 쇠진하니 모자가 서로 붙들고 통곡하더라.

이때 문득 한 노인이 이르러 문 왈,

"그대는 어떤 사람이관데 적막한 산중에서 이같이 방황하며 슬퍼하느뇨."

홍이 대 왈, / "깊은 밤에 길을 잃고 정신이 아득하여 우나이다. 원컨대 대인은 길을 인도하소서."

노인이 웃어 왈, / "공자가 과도히 놀랐도다."

하고, 인하여 소매 안으로부터 줄 같은 것들을 내어 주며 왈, / "모자가 하나씩 나눠 먹으라."
상쾌하고 깨끗함.
하니, 흥의 모자가 받아먹으매 문득 정신이 쇄락한지라. / 정히 사례코자 하더니, 노인 왈,

"나는 이 산을 지키는 신령이더니, 양 부인의 청을 듣고 그대 모자를 구하노라."

하고 문득 간데없거늘, 흥이 공중을 우러러 무수히 사례하고 모친을 모셔 양강에 이르니, 부인이 통곡하여 왈,
　　　　　　　　　　　　　　　　고마운 뜻을 나타내고

"친정이 비록 서로 허물없이 가깝게 지내나 이 거동으로 어찌 촌중에 들어가리오."
　　　　　　　　　　　　　　　　　　　　　마을의 안

흥이 위로하며 모셔 외가 반부를 찾아 나아가니, 유 부인이 여아를 보고 크게 반기며 흥이 이같이 장성하여 수미함을 보고 반기는 중, 반 공과 위
　　　　　　　　　　　반 씨의 어머니　　↳ 반 씨　　　　　　　　　　　　　　　뛰어나게 아름다움.

상서가 원찬됨이 슬퍼 모녀가 서로 위로하더라.
　먼 곳으로 귀양 보내짐.

*미상불 : 아닌게 아니라 과연. / *존고 : '시어머니'를 높여 이르는 말.

*기군망상 : 임금을 속임. / *통해하다 : 몹시 이상스러워 놀랍다.

*상고묵묵 : 서로 돌아보며 아무 말 없이 잠잠함. / *변백 : 옳고 그름을 가려 사리를 밝힘.

*원찬하다 : 먼 곳으로 귀양 보내다. / *음일 : 마음껏 음탕하게 놂.

OX문제

01　내적 독백을 활용하여 난관을 극복하고자 하는 의지를 표현하고 있다. [2014학년도 수능B]　　　　(O / X)

02　꿈과 현실의 교차를 통해 앞으로 일어날 사건을 암시하고 있다. [2021학년도 수능]　　　　(O / X)

03　맹 씨는 반 씨의 참소를 피해 본부로 돌아가 있으라는 채 씨의 말을 듣고 눈물을 흘리며 친정으로 돌아갔다.　　　　(O / X)

04　반 씨의 꿈에 나타난 한 노인은 반 씨 모자를 도운 뒤 자신의 정체를 밝혔다.　　　　(O / X)

05　장면의 빈번한 교차를 통해 인물 간의 갈등을 입체적으로 드러내고 있다. [2020학년도 9월]　　　　(O / X)

나BS _ 나 없이 **EBS** 풀지마라

STEP 02 작품 해제

나BS 수능특강 | **고전문학**

01 | 주제

가문 내 권력 다툼과 권선징악

02 | 특징

① 동서 간 다툼과 복수를 주요 소재로 삼음.
② 비현실적 장면이 빈번하게 등장함.
③ 가문주의, 공명주의 가치관이 인물 간 갈등과 직접적으로 연관됨.

03 | 작품 해제

「반씨전」은 동서 갈등을 중심축으로 하여 조선 후기 사회의 풍토와 병폐를 사실적으로 보여 주고 있는 고전 소설이다. 입신과 출세를 최우선시하고 가문의 명예 훼손을 용납하지 않는 가치관이 심각한 동서 갈등을 일으키면서 이야기가 전개된다는 것이 특징이며, 이러한 사회 문제를 선악 대결로 형상화하여 주제 의식을 전달하고 있다.

04 | 등장인물

- 반 씨 : 반옥과 유 부인의 딸이자 위윤의 아내. 현명하고 지혜로운 인물로, 동서들의 질투와 시기로 온갖 모함을 받아 고난을 겪는다.
- 채 씨 : 채영의 딸이자 위진의 아내. 맹 씨와 함께 반 씨를 미워하고, 집안의 권세를 이용해 반 씨 모자를 해치고자 한다.
- 맹 씨 : 위준의 아내. 채 씨와 함께 반 씨를 해치고자 한다.
- 양 씨 : 위윤·위진·위준 삼 형제의 어머니이자 반 씨·채 씨·맹 씨의 시어머니. 반 씨를 사랑하여 아끼며, 채 씨와 맹 씨를 꾸짖는다.
- 채영(채 승상) : 채 씨의 아버지. 위 씨 집안에서 딸이 내쫓기자 황제의 총애와 권세를 이용하여 반옥과 위윤을 유배 보낸다.
- 위윤(위 상서) : 양 씨의 첫째 아들이자 반 씨의 남편. 학식이 높고 청렴한 인물로, 간신의 모해를 받아 유배 당한다.
- 위진 : 양 씨의 둘째 아들이자 채 씨의 남편. 어리석은 인품을 가진 인물로, 반 씨 모자의 집에 불을 지르고 그들을 죽이려 한다.
- 위흥 : 반 씨와 위윤의 아들. 위험한 상황에서도 뛰어난 판단력을 발휘하는 인물로, 어머니 반 씨를 모시어 위기를 극복하고자 한다.

05 | 상세 줄거리

절강 땅에 사는 위윤·위진·위준 삼 형제는 젊은 나이에 과거에 급제하여 각각 반 씨·채 씨·맹 씨를 아내로 맞이한다. 현명한 위윤과 달리 위진과 위준은 어리석었으며 그들의 부인도 불량하여 어진 반 씨를 해치려 하였다. 그러나 시어머니인 양 부인은 효성이 지극한 며느리 반 씨를 사랑하였고, 채 씨와 맹 씨를 타일러 동서끼리 친목하라 권한다. 그러나 채 씨와 맹 씨가 이를 듣지 않고 반 씨를 모함하자 크게 노하여 채 씨를 친정으로 보내고, 아들들을 불러 집안을 잘 다스리지 못한다고 질책한다. 친정으로 간 채 씨가 이러한 사정을 부모에게 아뢰자, 승상으로 있는 채 씨의 부친 채영은 앙심을 품고 반 씨의 아버지 반옥과 남편 위윤을 황제에게 참소하여 귀양 보낸다.

아들이 귀양 가자 양 부인은 비통함 끝에 죽게 되고, 채 씨와 맹 씨는 반 씨를 더욱 학대한다. 이에 양 부인의 영혼이 나타나 반 씨를 위로하고, 반 씨의 아들 위흥에게 스승을 보내 준다. 그러나 채 씨는 또다시 반 씨를 모함하고, 이에 위진·위준 형제는 종들을 시켜 반 씨 모자가 사는 집에 불을 지르고 모자를 죽이려 한다. 반 씨 모자는 양 부인 영혼의 도움으로 죽을 위기를 모면하고 양강에 있는 친정으로 피신한다.

이후 위흥은 아버지를 만나기 위해 길을 나섰다가 죽을 위기에 처하나 선녀의 도움을 받아 목숨을 구하고, 이후 명생을 만나 과거를 보기 위해 함께 황성에 머문다. 이때 맹 씨의 모함으로, 위진·위준 형제는 장담 오 형제와 결탁한 후 반 씨의 친정에 가 유 부인을 죽이고 반 씨를 배에 실어 달아난다. 반 씨는 배에서 물에 뛰어 들고, 양 부인 영혼의 도움으로 남편과 만나게 된다.

한편, 위흥은 과거에 장원 급제하여 한림학사 이부 시랑이 되고 이어 황제의 부마가 된다. 이후 부친 위윤의 무죄와 채영의 죄상을 상소한다. 이에 황제는 채 씨와 맹 씨를 처형하고, 위진·위준 형제를 유배 보낸다.

「반씨전」의 시대적 함의

조선 후기 사대부들의 삶은 유교 공명주의와 가문주의의 지배를 강하게 받고 있었다. 출신 가문이 혼인이나 정계 진출 등 사회생활 전반에 직접적 영향을 미침에 따라, 각 집안은 자기 가문을 명문화하기 위해 고심하게 되었고, 이러한 가문 창달 의식은 다시 입신출세의 공명주의를 부추기는 결과를 낳았다. 그런데 이러한 사회 풍조는 입신만을 절대시하는 가치관의 왜곡 현상과 함께, 자기 가문만 우월시하는 배타적 태도를 낳음으로써, 조선 후기 사회에 적지 않은 병리 현상(사회에 나타나는 기능 장애 및 이상 현상)을 초래하고 있었다. 가문 창달에 대한 집착은 모든 자제들에게 입신을 강요하며 입신 여부로 그들을 평가하는 경향을 불러일으켜 가족 간의 갈등을 일으키는 한 요인이 되었으며, 배타적 가문주의는 가문의 명예에 대한 과도한 집착과 함께 가문 간의 경쟁과 대립을 조장하여 조선 후기 정쟁(정치에서의 싸움)을 한층 부추기는 역할을 했기 때문이다. 바로 이런 점에서 「반씨전」은 주목할 만한 작품이다. 이 작품은 사대부 가문의 고부 갈등 · 동서 갈등을 중심축으로 삼아 조선 후기 사대부 사회의 전반적 풍토와 병리 현상들을 상당히 사실적으로 보여 주고 있기 때문이다. 특히 가문 공동체의 성격이 강했던 조선 시대 대가족 사회에서 고부 갈등이나 동서 갈등은 충분한 개연성을 지닌 중요한 현실 문제였음에도 불구하고, 이를 정면으로 문제 삼은 당대 소설은 이 작품이 사실상 유일하다는 점에서 더욱 의의를 갖는다.

나|BS _ 나 없이 EBS 풀지마라

다음 글을 읽고 물음에 답하시오. [20.10.고3 교육청 기출]

[앞부분의 줄거리] 명나라 양 부인에게 삼 형제가 있는데, 맏이 위윤은 현숙한 반씨를 아내로 맞아 아들 흥을 얻는다. 위진의 아내 채씨와 위준의 아내 맹씨가 반씨를 모해하자 양 부인이 채씨를 친정으로 보낸다. 채씨의 부친 채 승상은 이에 분노하여 위윤을 귀양 보내고, 양 부인은 채씨를 들이지 말라는 유언을 남기고 죽는다.

반씨가 시체를 붙들고 통곡 혼절하니, 흥이 대경하여 수족을 주무르며 약물을 드리오니 이윽고 진정하거늘, 흥이 위로 왈,

"모친은 진정하사 초상을 극진히 하소서."

반씨 망극한 중이나 그 말을 옳게 여겨 치상(治喪)할새, 문중이 모여 채씨에게 부고를 알릴 것을 의논하니, 위진이 왈,

"㉠ 채씨가 잘못함이 아니라 모친이 잠깐 노하여 보내 계시니, 무슨 일로 알리지 아니하리오."

하고, 즉시 시비를 불러 왈,

"채씨의 집에 가 **부고를 전하되 상복 입기 전에 오라** 하라. 그렇지 않으면 부부의 의를 끊으리라."

(중략)

차설, 위진이 크게 노하여 왈,

"반씨는 어떤 사람인데 **상중에 시비(是非)를 돋우어 요란하게 하느뇨. 형님이 아니 계시어 내가 주장***할 것이니, 두 번 이르지 말라."

하고 노복을 재촉하여 보내니, 흥이 죽은 양 부인의 옆에 엎드려 통곡하더니 큰 소리로 왈,

"숙부는 주장이 되었을 따름이거늘 초상 망극 중에 벌써 할머니의 유언을 저버리시니, 한갓 아내만 중히 여기사 저다지 노하시니, 소질*이 알 바는 아니로되, 금일 문중이 모두 다 공론이 여차한데도 구태여 유언을 저버리니, 이는 문중의 뜻에도 맞지 아니하오며 소질의 마음에도 불가하니다."

반씨가 꾸짖어 왈,

"너는 조그만 아이라. 어찌 방자히 어른을 시비하리오."

위진이 크게 노하여 왈,

"이는 분명 너의 말이 아니라. 누구의 부탁을 듣고, 내 말이 여차여차하거든 너는 대답을 이리이리하라 한 것이 아니더냐. 너에게 기걸한 사람은 극한 요물이라. 너 혼자의 말이라면 어찌 이러하리오. 내 비록 유약하나 네 말대로 시행할까 보냐."

하니, 모든 친척이 칭찬 불이하더라.

흥이 숙부의 불측한 심사를 듣고 큰 소리로 왈,

"㉡ 아까 소질이 사뢴 바를 어른에게 배운 바라 하시니, 말씀이 옳사오면 따를 것이요, 비록 어른의 말이라도 부당하오면 따를 이유 없으니, 할머니의 상사를 당하였어도 부친이 삼천 리 밖에 계셔 **상변(喪變)**을 알지 못하시고 발상*도 못하오니, 비록 아니 계시나 **장자 장손이 발상**은 예문(禮文)에 당당하옵거늘, 그는 의논치 아니하시니 누구와 더불어 **대상***하시나니이까. 금일 문중이 다 모였으니 결정하소서."

위진 형제 왈,

"㉢ 형님이 비록 귀양살이를 하고 있으나 죽지 아니하였고, 미처 부고를 알리지 못하였으나, 조그만 아이가 알 바가 아니라. 예문에 이상이라는 말이 없으니 불가하니라."

모든 사람이 왈,

"흥이 비록 어리나 소견에 이치가 있어 우리도 생각지 못한 일이거늘, 이 말이 가장 옳은지라. 바삐 대상하라."

위진 형제가 큰 소리로 노하여 왈,

"어찌 어린아이의 말로 인하여 상중 대사를 그릇되게 하리오. 우리는 예문대로 하리니 어찌 장자를 두고 대상하리오."

하고 일시에 피신하니, 문중이 상의하여 왈,

"상인(喪人)이 이제 우리를 피하니 더 있어 무엇하리오."

하고 상복 입는 것을 보지 아니하고 모두 귀가하니, 흥이 망극하여 실성통곡 왈,

"우리 집의 가세는 어찌 남과 다른고. ㉣ 숙부가 불의를 행하여 문중이 따로따로 흩어지니 무슨 아름다운 일이 있으리오."

말을 마치기 전에 채씨가 이르러 부인의 영위*에 곡하고 반씨를 보며 왈,

"나는 시댁에 득죄하여 본가에 있기로 존고*께 통신을 못하니 어찌 부끄럽지 아니하리오. 그대는 지극한 정성을 가지고 어찌 존고의 뒤를 따르지 아니하고 지금까지 부지하였느뇨. 그 사이 우애가 지극하여 저 나를 기다렸다 죽으려 하였느뇨. 지금도 참소와 아첨을 존고께 고하리잇고."

하고 욕설이 무수하니, 반씨가 분함을 겨우 참아 다만 대답지 아니하더라.

채씨가 흥을 꾸짖어 왈,

"너는 **황구소아***라. 무슨 일을 아는 척하고 우리를 원수로 지목하니, 네 그러면 **우리 일문을 다 삼킬 줄 아느냐.**"

흥이 대답치 아니할 뿐이더라. 장례일을 당하니, 부인을 선산에 안장하고 집안을 정리할새 **집안 형세가 모두 채씨와 맹씨에게 돌아가니,** 두 사람이 주야로 남편을 미혹하게 하여 반씨 모자를 백 가지로 모해하니, 반씨가 흥을 불러 왈,

"㉤ 우리 모자가 이제 독수(毒手)를 면치 못할지니 미리 화를 피할 곳을 정하라."

하고, 인하여 양 부인 묘소에 초막(草幕)을 짓고 삼년상을 마친 후에, 다시 거취를 정하고자 하여, 이에 약간의 비복을 거느리고 조상을 모신 사당에 올라 통곡하고 **산중으로 들어가니,** 보는 사람들이 저마다 비창해 하지 않을 이 없더라.

- 작자 미상, 「반씨전」 -

*주장 : 어떤 일을 책임지고 맡음. 또는 그런 사람.

*소질 : 조카가 아저씨를 상대하여 자기를 낮추어 이르는 말.

*발상 : 상례에서 초상난 것을 알림.

*대상 : 장자가 없을 시 장손이 대신 상례를 주관함.

*영위 : 상가에서 모시는 혼백이나 가주(假主)의 신위.

*존고 : 시어머니를 높여 이르는 말.

*황구소아 : 철없이 미숙한 사람을 낮잡아 이르는 말.

01. 윗글에 대한 이해로 가장 적절한 것은?

① 흥은 문중 사람들의 의견을 근거로 채씨에게 부고를 알리는 것에 반대했다.
② 채씨는 자신을 본가로 보낸 양 부인에게 지속적으로 사죄의 뜻을 전했다.
③ 반씨는 남편에게 부고를 전하지 않으려는 위진을 질책했다.
④ 문중 사람들은 위진에게 모친의 묘소를 정하도록 위임했다.
⑤ 위진은 위윤의 뜻에 따라 자신이 대상할 것을 주장했다.

02. ㉠~㉤에 대한 설명으로 적절하지 <u>않은</u> 것은?

① ㉠ : 과거의 사건에 대한 자신의 판단을 제시하며 자신이 하려는 행위의 정당성을 강조하고 있다.
② ㉡ : 다른 사람의 권위에 기대며 자신의 생각이 옳음을 강조하고 있다.
③ ㉢ : 현재 상황을 설명하며 상대방의 제안에 대해 무시하는 태도를 드러내고 있다.
④ ㉣ : 상대방의 행동을 평가하며 현재 상황에 대한 실망감을 드러내고 있다.
⑤ ㉤ : 앞으로의 일을 예측하며 행동의 방향을 제시하고 있다.

03. 〈보기〉를 바탕으로 윗글을 감상한 내용으로 적절하지 <u>않은</u> 것은?

> ───────────〈보기〉───────────
>
> 조선 후기 사대부 집안은 가문의 권위를 유지하기 위하여 장자 중심의 수직적 위계질서를 중시하였고, 가문의 중대사를 결정할 때에는 문중의 공론과 예문을 따르도록 했다. 특히 장자의 부재 시 장손이 아버지를 대신하는 대상을 행할 수 있다는 상례에는 이러한 위계질서가 잘 나타난다. 이 작품에는 장자의 부재 시에 상례가 발생한 상황에서 기존의 가권(家權)을 지키고자 하는 세력과, 가권을 차지하려는 욕망으로 이에 도전하는 세력 간의 갈등이 다양한 양상으로 드러난다.

① 위진이 채씨에게 '부고를 전하되 상복 입기 전에 오라'고 한 것에서, 위진이 모친의 유언에 담긴 수직적 위계질서를 따라 상례를 치르려 했음을 알 수 있군.
② 위진이 '상중에 시비를 돋'운다며 '형님이 아니 계시어 내가 주장할 것'이라고 말하는 것에서, 위진이 가권을 차지하는 데 반씨를 방해가 되는 존재로 인식하고 있음을 알 수 있군.
③ 흥이 예문을 근거로 '장자 장손이 발상함'을 주장하고 이에 대해 문중이 결정하도록 한 것에서, 흥이 예문과 문중의 공론을 통해 기존의 가권을 지키려고 했음을 알 수 있군.
④ 채씨가 '우리 일문을 다 삼킬 줄 아느냐'고 흥을 꾸짖는 것에서, 가권을 차지하려는 채씨의 욕망이 흥에 대한 적대감으로 나타난 것을 알 수 있군.
⑤ '집안 형세가 모두 채씨와 맹씨에게 돌아가'고, 반씨 모자가 '산중으로 들어'간 것에서, 가권을 둘러싼 갈등을 통해 가권이 위진 쪽으로 기울게 되었음을 알 수 있군.

다음 글을 읽고 물음에 답하시오. [12.4.고3 교육청 기출]

[앞부분의 줄거리] 위승상의 차남 위진의 부인 채씨는 장남 위윤의 부인 반씨를 모해한다. 이로 인해 시어머니 양부인에 의해 친정으로 쫓겨난 채씨가 부친을 움직여 반씨의 남편 위윤, 부친 반공을 유배 보낸다. 이에 양부인은 득병하여 죽고 위진은 채씨를 불러들인다. 채씨가 반씨와 그녀의 아들 위흥을 모함해 집에서 쫓아내려 하자 반씨 모자는 양부인 묘 근처에 거처를 정한다.

일일은 흥이 서당에서 글을 읽는데 홀연 한 사람이 청사도복(靑絲道服)에 청사자(靑獅子)를 몰아 들어오거늘, 흥이 마당으로 내려와 맞이하여 예를 마치고 살펴보니, 풍채가 표일단아(飄逸端雅) 한지라. 마음에 기이하게 여겨 공경 문왈,

"도인께서 누추한 곳에 임하사 미천한 아이를 찾으시니 황공하여이다."

도인 왈,

"지나다가 책 읽는 소리를 듣고 한번 보고자 왔거니와, 성명이 무엇이뇨."

대왈,

"위흥이로소이다."

도인 왈,

"듣던 바와 같도다."

흥 왈,

"그런즉 이적선이시니이까."

도인 왈,

"그러하다."

흥 왈,

"선생을 기다린 지 오래로소이다."

도인 왈,

"양부인이 옥경(玉京)에 득죄하고 인간에 적거하였다가 도로 광한전(廣寒殿)에 올라 계시나, 군의 모자를 잊지 못하여 태을(太乙)께 청하여 나를 보내었으니 세상 사람이 알게 말라."

하고, 인하여 밤마다 와서 글을 가르치니 일 년 만에 고금(古今)을 통하니, 반씨가 감격하여 사례하고자 하되 밤에만 왕래하니 얼굴을 보지 못할러라.

화설, 채씨는 흥이 스승을 얻어 글을 배운다 하되, 기이한 선관(仙官)이 밤마다 임한다 함을 듣고 위진에게 이 말을 일러 왈,

[A] "반씨가 삼년이나 나오지 아니함을 괴이히 알았더니, 원래 이같이 음일(淫佚)한 행사가 낭자하니 이제 바삐 처치하소서."

위진이 대로하여 이날 밤에 사내종 이십여 인을 보내어 반씨 모자를 죽이려 할새, 이에 분부 왈,

"너희는 반씨의 여막에 가 불을 놓고 반씨 모자를 불의에 들이치면 마땅히 상을 후하게 하리라."

하니, 사내종이 저마다 좋아서 뛰어 일시에 가니라.

차시에 반씨는 정히 혼미하여 잠깐 졸더니, 비몽사몽(非夢似夢) 간에 양부인이 큰소리로 왈,

"오래지 않아 액이 당도하거늘 무슨 잠을 자느뇨."

반씨 놀라 깨달으니 침상일몽(枕上一夢)이라. 또 이르되,

"어서 피하라. 만일 지체할진대 가히 면치 못하리라."

반씨 대경하여 급히 흥을 불러 이 말을 이르니, 흥이 놀라 왈,

"이는 반드시 왕모의 혼령의 가르침이라. 바삐 피하사이다."

하고, 모친을 붙들어 한 뫼를 넘어가 부인을 바위틈에 앉히고 뫼에 올

라 바라보니, 벌써 집에 불이 일어나고 무수한 사람이 두루 다니며 요란하거늘, 급히 돌아와 모친께 고왈,

"만일 도적 같으면 우리를 찾을 바 없거니와, 우리를 찾으니 매우 의심스러운지라. 이곳에 있지 못할지니 멀리 가사이다."

하고, 모친을 인도하여 산곡으로 들어가니, 천지가 아득하여 갈 길이 묘연하고 기력이 점점 쇠진하니 모자가 서로 붙들고 통곡하더라.

이때 문득 한 노인이 이르러 문왈,

"그대는 어떤 사람이관대 적막한 산중에서 이같이 방황하며 슬퍼하느뇨."

흥이 대왈,

"깊은 밤에 길을 잃고 정신이 아득하여 우나이다. 원컨대 대인은 길을 인도하소서."

노인이 웃어 왈,

"공자가 과도히 놀랐도다."

하고, 인하여 소매 안으로부터 줄 같은 것들을 내어주며 왈,

"모자가 하나씩 나눠 먹으라."

하니, 흥의 모자가 받아 먹으매 문득 정신이 쇄락*한지라.

정히 사례코자 하더니, 노인 왈,

"나는 이 산을 지키는 신령(神靈)이더니, 양부인의 청을 듣고 그대 모자를 구하노라."

하고 문득 간데없거늘, 흥이 공중을 우러러 무수히 사례하고 모친을 모셔 양강(揚江)에 이르니, 부인이 통곡하여 왈,

"친정이 비록 가까우나 이 거동으로 어찌 촌중(村中)에 들어가리오."

흥이 위로하며 모셔 외가 반부(潘府)를 찾아 나아가니, 유부인이 반씨를 보고 크게 반기며 흥이 이같이 장성하여 수미(秀美)함을 보고 반기는 중, 반공과 위상서가 유배됨이 슬퍼 모녀가 서로 위로하더라.

― 작자 미상, 「반씨전」 ―

*음일(淫佚) : 음란하고 방탕하게 놂.

*쇄락(灑落) : 기분이나 몸이 상쾌하고 깨끗함.

---

05. 윗글을 〈보기〉와 같이 구조화한다고 할 때, 이와 관련한 설명으로 적절하지 <u>않은</u> 것은?

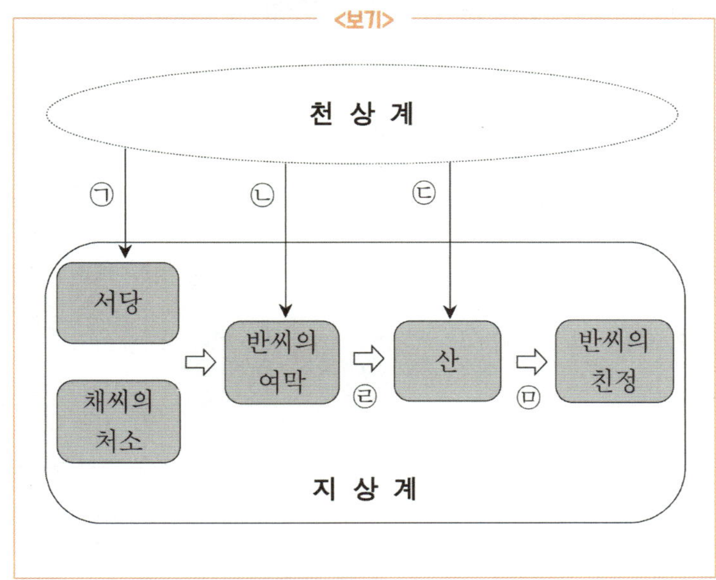

① ㉠은 천상계 존재가 지상계 인물의 능력을 향상시켜주는 것과 관련이 깊다.
② 천상계 존재가 위험에 처한 지상계 인물에게 도움을 주는 방식이 ㉡과 ㉢에서 각각 다르다.
③ '채씨의 처소'에서 일어난 일은 지상계 인물들의 이동인 ㉣과 ㉤의 원인이 된다.
④ 지상계 인물의 공간 이동인 ㉣은 천상계 존재가 피신처인 '산'을 안내해 준 ㉡의 결과로 이루어진 것이다.
⑤ ㉠, ㉡, ㉢에서는 모두 천상계 존재인 '양부인'이 사건 전개에 개입하고 있다.

---

04. 윗글을 통해 알 수 있는 내용이 <u>아닌</u> 것은?

① 반씨는 위흥과 달리 이적선을 만나지 못했다.
② 위흥은 도적의 정체에 대해 의심을 품고 있다.
③ 위진은 사내종을 시켜서 반씨 모자를 해치려 했다.
④ 반씨 모자는 산에서 노인을 찾아가 도움을 구하고 있다.
⑤ 반씨는 지금의 처지로 친정이 있는 마을에 들어가기를 꺼려하고 있다.

06. [A]의 말하기 방식에 대한 설명으로 적절한 것은?

① 사실을 왜곡하여 상대방을 부추기고 있다.
② 상황을 가정하여 태도의 변화를 유도하고 있다.
③ 자신의 처지를 내세워 상대방을 회유하고 있다.
④ 상황의 심각성을 부각하여 반성을 촉구하고 있다.
⑤ 자신의 억울함을 호소하여 동정심을 유발하고 있다.

7 | 작자 미상, 현몽쌍룡기

수능 국어 대비
실전 국어 전형태

STEP 01 지문 분석과 OX문제

ﾘBS 수능특강 | 고전문학 ●

[앞부분 줄거리] 송나라의 상국 조숙과 부인 위 씨는 신이한 꿈을 꾸고 두 아들 용홍과 용창을 얻는다. 대원수의 기질을 가진 용홍과 승상의 기품을 가

진 용창이 각각 금가락지와 은가락지의 인연과 이어질 것이란 예언을 들은 조 공은 아들 용홍을 금가락지의 인연인 정채임과 정혼시킨다. 이후 채임의

부친 정 참정이 계모의 모함만 믿고 채임을 다른 곳에 시집보내려 하자, 채임은 시녀들과 함께 남복을 하고 도망치다가 나쁜 이들에게 쫓겨 강물에 몸

을 던진다. 그 근처를 지나가던 용홍과 용창은 우연히 이들을 구한다.

용홍과 용창은 물에 빠져 죽으려 하던 두 명의 서동을 불러 좌우의 사람들을 물러가게 하고 물었다.

"우리는 서울로 가던 길인데 너희 등 노비와 주인 세 명이 물에 빠져 죽으려 하는 것을 보았다. 사람의 마음이 슬프고 매우 놀라서 구하였다. 너희

와 주인을 보니 몸 위에 두건과 의복이 있으나 결코 남자가 아니다. 무슨 까닭으로 떠돌아다니느냐? 실상을 속이지 마라. 우리들은 결단코 너희에게 해

를 주지 않을 것이다."

춘앵과 벽란이 생각지도 못했는데 죽은 몸을 물에서 건져 내어 살려 주고 근본을 묻는 것을 들으니 매우 의심스럽고 괴이하다고 생각하며 다시 눈

을 들어 두 공자를 보았다. 풍채가 시원하고 깨끗하며 골격이 비상하고 아름다운 얼굴과 별 같은 눈과 누에가 누워 있는 듯한 두 눈썹으로 인간 세상

에서 뛰어났다. 반악(潘岳)*의 고움과 위개(衛玠)*의 미려함을 비웃는 듯하였다. 춘앵과 벽란이 크게 마음속 깊이 존경하며 복종하고 두 공자의 선함을

칭찬하였다. 벽란 등이 마음속으로 생각하였다.

'죽은 몸을 건져 내어 살려 주고 근본을 물으며 저 상공이 남녀를 자세히 구별할 줄 알고 하물며 우리 노비와 주인을 살려 내어 다시 살려 준 은혜

가 매우 크다. 두 공자의 어진 덕이 눈빛에 나타나니 의연히 성인군자구나. 결단코 우리에게 해를 줄 사람이 아니니 우리 소저의 슬픈 한을 바른대로

고하여 처리하는 것을 보아야겠구나.'

이에 눈물을 떨어뜨리며 공경히 받들어 사례하며 말하였다.

"천인(賤人)들은 민가의 시비이고 남자는 아닙니다. 우리 소저께서 태평성대에 액경(厄境)*이 남달리 심하여 남자의 옷을 입고 유리하여서 타인을 대

하여 근본을 자세하게 아뢰지 못하옵니다. 강도의 흉악한 자취가 목전에 급하여 천금 같은 몸을 강물에 던져 속절없이 노비와 주인이 물고기의 배를

채울 뻔했는데, 상공의 자비하고 어진 마음을 만나게 되었고 상공의 살려 주신 은혜는 태산 같습니다. 감히 문사온데 상공의 존귀한 성과 커다란 이름

을 알고 난 후에 저희들의 지극한 원통함을 다 고하고자 합니다. 원컨대 귀댁의 시비 항렬에 들어가 은덕을 만분지일이나 갚고자 합니다."

두 공자는 두 사람의 언사가 민첩하고 재능이 세상을 뒤덮을 충의를 지닌 시비임을 보고 민가의 시비가 식견이 원대함을 계속해서 칭찬하며 말하였

다.

"너희들이 주인을 위하는 충성스러운 마음은 가히 기특하다. 우리는 조 상국 자제로 선영(先塋)에 질사(節祀)를 지내고 돌아오는 길이다. 너희들이 서

울 사람이면 조 상국을 모르지 않을 것이다."
서울 사람이면 모르는 사람이 없을 정도로 조 상국의 명성이 드높음을 알 수 있음.

벽란 등이 다 듣고 난 후에 이 사람이 자기 소저가 정혼하고 빙폐*를 받은 조 공자 형제라는 사실이 요행스러웠으며 기특하고 다행스럽다고 생각하
뜻밖에 잘되어 다행한 느낌이 있었으며
였으나 소저의 뜻을 몰라 아뢰었다.

"천인이 무식하여 주인의 휘자를 자세히 알지 못하니 소저께 물어서 자세히 아뢰겠습니다."
높은 어른의 이름자
그런 후에 선창 안에 들어가 소저께 조 공자와 문답한 일을 일일이 고하였다. 소저가 매우 놀라며 말하였다.

"내가 외가로 가지 않고 구차하게 길가에서 분주하게 다닌 것은 조 숙모에게 부끄럽고, 아버지의 허물을 드러내고 싶지 않아서였다. 뜻밖에 저 공자
아버지의 명예를 실추시키지 않으려 함.
들을 만나니 내가 차마 사실을 말하여 부끄러움을 더하겠는가? 은인의 덕이 산과 바다 같으나 차마 근본을 아뢰게 되어 저 집에서 우리 집의 허물을
알게 되면 매우 부끄럽게 될 것이다. 모름지기 너는 다만 대답하기를 내가 타향에서 떠돌아다니다가 서울의 친척을 찾으러 왔다가 도적을 만나 물에
빠져 죽을 뻔했다고 말하여라. 조 공자가 이미 우리가 여자인 줄을 알았으니 남녀는 구별이 있는 것이다. 생명을 구해 준 은혜에 몸소 사례하지 못함을
유교적 가치관에 따라 혼인하지 않은 남녀가 마주 대화하는 것은 용납되지 않았음.
아뢰어라."

벽란과 춘앵이 굳이 근본을 이르지 말라는 소저의 말을 듣고 나와서 상의하여 말하였다.

"이제 하늘이 도와주셔서 조 공자를 만났으나 어찌 차마 좋은 기회를 놓치게 되면 우리 주인과 노비는 어디에 의지하며 소저의 백년가약을 어느 날
이루겠는가? 우리들이 가만히 사실을 아뢰어 조 공자가 일을 처리하는 것을 보아야겠구나."
정 소저의 말을 듣지 않고 사실대로 고하고자 함. → 주인의 안위를 위해 능동적으로 판단해 행동하는 모습
이에 조 공자의 안전에 나가 말하였다.
존귀한 사람이 앉아 있는 자리의 앞
"우리 소저께서는 타향에서 떠돌아다니시다 친척을 찾으러 왔다가 도적을 만나 물에 빠져 죽게 되었습니다. 은인께서 생명을 구해 준 은혜를 입어
남은 목숨을 회생하게 되었습니다. 우리 소저께서 은혜는 태산 같사오나 몸소 사례치 못함을 아뢰라 하셨습니다."

조 공자들이 크게 아쉬워하고 섭섭해하며 어떻게 일을 처리할까를 마음속 깊이 생각하고 주저하고 있었다. 두 명의 시비가 다시 머리를 조아리며 말
하였다.

「"소저께서 차마 상공께 근본을 바로 고하지 못하여 이리하였습니다만, 저희들이야 상공을 만나 사실대로 고하지 아니하겠습니까? 더욱 대공자는 저
희들의 주군이시고 은인이시니 어찌 숨기는 죄를 더하며 주인의 평생을 매몰되게 하겠습니까? 저희의 주인은 정 참정의 딸로 외가에서 조 공자와 정혼
하였습니다. 그러나 소저가 본댁으로 돌아오신 후에 가내에 어질지 못한 사람이 있어서 수많은 방법으로 정 참정을 보채고 소저를 재해에 빠지게 하였
정 소저의 계모 박 씨를 가리킴.
습니다. 마침내는 소저를 정 참정 부인의 사촌인 박수관의 후실로 위협하고 명령하여 시집보내려 하였습니다. 그래서 소저가 외가로 가시고자 하나 석
공 어르신께서 성품이 엄숙하셔서 반드시 정 공과 더불어 큰 사달을 일으키실 것이라 생각하였습니다. 일의 형세가 매우 난처하여 소저께서는 남장으
로 바꿔 입고 소저의 고모이신 강가의 이 평장 부인을 찾아가 의지하고자 하셨습니다. 그러나 이 평장 부인이 이사를 가신 지 수일이 지났고 가신 곳
을 모르기 때문에 강변에서 방황하시다가 따르는 도적을 만나서 소저께서 억울하고 원통하게도 강물에 몸을 던졌습니다. 상공께서 저희의 목숨을 살려
뼈를 가루로 만들고 몸을 부순다는 뜻으로, 정성으로 노력함을 이르는 말
주신 은혜를 만나 주인과 노비 세 사람이 살아나니 이 은덕은 분골쇄신하더라도 다 갚지 못할 것입니다."」
「 」: 인물의 발화를 통해 이전 사건을 요약적으로 제시함.
두 공자가 이 말을 들으니 참혹함은 말할 것도 없고 정 소저의 굳은 절개와 아름다운 행동은 깊이 사람을 감동시킬 만하였다. 또한 그 계모 박 씨
절개를 지키는 행실
가 자애롭지 못해 이 변을 일으킴을 짐작하고 사람의 마음이 자연스럽게 측은하였다. 정 소저의 절행이 빼어나 자기를 위하여 온갖 고생이 이 지경에

미쳤음에 감복하고 하물며 평생의 아름다운 배필과 하늘이 정한 연분이 심상치 않다는 것을 알았다. 용흥 공자의 두 눈에는 가을 물처럼 고운 광채가
감동하여 탄복하고
어리었다. 용흥이 말하였다.

"소저의 수많은 고초와 슬픈 한이 이 조생을 위함이니 어찌 감사하지 않겠는가? 너희들은 우리가 집에 들어가 일을 처리할 사이에 소저를 보호하
라."

이에 둘째 공자와 의논하고 본부의 강정이 여기서 멀지 않은 까닭에 한 대의 교자를 세내어 소저를 태우고 강정에 이르렀다. 여러 명의 노복이 서
가마
서 정 소저를 지켰으며 안채에서는 두 명의 시비가 지키고 가늘고 길게 누에고치를 쳐서 길쌈하여 정 소저에게 올렸다.
실을 내어 옷감을 짜서
두 공자는 정 소저의 근본을 모르는 체하고 강정에 잠깐 몸을 숨길 것을 청하였다. 소저는 이 지경에 이르러 몸을 숨길 곳을 얻지 못하고 있다가
정 소저의 시비들로부터 진실을 들었으나 정 소저를 배려하는 마음으로 모르는 척함.
벽란 등이 자기 근본을 밝히고 믿음직스럽고 조심스럽게 자신을 보호함을 모르고 있었다. 소저는 두 공자가 종내 살 도리를 이끌어 주는 것에 감사해
하고 설움을 참고 부끄러움을 견디며 강정에 이르렀다.

두 공자가 종에게 명령하여 깊고 안정한 처소를 치우고 정리하여 소저를 편안하게 안정시키고 아침저녁의 음식을 각별히 조심해서 올리라고 말하였
다. 또한 포진(鋪陳)과 병풍과 장막을 정결히 하여 정 소저를 머무르게 하고 집 안팎의 비복에게 엄하게 당부하여 이곳에 소저가 있다는 것을 누설치
바닷에 깔아 놓는 방석, 요, 돗자리 따위를 통틀어 이르는 말
말라고 하였다. 춘앵 등에게 당부하여 자신의 처치를 기다리라고 하고 또 소저에게 말을 붙였다.

"소생이 비록 소저의 사정을 알지 못하지만 소저의 재앙이 대단하십니다. 마침 제게 누추한 집이 있고 종이 안팎으로 많으니 안심하고 화를 피할 곳
입니다. 가볍게 몸을 물에 던지지 마십시오. 저의 아버지께서 평생 적선(積善)을 일삼으시니 돌아가 아뢰어 혹시라도 소저께 유익함이 있을까 합니다."
착한 일
말을 마치고 형제가 말 머리를 나란히 하여 도성으로 향하면서 다시 소저 보기를 청하지 아니하고 표연히 떠났다. 벽란 등은 탄복하고 기뻐하였으나
훌쩍 떠나는 모양이 거침없이
소저는 자기 형세가 이 지경까지 미쳐서 외간 남자를 상대하고 그들의 손에 의해 물에서 건져져서 살게 된 것을 생각하니 심신이 놀라 달아날 것 같았
다. 그러나 요행히도 그 남자가 조 공자여서 몸을 절간에 의탁하고 평생을 마치며 조 공자의 은혜를 생각하려고 하였다. 그러나 얼음과 옥같이 깨끗한
마음에 이렇듯이 자신의 운수가 두루 기이하고 괴이함을 슬퍼하며 이 또한 운명이라고 생각하였다. 소저는 깊이 집 안에 있으면서 아침저녁의 음식 걱
정 소저의 운명론적 가치관이 드러남.
정이 없고 욕됨이 없었다. 두 명의 시비와 더불어 조생의 의기를 감탄하였으나 두 공자가 자기 근본을 들은 줄은 조금도 알지 못했다.
사람이 타고난 기개나 마음씨

*반악 : 서진(西晉)의 문학가. 어릴 때부터 신동(神童)이라 불렸고, 용모가 준수하였음.
*위개 : 진(晉)나라 안읍(安邑)의 사람으로, 뛰어난 외모와 수려한 인품으로 알려짐.
*액경 : 모질고 사나운 운수의 고비. / *빙폐 : 혼례를 올릴 때 신랑 측에서 신부 측에 보내는 예물.

OX문제

01 인물의 외양을 묘사하여 성격을 제시하고 있다. [2013학년도 6월] (O / X)
02 현재와 과거를 교차하여 장면의 전환을 보여 주고 있다. [2024학년도 수능] (O / X)
03 춘앵과 벽란은 두 공자가 남장을 한 채 떠돌아다니는 이유에 대해 묻자마자 그간 있었던 일을 바른대로 고하였다. (O / X)
04 두 공자는 정 소저가 겪은 고난이 그녀의 계모 박 씨 때문일 것이라 추측하였다. (O / X)
05 인물의 말을 제시하여 사건의 인과 관계를 드러내고 있다. [2021학년도 수능] (O / X)

나IBS _ 나 없이 EBS 풀지마라

STEP 02 작품 해제

나IBS 수능특강 | **고전문학**

01 | 주제

쌍둥이 형제의 결연과 영웅담

02 | 특징

① 남장 모티프를 활용하여 서사를 전개함.
② 인물의 발화를 통해 과거 사건을 요약적으로 제시함.
③ 가문주의 가치관이 팽배했던 시대상을 반영함.

03 | 작품 해제

「현몽쌍룡기」는 쌍룡이 나오는 태몽을 꾼 후 쌍둥이를 낳게 되었다는 서사 내용을 제목으로 삼은 고전 소설이다. 작품의 전반부에서는 쌍둥이 형제의 결연담과 부부 갈등을, 후반부에서는 남성의 사회적 갈등과 그 해결에 초점을 두어 이야기를 전개하고 있다. 여성이 고난을 당하는 과정에서 남장 모티프가 활용되고 있으며, 가문의 명예를 우선시하는 시대상이 사실적으로 반영되어 있다.

04 | 등장인물

- 용홍, 용창 형제 : 조숙과 부인 위 씨의 쌍둥이 아들. 외모가 수려하고 성품이 인자하며, 우연히 지나던 중 물에 빠지려던 정 소저 일행을 구해 준다. 정 소저의 시비로부터 사정을 듣고 적극적으로 도우려 나선다.
- 정채임(정 소저) : 정 참정의 딸이자, 용홍의 정혼자로 절행이 뛰어난 인물. 다른 집에 시집보내려는 부모를 피하다 도적을 만나 강물에 몸을 던지지만, 우연히 쌍둥이 형제를 만나 목숨을 구한다.
- 벽란, 춘앵 : 정 소저의 충직한 시비. 정 소저를 위하는 마음으로 쌍둥이 형제에게 지난 사정을 사실대로 고한다.

05 | 상세 줄거리

송나라 진종 황제 때 승상 조숙의 부인 위 씨는 용 한 쌍이 나타나 달려드는 꿈을 꾸고 쌍둥이 형제 용홍과 용창을 낳는다. 용홍은 자라나서 정세추의 딸 정채임과, 용창은 자라나서 태학사 양임의 딸 양옥설과 혼인한다. 이후 형제는 과거에 장원 급제하여, 용홍은 한림학사가 되고 용창은 금문직사가 된다.

황제는 용홍을 박 귀비가 낳은 딸인 금선 공주와 결혼시켜서 부마로 삼는다. 금선 공주는 어머니를 닮아 성품이 간사하고 악독하여, 어질고 정숙한 정 부인을 모함하여 해친다. 또한, 박 귀비의 조카 박수관은 양 부인을 탐내어, 용창과 양 부인 사이를 이간질한다. 박수관의 이간질에 속은 용창은 양 부인을 친정으로 내쫓는다.

양 부인의 친정 오라비인 양세는 박수관과 작당하여 누이인 양 부인을 박수관에게 주기로 하고 정 부인을 빼앗을 음모를 꾸민다. 이를 알게 된 정 부인은 외가로 피신하고, 양 부인에게도 소식을 전해 피신하도록 한다. 이부 상서가 된 용창은 양 부인이 죽었다는 양임의 말을 듣고 못내 슬퍼한다.

이때 거란이 중원을 침략해 오자, 용홍은 정북대원수가 되어 출전한다. 박수관과 박 귀비는 용창을 모함하여, 참지정사 최한에게 용창이 황제를 죽일 음모를 꾸몄다는 상소를 올리게 한다. 최한의 상소를 본 황제는 크게 화가 나서 용창을 직접 신문하는데, 그때 양 부인이 나타나 혈서를 올리고 돌아간다. 혈서를 본 황제는 사건의 진상을 알게 되어 간사한 무리를 물리친다.

용창은 양 부인이 지내고 있는 윤 상서의 집을 찾아가 양 부인과 만나고, 양 부인의 청을 듣고 윤 상서의 딸을 취한다. 양세는 종 계월을 매수하여, 계월에게 개용단을 먹여 양 부인으로 변하게 한 후 용창을 유혹하게 한다. 그러나 계월이 가짜 양 부인이라는 사실이 발각되고, 계월은 벌로 목이 베인다. 아들의 꾀를 알게 된 양임은 양세와 연을 끊는다.

금선 공주는 남편 용홍이 출전하고 없는 사이에 용창을 유혹하는데, 용창은 금선 공주의 유혹에 넘어가지 않는다. 그러자 금선 공주는 박 귀비와 짜고 용창을 죽이려고 한다. 한편, 정세추의 후처 박 씨는 불량배 강후신과 짜고 정세추 아들 정천희를 모함하고, 정세추는 아들을 법부에 고소한다.

이때 양세가 초왕과 반역을 꾀하자, 용창은 이들을 격파하고 양세와 박수관 일당을 처형한다. 그러면서 박 귀비의 죄도 밝혀져서, 박 귀비도 처형되고 금선 공주는 유배된다.

용홍이 거란 왕의 항복을 받은 후 병사들을 이끌고 돌아오니, 황제는 용홍을 병부 상서에 북청후로 삼는다. 용홍은 석 공의 집으로 찾아가 정 부인과 만난다. 운남이 반란을 일으키자, 용홍은 다시 정남대원수가 되어 출전하고, 용창은 백성들을 어질고 바르게 잘 다스린다. 용홍은 운남 왕의 항복을 받고 돌아온 후 진국공에 임명된다. 그리고 유배지에서 돌아온 금선 공주를 다시 맞아들인다.

「현몽쌍룡기」의 음모 구조

「현몽쌍룡기」는 18권 18책으로 이루어진 국문 장편 소설로, 작품 전편에 걸쳐 '음모'가 부각되어 있다는 점이 특징이다. 고전 소설 속에서 음모는 주로 악인이 선인을 모함하고 제거하기 위해 사용하는 장치로 많이 활용되어 왔다. 그러나 이 작품의 경우, 사건들이 대부분 음모에 의해 비롯되며 지속적이고 반복적인 음모가 서사의 전면에 부각되어 있다는 점에서 이를 부분적으로 활용하는 타 작품들과 구별된다.

먼저 음모의 양상을 살펴보면 여주인공인 정채임과 양옥설 두 사람을 둘러싼 개인적 차원의 음모를 비롯하여 악인들의 연합에 의한 다양한 종류의 음모가 진행되는데 그 규모나 강도가 점차 강화되어 간다. 음모 중심의 서사 진행으로 인해 이 작품은 다음과 같은 특징을 보인다. 첫째, 음모를 자행하는 악인들의 행위 서술에 치중하다보니 작품에서 악인들이 차지하는 비중이 크다. 둘째, 음모의 성격이 계획적이고 조직적이며 지속적이다. 셋째, 다양한 음모의 방법이 동원되는 가운데 새로운 음모 방법들이 모색되고 있다. 넷째, 음모들이 구조적인 차원에서 기술적으로 조직되고 있다. 이 작품 속 음모는 전체적으로는 '개인적 차원의 음모 → 집단적 차원의 음모 → 국가적 차원의 음모'로 발전해 가는 점층적인 확대 구조를 보이면서 그 세부적 전개 양상에 있어서는 집단적 음모와 개인적 음모들이 동시에 진행되는 중층적인 구조를 보인다. 이는 음모를 효과적으로 배치하기 위한 고민의 산물이라고 할 수 있다.

이와 같은 음모의 활용은 소설 기법적인 면에서의 발전을 이루었다는 점에서 긍정적으로 평가할 만하다. 가장 자극적인 소재가 될 수 있는 음모를 다각도로 활용하면서 내용과 구조적 측면 모두에서 흥미를 극대화함으로써 소설 기법적인 면에서 새로운 시도를 보여 주고 있는 것이다. 그러나 음모를 통한 서사 기법의 모색과 성공적 구조화 이면에 음모의 과도한 설정이나 부적절한 분량 안배와 같은 단점도 발견된다는 점에서 「현몽쌍룡기」는 국문 장편 소설의 초기 단계를 넘어서서 새로운 모색과 변화를 추구하는 과도기적 작품이라고 할 수 있겠다.

「현몽쌍룡기」에 드러난 작가 의식

「현몽쌍룡기」는 쌍둥이 형제인 용홍과 용창의 각각 부부 사이의 이야기를 그려 낸 작품이다. 작가는 이러한 두 쌍의 부부를 대조적인 형태로 형상화함으로써, 가부장제의 틀 안에서 상정할 수 있는 이상적인 부부가 어떠한 모습이어야 하는가를 제시하였다. 그런데, 주목할 점은 이 작품에서는 부부 갈등이 여성 주인공의 친정 식구들 때문에 야기되는 것으로 그려지며, 시댁 식구들은 정도 이상으로 여성 주인공들을 관대하는 것으로 그려진다는 것이다. 이 작품의 주된 독자층이 사대부 부녀층이었음을 감안한다면, 이러한 현상은 쉽사리 이해가 되지 않는 점이라 할 수 있다.

그러나 이 작품에서 문제 삼고 있는 것이 부부 갈등이라는 점을 고려한다면, 이러한 사정을 이해할 수 있다. 가부장제 이념이 강하게 유지되던 조선 시기에 사대부 부녀층에게 있어서 부부 갈등을 드러내놓고 문제 삼는 것은 쉬운 일이 아니었을 것이다. 그렇기 때문에 작중에 설정된 여주인공의 도덕적 정당성을 훼손하지 않으면서 부부 갈등을 문제 삼기 위해서는 여주인공이 속한 가문의 가부장이 그들의 도덕적 정당성을 인정하는 것으로 형상화할 수밖에 없는 것이다. 「현몽쌍룡기」에 조씨 가문의 구성원들이 여성 주인공의 정절을 인정하면서 각별히 관대하는 것으로 그려진 것은 이 때문이다. 이처럼 조씨 가문의 구성원이 여주인공의 정당성을 인정하는 것으로 그려지는 경우, 여주인공의 고난을 야기하는 원인은 친정 식구들로 설정될 수밖에 없는 것이다. 친정의 가문이나 시댁 가문 밖에서 여성 주인공이 겪는 고난의 원인을 설정한다는 것은 가문 소설의 성격상 상상할 수 없기 때문이다.

이 작품에서는 이렇게 설정된 친정 식구의 모해가 성격이 다른 두 남성 주인공과 결합되면서 각기 상이한 기능을 담당한다. 용홍과 정 소저의 경우 친정 콤플렉스를 지닌 여주인공과 가부장의 윤리를 지키지 않는 남주인공 사이에 나타나는 부부 갈등의 표면적 원인으로, 용창과 양 소저의 경우 여성이 의심을 받을 만한 상황에도 남주인공이 관대한 덕성을 발휘하여 이상적인 부부 사이를 구현하는 구성적 계기로 작용한다. 그리하여 전자의 경우에는 친정 콤플렉스를 갖는 정 소저의 고난을 매개로 독자층이 부부 갈등에 대한 문제의식을 각성하게 되는 효과를 내며, 후자의 경우에는 양 소저의 고난을 가부장의 덕성으로 감싸는 용창의 행위를 매개로 부부 갈등의 해소를 바라는 독자층의 낭만적 소망이 성취되는 것이다.

Memo

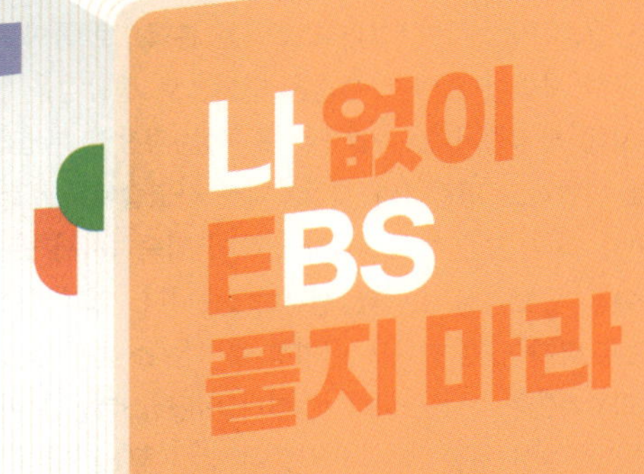

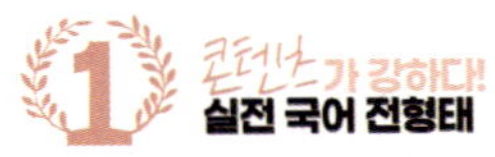

다음 글을 읽고 물음에 답하시오. [24.10.고1 교육청 기출]

[앞부분 줄거리] 정 소저는 계모 박 씨의 모함을 의심 없이 받아들인 아버지 정공 때문에 위기에 처하고, 집에서 나와 숨어 다니던 중 도적을 만나 강물에 몸을 던진다. 이때, 정혼자 조무(용홍)와 동생 조성이 정 소저를 우연히 발견하여 구출한다.

소저가 매우 놀라며 말하였다.

"내가 외가로 가지 않고 구차하게 길가에서 분주하게 다닌 것은 조숙모에게 부끄럽고, 아버지의 허물을 드러내고 싶지 않아서였다. 뜻밖에 저 공자들을 만나니 내가 차마 사실을 말하여 부끄러움을 더하겠는가? 은인의 덕이 산과 바다 같으나 차마 근본을 아뢰게 되어 저 집에서 우리 집의 허물을 알게 되면 매우 부끄럽게 될 것이다. 모름지기 너는 다만 대답하기를 내가 타향에서 떠돌아다니다가 서울의 친척을 찾으러 왔다가 도적을 만나 물에 빠져 죽을 뻔했다고 말하여라. 조 공자가 이미 우리가 여자인 줄을 알았으니 남녀는 구별이 있는 것이다. 생명을 구해준 은혜에 몸소 사례하지 못함을 아뢰어라."

벽난과 춘앵이 굳이 근본을 이르지 말라는 소저의 말을 듣고 나와서 상의하여 말하였다.

"이제 하늘이 도와주셔서 조 공자를 만났으나 어찌 차마 좋은 기회를 놓치게 되면 우리 주인과 노비는 어디에 의지하며 소저의 백년가약을 어느 날 이루겠는가? 우리들이 가만히 사실을 아뢰어 조 공자가 일을 처리하는 것을 보아야겠구나."

이에 조 공자의 안전에 나가 말하였다.

[A]
"우리 소저께서는 타향에서 떠돌아다니시다 친척을 찾으러 왔다가 도적을 만나 물에 빠져 죽게 되었습니다. 은인께서 생명을 구해준 은혜를 입어 남은 목숨을 회생하게 되었습니다. 우리 소저께서 은혜는 태산 같사오나 몸소 사례치 못함을 아뢰라 하셨습니다."

조 공자들이 크게 아쉬워하고 섭섭해 하며 어떻게 일을 처리할까를 마음속 깊이 생각하고 주저하고 있었다. 두 명의 시비가 다시 머리를 조아리며 말하였다.

"소저께서 차마 상공께 근본을 바로 고하지 못하여 이리 하였습니다만, 저희들이야 상공을 만나 사실대로 고하지 아니하겠습니까? 더욱 대공자는 저희들의 주군(主君)이시고 은인이시니 어찌 숨기는 죄를 더하며 주인의 평생을 매몰되게 하겠습니까? 저희의 주인은 정참정의 딸로 외가에서 조 공자와 정혼하였습니다. 그러나 소저가 본댁으로 돌아오신 후에 가내에 어질지 못한 사람이 있어서 수많은 방법으로 정참정을 보채고 소저를 재해에 빠지게 하였습니다. 마침내는 소저를 정참정 부인의 사촌인 박수관의 후실로 위협하고 명령하여 시집보내려 하였습니다. 그래서 소저가 외가로 가시고자 하나 석공 어르신께서 성품이 엄숙하셔서 반드시 정공과 더불어 큰 사단을 일으키실 것이라 생각하였습니다. 일의 형세가 매우 난처하여 남장으로 바꿔 입고 강가의 이평장 부인은 소저의 고모이신데, 그 분을 찾아가 의지하고자 하셨습니다. 그러나 이평장 부인이 이사를 가신 지 수일이 지났고 가신 곳을 모르기 때문에 강변에서 방황하시다가 따르는 도적을 만나서 소저께서 억울하고 원통하게도 강물에 몸을 던졌습니다. 상공께

서 저희의 목숨을 살려주신 은혜를 만나 주인과 노비 세 사람이 살아나니 이 은덕은 분골쇄신하더라도 다 갚지 못할 것입니다."

두 공자가 이 말을 들으니 참혹함은 말할 것도 없고 정 소저의 굳은 절개와 아름다운 행동은 깊이 사람을 감동시킬 만하였다. 또한 그 계모 박 씨가 자애롭지 못해 이 변을 일으킴을 짐작하고 사람의 마음이 자연스럽게 측은하였다. 정 소저의 절행이 빼어나 자기를 위하여 온갖 고생이 이 지경에 미쳤음에 감복하고 하물며 평생의 아름다운 배필과 하늘이 정한 연분이 심상치 않다는 것을 알았다. 용홍 공자의 두 눈에는 가을 물처럼 고운 광채가 어리었다. 용홍이 말하였다.

"소저의 수많은 고초와 슬픈 한이 이 조생을 위함이니 어찌 감사하지 않겠는가? 너희들은 우리가 집에 들어가 일을 처리할 사이에 소저를 보호하라."

(중략)

석공이 소저의 얼굴을 쓰다듬으며 길게 탄식하며 말하였다.

[B]
"일이 이미 여기에 이르렀으니 설마 어찌하겠느냐? 손녀가 어린 나이에 효성과 절개와 지혜가 모두 갖추어졌으니 완고한 아비와 어리석은 어미의 흉계에서 벗어나 목숨을 보전하여 명철보신(明哲保身)한 것이다. 부모가 낳아준 몸을 보전하고 죽은 어미의 남긴 가르침을 이으니 네 아비가 흙과 나무 같은 마음을 지니고 있다고 하더라도 성혼한 후에 서로 만나서 부녀가 상봉하는 즐거움을 얻는다면 어찌 너를 책망하며 혼인을 한 것을 그르다고 하겠느냐? 모든 일에는 원래의 계획을 변경할 때와 임기응변의 방법이 있다. 이제 조 상국이 밖에 와서는 너와의 혼인을 완전하게 정하고 너의 뜻을 알려고 하니 어찌 고상하지 못한 모습으로 사양하느냐? 내가 네 부모를 대신하여 혼인을 관장할 것이다. 너에게 혼인을 묻는 말이 아니니 너는 다시 이상한 말을 내지 마라."

소저가 조 상국이 왔다는 말을 듣고 더욱 불안하고 놀라며 부끄러워 옥 같은 얼굴이 발그스레해졌다. 눈썹을 나직하게 낮추고 또 아뢰었다.

"소녀의 도리로 차마 아버지를 속이고 혼인을 못 하겠습니다. 조 상국은 당세(當世)의 군자이십니다. 원컨대 조부께서는 손녀의 보잘 것 없는 마음을 살피시어 뜻을 이루게 해 주십시오."

그런 후에 조모와 삼촌의 안부와 동생의 무사함을 묻고는 슬프고 참혹하여 눈물을 흘릴 뿐이었다. 석공이 밖으로 나와 조공을 보고 손녀와 묻고 대답한 말을 일일이 전하고는 탄식하며 말하였다.

"손녀의 마음이 금석(金石)같아서 저의 용렬하고 어리석은 말로 알아듣도록 타이를 방법이 없으니 어찌하겠습니까?"

조공이 무릎을 치며 몹시 탄복하고 칭찬하며 말하였다.

"정 소저의 일과 행동은 여자 중에 군자입니다. 이것은 다 현형(賢兄)의 높은 교훈에 힘입은 것입니다. 제가 이와 같은 며느리를 얻으니 어찌 아버지의 어질지 못함을 한탄하겠습니까? 이것은 신부와 의논할 말이 아니니 현형이 혼인을 관장하십시오."

석공이 이 말을 옳게 여겨 다시 소저에게 묻지 않고 혼례를 준비하였다. 석 학사 부인이 나오고 석공 부인이 정 공자와 함께 나와 소저를 보았는데 서로 붙들고 매우 오열함을 이기지 못하였다. 소저는 그리워하던 아우를 만나니 반갑고 기쁜 뜻이 서로 뒤섞여 일어났다.

- 작자 미상, 「현몽쌍룡기」 -

01. 윗글에 대한 설명으로 가장 적절한 것은?

① 과장된 상황을 설정하여 해학성을 유발하고 있다.
② 비유법을 사용하여 인물의 외양을 표현하고 있다.
③ 배경 묘사를 통해 인물의 성격 변화를 암시하고 있다.
④ 꿈과 현실을 교차하여 사건을 입체적으로 구성하고 있다.
⑤ 전기적 요소를 활용하여 비현실적인 장면을 부각하고 있다.

02. 윗글의 내용에 대한 이해로 적절하지 <u>않은</u> 것은?

① 벽난과 춘앵은 정 소저가 조 공자와 정혼한 인물임을 밝혔다.
② 정 소저는 이평장 부인이 이사해 살고 있는 곳으로 찾아갔다.
③ 조 공자는 정 소저를 보호할 것을 명령했다.
④ 석공은 조 상국이 정 소저의 뜻을 알려고 한다고 말했다.
⑤ 석공 부인이 정 공자와 함께 나와 정 소저를 보았다.

03. [A]와 [B]에 대한 이해로 가장 적절한 것은?

① [A]는 [B]와 달리 상대의 행동에 변화를 촉구하고 있다.
② [B]는 [A]와 달리 상대에게 다른 인물의 말을 전하고 있다.
③ [A]와 [B]는 모두 상대의 의도에 의문을 제기하고 있다.
④ [A]와 [B]는 모두 상대가 처한 어려움에 대해 공감하고 있다.
⑤ [A]와 [B]는 모두 과거에 일어난 일을 상대에게 언급하고 있다.

04. 〈보기〉를 참고하여 윗글을 감상한 내용으로 적절하지 <u>않은</u> 것은?

〈보기〉

　「현몽쌍룡기」는 가부장적 사회를 살아가는 여성의 삶을 담고 있다. 이 작품 속 여성 인물은 친정 식구들로 인해 혼사가 지연되는 등의 고난을 겪음에도 당대 여성에게 요구되던 덕목을 지킬 뿐 아니라 자식으로서의 도리를 지키고, 친정 가문의 일원으로서의 소속감을 유지하기 위해 애쓴다. 이러한 점에서 이 작품은 당시 여성 독자층의 큰 공감을 얻을 수 있었다는 의의를 지닌다.

① 정 소저가 친정 가문의 허물을 조 공자가 알게 되면 부끄러울 것이라고 생각하는 것에서 친정 가문의 일원으로서 소속감을 지니고 있음을 알 수 있군.
② 가내의 어질지 못한 인물로 인해 정 소저가 죽을 위기를 겪었다는 것에서 고난이 친정 식구로부터 비롯되었음을 알 수 있군.
③ 두 공자가 정 소저의 사연을 듣고 굳은 절개에 감동받았다는 것에서 정 소저가 당대에 요구되던 여성의 덕목을 갖춘 인물임을 알 수 있군.
④ 정 소저가 아버지를 속인 채로는 혼인하지 못하겠다는 것에서 자식으로서의 도리를 따르고자 함을 알 수 있군.
⑤ 조공이 정 소저를 군자라고 칭하며 혼인을 진행하려는 것에서 정 소저가 가부장적 사회에서도 혼사를 주관할 수 있는 권리를 인정받았음을 알 수 있군.

8 | 심의, 대관재몽유록

수능 국어 대비
실전 국어 전형태

STEP 01 지문 분석과 OX문제

나BS 수능특강 | 고전문학

바로 그날 단기(單騎)로 길을 떠났는데, 다만 첨두노(尖頭奴)* 몇 명만 데리고 밤낮을 가리지 않고 갔다. 열흘이 채 못 되어 적의 성채로 달려갔더니

무기가 햇빛에 번쩍이며 세 겹으로 에워싸고 있었다. 「내가 기(氣)를 돋우어 입술을 벌리고 한 번 휘파람을 불었더니 적은 용기를 잃었고, 두 번 불었

더니 만 명의 기병이 북쪽으로 달아났다. 휘파람 소리가 점점 멀어지자 채색 구름이 자욱하게 가리었고, 난새와 봉황이 엇갈리어 날았으며, 바다와 산

이 변색하고 천지가 떨리고 흔들렸다. 몇 되지 않은 모든 반적들은 바람에 쓰러지듯이 달아나고 흩어졌다.」 적장 김시습은 두 손을 앞으로 묶고 투항하

며 말했다.

　"뜻밖에 문단의 노장 심 공께서 오셨구려!"

　나는 노포*를 걸고 개선가를 불렀다. 천자께서 크게 기뻐하시고 상을 내리셨으며, 좌우를 돌아보며,

　"옛날에 긴 휘파람으로 오랑캐의 기병을 물리친 일이 있었거늘, 이제 경에게서 그것을 보았노라."

　하고는, 배식사문 경륜일시 진국공신의 호를 내리게 하고, 안동백에 봉했으며, 몇만의 큰 상을 내리시고 김시습을 폐하여 좌선(坐禪)을 삼았다. 이로

부터 위명이 날로 드러나고 임금의 총애가 더욱 커서 매일 새벽에 출근하여 밤에 들어오며 마음을 다하여 나라의 은혜에 보답하였다. 『벼슬한 지 10년

에 아들을 낳고 손자를 길러 문벌이 빛났으며, 많은 녹을 받아 집안 재산이 넘쳤다.』 공경 중에 누가 명함을 내고 보기를 청탁하는 사람이 있으면 번번

이 / "신하 된 도리로 사사로이 교제할 수가 없습니다."

　하고는 읍하고 사양했다. 조정에 있는 백집사들은 음풍농월이나 하며 사치가 몸에 배었으므로, 나와 같이 청렴하고 검소한 사람은 여러 사람의 논란

거리가 되었을 뿐이다. 나는 늘 우승상 이규보를 허물하여 대궐에 가서 항소하기를

　"이 아무개는 문장이 경솔부박(輕率浮薄)하며 나약하고 뼈대가 없어, 비록 귀신처럼 날래지만 귀하지 못합니다. 다른 것은 적지 않습니다."

　라고 하였더니 천자께서 그 아뢴 것이 옳다 하여 나에게 오거서(五車書)를 내리고 영경연사로 특진을 시키시었다.

　벽부의 가운데뜰에는 옥탑이 우뚝 솟아 있는데 깎고 새겨서 만들었다. 높이가 백 층이며 '사단'이란 액자가 걸려 있었는데 종자가 이것을 가리켜 말

했다. / "이 단은 태산처럼 숭고하며 바위나 돌, 나무가 없어 비록 원숭이같이 날랜 것이라도 올라갈 수가 없는데 하물며 사람의 힘이 미치겠습니까?"

　서리가 말했다. / "단 위에 옥루가 있는데 조정 안의 재사들이 때로 서로 왕래하며 함께 모여 잔치하며 놉니다."

　하루는 천자께서 조회를 마치고 나서 문득 두 선녀가 난새와 학이 끄는 수레를 타고 나타나더니, 각자 조문희와 사자연이라고 말하면서 바로 황제가

계신 곳으로 가서 말했다.

　"대당 천자이신 두보가 친구 이백을 붙잡아서 사단에 모였습니다. 멀리서 생황과 통소 소리를 듣고 탑 위로부터 왔습니다."

　우리 천자가 깊은 궁궐로부터 나와 조용히 손을 맞잡고 활보하며 단을 향해 날아오르기를 구름같이 하였다. 삼정승과 신하 몇 명이 겨우 중간층에

이르렀으나 다리가 떨려 두려워서 엎드려 한 사람도 시종을 하지 못했다. 내려다보니 한 이서가 문사로 배우의 희롱하는 말을 지어 바지를 치켜들고

억지로 살금살금 걸었지만, 첫 번째 층에도 이르지 못하고 땅에 떨어져 다리가 부러졌다. 보던 사람들이 무릎을 치고 나아가 물었더니 사문 이숙함이었다. 천자께서는 며칠을 머물면서 매우 즐기시다가 옥지를 내리고 말씀하셨다.

"내가 이하(李賀)*를 보고 「옥루기(玉樓記)」를 외우게 하고 왕희지가 쓴 글씨를 벽에 걸게 하였노라."
　　　　　　　　　　　　　　　　　　　　　　중국 진나라의 서예가

하시고는 크게 탄식하며 말씀하셨다.

"두 천자는 문장으로 3백 편의 유작이 있고, 따르는 신하와 재자(才子)로는 한유, 유종원, 소식, 황정견 등의 뛰어난 인물들이 있어 짐이 감히 당할
당나라 천자 두보　　　　　　　　　　　　　　　　　　실제로 문장에 뛰어났다고 전해지는 중국의 문인들
수가 없다. 하물며 짐의 여러 신하 중 한 사람이라도 이들과 같이 재능이 있는 자가 있는가?"
　　　　　　자신의 신하들이 두 천자의 신하들의 재능에 미치지 못하는 현실을 한탄함.
며칠이 지나 낮 시강을 마치고, 천자께서 정색을 하고 불쾌한 표정으로 글 하나를 보라고 하셨는데 바로 한림 선생이 나를 탄핵하는 상소문이었다.
　　　　　학문 강의
"심 모는 속세의 허물을 벗지 못하여 사사로운 욕심이 너무 지나칩니다. 나머지는 적지 않습니다."
　　　　　　　　　　'나'에 대한 한림 선생의 부정적 평가
라고 하였다. 천자께서는

"한때의 부질없는 논의를 어찌 마음에 두리오!"

하고 대관 선생이라는 호를 내리고 고향에 돌아가라고 하면서 손에 술잔을 잡고 나에게 주며 말씀하셨다.
　　作家 심의의 실제 호(대관재)
"초목의 산하*를 함부로 침범하지 마시오. 조물이 공을 꺼리는 것이 있소. 경의 첩인 옥란은 다시 집안 살림을 맡게 되어 내 명을 기다리게 되었소.
　　　　　　　　　　　'나'의 삶이 평탄치 않음을 드러냄.
공은 옛날 직분으로 돌아가시오."

나는 머리를 섬돌에 부딪치고 하직하였는데, 눈물이 옷을 적시었다. 집안 식구를 돌아보아 생각하니 차마 서로 떠날 수가 없었다. 조금 있으니 상국
　　　　　　임금께 작별을 아뢰었는데
이색이 등을 쓰다듬으며 협실로 꾀어 들여서 나를 난초 탕에 목욕시키고는 금 칼로 나의 오장육부를 갈라놓고 갈아 놓은 먹물 몇 말을 들어부으며 말했다.

"40여 년을 기다리면 꼭 여기에 다시 돌아와 함께 부귀를 누릴 것이니 걱정하지 마시오."

배가 칼로 찌르는 듯이 아파 갑자기 깨니, 배가 북처럼 부풀어 올랐고, 잔등은 가물가물하는데 병든 아내가 곁에 누워 앓는 소리를 할 뿐이었다.
　　　■ : 각몽(꿈→현실) - 문장 왕국은 꿈속 세계에 있던 나라였음.
아! 사람이 세상에 나서 궁달*은 팔자소관이니 어찌 꿈을 깨는 자가 있을 것인가! 괴이쩍은 이야기를 드러내어 꿈에 겪었던 일을 적는다.
　　가난과 부귀는 타고난 운수로 인해 어쩔 수 없이 당하는 일임. → 운명론적 가치관　　　　　　글을 쓰게 된 계기
가정 8년 12월 상한에 심의는 대관재에서 쓰다.
　　　　창작 시기와 장소를 구체적으로 밝힘.

*첨두노 : 붓의 별칭. / *노포 : 장대에 매달아 전승(戰勝)을 보도하는 표시. / *경솔부박 : 경솔하고 천박함. / *이하 : 요절한 당나라의 천재 시인.

*초목의 산하 : 공자가 편찬한 『시경』의 영역을 비유적으로 일컬음으로써 『시경』이 시가의 표본임을 누구나 인정하는 그 권위를 말함. / *궁달 : 가난과 부귀.

OX문제

01 사건을 요약적으로 제시하여 서사를 빠르게 전개하고 있다. [2015학년도 6월A]　　　　　(O / X)

02 전기적 요소를 활용하여 비현실적 장면을 부각하고 있다. [2013학년도 6월]　　　　　(O / X)

03 대관 선생이 올린 상소문을 본 천자는 '나'에게 고향으로 돌아갈 것을 권했다.　　　　　(O / X)

04 '나'는 자신을 협실로 꾀어 들이는 '이색'을 의심하지 못했던 것에 대해 한탄하였다.　　　　　(O / X)

05 동시에 일어나는 두 개의 사건을 병치하여 긴장감을 조성하고 있다. [2016학년도 6월A]　　　　　(O / X)

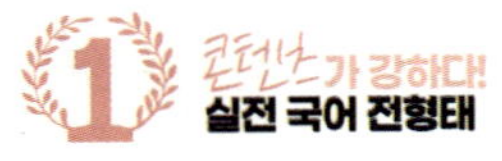

STEP 02 작품 해제

01 | 주제

꿈속에서 경험한 이상 세계

02 | 특징

① 작가 심의 자신이 몽유자이자 서술자로서 이야기를 전개함.
② 역사적으로 유명한 인물들을 등장시켜 이상 세계를 형상화함.
③ 입몽과 각몽 과정이 타 작품에 비해 공교하게 설정됨.

03 | 작품 해제

「대관재몽유록」은 조선 중종 때 심의가 지은 한문 소설로, 몽유록계 소설의 효시이다. 몽유자가 꿈속에서 문장 왕국에 들어가 주인공이 되어 문학적 재능을 마음껏 펼치다가 대립과 투쟁에 의해 낙향하게 되어 꿈에서 깨어난다는 내용이다. 정치 현실에 대한 작가의 불만이 반영된 작품이라 알려져 있으며, 이상 세계에서의 삶을 형상화하여 현실을 초월하려는 의식을 드러내고 있다.

04 | 등장인물

- 나(심의) : 서술자이자 몽유자. 꿈속 세계인 문장 왕국에서 자신의 능력을 펼치며 부귀영화를 누리지만, 탄핵 당한 후 오장육부가 갈라져 꿈에서 깬다.
- 김시습 : 문장 왕국에 대한 반란을 일으키지만, 심의의 능력을 보고 투항한다.
- 천자(최치원) : 문장 왕국의 황제. 심의가 반란군을 무찌르자 그의 능력을 높이 평가하지만, 탄핵 상소가 올라오자 낙향할 것을 명령한다.
- 이색 : 문장 왕국의 상국. 심의가 탄핵 당하자, 그를 목욕하게 한 후 금 칼로 오장육부를 갈라 먹물을 부으며 훗날 재회를 약속한다.

05 | 상세 줄거리

술병을 앓으며 꿈을 꾸기도 하고 가위에 눌리기도 하던 심의는 12월 16일 밤 팔을 베고 선잠이 든다. 그는 문득 큰 도시에 이르러 대궐에서 천자의 조서를 받게 되고, 박은에게 문장 왕국의 천자인 최치원과 문사들의 소개를 받는다. 심의는 문장 왕국에서 천자로부터 벼슬을 제수 받고, 박은으로부터 왕국의 문장률과 인재 등용 방법에 대해 듣는다. 심의는 천자에게 문장 능력을 인정받고, 장형의 딸 장옥란과 약혼하게 된다. 그때 김시습이 반란을 일으키고, 이를 교전 없이 진압한 심의는 천자의 신임을 더욱 받게 된다. 심의는 벼슬한 지 20여 년에 아들을 낳고 손자를 길러 문벌이 빛났으며 집에는 재산이 넘쳤다. 또한 늘 이규보를 허물하던 심의는 상소를 올려 그를 탄핵한다. 어느 날 중국의 천자인 두 천자가 천자를 찾아오는데, 천자는 자신의 신하들이 두천자의 신하들만 못함을 한탄한다. 이후 심의는 한림 선생의 탄핵 상소를 받은 천자로부터 귀향하라는 명령을 받는다. 낙심한 심의에게 이색이 찾아와 금 칼로 오장육부를 쪼개 먹물 몇 말을 부으며 40여 년 후에 다시 부귀를 누릴 것이니 근심하지 말라고 한다. 배의 통증으로 잠에서 깬 심의는 병든 아내가 곁에 누워 앓고 있는 고달픈 현실을 마주한다.

STEP 03 논문으로 만나는 출제자의 시선

나BS 수능특강 | **고전문학** ●

「대관재몽유록」에서 천자가 최치원으로 설정된 이유

「대관재몽유록」에서 심의는 문장 왕국의 천자를 최치원으로 설정하고 있다. 이는 최치원에 이르러 이 땅에 처음으로 시풍(시인의 작품 속에 나타나는 독특한 기풍)이 형성되었기 때문이고, 학문적으로나 사회적으로 최치원이 심의 자신과 유사하다고 보았기 때문이다. 최치원은 신라 육두품 출신으로 어린 시절 당나라에 건너가 과거에 급제하고 천하에 문명을 떨친 사람이다. 최치원이 선비의 꿈인 과거 급제를 중국에서 실현한 것은 능력에 따라 인재를 등용하지 않는 사회에 대한 불만의 표시였다. 최치원은 당대 선비들의 선망의 대상이었으나, 고국의 사회적 제약과 신분 제도 때문에 선비로서의 학문과 꿈을 제대로 펴지 못하였다. 또한 심의와 마찬가지로 자신의 사회 개혁 의지를 상소하여 입각하려는 시도를 모색했지만 좌절되었고, 이에 사회에 대한 모순을 인식하고 불만을 지닌 채 은거 생활을 한다. 문장은 뛰어났지만 사회적 제약 때문에 좌절할 수밖에 없었던 최치원이 문장 왕국의 천자로 설정된 것은 심의 자신과 같은 처지의 인물을 통해 능력 위주의 사회를 건설하려는 욕구를 실현하기 위해서라고 할 수 있다.

「대관재몽유록」에 드러난 작가의 현실 인식

심의는 문장에 뛰어나고, 정치적 포부가 있었으나 사림파의 잦은 탄핵과 비난의 대상으로 벼슬길에서 좌절해야 했던 인물이었다. 이에 그는 자신의 이상을 간직한 채 능력을 인정받을 수 있는 이상 세계를 「대관재몽유록」을 통해 드러내고자 하였다. 즉, 현실 세계에서는 자신의 이상을 표출하지 못하고 불우한 삶을 살아갈 수밖에 없다는 불만을 바탕으로 꿈속에 이상 세계를 설정하고, 그곳에서 문장 실력을 인정받음으로써 자신의 억압된 욕구를 해소하고자 한 것이다. 그러나 작가 심의가 잦은 탄핵과 비난으로 좌절해야 했던 현실은 꿈속 세계에도 그대로 반영되어 있다. 이는 현실에 대한 자신의 입장을 대변하려는 의도로 보인다. 즉, 꿈속 세계에 현실 세계를 반영함으로써 심의는 숨겨진 자신의 목소리를 내고자 했던 것이다.

9　작자 미상, 금방울전

수능 국어 대비
실전 국어 전형태

STEP 01　지문 분석과 OX문제

나BS 수능특강 | 고전문학 ●

해룡이 밤낮을 가리지 않고 달려 황성에 이르니, 이때 천자가 만조(滿朝)를 거느리시고 성 밖으로 나오셔서 맞으사 환궁하실새 성 안팎의 백성들이
　　　　　　　　　　　　　　　　　　　　　　　조정의 모든 벼슬아치

길에 가득하여 만세를 부르며 상하 인민이 기뻐 뛰면서 환성(歡聲)이 원근에 진동하더라.

바로 대전(大殿)에 들어가시니, 이때 황후는 공주를 찾아옴을 들으시고 슬픔을 억제치 못하시다가 크게 기뻐하시며 한편 공주를 안으시고 낯을 맞대
　　　임금이 거처하는 궁전　　　　　　　해룡이 요괴에게 납치되었던 공주를 구하고 돌아온 상황임.

며 통곡하시며 천자 또한 눈물을 흘리오시매,『공주가 울기를 그치고 요괴에게 잡혀가서 고행(苦行)을 무수히 겪던 사연이며 꿈속에 선인(仙人)이 내려

와 '동해 용왕의 아들이 인간 세상에 내려갔으니 속세의 연분을 이루어라.'라고 하고, '금일 오시(午時)에 이 고을 속에 들어와 그 요괴를 잡고 같이 나
　　　　해룡을 가리킴.　　　　　　　　　　　　　　　　　　　　　　오전 11시~오후 1시

아가 부황(父皇)과 모후(母后)를 만나리라.' 하던 말이 귀에 쟁쟁하오며, 또한 천지조화로 된 금령이 신통함이 기이하여 재주와 수단을 부리고, 해룡이
　　　황제　　　　　황후　　　　　　　　　　　　　　　남해 용왕의 딸로, 금방울의 모습을 하고 인간계에 태어남.

요괴 잡던 일의 전말을 낱낱이 고하니,』황후가 금령을 어루만지시며 가로시되,
　　　　　　　　　　　　　　　　『　』: 과거 사건을 요약적으로 제시함.

"하늘이 이로써 너 같은 신령스런 물건을 내어 신통이 거룩하고 재주가 비상하고 기이하여 그런 득도한 요괴를 잡고 공주와 시녀를 구해 인간 세상

의 몹쓸 짐승을 없이하고 짐으로 하여금 잃었던 공주를 다시 만나 천륜이 온전하게 하니 이는 다 네 덕이요 장해룡의 공이라. 이런 큰 은혜를 무엇으

로 갚으리오."

하시고, 이에 황극전으로 나아가 전좌(殿坐)하사 문무 신하, 종신과 외척, 근시하는 모든 궁녀를 다 모으시고 한편 해룡을 불러들이시니 해룡이 들어
　　　　　　　　　　　　　　　　　왕족으로 벼슬자리에 있는 사람
　　　　　　　　　　　　　　　　　임금이 정사를 보기 위해 나와 앉던 일　　　　어머니 쪽의 친척　↳ 가까이에서 모시는

와 머리를 조아리며 백배사은하온대, 천자가 보시니 용모가 당당하고 태도가 늠름하여 만고의 영웅 준걸이요 일세의 호걸 장부라. 천자가 한 번 보고

크게 기뻐하여 해룡의 손을 잡으시고 가로시되,

"이제 경의 공을 의논할진대 태산이 낮고 하해(河海)가 얕은지라, 그 값을 바를 알지 못하노라." / 하시고, 또한 공주의 꿈 이야기를 거론하시며 왈,
　　　　　　　　　　　　　　　　　큰 강과 바다

"이제 공주의 꿈 이야기를 의논할진대, 경과 공주는 천정배필이라. 경은 모름지기 공주를 더럽다 말고 임사*의 덕은 갖추지 못했으나 족히 경의 건즐*
　　　　　　　　　　　　　　　하늘에서 미리 정하여 준 배필

을 받들 것이니 경은 짐의 뜻을 따르도록 하라."

하시고, 부마를 삼고자 하실새 바삐 예부에 명하사, / "택일(擇日)하라."
　　　임금의 사위　　　　　　명령을 내리고　　　　　운수가 좋은 날을 가려서 고름.

하시고, 호부에 조서를 내려 하교하사 한편, / "청화문 밖에 별궁을 지으사 화원을 벌여 대전과 통하게 하여 출입하게 하라."
임금의 명령을 일반에게 알릴 목적으로 적은 문서

하시고, 한편 예부로 하여금, / "혼구(婚具)를 갖추어 차리라." / 하시니라.
　　　　　　　　　　혼인 때에 쓰는 여러 가지 기구

해룡이 천은(天恩)을 입사와 그 은혜에 사례하고 물러 나와 어림군을 관리하며 다스릴새, 군기와 군법을 가르치고 연습하며 밤낮으로 나태한 마음을
　　　　　　　　　　　　　　황제의 통솔 하에 전투를 전담하는 중앙군

먹지 않고 분주히 국사를 극진히 살피더니, 어느덧 혼인날이 다다랐는지라.

[중략 부분 줄거리] 부마가 된 해룡은 북흉노가 침범하자 군사를 이끌고 맞서 싸우다가 큰 위기에 처하지만 금령의 도움으로 전쟁에서 승리하고 위왕에

봉해진다. 이후 해룡은 어사가 되어 여러 고을을 순찰한다.

이때 어사의 행로(行路)가 서울로 향할새 길이 뇌양현을 지나는지라. 뇌양현에 이르러 객사에 숙소를 정할새, 어사가 관가에 들어가 본관 사또와 함께 이야기를 나눌새 자연히 마음과 뜻이 서로 맞아 밤이 깊도록 담화하다가 사또에게 하직하고 돌아가는지라.

어사는 자연히 번뇌하여 잠을 이루지 못하고 잠깐 졸더니, 『비몽사몽간에 백발노인이 눈앞에 이르러 길게 읍하고 말하되,

"그대 비록 어린 나이에 과거에 급제하여 영웅호걸로 명성이 온 세상에 가득하고 위엄을 천하에 떨쳤으되 자기를 낳아 준 부모를 곁에 두고도 찾지 아니하여 평생 죄인이 되고자 하니, 이는 정성이 부족하여 자식의 도리를 차리지 못하는 것이니 내가 그대를 위해 부끄러워하노라."

하니, 어사가 이 말을 들으매 슬픈 마음을 이기지 못하고 노인을 붙잡고 다시 묻고자 하다가 깨어나니 남가일몽(南柯一夢)이라.』 매우 이상하여 다시 자지 못하고 관가로 들어가니, 사또가 대청에서 내려와 영접하여 이야기를 나눌새, 어사가 문득 본즉 벽 위에 걸린 족자가 자기 주머니 속의 족자와 같거늘 자세히 보고 크게 의아하여 물어 왈, / "족자의 그림이 무슨 내용이옵니까?" / 하니 사또가 슬퍼하며 왈,

"노부가 늦게 아들 하나를 낳았더니 전란 중에 잃은 지 십팔 년이라. 아들의 생사를 알지 못하여 밤낮으로 괴로워하더니 마침 어떤 이인(異人)이 제 마음을 알고 저 그림을 그려 주기로 걸어 두고 보나이다."

하거늘, 어사가 이 말을 듣고 즉시 비단 주머니를 열어 족자 하나를 내어 걸거늘, 사또가 보니 두 족자가 작은 차이도 없어 조금도 다름이 없거늘, 사또와 어사가 서로 괴이하게 여기고 이상하게 여겨 의아해하나 뚜렷한 증거가 없어 서로 발설(發說)치 못하고 주저하다가 사또가 어사에게 문 왈,

"그 족자는 어디서 났소? 몹시 괴이한 일이 있으니 속이지 말고 자세히 말해 주시오."

하거늘, 『어사 또한 신기하게 여겨 자세히 자초지종을 일일이 다 고한 후에 금령의 조화로 입신양명하여 귀하게 된 말이며 나중에 금령이 갈 때에 족자를 주고 가던 사연을 낱낱이 고하니,』 사또가 이 말을 듣고 어린 듯 취한 듯 어찌할 줄 모르고, 또한 목이 메어 가로되,

"나도 금령에 대해 할 말이 있노라." / 하고, 또 가로되,

"이 족자도 금령이 물어 온 것이오, 금령을 여러 해 보지 못하다가 이제 와서 허물을 벗고 나니 온갖 아름다운 자태를 갖춘, 만고에 드문 절색(絶色)이라." / 하고, 또 가로되,

"내 아이는 등에 일곱 개의 사마귀가 북두칠성처럼 나 있으니 이것으로 내 아들임을 아노라."

하니, 어사가 이 말을 듣고 문득 실성통곡하거늘 사또가 또한 통곡함을 마지아니하니 이때 부인이 내달아 어사를 안고 세 사람이 일시에 어우러져 통곡하니 어찌 슬프고 기이하지 아니하리오? 해와 달이 빛을 잃고, 산천의 초목이 슬퍼하는 듯하더라. 차시에 온 고을 사람들이 이 소식을 듣고 뉘 아니 신기하게 여기며 뉘 아니 이상히 여기리오?

어사가 울음을 그치고 꿇어 고(告)하여 왈,

"소자, 정성이 부족하여 이제야 부모를 만나 뵈오니 그 죄 만사무석(萬死無惜)*이오나, 또한 하늘이 우리를 보살피시어 금령에게 지시하여 이 일이 있게 되었습니다."

*임사 : 중국 주나라 문왕의 어머니인 태임. 무왕의 어머니인 태사를 함께 이르는 말로 그 둘은 부녀가 지켜야 할 올바른 도리를 잘 지킨 인물들로 유명함.

*건즐 : 수건과 빗을 뜻하며, 부인이 남편에게 자신을 겸손하게 이르는 말로 쓰임. / *만사무석 : 만 번 죽어도 아깝지 아니함.

OX문제

01 꿈과 현실을 교차하여 사건을 입체적으로 구성한다. [2015학년도 9월AB]　　　(O / X)

02 서술자의 개입을 통해 사건의 전모를 밝히고 있다. [2021학년도 수능]　　　(O / X)

03 황제는 공주에게 꿈 얘기를 하며 해룡과 혼인할 것을 권하였다.　　　(O / X)

04 어사는 자신의 등에 있는 일곱 개의 사마귀에 대한 사또의 말을 듣고 그가 아버지임을 확신하였다.　　　(O / X)

05 요약적 서술과 등장인물의 말을 통해 사건의 경과를 드러내고 있다. [2013학년도 수능]　　　(O / X)

STEP 02　작품 해제

나BS 수능특강 | 고전문학

01 | 주제

금령과 해룡의 고난 극복 과정과 애정의 성취

02 | 특징

① 인간이 아닌 주인공과 그의 변신을 다루는 변신 화소가 활용됨.
② 두 주인공의 서사가 병렬적으로 진행되다가 하나로 통일됨.
③ 영웅담, 계모형 설화, 지하국대적퇴치 설화 등 다양한 설화를 기반으로 함.

03 | 작품 해제

「금방울전」은 금령과 해룡의 일생과 애정 실현 과정을 영웅적 일대기처럼 그리고 있는 애정 소설이자 영웅 소설이다. 작품의 초반에서는 인물들이 초월적 존재임을 밝히면서 지상계의 인연을 주재하는 천상계의 존재를 드러낸다. 그리고 주인공 금령이 인간이 아닌 존재로 태어나 인간으로 거듭나는 과정을 그리는데, 여기서 변신 화소를 확인할 수 있다. 이러한 변신 화소는 인물의 업보를 규정하는 천상계의 존재와 연결되어 인물의 변신 이유를 업보의 해소로 설명하고 있다.

04 | 등장인물

- 해룡 : 전생에 동해 용왕의 아들이었으며, 장원 부인의 아들로 환생하였다. 부모를 잃고 계모에게 학대당하지만 이를 금령이 도와 영웅으로 성장한다.
- 금령 : 전생에 남해 용왕의 딸이었으며, 금방울로 환생하였다. 기이한 출생으로 인해 겪게 되는 고난을 극복하고 인간이 되어 애정을 성취한다.
- 천자 : 해룡이 요괴에게 납치당했던 딸 금선 공주를 구해 오자, 그 공을 높이 평가하며 해룡을 부마로 삼는다.
- 사또 : 전란 중에 아들 해룡을 잃었으나, 어사가 되어 순찰 온 해룡과 다시 만나게 된다.

05 | 상세 줄거리

동해 용왕의 아들과 남해 용왕의 딸은 각각 장원 부부의 아들 해룡과 막 씨의 딸 금령으로 환생한다. 금령은 인간이 아닌 존재로 태어나서 막 씨에게 버림받았으나, 곧 막 씨를 도와 어려운 일을 해내면서 막 씨의 사랑을 받는다. 한편 전란으로 부모와 이별한 해룡은 장삼이라는 도적에게 거두어진다. 하지만 해룡은 장삼이 죽자 그의 부인 변 씨에게 심한 학대를 당하는데, 그때마다 금령이 나타나 해룡을 돕는다. 해룡을 해치려는 시도가 번번이 실패하자 변 씨는 해룡의 방에 불을 지르고 해룡은 금령의 도움으로 목숨을 구한다. 장삼의 집에서 나와, 길을 가던 금령과 해룡은 괴물을 만나게 되고, 금령은 해룡을 구하고 괴물에게 잡아먹힌다. 괴물의 흔적을 쫓던 해룡은 지하로 들어가게 되고, 금령 때문에 피를 토하던 괴물을 죽인다. 그리고 괴물에게 잡혀 있던 금선 공주를 구해 왕의 부마가 된다. 해룡은 금령의 도움을 받아 흉노를 무찌르고, 막 씨에게 돌아온 금령은 허물을 벗고 인간으로 거듭난다. 해룡은 금령이 준 족자를 통해 친부모와 만나게 되고, 가난뱅이가 된 변 씨 모자를 만나 은혜를 갚는다. 해룡은 금령과도 혼인을 하고, 이후 부귀영화를 누리다 승천한다.

LIBS _ 나 없이 EBS 풀지마라

STEP 03 논문으로 만나는 출제자의 시선

LIBS 수능특강 | 고전문학

「금방울전」에 드러나는 가부장제의 영향

'금방울'은 남해 용녀가 억울한 죽음을 풀기 위해 환생한 존재이다. 금방울은 '방울'이라는 이물(異物)의 형태를 띠고 있는데, 언어로 의사소통을 하지 못하고 빛깔이나 향취, 행위를 통해서만 자신의 의사를 전한다. 이런 금방울의 특성은 조선 후기 가부장제 아래서 억압받으며 자신의 의사를 제대로 표현할 수 없었던 여성들의 모습을 은유한다고 볼 수 있다. 한편 금방울은 신이한 능력을 가진 존재인데, 그 능력을 '막 씨'나 '장 공', '해룡'을 돕는 데 사용한다. 금방울은 자신의 능력으로 작품 속 갈등 상황을 주도적으로 해결한다는 점에서 주체적인 인물처럼 보이지만, 결국 타인을 돕는 데만 그 능력을 사용하는 것이다. 여기에서 남편이나 가족을 위해서 자신을 희생해야 했던 당대 여성들의 모습을 확인할 수 있다. 금방울은 인간으로 거듭나기 전까지 자신의 의사를 표현할 수 없는 이물로 지내고, 주변 사람들의 조력자 역할만을 하며 온갖 시련을 극복해 나가야 했다. 이런 금방울의 모습은 성장 과정에서 수난을 겪어야 했던 가부장제 아래 여성들의 모습을 떠올리게 한다. 이렇듯 이 작품은 '금방울'의 모습을 통해 당대 가부장제 아래서 여성들이 겪어야 했던 속박을 보여 주고 있다.

해룡은 당대 남성의 욕망이 반영된 인물이다. 작품에서 해룡은 자신의 힘으로 위기를 해결하지 못하고 금방울의 도움을 받는다. 그리고 금방울을 비롯한 여러 인물의 조력을 받아 입신양명과 부귀영화를 누리게 된다. 해룡의 성취는 자신의 능력으로 이룬 것이 아니다. 그래서 해룡의 모습은 금령의 모습과 대조된다. 금령은 비록 이물로 태어났지만 자신의 힘으로 앞에 놓인 문제들을 해결해 나간다. 다만 여성이라는 이유로, 그리고 인간이 아니라는 이유로 자신의 성취를 이루지는 못한다. 「금방울전」은 금방울이라는 여성 영웅의 활약을 그리면서도 그 성취를 남성 인물인 해룡에게 귀결시킴으로써 남성들의 환상을 자극한다는 점에서 남성 중심적인 봉건 사회의 산물이라고 평가할 수 있다.

「금방울전」의 환상성

「금방울전」은 환상성을 보여 주는 작품이다. 작품을 구성하는 인물·배경 등의 요소가 모두 현실에 존재하지 않는 경우가 많다. 작중 공간으로는 천상계, 저승, 지하계, 용궁 등이 제시되어 환상성을 조성한다. 작중 인물로는 금령의 존재와 더불어 용왕, 도사, 신선 등이 작품의 환상성을 야기한다.

작품의 환상성을 가장 두드러지게 보여 주는 존재는 금령이다. 금령은 인간의 형상이 아니지만, 인간과 같은 의지와 행동을 보여 준다. 그리고 그녀는 신선으로부터 받은 초월적 능력을 활용하여 문제를 해결하는데, 이 또한 환상성을 보여 준다. 이처럼 금령이라는 인물이 환상성을 구현할 수 있는 근거는 초월적 세계의 존재이다. 금령은 원래 용녀로, 지상이 아닌 초월적 세계의 존재이다. 그녀는 초월적 세계에서 맺어진 인연을 이루기 위해 지상에 환생한다. 그런 점에서 초월적 세계는 금령이라는 인물에게 존재의 목표와 목표 달성의 수단을 제공한다. 그렇게 초월적 세계에서 부여된 목표는 해룡과의 관계에서 달성되어야 할 '열(烈)'과 어머니 막 씨에 대한 '효(孝)'이다. 이런 목표는 유교적 윤리에 해당하며, 당대 여성들에게 요구되던 윤리이다. 당대 여성들은 '효'와 '열'을 실천하여 공동체 유지를 위해 희생할 것을 강요받았는데, 금령이 초월적인 능력을 자신을 위해 쓰기보다는 막 씨와 해룡을 위해 발휘하는 모습에서 그녀에게 부여된 윤리적 요구를 확인할 수 있다. 한편 작품의 환상성은 여성 인물이 발휘하는 초월적 능력 그 자체로도 구현된다. 이 능력은 여성 인물의 대단함을 보여 주는 소재이다. 이를 통해 여성 독자는 여성의 뛰어난 능력에서 대리 만족을 느낄 수 있었다.

「금방울전」에서 금령을 중심으로 구현된 환상성은 윤리적 요구의 구현과 욕망의 대리 만족을 위해 마련된 문학적 장치였다. 이러한 환상성의 기능은 '욕망의 대리 충족을 제공하고 위반을 향한 충동을 중화시킴으로써 제도적 질서를 강화하는 데 기여'한다는 환상성의 정의와도 부합한다. 즉, 「금방울전」은 여성 억압적 현실에서 여성들의 불만과 충동을 완화시키면서 지배 질서 유지에 필요한 가치를 주입하기 위해 환상성을 활용한 작품이라 볼 수 있다.

다음 글을 읽고 물음에 답하시오. [13.수능 평가원 기출]

막 씨 졸연 복통이 있어 마치 태중에 아이 놀 듯하여 점점 불러 오거늘 심히 괴이히 여겨 행여 남이 알까 근심하더니, 십 삭에 미쳐는 산점*이 있어 ㉠ 초막(草幕)에 엎드렸더니, 해산하고 돌아보니 아이는 아니요, 금방울 같은 것이 금광이 찬란하거늘, 막 씨 대경하여 괴이히 여기며 **손으로 누르되** 터지지 아니하고 **돌로 깨쳐도** 깨어지지 아니하거늘, 이에 집어다가 멀리 버리고 돌아보니 금방울이 굴러 따라오는지라. 더욱 의심하여 집어다가 **깊은 물**에 들이치고 돌아오니 금방울이 물 위에 가볍게 떠다니다가 막 씨의 가는 양을 보고 **여전히 굴러 따라오는지라.**

막 씨 헤아리되,

'나의 팔자 기구하여 이 같은 괴물을 만나 타일에 이로 인하여 반드시 큰 화근이 되리로다.'

하고 불 땔 때에 **아궁이**에 들이쳤더니, 닷새 후에 헤쳐 본즉 금방울이 뛰어나오되 상하기는커녕 새로이 금빛이 더욱 씩씩하고 ㉡ 향내 진동하거늘, 막 씨 하릴없어 두고 보니 밤이면 품속에 들어 자고 낮이면 굴러다니며 혹 칩떠 **나는 새도 잡고** 나무에 올라 과실도 따 가지고 와 앞에 놓으니, 막 씨 자세히 본즉 속에서 실 같은 것이 온갖 것을 묻혀 오되 그 털이 출입이 있어 평시에는 반반하고 뵈지 아니하거늘, 추위를 당하여도 방울이 굴러 품에 들면 조금도 춥지 아니하여 엄동설한에 한데서 남의 방아를 찧어 주고 저녁에 초막으로 돌아오니 방울이 굴러 막에서 내달아 반기는 듯 뛰놀거늘 막 씨 추위를 견디지 못하여 막 속으로 들어가니 그 속이 놀랍게 더우며 방울이 빛을 내어 밝기 낮 같거늘, 막 씨 기이히 여겨 남이 알까 저어하여 낮이면 막 속에 두고 밤이면 품속에 품고 자더니, 방울이 점점 자라매 **산에 오르기를 평지같이 다니며** 진 데와 마른 데 없이 굴러다니되 몸에 흙이 묻지 아니하더라.

[중략 줄거리] 금방울을 탐내다 뜻을 이루지 못한 자가 금방울이 요괴롭다고 비방한다. 이에 고을 수령인 장 공은 막 씨를 잡아서 금방울을 제압하고자 하나, 오히려 금방울이 신통력을 발휘하여 장 공은 먹고 자는 것조차 여의치 않게 된다.

부인이 막 씨 놓음을 권하니 장 공이 깨닫고 즉시 막 씨를 놓으니 그날부터 침식이 여전한지라. 장 공이 막 씨의 효행을 듣고 크게 뉘우쳐 초막을 헐고 그 터에 크게 집을 지으며 ㉢ 정문(旌門)*을 세워 잡인을 금하고 달마다 월음*을 주어 일생을 편안케 하니라.

차설. 장 공이 뇌양에 온 후로 몸이 평안하나 주야 해룡을 생각하고 부인으로 더불어 슬퍼하더니, 부인이 이로 인하여 침석에 위독하여 백약이 무효하매 공이 주야 병측을 떠나지 아니하더니, 일일은 부인이 공의 손을 잡고 눈물을 흘려 왈,

"첩의 팔자 기박하여 한 낱 자식을 난중(亂中)에 잃고 지금 보전함은 요행 생전에 만나 볼까 하였더니 십여 년 존망을 모르매 병입골수하여 명이 오늘뿐이라. 구천에 돌아간들 어찌 눈을 감으리오? 바라건대 공은 길이 보중 하소서."

하고 인하여 명이 진하니, 장 공이 낯을 대고 애통하여 자로 기절

[A] 하매 좌우가 붙들어 구호하더니, 밖에서 방울이 굴러 부인 시신 앞으로 들어가거늘, 모두 보니 풀잎 같은 것을 물어다 놓고 가는지라. 급히 집어 보니 나뭇잎 같은 것이로되 가늘게 썼으되 '**보은초(報恩草)**'라 하였거늘, 공이 대희 왈,

"이는 막 씨가 보은한 것이로다."

하고, 그 풀을 부인 입에 넣으니, 식경 후에 부인이 몸을 운동하여 돌아눕거늘, 좌우가 울음을 그치고 수족을 주무르니 그제야 부인이 숨을 길게 쉬는지라. 공이 병을 물은대, 부인이 자고 나매 정신이 씩씩하다고 대답하니, 공이 대열하여 방울의 수말*을 다하고 못내 기뻐하더라.

그 후로 부인의 병세 과연 평복되니 부인이 친히 막 씨의 ㉣ 집에 가 재생지은(再生之恩)을 만만사례하고 맺어 형제 되매, 그 후로는 방울이 굴러 부인 앞에 오거늘 장 공 부부 사랑하여 손에 놓지 아니하니, 방울이 아는 듯 이리 안기며 저리 품기어 영민함이 사람 뜻대로 하는지라, 이름을 ㉤ '**금령(金鈴)**'이라 했다.

– 작자 미상, 「금방울전」 –

*산점 : 해산의 기미.

*정문 : 충신·효자·열녀 들을 표창하기 위해 집 앞에 세우던 붉은 문.

*월음 : 매달 주는 돈이나 물품.

*수말 : 일의 처음부터 끝.

NBS _ 나 없이 EBS 풀지마라

01. [A]에 대한 이해로 가장 적절한 것은?

① 서술자가 주인공으로 등장하여 자신의 체험을 사실적으로 서술하고 있다.
② 요약적 서술과 등장인물의 말을 통해 사건의 경과를 드러내고 있다.
③ 인물 간의 갈등 양상을 통해 불신의 감정을 표현하고 있다.
④ 배경 묘사를 통해 인물의 내면 심리를 표출하고 있다.
⑤ 부정적 인물에 대한 비판 의식을 표현하고 있다.

02. ㉠~㉤에 대한 설명으로 적절하지 <u>않은</u> 것은?

① ㉠ : 막 씨의 당시 처지를 보여 주는 공간이다.
② ㉡ : 금방울의 신이한 면모를 보여 준다.
③ ㉢ : 막 씨의 효행에 대한 사회적 보상을 상징한다.
④ ㉣ : 막 씨와 장 공 부인의 갈등이 심화되는 공간이다.
⑤ ㉤ : 금방울이 존재 가치를 인정받았음을 보여 준다.

03. 〈보기〉를 참고하여 윗글을 감상한 내용으로 적절하지 <u>않은</u> 것은?

──〈보기〉──

「금방울전」은 비정상적인 모습으로 태어난 주인공이 온갖 고난과 시련을 극복한 후, 방울을 깨고 사람으로 변신하는 과정을 그리고 있다. 금방울은 태어나자마자 어머니로부터 시련을 겪지만, 방울의 모습을 한 채로 자신의 의지를 지니고 다양한 능력을 발휘한다. 또 주인공이면서도 타인을 돕는 조력자로서의 모습을 강하게 지닌다.

① 막 씨가 금방울을 '손으로 누르'고 '돌로 깨'는 것은 금방울의 변신을 돕기 위한 행동이다.
② 막 씨가 금방울을 '깊은 물'과 '아궁이'에 들이치는 행위는 어머니에 의한 금방울의 시련을 형상화한 것이다.
③ 막 씨가 금방울을 거듭 버려도 '여전히 굴러 따라오는' 것은 금방울의 의지를 드러낸 것이다.
④ 금방울이 '나는 새도 잡고' '산에 오르기를 평지같이 다니'는 것 등은 금방울의 다양한 능력을 보여 준 것이다.
⑤ 금방울이 '보은초'를 구해 와 장 공의 부인을 살려 내는 것은 조력자로서의 성격을 보여 주는 것이다.

다음 글을 읽고 물음에 답하시오. [23.3.고1 교육청 기출]

[앞부분 줄거리] 전생에 부부였던 남해 용왕의 딸과 동해 용왕의 아들은 각각 금방울과 해룡으로 환생한다. 해룡은 피란 도중에 부모와 헤어져 장삼과 변 씨의 집에서 자라게 된다.

어느 추운 겨울날, 눈보라가 내리치는 밤에 변 씨는 소룡과 함께 따뜻한 방에서 자고 해룡에게는 방아질을 시켰다. 해룡은 어쩔 수 없이 밤새도록 방아를 찧었는데, 얇은 홑옷만 입은 아이가 어찌 추위를 견딜 수 있겠는가? 추위를 이기지 못해 잠깐 쉬려고 제 방에 들어가니, 눈보라가 방 안에까지 들이치고 덮을 것이 하나도 없었다. 해룡이 몸을 잔뜩 웅크리고 엎드려 있는데, 갑자기 방 안이 대낮처럼 밝아지고 여름처럼 더워져 온몸에 땀이 났다. 놀라고 또 이상해 바로 일어나 밖을 자세히 살펴보니, 아직 날이 밝지 않았는데 하얀 눈이 뜰에 가득했다. 방앗간에 나가 보니 밤에 못 다 찧은 것이 다 찧어져 그릇에 담겨 있었다. 해룡이 더욱 놀라고 괴이하게 여겨 방으로 돌아오니 방 안은 여전히 밝고 더웠다.

아무리 생각해도 이상해 방 안을 두루 살펴보니, 침상 위에 예전에 없었던 북만 한 방울 같은 것이 놓여 있었다. 해룡이 잡으려 했으나, 방울이 이리 미끈 달아나고 저리 미끈 달아나며 요리 구르고 저리 굴러 잡히지 않았다. 더욱 놀라고 신통해서 자세히 보니, 금빛이 방 안에 가득하고, 방울이 움직일 때마다 향취가 가득히 퍼져 코를 찔렀다. 이에 해룡은 생각했다.

'이것은 반드시 무슨 까닭이 있어서 일어난 일일 테니, 좀 더 두고 지켜봐야겠다.'

해룡은 마음속으로 기뻐하며 자리에 누웠다. 그동안 굶주림과 추위에 시달린 몸이 따뜻해지니, 마음이 절로 놓여 아침 늦도록 곤히 잠을 잤다. 이때 변 씨 모자는 추워 잠을 자지 못하고 떨며 앉아 있다가 날이 밝자마자 밖으로 나와보니, 눈이 쌓여 온 집 안을 뒤덮었고 찬바람이 얼굴을 깎듯이 세차게 불어 몸을 움직이는 것마저 어려웠다. 이에 변 씨는 생각했다.

'해룡이 틀림없이 얼어 죽었겠구나.'

해룡을 불러도 대답이 없자, 해룡이 얼어 죽었으리라 생각하고 눈을 헤치고 나와 문틈으로 방 안을 엿보았다. 그랬더니 해룡이 벌거벗은 채 깊이 잠들어 있는데 놀라서 깨우려다가 자세히 살펴보니 하얀 눈이 온 세상 가득 쌓여 있는데, 오직 해룡이 자고 있는 사랑채 위에는 눈이 한 점도 없고 더운 기운이 연기처럼 일어나고 있었다. 이것이 어찌 된 일인지 알 수가 없었다.

변 씨가 놀라 소룡에게 이런 상황을 이야기했다.

"매우 이상한 일이니, 해룡의 거동을 두고 보자꾸나."

문득 해룡이 놀라 잠에서 깨어 내당으로 들어가 변 씨에게 문안을 올린 뒤 비를 잡고 눈을 쓸려 하는데, 갑자기 한 줄기 광풍이 일어나며 반 시간도 채 안 되어 눈을 다 쓸어버리고는 그쳤다. 해룡은 이미 짐작하고 있었으나, 변 씨는 그 까닭을 전혀 알지 못해 더욱 신통히 여기며 마음속으로 생각했다.

'분명 해룡이 요술을 부려 사람을 속인 것이로다. 만약 해룡을 집에 오래 두었다가는 큰 화를 당하리라.'

변 씨는 어떻게든 해룡을 죽여 없앨 생각으로 이리저리 궁리하다가, 한 가지 계교를 생각해 내고는 해룡을 불러 말했다.

"가군*이 돌아가신 뒤 우리 가산이 점점 줄어들게 된 것은 너 또한 잘 알 것이다. 구호동에 우리 집 논밭이 있는데, 근래에는 호환이 자

[A] 주 일어나 사람을 다치게 해 농사를 짓지 못하고 묵혀둔 지 벌써 수십여 년이 되었구나. 이제 그 땅을 다 일구어 너를 장가보내고 우리도 네 덕에 잘살게 된다면, 어찌 기쁘지 않겠느냐? 다만 너를 그 위험한 곳에 보내면, 혹시 후회할 일이 생길까 걱정이구나.”

해룡이 기꺼이 허락하고 농기구를 챙겨 구호동으로 가려 하니, 변 씨가 짐짓 말리는 체했다. 이에 해룡이 웃으며 말했다.

“사람의 목숨은 하늘에 달려 있으니, 어찌 짐승에게 해를 당하겠나이까?”

해룡이 가벼운 발걸음으로 집을 나서자, 변 씨가 문밖에까지 나와 당부하며 말했다.

“쉬이 잘 다녀오너라.”

해룡이 공손하게 대답하고 구호동으로 들어가 보니, 사면이 절벽으로 둘러싸여 있고 그 사이에 작은 들판이 하나 있는데, 초목이 아주 무성했다. 해룡이 등나무 넝쿨을 붙들고 들어가니, 오직 호랑이와 표범, 승냥이와 이리의 자취뿐이요, 인적은 아예 없었다. 해룡은 조금도 두려워하지 않고 옷을 벗은 뒤 잠깐 쉬었다. 해가 서산으로 넘어가려 할 무렵 자리에서 일어나 밭을 두어 이랑 갈고 있는데, 갑자기 바람이 거세게 불고 모래가 날리면서 산꼭대기에서 이마가 흰 칡범이 주홍색 입을 벌리고 달려들었다. 해룡이 정신을 바싹 차리고 손으로 호랑이를 내리치려 할 때, 또 서쪽에서 큰 호랑이가 벽력같은 소리를 지르며 달려들어 해룡이 매우 위급한 상황에 처하게 되었다. 그 순간 갑자기 등 뒤에서 금방울이 달려와 두 호랑이를 한 번씩 들이받았다. 호랑이들이 소리를 지르며 달려들었으나, 금방울이 나는 듯이 뛰어서 연달아 호랑이를 들이받으니 두 호랑이가 동시에 거꾸러졌다.

해룡이 달려들어 호랑이 두 마리를 다 죽이고 돌아보니, 금방울이 번개같이 굴러다니며 한 시간도 채 안 되어 그 넓은 밭을 다 갈아 버렸다. 해룡은 기특하게 여기며 금방울에게 거듭거듭 사례했다. 해룡이 죽은 호랑이를 끌고 산을 내려오면서 돌아보니, 금방울은 어디로 갔는지 사라지고 없었다.

한편, 변 씨는 해룡을 구호동 사지에 보내고 생각했다.

‘해룡은 반드시 호랑이에게 물려 죽었을 것이다.’

변 씨가 집 안팎을 들락날락하며 매우 기뻐하고 있는데, 문득 밖에서 사람들이 요란하게 떠드는 소리가 들려와 급히 나아가 보니, 해룡이 큰 호랑이 두 마리를 끌고 왔다. 변 씨는 크게 놀랐지만 무사히 잘 다녀온 것을 칭찬했다. 또한 큰 호랑이를 잡은 것을 기뻐하는 체하며 해룡에게 말했다.

“일찍 들어가 쉬어라.”

해룡이 변 씨의 칭찬에 감사드리고 제 방으로 들어가 보니, 방울이 먼저 와 있었다.

- 작자 미상, 「금방울전」 -

*가군 : 남에게 자기 남편을 이르는 말.

---

04. 윗글의 내용에 대한 이해로 적절하지 <u>않은</u> 것은?

① 변 씨는 소룡에게 잠자는 해룡을 깨우라고 지시했다.
② 변 씨는 해룡을 도운 것이 금방울이라는 것을 몰랐다.
③ 해룡은 밤에 방아질을 하다가 추워 방 안으로 들어갔다.
④ 해룡은 방 안에서 움직이는 금방울을 보고 신통해 했다.
⑤ 금방울은 구호동에서 사라진 후 해룡보다 먼저 방에 도착했다.

05. [A]에 대한 설명으로 가장 적절한 것은?

① 지난 일의 책임을 상대방에게 전가하며 태도 변화를 촉구하고 있다.
② 상대방으로 인한 자신의 손해를 언급하며 요청 사항을 전달하고 있다.
③ 상대방의 역할에 대해 의문을 제기하며 자신의 입장을 수정하고 있다.
④ 자신이 제안한 바가 서로에게 이익이 됨을 근거로 상대방을 설득하고 있다.
⑤ 상대방이 취하려는 행위를 만류하기 위해 상대방과 자신의 관계를 언급하고 있다.

06. 〈보기〉는 윗글의 서사 구조를 도식화한 것이다. ㄱ~ㄹ에 대한 설명으로 적절하지 <u>않은</u> 것은?

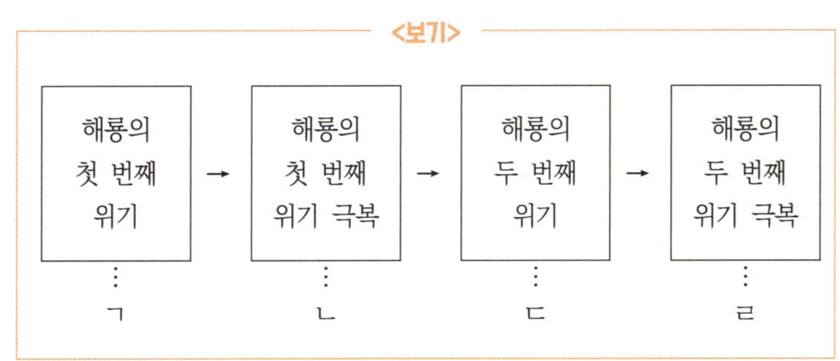

① ㄱ은 집에서 얼어 죽게 될, ㄷ은 구호동에서 짐승에게 해를 입게 될 상황이다.
② ㄱ과 ㄷ은 모두 해룡에게 수행하기 어려운 과제가 주어지는 상황이다.
③ ㄴ은 장차 해룡에게 화를 입을 것을 염려한 변 씨가 ㄷ을 계획하는 계기가 된다.
④ ㄴ과 ㄹ은 신이한 능력을 지닌 금방울에 의해 주도적으로 진행된다.
⑤ ㄱ~ㄹ의 과정에서 해룡은 겉과 속이 다르게 자신을 대하는 변 씨의 이중성을 눈치채고 반발하게 된다.

10 작자 미상, 적벽가

수능 국어 대비
실전 국어 전형태

STEP
01 지문 분석과 OX문제

나BS 수능특강 | 고전문학 ●

바야흐로 건안 12년 11월 15일이라. 날은 맑고 파도는 고요하다. 【조조는 사기를 진작코자 큰 잔치를 여는데, 술 많이 거르고, 떡 많이 치고, 소 많
중국 후한 헌제 때의 연호 → 시대적 배경을 구체적으로 밝힘.　　　　　　　　　위나라의 승상
이 잡고, 돼지 많이 잡고, 개 잡고, 닭 잡아서 군사를 위로한다.】 쇠사슬로 묶은 전선(戰船) 강 중앙에 두둥실 띄우고 황금대자 커다란 깃발 앞세우고,
　【 】 : 조조가 천하통일을 내세우며 남하하던 중, 병졸들에게 잔치를 배풂.　　　　　　전투에 쓰는 배
양편 전선 수백 척으로 수채*를 만들고, 천 명의 궁노수 사방에 매복시켰네.

　　　　　　　　　　　　　　　　　　황금으로 만든 관
　이때 조조의 거동을 보소. 「붉은 두루마기에 옥대(玉帶)를 차고, 금관(金冠)을 쓰고, 정중앙에 자리 잡고 앉았는데, 그의 좌우에 모신 장수 황금 투구
독자에게 말 걸기 → 판소리 사설의 특징　　　　　　옥으로 장식한 띠　　　　　　　「 」 : 인물의 외양을 묘사함.
쓰고 비단 갑옷 입고, 창도 메고 칼도 차고」 차례로 벌였는데, 동산에 달 오르니 대낮과 한가지인지라.

　장강 일대 맑은 강물 흰 비단 펼쳐 놓은 듯, 남병산 고운 봉우리 그림 병풍 두른 듯, 아름답기 그지없다. 동쪽으로는 시상, 서쪽으로는 하구, 남쪽으
　　　　　　　비유적 표현을 통해 공간적 배경을 생생하게 묘사함.
로는 번성, 북쪽으로는 오림이라. 조조가 사방을 돌아보니 너무나도 공활하여 호기가 절로 난다. 조조가 창 빼 들고 좌우 장수에게 하는 말이,
　　　　　　　　　　　　　　　씩씩하고 호방한 기상

『“나는 이 창으로 황건적을 무찔렀고, 여포를 붙잡았다. 원술을 멸했고, 원소를 거두었다. 북쪽으로는 요동까지 쳐들어갔고, 남쪽으로는 유종을 무릎
　　　자유자재로 행동하여 거침이 없는 상태
꿇렸지. 이렇게 천하를 종횡무진으로 뛰어다닌 까닭은 세상을 편안하게 만들겠다는 대장부의 큰 뜻을 저버리지 아니함이라. 사해를 평정했으나 아직 얻
　　　　　　　　　　　　　　　　　천하통일에 대한 욕망을 그럴듯하게 포장함.
지 못한 곳이 강남이니, 백만 장병 거느리고 여러 장군 힘을 입어 강남을 얻으려고 여기까지 왔노라. 강남을 얻으면 따로 좋은 일이 있으니, 강남 교
공의 두 딸은 경국지색이라. 하나는 손책의 처, 다른 하나는 주유의 처가 되어, 내 항상 한탄이라. 강남을 얻은 후에 반드시 이교녀(二喬女)를 동작대에
　　　　　뛰어나게 아름다운 미인　　　　　　　　　　　　　　　　　　　　　　　　　강남 교공의 두 딸
데려다가 봄바람 맞으며 늙도록 즐겨 볼까 하노라.”』 『 』 : 자신의 업적을 내세우며 목전에 둔 전쟁에서 승리할 것임을 호언장담함.

　〈남안을 가리키며, / “주유와 노숙은 천시를 모르느냐. 내 군사 거짓 항복 네 복심(腹心)이 되었으니 하늘이 도움이오.”
　　　　　　　　　　　하늘의 도움이 있는 시기　　　　　　　마음 놓고 부리거나 일을 맡길 수 있는 사람
하구를 가리키며, / “유비와 제갈량은 어찌 그리 아둔하여 태산을 흔들려는 개미와 같은가.”〉
　　　　　　　　　　　　　〈 〉 : 적진의 인물들을 무시하며 기세등등해하는 모습 → 조조의 교만한 성격이 드러남.
조조가 한참 장담할 제, 난데없이 까마귀가 남쪽 하늘을 향해 까악까악 울며 가니, 조조가 물어, / “어떤 까마귀가 이 밤에 울고 가노?”

좌우 장수들이 답하기를, / “그 까마귀 달 밝으니 새벽인가 의심하여 나무를 떠나면서 우나이다.”

조조가 크게 웃고 교만한 기운을 잔뜩 내며 노래 지어 부른다.

《“술잔 잡고 노래하니 인생이 얼마인고. 아침 이슬 같은 삶, 몇 날 남지 않았구나. 달이 밝아 별 드문데, 까마귀 남쪽으로 날아가도다. 숲을 세 바퀴
　　　　　　《 》 : 남쪽 하늘을 향해 울며 날아가는 까마귀를 보고 조조가 지은 노랫말 → 운문체를 사용하여 리듬감 형성
돌아도, 의지할 만한 가지 하나 없구나.”》

좌우의 장군들이 화답하고 한참 서로 즐긴다. 주흥이 무르익을 적에 양주 자사 유복이 나서서 말한다.
　　　　　　　　　　술을 마신 뒤에 취하여 일어나는 흥취

“대군의 기세가 상당하고 장사(壯士)가 명을 받들 제, 승상이 지은 노래에 불길한 구석 있사오니 이게 웬일이오? ‘달이 밝아 별 드문데, 까마귀 남쪽
　　　　　　　　　몸이 우람하고 힘이 아주 센 사람
으로 날아가도다. 숲을 세 바퀴 돌아도, 의지할 만한 가지 하나 없구나.’라니, 그 말씀은 상서롭지 아니하오.”

　이 말에 조조가 크게 화를 내며 소리 질러, / “내 속의 흥을 네까짓 게 감히 깨느냐!” / 창으로 유복을 퍽 찌르니 좌중이 다 놀란다.
　　　　　　　　자신이 쓴 노랫말을 지적한 유복을 바로 죽임. → 조조의 포악함이 극적으로 드러남.

[중략 부분 줄거리] 전쟁을 앞둔 조조의 군사들은 각자 돌아가며 고향을 떠나 전쟁터로 끌려온 자신들의 신세를 한탄하며 조조를 원망하는 마음을 드러낸다.

옆에 무슨 울음소리 쇠끝같이 되게 나도, 사람은 아니 뵈어 좌중이 의심한다. 이게 어인 변고인가. 한참을 찾으니, 벙거지가 울고 있네. 좌중이 이구동성으로 말하누나.

（벙거지: 무관이 쓰던 모자의 하나）

"이게 큰 변괴로다. 저 벙거지 잡아다가 강물에 내버려라."

한 군사가 벙거지 집어 들고 끌고 가려 하자, 벙거지가 더럭더럭 기를 쓴다.

"이놈들아 내 목 는다."

（는다: 늘어난다）

벙거지 젖혀 놓고 자세히 살펴보니 부채고리에 매어 다는 장식품만 한 작은 사람 벙거지 끈에 달려 있다.

（장식품만 한 작은 사람: 체구가 작은 아주 어린 소년 병사 → 전쟁의 폭력성 부각）

좌중이 묻기를, / "네가 무엇이냐?"

"내사 선봉 장합의 화병(火兵)이제."

（화병: 밥 짓는 일을 맡아보던 군사）

좌중이 크게 웃으며 말한다. / "키는 쥐방울만한 게 말소리는 똑똑하네. 쥐 창자만 한 네 뱃속에는 무슨 설움 들었느냐?"

（쥐 창자만 한 네 뱃속에는 무슨 설움 들었느냐?: 병사들이 돌아가며 자신의 서러움을 토로하고 있던 상황임.）

"내 설움이 참 설움." / "말해 보아라. 들어나 보자."

"우리 집에 있을 적에 새끼 까치 한 마리 잡아다가 그 꼬랑지에 공작 깃털 꽂고 받침대 놓아두고, 이것저것 먹이며 온갖 정성 다했제. 근디 급히 잡혀 오느라고 못 가지고 왔기에 밤낮으로 그놈 생각. 아까 울고 가던 까치가 나를 찾아온 내 까치지. 경망한 승상님이 내 까치인지 묻지도 않고 글만 지어 읊으시니 내 마음 절통하여 어찌 살겠는가."

（아까 울고 가던 까치: 조조가 시를 짓게 된 계기였던 까마귀）
（경망한 승상님: 조조에 대한 군사들의 부정적 평가 ①）

좌중이 크게 웃고 말한다. "실없는 자식이다." / 이어 군사 하나가 썩 나서며,

"너희는 가까운 것 버리고 먼 곳 일만 생각하네. 집 생각 하지 말고 몸이나 생각해라. 군사가 교만하면 패한다는 말 듣지도 못했는가. 승상님은 아랫사람 생각하지 않으니, 남은 것은 교만뿐이라. 정녕 우리는 이 싸움에서 패하고 말 터이니 우리 신세 어찌 되겠는가. 산처럼 쌓인 시체가 까마귀와 솔개에 파 먹혀 끝내 재같이 날려 마른 나뭇거지에 걸리리. 살과 피는 다 마르고 바람에 바스라져 비에 씻길 제, 남은 뼈라도 챙겨 묻어 줄 이 뉘 있으리. '가련타, 그리운 마음에 녹아내리는 뼛골. 규방의 아낙네가 낭군 그리워 꿈속을 배회하는 듯.' 옛사람이 지은 풍월, 우리를 두고 하는 말, 죽는 날도 모를 테니 제사 지내 줄 이 뉘라서 있을 텐가. 애고애고 설운지고."

（승상님은 아랫사람 생각하지 않으니, 남은 것은 교만뿐이라: 조조에 대한 군사들의 부정적 평가 ②）
（산처럼 쌓인 시체가 ~ 걸리리: 전쟁의 참상을 그려 낸 이태백의 시 중 한 구절）
（가련타, 그리운 마음에 녹아내리는 뼛골. 규방의 아낙네가 낭군 그리워 꿈속을 배회하는 듯: 선종 때 시인인 진도의 시 중 한 구절 → 고달픈 전쟁 상황 속 임에 대한 그리움을 노래함.）

서러운 말들을 한창 하고 슬픈 눈물 도처에 흩뿌릴 제, 헌걸찬* 풍채의 군사 하나 들어온다. 살기 가득 품은 그놈의 모양새가 이 세상을 꿈인 양 짐작하고 들어온 놈이라. 좌중을 꾸짖으며 일갈한다.

「"이 손들이 의젓하지 아니하네. 전쟁에 나온 놈이 고향 생각 어디가 쓰리. …… 천지개벽 이후로 싸움 없는 나라가 어디 있으랴. 한나라의 운 다하니 삼국 싸움 생겼구나. 우리네 이 한목숨, 군사 되어 전쟁터에 나왔으니, 어찌 아내를 그리워하며, 생각한들 무슨 소용 있으랴. 치달리는 말을 타고, 삼척검 둘러메고 물불 아니 가리고 오나라 한나라의 장수를 향해 달려든다. 그들 머리 한칼에 베어 들어 깃발에 매달아 노래 부르며 고향으로 돌아가네. 그게 대장부 바라는 바, 이 외에 또 무엇이 있으리."」

（노래 부르며 고향으로 돌아가네: 개가환향）
（「 」: 서러움을 토로하는 병사들을 꾸짖고 전시 상황임을 각인시켜 군기를 세우고자 함.）

한 군사가 일어나 대답한다.

"참말로 각자 말에 각자의 뜻 들어 있구나. 군신유의(君臣有義) 생각하니 충신의 아들이나, 까마귀 새벽 울음과 승상의 웃음소리, 참말로 모르겠다.

네 신세가 개가환향할는지, 소가환향할는지."
언어유희를 활용하여 이전 군사의 말 '개가환향(노래를 부르며 고향으로 돌아옴.)'을 '개(犬)'와 '소(牛)'로 비꼬아 말함.

밤새도록 부어라 마셔라 장난치고 노는구나.

*수채 : 물 위에 세운 군대의 진영.

*헌걸찬 : 매우 풍채가 좋고 의기가 당당한 듯한.

OX문제

01 비유적인 언어를 적절하게 구사하여 작품의 미적 효과를 높이고 있다. [2009학년도 6월] (O / X)

02 배경 묘사를 통해 인물의 성격 변화를 암시하고 있다. [2023학년도 6월] (O / X)

03 '조조'는 자신이 승전을 호언장담할 때 까마귀가 울고 가자 상서롭지 않음을 걱정하며 노래를 지었다. (O / X)

04 '헌걸찬 풍채의 군사'는 다른 병사들을 나무라며 자신은 전쟁에서 이길 수 있다면 고향에 가지 않아도 좋다고 말하였다. (O / X)

05 서술자가 인물의 분노를 직접적으로 제시함으로써 상황에 대한 인물의 태도를 드러내고 있다. [2017학년도 9월] (O / X)

STEP 02 작품 해제

01 | 주제

적벽 대전 영웅들의 활약과 전쟁에 희생된 민중의 비애 및 기득권자들에 대한 비판

02 | 특징

① 소설 「삼국지연의」의 '적벽 대전'을 바탕으로 재창작한 판소리 사설임.
② 판소리 특유의 민중적인 시각으로 당대 지배층을 비판함.
③ 군사의 설움과 백성의 고통을 통해 전쟁의 참혹함을 그려 냄.

03 | 작품 해제

이 작품은 중국 소설 「삼국지연의」의 '적벽 대전'을 재창작한 판소리 사설로, 원작에 없는 내용을 덧붙이는 등 외국 문학을 능동적으로 수용한 작품이다. 원작에서처럼 영웅의 활약상이 나타나기는 하지만 기존에 영웅으로 그려졌던 조조를 희화화함으로써 폭력적인 기득권층을 풍자하는 등, 당대 지배층의 무능함과 허세를 비판했으며, 그 '영웅들'로 인한 전쟁의 참혹함을 묘사함으로써 민중들의 고난과 역경을 드러냈다.

04 | 등장인물

- 조조 : 위나라의 승상. 교만하고 비겁하며 위기 상황을 제대로 파악하지 못한 채 어리석은 꾀를 내는 인물이다.
- 유복 : 조조의 신하 중 하나로, 조조가 까마귀를 보고 지은 시를 지적했다가 죽임 당한다.
- 벙거지(화병) : 체구가 작고 어린 소년 병사로, 애지중지 키웠던 고향의 까치를 떠올리며 서러워한다.
- 군사 하나 : 전쟁은 이미 패한 것이나 마찬가지라며, 전쟁터에서 아무도 모르게 죽어 갈 자신의 처지를 한탄한다.
- 헌걸찬 풍채의 군사 : 고향을 떠올리며 서러워하는 병사들을 꾸짖고, 대장부로서의 소망을 강조하여 군기를 세우고자 한다.

05 | 상세 줄거리

유비, 관우, 장비는 어지러운 천하를 바로잡고자 도원에서 의형제 결의를 하여 뜻을 모으지만 군대에 지략가가 없어 고민하던 중, 제갈공명이 뛰어난 책략가라는 소식을 듣고 그의 집에 세 번 찾아가 공명을 만난다. 유비가 공명에게 자신을 도와줄 것을 간청하자 이에 감동한 공명은 유비를 따라나선다. 한편 조자룡은 전쟁 중에 잃었던 유비의 아들 선과 감 부인을 찾아 유비에게 데려다주고, 장비는 장판교를 끊어 밀려오는 조조 군사를 크게 물리친다. 유비가 강하에서 성을 굳게 지킬 때 강동의 손권과 주유가 노숙을 보내어 공명을 유인한다. 공명은 짐짓 속은 체하고 오나라로 들어가 손권과 주유를 부추겨 조조와 싸움을 붙이고자 한다. 공명은 유비에게 동짓달 이십일 자룡에게 작은 배를 주어 남병산 아래 오강으로 보내라고 이르고 하직한다. 한편 조조는 적벽에서 백만 대병을 거느리고 천여 척의 배를 모아 쇠고리로 엮어 두고 병졸들에게 잔치를 베푼다. 군사들은 이를 먹고 즐기면서도, 부모와 아내, 자식을 그리워하며 탄식한다. 조조는 까마귀가 불길한 징조라고 말한 장수 유복을 죽이고, 싸울 준비를 한다. 주유는 동남풍이 없음을 한탄하는데, 공명이 남병산에 올라 제단을 쌓아 동남풍을 기원하여 바람이 일게 하고 하산하여 조자룡과 배를 타고 떠난다. 주유는 동남풍이 불자 공명을 두렵게 여기며 그를 죽이기 위해 장군을 보내나 조자룡이 활을 쏘아 물리친다. 한편 공명이 돌아와 일을 맡길 때 관우에게 아무 임무도 맡기지 않자, 관우는 화를 내며 이유를 묻는다. 공명은 관우를 제일 중요한 화용도로 보내려다 조조가 관우를 도와준 일이 있음을 들어 관우에게 맡기지 않았다고 한다. 관우는 사적 감정 없이 조조를 잡아 올 것을 다짐하고, 대군을 이끌고 출전한다. 한편 조조가 동남풍이 부는 것이 괴이하니 방비하자는 정욱의 말을 무시하던 중, 오나라 황개가 군량미를 싣고 항복하는 척 가까이 와서 조조의 진영에 불을 지른다. 조조는 다른 군사를 자기로 꾸며 적의 시선을 돌린 후 허겁지겁 도망친다. 오림으로 도망하다가 메추리를 보고 놀란 조조가 병졸들과 호로곡으로 도망하던 중 신세를 한탄하다가 갑자기 웃는데 이때 숨어 있던 장비가 조조를 크게 공격한다. 조조는 또 겨우 도망하고, 유비, 관우, 장비, 조자룡, 공명의 험담을 늘어놓다가 남은 군사가 겨우 백여 명 뿐이라는 것을 알게 된다. 조조가 헛웃음을 치니 관우가 나타나고, 정욱은 조조에게 관우 앞에서 빌 것을 청한다. 관우는 목숨을 애걸하는 조조를 크게 꾸짖고, 과거의 은혜는 이미 갚았다며 칼을 받으라고 한다. 관우가 조조를 죽이지 않자 주창이 죽일 것을 재촉하지만, 관우는 조조를 너그러이 놓아 보낸다. 본국으로 돌아가 자신이 조조를 잡고도 놓았으니 처벌할 것을 아뢰지만, 공명은 관우가 그리할 것을 알았다고 말한다.

STEP 03 논문으로 만나는 출제자의 시선

나BS 수능특강 | **고전문학**

「삼국지연의」의 판소리적 수용

기존 판소리는 사회적 약자의 고난을 극복하며 살아가는 이들의 이야기로, 현재의 결핍을 극복하고 풍요로운 미래를 건설하고자 하는 '민중 이야기'의 성격을 주로 보였다. 하지만 「적벽가」가 바탕으로 하는 소설 「삼국지연의」는 이미 '영웅'이라고 불리며 성취를 이룬 사람들의 야망과 활약을 그리고 있다는 점에서 기존 판소리의 경향에서 벗어난다.

이는 판소리의 개방성과 관련된 현상으로, 판소리 대본 창작자나 창자(노래나 창을 하는 사람)들이 양반층을 판소리 청자로 끌어들이려 사용한 전략으로 이해하는 것이 옳다. 「삼국지연의」가 촉나라에 정통성을 부여하면서 한족의 자존심 회복을 꾀하는 작품이었던 만큼, 중국 역사에 관한 지식이 있으면서도 중국의 유교적 이념과 제도를 바탕으로 사회 질서를 유지하려 했던 양반들의 입맛에 맞아떨어진 것이다. 「삼국지연의」가 철저한 영웅주의에 함몰되어 있다는 점 역시 당대의 지배 집단이었던 양반층의 기득권 옹호와 연관되어 있다.

하지만 「적벽가」는 양반들을 판소리의 향유층으로 끌어들이기 위해 「삼국지연의」의 영웅 찬가를 수용했을지언정, 판소리 본래의 민중적 시각을 놓지는 않았다. 이는 「적벽가」가 이름 없는 병사들의 죽음을 그리는 방식에서 드러난다. 전쟁에서 참혹하게 희생되었음에도 역사에 남지 않은 군사들이 설움을 늘어놓거나 불만을 말하는 장면을 삽입한 까닭은 그들의 개인적 사정을 전면에 등장시킴으로써 그것이 전쟁이라는 급한 상황을 지연시킬 정도로 중요하고 강력한 것임과 아울러 이들의 희생으로 만들어진 영웅의 실상이 얼마나 덧없는 것인지를 보여 주기 위함이었던 것이다.

관우와 조조의 인물 형상

「삼국지연의」와 비교하였을 때 「적벽가」는 형상화된 인물들의 모습에서 차이를 보인다. 여전히 모든 사건을 주관하는 핵심적 인물은 제갈공명이지만, 관우는 인격적으로 아주 격상되어 소개되고, 조조는 난세의 간웅(간사한 꾀가 많은 영웅)에서 풍자와 비판의 대상으로 전락하고 만다. 이러한 변화는 「적벽가」가 향유되던 당대의 사회·문화적 배경 및 주제 의식과 밀접한 관련이 있다.

우선 작품에서 관우의 뛰어난 무예가 직설적으로 표현되지 않음에도 창자는 관우를 꼬박꼬박 '관공'이라는 존칭으로 추앙한다. 관우의 신의를 보여 주는 조조와의 대치 장면 역시 공명이 예상한 범주 내의 행위였는데, 이는 조조와 관우를 대비하여 조조를 더 골계(익살)적 인물로 만들 의도만으로 읽기에는 과한 묘사이다. 따라서 이는 당시 민간 신앙의 대상으로까지 숭앙되던 관우의 너그러운 인격을 강조하기 위한 것으로 해석하는 것이 자연스럽다. 용맹한 장수였던 관우의 비극적 죽음을 슬퍼하는 중국인들이 전설처럼 그의 행적을 신성화하여 민간 신앙의 대상으로 삼았고, 그 민간 신앙이 우리의 토속 신앙인 샤머니즘과 결합하여 관우를 신으로 모셨던 것을 「적벽가」가 반영하고 있는 것이다.

한편 조조는 「삼국지연의」에서는 부정적 면모와 영웅적 면모를 동시에 지닌 인물로 나타난다. 실제 역사에서도 그는 뛰어난 정치적 역량에 대한 긍정적 평가와 간교한 품성에 대한 부정적 평가가 공존하는 인물이라는 점에서, 「적벽가」의 희화화된 조조의 인물 형상은 독특한 것이다. 조조는 「적벽가」 전반부에서는 청중의 공분을 일으키는 악인형 인물로, 후반부에서는 나라를 위기에 몰아넣고 백성들을 도탄에 빠트리는 폭력적 지배자로 그려지며, 높은 지위에 맞지 않게 새 한 마리에도 놀라는 경박한 모습을 보이는, 골계미를 창출하는 중심인물이 된다. 이렇게 조조를 골계의 중심으로 삼은 것은 작품 외적으로는 「적벽가」가 정치적 정통성이 촉나라에 있음을 강조하던 「삼국지연의」의 영향을 받았기 때문이며, 작품 내적으로는 「적벽가」가 조조를 유비, 관우, 공명 등으로 표상되는 영웅들과 대척점에 두어 서사적 흥미를 높이기 위해서이다.

다음 글을 읽고 물음에 답하시오. [07.수능 평가원 기출]

(가) [중모리] 창황분주 도망을 갈 제 새만 푸루루루루 날아 나도 복병인가 의심하고, 낙엽만 퍼뜩 떨어져도 추병인가 의심하여, 엎어지고 자빠지며 오림산 험한 산을 반생반사 도망을 간다.

(나) [아니리] 조조(曹操) 가다 목을 움쑥움쑥하니 정욱(程昱)이 여짜오되,

"승상님 무게 많은 중에, 말 허리에 목을 어찌 그리 움치시나이까?"

"야야, 화살이 귀에서 앵앵하며 칼날이 눈에서 번뜻번뜻 하는구나."

"이제는 아무 것도 없사오니 목을 늘여 사면을 살펴보옵소서."

"야야, 진정으로 조용하냐?"

조조가 목을 막 늘여 좌우 산천을 살펴보려 할 제, 의외에 말 굽통 머리에서 메추리 표루루루 하고 날아 나니 조조 깜짝 놀라,

"아이고 정욱아, 내 목 떨어졌다. 목 있나 봐라."

"눈치 밝소. 조그마한 메추리를 보고 놀랄진대 ㉠큰 장끼를 보았으면 기절할 뻔하였소그려."

조조 속없이,

"야 그게 메추리냐? 그놈 비록 자그마한 놈이지만 냄비에다 물 붓고 갖은 양념 하여 보글보글 볶아 놓으면 술안주 몇 점 참 맛있느니라만."

"입맛은 이 통에라도 안 변하였소그려."

조조가 좌우 산천을 살펴보니,

(다) [중모리] 산천은 험준하고 수목은 총잡한데, 골짜기 눈 쌓이고 봉우리 바람 칠 제, 화초 목실 없었으니 앵무 원앙이 그쳤는데 새가 어이 울랴마는, 적벽 싸움에 죽은 군사 원조(怨鳥)라는 새가 되어 조 승상을 원망하여 지지거려 우더니라. 나무 나무 끝끝트리 앉아 우는 각 새 소리. 도탄에 싸인 군사, 고향 이별이 몇 해런고. 귀촉도 귀촉도 불여귀라, 슬피 우는 저 초혼조. 여산 군량이 소진하여 촌비 노략 한때로구나, 소텡 소텡 저 흉년새. 백만 군사를 자랑터니 금일 패전이 어인 일고, 입삐쭉 입삐쭉 저 삐쭉새. 자칭 영웅 간곳없고 도망할 길을 꾀로만 낸다, 꾀꼬리 수리루리루 저 꾀꼬리. 들판 대로를 마다하고 심산 숲 속에 고리각 까옥 저 까마귀. 가련타 주린 장졸 냉병인들 아니 들랴, 병에 좋다고 쑥국 쑥쑥국.

　　　　　　　　　　(중략)

㉡처량하구나 각 새 소리. 조조가 듣더니 탄식한다.

"울지를 말아라. 너희가 모두 다 내 제장 죽은 원귀 나를 원망하여서 우는구나."

(라) [아니리] ㉢탄식하던 끝에 '히히히, 해해해' 대소하니 정욱이 기가 막혀,

"여보시오 승상님, 근근도생 창황 중에 슬픈 신세 생각지 않고 무슨 일로 웃나이까?"

조조 대답하되,

"내 웃는 게 다름 아니라 주유(周瑜)*는 꾀가 없고 공명(孔明)*은 슬기 없음을 생각하여 웃노라."

(마) [엇모리] 이 말이 지듯 마듯 오림산곡 양편에서 고성 화광이 충천, 한 장수가 나온다. ㉣얼굴은 형산백옥 같고 눈은 소상강 물결이라. 이리 허리 곰의 팔, 녹포엄신 갑옷, 팔척 장창 비껴들고 당당위풍 일 포성,

큰 소리로 호령하되,

"네 이놈 조조야. 상산 명장 조자룡(趙子龍)을 아는다 모르는다? 조조는 닫지 말고 창 받으라!"

말 놓아 달려들어 동에 얼른 서를 쳐, 남에서 얼른 북을 쳐, 생문으로 내리닫아 사문에 와 번뜻! 장졸의 머리가 추풍낙엽이라. 예 와서 번뜻하면 저 가 뎅기령 베고, 저 와서 번뜻하면 예 와 뎅기령 베고, ㉤백송골이 꿩 차듯, 두꺼비 파리 차듯, 은장도 칼 베듯, 여름날 번개 치듯 흥행행 쳐들어 갈 제, 피 흘러 강물 되고 주검이 여산이라.

　　　　　　　　　　　　　- 작자 미상, 「적벽가(赤壁歌)」 -

*주유 : 조조의 위나라와 적대 관계에 있던 오나라의 대장군.

*공명 : 제갈량(諸葛亮). 위나라와 적대 관계에 있던 촉나라의 군사(軍師).

---

01. 윗글의 내용과 일치하는 것은?

① 봄빛이 완연한 산속을 배경으로 삼고 있다.

② 군사를 다 잃은 조조가 정욱과 단둘이 도망가고 있다.

③ 조조는 숲에 숨어들어 적의 추격으로부터 벗어난 상태이다.

④ 조조는 큰 낭패를 당했음에도 불구하고 허세를 버리지 않고 있다.

⑤ 조조는 전쟁 통에 죽은 장졸들을 아랑곳하지 않는 태도를 보이고 있다.

02. (나)와 (마)를 비교하여 설명한 내용으로 적절하지 <u>않은</u> 것은?

① (나)에서는 (마)에 비해 상황이 희극적으로 연출되어 골계미가 살아나고 있다.

② (마)는 (나)에 비해 작중 상황이 급박하여 정서적 긴장감이 높아지고 있다.

③ (나)에서 인물 간의 갈등이 해소되는 데 비하여, (마)에서는 인물 간의 갈등이 고조된다.

④ (나)는 주로 인물 간의 대화에 의해, (마)는 주로 서술자의 서술에 의해 사건이 진행된다.

⑤ (나)가 산문적 표현에 가까운 데 비하여, (마)는 노래로 부르기에 적합한 요소를 가지고 있다.

03. ㉠~㉤에 대한 설명으로 적절하지 <u>않은</u> 것은?

① ㉠ : 주변인물을 통해 중심인물의 부정적 면모를 드러낸다.

② ㉡ : 대상과의 심리적 거리를 좁혀 수용자의 공감을 유도한다.

③ ㉢ : 반어적 표현을 통해 상황의 반전을 암시한다.

④ ㉣ : 관습적인 표현을 활용하여 인물의 특성을 묘사한다.

⑤ ㉤ : 비유적 표현의 반복을 통해 리듬감과 생동감을 살려낸다.

04. 〈보기〉에 비추어서 (다)의 '새타령'을 해석한 의견으로 적절하지 <u>않은</u> 것은?

─── 〈보기〉 ───

'새타령'은 「적벽가」에서도 절창으로 꼽힌다. 새 모습 묘사와 새 소리 표현에 생동감이 넘쳐, 이름난 광대가 이 대목을 부르면 새가 날아들 정도였다고 한다. 흥미로운 것은 새의 울음을 표현한 말소리들이 서사적 상황과 절묘하게 연결되면서 전쟁 상황에 얽힌 의미를 표출한다는 사실이다. 예컨대, '도탄에 싸인 군사, 고향 이별이 몇 해런고'에 이어지는 '귀촉도 귀촉도'라는 울음소리는 '귀촉'의 뜻이 '고국으로 돌아감'과 연결되어 고향에 돌아가기를 원하는 군사들의 심정을 드러내고 있다.

① 흉년새가 '소텡 소텡' 하고 우는 것은 '소댕(솥뚜껑)'이나 '솥이 텅 빈 것'과 연결되어, 식량 문제로 고생하는 군대의 모습을 나타낸 것으로 볼 수 있겠어.

② 삐쭉새가 '입삐쭉 입삐쭉' 하고 우는 것은 '삐쭉대다'와 연결되어, 대군을 잃고 한심한 처지가 된 조조를 비웃는 의미를 담아냈다고 할 수 있겠네.

③ '꾀꼬리 수리루리루'라는 울음소리는 '꾀'라는 말과 연결되어, 도망갈 궁리를 짜내기에 분주한 조조를 희화화한 것이라고 볼 수 있겠군.

④ 까마귀가 '고리각 까옥' 하고 우는 것은 까마귀가 '효조(孝鳥)'라는 사실과 연결되어, 군사들이 부모를 그리는 상황을 나타낸 것이라고 할 수 있겠어.

⑤ '쑥국 쑥쑥국'이라는 울음소리는 '쑥'의 약효와 연결되어, 병에 시달리는 군사들의 고통이 치유되기를 바라는 마음을 표현했다고 할 수 있겠군.

다음 글을 읽고 물음에 답하시오. [13.7B.고3 교육청 기출]

[앞부분의 줄거리] 공명은 조조에게 신세를 진 적이 있는 관공이 혹시 조조를 놓아주지 않을까 염려한다. 관공은 목숨을 걸고 조조를 꼭 잡아오겠다는 군령장을 쓰고 조조를 잡으러 떠난다. 쫓기던 조조는 화용도에서 관공에게 잡히는데, 조조는 과거 관공의 목숨을 살려준 적이 있었다.

[아니리]

칼을 번쩍 빼어 들고 조조 앞으로 바싹 달려드니 조조가 깜짝 놀래 목을 딱 움추리니 관공이 빙긋이 웃으며,

"옷깃으로 내 청룡도를 피한단 말이냐."

"글쎄요, 그러기에 장군님은 제발 가까이 서지 마옵소서."

"네 말이 날다려 유정타 허며 어찌 가까이 서지는 말라는고."

"글쎄요, 장군님은 유정하나 청룡도는 무정허여 고정을 베일까 염려로소이다."

관공이 웃으시며 조조의 지기(志氣)를 떠보려고 청룡도를 높이 들어 조조 목을 베어낼 듯,

[A] "검여두이혼인(劍與頭而婚姻)허면 생기자유혈(生其子流血)이라. 네 목에 피를 내어 내 칼을 한 번 씻으랴 함이로다."

목을 넘겨 땅을 콱 찌르니 조조 정신 아찔하야 군사들을 돌아보며,

"야들아 청룡도가 잘 든다더니 과연 그 말이 맞구나. 아프잖게 잘 도려 가신다. 내 목 있나 좀 봐라."

관공이 웃으시며,

"목 없으면 죽었거늘 죽은 조조도 말을 하느냐."

"예. 그는 정신이 좋삽기로 말은 겨우 하거니와 혼은 벌써 피난간 지 오래로소이다."

관공은 본래 조조의 은혜를 입은지라 조조를 놓을까 말까 망설이며 결정을 못하고 있던 차에,

[자진모리]

주창이 여짜오되,

"장군님은 어찌하야 첫 칼에 베일 조조 살려 두려 하시는지. 옛 일을 모르시오. 강동의 모진 범여 함양을 파한 후 홍문연 앞은 패공 무심히 거저 놓아 항장(項將)의 날랜 칼이 쓸 곳이 없었고* 계명산 추야월에 장량(張良)의 옥퉁소 한 곡조 슬피 불어 팔천병 흩었으니 오강풍랑 자문사(自刎死)라.* 하물며 조조는 처세에 능하고, 난세에 간웅이라. 장군이 만일 놓아주면 소장이 잡으리다."

별안간 달려들어 조조 멱살을 꽉 잡으며,

"왕의 목숨이 주창의 손에 달렸도다. 내 손에 달린 목숨 네 어디로 피할소냐."

냅다 잡아끄니 조조 놀래 벌벌 떨며,

"여보 주 별감(周別監) 술 많이 받아 드릴 테니 제발 날 좀 놔주시오."

관공이 웃으시며,

"아서라 아서라 그리 마라. 어디 차마 보겠느냐. 목숨일랑 끊지 말고 사로잡아 가자."

좌우에 제장군졸을 한편으로 갈라 세우고 관공이 말머리를 돌리실 제 조조가 급히 말을 타고 정신없이 달아난지라. 관공이 거짓 분노하며,

"내 분부도 듣지 않고 제 마음대로 달아나니 그 죄로 죽어봐라."

[중모리]

　　조조 듣고 말 아래 뚝 떨어지니 장졸들이 황겁하야 장군 말 아래
가 두 손 합장 비는디 사람의 인륜에 못 볼래라.
　　"비나이다 비나이다 장군님전 비나이다. 살려주오 살려주오 우리
승상 살려주오. 우리 승상 살려주면 높고 높은 장군 은혜 본국 천리
돌아가서 호호 만세 하오리다."
　　조조 듣고 기가 막혀,
　　"우지 마라 우지 마라. 나 죽기는 설잖으나 가냘픈 너희 모습 눈뜨
고 볼 수가 없구나. 풍파에 곤한 신세 고향 가는 길에 장군님을 만났
으니 가냘픈 우리 모습 설마 살려 주시제 죽일소냐."

[B]

　　관공이 꾸짖어 왈,
　　"이 놈 조조 들어보아라. 내 너를 잡으러 올 때, 군령장에 다짐을
두었으니 그대 놓고 나 죽기는 그 아니 원통할까."
　　조조가 비는 말이,
　　"현덕과 공명 선생이 장군님 아시기를 오른팔로 믿사오니 초수(草
獸)같은 이 몸 조조 아니 잡아 가드래도 죽이지는 않으리다. 장군님 타
신 말과 청룡도에 나 죽기는 그 아니 원통하오."
　　관공이 감심하여 조조를 놓아주고 말을 돌려 돌아가니 세인이 노래
를 허되, '슬겁구나, 슬겁구나. 화용도 좁은 길에 조조가 살아가니 천고
에 늠름한 대장부는 관공인가 하노라.'

[아니리]

　　관공은 본국으로 돌아와 공명전 엎드려 왈,
　　"용렬(庸劣)한 관모는 조조를 잡고도 놓아 주었사오니 의율시행(依律施
行) 하옵소서."
　　공명이 내려와 관공의 손을 잡고
　　"조조는 죽일 사람이 아닌 고로 장군을 그 곳에 보냈으니 그 일을 뉘
알리요."

[엇중모리]

　　관공은 화용도 좁은 길에 조조를 살려주니 인후(仁厚)하신 관공 이름 천
추에 빛나더라. 그 뒤야 뉘가 알리. 더질 더질.

　　　　　　　　　　　　　　　　　　　　　- 작자 미상, 「적벽가(赤壁歌)」 -

*강동의~없었고 : 한나라 항우가 유방을 죽이지 않고 살려 준 고사.
*계명산~자문사라 : 한나라의 전략가인 장량이 고도의 심리전으로 초나라 군대를 해산
　시켜 항우를 자결에 이르게 한 고사.

05. 윗글을 연극으로 만든다고 할 때, 홍보 문구로 가장 적절한 것은?

① 욕망의 덫에 걸려 쓰러지며
② 의리를 지키려 군율을 어기고
③ 백성들의 울음소리 하늘에 닿아
④ 패잔병의 슬픈 노래 전장을 울리며
⑤ 권력 투쟁에서 밀려 쓸쓸히 사라지고

06. [A]와 [B]에 대한 설명으로 적절하지 <u>않은</u> 것은?

① [A]에는 인물의 과장된 행동이 나타나 있다.
② [A]는 인물의 행동을 희화화하여 웃음을 유발하고 있다.
③ [B]는 동일한 어구가 반복되어 율격을 형성하고 있다.
④ [A]와 달리 [B]에는 상황에 대한 서술자의 주관적인 평가가 드러나 있다.
⑤ [A]와 [B]에는 모두 관습적 표현을 통한 배경 묘사가 나타나 있다.

07. 다음은 윗글을 읽은 학생이 쓴 '작품 속 인물 탐구'에 대한 보고서이다.
　　탐구 내용으로 적절하지 <u>않은</u> 것은?

〈적벽가 인물 탐구〉

 〈관공〉	• '조조'와 대면하여 호통을 치는 모습에서 위엄 있는 장군의 면모가 드러난다. ······················ ① • '조조'에게 도움 받은 과거를 잊지 않고 '조조'를 놓아주는 모습에서 인간적인 면모가 드러난다. ···················· ②
 〈조조〉	• 궁지에 몰려서도 자신의 장졸들에게 권위를 내세우는 모습에서 위선적인 면모가 드러난다. ···················· ③ • 살길을 도모하기 위해 상대 적장에게 빌고 있는 모습에서 비굴한 패장의 면모가 드러난다. ···················· ④
 〈주창〉	• 망설이는 '관공'과 달리 적장을 제거하려는 단호한 모습에서 원칙을 고수하려는 면모가 드러난다. ··········· ⑤

11 작자 미상, 옹고집전

수능 국어 대비
실전 국어 전형태

STEP 01 지문 분석과 OX문제

나BS 수능특강 | 고전문학 ●

[앞부분 줄거리] 옹진골 옹당촌에 살고 있는 옹고집은 다른 사람에게 인색하기로 유명한 수전노였다. 이를 보다 못한 한 도사가 옹고집의 집에 허수아
　　　　　　　　　　　　돈을 모을 줄만 알아 한번 손에 들어간 것은 도무지 쓰지 않는 사람을 낮잡아 이르는 말

비로 만든 허웅가를 보내고, 허웅가와 진짜 옹고집인 실옹가 사이에 시비가 벌어지며 둘은 사또 앞에 서게 된다.
　　　　　　　　　　　누가 진짜 옹고집인지 가릴 수 없어 다툼이 일어남.

　　　　　　　　　손아랫사람을 '사람'보다는 낮추고 '자'보다는 좀 대접하여 이르는 말
사또 듣기를 다하매 가로되, / "그 손이 참 옹 좌수라."
　사또의 질문에 실옹가는 대답을 제대로 못하고 허웅가만 자세히 답해 허웅가를 진짜 옹고집이라고 잘못 판결함.

하고, 당상에 올려 앉히고 기생을 불러, / "이 양반께 술 권하여라."

일색 기생 술을 들고 권주가 화답하되,
　　　　　　　　　　술을 권하는 노래

"잡수시오, 잡수시오. 이 술 한잔 잡수시오. 이 술은 술이 아니라 한 무제 승로반*에 이슬 받은 것이오니, 쓰나 다나 잡수시오."

옹 좌수 흥을 내어 술잔을 받아 들고 하는 말이,
　　　　　　　　집안 살림에 쓰는 온갖 물건
"하마터면 아까운 세간을 저놈에게 빼앗기고 이런 일등 미색의 이렇듯 맛난 술을 못 먹을 뻔하였다. 그러나 성주 덕택에 흑백을 가려 주옵시니, 은
　　　　　　　　실옹가

혜 백골난망이로소이다. 잠깐 민의 집에 나오시오. 막걸리 한잔 대접하오리다."
　　　백성 → 자신을 가리킴.

"그는 염려 말게. 처치하여 줌세." / 실옹가 불러 분부하되,

"네가 흉측한 놈으로 음흉한 뜻을 두고 남의 세간 탈취하려 하니, 네 죄상은 마땅히 의율정배*할 것이로되, 고의 안세하니 바삐 어서 물리치라."
　　　　　　　엄하게 문초하여 죄목을 묻되　　　　　　　　　　　　　　　　　　　　가벼이 처벌하니

대곤삼십도*를 맹치하여 엄문 죄목 하되, / "인제도 옹가라 하겠느냐?"
　　　　　　　매우 치고

실옹가가 생각하되, 만일 옹가라 하다가는 곤장 밑에 죽을 듯하니, / "예, 옹가 아니오. 처분대로 하옵소서."
　　　　　　　　　　　　　　사실대로 말하면 곤장에 맞아 죽을까 봐 진짜 옹고집이 아니라고 답함.

아전이 호령하여, / "장채 안동하여 저놈을 월경(越境)하리라."
　　　　　　　　지니고 가서　국경이나 경계선을 넘는 일

하니, 벌떼 같은 군노 사령 일시에 달려들어 옹가 상투를 잡아 휘휘 둘러 내쫓으니, 실옹가 하릴없이 가슴을 탕탕 두드리며 대성통곡하며 하는 말이,
　　　　　　　　　　　　　　　　　　　　　　　　　　　　　　달리 어떻게 할 도리가 없이

"답답하다, 내 일이야. 꿈이냐, 생시냐. 어찌해야 옳단 말이냐. 차소위락미지액(此所謂落眉之厄)이로다*."

무지한 고집이 놈 이제는 개과하여 애통하는 말이,
인물의 성격 직접 제시　　　　　↳ 잘못이나 허물을 뉘우치고 고쳐

「"나는 죽어 마땅한 놈이거니와 당상학발 우리 모친 다시 봉양하고지고. 어여쁜 우리 아내 월하의 인연 맺어 일월로 본증 삼고 천지로 맹세하여 백
　　　　　　　　　부모의 머리카락이 학의 털처럼 하얗게 셈.

년 종사하겠더니, 독수공방 적막한데 임 없이 홀로 누워 전전반측 잠 못 들어 수심으로 지내는가. 슬하의 어린 새끼 금옥같이 사랑하여 어를 제 '섬마
　　　　　　　　　　　　　　　　누워서 몸을 이리저리 뒤척이며 잠을 이루지 못함.

둥둥 내 사랑, 후드득후드득 엄마, 아빠 눈에 암암' 나 죽겠네. 아마도 꿈인가 생신가. 꿈이거든 깨이거라."」
　　　소송에서 이김.　　　　　　　　　　「 」: 인물의 발화를 통해 개과천선했음을 보여 줌. → 주제 의식 강조
　허웅가 거동 보소. 득송(得訟)하고 돌아올 제 의기양양하는 거동 참으로 제법일다. 얼씨구나 좋을씨고. 손춤 추며 노랫가락 좋을씨고. 이리저리 다니
독자에게 말 걸기 → 판소리계 소설의 특징

면서 조롱하여 하는 말이, / "허허 흉악한 놈, 하마터면 우리 고운 마누라 빼앗길 뻔하였다."
　　　　　　　　　　　　여러 사람

하고, 집으로 들어오며 희색이 만안하니, 가중 제인이 득송하였단 말 듣고 잡고 묻는 말이, / "득송하였소?"
　　　　기뻐하는 얼굴빛이 얼굴에 가득하니

"허허, 그리하였네. 그새 편안히 있는가. 세간은 고사하고 하마터면 자네 놓칠 뻔하였네. 원님이 명찰(明察)하여 주시기로 자네 얼굴 다시 보니 이런
　　　　　　　　　　　　　　　　　　　　　　　　　　　　　　　　　사물을 똑똑히 살핌.
좋은 일 또 있을까. 불행 중 다행이로다."

　그렁저렁 날이 저물매 허옹가 실옹가의 아내 데리고 좋아 언어 수작하다가 원앙금침 펼쳐 놓고 동침하여 누웠으니, 양인 심사 깊은 정에 좋은 마음
　　　　　　　　　　　　　　　　　　　　　　　말을 주고받다가
　　　　　　　　　　　　　　　　　　　　　　　밤이 새도록
측량없다.

　이같이 즐기다가 잠깐 잠을 들어 한 꿈을 얻으니, 하늘에서 허수아비 무수히 떨어져 내리거늘 문득 깨달으니 남가일몽이라. 허옹가 보고 몽사를 이
　　　　　　　　　　　　　　　　　　　태몽 → 허수아비로 만든 허옹가의 아이 또한 허수아비일 것임을 암시　　　　　　　꿈에 나타난 일
르니, 허옹가 하는 말이, / "그러할시 분명하면 아마도 잉태할 듯하나, 꿈과 같을진대 허수아비 떼 낳을 듯하네. 그러하나 앞으로 닥쳐올 일을 보리라."

　이러구러 10삭이 차매 실옹가 아내 몸이 곤하여 침석에 누워 해태하는데, 진양성중가가조(晉陽城中家家稠)에 개구리 해산하듯, 도야지 새끼 낳듯 무
　　　　　　　　　　　　　　　　　　　누워서 잠을 자는 곳　　　　아이를 낳는데
수히 펴 낳는데, 하나 둘 셋 넷 부지기수로다. 이렇듯이 해산하니 보던 바 처음이요, 듣던 바 처음이라, 실옹가 마누라 좋아라고 괴로움을 모르고 길러
　　　　　　　　　　　헤아릴 수가 없을 만큼 많음.
내더라.

　이같이 즐겨 할 제 실옹가는 하릴없이 세간·처자 빼앗기고 팔자 없는 곤장 맞고 세상에 살아 무엇 하랴. 애고애고, 내 팔자야. 죽장망혜 단표자로
　　한 개의 표주박
　　　　　　　　　　　　　　　　　　　　　　　　　　　　　　　대지팡이와 짚신
만첩청산 들어가니 산은 높아 천봉이요, 골은 깊어 만학이라. 인적은 고요하고 수목은 삼렬(森列)한데, 때마침 삼춘(三春)이라. 『출림비조(出林飛鳥) 산새
　　　　　　　　　　　　　　　　　　　　　　　　　　촘촘하게 늘어서 있는데　　　　　　숲으로 새들이 날아듦.
들은 쌍거쌍래 날아들 제, 슬피 우는 저 두견은 나의 심회 자아내어 화총에 눈물 뿌려 점점이 맺어 두고 불여귀(不如歸)를 일을 삼으니, 슬프다.』 이런
　『　』: 자신의 처지와 대비되는 봄날의 전경을 읊고, 두견에 감정 이입하여 정서를 부각함.　　　　중국 촉나라 망제의 넋이 새가 되어 고향으로 돌아가지 못하는 슬픔을
　　　　　　　　　　　　　　　　　　　　　　　　　　　　　　　　　　　　　　울부짖었다는 고사에서 유래한 두견새의 울음소리
공산(空山) 중에 아무리 철석간장이라도 아니 울고 못 하리라. 이렇듯 슬피 울 제 한 곳을 바라보니 층암절벽상에 백발 도사 높이 앉아 청려장을 옆에
　　　　　　굳센 의지나 지조가 있는 마음　　　　　　　　　　　　　　　　　　　　　　　　　　　　　　　　지팡이
끼고 반송 가지를 휘어잡고 노래로 하는 말이, / "후회막급이로다. 하늘이 주신 죄를 수원수구(誰怨誰咎)하단 말가."
　키가 작고 가지가 옆으로 퍼진 소나무　　　　　　　　　　　백발 도사가 옹고집의 처지와 심정에 대해 노래함.

　실옹가 듣기를 다하여, 천방지방 도사 앞에 급히 나아가 합장 배례하며 공손히 하는 말이,
　　　　　　　　　　　　　　　　　　　　　　　두 손바닥을 마주 대고 절하며

　"이놈의 죄를 생각하면 천사(千死)라도 무석(無惜)이요 만사(萬死)라도 무석이나, 명령하신 도덕하에 제발 살려 주오. 당상의 늙은 모친, 규중의 어린

처자 다시 보게 하옵소서. 원견지하온 후는 돌아가도 여한이 없을까 하나이다. 제발 살려 주옵소서."

　갖은 방법으로 애걸하니 도사 하는 말이,

　"천지간에 몹쓸 놈아, 인제도 팔십 당년 늙은 모친 냉돌방에 구박할까. 불도를 능멸할까. 너 같은 몹쓸 놈은 응당 죽일 것이로되, 정상이 가긍하고
　　　　　　　　　　　　　　　　　　옹고집의 과거 패악에 대해 꾸짖음.　　　　　　　　　　　　　　　　　　　　불쌍하여 가엾고
너의 처자 불쌍한 고로 방송하나니, 돌아가 개과천선하라." / 하며, 부적을 써 주며 가로되,
　　　　　　　　　　　　　　풀어 주니

　"이 부적을 몸에 붙이고 네 집에 돌아가면 괴이한 일이 있으리라."

　하고 인홀불견(因忽不見) 간데없거늘, 실옹이 재빨리 돌아와서 제집 문전 다다르니, 고루거각(高樓巨閣) 높은 집에 청풍명월 맑은 경은 옛 놀던 풍경
　　　　　　　　　　　　　　　　　　　　　　　　　　　　　　높고 크게 지은 집
이라. 담장 안에 홍련화는 나를 보고 반기는 듯, 영산홍아 잘 있더냐, 자산홍아 무사하냐. 옛일을 생각하니 각금시이작비(覺今是而昨非)로 옛집을 다시

찾아오니 죽을 마음 전혀 없다.
집에 돌아오니 죽고 싶던 마음이 사라짐.

　"가소롭다 허옹가야, 이제도 네가 옹가라 장담할까?" / 하며 들어가니, 마누라 이 거동을 보고 심히 대경실색하여 하는 말이,

　"애고애고 좌수님, 저놈 천살 맞았는지 또 와서 지랄하고 들어오니, 이 일을 어찌하리까."

　이러할 즈음에 방에 있던 옹가 간데없고 짚 한 묶음이 놓여 있고, 허옹가의 자식들도 문득 허수아비 되니, 가중 제인이 박장대소하더라.
　　　　　　　　　　　　백발 도사가 건넨 부적으로 도술이 풀림.

LIBS _ 나 없이 EBS 풀지마라

좌수가 부인 보고 하는 말이,

"마누라, 그새 허수아비 자식을 저렇듯 무수히 낳았으니, 그놈과 한가지로 얼마나 좋아하였는가. 한 상에 밥도 먹었는가?"

부인이 어처구니없어 묵묵부답하고 방 안에 돌아다니며 허옹가의 자식 살펴보니, 이리 보아도 허수아비, 저리 보아도 허수아비 떼가 분명하다. 부인이 일변은 반갑고 일변은 부끄러워하더라.

매우 감탄하여 마음으로 따라
도승의 술법을 탄복하여, 옹 좌수 모친께 효성하고, 불도를 공경하여 개과천선하니 그 어짊을 칭찬하더라.
인물의 개과천선 과정을 통해 유교의 효 사상과 불교의 인과응보 사상을 드러냄.

*한 무제 승로반 : 중국의 한 무제가 이슬을 받기 위해 만든 쟁반. / *의율정배 : 법에 따라 귀양을 보냄. / *대곤삼십도 : 큰 곤장으로 삼십 대를 때림.

*차소위락미지액이로다 : 이것이 눈앞에 닥친 재앙이구나. / *진양성중가가조 : 진양성 안에 집이 빽빽하게 들어서 있음을 뜻함.

*수원수구 : 누구를 원망하며 누구를 탓함. / *무석 : 억울하지 않음. / *원견지 : 보기를 원함. / *인홀불견 : 갑자기 사라짐.

*각금시이작비 : 중국 도연명의 「귀거래사」에 나오는 말로, 지금은 옳고 지난날은 그릇되었음을 깨달았다는 뜻.

*천살 : 불길한 별의 이름. 강력한 액운을 말함.

OX문제

01 대립적인 두 인물을 배치하여 인물 간 갈등을 구체화하고 있다. [2014학년도 수능B] (O / X)

02 묘사의 방식을 통해 장면이 전환되었음을 드러내고 있다. [2014학년도 6월A] (O / X)

03 하늘에서 수많은 허수아비가 떨어져 내리는 꿈을 꾼 실옹가의 아내는 자신이 허수아비를 낳을 것이라 예상하였다. (O / X)

04 실옹가가 늙은 모친과 어린 처자를 다시 보고 싶다고 빌자 백발 도사는 드디어 개과천선하였다며 부적을 써 주었다. (O / X)

05 상황에 어울리지 않는 비유로 반어적인 효과를 낳아 웃음을 유발한다. [2013학년도 5월B] (O / X)

STEP

02 작품 해제

01 | 주제

옹고집의 개과천선 과정을 통해 전하는 인간의 참된 도리

02 | 특징

① 여러 설화를 수용한 설화 소설임.
② 불교의 인과응보, 유교의 효 사상이 함께 드러남.
③ 권선징악(勸善懲惡) 등 교훈적인 주제 의식이 나타남.

03 | 작품 해제

이 작품은 판소리계 소설이자 불교적 설화를 수용한 설화 소설이다. 부자이지만 인색한 인물이 스님을 천대하였다가 그 스님의 도술로 징벌을 받는 '학승 설화'와 진짜와 가짜의 싸움 끝에 진짜가 쫓겨난다는 '진가쟁주 설화'를 차용하여 이기적인 옹고집이 개과천선하기까지의 과정을 풍자적이고 비판적으로 그려 냈다. 또한, 효 등 사람의 도리를 지키고 남에게 악을 행하지 말아야 한다는 주제 의식이 작품 결말 부분에서 편집자적 논평을 통해 강조되고 있다.

04 | 등장인물

- 옹고집(실옹가) : 부유하지만 인색하여 부모에게 불효하던 인물. 도사를 조롱하여 쫓아내는 등의 악행을 벌이나, 가짜 옹고집이 나타나 세간과 가족들을 빼앗아 가는 사건이 생기자 그제야 반성하고 도사에게 잘못을 빈다. 이후 개과천선하여 어질게 살아간다.
- 가짜 옹고집(허옹가) : 도사가 허수아비로 만든 가짜 옹고집으로, 진짜 옹고집과 다투어 승소하고 집과 아내를 차지한다. 이후 도사의 술법이 풀리자 사라진다.
- 도사 : 월출암의 스님으로, 악덕한 짓을 행하는 옹고집을 징계하여 개과천선하도록 만든다.

05 | 상세 줄거리

경상도에 사는 옹고집은 심술궂고 음흉하여 악행을 저지른다는 소문이 자자했다. 하루는 이 소문을 들은 도사가 그를 가르치고자 맹랑촌을 찾아간다. 옹가의 집 앞에서 염불을 외우니 늙은 종이 뛰어나와 옹가가 알기 전에 떠나라고 충고한다. 도사는 옹가 집이 큰 부자이니 천 냥만 시주하여 법당을 다시 지을 수 있도록 도와 달라고 한다. 옹가는 이 소리를 듣고 시주를 받고 싶다면 자신의 관상을 보라고 호령한다. 도사가 옹가의 상서롭지 못한 관상을 낱낱이 이르자, 이에 분노한 옹가가 종들을 불러 그에게 곤장 이십 대를 친다. 도사는 여러 날을 고생하여 절로 돌아오고, 옹가를 처벌할 방법을 궁리한다. 이후 도사는 옹가와 같은 이목구비의 허수아비를 만들어 도술로 혼백을 붙이고, 진짜 옹가인 척하라고 일러 옹가 집으로 보낸다. 실옹가는 허옹가를 마주치고 황당하여 누가 진짜 옹가인지 다투는데 집안사람 누구도 분별할 수 있는 이가 없었다. 허옹가의 제안으로 원님에게 판결을 받기로 하였으나, 원님도 겉모습으로는 판단할 길이 없어 돌려보내려 한다. 그러나 허옹가가 세간살이와 조상에 대해 정확히 알고 있음이 드러나자 실옹가는 가짜 취급을 받고 곤장을 맞고 쫓겨난다. 실옹가는 판결에서 지고 억울한 심정으로 친구를 찾아가지만, 친구도 그를 가짜라고 생각하며 쫓아낸다. 옹가는 물에 빠져 죽을 심정으로 물가에 갔다가 월출암 도사의 소리를 듣고 그를 찾아간다. 옹가는 도사에게 잘못을 빌고, 도사는 옹가를 타이른 후 부적 한 장을 써 주며 집에 돌아가라 이른다. 옹가가 집으로 돌아가니 허옹가와 허옹가의 아이들은 허수아비가 되어 있었고, 그는 마침내 세간을 되찾는다. 세월이 흘러 개과천선한 옹가는 어질게 살아간다.

STEP 03 논문으로 만나는 출제자의 시선

가짜 옹고집의 소통 방식

「옹고집전」에서 가짜와 진짜를 가리는 논쟁은 결국 두 사람 선에서 끝나지 못하고 송사로 향하며 새로운 국면을 맞이한다. 이는 가짜 옹고집이 악행을 일삼는 진짜를 쫓아내어 벌을 받는 모습을 보고 싶어 하는 독자의 소망을 반영한 대목이다. 이때 진짜와 가짜가 설득해야 할 대상은 서로에서 그치는 것이 아니라 가족들과 관원들로 확대된다. '진짜다운 것'을 판단하는 것이 내가 아니라 타인일 때, 어떻게 타인에게 자신을 증명할 수 있는가, 그리고 타인은 무엇을 진짜라고 여기는가 혹은 무엇을 진짜라고 여기고 싶은가에 대한 물음이 이 작품을 관통하고 있는 셈이다.

그러한 측면에서 보았을 때 가짜 옹고집이 타인을 설득하는 방식은 이상적이다. 진짜보다 집안 사정을 잘 알고 있고, 식솔이 아니면 모를 세세한 사연과 경험을 설명하여 증거를 대는 동시에 자신이 얼마나 집안에 세심한 관심을 기울이는지를 타인에게 증명한 것이다. 이는 진짜 옹고집이 판결에서 지고 가짜 옹고집이 새로운 가장이 되어 화목한 생활을 하는 것에서 두드러진다. 이전과는 달라진 가장의 모습에 의문을 품기보다 그러한 가장을 오히려 반기고 그 가장이 가짜였음을 깨닫는 순간 허망함을 느끼는 까닭은 가짜 옹고집의 모습이 가족과 사회가 소망하는, 기본 도리를 갖춘 인간이었기 때문일 것이다. 이러한 서사의 구성은 당대 문학 향유층들이 전근대적 권위와 반사회적 태도를 버려야 할 것으로 여겼음을 보여 주는데, 이는 개과천선하여 공동체의 기대에 부응하는 인간형이 되려고 결심하고 나서야 집으로 돌아올 수 있었던 옹고집의 모습에서 다시 한번 증명된다.

「옹고집전」에 반영된 서민 의식

「옹고집전」은 송만재의 「관우희」와 정노식의 「조선창극사」에 판소리 열두 마당 중 하나라고 소개되어 있을 뿐, 창으로는 전해지지 않고 화석화된 소설본만 남아 있다. 소설로 정착되는 과정에서 긴밀한 구조적 골격을 갖춘 서사가 되기는 하였지만, 판소리로서의 일반적 성격을 고루 갖추고 있는 작품이다. 특히 등장인물이 지닌 성격이나 그들이 사용하는 어투 등은 서민 문학으로서의 성격을 그대로 드러내고 있다. 이러한 「옹고집전」의 특징을 정리하면 다음과 같다.

첫째, 불효, 배불(불교를 배척함), 악덕 배금주의(돈을 최고의 가치로 여기고 숭배하여 삶의 목적을 돈 모으기에 두는 경향이나 태도)로 설명되는 그의 성격은 윤리적, 종교적, 사회적인 면에서 악의 전형이며, 봉건 시대 말기의 사회상 및 당시 양반들의 의식 구조와 결부하여 생각해 볼 때, 시대적 전형이라고 볼 수 있다. 따라서 그는 불승만의 적대자가 아니라, 서민들의 미움의 대상이 된 인물이다.

둘째, 백발 도사는 표면적으로는 불승에 해당하지만, 내면적으로는 부와 권력을 공유하고 갖가지 악행을 자행하는 양반들에 대한 서민들의 저항 의식을 대변하고 있는 인물이다. 따라서 옹고집과 백발 도사의 갈등은 그들만의 문제가 아니라 양반층과 서민층 사이의 문제이다.

셋째, 옹고집전에서 '실옹가→허옹가'로 전이되는 변신 모티프는 악인의 징계라는 점에서 윤리적이나, 징계의 주체에서 생각하면 욕구 충족의 실현에 그 의미가 있다. 양반과 서민의 대결이 성립될 수 없는 상황에서 관념된 인물이 백발 도사이고, 백발 도사에 의해 창출된 허옹가와 실옹가의 다툼에서 실옹가의 패배는 불교의 승리일 뿐만 아니라 서민들의 욕구 충족이다. 따라서 작품의 변신 모티프를 종교적으로만 단정 지을 수는 없고, 시민들의 저항 의식의 구현에도 그 의미가 있다고 보는 것이 적절하다.

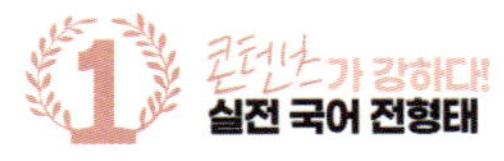

STEP 04 나BS 실전 문제

다음 글을 읽고 물음에 답하시오. [19.6.고3 평가원 기출]

[앞부분 줄거리] 옹고집은 성격이 고약한 부자이다. 어느 날 옹고집 앞에 가짜 옹고집이 나타나, 서로가 자신이 진짜라고 주장한다.

두 옹고집이 송사 가는 제, 읍내를 들어가니 짚옹고집 거동 보소. 주저 없이 제가 앞에 가며 읍의 촌가인 하나와 만나 보면 깜짝 반겨 두 손을 잡고, "나는 가변을 송사하러 가는지라. 자네와 나와 아무 연분에 서로 알아 죽마고우로 지냈으니 나를 몰라볼쏘냐."

또 하나를 보면, "자네 내게서 아무 연분에 돈 오십 냥을 취하여 갔으니 이참에 못 주겠느냐. 노잣돈 보태 쓰게 하라."

또 하나 보면, "자네 쥐골평 논 두 섬지기 이때까지 소작할 제, 거년 선자(先資)* 스물닷 말을 어찌 아니 보내는가."

[A] 이처럼 하니 참옹고집이 짚옹고집을 본즉 낱낱이 내 소견대로 내가 할 말을 제가 먼저 하니 기가 질려 뒤에 오며, 실성한 사람같이, 아는 사람도 오히려 짚옹고집같이도 모르는지라.

짚옹고집이 노변에서 지나가는 사람 데리고 하는 말이,

"가운이 불길하여 어떠한 놈이 왔으되 용모 나와 비슷해 제가 내라 하고 자칭 옹고집이라 하기로, 억울한 분을 견디지 못하여 일체 구별로 송사하러 가는지라. 뒤에 오는 사람이 기네. 자네들도 대소간 눈이 있거든 혹 흑백을 가릴쏘냐."

참옹고집이 뒤에 오면서 기가 막히고 얼척도 없어 말도 못하고 울음 울 제, 행인들이 이어 보고 하는 말이, "누가 알아보리오. 뉘 아들인지 알 수가 없다. 아마도 상동이란 말밖에 또 하리오."

(중략)

짚옹고집 반만 웃고 집으로 돌아와서 바로 내정으로 들어가니 처자 권속이 내달아 잡고 들어가니, "하늘도 무심치 아니하기로 **내 좋은 형세와 처자를 빼앗기지 아니하였다.**"

송사를 이긴 내력을 말하니 처자 권속이며 상하 노복 등이 참옹고집으로 알고, 마누라는, "㉠ 우리 서방님이 그런 고생이 또 있을까."

뭇 아들 나서며, "그런 자식에게 아버지가 큰 봉재를 보았다."

노복 종이며 마을 사람들이 다 칭찬하거늘, 짚옹고집이,

"내가 혈혈단신으로 자수성가하였기로 전곡을 과연 아낄 줄만 알았더니 내빈 왕객 접대 상과 만가 동냥 거지들을 독하게 박대하였더니 인심부득 절로 되어 이런 재변이 난 듯싶으니, 사람 되고 개과천선 못할쏘냐. 오늘부터 재물과 곡식을 흩어 활인구제(活人救濟)하리라."

전곡을 흩어 사방에 구차한 사람을 구제한단 말이 낭자하니 팔도 거지들과 각 절 유걸승들이 구름 모이듯 모여드니 **백 냥 돈 천 냥 돈을 흩어** 주니 옹고집은 인심 좋단 말이 낭자하더라.

하루는 주효를 낭자케 장만하고 원근에 모모한 친구며 사방 사람을 청좌하여 대연을 배설할 제, 이때의 참옹고집 **전전걸식**하다가 맹랑촌 옹고집 활인구제한단 말 듣고 분심으로 하는 말이,

"㉡ 남의 재물 갖고 제 마음대로 쓰는 놈은 어떤 놈의 팔자인고. 찾아가서 내 집 망종 보고 죽자."

하고 죽장망혜로 찾아갈 제, ㉢ 짚옹고집 도술 보고 근처에 참옹고집

온 줄 알고 사환을 분부하되,

"오늘 큰 잔치에 음식도 낭자하고 걸인도 많을 제, 타일 천하게 다투던 거짓 옹가 놈이 배도 고프고 기한(飢寒)을 견디지 못하여 전전걸식 다닐 제, 잔치 소문을 듣고 마을 근처에 왔으나 차마 못 들어오는가 싶으니 너희 등은 가서 데려오라. 일변 생각하면 되도 못할 일 하다가 중장(重杖)만 맞았으니 불쌍하다."

사환 등이 영을 듣고 사방으로 나가 보니 ㉣ 과연 마을 뒷산에 앉아 잔치하는 데를 보고 눈물을 흘리고 앉았거늘 사환들이 바로 가서 엉겁결에 배례하고 문안하니, 슬프다. 참옹고집이 대성통곡 절로 난다.

사환들이 가자 하니, "㉤ 갈 마음 전혀 없다."

여러 놈이 부축하여 들어가서 좌상에 앉히니 짚옹고집 일어서며 인사 후에,

"네 들어라. 형세 있어 좋다 하는 것이 활인구제하여 만인적선이 으뜸이거늘 천여 석 거부로서 첫째로는 부모 박대하니 세상에 용납지 못할 놈이요, 둘째는 유걸산승 욕보이니 불도가 어찌 허사리오. 우리 절 도승이 나를 보내어 묘하신 불법으로 가르쳐서 너의 죄목을 잡아 [B] 아주 죽여 세상에 영영 자취 없게 하여 세상 사람에게 모범이 되게 하라 하시거늘 너를 다시 세상에 내어 보내기는 나의 어진 용심으로 살린 것이니, 이만해도 후생에게 너 같은 행실을 징계한 사례가 될 듯싶으니 이후는 아무쪼록 개과하라."

하고, 좌상에 나앉으며 문득 자빠지니 허수아비 찰벼 짚 묶음이라. 이로 좌상이 다 놀라 공고를 하고 옹고집이 이날부터 개과천선하여 세상에 전하여 일가친척이며 원근친고 사람에게 인심을 주장하니 옹고집의 인심을 만만세에 전하더라.

– 작자 미상, 「옹고집전」 –

*선자 : 일을 시작하기에 앞서 드는 돈.

01. [A]에 대한 설명으로 가장 적절한 것은?

① 송사 원인이 금전적 이해관계에 있음이 밝혀진다.
② 송사 결과에 대한 행인들의 상반된 예측이 제시된다.
③ 송사 가는 이의 답답한 심정이 서술자에 의해 드러난다.
④ 송사 가는 이들 간에 서로를 비방하는 대화가 이어진다.
⑤ 송사 가는 길에 새롭게 등장한 인물의 외양이 묘사된다.

02. ㉠~㉤에 대한 이해로 적절하지 <u>않은</u> 것은?

① ㉠ : '마누라'는 집에 돌아온 이를 '참옹고집'으로 알고 있다.
② ㉡ : '참옹고집'은 '짚옹고집'을 못마땅하게 여기고 있다.
③ ㉢ : '짚옹고집'은 '참옹고집'의 거동을 수상히 여기고 있다.
④ ㉣ : '참옹고집'은 집에 들어가지 못한 채 서러워하고 있다.
⑤ ㉤ : '참옹고집'은 '사환들'에게 거절의 의사를 표하고 있다.

03. 〈보기〉를 참고하여 윗글을 감상한 내용으로 적절하지 <u>않은</u> 것은?

───〈보기〉───

「옹고집전」은 주인공 '참옹고집'이 소외를 경험하도록 그와 똑같이 생긴 '짚옹고집'을 등장시켜 그를 대신하게 하는 독특한 인물 관계를 설정하였다. 이는 '참옹고집'으로 형상화된 조선 후기 향촌 사회의 부유층에게 요구되는 사회적 책무와도 연결된다. 부유하게 살면서도 가난한 이들을 구제하지 않고 외면하면 공동체로부터 소외될 수 있음을 보여 주고 있기 때문이다.

① '내 좋은 형세와 처자를 빼앗기지 아니하였다'고 말한 데에서, '참옹고집'이 송사 이전부터 가족에게 소외되어 온 정황이 '짚옹고집'을 통해 드러남을 알 수 있군.
② '만가 동냥 거지들을 독하게 박대'하였다고 말한 데에서, 가난한 이들을 외면했던 '참옹고집'의 행적이 '짚옹고집'을 통해 언급됨을 알 수 있군.
③ '전곡을 흩어 사방에 구차한 사람을 구제'한다는 데에서, 가난한 이들을 구제해야 하는 '참옹고집'의 책무가 '짚옹고집'을 통해 이행됨을 알 수 있군.
④ '짚옹고집'이 '백 냥 돈 천 냥 돈을 흩어' 줄 수 있을 만큼 '참옹고집'의 재물이 많았다는 데에서, 조선 후기 향촌 사회의 부유층을 연상시키는 '참옹고집'의 모습이 확인되는군.
⑤ '참옹고집'이 '짚옹고집'에게 자리를 빼앗기고 '전전걸식'하며 살아가는 데에서, 공동체로부터 소외되어 고통을 겪는 '참옹고집'의 처지가 확인되는군.

04. 〈보기〉는 「옹고집전」 이본의 일부이다. [B]와 〈보기〉를 비교하여 이해한 내용으로 적절하지 <u>않은</u> 것은?

───〈보기〉───

참옹고집 듣기를 다하여 천방지방 도사 앞에 급히 나아가 합장배례하며 공손히 하는 말이, "이놈의 죄를 생각하면 천사(千死)라도 무석(無惜)이요 만사라도 무석이나 명명하신 도덕하에 제발 덕분 살려 주오. 당상의 늙은 모친 규중의 어린 처자 다시 보게 하옵소서. 원견지 하온 후 지하에 돌아가도 여한이 없을까 하나이다. 제발 덕분 살려 주옵소서."

만단으로 애걸하니 도사 하는 말이, "천지간에 몹쓸 놈아. 인제도 팔십 당년 늙은 모친 냉돌방에 구박할까, 불도를 능멸할까. 너 같은 몹쓸 놈은 응당 죽일 것이로되 정상(情狀)이 불쌍하고 너의 처자 가여운 고로 놓아 주니 돌아가 개과천선하라."

부적을 써 주며 왈, "이 부적을 몸에 붙이고 네 집에 돌아가면 괴이한 일 있으리라."

하고 홀연 간데없거늘 참옹고집 즐겨 돌아와서 제집 문전 다다르니 고루거각 높은 집에 청풍명월 맑은 경은 옛 놀던 풍경이라.

① '참옹고집'을 살려 두는 이유로 [B]는 '나의 어진 용심'을, 〈보기〉는 '정상이 불쌍'함을 제시하는 것으로 보아, [B]에서는 용서하는 이의 마음을 고려했고, 〈보기〉에서는 용서받는 이의 처지까지도 고려하였군.
② '참옹고집'을 살려 두는 이유로 [B]는 '이만해도 후생에게' '징계한 사례'가 됨을, 〈보기〉는 '너의 처자 가여'움을 제시하는 것으로 보아, [B]에서는 징계의 사회적 효용이, 〈보기〉에서는 징계로 인한 가족의 피해가 고려되었군.
③ '참옹고집'의 악행으로 [B]는 '부모 박대'를, 〈보기〉는 '모친' '구박'을 거론하는 것으로 보아, [B]와 〈보기〉에서 모두 '참옹고집'의 비인륜적 행위가 징계의 사유에 포함되었군.
④ '참옹고집'에게 개과천선하라는 요청이 [B]와 〈보기〉 모두 인물의 발화에 나타나는 것으로 보아, [B]와 〈보기〉에서 모두 인물의 발화는 '참옹고집'이 용서를 구하기 시작하는 계기에 해당하는군.
⑤ '참옹고집'을 훈계하던 존재가 [B]에서는 '허수아비'로 변하고, 〈보기〉에서는 '홀연' 사라지는 것으로 보아, [B]와 〈보기〉에서 모두 신이한 사건이 벌어지는군.

다음 글을 읽고 물음에 답하시오. [13.10B.고3 교육청 기출]

늙은 모친 병들어 누웠는데, 닭 한 마리, 약 한 첩도 봉양은 아니하고 잘 먹이지 아니하니, 냉돌방에 홀로 누워 서럽게 울며 하는 말이,

"너를 낳아 길러낼 제 애지중지 나의 마음 보옥같이 사랑하여 어루만져 하는 말이 ㉠ '은자동아 금자동아 무하자태 백옥동아 천지만물 일월동아 아국사랑 간간동아 하늘같이 어지어라 땅같이 너릅거라. 금을 준들 너를 사랴. 천상 인간 무가보(無價寶)는 너 하나뿐이로다.' 이같이 사랑하여 너 하나를 길렀더니 천지간에 이런 공을 모르느냐. 옛날 왕상(王祥)이는 얼음 속에 잉어 낚아 부모 봉양 하였으니 그렇지는 못하여도 불효는 면하여라."

불측한 고집이놈이 어미 말에 대답하되,

"진시황 같은 이도 만리장성 쌓아 두고 아방궁 높이 지어 삼천 궁녀 호위를 받으며 천년이나 사잤더니, 일분총(一墳塚)을 못 면하여 죽어 있고 백전백승 초패왕도 오강에 죽어 있고, 안연 같은 현학사도 삼십에 조사(早死) 커든 오래 살아 무엇하리. 옛글에 인간칠십(人間七十) 고래희(古來稀)라 하였으니, 팔십 당년 우리 모친 오래 살아 쓸데없네. 오래 살수록 욕됨이 많으니 우리 모친 뉘라서 단명하리. 도척이 같은 몹쓸 놈도 천추에 유명커든 무슨 시비 말할손가."

(중략)

"애고 애고 저놈 보소. 제가 나인 체하고 천연히 앉아 좋은 말로 그럴듯 말하네. 네가 옹가냐, 내가 옹가지."

하고 서로 다툴 적에 김 별감 하는 말이,

"양 옹이 옹옹하니 이 옹 저 옹을 분별하지 못하겠네. 관가에 송사나 하여 보소."

양 옹이 이 말을 듣고 서로 붙들고 관청에 들어가는데, 얼굴도 같고 의복도 같고 머리 가슴 팔뚝 다리까지 같았으니, 그동안의 진위를 뉘가 알리오.

실옹이 먼저 아뢰되,

"민(民)이 옹당촌에서 대대로 살아왔사온데 천만의외 알지 못하는 허인이 민의 행색같이 하고 들어와 민의 집을 제집이라 하고, 민의 가속을 제 가속이라 하오니 세상에 이러한 흉한 일이 어데 또 있사오리까? 명명하신 성주는 이놈을 엄문하와 사리를 분명히 밝혀 주옵소서."

허옹가 또 아뢰되,

"민이 아뢸 말씀을 저놈이 다하였사오니 민은 아뢸 말씀 없사오니 명백하신 성주는 통촉하시어 허실을 가려 주옵소서. 인제 죽사와도 여한이 없겠나이다."

사또 분부하되,

"양 옹은 서로 이러쿵저러쿵 하지 말라."

하고, 육방 하인이며 내빈 행객 모두 살피되 전혀 알 수 없는지라.

형방이 아뢰되,

"두 백성의 호적을 상고하여지이다."

허허, 그 말을 옳다 하고 호적을 담당하는 관리를 불러 양 옹의 호적을 들을 제 실옹이 나앉으며 아뢰되,

"민의 애비 이름은 옹송이옵고 조부는 만송이로소이다."

사또 왈,

"그놈 호적은 옹송만송하다. 알 수 없으니 저 백성 아뢰라."

(중략)

사또 듣기를 다하매 왈,

"그대가 참 옹 좌수라."

하고 당상에 올려 앉히고 기생을 불러

"이 양반께 술 권하여라."

일색 기생 술을 들고 권주가 화답하되,

"잡수시오 잡수시오 이 술 한 잔 잡수시오. 이 술은 술이 아니라 한무제(漢武帝) 승로반(承露盤)에 이슬 받은 것이오니, 쓰다 다나 잡수시오."

옹 좌수 흥을 내어 술잔을 받아 들고 하는 말이,

"하마터면 아까운 세간을 저 놈에게 빼앗기고 이런 일등 미색의 이렇듯 맛난 술을 못 먹을 뻔하였다. 그러나 성주 덕택에 흑백을 가려 주옵시니 은혜 백골난망이로소이다. 한번 민의 집에 나오시오. 막걸리 한잔 대접하오리다."

"그는 염려 말게. 처치하여 줌세."

실옹을 불러 분부하되,

"네가 흉측한 놈으로 음흉한 뜻을 두고 남의 세간 탈취하려 하니 네 죄상은 마땅히 법에 따라 귀양을 보낼 것으로되 가벼이 처벌하니 바삐 어서 물리치라."

대곤 삼십 도를 매우 쳐서 엄문죄목하되,

"인제도 옹가라 하겠느냐?"

실옹이 생각하되 만일 옹가라 하다가는 곤장 밑에 죽을 듯하니,

"예, 옹가 아니오. 처분대로 하옵소서."

아전이 호령하여,

"관원을 시켜 저놈을 마을 밖으로 내쫓게 하리라."

하니 벌떼 같은 군노 사령 일시에 달려들어 옹가 상투를 잡아 휘휘 둘러 내쫓으니 실옹이 하릴없이 거리에서 빌어먹어 가슴을 탕탕 두드리며 대성통곡 우는 말이,

"답답하다 내 일이야. 꿈이냐 생시냐. 어찌하여야 옳단 말이냐. 뜻밖에 일어난 횡액이로다."

무지한 고집이놈 인제는 개과하여 애통해 하는 말이,

"나는 죽어 마땅한 놈이거니와 당상 학발(堂上鶴髮) 우리 모친 다시 봉양하여지고. 어여쁜 우리 아내 월하(月下)의 인연 맺어 일월(日月)로 본증(本證) 삼고 천지로 맹세하여 백년 종사 하쟀더니 독수공방 적막한데 임 없이 홀로 누워 전전반측 잠 못 들어 수심으로 지내는가. 슬하의 어린 새끼 금옥같이 사랑하여 어를 제 ㉡ '섬마둥둥 내 사랑 후두둑 후두둑 엄마 아빠 눈에 암암' 나 죽겠네. 아매도 꿈인가 생신가. 꿈이거든 깨이거라."

허옹가 거동 보소. 승소하고 돌아올 제 의기양양하는 거동 그야말로 제법이다. 얼씨구나 좋을시고. 손춤 치며 노랫가락 좋을시고. 이리저리 다니면서 조롱하여 하는 말이,

"허허 흉악한 놈, 하마터면 우리 고운 마누라 빼앗길 뻔하였다."

- 작자 미상, 「옹고집전」 -

---

05. 윗글을 통해 알 수 있는 내용으로 적절하지 <u>않은</u> 것은?

① 실옹은 조상대대로 살던 곳에서 살고 있다.
② 허옹은 참옹으로 인정받은 후 실옹을 조롱하고 있다.
③ 사또는 외모를 근거로 허옹을 참옹으로 인정하고 있다.
④ 실옹은 송사에서 패한 후에 거리를 떠돌며 빌어먹고 있다.
⑤ 허옹은 자신을 참옹으로 인정해 준 성주의 공을 치켜세우고 있다.

나BS _ 나 없이 EBS 풀지마라

06. ㉠과 ㉡에 대한 설명으로 가장 적절한 것은?

① ㉠과 달리 ㉡은 다른 대상과 비교하여 특정 인물의 우월함을 드러내고 있다.
② ㉠에 비해 ㉡은 특정 인물로부터 벗어나고자 하는 태도를 강하게 나타내고 있다.
③ ㉡과 달리 ㉠은 자신의 미래에 대한 부정적 전망을 나타내고 있다.
④ ㉠과 ㉡ 모두 특정한 대상에 대한 원망을 표현하고 있다.
⑤ ㉠과 ㉡ 모두 자신이 처한 안타까운 상황에서의 심리를 드러내고 있다.

07. 〈보기〉를 바탕으로 윗글을 감상할 때 적절하지 <u>않은</u> 것은?

〈보기〉

인간은 기본적으로 가족 공동체를 이루어 살면서 삶의 안정을 꾀한다. 그런데 가족 공동체가 유지되기 위해서는 가족 구성원이 지켜야 할 의무가 있다. 이런 의무를 다하지 않으면 여러 종류의 경고를 받게 되는데, 이런 경고를 무시하면 결국 개인은 가족으로부터 격리되는 결정적 사건을 맞이하게 된다. 가족 공동체로부터 격리되어 삶이 황폐해진 개인은 자신의 지난날을 되돌아보면서 잘못을 반성하고 가족 공동체로의 복귀를 소망하게 된다

① 실옹이 노모에게 불효를 저지르는 것은 지켜야 할 가족의 의무를 하지 않은 것으로 볼 수 있군.
② 실옹이 모친의 말에 진시황 등을 들며 대답하는 것은 자신에 대한 경고를 받아들인 것으로 볼 수 있군.
③ 실옹이 송사에 져서 마을 밖으로 쫓겨나는 것은 가족 공동체로부터 격리되는 결정적 사건으로 볼 수 있군.
④ 실옹이 마을에서 쫓겨난 후에 자신을 죽어 마땅하다고 말하는 것은 자신을 반성하는 것으로 볼 수 있군.
⑤ 실옹이 아내와 자식들을 그리워하는 것은 가족 공동체로의 복귀를 소망하는 것으로 볼 수 있군.

12 | 작자 미상, 옥단춘전

STEP 01 지문 분석과 OX문제

나BS 수능특강 | 고전문학 ●

[앞부분 줄거리] 이혈룡과 김진희는 함께 공부하며 우정을 나눈 친구 사이였다. 김진희가 먼저 평양 감사가 되고, 가세가 기운 이혈룡은 유리걸식하다
집안의 운수나 살림살이 ↵　　　　정처 없이 떠돌아다니며 빌어먹음.
평양 감사가 되었다는 김진희의 소식을 듣고 찾아간다. 그러나 김진희는 이혈룡을 괄시하며 대동강에 던지라고 사공에게 명한다. 이때 옥단춘이 이혈룡
업신여겨 하찮게 대하며
의 비범함을 알아보고 이혈룡을 구해 준다. 이혈룡은 자신을 구해 준 옥단춘과 연분을 맺고, 학업에 매진하여 암행어사가 되어 자신의 신분을 숨기고

돌아온다.

“임아 임아 낭군님아, 이처럼 좋은 얼굴, 어쩌면 그 지경이 되어 왔소?”

이렇게 옥단춘이 말하니, 이혈룡은,

「　」: 이혈룡이 가세가 기운 자신의 집안을 남몰래 도와준 옥단춘에게 고마움을 표현함.

“「서울 본집에 올라가 보니, 수십여 명의 권솔이 무슨 까닭인지 가세도 풍부하고 노비와 전답이 흡족하게 지내므로 그 연고를 물었더니, 그대가 재
　　　　　식구　　　　　　　　　　　　　　논밭　　　　　　　　　일의 까닭
물을 많이 보내어 호의호식으로 지내는 것을 비로소 짐작하고 그대의 은혜가 백골난망인 것을 알았네.」 가족들도 모두 자네의 호의를 고맙게 여기고
　좋은 옷을 입고 좋은 음식을 먹음.　　　　　죽어서 백골이 되어도 잊을 수 없다는 뜻으로, 남에게 큰 은덕을 입었을 때 고마움의 뜻으로 이르는 말
잘 지냈지만, 그전에 곤궁할 때에 수천 냥 빚을 얻어 썼더니, 그 빚쟁이들이 졸부가 되었다는 소문을 듣고 모여들어서 성화같이 빚 독촉을 하지 않겠
　　　　　　　　　　암행어사라는 자신의 신분을 숨긴 상황이므로 현재의 초라한 행색을 설명하고자 거짓말을 함.
나. 양반의 체면으로 갚지 않을 수 없어서 가정 기물을 모조리 팔아도 오히려 부족한지라. 그리하여 과거도 보지 못하였으니, 참으로 그대를 볼 낯이

없네. 이런 민망한 소리 하기 싫어서 오지 않으려 하였으나 그러면 배은망덕이 될 듯하여 오기는 하였네. 그러나 『안 되는 놈은 자빠져도 코가 깨진다
　　　　　　　　　　　　　　　　　남에게 입은 은덕을 저버리고 배신하는 태도가 있음.
고, 도중의 주막에서 자다가 도적에게 노자와 의복을 모두 빼앗기고 거지꼴이 되어서 그대 보기가 무안하여 그리했었네.」”
　　　　　　　　　　　　　　　　　　　　　　　『　』: 속담 인용 → 자신의 불운한 처지를 강조하고, 누추한 행색에 타당성을 부여함.

라고 대답하였다. 옥단춘은 말을 받아,

“사람이 일생을 살아가려면 무슨 일을 안 당하리까. 그런 근심 걱정일랑 아예 마세요. 과거를 못 보신 것은 역시 운수입니다. 다음에 또 보실 수가
　　　　　　　　　　　　　　　　　　　　　운명론적 인식 → 이혈룡의 처지를 위로함.
있으니 그것도 낙망하실 것 없나이다. 내 집에 서방님 드릴 옷이 없겠어요? 밥이 없겠어요? 그만 일에 장부가 근심하면 큰일을 어찌하시리까.”
　　　　　　　　　경제적으로 도움을 줄 수 있음을 밝힘. → 이혈룡에 대한 옥단춘의 신의와 헌신　　　　대장부의 기개를 잃지 말 것을 당부함.
하고 위로하니 연연한 정이 측량할 수 없었다.

이튿날 옥단춘은 혈룡에게 뜻밖의 말을 하였다.

“오늘은 평양 감사가 봄놀이로 연광정에서 잔치를 한다는 영이 내렸습니다. 내 아직 기생의 몸으로서 감사의 영을 거역하고 안 나갈 수 없으니 서방
　　　　　　　　　　　　　　　　　　　　　　　　관의 명령에 따라야 하는 기생 신분의 한계
님은 잠시 용서하시고 집에 계시면 속히 돌아오겠습니다.”

말을 하고 난 후에 옥단춘은 연광정으로 나갔다. 그 뒤에 이혈룡도 집을 나와서 비밀 수배한 역졸을 단속하고 연광정의 광경을 보려고 내려갔다. 이

때 평양 감사 김진희는 도내 각 읍의 수령을 모두 청하여 큰 잔치를 벌였는데, 그 기구가 호화찬란하고 진수성찬의 배반(杯盤)이 낭자하였다. 이때는
　좋은 때　　　　　　　　　　　　　　　　　　　　　　　　　　　　　　　술상에 차려 놓은 음식
춘삼월 호시절이었다. 「좌우 산천을 둘러보니 꽃이 피어 온통 꽃산이 되었고 나뭇잎은 피어서 온통 청산으로 변해 있었다. 맑은 강가의 버들가지엔 황
봄 경치가 한창 무르익는 음력 3월
금 같은 꾀꼬리가 날아들고 두견새, 접동새, 온갖 새들은 쌍쌍이 모여드는데, 말 잘하는 앵무새, 춤 잘 추는 학두루미, 요지 연못에 소식 전하던 청조

새, 만첩청산에 홀로 앉아서 슬피 우는 두견새는 청천명월 깊은 밤에 이리 가며 뻐꾹, 저리 가며 뻐꾹뻐꾹 우는 그 소리가 몹시도 처량했다.」 그 소리
감정 이입 → 화려한 풍경과 대비되는 이혈룡의 복잡한 심경   「 」: 화려한 봄 경치를 묘사하고, 여러 새의 모습을 나열함.

에 어사또는 심란하였다. 구경하는 사람들도 녹의홍상으로 곱게 입고 오락가락 다니면서 춘흥을 못 이겨 춤도 추고 노래도 따라 하며 놀았다. 이리저리
이혈룡   곱게 차려입은 옷차림   봄철에 절로 일어나는 흥과 운치

구경을 다한 어사또는 남루한 의관과는 달리 의기는 양양하였다. 역졸들과 약속한 시각이 다가오자 이혈룡은 그 남루한 행색으로 성큼성큼 연광정 대
외양은 너저분하나, 실제로는 암행어사의 권위를 가지고 있기 때문

상(臺上)으로 올라가려 하였다. 그러자 당황한 나졸들이 와르르 달려와서 덜미를 잡아 끌어내며,

"이 미친놈아, 이 자리가 어느 안전이라고 함부로 올라가려 하느냐!"
이혈룡의 겉모습만 보고 괄시하는 나졸들의 태도

하고 호통을 치며 혹심하게 구박했다. 그러니 어사또는 헌 파립 헌 의복이 모두 떨어져서 알몸이 보이게 되었다. 이에 화가 치민 이혈룡은 김 감사
낡고 해진 갓

의 이름을 부르며 큰 소리로,

"네 이놈 김진희야, 나 이혈룡을 모른단 말이냐?"
친구 사이의 신의를 저버리고 자신을 대동강에 빠뜨려 죽이고자 했던 김진희에 대한 이혈룡의 분노와 질책

하고 호통을 쳤다. 이 소리에 옥단춘이 깜짝 놀라 살펴보니 음성은 혈룡 서방의 음성이나 의복이 달랐다. 이혈룡의 말을 김 감사가 듣고 크게 노하

여 이혈룡을 잡아들이라는 소리가 천지를 진동할 듯하였다. 김 감사의 영을 받은 나졸들이 와르르 달려들어 이혈룡의 풀어진 상투를 휘휘 칭칭 감아쥐

고 뺨도 때리고 등도 밀치고 재빠르게 잡아들여 층계 아래에 엎쳐 놓았다.

(중략)

이혈룡이 탄식하면서 하는 말이,
의로써 형제의 관계를 맺음.   『 』: 유교적 덕목이 지켜지지 않는 현실에 대한 안타까움, 잘못에 대한 벌을 받게 될 것이라는 경고 전달

『붕우유신(朋友有信) 쓸데없고, 결의형제 쓸데없다. 전에 너와 내가 생사를 같이하자고 태산같이 맺은 언약 철석같이 맺었더니, 살리기는 고사하고
오륜의 하나. 벗과 벗 사이의 도리는 믿음에 있음을 이르는 말

죄 없이 죽이기를 일삼으니 무심하고 야속하다. 오륜을 박대하면 앙화가 자손에게까지 미치리라.』
지은 죄의 앙갚음으로 받는 재앙

하였다. 이혈룡이 대동강의 맑은 물을 바라보며 큰 소리로 한탄하였다.

"대동강 맑은 물아, 너와 내가 무슨 원수로, 한 번 죽기도 어려운데 두 번이나 죽이려고 이 모양을 시키느냐. 정말로 죽게 되면 가련하고 원통하다."
처음 김진희를 만나 도움을 청했을 때와 마찬가지로, 두 번째로 재회했을 때도 대동강에 빠뜨려 죽이려 하는 것을 탄식함.

이때에 옥단춘이 이혈룡의 손을 부여잡고 만경창파 바라보고 애통해하며,
만 이랑의 푸른 물결 → 넓은 대동강의 모습

"원통하고 가련하다. 죄 없는 목숨 천명을 못다 살고 어복중의 원혼 되니, 명천은 감동하사 무죄한 이 인생을 제발 덕분 살려 주소서."
타고난 수명   물고기의 배 안

하고 수없이 통곡하였다. 그때 물에 던지기를 재촉하는 북소리가 한 번 울렸다. 옥단춘은 더욱 기가 막혀,

                                    ■ : 처형 시간이 임박했음을 알리는 소리 → 위기감을 단계적으로 고조함.

"애고애고 이 일을 어찌할까. 임아 임아 낭군님아. 어찌하면 산단 말이오?"

하고 울부짖자 이혈룡이 옥단춘을 달래며,

"울지 마라 울지 마라, 죄 없으면 사느니라. 울지 말고 진정하여라."
복선 → 이후 암행어사 출두를 암시함.

하고 말했다. 이때 북소리가 두 번째 울렸다. 옥단춘이 또 자지러지게 놀라면서,

"임아 임아 서방님아, 이제는 죽는구려. 살려 주오 살려 주오. 무죄한 이 소첩을 제발 덕분 살려 주오. 맹세코 아무 죄도 없습니다."

하고 통곡할 때 세 번째 북소리가 들렸다. 그러자 사공들은 황급히 재촉하기를,

"어서 물에 들어가쇼. 일시라도 지체하면 우리 목숨이 죽을 테니 어서 들어가쇼."
사공들은 감사를 두려워하며 그의 명을 따르기 위해 이혈룡의 죽음을 재촉함. ①

하고 성화같이 독촉하였다. 옥단춘이 넋을 잃고 사공들에게 애걸하며

"여보 사공님들 들어 보소. 당신들도 사람인데 죄 없는 우리 인생을 왜 그리 무고하게 우리를 죽이려 하오. 나만은 자결할 테니 우리 낭군 살려 주소."

하였다. 그러자 사공들이 대답하기를,

"아무리 야속해도 감사님 명령이 지엄하시니 살릴 묘책이 없소이다. 어서 바삐 조처하쇼."

하였다. 옥단춘은 단념하고 하는 수 없이 두 눈을 꼭 감고 치마를 걷어 올려서 머리에 쓰고 이를 박박 갈고 벌벌 떨면서,

"애고머니 나 죽는다!"

한마디 지르고는 풍덩 뛰어들려고 하는 순간이었다. 이혈룡이 깜짝 놀라서 옥단춘의 손을 부여잡고 하는 말이,

"죽어도 같이 죽고 살아도 같이 살자."

하고 잡아서 옆에 앉히고 저쪽 연광정을 건너다보면서,

"얘들, 서리 역졸들아! 어디 갔느냐?"

하고 소리치는데 그 소리 천지를 진동할 듯하였다. 그러자 난데없는 역졸들이 벌떼처럼 내달으며 달과 같은 마패를 일월(日月)같이 치켜들고 우레와 같은 큰 소리를 벽력같이 지르면서,

"암행어사 출두요! 암행어사 출두요!"

01 공간적 배경에 대한 상세한 묘사를 통해 사건 전개를 지연시키고 있다. [2018학년도 9월] (O / X)
02 김진희는 이혈룡의 목소리를 듣고 놀랐지만, 초라한 차림을 보고 그가 이혈룡이 아니라고 여겨 잡아들이지 않았다. (O / X)
03 역전적 시간 구성을 통해 인물의 과거 행적을 드러내고 있다. [2014학년도 9월A] (O / X)
04 옥단춘은 자신만 물에 빠져 죽으면 이혈룡을 살려 주겠다는 사공의 말을 듣고 물에 뛰어들었다. (O / X)
05 동시에 일어나는 두 개의 사건을 병치하여 긴장감을 조성하고 있다. [2016학년도 6월A] (O / X)

STEP 02 작품 해제

니BS 수능특강 | **고전문학** ●

01 | 주제

진실한 사랑과 신의의 소중함

02 | 특징

① 인물의 대비를 통해 전달하고자 하는 주제 의식을 강조함.
② 암행어사 출두, 기생과의 사랑, 탐관오리 징벌 등 「춘향전」의 모티프를 차용함.
③ 구체적인 시·공간적 배경을 제시하여 서사의 사실성·현실성을 확보함.
④ 위기감을 고조시킨 후 극적인 반전으로 긴장감을 해소함.

03 | 작품 해제

「옥단춘전」은 친구 사이인 이혈룡과 김진희의 갈등과 옥단춘의 순정을 그린 고전 소설로, 어릴 적 친구를 배신한 김진희의 잘못된 우정, 폭정을 일삼는 관리에 대한 징벌, 이혈룡을 향한 옥단춘의 헌신적인 사랑과 절의 등에 초점을 맞추고 있다.

긍정적 인물인 옥단춘은 이혈룡과 함께 부귀공명을 누리고, 부정적 인물인 김진희는 천벌을 받는다는 점에서 이 소설은 일반적인 고전 소설의 권선징악적 결말의 형태를 따른다. 전체적인 이야기는 이혈룡을 중심으로 전개되지만, 제목이 「옥단춘전」인 점을 고려하면 작가가 옥단춘이 지닌 지혜롭고 적극적인 면모와 그녀의 활약을 강조하고자 했음을 알 수 있다.

한편, 주인공의 이름이 비슷하다는 점, 암행어사가 된 남주인공이 등장하는 장면이나 봉고파직(어사나 감사가 못된 짓을 많이 한 고을의 원을 파면하고 관가의 창고를 봉하여 잠그던 일) 등 결말 부분의 줄거리가 유사하다는 점, 율문체를 사용했다는 점 등에서 「춘향전」과 유사한 점이 많다.

04 | 등장인물

- 옥단춘 : 평양 기생으로, 신분적 한계를 초월하여 이혈룡에게 헌신적인 사랑을 베풀고 신의를 지킨다.
- 이혈룡 : 과거에 급제해 암행어사가 된 후 남루한 행색을 하고 옥단춘과 김진희를 찾아간다. 이후 신의를 저버린 김진희를 응징하고 옥단춘과 신분을 초월한 사랑을 이룬다.
- 김진희 : 자신의 안위만을 돌보며 이혈룡과의 신의를 저버리고 탐관오리 짓을 일삼는다.

05 | 상세 줄거리

조선 숙종 때, 우정이 깊었던 이 정승과 김 정승은 각각 청룡과 백호의 태몽을 꾸고 아들을 얻는다. 형제처럼 자란 이혈룡과 김진희는 양가 부모님의 우정을 생각하여, 훗날 출세하면 서로 돕기로 약속한다. 두 정승이 병으로 세상을 떠난 후 이혈룡은 곤궁한 처지가 된 반면, 과거에 급제한 김진희는 평양 감사로 부임한다. 이혈룡은 지난날의 약속만 믿고 길을 떠나 고생 끝에 연광정에서 잔치를 벌이던 김진희를 만나지만, 김진희는 그를 도와주기는커녕 미친 사람 취급하며 사공에게 대동강 물에 던져 죽이라고 명한다. 이때 잔치에 참석한 평양 기생 옥단춘이 이혈룡의 비범함을 알아보고 사공을 매수하여 그를 구한다. 이혈룡은 그녀와 인연을 맺고 물심양면으로 도움을 받는다. 옥단춘의 도움 덕분에 이혈룡은 과거에 장원 급제하고 암행어사가 된다. 이혈룡은 걸인으로 위장한 채 옥단춘을 찾아가 그녀의 마음을 시험하는 한편, 김진희가 베푼 잔치에 찾아가 그를 질책한다. 매우 화가 난 김진희는 이혈룡과 옥단춘을 대동강에 빠뜨리라고 명하고, 죽음을 앞둔 순간 이혈룡이 어사출두를 외쳐 옥단춘을 구하고 감사를 파직한다. 이혈룡은 김진희의 목숨만은 살려 주지만, 김진희는 이내 벼락을 맞아 죽는다. 김진희에 이어 평양 감사가 된 이혈룡은 우의정이 되어 선정을 베풀고, 옥단춘은 정덕 부인으로 봉해져 부귀공명을 누린다.

STEP 03 논문으로 만나는 출제자의 시선

「옥단춘전」에 나타난 신의의 가치와 신분 질서의 모순

「옥단춘전」은 의로운 기생이 가난한 선비를 도와 결국 혼인에 이르는 이야기를 그린 작품이다. 이 작품은 양반과 기생의 모습을 뚜렷하게 대비하여, 당시 사회가 내세운 유교 윤리와 신분 제도의 모순을 비판한다. 작품에서 양반은 자신의 이익을 위해 쉽게 약속을 어기는 비도덕적인 인물(김진희)로 그려진다. 반면, 천한 신분인 기생(옥단춘)은 죽음을 각오하고 약속을 지키는 인물로 나타난다. 이를 통해 양반이 내세우던 도덕성과 특권이 사실은 옳지 못한 생각임을 보여 준다.

이 작품의 중심에는 '신의'라는 가치가 있다. 김진희의 배신과 옥단춘의 헌신적인 사랑은 뚜렷한 대비를 이루며, 약속을 지키는 태도의 중요성을 강조한다. 옥단춘이 이혈룡을 구한 이유도 배신에 대한 분노에서 비롯된 것이며, 이후에도 변하지 않는 사랑을 보여 주는 모습 역시 신의를 지키는 태도로 이해할 수 있다. 이러한 옥단춘의 모습은 신분을 넘어 서로 믿고 돕는 관계의 가치를 보여 주며, 작품은 이를 통해 새로운 사회가 요구하는 바른 도리를 제시하고 있다.

서사를 이끌어 가는 동력인 옥단춘의 형상

「옥단춘전」이라는 제목에서 알 수 있듯이, 이 작품의 진짜 주인공은 옥단춘이다. 이혈룡의 됨됨이를 알아보고 그를 적극적으로 지원한 옥단춘의 활약이 없었다면 이혈룡의 과거 급제와 암행어사 출두, 김진희에 대한 징벌은 이루어지기 어려웠을 것이다. 한편, 이혈룡은 선량하고 비범하기는 하지만 옥단춘에 비해 나약하거나 소극적인 모습을 여러 군데에서 보여 준다. 가령 가난으로 어려움을 겪을 때, 김진희를 찾아 평양에 머무르는 동안, 옥단춘의 구원을 받을 때, 그리고 옥단춘이 그에게 과거 보기를 청할 때 이혈룡은 유약하고 소극적인 태도를 보인다. 소설 내에서 갈등을 해결해 가는 중요한 동력은 이러한 모습을 보이는 이혈룡이 아니라 옥단춘으로부터 기인한다고 볼 수 있다. 위기나 갈등 상황을 헤쳐 나가는 옥단춘은 유교적 질서가 압도하고 있던 시대에 여성과 기생이라는 이중의 한계를 극복하고 자신이 바라던 바를 성취하는 적극적인 인물이라고 평가할 수 있다.

「옥단춘전」과 「춘향전」의 관련성

「옥단춘전」은 「춘향전」에 비교되어 아류작 내지는 모방작이라는 평가를 받기도 한다. 그러한 평가를 뒷받침하는 근거는 먼저 두 작품이 모두 조선 숙종 대왕 때를 시대적 배경으로 설정하였다는 점이다. 한양을 중심으로 각각 북쪽과 남쪽의 주요 지역인 평양과 남원을 공간적 배경으로 설정하였다는 점 역시 유사하다. 다음은 등장인물을 비교해 보자. 「옥단춘전」의 옥단춘은 평양의 기생이고, 이혈룡은 몰락 양반의 처지였지만 옥단춘의 후원에 힘입어 암행어사가 된 후 우의정에까지 이른다. 평양 감사 김진희는 학정(사납고 가혹한 정치)을 일삼다가 암행어사가 된 이혈룡에 의해 파면당하고 결국 천벌을 받아 목숨을 잃는다. 「춘향전」의 성춘향은 기생의 딸이고, 양반가의 도령인 이몽룡은 과거에 급제한 후 암행어사가 되어 고초를 겪던 성춘향을 구하고 좌우 영상에까지 오른다. 변학도는 남원의 탐관오리로 춘향을 괴롭히다가 결국 파면당한다. 이처럼 두 작품은 주인공의 이름 및 신분, 인물의 행적 등에서 유사하다. 또한 결말에서도 남성 주인공이 백성에게 선정을 베풀고, 여성 주인공이 임금으로부터 정덕 부인에 봉해지거나 정렬 부인이라는 칭호를 받는 등 신분의 상승을 이룬다는 점도 유사하다.

다음 글을 읽고 물음에 답하시오. [16.9A.고3 평가원 기출]

이혈룡이 어이가 없어서,

"오냐, 내가 너를 친구라고 찾아왔다가 통지를 할 수 없어 한 달이나 지나서 노자도 떨어지고 기갈을 견디지 못하여 문전걸식하고 다니다가 오늘에야 이 자리에서 너를 보니 죽어도 한이 없다. 나는 너를 친구라고 찾아왔는데 어찌 이같이 괄시한단 말이냐? ㉠ 오랜 친구도 쓸데없고 결의형제도 쓸데없구나. 내가 네 처지라면 이같이는 괄시하지 않을 거다. 다만 돈백이라도 준다면 모친과 처자를 먹여 살리겠다."

하면서 대성통곡하였다. 이혈룡은 다시 울먹이는 말로,

"이 몹쓸 김진희야, 내가 지금 푼전의 노자가 없으니 멀고 먼 서울 길을 어찌 돌아가랴." / 하니, 김 감사는 노발대발,

"이 미친놈 봤나." / 호통을 치면서 사공을 불러 엄명하였다.

"이놈을 배에 싣고 가서 강물 한가운데 던져라."

이에 사공들이 영을 받고 물러 나와 이혈룡을 묶어서 배에 실을 때에 연회장에 있던 옥단춘이 넌지시 보니, 비록 의복은 남루하나 얼굴이 비범한 것을 보고 불쌍히 여기고 감사에게 거짓말하여 고하기를,

"소녀 지금 오한이 일어나며 온몸이 괴로워 견딜 수가 없습니다."

하니 감사가,

"그러면 물러가서 치료하라."

하였다. 옥단춘이 물러 나와서 사공을 급히 불렀다.

"저기 가는 저 사공들, 잠깐 기다리시오."

하니 사공들이 머무르거늘 옥단춘이 하는 말이,

"내 이 양반의 몸값을 후하게 줄 것이니 이 양반을 죽이지 말고 죽인 듯이 모래를 덮어서 숨겨 두고 오시오."

하였다.

옥단춘의 부탁을 받은 사공들이,

㉡ "아무리 사또 영이 지중하지만 어찌 우리 손으로 죄 없는 사람을 죽이겠는가."

하고 사공들이 이혈룡을 배에 싣고 만경창파 깊은 물에 둥기둥실 떠나갔다. 혈룡은 이런 사실을 전혀 모르고 속절없이 죽는 줄로만 알고 하늘을 우러러 방성통곡하였다.

[중략 부분의 줄거리] 이혈룡은 옥단춘의 기지로 목숨을 구한 후 그녀의 집에 머물게 된다. 이후 이혈룡은 과거 시험을 치르라는 옥단춘의 권유로 서울로 돌아와 가족을 만나고 그간의 사정을 이야기한다.

그러자 모친과 부인은 그 사실을 듣고 혈룡의 죽을 고생을 생각하고 서로 슬픈 눈물을 흘렸다. 동시에 옥단춘이 혈룡을 구제한 전후 사실을 듣고, 그 은혜를 서로 치사하여 마지않았다.

오래간만에 만난 가족들은 그동안의 회포를 서로 다 이야기하여 풀고 다시 원만한 가정을 이루게 되었다. ㉢ 모친도 죽었던 자식 다시 본 듯, 부인도 잃었던 낭군 다시 본 듯 잠시도 서로 떠날 마음이 없이 행복하게 살게 되었다.

이때에 과거 날이 되었으므로 혈룡이 모친의 슬하를 떠나서 대궐 안 과

거장에 들어가니 팔도에서 글 잘한다는 선비들이 구름같이 모여 있었다.

이윽고 글제를 살펴보니 ⓐ 천하태평춘(天下泰平春)이라 걸려 있었다. ㉣ 글을 지을 생각을 가다듬은 후에 용벼루에 먹을 갈아 조맹부의 필체로 단숨에 일필휘지하여 바쳤는데, 전하께서 보시고는 글자마다 비점(批點)이요 글귀마다 관주(貫珠)를 치는 것이었다.

전하께서 칭찬하시는 말씀이,

"참으로 신묘하다. 이 글씨와 글 지은 사람은 범상치 않은 사람이다."

하시고, 알성시(謁聖試) ⓑ 장원급제로 한림학사를 제수하시고, 곧 어전입시(御前入侍)하라는 분부를 내리셨다. 이한림이 입시하여 천은을 사례하자 전하께서 칭찬하시기를,

"충신의 자식은 충신이요, 소인의 자식은 소인이다. 용모를 살펴보니 용안호두(龍顔虎頭)요, 목목지인(穆穆之人)이로다."

하고 칭찬을 아끼지 않으셨다.

이한림은 어전에 엎드려,

㉤ "소신과 같이 무재무능한 자를 이처럼 충신지자충신(忠臣之子忠臣)이라 하시오니 황공무지하오며, 또한 한림을 제수하시니 더욱 황공하옵니다."

하고, 수없이 치사하고 물러 나와 집에 큰 잔치를 베풀고 향당과 친지를 청하여 경사를 축하하였다. 그리고 한편으로,

'평양 감사 김진희의 불의무도한 소행을 나만 당하였으랴. 무고한 백성들은 무슨 죄로 한 사람의 ⓒ 학정으로 평양 일도에서 어육(魚肉)이 된다는 말인가. 곰곰 생각하니 나라와 백성을 위해서 마땅히 성상께 여쭙지 않을 수 없다.'

생각하고, 전후 사실을 일일이 밀록(密錄)하여 전하께 바쳤다. 전하께서는 그 ⓓ 밀록을 받아 보시고 수없이 탄식한 뒤에 ⓔ 봉서(封書) 삼장을 내리셨다. 또 친히 하교하시기를,

"첫 봉서는 새문 밖에 가서 뜯어보고, 둘째 봉서는 평양에 가서 뜯어보고, 셋째 봉서는 그 후에 뜯어보라."

하시고, 조심하여 다녀오라 하셨다. 이한림이 사은숙배하고 바로 나와서 모친과 부인에게 하직하였다. 새문 밖에 나가서 첫째 봉서를 뜯어보니, '평안도 암행어사 이혈룡'이라는 사령장과 마패가 들어 있었다.

- 작자 미상, 「옥단춘전」 -

01. 윗글의 ㉠~㉤에 대한 설명으로 적절하지 않은 것은?

① ㉠ : 반복을 통해 상대방에 대한 배신감을 드러내고, 역지사지를 가정하여 상대방을 질책하고 있다.

② ㉡ : 옥단춘의 회유로 '사또 영'을 따르지 않기로 한 사공들의 생각이 설의적 표현으로 나타나고 있다.

③ ㉢ : 이혈룡과 재회한 기쁨을 모친과 부인 각자의 입장에 어울리는 비유를 통해 표현하고 있다.

④ ㉣ : 이혈룡의 글 짓는 과정을 행동의 순차적 나열로 보여 주고, 타인의 평가를 통해 이혈룡의 재능이 확인되고 있다.

⑤ ㉤ : 이혈룡은 겸양의 어조를 통해 상대방이 내린 지위에 대해 수용할 수 없다는 뜻을 드러내고 있다.

02. 윗글의 ⓐ~ⓔ에 대한 이해로 적절하지 <u>않은</u> 것은?

① 이혈룡은 ⓐ라는 과제에 탁월한 답안을 제출하여 임금으로부터 ⓑ에 합당한 인재로 인정받았다.

② ⓑ는 이혈룡이 공적 임무를 수행할 수 있는 자격이 주어졌음을 뜻하고, 임금에게 ⓓ를 올릴 수 있는 계기로 작용한다.

③ ⓒ는 이혈룡이 평양에서 겪었던 일을 반어적으로 표현하며 ⓐ가 구현되는 것을 방해한다.

④ ⓓ는 ⓒ를 계기로 작성되었으며 현재 ⓐ가 완전하게 실현되지 않았음을 보여 준다.

⑤ ⓔ는 임금이 이혈룡에게 ⓒ를 바로잡는 공적인 임무를 수행하도록 하는 내용을 담고 있다.

03. 〈보기〉를 참조하여 윗글을 이해한 것으로 적절하지 <u>않은</u> 것은?

> ───── 〈보기〉 ─────
>
> 「옥단춘전」에서 옥단춘은 인물의 비범함을 알아보는 지인지감(知人之鑑)의 소유자이자 기지를 발휘하여 위기에 빠진 인물을 구해 내는 적극적인 조력자로 그려진다. 그녀는 자신의 조력을 통해 대상 인물의 사회적 지위를 상승시키고, 애정의 대상을 주체적으로 선택하는 인물이다.

① 옥단춘이 오한을 핑계로 김 감사의 허락을 받은 후 연회장을 빠져나온 것에서 그녀의 기지를 엿볼 수 있군.

② 옥단춘이 이혈룡을 구해 줄 수 있는 인물로 김 감사를 선택한 것에서 여성으로서의 주체적 판단이 작용했음을 알 수 있군.

③ 옥단춘이 김 감사에게 괄시받던 남루한 행색의 이혈룡이 비범한 인물임을 발견한 데서 그녀의 지인지감을 엿볼 수 있군.

④ 가족들이 어려움에 처했던 이혈룡을 구해 준 옥단춘의 은혜에 감사한 것에서 조력자인 옥단춘의 역할을 인정한 것임을 알 수 있군.

⑤ 옥단춘이 사공들에게 이혈룡의 몸값을 후하게 제시하고 구체적 방안을 알려 준 것에서 그녀의 적극적인 조력 의지를 엿볼 수 있군.

다음 글을 읽고 물음에 답하시오. [21.6.고2 교육청 기출]

[앞부분의 줄거리] 평양 감사가 된 김진희는 집안 형편이 어려워 도움을 청하러 온 오랜 친구인 이혈룡을 박대하며 죽이려 한다. 기생 옥단춘의 도움으로 생명을 구한 이혈룡은 암행어사가 되어 신분을 숨긴 채 거지 차림으로 옥단춘을 만나고 김진희의 잔치 자리에도 나타난다.

이때 당황한 나졸들이 와르르 달려와서 혈룡을 잡아서 층계 밑에 꿇려 놓으니, 김 감사가 대상에서 호통을 치니라.

"너 이놈 이혈룡이로구나. 네가 저번에 죽지 않고 또 살아서 왔느냐? 이번에는 어디 견디어 보라!"

"나도 전번에 너를 친구라고 신세를 지려고 하였으나, 나도 양반의 자식이라. 이놈 진희야, 들어보라. 머나먼 길에 너를 찾아 왔다가 영문에서 통기도 못하고 근근이 지내다가 이 연광정에서 네가 놀고 있는 것을 보고 반가워하였으나, 너는 나를 미친놈이라고 대동강의 사공을 불러서 배에 태워 물속에 던져서 죽이지 않았느냐. 내 물귀신 될 원혼이 오늘 또다시 네가 연광정에서 호유*하기에 다시 보려고 왔다."

혈룡의 귀신이 원수를 갚으러 왔다는 위협에 김 감사도 등골이 섬뜩하여 좌우 비장을 노려보며 어떻게 하랴 하고 물으니, 비장이,

"아무래도 참말 같지 않사옵니다. 죽은 원혼이 어찌 사람 모습이 되어 올 수 있습니까? 그때 데리고 갔던 사공을 불러다가 문초하여 보시는 것이 좋을까 합니다."

하고, 사공을 빨리 잡아들이라는 영을 내리니, 나졸들이 청령하고 나가서 잡아가면서 어르기를,

"야단났다, 야단났다. 너희들 사공 놈들 야단났다. 어서 빨리 들어가자."

하고, 사공들의 덜미를 잡고 연광정 밑으로 가니,

"사공 놈을 잡아왔소."

나졸들의 복명하는 소리가 산천에 진동하니라. 이 광경을 보고 있던 연회장의 옥단춘은 사공이 매에 못 이기고 사실대로 불어 대면 자기도 죄를 당할 것이고, 그보다 귀신 아닌 자기의 서방님 이생원이 능지처참될 것을 생각하고 전신이 벌벌 떨렸으니, 김 감사는 불러서 형구를 차려 놓고,

"그놈을 능지가 되도록 때려서 문초하라."

추상같은 엄명을 내리매, 형방조차 겁을 내고 뱃사공들을 치면서 얼러 대기를,

"이놈들 들어 보라. 저번에 너희들은 저기 저 양반을 영대로 물에 던져 죽였느냐? 바른대로 고하라!"

사공들은 악착같은 악형에 못 이기고 여차여차하였다고 사실대로 토설* 하고 말았으니, 김 감사는 다른 형방에게,

"저 이혈룡은 목을 베어 죽여도 죄가 남을 놈인데, 아까 형방 놈은 내 앞에서 저놈을 양반이라고 불러서 존대하였으니, 그 형방 놈도 혈룡 놈과 죄가 같다!"

하고, 먼저 형방을 잡아 꿇리고 분을 이기지 못하여 책상을 치면서 호통치기를,

"전부터 내 수청도 거역한 요망스러운 기생년 옥단춘을 잡아내라!"

좌우 나졸이 일시에 달려들어 소복 단장한 채로 분결 같은 손목을 덥석 잡아서 끌어내리매, 연광정이 뒤집힐 듯이 살벌한 형장으로 일변하였으니, 평생에 이런 봉변을 만나 보지 않다가 오늘 이런 일을 당하자 수족을 벌벌 떨면서 이혈룡을 돌아보고,

"여보시오, 이것이 웬일이오? 내가 그처럼 집을 보고 있으라고 신신당부하였는데 정말로 귀신이 되려고 여기 왔소? 무슨 살매*가 들려서 죽을

곳을 찾아왔소? 내 집의 재물만으로도 호의호식 지낼 텐데 어찌하여 여기
와서 이 지경이 된단 말이오? 애고애고 우리 낭군 어찌하면 살 수 있소?
요전번에 죽을 목숨 살려 백년해로 언약하고 즐겁게 살려 하였더니, 일 년
에 못 되어 이런 죽음 웬일이오? 애고애고 우리 낭군 야속하고 원통하오.
나는 지금 죽더라도 원통할 것 없건마는, 낭군님은 대장부로 생겨나서 공
명 한 번 못 해보고 억울하게 황천객이 되면 얼마나 원통한 일이오. 아아,
낭군 팔자나 내 팔자나 전생의 무슨 죄로 이다지도 험악하단 말인가? 사주
팔자가 이럴진대 누구를 원망하겠소. 죽어도 같이 죽고 살아도 같이 살 우
리이매, 저승에서 죽어도 후세에 다시 만나 이승에서 미진한 우리 정을 백
년 다시 살아 보십시다. 임아 임아, 우리 낭군 어찌하여 살아날까? 아무리
원통해서 저승에 만나자고 빌어 봐도 지금 한 번 죽어지면 모든 것이 허사
로다.”

　하며 통곡하는 옥단춘의 정상을 누가 아니 슬퍼하랴.

(중략)

　그중에서 각 읍의 수령들은 불의의 변을 당하고 겁낸 거동 가관이다.
칼집 쥐고 오줌 싸고 안장 없는 말을 타고, 개울로 빠져들고, 말을 거꾸로
타기도 하고, 동서를 분별하지 못하여 이리저리 갈팡질팡 도망친다. 오다
가 혼을 잃고 가다가 넋을 잃고 수라장으로 요란할 제, 평양 감사 김진희
의 거동이 가장 볼만하니라.

　김 감사는 수령들과 기생들을 거느리고 의기양양 노닐다가, 암행어사
출도 통에 혼비백산 달아날 제, 연광정 누다락의 높은 마루 밑에서 떨어져
서 삼혼칠백* 간 데 없고, 두 눈에 동자 부처가 벌써 떠나 멀리 가고, 청보
에 똥을 싸고, 신발들메 하느라고 야단이라. 이때에 비장들이 달려들어 잡
아 나꾸자, 어사또 그놈을 잡아내라고 추상같이 달려들어서 사지를 결박해
서 어사또 앞으로 끌어다 엎어놓느니라.

　“너희들 들어라! 남의 막하에 있어 관장이 악한 정사를 하면 바른길로
권할 것이지, 그러지 않고 악한 짓을 권하니, 무죄한 백성이 어찌 편히 살
며, 양반이 어찌 도의를 지킬 수 있겠느냐!”

　하는 호통을 하며, 형벌 제구를 내어놓고, 팔십 명 나졸 중에서 날랜 놈
십여 명을 골라서 형장을 잡히니라.

　“너희들, 매질에 사정 두면 명령 거역으로 죽을 줄 알아라.”

　엄명을 받은 용맹한 나졸들이 사정없이 볼기 육십 대씩 때려서 큰칼을
씌워서 옥에 가두고, 김 감사를 마지막으로 다스리니라. 서리 나졸들이 감
사의 상투를 거머잡고 끌어내면서,

　“평양 감사 김진희 잡아 왔습니다.”

　하고, 복명하는 소리가 진동하니라.

　“너, 김진희 오늘부터 파직한다.”

- 작자 미상, 「옥단춘전」 -

*호유 : 호화롭게 놂.

*토설 : 숨겼던 사실을 처음으로 밝혀 말함.

*살매 : 사람의 의지와 관계없이 초인적인 위력에 의해 지배된다고 생각하는
길흉화복.

*삼혼칠백 : 사람의 혼백을 통틀어 이르는 말.

04. 윗글에 대한 설명으로 적절하지 <u>않은</u> 것은?

① 인물의 대화와 행동을 통하여 사건을 전개하고 있다.
② 외양 묘사를 통하여 인물의 성격 변화를 보여 주고 있다.
③ 인물의 행동을 과장하여 상황을 해학적으로 표현하고 있다.
④ 인물의 말을 통하여 지난 사건을 요약적으로 전달하고 있다.
⑤ 서술자 개입으로 인물에 대한 주관적 감정을 드러내고 있다.

05. 윗글을 이해한 내용으로 적절한 것은?

① 이혈룡은 옥단춘과의 언약을 후회하였다.
② 김 감사는 이혈룡이 찾아올 것을 짐작하였다.
③ 비장은 김 감사의 호통에 이혈룡을 모함하였다.
④ 김 감사의 호의로 옥단춘은 위기 상황에서 벗어났다.
⑤ 옥단춘은 이혈룡이 자신의 당부를 듣지 않아 낙담하였다.

06. 〈보기〉를 참고하여 윗글을 감상한 내용으로 적절하지 <u>않은</u> 것은?

── 〈보기〉 ──

　이 작품은 암행어사 모티프를 사용하여 악인을 징계하고 있다는 점에
서 권선징악이라는 고전소설의 전형적인 주제 의식을 드러내고 있다. 하
지만 이 작품은 천민 신분인 여성이 상당한 경제력을 지닌 인물로 그려진
점, 부도덕한 사대부와 대비되는 신의가 있는 존재로 그려진 점 등 당시
의 사회 변화상을 반영한 것이 특징이다.

① 친구인 이혈룡을 대하는 김 감사의 행위에서 우정을 저버리는 부도덕한
사대부의 모습을 확인할 수 있군.
② 김 감사의 영을 거역한 죄로 뱃사공이 문초를 당하는 것은 악인을 징계하는
것에 해당한다고 할 수 있군.
③ 목숨이 위태로운 상황에서도 자신보다 이혈룡을 걱정하는 옥단춘의 모습을
통해 신의 있는 모습을 엿볼 수 있군.
④ 제 집의 재물만으로도 잘 지낼 수 있을 것이라는 옥단춘의 말을 통해 상당
한 경제력을 지니고 있음을 알 수 있군.
⑤ 무죄한 백성들을 괴롭힌 죄목으로 김 감사와 그 무리를 잡아 들인 것은
암행어사 모티프를 활용한 것이라고 할 수 있군.

13 작자 미상, 춘향전 〈보기〉

수능 국어 대비
실전 국어 전형태

STEP 01 지문 분석과 OX문제

니BS 수능특강 | 고전문학 ●

"저 계집은 무엇인다?"

형리 여짜오되,
지방 관아의 형방에 속한 구실아치
"기생 월매 딸이온데, 관정에 포악한 죄로 옥중에 있삽내다."
　춘향의 신분　　　　　앞서, 춘향이 본관 사또(변학도)의 수청을 거부하고 관아의 명령을 따르지 않았다는 이유로 받은 죄목
"무슨 죈다?"

형리 아뢰되,
　　　　　　'수절'과 '정절'은 절개를 지킨다는 의미임. → 동음 반복을 통한 언어유희(판소리계 소설의 특징)
"본관 사또 수청으로 불렀더니 수절이 정절이라 수청 아니 들려 하고, 관전에 포악한 춘향이로소이다."
　　　　　　춘향이 절개를 지키려다가 옥에 갇히게 된 내력

어사또 분부하되,
암행어사가 된 이몽룡
"너만 년이 수절한다고 관정 포악하였으니 살기를 바랄쏘냐? 죽어 마땅하되 내 수청도 거역할까?"
　　　　　　　　　　춘향을 모르는 척하며 춘향의 정절을 시험하는 어사또

춘향이 기가 막혀,
춘향은 어사또의 정체가 이몽룡임을 모르고 있는 상황임.
　　　나무
『"내려오는 관장마다 개개이 명관이로구나. 수의사또 듣조시오. 층암절벽 높은 바위 바람 분들 무너지며, 청송녹죽 푸른 남기 눈이 온들 변하리까?
"부임해 오는 관리들이 모두 하나같이 훌륭하구나."(반어법) → 수청 요구에 대한 비판　　　　　　　　푸른 소나무와 푸른 대나무 → 곧은 절개의 상징
그런 분부 마옵시고 어서 바삐 죽여 주오."』　　『　』: 자신의 절개를 바위와 나무에 비유하며, 어사또의 수청 요구를 냉소적으로 거절함.
　　　　　　　　　　　　　　　　　　　　　→ 암행어사라는 신분을 감춘 이몽룡 앞에서 자신의 낭군에 대한 절개를 끝까지 지킴.

하며,

"향단아, 서방님 어디 계신가 보아라. 어젯밤에 옥 문간에 와 계실 제 천만당부 하였더니 어디를 가셨는지, 나 죽는 줄 모르는가?"
　　　　　　　　앞서, 옥에 찾아온 이몽룡에게 시신을 거둬 달라고 부탁하였음. → 죽음을 두려워하지 않는 춘향의 태도

어사또 분부하되,

"얼굴 들어 나를 보라."
　　　　　　　　　　　　　　　　　　　　　　■ : 본관 사또의 만행이 만연했던 상황 비유
　　　　　　　　　　　　　　　　　　　　　　■ : 이몽룡이 춘향을 살린 상황 비유

하시니, 춘향이 고개 들어 대상을 살펴보니 걸객으로 왔던 낭군, 어사또로 뚜렷이 앉았구나. 반 웃음 반 울음에,
　　　　　　　　　극적인 반전과 갈등의 해소가 나타남.
『"얼씨구나 좋을씨고. 어사 낭군 좋을씨고. 남원 읍내 추절 들어 떨어지게 되었더니, 객사에 봄이 들어 이화 춘풍 날 살린다. 꿈이냐 생시냐, 꿈을
　　　　　　　　　　　　　　　　　가을철　　　　　　　　　　　　　　　　　　배꽃에 부는 봄바람
깰까 염려로다."』「　」: 어사가 된 이몽룡 덕분에 살아나게 된 상황에 대한 기쁨을 표출하는 춘향의 모습

OX문제

01　어사또는 춘향이 자신의 정체를 모르는 것을 이용하여 정절을 시험하였다. (O / X)

02　인물의 반어적인 발화를 제시하여 다른 인물의 의견에 대한 부정적 태도를 드러낸다. [2016학년도 6월B] (O / X)

03　춘향은 자기 정체를 미리 밝히지 않은 낭군에게 원망을 표출하고 있다. (O / X)

04　비유적 진술을 통해 인물이 처한 상황을 부각하고 있다. [2013학년도 5월A] (O / X)

05　대화를 주고받는 장면을 제시하여 인물 간의 갈등이 해소되는 과정을 보여 주고 있다. [2026학년도 9월] (O / X)

STEP 02 작품 해제

01 | 주제

춘향의 굳은 정절과 신분을 초월한 사랑

02 | 특징

① 판소리계 소설로서 유사한 통사 구조의 반복을 통한 율격(율문체)이 선명하게 드러남.
② 고사, 한문투 어휘 등 양반의 언어와 토속적인 평민의 언어가 함께 나타남.
③ 서술자의 개입에 의한 편집자적 논평이 나타남.

03 | 작품 해제

이 작품은 춘향과 이몽룡의 신분을 초월한 사랑을 그려 낸 판소리계 소설 중 하나다. 두 남녀의 애정을 표면적으로 내세우고 있지만, 조선 시대의 유교 이념이나 신분 해방에 대한 희망, 탐관오리에 대한 징계 등과 같은 당대 민중의 사회적 염원이 반영되어 있다. 운문체와 산문체, 양반의 언어와 평민의 언어가 혼재한 양상을 통해 적층 문학(오랜 기간 입에서 입으로 전하여 온 문학)으로서의 성격을 확인할 수 있다. 한편, 「춘향전」은 19세기에 유행한 이후 수많은 이본이 만들어졌다.

04 | 등장인물

- 춘향 : 천민과 양반 사이에서 태어난 서녀(첩이 낳은 딸)로, 변학도의 수청 요구를 거절하고 옥살이를 하는 와중에도 죽음을 두려워하지 않으며, 이몽룡을 기다리는 강한 의지를 보인다. 신분 차이를 극복하고 사랑을 성취한, 대담하고 진취적인 성격의 인물.
- 이몽룡 : 어사또가 되어 춘향을 옥에 가둔 변학도를 처단하고 춘향에 대한 의리를 지키는 인물.

05 | 상세 줄거리

전라도 남원 부사의 아들인 이몽룡은 광한루에 놀러 갔다가 그네를 뛰고 있는 춘향을 보게 된다. 이 도령은 춘향의 자태에 반해서 그날 밤으로 춘향을 찾아가 혼인을 약속하고, 그들은 이내 깊은 사랑에 빠진다. 그러던 어느 날, 이몽룡의 부친이 갑자기 서울로 올라가게 되어 이 도령과 춘향은 어쩔 수 없이 이별하게 된다. 춘향은 이몽룡과 이별한 후 홀로 남아 그를 그리워한다. 이때 새 남원 부사로 부임한 사또 변학도가 천하의 호색가(여색을 몹시 좋아하는 사람)여서 춘향이 절세미인이란 말을 듣고 춘향을 불러다가 수청을 들라고 강요한다. 그러나 춘향이 죽기를 각오하고 이를 거절하니, 사또는 춘향을 매질하고 옥에 가둔다.

한편, 이 도령은 서울로 올라가 열심히 학업에 몰두하여 문과에 급제하고, 호남 지방의 암행어사가 되어 내려오게 된다. 이 도령은 춘향이 수청을 거부하다 옥중에서 온갖 고초를 당하고 있다는 말을 듣고, 변학도의 생일 잔칫날에 찾아가 암행어사로 출두하고, 변학도를 파직한다. 춘향을 옥에서 풀어 준 이몽룡은 그녀의 정절을 시험하고, 절개를 확인한 후에 어사가 된 자신의 정체를 밝힌다. 춘향은 이몽룡을 따라 남원을 떠나 한양에 가고, 정렬 부인에 봉해진다. 두 사람은 삼남삼녀를 두고 백년해로한다.

「춘향전」에 나타난 봉건적 신분 관계의 부정

「춘향전」의 남녀 주인공들은 사랑에 기반한 결혼을 추구한다. 봉건 사회에서는 '부부의 사랑'은 인정했어도 인간의 본능적 감정을 바탕으로 한 '남녀의 사랑'은 욕심이라며 부정하였다. 따라서 이들의 사랑과 결혼은 기본적으로 봉건적 이념이나 관념을 부정하는 의미를 지닌다. 특히 「춘향전」은 봉건적인 신분 관계를 문제 삼고 있다.

춘향은 기생이기를 거부하고 평범한 여자로서 살기를 희망하며 이를 실현하기 위해 노력하는 인물이다. 춘향이 이몽룡과 인연을 맺은 후에 '변학도'의 온갖 유혹과 협박에도 굴하지 않고 이몽룡에 대한 지조와 신의를 저버리지 않았던 것도 근본적으로는 기생이기를 거부하는 춘향의 의지나 지향에 기반한 행동이라 할 수 있다. 여기에서 우리는 춘향이 자신의 기생 신분을 부정하고 평범한 한 인간으로서 정당한 요구와 권리를 실현하려는 문제적 개인(사회 자체의 균열을 드러내는 소설의 주인공)임을 확인할 수 있다.

춘향은 이몽룡과 사랑하는 과정에서 온갖 고통과 시련을 다 겪는다. 그 근본적인 원인은 춘향은 미천한 기생이고 이몽룡은 양반의 자제라는 데에 있다. 이몽룡이 부친을 따라 춘향을 남원에 남겨 두고 서울로 떠날 때 춘향이 하늘을 우러르며 탄식하기를, '낭군아, 춘향을 천한 여자로 여겨 제멋대로 부릴 수 있다고 생각하지 마라.'라고 말한다. 얼핏 이 말은 자기를 버리고 떠나는 이몽룡을 탓하는 것으로 보일 수 있다. 그러나 이것은 이몽룡보다는 당시의 신분 제도에 대한 불만을 드러낸 것임이 틀림없다. 바로 여기에 신분 문제에 대한 평등 지향적인 의식이 담겨 있는 것이다. 요컨대, 춘향이 기생이면서도 기생이기를 거부한 것은 봉건적 신분 관계를 부정하는 의미를 함축하고 있다고 볼 수 있다.

춘향의 슬픔과 주제 의식

「춘향전」은 해학과 풍자가 돋보이는 작품이기는 하나, 주인공인 춘향이 겪는 주된 감정은 슬픔이다. 그만큼 춘향은 다양한 상황에서 슬픔을 느끼고, 이는 그가 흘리는 '눈물'을 통해 형상화된다. 이 도령과의 이별 과정에서, 이별 후에 홀로 남아, 변 사또의 수청을 거절하여 겪은 수난 때문에, 이 도령과 재회한 시점에서 춘향은 눈물을 흘리고 있다.

여기서 독특한 부분은 춘향이 발악하거나 저항하며 흘리는 눈물이다. 변 사또에게 자신을 죽여도 자신의 마음은 이 도령에게 있을 것이라 통렬하게 외치는 장면이 대표적인데, 이는 부당한 요구에 대결하고자 하는 의지로 가득한 새로운 인물 형상이 등장하는 대목이라 할 수 있다.

춘향은 독수공방하며 이 도령을 그리워하고 자신의 신세를 한탄하기도 하고, 옥에 갇혀서도 이 도령을 그리워하며 눈물을 흘린다. 이는 그리움과 외로움에서 비롯한 것이지만, 세상이 의지를 짓밟고 수난을 겪음에도 불구하고 진정한 사랑을 포기하지 않는 춘향의 집념으로도 읽을 수 있다. 즉, 춘향은 신분적 한계를 뛰어넘은 보편적인 한 인간으로서 자신의 사랑을 지켜 나가는 인물이라 할 수 있다.

14 이광정, 김순부전

STEP 01 지문 분석과 OX문제

진수* 정양빈은 원래 방백* 황선이 이끄는 토벌군의 좌방장이었는데, 반란군에 빌붙었다가 사태가 실패로 기울어지는 것을 보고는 다시 방백에게 돌
무력으로 세력을 진압하는 군대   진수 정양빈의 성격 → 상황에 따라 입장을 바꾸며 자신의 안위를 우선하는 기회주의적 인물
아가 공을 세우고자 하였다. 한 종인(種人)*이 진수에게 말했다.

「"수백 명의 사람들이 군청을 빼앗고는 소를 잡고 풍악을 울리며 모였었는데, 어떤 반란을 모의했는지 알 수 없으니, 당일 그곳에서 시중을 들었던
「 」: 확실한 근거 없이 사람들이 모여 잔치를 벌인 일을 반란의 정황처럼 제시하고, 책임자를 만들어 처벌하려는 의도가 드러남. → 공을 세워서 과거의 잘못을 덮기 위함.
하인들을 신문하여 제일 먼저 모이자고 주창한 사람을 지적하여 고발하게 하십시오."」
    알고 있는 사실을 캐어물어   앞장서서 주장한

이 말을 들은 김씨 집안사람들이 매우 두려워하며 의논했다.
          권력자의 송사 앞에서 공포를 느낌.

"곧 관청에 들어가 신문에 응하다가 말을 잘못하면 재앙이 이르게 될 것이니, 순부를 시켜 관리의 신문에 응하도록 하는 것이 좋겠다."
                              순부는 송사 상황에 대응할 능력을 갖춘 인물로 신뢰받고 있음.

그리하여 그들은 순부를 제일 먼저 모임을 주창한 사람으로 관청에 알렸고, 진수는 즉시 순부를 잡아 오도록 했다. 순부는 자신을 잡으러 온 포졸에
          김씨 집안은 가문을 지키기 위해 순부를 내세움.
게 말했다.

『"진수란 직책은 도적을 잡아 다스리면 그뿐인데 어찌하여 상부의 명령도 없이 감히 선비를 잡아 신문하려 한단 말이냐? 돌아가 이 말씀을 그대로

전해 드려라."』   『 』: 체포가 정당한 절차를 거치지 않았음을 지적하며 권력의 부당함에 직접 맞서는 태도

그러자 포졸은 감히 순부를 핍박하지 못했다. 이를 안 김씨 집안사람들이 끊임없이 와서는 말했다.

"자네가 아니고서는 이 분란을 해결할 수가 없네."

그리하여 순부가 관청에 들어가 신문에 응하니, 진수가 몹시 노하여 말했다.

〈"저 무신년 이래로 조정에서는 사사로이 모여 이야기하는 것을 금하여, 이를 어긴 자는 법으로 다스리도록 명했다. 그런데 지금 너희들이 군청에
                조정에는 사사로운 모임을 금지하는 법이 존재함.
모여서 소를 잡고 풍악을 울리며 즐기느라 3일 동안이나 머물렀으니, 어떤 일을 모의한 것인지 실상을 숨김없이 바른대로 말하라. 실상을 숨기면 법을

적용하여 다스리겠다."〉   〈 〉: 진수는 공을 세우기 위해, 법을 근거로 순부를 압박하며 김씨 집안의 모임을 반란으로 몰아가고 자백을 강요함.

"영남에 사는 종인(宗人)*들이 해마다 한 번씩 모여 친족 간의 신의를 이야기하고 화목함을 다진 것이 비단 이번 한 번만이 아니었소. 이는 황강 김
                          반란 혐의에 대한 반박 ①
계휘와 사계 김장생 두 부자 어르신의 시첩이 아직 남아 있어서 금방 알 수 있을 것이오. 또한 나쁜 일을 모의하는 자라면 반드시 인적이 드문 외딴곳
        객관적인 근거로 모임의 정당성을 논리적으로 입증함.
에 숨어서 다른 사람들이 알까 두려워할 것인데, 어찌 사람이 많고 넓은 군청 앞마당에서, 그것도 수령 앞에서 풍악을 울리며 비밀스런 일을 모의하겠
                              반란 혐의에 대한 반박 ②
소? 우리 집안사람들은 늙은이와 젊은이가 가리지 않고 다 함께 모이는지라 흥을 돋우지 않을 수 없어 각자 술과 안주들을 가지고 오게 하여 넓은 곳에

서 먹고 마셨고, 우리가 먹은 소고기는 관주에서 산 것이니 아전들에게 물어보시오."
                              결백을 입증해 줄 증인이 존재함.

진수는 더 이상 책망하여 물을 것이 없어서 순부를 풀어 주며 나가도록 했다. 며칠이 지나자 한 종인(種人)이 와서 진수에게 성내며 말했다.

"공께서는 어찌하여 김순부를 풀어 주시었습니까? 그자는 무오년 김상헌의 사원을 부순 사건이 일어났을 때 주모자인데, 그의 행위를 조사하여 다스
진수   순부   과거 사건을 끌어옴.
리지 않으면 반드시 상사(上司)의 마음을 거슬러서 노여움을 살 것입니다."
  진수가 불이익을 받을 것이라 압박함. → 순부를 다시 문제 삼아야 한다고 부추기는 발화

이에 진수가 다시 순부를 잡아들이고는 비밀리에 상사에게 보고하였다.

이보다 앞서, 그 종인은 향권*을 차지하려고 청음사를 안동부 서쪽에 지었다. 《그의 본심은 청음 김상헌을 사모하고 존경하여 배향하려 한 것이 아니

■ : 과거 사건 제시 　　　　　　　　　　　　　　　　　　　　　　　　　　　　　　　　　　　사당에 모시려

고, 안동에 자기와 의견이 다른 사람들이 많다는 것을 알고 그들을 노려서 치려는 것이었는데, 결국 안동 사람*들에 의해서 김상헌의 사당은 철거되었

　　순부가 주모자인 사건

다. 그러자 당시에 득세했던 서인(西人) 세력은 모두 안동 사람들을 원수로 여겨 그들을 아주 결딴내고자 하였다. 서인 세력의 화(禍)가 두려워 그들을

　　　　　세력을 얻은　　↳ 동인(東人)과 대립한 당파

따르는 자들은 무거운 죄를 졌어도 관대한 처분을 받았고, 책자(冊子)에 이름을 쓰고는 '귀정(歸正)'이라 하였다. 서인 세력이 함정을 만들어 사람을 모함

　　　　　　　　　　　　　　　　　　　　　　　　그릇되었던 일이 바른길로 돌아옴.

하면서 싹 다 꾀어내니 '귀정'한 사람이 날로 많아졌는데, 이렇게 한 의도는 영남 사람들 모두를 서인 세력의 편으로 만들고자 한 것이었다.》

　　　　《　》: 향촌 사회의 갈등이 당파 싸움으로 확대되고, 서인 세력이 회유와 모함을 통해 안동 사람들을 자기편으로 끌어들이려 했음을 알 수 있음.

　방백이 진수의 보고를 받고는 매우 기뻐하면서 신임 지부에게 비밀리에 관문을 내려보내어, 김순부의 일가친척이 군청에서 모의한 것을 순부의 죄목

권력층이 순부의 과거 사건을 정치적으로 활용하고 있음을 알 수 있음.

으로 삼도록 하였다.

　경신년(1740) 정월 초하룻날 순부가 일찍 일어나 점괘를 보니 불길하여 머리쓰개를 벗고 누워 있는데, 안동부의 아전이 순부를 잡으러 왔다. 순부는

　　시간적 배경(구체적 시대 상황 제시)

병든 아들에게 말했다.

　"나는 운수가 좋지 않아 곤액을 치르거나 죽을지도 모르겠다. 부디 걱정하지 말고 몸조리 잘하도록 해라."

　　　　　　　　　앞으로 닥칠 비극을 예감함.

　순부가 안동부에 들어가니, 부에서는 큰칼을 씌우고 족쇄와 굴레를 채웠다. 그리고 범죄 조서를 갖추어 놓고는 순부에게 서명하라고 닦달하였으나,

　　　　　　　　　　　　　　　　　　　　　　　　　　　조사한 사실을 적은 문서

순부는 큰 소리로 말했다.

　"이 범죄 조서는 진상과 전혀 다르니, 바라건대 종이와 붓을 빌려주시고 아전 중에 글에 능한 사람을 시켜 제가 부르는 대로 조서를 대신 쓰게 해

　　　　　　　　　진실

주시오."

　순부가 칼에 기대어 조서 내용을 부르니, 아전은 멈춤 없이 받아 적었다. 지부가 그것을 살펴보고는 찬탄하면서 천천히 말했다.

　　　　　　　　　　　　　　　모임에서 운영을 담당하는 책임자

「"내가 너를 사면해 줄 터이니, 너는 김씨 가문의 문장(門長)과 유사(有司)를 대신 고발하여라."」

　　　　　　　　　　　　　집안에서 항렬과 나이가 제일 위인 사람

　순부가 말했다.　　　　　　　　　　　　　　　　　　　　「 」: 순부의 능력을 인정한 지부는 순부에게 석방을 조건으로 가문 사람들을 대신 고발하라고 회유함.

　　　　　　　　　　　　　　　　　　　　　　　　　집안

『"문장은 나의 집안 어른과 같은 항렬이고, 유사는 같은 문중의 연소자이거늘, 우리 집안의 일이 이 지경에 이르렀다고 해서 어찌 그들을 곤경에 빠

　　　　　같은 혈족 내에서 세대에 따라 서열을 정한 것　　　　나이가 어린 사람

뜨려 놓고 스스로 풀려나려 할 수 있단 말이오?"』　『 』: 가문 사람을 희생시키지 않겠다는 윤리적 태도

　지부가 말했다.

　"네가 그들을 끌어들이지 않으니, 나는 다만 너를 옥에 가둘 수밖에 없다."

　순부가 감옥에 갇혀 있을 때 천연두가 매우 심하여, 주위에 있는 사람들이 순부에게 횡액이 닥칠까 걱정하였다. 방백이 이 보고를 받고 지부에게 다

　　　　　　　　열이 나고 온몸에 발진이 생기는 전염병　　　　　　　　　뜻밖에 닥쳐오는 불행

시 추문*하되 순부를 유인하도록 지시하니, 지부가 말했다.

　　　　　기사환국을 통해 서인 세력이 대거 숙청되며, 남인이 정권을 장악한 사건

　"기사년(1689) 이래 뜻있는 선비들은 모두 남인(南人)이 됨을 부끄러워하는데, 너는 지금 뜻밖의 재앙을 만났으니 생각해 보아라. 너의 고향에는 반

　　　　　　　　　정치적 상황을 빌미로 신념을 버리고 권력에 순응할 것을 유도함.

드시 너에게 살아날 방도를 가르쳐 줄 사람이 있을 것이야."

　순부가 말했다.

　"나으리! 저는 아무 죄가 없는데 살아날 방도를 찾아야 한다는 것이 슬프오. 그러니 살 방도를 찾는 것은 비록 죽임을 당하더라도 할 수가 없소."

　　　　　　　　　　　　　　　　　　　　　　　　　　　　　　끝까지 타협하지 않는 신념

지부가 노하여 다시는 말하지 않았다. 이때 <u>친구가 옷소매 속에 일가친척의 편지를 넣어 왔으나, 순부는 뜯어보지도 아니하고 돌려보냈다.</u>
자신의 신념을 끝까지 지킴.

(중략)

〈 〉: 서술자의 개입 → 인물의 생애를 후세에 전하는 목적인 전(傳)의 특징

〈<u>내가 장례 치르는 일로 마을에 있으면서 서둘러 <u>입관하도록</u> 하고 나오니, 순부가 기운이 고르지 못하여서 집에 돌아가 몸조리하도록 했다. 그런데
서술자　　　　　　　　　　　시신을 관 속에 넣도록
얼마 되지 않아 순부의 온 집안사람들이 천연두에 걸렸고, 순부는 끝내 2월 28일에 죽었고, 그의 부인 홍 씨도 뒤를 이어 죽었다. 순부의 나이 48세였
다. 슬프도다! 뜻밖의 재난이 닥치리라는 것을 이미 알았었거늘, 능히 피할 수 없었던 것이 운명인가 보다. 순부의 2남 2녀도 한꺼번에 천연두에 걸렸
순부의 죽음에 대한 서술자의 정서가 직접 제시됨.
으나 모두 온전하였다.

정첨윤이 "10촌인 척이라도 오히려 <u>짧아</u> 보이는 수가 있고, 1촌이라도 오히려 길어 보이는 수가 있으니, 점을 친다고 한들 세상일을 다 알 수는 없
외부 인물의 발화 인용 → 가치는 고정된 것이 아니라 상황에 따라 달라질 수 있으므로 사물이나 상황을 규정하는 것을 경계해야 함.
<u>다.</u>"라고 했는데, 그 말이 정녕 믿을 만하도다.

진수가 김씨 문중을 그물로 옭아맸을 때 가문 사람들은 헤어날 수 없는 화(禍)로 여겼지만 순부는 웃으며 말로써 그 화에서 벗어났고, 바다 근처 고
을에서 귀양살이를 했을 때도 천하의 <u>명승지</u>를 두루 다녔으며, 그의 집안에 화가 미치기 전에 그 낌새를 알고 미리 피할 수 있을 것 같았는데, 끝내
경치가 좋기로 이름난 곳
피하지 못하였으니 바로 그것이 짧아 보이는 경우이다.

순부는 총명함이 남보다 뛰어나 <u>경사</u>의 요체나 <u>제가</u>의 비밀스런 진기함을 지나쳐 보기만 해도 문득 깨달았고, 주역점을 치는 것도 오묘했다. 나는
중요한 점　　　　　경서와 사기　　　↳ 유가, 도가 등 춘추 전국 시대의 여러 학파
항상 그의 탁월함을 사랑했다. 다만 그의 미간에 뭉친 기운이 있음을 마음속으로 걱정했으나, 평탄치 못한 기구한 삶이 이 지경에까지 이를 줄은 생각
하지 못했다. 하지만 순부가 재앙을 만나지 않았다면 명승지를 두루 다니고 그것을 문장으로 옮겨 후세에 보는 자로 하여금 상쾌한 기분으로 몸소 그
순부의 불행이 역설적으로 문학적 성취를 가능하게 했음을 평가함.
곳을 <u>밟는</u> 것처럼 만들 수는 없었을 것이니, 기이하도다.〉

*진수(鎭帥) : 특정 지역에 파견되어 부대를 책임지는 무관.

*방백(方伯) : 조선 시대 종이품 벼슬. 그 지방의 경찰권·사법권·징세권 등 행정상 권한을 가짐.

*종인(鐘人) : 여기서는 '어떤 사람'의 의미임.

*종인(宗人) : '촌수가 아주 먼 일가의 사람.

*향권(鄕權) : 향촌 사회에서 양반이나 지배층이 가지고 있던 권력이나 영향력을 이르는 말.

*사림(士林) : 향촌에 기반을 둔 유학자들과 지식인 계층을 이름.

*추문(推問) : 죄상을 추궁하여 심문함.

OX문제

01 김씨 집안사람들은 순부가 모임의 주도자가 아니라고 관청에 적극적으로 해명하였다. (O / X)

02 시간 표지를 활용하여 사건의 추이를 드러낸다. [2024학년도 6월] (O / X)

03 한 인물과 다른 인물들 간의 다면적 갈등 관계를 제시하고 있다. [2023학년도 6월] (O / X)

04 김순부는 일가친척의 편지를 읽었으나 그들의 도움을 거절하고 끝까지 타협하지 않았다. (O / X)

05 서술자가 풍자적 어조를 활용하여 중심인물에 대한 비판적 입장을 드러낸다. [2024학년도 6월] (O / X)

01 | 주제

송사 사건에 얽힌 김순부의 삶과 죽음

02 | 특징

① 인물 간 대화를 통해 갈등 상황을 구체적으로 드러냄.
② 소송 사건을 소재로 삼은 '송사(訟事) 소설'에 속함.
③ 서술자의 논평을 덧붙이는 '전(傳)'의 구성 방식을 취함.

03 | 작품 해제

이 작품은 조선 후기 이광정이 지은 전(傳)으로, 선비 김순부의 삶과 죽음을 다루고 있다. 무고 사건에 휘말린 김순부와 그를 조사하는 진수 정양빈을 중심으로 사건이 전개되며, 이를 통해 조선 후기 지역 사회에 만연한 정치적 갈등과 당파 싸움의 현실을 드러낸다.

작가는 김씨 가문의 모임을 둘러싼 송사 과정을 구체적으로 제시하고, 인물들의 대화를 직접 드러내어 각자의 입장과 갈등 양상을 생생하게 보여 준다. 이를 통해 권력을 가진 인물이 공을 세우기 위해 무고를 일삼는 모습과, 그 속에서 김순부가 이성과 논리로 대응하는 모습을 대비적으로 부각한다.

또한 작품은 송사 과정에서 드러나는 김순부의 총명함과 강직한 태도, 그리고 유배와 옥살이를 거쳐 비극적인 죽음에 이르는 삶을 통해 당시 사회의 부조리함을 비판한다. 작가는 마지막에 김순부의 인품과 문장의 가치를 높이 평가하며, 한 개인의 비극적 삶을 통해 조선 후기 사회 현실을 성찰하게 한다.

04 | 등장인물

- 김순부 : 안동에 사는 총명하고 효성이 깊은 선비. 무고 사건에 휘말리지만 논리와 당당한 태도로 대응하며, 끝내 가문을 지키다 천연두에 걸려 비극적인 죽음을 맞는다.
- 정양빈 : 반란군에 가담했다가 형세가 불리해지자 방백에게 돌아가 공을 세우려 한 무관. 자신의 입지를 위해 김씨 가문의 모임을 반란으로 몰아 김순부를 탄압한다.
- 한 종인 : 서인 세력과 연결된 인물이자, 김순부를 모함한 인물이다. 김상헌 사원 철거 사건을 빌미로 김순부를 다시 처벌하라고 진수를 압박한다.
- 황선 : 지방의 최고 책임자로, 진수의 보고를 받고 김순부 일가를 죄인으로 몰도록 지시한다.
- 지부 : 안동부의 책임 관리로, 김순부를 신문하고 회유한다. 김순부의 논리에 납득하면서도 끝까지 권력의 뜻을 따른다.

05 | 상세 줄거리

안동에 사는 김순부는 총명하고 효성이 깊은 선비로, 집안과 지역 사회에서 신망을 얻고 있었다. 당시 진수 정양빈은 반란군에 가담했다가 형세가 불리해지자 방백에게 돌아가 공을 세우려 하였다. 그는 이를 위해 김씨 가문의 모임을 반란으로 몰아 문제 삼았다. 김씨 집안사람들은 관청의 신문을 두려워하여, 신문에 잘 대응할 수 있을 것이라 믿은 김순부를 모임을 처음 주도한 사람으로 내세웠다.

진수는 김순부를 불러 추궁하였으나, 김순부는 그 모임이 친족 간의 화목을 다지기 위한 관례적인 모임이라고 설명하고 반란을 꾀했다면 공개된 장소에서 풍악을 울리며 모일 수 없다고 주장하며, 모임에서 사용한 소고기 역시 관청에서 산 것이라고 밝혔다. 이에 진수는 더 이상 따져 묻지 못하고 김순부를 풀어 주었다.

그러나 이후 한 종인이 김순부를 과거 김상헌 사원 사건의 주모자라고 모함하였고, 진수는 이 내용을 상부에 보고하였다. 당시 서인 세력은 안동 사림들을 억압하고 있었고, 이러한 정치적 상황 속에서 김순부는 다시 체포되어 옥에 갇힌다. 지부는 김순부에게 문중의 문장과 유사를 고발하면 풀어 주겠다고 하였으나, 김순부는 이를 거절하였다. 그는 결국 우여곡절 끝에 풀려났지만, 이후 천연두에 걸려 죽음을 맞이하였다.

나BS _ 나 없이 EBS 풀지마라

STEP 03 논문으로 만나는 출제자의 시선

나BS 수능특강 | **고전문학**

당쟁과 사회 현실을 형상화한 「김순부전」의 서사적 성격

이광정이 살았던 숙종대는 극심한 당쟁이 조정의 권력 다툼뿐만 아니라 지방 관아의 관료 조직, 더 나아가 향촌 사회의 지식 계층들 사이의 권력 문제로까지 이어지던 시대이다. 「김순부전」은 이러한 시대적 상황을 매우 생생하게 보여 주고 있다.

이 작품은 겉으로 드러나는 사건의 진행뿐만 아니라, 그 이면에 숨겨진 원인과 결과의 관계, 세부적인 정황들이 겹겹이 제시되는 복합적인 구성 방식을 지니고 있다. 이러한 점은 기존의 규범적인 전기 문학에서는 잘 드러나지 않았던 특징으로, 이 작품이 지닌 독자성이며 동시에 소설적 성격에 가까워지는 요소이다.

「김순부전」에서는 무고 사건에 휘말린 피의자와 이를 조사하는 관리 사이의 대결 장면에서 구체적인 사건 서술과 인물의 성격 묘사가 두드러지게 나타난다. 또한 인물 간의 대화를 통해 극적인 효과를 높이고 있으며, 적대 인물의 끈질긴 모함과 당쟁이 서로 연결되어 있음을 암시적으로 드러내고 있다. 여기에 인간 사회에서 비롯된 재앙과 천연두라는 질병의 재앙을 함께 배치함으로써 비극성을 강화하는 복선적 구성도 활용하고 있다. 서술자는 주인공의 비극적인 삶에 대해 연민과 동정을 보이면서도, 적대 인물에 대해 감정적인 비난을 자제하는 태도를 유지하고 있는데, 이러한 점들을 통해 작가의 뛰어난 문학적 역량을 확인할 수 있다.

따라서 이 작품은 당대 사회 현실을 깊이 있게 바라본 결과를 서사적으로 형상화한 작품이라 할 수 있다. 다만 「김순부전」은 적대 인물이 누명을 씌우는 과정이나 음모의 동기가 구체적으로 드러나지 않았고, 인물의 성격 또한 미리 정해진 악인형의 틀에서 크게 벗어나지 못했다는 한계를 지니고 있다.

그러나 이러한 점은 작품의 소재가 실제 사실에 바탕을 두고 있다는 점에서 비롯된 부분적인 한계일 뿐이다. 더 넓은 시각에서 보면, 이 작품은 단순한 사실 보고 중심의 기록물이 아니다. 이광정의 서사 의식에 의해 재구성된 허구적 서사체이며, 문학성이 높은 작품이다. 이러한 이유로 「김순부전」은 이미 소설 양식 안으로 깊이 들어온 전(傳), 또는 '송사 소설'로 평가되기도 한다.

송사 소설의 특징

송사 소설은 억울한 일을 당한 인물이 관청에 호소하며 법정에서 다투는 과정을 중심으로 전개되는 소설 갈래이다. 이러한 송사 소설은 사회가 혼란스러웠던 조선 후기 시기에 특히 많이 나타났으며, 그만큼 당시의 시대적 현실을 강하게 반영하고 있다.

작품마다 정도의 차이는 있지만, 송사 소설에는 사회적 혼란과 부조리에 대한 비판 의식이 드러난다. 어떤 작품에서는 이러한 비판이 직접적으로 제시되기도 하고, 어떤 경우에는 동물이나 우회적인 표현을 통해 간접적으로 드러나기도 한다. 이는 송사 소설이 단순한 사건 서술을 넘어 현실을 바라보는 작가의 비판적 시선을 담고 있다는 점에서 공통적으로 나타나는 특징이다.

송사 소설의 결말은 갈래에 따라 나뉘는데, 그중 '원억형 결말'은 억울한 피해자가 끝내 자신의 정당성을 인정받지 못한 채 비극적으로 마무리되는 유형이다. 「서대주전」, 「김순부전」, 「박효랑전」 등이 이에 해당한다. 이들 작품에서는 부패하고 무능한 판관으로 인해 정의가 실현되지 못하며, 주인공뿐만 아니라 주변 인물들까지도 모순되고 부조리한 현실을 비판적인 시선으로 인식하게 된다.

15 | 작자 미상, 꼭두각시놀음

수능 국어 대비
실전 국어 전형태

STEP 01 지문 분석과 OX문제

나BS 수능특강 | 고전문학 ●

[제5막] 표 생원 거리

꼭두각시 : 내 얼굴은 뉘 탓이오? 강원도 가서 영감 찾느라고 깊은 산중에 도토리묵을 먹어서 그렇게 되었소.
남편인 표 생원을 찾기 위해 떠돌아다님.

표 생원 : 「뭐 어쩌고 어째여? 산골에서 묵을 먹고 얼굴이 저 모양새가 되었으면, 나는 함경도 백두산에 다녀서 삼수갑산(三水甲山)으로 나올 제 강냉이
「 」: 아내인 꼭두각시의 외모에 대한 비난   우리나라에서 가장 험한 산골

와 상수리를 통째로 삶아 먹었는데 우툴두툴커녕 내 얼굴엔 네가 나막신을 신고 다녀 봐라. 해괴망측스런 년. 요사스런 계집도 많다.」 (사이) 그러나
옥수수와 상수리나무 열매   꼭두각시의 말을 믿지 않고 반박함.   발화와 발화 사이의 여백(극의 특징)

생각하니 개천에 나도 용은 용이요, 짚으로 만들어도 신주(神主)*는 신주라니 돌모리집한테 훈계하여 큰마누라에게 상우례*나 시켜 보자. 여보게 돌모
외모가 못나도 본부인은 본부인이라는 뜻   표 생원의 첩   표 생원의 본부인 → 꼭두각시

리집네! (돌모리집을 불러 앞에 세우고 꼭두각시에 대하여) 「여보 부인, 그러나저러나 객담(客談)은 그만두고 살아갈 이야기나 합시다. 부인이 어느덧
쓸데없는 말

환갑이 넘고, 내가 연만(年滿) 팔십에 늙어 가난하고, 따라서 일점혈육(一點血肉)이 슬하에 없으니 이런 낭패가 어디 있나? 그러므로 부인도 근심이
나이가 아주 많음.   자녀가 단 한 명도 없으니

되지요?」 「 」: 꼭두각시를 회유하여 돌모리집을 첩으로 얻은 사실을 합리화하고자 함.

꼭두각시 : 여러 해포 만에 만나긴 만났으나 그도 또한 나 역시 근심이오.
한 해가 조금 넘는 동안

표 생원 : 부인의 말이 그러하니 말이오. 내가 그전에 작은집을 하나 얻었소.
동음이의어를 통한 언어유희 → ① 작은 집 ② 작은 부인(첩)   간장, 고추장, 된장 등

꼭두각시 : 아이고 듣던 중 상쾌한 말이오. 이 형편에 큰 집 작은 집을 어찌 가리겠소. 집을 얻었으니 재목(材木)이나 성하며 양지바르고 또 장인들 담
표 생원의 말을 '① 작은 집'으로 알아들음. → 해학성   나무   햇볕이 잘 들고

가 났겠소?

표 생원 : 어으? 아 이게 무슨 소리여? 장은 무슨 장이며, 재목은 무슨 재목? 떡 줄 놈은 생각도 안 하는데 김칫국 먼저 마시네. 소실(小室)*을 얻었단
상대는 그럴 생각이 없는데, 혼자 미리 기대하며 앞서 나가는 경솔한 행동이라는 뜻의 속담 활용 → 해학성

말이여.

꼭두각시 : 아이고 영감, 이게 무슨 소리요? 이날껏 찾아다니면서 나중에 이런 험한 꼴을 보자고 영감을 찾았구려.
첩을 얻은 표 생원에 대한 원망

표 생원 : 잔말 말고 주는 거나 먹고 지내지.
가부장적 태도

꼭두각시 : 그러나저러나 적어도 큰마누라요, 커도 작은마누라니 인사나 시키오.
도치를 통한 언어유희 → 현실을 받아들이고 본부인로서의 권위와 체면을 지키려 함.

표 생원 : 여보게, 돌모리집네! 법은 법대로 하세.

돌모리집 : 무얼 말이오?

표 생원 : 큰부인한테 인사나 하게.

돌모리집 : 머지 않은 좌석에서 들어도 알겠소. 내가 적어도 용산 삼개 돌모리집이라면 장안 안이 다 아는 터인데, 유명한 표 생원이기로 가문을 보고
유명한 가문의 여자가 될 수 있을 것이라 기대함.

살기어든 「날더러 작은집이라 업신여겨 큰부인에게 인사를 하여라, 절을 하여라 하니 잣골 내시댁 문 앞인가 절은 웬 절이여? 인사도 싫고 나는 갈

터이니 큰마누라하고 잘 사소. (돌아선다.)」 「 」: 돌모리집은 자신을 아랫사람으로 대우하는 것을 불쾌해 하며 봉건적 질서에 대한 거부감을 보임.

표 생원 : 돌모리집네! 여직 살던 정리(情理)로 그럴 수가 있나? 오뉴월 불도 쬐다 물러나면 서운하다네. 마음을 돌려 인사하게.
인정과 도리   필요 없는 것도 있다가 없으면 서운하다는 뜻의 속담 활용 → 상대를 설득하기 위함.

돌모리집 : 그러면 인사해 볼까요? (아무 말 없이 화가 나서 꼭두각시한테 머리를 딱 들이받으며) 인사 받으우.

꼭두각시 : (놀래며) 이게 웬일이요? 여보 영감! 이게 웬일이요. <u>요사이 인사 예절은 이러하오?</u> <u>인사 두 번만 받으면 내 머리는 간다 봐라 하겠구나.</u> 인
예의를 갖추지 않은 돌모리집의 행위에 대한 비판　　　　　　　　　　머리가 깨지겠다는 과장된 표현 → 해학성

사도 싫으니 <u>세간을 나눠 주오.</u>
표 생원에게 집안 재산을 나눠 줄 것(이혼)을 요구함.

표 생원 : 괘씸스런 계집들은 불같은 욕심은 있구나. <u>나의 집은 해남 관머리요 몸 지체는 한양 성중인데 무슨 세간 무슨 재물을 나눠 주니?</u> 짚은 몽둥
　　　　　　　　　　　　　　　　　　떠돌아다니는 신세이므로 재산이 없음을 밝힘.

이로 한번 치면 다 죽으리라. (표 생원이 화를 내고 있는데 박 첨지가 나온다.)

박 첨지 : 실례 말씀이요만은 잠시 지내다 보니 남의 집안 문제나 내 몸은 일개 <u>구장(區長)</u>으로 모르는 체할 수 없어 물어보니 허물치 마오.
　　　　　　　　　　　　　　　　　　　　　　　　　예전에, 시골 동네의 우두머리를 이르던 말

표 생원 : 네, 구장이십니까? <u>판결 좀 하여 주시오.</u> 제가 해남 사는 표 생원으로 부부 이별하고 그간 소실을 얻어 이곳에 왔다가 저기 선 저 <u>화상</u>(꼭두
　　　　　　　　　　재산 분배를 위한 판결을 요구함.　　　　　　　　　　　　　　　　어떤 사람을 마땅치 아니하게 여기어 낮잡아 이르는 말

각시를 가리키며)은 나의 큰마누라인데 작은집으로 감정을 내어 세간을 나눠 달라 하오니 백계무책(百計無策)[*]이오. 어찌할는지요?

박 첨지 : 그러면 세 분이 다 <u>객지(客地)</u>이오?
　　　　　　　　　　　자기 집을 멀리 떠나 임시로 있는 곳

표 생원 : 여기는 객지나 다름없습니다.

박 첨지 : 재산이 있으면 나눠 줄 마음이오?

표 생원 : <u>다시 이를 말씀이오?</u>
　　　　　'굳이 또 말해야 합니까?'라는 뜻 → 당연히 나눠 줄 생각이 없다는 인색한 성격이 드러남.　　　　　　　　　　　　　　■ : 좋은 것
　　　↕
(박 첨지가 한참 생각한다.)　　　　　　　　　　　　　　　　　　　　　　　　　　　　　　　　　　■ : 나쁜 것

박 첨지 : 내가 한 마을의 구장으로 잘 처리하겠으니 염려 마우. 〈창〉 돌모리집은 왕십리에 구실 은(銀) 두 되 하는 논 네 마지기를 주고, 꼭두각시는
　　　　　　　　　　　　　　　　　　　극에서 노래로 부르는 부분

남산 봉우제 재실 재답 구실 닷 마지기 고추밭 하루갈이 주고, 용산 삼개 들어오는 뗏목은 모두 다 묶어다가 돌모리집 가져가고, 꼭두각시 널랑은

명년(明年) 장마에 떠밀리는 나무뿌리는 너 다 갖고, 은장 봉장 자개 함롱 반닫이는 글낭 모두 돌모리집 주고, 뒤꼍에 돌아가 개똥밭 하루갈이와 매

운 짓독 깨진 걸랑 꼭두각시 너 다 가져라.

꼭두각시 : 〈창〉 허허, 나는 가네. 나 돌아가네. 덜덜거리고 그 돌아가네. (춤추며 나간다.)
　　　　　　　　　돌모리집에게만 유리한 판결이 내려진 것에 대한 꼭두각시의 고통과 한이 춤을 통해 드러남.

(중략)

[제7막] 평안 감사 재상(在喪)[*] 거리

(평안 감사의 모친 상여가 나온다.)
　　　　사람의 시체를 실어서 묘지까지 나르는 도구

평안 감사 : 꼴곡[*] 꼴곡 꼴곡 꼴곡. 아이고 좋아. 콩나물 안방 차지 내 차지.
　　　　　　　　　　물질적인 이유로 어머니의 죽음을 기뻐함. → 평안 감사의 이기적인 모습

(양산도[*] 등 노래를 부른다.)

작은 박 첨지 : (구경하다가) 이게 뉘 놈의 상여냐? 초상 상주 놈의 소리가 앓는 곳이냐?
박 첨지의 동생　　　　　　　　양반에 대한 조롱　　평안 감사

(그때 상두꾼이 발병이 나서 못 가고 상여를 내려놓았다.)
사람이 죽어 장례를 치를 때 상여를 메는 사람

평안 감사 : 여봐라, 박가야. (박 첨지가 나온다.) 말 들어라. 상여가 나가다가 상두꾼이 발병이 났으니, 인부를 사 대라.
　　　　　　　　　　　　　　　　　자신의 사적인 일을 위해 필요한 인부의 고용을 박 첨지에게 떠넘기는 모습 → 지배층의 권력 남용, 횡포

박 첨지 : 인부가 졸지에 없사오니 소인의 조카 놈이 궂은일 잘 보고, 괴델머리쩍고[*], 기운이 <u>역사</u>요, 이상야릇한 놈이오니 그놈으로 <u>천거</u>하옵니다.
　　　　　　　　　　　　　　　　　　　　　뛰어나게 힘이 센 사람　　　　　　　인재를 어떤 자리에 추천함.

평안 감사 : 이놈 더디다. 빨리 대령하여라.

박 첨지 : 네— (홍동지를 부른다.) 여봐라, 딘둥아! 이번에 감사 사또 연번시* 상두꾼이 발탈이 났으니 하룻밤 삼시야 사시야 먹고, 돈 칠 푼 줄 것이니
　　박 첨지의 조카　　　홍동지의 어리숙한 성격으로 인해 붙은 별명　　　　　　　　　하룻밤 동안 세 끼, 네 끼를 먹고

　　상여꾼 품 팔러 안 가려느냐?

홍동지 : 왜 그래쌌소?

박 첨지 : 지금 한 말 못 들었느냐? 만일 지체하면 주릿대학춤, 고드래뼈 튕겨지면* 호소할 곳 바이없으니 지체 말고 빨리 나오너라.
　　　　　　　　　　　　　　　평안 감사의 명령에 따르지 않을 경우 받게 되는 불이익을 제시함.

홍동지 : 아자씨 말씀이 정말이요? / 박 첨지 : 그짓말하겠느냐?

홍동지 : 빨가벗어도 좋소? / 박 첨지 : 관계없다.

홍동지 : 어디 가서 보기나 합시다. (홍동지가 가만히 가서 상제도 보고 또 상여를 냄새 맡더니) 카— 이게 뭐요?

박 첨지 : 왜 그러느냐?

홍동지 : 아— 오뉴월 강생이* 썩는 냄새가 나는구려.
　　　　　　　평안 감사의 권위를 신경 쓰지 않는 태도
박 첨지 : 이놈아! 그게 무슨 말이냐? 감사또 아시면 서운치 않으시겠느냐?

홍동지 : 사또가 섭섭하다시면 큰 개 썩는 냄새가 난다 합시다.
'개 썩는 냄새가 난다'는 말이 기분 나쁠 수 있다는 뜻을, '강생이(작은 개)'라는 표현이 기분 나쁘다고 바꾸어 생각해 '큰 개'로 받아침. → 해학성
평안 감사 : 꼴곡 꼴곡 꼴곡. (왔다 갔다 한다.)

홍동지 : 상제님 문안드리오.
평안 감사를 상제(옥황상제)로 지칭하는 익살 → 해학성
평안 감사 : 이놈! 상여도 대부인* 상여인데, 문안이고 문밖이고 웬 놈이 빨가벗고 덤벙거리느냐?
　　　　　　　　　　　　　동음이의어('문안')를 이용한 언어유희
홍동지 : 빨가벗었더라도 상여만 잘 메면 됐지. 무삼 잔말.
　　　　　평안 감사의 말에 반항하는 태도
평안 감사 : 네가 상여를 모시러 왔다니 듣기는 반갑다마는 빨가벗고 무슨 상여를 멘단 말이냐? 괘씸한 놈 잡아내라. (평안 감사가 화를 내어 박 첨지

　　를 잡아들여서 태장을 한다.)
　　　　　채찍(매)으로 사람을 때리는 형벌

*신주 : 죽은 사람의 영을 모신 위패. / *상우례 : 신랑이 처가의 친척과, 또는 신부가 시가의 친척과 처음 만나는 예식.

*소실 : 정식 아내 외에 데리고 사는 여자. / *백계무책 : 있는 꾀를 다 써도 소용이 없음.

*재상 : 어버이의 상중(喪中)에 있음. / *꼴곡 : 앓는 소리.

*양산도 : 경기 민요 선소리의 하나로 삼박자의 흥겨운 노래. / *괴덜머리쩍고 : 수선스럽고 실없는 짓을 하고.

*연번시 : 장사(葬事) 지내러 가는 길에 등을 들고 가는 것. / *주릿대학춤, 고드래뼈 튕겨지면 : 형벌을 받게 되면.

*강생이 : '강아지'의 방언. / *대부인 : 남의 어머니를 높여 이르는 말.

OX문제

01 인물들 간의 대화를 통해 특정 인물을 희화화하고 있다. [2015학년도 수능AB]　　　　　　　　　　　　　　(O / X)

02 박 첨지가 표 생원의 재산을 꼭두각시와 돌모리집에게 나누어 주자 꼭두각시는 기뻐서 춤을 추었다.　　　　(O / X)

03 인물이 제삼자의 시점에서 사건에 대해 치우침 없는 판단을 제시한다. [2013학년도 5월A]　　　　　　　　(O / X)

04 홍동지는 박 첨지의 권위가 두려워 상여꾼이 되라는 명을 듣고 곧바로 상여를 메러 갔다.　　　　　　　　(O / X)

05 부정적 인물에 대한 비판 의식을 표현하고 있다. [2013학년도 수능]　　　　　　　　　　　　　　　　　(O / X)

ㄴIBS _ 나 없이 EBS 풀지마라

STEP 02 작품 해제

ㄴIBS 수능특강 | **고전문학** ●

01 | 주제

지배층의 횡포와 허위의식에 대한 풍자와 비판

02 | 특징

① 전체 8막의 구성으로, 각 막이 서로 독립되어 있음.
② 비속어, 과장, 언어유희 등 해학적 표현이 많이 사용됨.
③ 전통 인형극의 대표적 특징인 골계미(현실의 모순이나 부조리함을 웃음을 통해 드러내는 미적 가치)가 두드러짐.

03 | 작품 해제

이 작품은 2마당 8막으로 구성된 전통 인형극으로, 봉건 시대부터 개화기까지 남사당패에 의해 주로 경기, 충청, 전라, 경상도 일대에서 공연되었다. 구체적인 구성은 5막으로 이루어진 박 첨지 마당과 3막으로 이루어진 평안 감사 마당으로 되어 있으며, 두 마당은 공통적으로 지배층의 허위를 풍자한다. 박 첨지 마당에서는 박 첨지 일가의 파탄과 구원을, 평안 감사 마당에서는 평안 감사의 횡포를 골계적(익살을 부리는 가운데 어떤 교훈을 주는 것)인 수법으로 희롱하는 내용이 중심을 이룬다. 두 마당에서 중요한 역할을 하는 인물은 박 첨지의 조카인 홍동지이다. 그는 탈춤의 말뚝이와 취발이를 합쳐 놓은 듯한 인물로서, 평민층의 소박한 활기와 놀이패의 골계성을 아울러 갖춘 전형이라 할 수 있다. 수록된 부분은 [제5막] '표 생원 거리'와 [제7막] '평안 감사 재상 거리'로, 지배층의 권력 남용과 가부장적 사회 구조를 신랄하게 풍자하고 조롱한다.

04 | 등장인물

- 표 생원 : 본처와 첩 사이에서 갈등하는 가장으로, 체면과 권위를 내세우지만 우유부단하고 무능한 인물이다.
- 꼭두각시 : 표 생원의 본처로, 남편을 찾아 오랜 시간 헤매다 다시 만난다. 그러나 소실의 존재를 알고 분노하며 세간 분배를 요구한다.
- 돌모리집 : 표 생원의 소실로, 꼭두각시에게 인사하라는 표 생원의 요구를 거부하며, 세간 분배에서 이익을 챙긴다.
- 박 첨지 : 여러 과장에 등장하며 해설사 같은 역할을 하는 인물. 표 생원 집안의 갈등을 중재한다며 나서지만, 세간을 불공평하게 나눈다. 또한 평안 감사의 명령에는 복종하고, 홍동지에게는 권위적인 태도를 드러낸다.
- 평안 감사 : 줏대 없고 무능한 인물. 부패한 관리로, 어머니의 죽음에도 기뻐하는 이기적인 모습을 보인다.
- 홍동지 : 박 첨지의 조카. 힘이 세고 거침없는 성격으로, 지배층을 조롱하고 비판하는 역할을 한다.

05 | 상세 줄거리

[제5막] : 표 생원이 오랫동안 헤어져 있던 본처 꼭두각시를 만나 첩인 돌모리집을 소개한다. 돌모리집이 꼭두각시를 인정하지 않고 예의 있게 인사하기를 거부하자, 꼭두각시가 인사를 하지 않는 돌모리집에게 화를 내며 싸움이 벌어진다. 표 생원은 꼭두각시와 돌모리집 사이에서 곤란에 처하는데, 박 첨지는 둘에게 살림을 분배하기로 한다. 이때 박 첨지는 표 생원의 재산을 꼭두각시에게 불리하게 분배하고, 첩에게는 후하게 분배한다. 그러자 꼭두각시는 금강산으로 중이 되러 가겠다며 퇴장한다.

[제7막] : 평안 감사는 모친상을 당했음에도 오히려 방이 하나 비게 되었다며 즐거워하는 모습을 보인다. 어머니의 장례를 치르던 중 발병이 난 상두꾼으로 인해 상여를 멜 수 없게 되자, 그는 박 첨지에게 상두꾼을 구해 오라고 지시한다. 박 첨지는 조카인 홍동지를 데려오지만, 그의 벌거벗은 모습을 본 평안 감사는 박 첨지에게 태장(죄인의 볼기를 치던 형벌)을 가한다. 그러자 박 첨지는 평안 감사를 설득하여 홍동지로 하여금 상여를 지게 만든다. 홍동지는 벌거벗은 채로 평양 감사를 마주하며 그의 어리석음을 조롱한다.

STEP 03 논문으로 만나는 출제자의 시선

「꼭두각시놀음」의 재담의 특징과 노래·춤의 기능

「꼭두각시놀음」의 재담은 속 시원한 욕설과 야유, 직설적 표현이 많다는 것이 특징이다. 서민을 위한 놀이이기 때문에 대사에 있어서 세련미가 있지 않고 한문투의 관용구도 적은 편이다. 욕설과 야유, 직설적 표현이 사용된 것은 당시에 극을 공연하던 공연진들이나 극을 관람하는 관중들이 지배 질서에 의해 억압당하던 집단이라는 점과 무관하지 않다. 비속적인 표현은 그들의 마음속 깊이 쌓였던 불만을 대변하며, 그들에게 해방감을 선사하는 수단으로 이용되었던 것이다. 기존의 지배 질서 및 지배층의 행태에 대한 풍자를 다룬다는 점에서 이를 알 수 있다. 민중들은 극중 인물을 통해 현실에 대한 비판과 야유, 부당한 대상에 대한 공격과 파괴적 행동을 표출할 뿐만 아니라 울분을 놀이 속에서 오락적으로 승화시켜 이상적 삶에 대한 욕망 등을 지향하였다. 특히 이 작품에서는 동음이의어를 이용한 언어유희로 실현되고 있다. 슬픔과 죽음, 비극적 상황들이 연출됨에도 불구하고 관중들이 눈물이 아닌 웃음을 터뜨리는 이유는 풍자와 익살, 해학이 넘쳐나는 재담 때문일 것이다.

또한 「꼭두각시놀음」에 풍부하게 삽입된 노래와 춤은 서민층의 솔직한 감정을 그대로 노출하면서 극적 전개에 기여하고 있다. 즉, 노래와 춤을 통해 극적 갈등과 해결의 양상은 물론, 등장인물의 성격과 당시의 사회상을 드러내는 동시에 비판적 기능도 수행하고 있다. 예를 들면, 평양 감사는 모친상을 당한 처지이지만 슬픔보다는 즐거움을 느끼며 노래까지 부른다. 이때 감사의 노래는 인물의 이기적인 면모를 암시해 주는 기능을 한다.

작품의 사회적 기능

남사당패의 놀이판에서는 놀이꾼과 관중들이 하나가 되어 웃고 즐기는 사이에 자연스럽게 한을 풀어 나가는 이른바 '신명풀이'가 이루어진다. '신명풀이'는 무의식 속에 자리한 응어리를 흥겨움으로 풀어내는 의식으로, 놀이라는 수단을 통해 한을 해학적으로 승화하는 것과 상통한다. 「꼭두각시놀음」에서는 부당한 현실에 대한 풍자가 드러나는데, 이마저도 놀이의 즐거움과 유쾌함을 극대화하는 장치로 활용되고 있다. 그리하여 「꼭두각시놀음」에 나타난 풍자와 해학은 고통을 웃음으로 극복하려는 민중의 여유와 초월성을 보여 주게 된다. 〈평안 감사 재상(在喪) 거리〉에서는 지배 계층의 횡포를 풍자하는 내용을 통해, 당시 민중을 억압하던 양반에 대한 불평과 불만을 폭로한다. 대표적으로 홍동지가 벌거벗은 채 평안 감사 어머니의 상여를 메는 일은 양반의 위신을 추락시키는데, 이러한 행동을 통해 민중들은 그동안 쌓인 설움을 표출한다. 「꼭두각시놀음」의 극적 갈등 역시 민중이 원하는 방향으로 해결된다. 민중들은 남성의 횡포·지배 계층의 횡포·종교적 무능력에 대해 비판하면서, 놀이를 통해 가정·사회·종교로부터 비로소 자유를 얻게 되는 것이다.

16 김금원, 호동서락기

STEP 01 지문 분석과 OX문제

하늘이 이미 나에게 어질고 지혜로운 성품을 주시고 귀와 눈을 만들어 주셨으니 어찌 산수를 좋아하고 즐기며 견문을 넓히지 못하겠는가. 하늘이 이
　　　　　　　　　　　　　　　　　　　　　　　　　자연을 즐기고 견문을 넓히는 일이 자신의 본성에 맞는 일이라는 뜻을 드러냄.
미 내게 총명한 재주를 주셨으니 어찌 문명(文明)한 나라에서 무엇인가를 성취할 수 없겠는가. 「여자로 태어났으니 깊은 담장 안에서 문을 닫아걸고 법
　　　　　　　　　　　　설의법 → 성취에 대한 의지를 드러냄.　　　　　　　　　　　　　여성의 자유로운 삶을 억압하는 사회적 규율에 대한 문제 제기
도를 지키는 것이 옳은가. 한미한 집안에 태어났으니 처지대로 분수에 맞게 살다가 이름도 없이 사라지는 것이 옳은가.」 세상에는 첨윤의 거북*이 없어
　　　　　　　　가난한 집안이라면 그 분수에 맞게 살아야 한다는 사회적 통념에 대한 문제 제기　　　　　　「 」: 주어진 처지를 그대로 받아들이는 태도 비판
굴원이 점치던 것을 본받기도 어렵다. 그러나 첨윤의 말에 이르기를 "계책에는 단점이 있고, 지혜에는 장점이 있으니 스스로 그 뜻을 행하게 한다."라고
　　　　　　　　　　　　　　　　　　　　점괘보다도 자신의 판단과 뜻이 더 중요하다는 말 직접 인용 → 스스로 결단을 내렸음을 드러냄.
했으니 내 뜻은 결정되었다. 「아직 혼인하지 않은 나이지만 강산의 아름다운 경치를 두루 돌아보고 증점*이 기수에서 목욕하고 무우에서 바람을 쐬고
　　　　　　　　　「 」: 증점의 일화를 근거로 들어, 자연을 유람하고 시를 짓기로 결심한 자신의 선택이 성인의 가르침에도 어긋나지 않는다는 의견을 드러냄.
글을 읊으며 돌아온 일을 본받겠다고 하면 성인께서도 마땅히 동의하시리라.」

　마음에 계획을 정하고 부모님께 여러 번 간청하니 한참 뒤에야 겨우 허락하셨다. 「그러자 가슴이 트이며 마치 매가 새장을 나와 저 푸른 하늘로 솟
　　　　　　　　　　　　　　　　　　　　　　　　　　　　　「 」: 비유법 → 유람을 허락받은 기쁨과 해방감 강조
구쳐 오르는 것 같고, 천리마가 재갈을 벗어 던지고 천 리를 내닫는 듯한 기분이었다.」 그날로 남자 옷으로 갈아입고 짐을 꾸려 먼저 네 고을을 향해
　　　　　　　　　　　　　　　　　　　　　　　　　　　　　유람하기 위해 남장을 함. → 여성의 행동에 제한이 있었던 당시의 현실을 보여 줌.
길을 떠났다.

(중략)

　산과 바다의 아름다움과 웅장함을 두루 다 보고 나니 다시 수려하고 번화한 곳을 더 보고 싶어졌다. 마침내 한양으로 향하여 가다가 멀리 한양을
　　　　　　　　　　　　　　　　　　　　　　빼어나게 아름답고
바라보며 시 한 수를 지었다.

한가로이 부평초처럼 멀리 노닐기를 일삼아	閒似浮萍事遠遊
물 위에 떠 있는 풀 → 유람을 즐기는 글쓴이의 모습을 자연물에 빗댄 표현	
산에 오른 지 여러 날이 되어도 멈출 줄 모르네	登臨多日不知休
자연을 노니는 것에 대한 만족감	
돌아갈 마음에 즐거이 동쪽으로 흐르는 물 따라가니	歸心欣逐東流水
서울의 바람과 안개도 조만간 걷히리라	京洛風煙早晚收

■ : 글쓴이의 이동 경로
　　　　　　　　　　　　　　　　　　각각 다른
한양은 제왕의 도읍으로 억만년 태평세월의 기틀이니 구구한 좁은 소견으로 엿보고 추측할 바가 아니고 그 웅장한 형세와 엄숙한 기상이 다만 그
한양을 단순히 유람지가 아니라, 국가의 중심으로서 중요한 의미를 지닌 공간으로 인식함.
큰 계획을 깨닫게 할 따름이었다. 「높고 높은 봉우리와 첩첩한 산은 용이 서리고 호랑이가 웅크린 듯 꿈틀대며 일어나는가 하면 엎드려 있기도 하고,
　　　　　　　　　　　　「 」: 사방을 둘러싼 산과 지형의 위엄 있고 웅장한 모습을 비유적 표현으로 강조함.
칼날이 서고 깃발이 펼쳐진 것 같기도 하다. 북으로 삼각산과 백악산이 큰 도시를 웅장하게 누르고, 남으로는 목멱산과 종남산이 책상을 마주한 듯 서
있으며, 왼편으로는 왕십리 벌판이 동쪽 성곽을 에워싸고 오른편으로는 만리재가 서쪽 끝을 받치고 있다.」 한강이 띠처럼 두르고 있고 삼강(三江)은 도
시의 문으로 배와 수레가 모여든다. 강과 육지가 만나 기세가 웅장하고 물산이 풍성하니 아아, 아름답도다. 「고구려의 도읍은 평양으로 비록 수양제의
　　　　　　　　　　　　　　　　　　　　　영탄법 → 한양의 웅장함과 풍요로움에 대한 감탄
위세로 천하의 군대를 동원했으나 '요동에 가서 헛된 죽음을 당한다.'라는 노래가 나왔고*, 또 당태종의 뛰어남으로도 한 성 밑에서 곤경을 당하여 오히

려 '눈에 화살을 맞다.'라는 시구를 면치 못했다*. 하물며 한양은 굳건한 천연의 요새요 땅이 비옥하고 물산이 풍부한 땅이니 누가 날아서 강을 건너올

수 있겠는가.」　　「　」: 과거의 사례 인용, 영탄적 어조 → 지리적·경제적 조건으로 인해 외부 세력이 쉽게 침입하기 어렵다는 점을 강조함.

　　남산에 올라 대궐을 내려다보니 용루와 봉각에 상서로운 기운이 쌓였고, 시내를 내려다보니 회칠한 담장과 성가퀴에 아름다운 기운이 가득했다. 크

고 아름다운 저택들이 즐비하고, 꽉 들어찬 술집들이 하늘을 찌를 듯 마주 보고 있었다. 『붉은 수레바퀴, 푸른 말발굽이 길을 비키라는 소리와 함께 동
　　　　　　　　　　　비유법 → 번화한 시내임을 보여 줌.　　　　　　　　　　　　　『　』: 색채어, 역동적 표현 → 한양의 활기찬 분위기를 생생하게 묘사함.
서로 내달리고, 부귀한 이들은 번화한 거리에서 다투어 뽐내고, 백마 타고 금 채찍을 들고 놀러 나온 젊은이들은 삼삼오오 짝을 지어 의기투합해서 청

루와 술집에서 만나니 실로 밝은 세계의 태평한 기상이라 할 만했다.』시골에서 나고 자라 스스로 안목이 좁음을 비웃다가 성안을 두루 돌아보니 비로
　　도성의 활기찬 풍경을 본 글쓴이는 지금의 세상이 평화롭고 안정된 태평성대의 시기라고 생각함.
소 가슴이 탁 트이는 것을 느꼈다.
성안을 직접 경험한 글쓴이는 자유로움을 느낌.　　「　」: 세검정의 건축미와 자연환경의 조화로움을 드러내고, 세검정에 담긴 역사적 의미와 왕의 권위를 언급하며 장소의 상징성을 부각함.
　　창의문을 지나 세검정을 찾았다. 「시냇가 바위 위에 지어진 몇 칸 정자는 설계가 정교하고 깔끔했다. 바위 사이로 흐르는 개울물은 물살이 몹시 빨

라서 폭포에 가깝고, 푸른 산이 환히 비쳐 책상 위에 쌓인 듯했다. 옛날에 한 장수가 전쟁에서 이긴 뒤 이 개울물에 칼을 씻은 일이 있어 임금님의 현
　　비유법 → 세검정 주변의 아름다운 풍경을 감각적으로 묘사함.
판에 '세검정(洗劍亭)'이라고 쓰고, 노란 비단으로 둘렀다. 임금님의 글씨가 휘황하게 빛나니 오래도록 사라지지 않으리라. 그 옆 큰 바위에 '힐융(詰戎)*'

두 글자를 새겼는데 비바람에 마모되고 깎여 글자를 알아보기 어려웠다.」탕춘대를 찾으니 산세가 몹시 험준하고 성채가 견고했다. 이는 바로 북한산의
　　　　　　　　　　　　　　　　　　　　　　　　　　　　　　　성과 요새
관문으로 배치가 엄밀하고 계획이 원대해서 선왕이 후세를 위해 남긴 뜻을 우러러 짐작할 수 있었다.
　　　　　　　　　　험준한 지형과 견고한 성채를 통해 탕춘대가 나라를 지키는 데 중요한 공간임을 깨닫고, 이를 만든 옛 임금의 뜻을 떠올림.
　　실 같은 길을 따라 삼계동으로 가니 이는 김 상서의 별장이 있는 곳이었다. 작은 서재가 수풀 사이로 희미하게 보이고 배치가 정결해서 상서가 쉬
　　　속세와 거리를 둔 은거 공간
는 곳임을 알 수 있었다. 백석실에 올라가니 맑은 시내가 화원을 두르고 흰 돌로 다리를 놓았다. 꽃잎이 눈처럼 떨어져 섬돌에 가득한데도 쓸리지 않고

사립문이 낮에도 닫혀 있어 더욱 깊고 그윽하게 느껴졌다. 길을 돌아 산골짜기로 들어가니 계곡 옆에 수각(水閣)이 있는데 바위 위에 '천수도(千樹桃)'
　　　　　　　　　　　　　　　　　　　　　　　　　　　　　　　　　　　　물가나 물 위에 지은 정자　　　　　　　　천 송이의 복숭아꽃
세 글자가 새겨져 있어 마치 유우석의 시의 현도관*의 뜻을 보는 것 같았다. 『산이 높고 골짜기는 깊으며 향기 나는 채소가 정원에 가득하고 작은 폭포

도 있고 온갖 새가 지저귀고 물은 바위 사이로 졸졸 흐르고 꽃과 풀은 무성하니 그 빼어난 경치를 따라 그리기도 어려울 것 같았다.』시 한 편을 읊조
　　　　　　　　　　　　　　　　　　　　　　『　』: 시각·후각·청각적 심상 활용 → 자연의 풍요로움과 빼어남을 감각적으로 표현함.
렸다.

갖가지 꽃 피고 아침 기운 더하니 작은 누각이 환하고	百花朝氣小樓明
낮은 나막신 팔랑팔랑 날개 돋은 듯 가볍네	短屐翩如羽化輕
괴로운 심사 펼쳐 내어 다 씻어 내니	披得煩襟陶寫盡
온 산에 가득한 안개 끝이 없구나	滿山煙霧極望平

낮은 나막신 팔랑팔랑 날개 돋은 듯 가볍네 → 자연을 감상하는 즐거움, 행복감
괴로운 심사 펼쳐 내어 다 씻어 내니 → 고통(내적 갈등), 갈등 해소
온 산에 가득한 안개 끝이 없구나 → 갈등 해소 후의 내면 상태 → 고요함, 평화로움

향기로운 난초를 발로 밟으며 손으로 맑은 냇물을 움켜쥐니 바람에 비단옷이 나부끼고 신선의 삽살개는 구름을 보고 짖어 댔다. 산과 냇물은 본디
　　　　　　　　　　　　　　　　　　　　　　　도교에서, 신선을 따라다니는 상상의 존재 → 신선계를 통해 자연의 아름다움을 표현함.
주인이 없고 바람과 달 또한 그 사이에 있는 것이니 오로지 노니는 사람이 취할 뿐이다. 향기로운 풀을 밟고 지나가며 기이한 경치를 두루 찾아보았다.
　　자연은 누구의 소유도 아니며, 즐길 줄 아는 사람만이 그 가치를 누릴 수 있다는 인식을 드러냄.　　　　　　자연 속을 자유롭게 유람하며 적극적으로 경치를 감상하는 태도

*첨윤의 거북 : 첨윤은 중국 초나라 때 인물로 점을 잘 치는 것으로 유명했음. 당시 문인이자 충신인 굴원이 자신의 앞날을 알아보려고 찾아갔다고 함. 거북은 당시 점을

NBS _ 나 없이 EBS 풀지마라

치는 데 사용했던 거북의 등껍데기를 말함.

*증점 : 공자의 제자로 '늦은 봄에 기수에서 목욕하고 무우에서 바람 쐬고 시를 읊으며 돌아오겠다.'라고 말하자 공자가 감탄했다고 함.

*비록 수양제의~노래가 나왔고 : 수양제가 고구려를 침범하려고 군사를 징발하고 백성을 동원했는데 등원된 백성들이 '요동으로 갔다가 헛되어 죽지 말라.'라는 노래를 지
　어 부르자 군사들이 많이 도망간 일과 관련된 표현.

*당태종의~면치 못했다 : 당태종이 고구려를 침범했을 때 눈에 화살을 맞았던 일과 관련된 표현.

*힐융 : 군사를 정비함을 뜻하는 말.

*현도관 : 중국의 유명한 도교 사원. 당나라 때 문인인 유우석이 변방으로 좌천되었다가 10년 만에 장안으로 돌아오니 현도관에 전에 없던 복사꽃이 만개한 것을 보고 그
　에 관한 시를 썼다고 함.

OX문제

01　글쓴이는 옛 성현의 말과 사례를 들어 유람을 떠나려는 자신의 생각이 정당함을 주장하고 있다.　　(O / X)

02　공간의 이동에 따른 인물의 경험을 다른 인물의 시선을 통해 서술하고 있다. [2023학년도 9월]　　(O / X)

03　비유적 표현의 반복을 통해 상황의 급박함을 드러내고 있다. [2013학년도 6월]　　(O / X)

04　사물의 세부를 구체적으로 묘사하여 장면의 현장성을 강화한다. [2024학년도 6월]　　(O / X)

05　글쓴이는 세검정에서 건축물과 대비되는 자연 경관의 아름다움에 대한 감상만을 드러내고 있다.　　(O / X)

STEP 02 작품 해제

01 | 주제

여러 명승지를 유람한 감상

02 | 특징

① 성현의 사례를 인용하여 자신의 주장을 논리적으로 뒷받침함.
② 공간의 이동에 따라 서사를 전개함.
③ 비유법, 대구법, 영탄법 등으로 대상에 대한 긍정적 인식을 드러냄.
④ 색채어와 시각·청각·후각적 심상을 활용해 공간의 풍경을 구체적으로 형상화함.
⑤ 지리·역사·고사 등 인문적 지식을 곁들여 유람하는 공간의 가치를 드러냄.

03 | 작품 해제

「호동서락기」는 조선 후기 여성 문인 김금원이 자신의 여행 경험을 바탕으로 쓴 한문 기행문이다. 여성의 여행이 자유롭지 않았던 시대에 직접 여러 지역을 유람하고 그 경험을 산문으로 남겼다는 점에서 의미가 크며, 현존하는 여성 기행 산문 가운데 가장 이른 시기의 작품으로 평가된다.

이 작품은 금호 사군을 시작으로 금강산과 관동 팔경, 한양, 관서 지역을 거쳐 다시 한양으로 돌아오는 여정을 중심으로 전개된다. 글쓴이가 혼인 이전에 남장을 하고 떠난 여행과, 혼인 이후 여성의 모습으로 남편을 따라 나선 여행을 모두 담고 있다는 점이 특징적이다. 전반부에서는 남장을 한 채 금호 사군과 금강산, 관동 팔경, 한양을 유람하며 세상을 직접 보고 경험한 기록이 중심을 이룬다. 후반부에는 남장을 그만두고 여성의 모습으로 돌아온 뒤 혼인하여, 의주로 부임한 남편을 따라 관서 지역을 유람하고 다시 한양으로 돌아와 벗들과 시를 짓고 지내는 삶이 기록되어 있다.

또한 이 작품은 여행이라는 소재를 통해 조선 시대 여성에게 가해졌던 사회적 제약에 대한 문제의식을 드러낸다는 점에서 특징적이다. 글쓴이는 하늘이 준 재능과 인간이 만든 규범을 대비하며, 여성 역시 산수를 유람하고 견문을 넓힐 수 있음을 자연스럽게 보여 준다. 또한 색채어와 다양한 감각적 표현을 활용해 자연과 도시의 풍경을 구체적으로 묘사하고, 여행지와 관련된 역사적·인문적 지식을 풍부하게 제시함으로써 학식이 깊음을 드러낸다.

한편 이 작품은 여정의 날짜나 숙소, 이동 경로와 같은 사실 정보가 자세히 제시되지 않는다는 점에서도 일반적인 여행기와 구별된다. 이는 글쓴이가 처음 여행을 시작한 지 약 20년이 지난 뒤에 이 작품을 집필했기 때문으로 이해할 수 있다.

04 | 등장인물

- '나' : 사회적 제약을 그대로 받아들이지 않고, 산수를 유람하며 견문을 넓히고자 한다. 이후 남장을 하고 유람을 떠나 여러 지역을 직접 보고 이에 대한 감상을 남긴다.

05 | 상세 줄거리

글쓴이는 하늘이 자신에게 어질고 지혜로운 성품과 보고 듣는 능력을 주었는데도, 여자로 태어났다는 이유만으로 담장 안에만 머물며 이름 없이 살아야 하는 것이 과연 옳은지 의문을 갖는다. 또한 집안이 가난하다는 이유로 세상에 나아가지 못하고 분수에 맞게 살아야 한다는 생각에도 선뜻 따르지 못한다. 글쓴이는 산수를 즐기고 견문을 넓히고자 하는 마음을 분명히 하고, 부모에게 여러 차례 간청한 끝에 여행을 허락 받는다.

이후 글쓴이는 열네 살의 나이에 남장을 하고 금호 사군을 향해 길을 나선다. 처음으로 세상 밖을 직접 다니며 여러 고을을 유람하고, 그 과정에서 보고 느낀 경험들을 기록한다. 또한 금강산과 관동 팔경을 유람하며 산과 바다의 웅장하고 아름다운 모습을 두루 살핀다. 자연의 빼어난 경치를 감상하면서 여행을 통해 얻은 견문과 감회를 마음에 담는다. 이어서 한양으로 향한 글쓴이는 도성의 지형과 성곽, 산과 강이 어우러진 모습을 바라본다. 궁궐과 거리, 번화한 시내의 풍경을 두루 살피며 한양이 지닌 웅장함과 풍요로움을 느끼고, 성안을 돌아다니며 가슴이 탁 트이는 경험을 한다.

그 뒤 글쓴이는 집으로 돌아와 혼인을 하고, 남편을 따라 관서 지역을 유람한다. 이 여정에서도 여러 지역의 자연과 풍경을 접하며 여행의 즐거움을 이어 간다. 그리고 한양으로 돌아온 글쓴이는 삼호정에서 벗들과 함께 시를 지으며 지내는 삶을 기록한다. 그리고 자신이 직접 다니며 보고 느낀 여행의 경험을 글로 남기고자 하는 마음을 밝히며 글을 마무리한다.

나 없이 EBS 풀지마라

STEP 03 논문으로 만나는 출제자의 시선

나BS 수능특강 | **고전문학**

『호동서락기』의 작가적 배경과 유람의 실제

김금원은 조선 후기의 여성 문인으로, 『호동서락기』의 저자이다. 금원은 '금앵'이라는 이름으로 활동한 원주 지역의 관기(궁중 또는 관청에 속하여 노래와 춤을 하던 기생) 출신이었다가 이후 규당 학사 김덕희의 소실(정식 아내 외에 데리고 사는 여자)이 되었다고 전해진다. 서울에 머물던 시기에는 비슷한 처지의 여성 문인들과 함께 삼호정 시 모임을 조직하여 문학 활동을 했으며, 이와 관련된 기록도 남아 있다.

『호동서락기』는 제목에서 드러나듯이 금원이 충청도, 금강산과 관동 지역, 관서 지방, 그리고 서울의 여러 명승지를 유람한 뒤 그 경험을 기록한 글이다. 여성의 삶이 강하게 제한되었던 현실 속에서, 금원이 열네 살의 어린 나이에 남장을 하고 금강산을 유람했다는 사실은 일찍부터 연구자들에게 주목을 받아 왔다. 『호동서락기』에 따르면 금원은 어려서부터 병약하였고, 이를 가엾게 여긴 부모가 글을 가르쳤다고 한다. 부모가 딸에게 학문을 허락하고 어린 나이에 먼 여행을 허락한 점에서, 연구자들은 금원의 부모를 비교적 열린 사고를 지닌 인물로 평가해 왔다. 다만 금원과 가족의 신분이나 유람의 구체적인 형태를 뒷받침할 다른 기록이 부족하기 때문에, 연구는 주로 『호동서락기』에 나타난 금원의 진술에 의존할 수밖에 없는 한계가 있다.

금원의 유람은 김덕희와의 결연을 기준으로 크게 두 시기로 나눌 수 있다. 첫 번째 유람은 금원이 처음 여행을 시작해 다시 돌아오기까지의 시기로, 충청도와 강원도, 그리고 서울 일부를 포함한다. 두 번째 유람은 김덕희의 소실이 된 이후로, 관서 지역을 중심으로 이루어진다.

첫 번째 유람은 금원이 열네 살이 되던 해에 시작되었다. 그는 먼저 호서 지방 네 고을의 명승지를 찾았고, 이후 금강산으로 향해 내금강을 유람하였다. 금강산 유람을 마친 뒤에는 그에 대한 종합적인 감상을 덧붙이고, 강원도 총석정을 시작으로 관동 팔경을 따라 남쪽으로 이동한다. 이후 설악산을 찾고, 서울에 이르러 관왕묘 등을 둘러본 뒤 첫 번째 유람을 마친다.

작품 속에 나타난 유람의 모습은 일정한 경제적 여유를 바탕으로 이루어진 것으로 보인다. 유람을 시작할 당시 가마를 타고 장막을 두른 모습, 청간정에서 달을 감상한 뒤 차를 끓여 시를 짓는 장면, 지방에서 회를 사 먹거나 별미를 대접받는 장면 등을 통해 확인할 수 있다.

두 번째 유람은 금원이 김덕희의 소실이 된 이후에 이루어졌다. 그는 의주 부윤으로 부임한 김덕희를 따라 관서 지역을 유람하였으며, 이후 서울로 돌아와 삼호정에 머물며 본격적인 문학 활동을 펼쳤다. 이 시기에 금원은 그동안의 유람 경험을 정리하여 『호동서락기』를 완성하였다.

산수 문학으로서 『호동서락기』의 구성과 특징

일반적으로 산수유기는 일정과 이동 거리를 비교적 자세히 기록하여 지리서와 비슷한 성격을 띠는 경우가 많다. 그러나 『호동서락기』에는 출발 시점이나 체류 기간, 이동 일수 등에 대한 구체적인 정보가 거의 나타나지 않는다. 이는 실제 유람 시기와 기록 시기 사이의 기간이 길어 세부적인 여정을 정확히 기억하기 어려웠기 때문으로 보인다.

작품 앞부분의 첫 번째 유람 경로를 재구성해 보면 이동 순서가 자연스럽지 않은 부분이 발견된다. 호서 지방 유람과 관동 팔경 유람 모두에서 실제 지리적 순서와 맞지 않는 장면이 나타나는데, 이는 유람이 하나의 계획된 여정으로 진행되었다기보다는 여러 차례의 여행 경험이 모여 기록된 결과임을 시사한다.

또한 탐승지에 대한 서술 분량과 방식에도 큰 차이가 있다. 총석정은 다른 관동 팔경 지역에 비해 유난히 길게 묘사된 반면, 일부 지역은 비교적 간략하게 처리된다. 이는 각 장소에서 느낀 감흥의 차이에 따른 것이기도 하지만, 작품이 하나의 연속된 기행문이라기보다 여러 소품문(어떤 형식을 갖추지 아니하고 자유로운 필치로 일상생활에서 보고 느낀 것을 간단하게 적은 글)이 모인 형태이기 때문이다. 작품 말미에서 금원은 '호동서락'이라는 제목이 네 지역의 유람을 의미한다고 직접 밝힌다. 이는 『호동서락기』가 여러 차례의 개별적 유람 기록을 지역별로 묶어 재편한 합본일 가능성을 뒷받침한다. 이러한 구성 방식은 당시 소품체 산수유기에서 흔히 나타나는 특징과도 맞닿아 있다.

금원은 작품 말미에서 자신의 유람이 남자도 쉽게 하지 못할 경험이었다고 말하며 강한 자부심을 드러낸다. 이는 자신의 여행 경험을 하나의 큰 틀로 묶어 제시함으로써 작품의 가치를 높이려는 의도로 볼 수 있다.

또한 금원은 여행 중에 체험한 내용을 기존의 문헌 지식과 비교하며 검증하려는 태도를 보인다. 종유석과 석순을 직접 두드려 본 경험을 통해 기존 문헌의 설명을 비판하는 장면은, 책으로 배운 지식을 실제 경험을 통해 확인하려는 적극적인 자세를 보여 준다. 이러한 태도는 독자를 의식한 서술 방식으로, 작품의 신뢰성과 학문적 깊이를 더한다.

17 | 김석주, 해갑와기

수능 국어 대비
실전 국어 전형태

STEP 01 지문 분석과 OX문제

나BS 수능특강 | 고전문학

「옛날의 제왕 중에 띠풀을 자르지 않고 흙 계단을 세 개만 두어 거처로 삼은 사람이 있었다. 뒷사람이 이를 작다고 여겨 앞쪽의 전각을 동서 오백
소박한 거처에서 생활한 옛 제왕을 떠올림.   후대의 제왕 ①   임금이 거처하는 집

보로 만들고 남북으로 쉰 장이나 되게 만들어, 그 위로 일만 명이 앉을 수 있고 아래에는 다섯 장의 깃발을 세울 수 있게 하였다. 뒷사람이 또 이를
후대의 제왕 ②

작게 보아, 이십팔 리의 둘레에다 목란으로 마룻대와 서까래를 만들고, 은행나무로 들보와 기둥을 만들어 황금으로 꾸미고 옥으로 문을 달아 찬란하고

환하게 비치게 한 자가 있었다.」   「 」: 시간이 흐를수록 제왕의 거처가 점점 더 화려하고 사치스럽게 변해 가는 과정을 점층적으로 제시함.

아! 똑같은 제왕이었지만 그 거처가 이렇듯 같지 않음은 어찌 된 것인가? 띠풀로 지붕을 인 집은 소박하였고, 흙 계단은 누추하였다. 해와 달과 별
제왕의 거처가 달라진 이유에 대한 의문

자리의 역상이 물과 땅에 나란히 미쳐서 천하를 사람에게 주는 것은 모두 큰 정치인데, 그럼에도 이곳에서 명령하기에 충분하였으니, 이는 그 작음을
여러 가지 천문 현상   거처가 소박하더라도 '큰 정치'를 이룰 수 있으므로, '작다'는 인식 자체가 잘못되었음을 지적함.

알지 못한 것이다. 그 궁전이 혹 높고 크고 장대하고 화려해서 이십팔 리에 이르고 연나라와 조나라의 아름다운 여인들을 감춰 두고, 가무와 관현의 음

악, 진귀한 모피와 갖은 빛깔의 비단을 쌓아 두며, 기이한 새와 보배로운 동물, 이름나고 신기한 꽃과 풀을 길러 귀와 눈을 즐겁게 하는 것은 오히려

여기에서 그 욕심을 능히 다할 수가 없다. 그렇다면 이는 그 큼을 알지 못한 것이다. 『작은 줄을 모르면 큰 것이 된다. 대저 어찌 이미 크다고 여기면
인간의 욕심은 끝이 없음을 지적하고, '크다'의 의미를 알지 못하는 삶에 대한 경계를 드러냄.   대체로 보아서

서 오히려 이를 키우려 하는 자가 있겠는가? 그 큼을 알지 못함은 이것을 작다고 여김이니, 또한 어찌 이미 작게 여기면서 능히 이를 크게 하려는 자

가 없을 수 있겠는가?』   『 』: 설의법 → 크고 작음은 절대적인 것이 아니라 인식의 문제임을 강조함.

벗 홍언명이 호수의 구비에다 집을 짓고 땅 이름을 끌어와 해갑와(蟹甲窩)라고 하였다. 세속의 말에 집이 작은 것을 두고 게딱지라고 하니, 홍언명

또한 집이 작은 것을 염두에 둔 것이다. 그사이에 나에게 기문을 구하곤 했는데, 내가 듣고 의아하게 여겨서 말했다.
홍언명은 자신의 집이 작다는 점을 의식하고 있음.   어떤 사물이나 일을 기록하여 남기기 위해 쓰는 글   ↳ 홍언명이 집 이름을 '해갑와'로 지은 것을 의아해 함.

"자네는 그 집이 큰 줄 모르고 작다고만 생각하는 것인가? 내 들으니 옛사람이 돌피를 가지고 사람의 몸뚱이에 비유했다고 하더군. 「무릇 돌피 같

은 몸뚱이로 게딱지만 한 집에 살게 된다면 어찌 여유작작하지 않을 수 있겠는가? 게다가 달팽이의 뿔에는 나라가 두 개나 있지만, 게딱지는 그래도
사람의 몸을 돌피에 비유하여, 작은 몸에 작은 집은 비좁지 않음을 드러냄. → 인간의 몸 자체가 본래 크지 않다는 점을 강조

한 집이라네. 그 크고 작음이란 그저 짐승이 새를 보거나 새가 벌레를 보는 것 그리고 숭산이나 화산과 모래와 먼지의 차이와 다를 바가 없다네.」
「 」: 집의 크고 작음이 상대적인 개념임을 설명하고, 홍언명의 집이 결코 작지 않음을 강조함.

이렇게 말한다면 그 집이 비록 게딱지만 하다고 하더라도 도리어 또한 작지는 않은 셈이다. 홍언명의 집은 내가 비록 한 번도 찾아가 본 적은 없지
앞선 논의를 정리하며 해갑와의 크기가 작지 않음을 강조함.

만 나는 그 집이 반드시 몇 아름의 띠풀로 지붕을 덮고 몇 개의 서까래를 얽었을 것이며, 틀림없이 대문과 계단이라는 것이 있을 줄로 안다. 이는 옛
글쓴이는 찾아가 본 적이 없는 해갑와의 모습을 상상함.

날의 제왕이 견디며 살던 곳이다. 하지만 가난한 선비의 즐거움이란 기껏해야 도서와 문사로 옛 성현을 사모하며 홀로 즐기는 것에 지나지 않을 따름
해갑와를 소박했던 옛 제왕의 거처와 연결 지어 높은 가치를 지닌 공간으로 인식함.   집의 본질에 대한 글쓴이의 주관적 생각 → 학문과 사색을 행하는 곳

이다. 노래와 춤, 관현악기, 금수와 꽃과 풀을 쌓아 둠도 없으니 또한 어찌 그 집을 게딱지로 볼 수가 있겠는가?
집이 학문을 즐기는 공간이라는 생각을 바탕으로 해갑와는 작다고 볼 수 없음을 밝힘.   나라를 위한 일

아! 사물 중에 진실로 군이 클 필요가 없는 것이 있으니 궁실의 부류가 그러하다. 크지 않아서는 안 되는 것이 있으니, 군자의 학문과 사업이 그러
반드시 클 필요가 없는 외적 공간과 달리, 학문과 사업은 반드시 커야 하는 가치라고 생각함.

하다. 학문이 크지 않으면 도에 임하기에 부족하고, 사업이 크지 않고는 백세에 전하여도 썩지 않기에는 부족하다. 『무릇 선비를 업으로 삼아 살면서
큰 업적이 없으면 그 이름과 뜻이 오래도록 전해질 수 없음.

스스로를 게딱지로 본다면 이것은 어진 것이다. 이미 어진 사람이 스스로를 게딱지로 본다면 성인이 되는 것 또한 바랄 수가 있다. 이미 성인이 되고서
겸손한 태도

도 스스로를 게딱지로 본다면 하늘과도 합치될 수가 있다.』 선비가 하늘과 합치됨에 이른다면 그 사업이 크다고 할 만하다. 하지만 선비로서 그 사업을
『 』: 해갑와를 통해 군자가 추구해야 할 이상을 설명함. → 자신을 보잘것없는 존재처럼 낮추고 욕심을 버린다면, 올바른 삶의 경지에 이를 수 있다고 생각함.

능히 크게 할 수 있는 자가 진실로 학문을 급선무로 삼지 않는다면 또 어쩌겠는가? 홍언명은 힘쓸지어다.

나는 또 두보가 "어찌해야 넓은 집 천만 칸을 얻어서, 천하의 빈한한 선비를 덮어 주어 모두 기쁜 얼굴을 짓게 할 수 있을까?"라고 했다는 말을 들은 적이 있다. 홍언명으로 하여금 학문에 힘쓰고 사업을 닦아 나라에 등용되게 하여서 과연 능히 빈한한 선비들을 감싸 주는 바탕을 얻어 두보의 말을 저버리지 않게 한다면 비록 계딱지로 그 집을 보더라도 또한 괜찮을 것이다.

*해갑와 : 계딱지처럼 작은 집.

*돌피 : 논이나 물가에서 자라는 볏과의 풀.

*숭산, 화산 : 중국의 산.

OX문제

01 상황에 어울리지 않는 비유로 반어적인 효과를 낳아 웃음을 유발한다. [2013학년도 5월B]　(O / X)

02 글쓴이는 홍언명의 집을 방문하여 가난한 선비의 즐거움은 화려한 향락이 아니라 독서와 학문에 있다고 지적하고 있다.　(O / X)

03 직접 인용 표현과 간접 인용 표현을 혼용하여 자신의 생각을 드러내고 있다. [2026학년도 9월]　(O / X)

04 글쓴이는 학문과 사업 모두 중요하지만, 사업을 학문보다 우선시해야 한다고 주장하고 있다.　(O / X)

05 대조적 소재를 통해 대상에 대한 글쓴이의 인식을 드러내고 있다. [2020학년도 6월]　(O / X)

STEP 02 작품 해제

01 | 주제

벗이 새로 지은 집에서 학문에 힘써 나라에 크게 쓰이기를 바람.

02 | 특징

① 전통적인 한문 문학 양식인 '기(記)'에 해당함.
② 유교적 가치관을 바탕으로 선비가 지향해야 할 삶의 기준을 제시함.
③ 비유, 대조를 통해 학문과 인격의 가치를 강조함.

03 | 작품 해제

「해갑와기」는 글쓴이가 벗 홍언명이 새로 지은 집을 기념하며 쓴 한문 수필로, 사물의 내력을 기록하는 기문 형식을 취하고 있다. 홍언명은 자신의 집이 작다는 점을 염두에 두고 이를 '해갑와', 즉 게딱지처럼 작은 집이라 이름 붙였는데, 글쓴이는 이러한 인식에 의문을 품으며 집의 크고 작음을 바라보는 기준에 대해 사색한다.

글쓴이는 해갑와를 매개로 외형보다 정신적 가치를 중시하는 태도를 강조하며, 벗 홍언명이 학문을 근본으로 삼아 힘써 정진하고, 훗날 나라에 등용되어 큰 사업을 이루기를 바라는 마음을 글에 담고 있다.

04 | 등장인물

- '나' : 벗 홍언명이 지은 작은 집 '해갑와'를 계기로 집의 크고 작음에 대해 사색하며, 학문과 정신적 가치를 중시하는 태도를 드러낸다. 이를 통해 홍언명이 학문에 힘써 나라에 쓰이기를 바라는 뜻을 밝힌다.
- 홍언명 : 글쓴이의 벗으로, 호숫가에 작은 집을 짓고 이를 '해갑와'라 이름 짓는다.

05 | 상세 줄거리

글쓴이는 옛 제왕들의 거처를 떠올리며, 같은 제왕임에도 불구하고 어떤 이는 띠풀 지붕과 흙 계단의 소박한 거처에서 살았고, 어떤 이는 점점 더 크고 화려한 궁궐을 짓게 되었는지에 대해 의문을 갖는다. 또한 소박한 거처에서도 천하를 다스리는 큰 정치를 행할 수 있었음을 떠올리며, '크다'와 '작다'의 기준이 외형에 있는 것이 아님을 생각하게 된다.

이러한 생각을 바탕으로 글쓴이는 벗 홍언명이 호숫가에 지은 작은 집을 '해갑와'라 이름 붙인 일을 소개하고, 자신의 집을 작다고 여기는 벗의 태도를 의아하게 여긴다. 글쓴이는 집의 크고 작음은 절대적인 것이 아니라 바라보는 관점에 따라 달라지는 것이라 여기며, 가난한 선비에게 집이란 학문을 닦고 옛 성현을 사모하며 스스로를 기르는 장소라는 생각을 드러낸다. 이에 따라 해갑와는 외형은 작을지라도 그 본질에서는 결코 작지 않은 공간임을 밝힌다.

마지막으로 글쓴이는 사물 가운데 궁실은 반드시 클 필요가 없지만, 선비의 학문과 사업은 반드시 커야 한다는 결론에 이른다. 글쓴이는 홍언명이 스스로를 작게 여기며 학문에 힘쓴다면 성인에 이르고, 나아가 하늘과 합치될 수 있다고 믿으며, 훗날 나라에 등용되어 빈한한 선비들을 감싸 주는 큰 사업을 이루기를 바라는 마음을 드러내면서 글을 마무리한다.

STEP 03 논문으로 만나는 출제자의 시선

「해갑와기」와 공안파 문학의 수용

김석주의 산문 작품 가운데에는 장자의 사유 방식이 떠오르는 글들이 있다. 「해갑와기」는 그 대표적인 예로, 홍언명이라는 인물이 작은 집을 짓고 그 크기를 반영해 '해갑와'라 이름 붙인 일을 다룬 글이다. 김석주는 여기서 집의 크기를 절대적인 기준이 아닌 상대적인 개념으로 바라본다.

이를 설명하기 위해 김석주는 여러 사례를 제시한다. 산과 모래의 크기 비교, 사람의 형편에 따라 달라지는 집의 규모 등이 그것이다. 하지만 그는 집의 크기에 대한 설명을 길게 늘이지 않고, 대신 크고 작음이 상대적이라는 인식을 강조하는 데 힘을 쏟는다. 특히 벌레와 짐승의 다리 수를 예로 들어 크기의 개념을 설명하는 부분은 매우 인상적이다. 다리가 없는 벌레에서부터 네 다리를 가진 짐승, 그리고 수많은 다리를 가진 생물로 이어지는 서술 방식은 장자의 우화적 문체를 떠올리게 한다.

김석주는 이어서 소박한 집에서 천하를 다스린 옛 제왕과, 화려한 궁전에 살면서도 만족하지 못한 제왕을 대비한다. 이를 통해 외형은 작아도 본질은 클 수 있으며, 반대로 겉모습이 크고 화려해도 욕심을 채우지 못하면 오히려 작게 느껴질 수 있음을 보여 준다.

작품에는 글을 쓰게 된 계기 또한 분명히 드러난다. 상대적인 관점에서 보면 게딱지 같은 집도 충분한 거처가 될 수 있다는 것이다. 이는 크고 화려한 집이 욕망을 채우지 못하면 오히려 작게 느껴진다는 논리와 맞닿아 있다. 김석주는 장자의 고사를 인용해 이러한 상대적 사고를 뒷받침한다. 특히 달팽이 뿔에 나라가 있다는 이야기는 크고 작음이 절대적이지 않음을 잘 보여 준다.

글의 마지막에서 김석주는 두보의 말을 인용하며 논의를 확장한다. 천하의 가난한 선비들을 덮어 줄 넓은 집을 바란다는 말은 집의 크기를 개인의 거처를 넘어 사회 전체로 확대한 표현이다. 결국 김석주가 전하고자 한 뜻은 분명하다. 작은 집의 크기에 얽매이지 말고 학문을 쌓아 나라에 쓰이는 인물이 되라는 현실적인 권면이다.

이러한 점에서 「해갑와기」는 공안파(중국 명나라 후기에 활동한 문학 유파) 문학의 영향을 받았으되, 이를 그대로 따르기보다는 기존의 문학관 위에서 선택적으로 수용한 작품이라 할 수 있다. 김석주는 형식과 전통을 완전히 버리지 않으면서도, 공안파의 자유로운 사유와 생동감 있는 표현을 받아들여 자신의 산문 세계를 확장하였다. 그는 조선 문단에서 공안파 문학을 수용하는 데 있어 중요한 역할을 한 선구적 인물이라 할 수 있다.

김석주의 생애와 문학적 배경

김석주는 조선 후기의 문신으로, 이조 좌랑과 우의정 등을 지냈다. 그는 인조 때 태어나 숙종 때 생을 마쳤으며, 영의정 김육의 손자이자 병조 판서 김좌명의 아들이었다. 정치적으로는 서인 계열에 속했으나, 당파 간의 갈등 속에서 남인과 손을 잡았다가 다시 서인과 협력하는 등 복잡한 정치 행보를 보였다. 이러한 과정에서 정국의 변화에 큰 영향을 미쳤으며, 당파 분열의 한 원인이 되기도 했다.

김석주는 문장 공부에 뛰어난 인물이었다. 그는 과거 시험을 준비하며 다양한 글을 베끼고 여러 문학 이론을 익혔다. 외가인 평산 신 씨 가문에는 명나라에서 들어온 새로운 문학 이론서들이 있었는데, 이를 통해 김석주는 중국 문학의 흐름을 폭넓게 접할 수 있었다. 그는 명나라 문학 이론을 비판적으로 받아들이며 중요한 작품을 골라 엮은 책을 만들기도 했다. 다만 그는 전통적인 유학적 문학관을 부정하지는 않았고, 중년 이후에는 이에 대해 더욱 깊이 고민했다. 이 시기에는 명나라의 공안파 문학에도 적극적인 관심을 보였다.

김석주가 접한 명나라 문학의 흐름은 옛 문체를 본뜨는 흐름, 당송 문체를 따르는 흐름, 그리고 공안파로 이어진다. 그는 중국 문단이 조선보다 훨씬 빠르고 치열하게 변화하고 있음을 인식했고, 이러한 성과를 조선 문단에 적용하고자 했다. 공안파는 형식과 꾸밈보다 작가의 생각과 감정을 솔직하게 드러내는 것을 중시했는데, 김석주는 이 점에 주목했다.

18 │ 이첨, 응계설

수능 국어 대비
실전 국어 전형태

STEP 01 지문 분석과 OX문제

ㄴBS 수능특강 | 고전문학

〈충혜왕 때 응방(鷹坊) 소속 관리가 닭을 매의 먹이로 주었다. 매가 날개 하나를 다 먹자 거의 죽어 가는 닭을 자루에 넣어 두었는데, 아침이 되자
고려·조선 시대에 매의 사육과 사냥을 맡아보던 관아   묵은 제도나 기구를 없앴다.
그 닭이 울었다. 이 일을 아뢰자 성상께서 측은하게 여겼다. 그 뒤 조정에서 논의해 응방을 혁파했다.〉 닭이 우는 것은 본성이므로 듣는 사람은 아무렇
                  임금   〈 〉: 응방이 혁파된 일화 소개
지 않게 여긴다. 그러다가 다친 닭이 한 번 울자 임금이 감동하고 나라에서 관청을 폐지했다. 여기에서 인(仁)이 원래부터 사람 마음에 있다는 것을 알
                                                                        사람의 마음에는 본질적으로 도덕성이 내재함.
수 있다.

「당시 백성들은 매를 잡느라 고생했다. 높은 곳에 사는 매를 잡으려다가 절름발이가 된 사람도 있었고, 바다에 사는 매를 잡으려다가 배가 가라앉으
면서 빠져 죽은 사람도 있었다. 그물을 쳐서 매를 잡으면 이어서 매가 앉을 토시를 만들고, 집에서 기르며 먹이고 밭의 곡식이 짓밟혔다.」 매의 폐단을
                                                                    「 」: '매의 폐단' → 매 때문에 백성들의 삶이 위협받음.
말하는 사람들의 호소가 어찌 닭 한 마리의 울음소리 정도에 그쳤겠는가.
                  설의법 → ① 사람들의 호소가 아닌 고작 닭 울음소리에 매의 폐단이 그쳤음. ② 사람들의 호소가 여전히 그치지 않음.
닭은 원래 사람처럼 영험하지 않다. 그런데 여러 사람이 하는 말은 믿지 않고 닭이 한 번 울자 감동했다. 사람 이하로 노루, 토끼, 여우, 살쾡이처럼
                신기한 징험이 있지
털 있는 동물과 기러기, 고니, 오리, 비둘기처럼 날개 달린 동물이 모두 그 혜택을 입었다. 사람의 말은 의도가 있어서 나온 것이지만 닭의 울음은 의
          응방의 폐지로 매사냥이 줄었기 때문
도 없이 나왔기 때문이다.
                                              《 》: 제나라 임금 선왕이 어느 날 소가 도살장으로 끌려가며 애처롭게 우는
                                                    모습을 보고, 소를 풀어 주라고 지시했다는 고사를 인용함.
사람의 마음은 남이 하는 말에는 어둡지만 자기가 믿는 데는 밝은 법이다. 그러므로 《제선왕(齊宣王)은 한 마리 소가 죽는 것을 차마 보지 못했으
              숨은 것을 겉으로 드러냄.   눈앞의 소가 죽는 것을 가엾게 여긴 제선왕 → '자기가 믿는 데는 밝은 법'의 예시
니,》 이는 어진 마음의 발로라 하겠지만 어진 정사를 펼치라는 맹자의 말은 살피지 못했다. 『서경(書經)』 「강고(康誥)」에 "어린아이를 돌보듯 하라." 하
        어진 정치를 하는 것에 실패한 제선왕 → '남이 하는 말에는 어둡지만'의 예시   경전의 구절을 인용함. → 비판의 근거로 활용
였다. 임금에게 평소 백성을 자식처럼 여기는 마음이 있었다면, 어찌 닭이 울기를 기다린 뒤에야 측은하게 여기겠는가. 임금이 한창 매를 좋아할 때는
                                              설의법 → 백성을 진정으로 아끼지 않는 임금에 대한 비판
용방이나 비간과 같은 충신이 조정에서 간쟁했다 하더라도 필시 성을 내며 죽여 버렸을 것이니, 신하들도 모두 그렇게 될 줄 알고 있었다. 임금이 측은
고대 중국의 충신   옳지 못한 일을 고치도록 간절히 말했더라도   신하들이 간쟁하지 않은 이유 → 임금의 분노가 두려움.
하게 여기는 마음이 들었을 때야말로 쉽게 간언할 기회였다. 그런데 응방을 혁파하라고 말하지 못하고 충혜왕이 유배를 가는 도중에 악양(岳陽)에서 죽
        옳지 못하거나 잘못된 일을 고치도록 말할
은 뒤에야 응방이 혁파되었다. 아, 이 또한 늦은 일이었다.
        백성들이 이미 고통 받은 이후이기 때문 → ① 백성들의 고통에 무심한 임금에 대한 비판
                                        ② 임금에게 간언하지 않는 신하들에 대한 비판

OX문제

01 동일한 사건을 여러 번 서술하여 그 사건의 의미를 강조하고 있다. [2013학년도 6월] (O / X)

02 반어적 표현을 활용하여 대상의 이중성을 부각하고 있다. [2018학년도 9월] (O / X)

03 가정의 진술을 활용하여 현실과 이상의 거리감을 드러내고 있다. [2020학년도 9월] (O / X)

04 글쓴이는 '임금'이 백성을 자식처럼 여겼음에도 '매의 폐단'을 외면하였다고 지적하고 있다. (O / X)

05 글쓴이는 '신하들'이 때를 놓쳐 '임금'에게 '간언'하지 못한 것을 안타깝게 생각하고 있다. (O / X)

나BS _ 나 없이 EBS 풀지마라

STEP 02 작품 해제

나BS 수능특강 | **고전문학** ●

01 | 주제

백성을 돌보지 않는 임금과 신하에 대한 비판

02 | 특징

① 백성들의 고통에 무관심한 임금과 간언하지 못하는 신하에 대한 비판적 태도가 나타남.
② 일화를 언급하고 이에 따른 글쓴이의 의견이 제시됨.
③ 열거법, 설의법 등의 표현법과 고사를 활용하여 주제 의식을 강조함.

03 | 작품 해제

「응계설」은 응방을 폐지하게 된 일화를 소개하며 그에 따른 글쓴이의 생각을 드러내고 있는 글이다. 글쓴이는 많은 백성들이 응방과 매사냥으로 인한 폐단을 호소할 때에는 듣지 않다가, 고작 닭 한 마리의 울음소리에 응방을 폐지하는 임금의 모습을 비판적인 시선으로 바라본다. 임금이라면 무릇 백성을 자식처럼 대해야 하는데 그러지 못했다는 것이다. 또한 임금을 보좌하는 신하들 역시 임금을 두려워만 하고 임금에게 간언하지 못했다는 점에서 비판의 대상이 된다. 글쓴이는 이러한 비판을 통해, 독자들이 임금과 신하가 가져야 할 올바른 태도에 대해 생각해 보도록 하였다.

04 | 등장인물

- '나' : 백성들의 고통 때문이 아닌 고작 닭 한 마리의 울음소리에 응방이 폐지된 일을 중심으로, 위정자들의 행태를 비판하고 그들이 지녀야 할 올바른 태도를 제시한다.

05 | 상세 줄거리

충혜왕 때 응방 소속 관리가 닭을 매의 먹이로 주었는데, 다음 날 아침이 되자 날개를 먹히고도 살아남은 닭이 울음소리를 냈다. 이를 들은 임금은 닭을 불쌍히 여겨 응방을 폐지하게 되었다.

그동안 백성들은 응방 때문에 수없이 고통받아 왔으며, 이로 인해 발생하는 매의 폐단을 호소하는 목소리도 많았다. 그러나 결국 응방을 없앤 것은 사람들의 호소가 아닌 고작 닭 한 마리의 울음소리였던 것이다.

이에 '나'는 임금은 백성을 자식 돌보듯 다스려야 하므로, 닭을 불쌍히 여기기 이전에 먼저 백성들의 고통을 눈치채고 이를 해결하고자 했어야 한다고 비판한다. 이는 임금의 분노가 두려워 간언하지 않은 신하들도 마찬가지라며, 임금과 신하가 갖추어야 하는 태도에 대한 자신의 생각을 드러낸다.

STEP 03 논문으로 만나는 출제자의 시선

나BS 수능특강 | **고전문학** ●

간관 이첨의 생애

이첨은 21세 때 성균관 시험에서 2등으로 합격하여 예문관 검열(정팔품 또는 정구품의 벼슬)에 임명되었다. 이후 승진을 거쳐 고려 후기 공민왕 19년에는 간관(임금의 잘못을 간하고 다른 모든 벼슬아치의 비행을 규탄하던 벼슬아치)인 우정언(중서문하성의 종육품 벼슬)으로 승진하였다. 간관직에 재직하면서 그는 신돈과 충돌하게 되었다. 공민왕 20년 6월 신돈이 탐욕스러운 금강을 재상에 임명하려 하자, 이첨은 자신의 관직 생활이 끝날 각오를 하며 정면으로 맞서 반대하였다. 이 사건으로 그는 좌천되었다. 이후 우왕이 즉위하자 그는 다시 간관직에 복귀하였으나 곧 그는 다시 권문세족이었던 이인임과 충돌하였다. 이인임은 자신의 정치적 지위를 유지하기 위해 외교 정책의 변화를 주도했고, 이러한 상황에서 이첨은 이인임의 목을 벨 것을 상소하였다. 이 일로 또다시 좌천된 그는 유배형에 처해지기도 했다. 이후 그는 우왕 재위 내내 공직에 나아가지 않고 초야에 파묻혀 지내다가, 공양왕이 즉위한 후 다시 간관직에 임명되어 활발히 간쟁 활동을 이어갔다.

그는 혼란한 14세기 말 예문관 관료에서 출발하여 간관이 되어 신돈과 이인임 등의 집권파와 투쟁하였으며, 그 결과 관직에서 쫓겨나 14년을 아무 곳에도 소속되지 않은 채 살았고, 위화도 회군 이후 혁명파가 정권 투쟁을 벌이는 와중에도 간관 및 왕의 비서로서 왕을 도우며 왕조의 유지에 안간힘을 쏟은 것이다.

19 정약용, 상론

STEP 01 지문 분석과 OX문제

상(相)*은 익히는 것으로 인하여 변하고, 형세는 상으로 인하여 이루어지는데, 그 형국(形局)이다 유년(流年)이다의 설(說)을 하는 사람은 거짓이다. 아
> 익히는 것에 따라 '상'이 변하고, '상'에 따라 일이 이루어짐.　　　관상에서 얼굴의 생김새를 이르는 말　　↳ 한평생의 운수를 풀어 놓은 사주

주 어린 아이가 배를 땅에 대고 엉금엉금 길 적에 그 용모를 보면 예쁠 뿐이다. 하지만 그가 장성해서는 무리가 나누어지게 되는데, ⟨무리가 나누어짐
> 자라 어른이 되어서는

으로써 익히는 것이 서로 달라지고, 익히는 것이 서로 달라짐으로써 상도 이로 인해 변하게 된다.⟩
> ⟨ ⟩: 무리가 나누어지고 익히는 것이 달라지면 '상'도 달라짐. → '상'의 가변성

서당(書堂)의 무리는 그 상이 아름답고, 시장(市場)의 무리는 그 상이 검고, 목동(牧童)의 무리는 그 상이 산란(散亂)하고, 강패*나 마조* 같은 무리는

그 상이 사납고 약빠르다. 대체로 그 익히는 것이 오래됨으로써 그 성품이 날로 옮겨 가게 되니, 그 마음속에 생각하고 있는 것이 겉으로 나타나서, 상
> 화자의 생각: 익히는 것이 성품과 마음속으로 옮겨 가 '상'에 드러나게 됨.

이 이로 인하여 변하게 되는데, 사람들은 그 상의 변한 것을 보고는 또한 말하기를 '그 상이 이렇게 생겼기 때문에 그 익히는 것이 저와 같다.' 하니,
> '상'에 대한 잘못된 통념 ① → '상'에 따라 익히는 것이 달라짐.

아, 그것은 틀린 말이다.
> 선후관계가 잘못되었기 때문

대저 학문을 익힌 사람은 사리를 통달하는 데 효과가 있고, 이(利)를 익힌 사람은 재물을 모으는 데 효과가 있고, 힘을 익힌 사람은 비천한 일에 몸
> 일의 이치　　　　　　　　　이익이나 득

을 마치고, 악(惡)을 익힌 사람은 패망(敗亡)한 데 몸을 마치게 되니, 익힘과 효과가 아울러 진보(進步)함으로써 효과와 상이 모두 변하게 된다. 그런데도
> 하나를 계속하여 익힐수록, 그것에 능숙해지는 동시에 겉으로 보이는 '상'도 달라지게 됨.

사람들은 그 상의 변하는 것을 보고 또한 말하기를 '그 상이 이러하기 때문에 그 효과가 저와 같은 것이다.' 하니, 아, 어쩌면 그렇게 어리석단 말인가.
> '상'에 대한 잘못된 통념 ② → '상'에 따라 효과가 달라짐.　　　　　　　이치를 깨닫지 못하는 사람들에 대한 한탄

「어떤 아이가 있는데 그의 눈동자가 빛나면 부모는 말하기를 '이 아이는 가르칠 만하다.' 하고, 그 아이를 위해서 서적(書籍)을 사들이고, 그 아이를

위해서 스승을 정하게 되고, 스승은 말하기를 '이 아이는 가르칠 만하다.' 하여, 그 아이에게 붓·먹·연분·서판을 더욱더 주게 되니, 이 아이는 더욱 공부

에 힘쓰고 날로 더 부지런하게 된다. 대부(大夫)는 이 사람을 천거하기를 '이 사람은 쓸 만합니다.' 하고, 임금은 그 사람을 보고 이르기를 '이 사람은
> 특정 벼슬의 품계에 붙이는 칭호　　　　　↳ 어떤 일을 맡아 할 수 있는 사람을 그 자리에 쓰도록 소개하거나 추천함.

대우할 만하다.' 하여, 그를 권장하고 추켜세우고 칭찬하고 선발하여 이윽고 재상(宰相)에 이르게 된다.

어떤 아이가 있는데 얼굴이 풍만하게 생겼으면 아이의 부모는 말하기를 '이 아이는 부자가 될 만하다.' 하여 재산을 더욱더 주고, 부인(富人)은 그 아
> 부유한 사람

이를 보고 말하기를 '이 아이는 부릴 만하다.' 하여, 자본을 더욱더 주게 되니, 이 아이는 더욱 힘쓰고 날로 부지런하여 사방으로 장사를 다닌다. 그러면
> 「 」: '상'으로써 재주를 짐작하고, 이로써 형세가 이루어져 빛나게 되는 과정을 제시함.

부인은 그가 상업을 부흥시킬 것이라고 생각하고 그를 주인으로 삼으니 잘될 사람을 더욱 도와주어 조금 뒤에는 백만장자가 되어 버린다.」

「어떤 아이가 있는데 미모*가 더부룩하고, 또 어떤 아이는 콧구멍이 밖으로 드러났으면, 그 아이의 부모와 사장(師長)들은 양성(養成)하고 협조하는
> 「 」: '상'의 통념에 따른 폐해 → 편견으로 인해 기회조차 갖지 못하게 됨.　　　　　　　가르쳐서 유능한 사람을 길러내고　　　스승과 나이 많은 어른

것을 모두 위와 반대로 하니, 이들이 어찌 자기 몸을 귀하고 부(富)하게 할 수 있겠는가. 이와 같은 것은 그 상으로 인하여 그 형세를 이루고, 그 형세
> 부유하게

로 인하여 그 상을 이루게 된 것인데, 사람들은 그 상의 이루어진 것을 보고는 또 말하기를 '그 상이 이와 같기 때문에 그 이룬 것이 저와 같다.' 하니,
> '상'에 대한 잘못된 통념 ③ → 오로지 '상'만이 형세에 영향을 준다고 생각함.

아, 어쩌면 그리도 어리석단 말인가.
> '상'의 통념에 대한 화자의 비판적 인식

세상에는 진실로 재덕(才德)을 충분히 간직하고도 액궁(阨窮)*하여 그 재덕을 발휘하지 못한 사람이 있는데, 상에다 그 허물을 돌리지만, 그 상을 따
> 재주와 덕행

지지 않고 이 사람을 우대했더라면 이 사람도 재상이 되었을 것이요, 이해에 밝고 귀천에 밝았는데도 종신토록 곤궁한 사람이 있는데, 상에다가 역시
> 이익과 손해　　　부귀와 빈천　　　　　가난하여 살림이 구차한

그 허물을 돌리지만, 그 상을 따지지 않고 이 사람에게 자본을 대 주었더라면 또한 큰 부자가 되었을 것이다.」⟨하물며 거처는 기질(氣質)을 변화시키

나BS _ 나 없이 **EBS** 풀지마라

고, 봉양(奉養)은 신체를 변화시키며, 부귀는 그 뜻을 음란하게 하고, 우환(憂患)은 그 마음을 슬프게 하여 아침에는 무성하다가 저녁에는 시들게 된 사
걱정과 근심
람도 있고, 어제는 초췌했다가 오늘은 살쪄서 윤택해진 사람도 있게 되니, 상을 어떻게 정할 것인가.〉

〈 〉 : '상'은 사람의 생활과 성품에 따라 쉽게 변하는 가변성을 가짐.

사서인(士庶人)이 상을 믿으면 직업을 잃게 되고, 경대부(卿大夫)가 상을 믿으면 그 친구를 잃게 되고, 임금이 상을 믿으면 신하를 잃게 된다.《공자
사대부와 서인(평범한 사람들)   높은 관직에 있는 벼슬아치
가 말하기를,

"용모로써 사람을 취했더라면 자우*에게 실수할 뻔했다."

하였으니, 참으로 성인(聖人)이다.》   《 》 : 고사를 인용하여 자신의 주장을 강화함. → '상'이 아닌 내면의 품행을 보아야 함.
지혜와 덕이 매우 뛰어나 길이 우러러 본받을 만한 사람

*상 : 용모를 말함. / *강패 : 뱃사공. / *마조 : 마부. / *미모 : 눈썹. / *액궁 : 운수가 나빠 고생함.

*자우 : 춘추 시대 노나라 사람인 담대멸명의 자. 담대멸명은 얼굴이 매우 못생겼으나 품행이 훌륭하였다고 함.

OX문제

01 글쓴이와 타인의 생각을 비교하며 세태를 비판하고 있다. [2026학년도 수능]   (O / X)

02 의도적으로 고사를 오용하여 긴장감을 낳는다. [2010학년도 6월]   (O / X)

03 유사한 통사 구조를 반복하여 주제 의식을 부각하고 있다. [2026학년도 9월]   (O / X)

04 타고난 '상'은 변하지 않는다고 생각하는 '사람들'과 다르게, 글쓴이는 '익히는 것'에 따라 '상'이 달라질 수 있다고 생각한다.   (O / X)

05 '눈동자가 빛나'는 아이와 '얼굴이 풍만하게 생'긴 아이가 사회적 성취를 이룬 것은 '상'으로 '형세'를 이룬 예시이다.   (O / X)

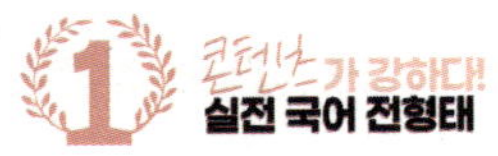

STEP 02 작품 해제

01 | 주제

상(相)에 따른 사회적 통념이 가진 문제점

02 | 특징

① 용모로 사람을 판단하는 세태에 대한 비판적 태도가 나타남.
② 사회적 통념을 제시하고 그것이 갖는 문제점을 다양한 예시를 통해 드러냄.
③ 고사를 인용하여 자신의 의견을 뒷받침함.

03 | 작품 해제

「상론」은 일상적인 사례를 제시하여, 용모에 대한 사회적 통념이 갖는 문제점을 밝히며 이에 대한 비판적 인식을 드러내고 있는 글이다. 글쓴이는 사람이 어떤 무리에 속하느냐에 따라 익히는 것이 달라지며, 이로 인해 속에 품는 성품과 마음이 달라진다고 말한다. 즉, 내면에 따라 겉으로 드러나 보이는 용모인 '상'도 달라진다고 주장하는 것이다. 그러나 글쓴이는 '상'에 따라 익히는 것이 달라지는 것이라는 사람들의 생각을 지적하며, 이러한 통념 때문에 성공하는 이도 있으나 거꾸로 기회조차 얻지 못하는 이들도 있음을 예시로 들어 설명한다. 또한 '상'은 사람이 살아가며 얼마든지 변할 수 있으므로 더더욱 '상'이 아닌 내면의 재덕과 품행을 보아야 한다고 주장한다. 즉, 사회적 통념에 따른 폐해를 소개함으로써, 이로 인해 드러난 당대의 세태에 대한 비판을 드러내고 있는 것이다.

04 | 등장인물

– '나' : 사람들이 '상'에 따라 '익히는 것'이 결정된다고 생각하는 것을 비판하고, 이로 인한 성공과 폐해의 예시를 들어 '상'에 대한 사회적 통념을 경계해야 한다고 말한다.

05 | 상세 줄거리

'나'는 아이가 장성해서는 무리가 나누어지며 익히는 것이 달라지고, 익힘이 달라지면 용모 또한 달라지게 되는 것인데, 사람들은 '상' 때문에 '익히는 것'이 결정되는 것이라고 여긴다며 이는 틀렸다고 말한다. 왜냐하면 '익히는 것'에 따라 성품과 마음을 갖추게 되고, 이러한 내면이 곧 다시 '상'으로 드러난다고 생각하기 때문이다. 그러나 사람들은 결과만을 보고 '상' 덕분에 '형세'를 이루었다고 생각하니, '나'는 이러한 생각이 어리석다고 여기며 세태에 대한 안타까움과 경계를 드러낸다.

'나'는 '상'에 대한 사람들의 사회적 통념으로 인해 성공하는 사례와 그와 반대되는 사례를 들어, '상'에 따라 '익히는 것'이 달라진다는 편견을 비판한다. 더불어 '상'이 고정된 것이 아니라 쉬이 변할 수 있음을 설명하여 더욱이 '상'이 아닌 내면의 재덕과 품행을 보아야 함을 역설한다.

STEP 03 논문으로 만나는 출제자의 시선

「상론」의 주제 의식

「상론」은 사람의 용모나 인상에 대한 정약용의 의견을 드러내고 있는 글이다. 인상은 습관이나 살아가는 방식에 의해 영향을 받는 것으로 갓 태어난 어린 아이는 모두 예쁘기만 하다. 그러나 자라면서 뽀얗거나 검게 되기도 하고, 또 어수룩하거나 사나운 인상을 풍기게 된다. 이는 몸에 밴 것이 오래되면서 성품도 변한 것이고 마음속으로 생각한 것이 겉으로 드러나면서 인상이 변한 것이다. 정약용은 이를 감안할 때 지금 사람들이 변한 인상만 보고서 '타고난 그 상이 이렇게 생겼기 때문에 저런 일을 한다.'라고 여기는 것은 잘못된 생각이라 하였다. 총명하거나 풍만해 보이는 아이를 겉모습만 보고는 어른들이 가르칠 만하거나 부자가 될 만하다고 여기고서 공부나 장사를 계속적으로 가르쳐서 결국 관리나 부자로 만든 것이지 아이가 타고난 상에 의해서만 좌우되는 것은 아니라는 것이다. 그러므로 불우한 사람도 제대로 된 교육과 우대를 했더라면 재상이 될 수 있는 것이고, 궁핍한 사람에게 자본을 대어 주고 투자를 했더라면 거상이 될 수 있다고 주장한다. 이와 같은 정약용의 사고방식은 현대 사회에서 교육의 의미와 중요성을 상기시키고, 사람의 능력을 겉모습으로 판단하면서 내실을 닦기 보다는 외모로 능력을 판단하는 세태를 돌아보게 한다.

N_BS _ 나 없이 EBS 풀지마라

STEP 04 나BS 실전 문제

나BS 수능특강 | **고전문학** ●

다음 글을 읽고 물음에 답하시오. [06.3.고2 교육청 기출]

서당에 다니는 무리는 그 상(相)이 아름답고, 시장(市場)의 무리는 그 상이 검으며, 뱃사공이나 마부의 무리는 그 상이 사납고 약빠르다. 대체로 그 익히는 것이 오래됨으로써 그 성품이 날마다 변하게 되고, 그 마음속으로 생각하고 있는 것이 겉으로 나타나서 상이 변하게 되는 것이다. 그런데도 ㉠ 사람들은 그 상이 변한 것을 보고 말하기를, "그 상이 이렇게 생겼기 때문에 그 익히는 것이 저와 같다."고 하니, 아아, 그것은 틀린 말이다.

대저 학문을 익힌 사람은 사리(事理)를 통달하는 데 효과가 있고, 이(利)를 익힌 사람은 재물을 모으는 데 효과가 있으며, 힘을 익힌 사람은 비천해지고, 악(惡)을 익힌 사람은 마침내 패망하게 된다. 익힘과 효과가 아울러 진보함에 따라 효과와 상이 모두 변하게 되는 것이다. 그런데도 사람들은 그 상이 변한 것을 보고 또한 말하기를, "그 상이 이러하기 때문에 그 효과가 저와 같은 것이다."라고 하니, 아아, 어쩌면 그리도 어리석은가.

어떤 아이가 있는데 그의 눈동자가 빛나면 부모는 말하기를, "이 아이는 학문을 시킬 만하다."라고 하고, 그 아이를 위해서 서적을 사들이고 스승을 정해 준다. 선생은 말하기를, "이 아이는 가르칠 만하다."라고 하여, 그 아이에게 붓, 먹, 서판(書板)을 더 주게 되니, 이 아이는 더욱 공부에 힘쓰고 날로 더 부지런하게 된다. 대부(大夫)는 이 사람을 천거하기를, "이 사람은 등용할 만하다."라고 하여, 그를 추켜세우고 선발하여 후에 그 사람은 재상에 이르게 된다.

어떤 아이가 있는데 얼굴이 복스럽게 생겼으면 아이의 부모는 말하기를, "이 아이는 부자가 될 만하다."라고 하여, 재산을 더 주고, 부인(富人)은 그 아이를 보고 말하기를, "이 아이는 일을 시킬 만하다."라고 하여, 자본을 더욱 주게 되니, 이 아이는 더욱 힘쓰고 날마다 부지런히 사방으로 장사를 다녀서 더욱 재산을 늘릴 수 있게 되고, 후에는 큰 부자가 된다.

어떤 아이가 있는데 눈썹이 더부룩하고, 또 어떤 아이가 콧구멍이 밖으로 드러났으면, 그 아이의 부모와 사장(師長)들은 그 아이를 양성하고 협조하는 것을 모두 앞서 말한 것과 반대로 하니, 이들이 어찌 자기 몸을 귀하고 부하게 할 수 있겠는가.

[A] 세상에는 재덕(才德)을 갖추었음에도 이를 충분히 발휘하지 못한 사람이 있는데, 이 경우 사람들은 그 사람의 상에다 그 허물을 돌리지만, 그 상을 따르지 않고 이 사람을 우대했더라면 이 사람도 재상이 되었을 것이다. 또 이해에 밝고 귀천을 살폈는데도 종신토록 곤궁한 사람이 있는데, 이 사람의 경우도 사람들은 상에다가 역시 그 허물을 돌리지만, 그 상을 따지지 않고 이 사람에게 자본을 대주었더라면 이 사람 또한 큰 부자가 되었을 것이다.

거처는 기질을 변화시키고, 양육은 신체를 변화시키며, 부귀는 그 뜻을 음란하게 하고, 우환은 그 마음을 슬프게 한다. 그리하여 아침에는 무성하다가 저녁에는 시들게 된 사람도 있고, 어제는 초췌했다가 오늘은 살쪄서 윤택해진 사람도 있게 되니, 상이 어찌 일정한 것인가.

사서인(士庶人)이 상을 믿으면 직업을 잃게 되고, 경대부(卿大夫)가 상을 믿으면 그 친구를 잃게 되며, 임금이 상을 믿으면 신하를 잃게 된다.

- 정약용, 「상론(相論)」 -

01. 윗글의 구상 단계에서 글쓴이가 고려했음 직한 생각으로 보기 어려운 것은?

① 상반된 사례들을 보여 주어 독자들이 논지를 쉽게 이해할 수 있게 하자.
② 상을 믿었을 때 야기되는 폐해를 구체적으로 제시하여 논지를 강화하자.
③ 무엇을 익히느냐에 따라 상이 바뀐다는 것을 설명하여 논지를 분명히 드러내자.
④ 재상이나 큰 부자가 되기 위한 다양한 방법을 제시하여 정보로서의 가치를 높이자.
⑤ 상에 따라 사람을 평가하는 잘못된 인식을 지적하여 독자들의 관심을 이끌어 내자.

02. ⟨보기⟩에 대한 반응 중, 윗글의 글쓴이와 관점이 상통하는 것은?

> ─────────── ⟨보기⟩ ───────────
>
> 외모에 신경을 쓰는 남성들이 늘고 있다. 인상이 좋지 않아 취업 면접에서 번번이 고배를 마시거나, 실제 나이보다 늙어 보여 맞선을 볼 때마다 퇴짜를 맞는 남성들은 성형 수술에 대해 심각하게 고민하기도 한다. 한 인터넷 포털 사이트에서는 남성들에게까지 불고 있는 성형 열풍에 대한 네티즌들의 사이버 갑론을박이 한창인데, '남성 성형에 긍정적'이라는 견해가 늘고 있다.

① 일반적으로 사람들은 겉모습으로 그 사람을 판단하는 경향이 있으므로 성형은 필요하다고 생각합니다.
② 부모님께 물려받은 몸을 함부로 바꾸는 것은 유교적인 전통이 강한 우리나라에서는 용납되지 않는다고 생각합니다.
③ 타인에게 잘 보이고 싶어 하는 마음은 누구나 갖고 있는 생각이므로, 성형은 여성의 전유물이 아니라고 생각합니다.
④ 외모가 바뀌면 그에 따라 성품도 달라질 수 있으므로 외모에 불만이 있는 사람은 성형을 할 수도 있다고 생각합니다.
⑤ 외모를 바꾼다고 성품이나 능력이 달라지는 것은 아니니, 외모보다는 성품을 닦고 능력을 기르는 일에 힘써야 합니다.

03. ㉠에 대한 평으로 적절한 것은?

① 허례허식에 집착하고 있다.
② 비관적인 인생관을 갖고 있다.
③ 직업에 관한 시각에 편견이 있다.
④ 세태 변화에 민감하게 반응하고 있다.
⑤ 원인이 아닌 것을 원인으로 이해하고 있다.

04. [A] 부분에서 말하고자 하는 바에 가장 가까운 진술은?

① 물고기는 물을 떠나서는 살 수 없고, 꿀벌은 꽃을 떠나서는 살 수 없다.
② 고양이가 발톱을 갈고 호랑이 목소리를 흉내낸다 하여 호랑이가 될 수는 없다.
③ 똑같은 종이라도 생선을 포장했던 종이는 비린내가 나고, 꽃을 포장했던 종이는 향기가 난다.
④ 내가 하찮게 생각하여 버리는 잡동사니가 다른 사람에게는 없어서는 안 될 보물이 될 수 있다.
⑤ 주변 분위기를 좋게 하는 꽃은 정신 건강에, 필요한 영양소를 제공해 주는 과일은 육체 건강에 좋다.

20 | 이항복, 허균의 문집에 부치는 서문

수능 국어 대비
실전 국어 전형태

STEP 01 지문 분석과 OX문제

나BS 수능특강 | **고전문학** ●

「시란 무엇이 좋고 무엇이 귀하기에 세상 사람들이 그렇게 좋아하는 것인가? 글을 꾸미고 웅얼거려서 잠시 사람들의 입을 벌어지게 만드는 것뿐이
 시의 가치를 당연한 것으로 받아들이지 않고, 시가 왜 귀하게 여겨지는지에 대한 의문을 제기함. 「 」: 시에 대한 회의적인 태도
다. 나는 예전에 시인과 광대는 풀벌레 같은 존재라고 여겼다.」시인은 생각을 소리로 내고 광대는 입으로 소리를 낸다. 『풀벌레는 배로 소리를 내는
 시인의 존재를 보잘것없는 존재로 보았던 과거의 글쓴이   시 = 생각의 표현
놈도 있고, 날개로 소리를 내는 놈도 있고, 다리로 소리를 내는 놈도 있고, 가슴으로 소리를 내는 놈도 있다. 소리 내는 방법은 다르지만 그 재주로 사
 『 』: 풀벌레가 소리를 내는 방식 나열 → 표현의 방식은 다르지만, 모두 사람을 즐겁게 한다는 점에서 기능은 같다는 인식을 드러냄.
람을 기쁘게 하기는 마찬가지다.」

힘든가 편한가로 말하자면 벌레는 몹시 편하고 광대가 그다음이며 시인이 가장 힘들다. 벌레는 때가 되면 천기(天機)가 저절로 움직여 소리를 내니,
 소리를 내는 행위의 난이도를 기준으로 벌레, 광대, 시인 비교 → 시 창작의 어려움을 부각함.   자연의 섭리로 인해
일부러 소리 내는 것이 아니다. 광대는 술잔을 들고 좌우에서 웃으며 하루 종일 복을 비니, 입술이 마르고 혀가 뻣뻣해져도 마음은 관여하지 않아 입은
힘들지만 마음은 편하다. 시인은 생각을 짜내어 입으로 말하고 손으로 쓰며 눈으로 보고 귀로 들어야 겨우 한 구를 완성한다. 오장육부를 힘들게 만들
   시 창작은 시인의 깊은 사고와 고뇌가 필요한 고된 작업임.
어 부지런히 짓는 것이 삼분의 이다. 「그렇지만 세상 사람들이 이 세 가지의 순서를 매기면 시인은 마루에서 절하고 광대는 마당에 두며 벌레는 죽을
   「 」: 세상은 시인, 광대, 벌레를 위계적으로 구분하여 대우함. → 노력과 고됨의 정도에 따라 사회적 가치가 매겨지는 현실을 보여 줌.
때까지 풀숲과 섬돌 사이를 벗어나지 못한다.」그렇다면 사람은 힘든 것을 귀하게 여기고 편한 것을 천하게 여기는 것인가?
    힘든 것만 귀하게 여겨지는 현실을 문제 삼음. → 가치 판단의 기준에 대한 지적

옛사람이 말하기를 "귀한 사람은 남을 부리고 천한 사람은 남에게 부림을 받는다." 하였으니 사물은 어찌하여 똑같지 않은 것인가. 나는 늦게야 그
  옛사람의 말 직접 인용 → 귀하고 천한 존재를 나누는 기준이 지위의 차이에 있음을 제시함.   현실의 불평등에 대한 의문
러한 줄 깨닫고, 마침내 손가락을 깨물어 맹세하여 시에 대해 말하기를 기피했다. 그렇지만 좋은 시를 보면 문득 기뻐하였으니 마치 병이 나서 술을 절
세상에 불평등이 존재함을 ↳ 글쓴이는 깨달음 이후로 시에 대해 말하기를 의도적으로 멀리하려는 태도를 보임.
제하는 사람이 문득 술 생각이 나는 것 같았다.
 시에 대해 말하기를 기피하는 것을 술을 절제하는 것에 비유함. → 시를 멀리하려 하면서도 여전히 시에 끌리는 모순된 마음(애증)을 강조함.
지금 허 군*은 유, 불, 도 삼교(三敎)와 제자백가에 통달했는데, 『불교의 말을 더욱 믿어 시를 지어 장식했다. 이것은 좋은 벼를 뽑아 버리고 잡초를
   허균의 시 짓기를 좋은 땅에 잡초를 키우는 것에 빗댐. → 힘들게 시를 창작했어도 본질적 가치를 잃은 시는 좋은 시가 아님.
키우는 것과 같다. 힘들고 부지런한데도 도리어 광대나 벌레보다 못하게 될 것인데, 이 사실을 깨닫지 못하고 있다.」
    『 』: 허균이 불교 사상을 빌려 시를 꾸몄음. → 본질적 가치보다 겉치레에 치중한 시는 왜곡된 시임을 비판함.
어떤 이는 말한다.

"마음은 거북 등껍데기와 같아 속을 태우면 조짐이 바깥으로 나타나니, 이것은 마치 생각이 움직여 시를 읊는 것과 같다."
  타인의 말 직접 인용 → 내면의 감정과 생각이 자극을 받아 밖으로 드러나는 것이 시 창작과 같다는 견해 제시
나는 이렇게 생각한다.

「생각은 물과 같고 시는 얼음과 같다. 물이 얼면 얼음이 되고 얼음이 녹으면 도로 물이 된다. 이것은 마치 생각이 움직여 시를 짓고, 시를 읊으면
 「 」: 생각과 시의 관계를 물과 얼음에 비유 → 시는 시인의 생각이 굳어져 언어로 형상화된 것임을 설명함.
다시 생각하게 되는 것과 같다.」생각이 깊지 않으면 시가 좋지 않고, 마음이 맑지 않으면 생각이 깊어질 수 없다. 그러므로 깊은 생각에서 나온 시라
   좋은 시의 조건 : 깊은 생각, 맑은 마음
야 사람을 감동시킬 수 있다.
좋은 시만이 독자에게 심미적 즐거움과 정서적 울림을 줄 수 있음.
나는 늙어서 시를 멀리하고 있다. 지금 마침 저녁에 집으로 돌아가다가 허 군을 만나자 나도 모르게 수레에서 내렸다. 누가 나를 이렇게 만들었는가.
 글쓴이의 현재 상황   시와 관련된 인물을 만나자 무의식적으로 반응함.
시가 과연 좋고 귀한 것이기 때문인가?
시의 가치를 다시 한번 물으며, 앞서 제시한 문제의식을 되돌아보는 방식으로 글을 마무리함.

*허 군 : 허균을 가리킴.

OX문제

01 글쓴이는 벌레, 광대와 달리 힘들게 소리를 내는 시인만이 사람을 기쁘게 하는 재주가 있다고 말한다. (O / X)

02 비유법과 열거법 등 다양한 표현법을 통해 주제 의식을 표출하고 있다. [2013학년도 6월B] (O / X)

03 풍자적 서술을 통해 인물의 행위를 비판하고 있다. [2012학년도 9월] (O / X)

04 글쓴이는 타인의 생각을 제시하면서 자신이 삶에서 깨달은 진리를 전달하고 있다. [2014학년도 수능] (O / X)

05 글쓴이는 시의 가치와 관련한 깨달음을 얻은 뒤 더욱 적극적으로 시를 논하기로 맹세했다. (O / X)

STEP 02 작품 해제

나BS 수능특강 | **고전문학**

01 | 주제

시 창작의 고됨과 진정한 시가 지니는 본질적 가치

02 | 특징

① 질문의 방식으로 시의 가치에 대한 문제의식을 제기함.
② 비유를 활용하여 견해를 구체화함.
③ 여러 대상을 나열, 비교하여 주제 의식을 부각함.

03 | 작품 해제

이 작품은 이항복이 시 창작의 어려움과 그 과정에 요구되는 진정한 태도에 대한 자신의 생각을 풀어낸 수필이다. 글쓴이는 시를 단순한 말재주나 꾸밈의 결과로 보지 않고, 마음속에서 일어나는 깊은 생각과 감정의 움직임이 언어로 드러난 것이라고 인식한다. 또한 시 창작이 많은 수고와 고뇌를 필요로 하는 일임에도 불구하고, 겉치레로 시를 꾸미는 태도가 존재함을 비판하며 이를 경계한다. 이를 통해 글쓴이는 진심과 성찰을 바탕으로 한 시만이 사람을 감동시킬 수 있다고 주장하며, 시 창작의 본질적 가치와 진정성 있는 태도의 중요성을 강조한다.

04 | 등장인물

- '나' : 시의 가치에 대해 회의적인 물음을 던지며, 시 창작의 고됨과 진정성 있는 시의 의미를 성찰한다. 시를 멀리하려 하면서도 끝내 시에 대한 애정을 드러낸다.
- 허 군 : 허균. 여러 학문에 통달하였으나 불교의 말을 빌려 시를 꾸민 것에 대해 글쓴이의 비판을 받는다.

05 | 상세 줄거리

글쓴이는 사람들이 왜 시를 좋고 귀한 것으로 여기는지에 대해 의문을 갖는다. 시인은 광대나 풀벌레와 같이 소리를 내는 존재이며, 이들 모두 사람을 즐겁게 한다는 점에서는 다르지 않다고 본다. 이후 글쓴이는 벌레, 광대, 시인을 비교하며 시 창작이 가장 힘든 일임을 말한다. 또 시인을 가장 귀하게 대우하는 현실을 언급하며, 사람들은 왜 힘든 것을 귀하게 여기는지 의문을 품는다.

이러한 생각 끝에 글쓴이는 세상에 불평등이 존재하여 모든 사물이 똑같지 않음을 깨닫고, 시에 대해 말하지 않겠다고 다짐하면서도 좋은 시를 보면 내심 기뻐하며 시에 대한 흥미를 완전히 놓지 못한다. 이어 허 군이 불교의 말을 빌려 시를 꾸민 것을 비판하며, 이는 시의 본질을 잃은 행위라고 말한다. 그리고 생각과 시의 관계를 물과 얼음에 비유하며, 깊은 생각과 맑은 마음에서 나온 시만이 사람을 감동시킬 수 있다고 말한다. 글쓴이는 늙어 시를 멀리하고 있다 하면서도 다시 시를 떠올리는 자신의 모습을 돌아보며, 시가 과연 귀한 것인지에 대해 재차 질문을 던진다.

STEP 03 논문으로 만나는 출제자의 시선

이항복과 『백사집』

이항복은 경주 이씨 집안 출신으로, 자는 자상(子常)이다. 그는 권율 장군의 사위가 되어 인왕산 기슭의 필운대 근처에서 살았으며, 젊은 시절에는 '필운'이라는 호를 사용하였다. 이후 노년에는 서울 근교 망우리 근처에 동강정사라는 별서(한적하게 따로 지은 집)를 짓고 은퇴하여 '동강'이라는 호를 쓰기도 하였다. 이 밖에도 스스로 '청화진인'이라는 호를 사용한 적이 있으나, 일반적으로는 '백사'라는 호로 널리 알려져 있다. 또한 '오성'이라는 별칭은 그가 오성부원군에 봉해진 데에서 비롯된 것이다.

이항복은 선조와 광해군 시기에 활동한 대표적인 정치가로, 나라의 위기를 극복하는 데 공을 세웠다. 그는 정치적 업적과 뛰어난 글 솜씨를 함께 이룬 사대부의 전형적인 인물이라 할 수 있다. 『백사집』은 이러한 그의 삶과 경험이 담긴 기록으로, 개인의 감정을 드러내는 글인 동시에 혼란스러웠던 시대 현실에 대응하려는 사고와 논리가 잘 나타난 작품집이다.

이항복의 시와 산문을 모아 엮은 『백사집』은 이항복의 제자였던 강원도 관찰사 이현영과 강릉 부사 이명준의 주선으로 1629년 강릉에서 목판으로 간행되었다. 전체 구성은 본집 여섯 권과 별집 여섯 권, 그리고 부록을 포함하여 모두 열 책으로 이루어져 있다. 본집과 별집으로 나눈 기준과 그 이유는 분명하게 밝혀져 있지 않다. 따라서 『백사집』의 내용을 이해하기 위해서는 글의 종류와 성격을 기준으로 나누어 살펴볼 필요가 있다.

이 가운데 「성소잡고서」는 허균의 시집에 붙인 서문으로, 이항복의 시에 대한 생각이 잘 드러나는 글이다. 이 글에서 그는 시인, 광대, 풀벌레를 '소리를 낸다'는 공통된 기준으로 연결하여 서로를 비교하며 시 창작의 본질을 설명한다. 특히 시인이 가장 많은 노력과 고통을 감내해야 한다는 점을 강조하는 비평 방식이 인상적이다. 또한 허균에 대해 유교·불교·도교에 두루 통달하고 여러 학문에 밝다고 평가하며 그의 학문적 깊이를 인정하고 있다. 다만 허균과 이항복은 광해군 시기에 정치적으로 대립하게 되므로, 이 글은 그 이전에 쓰였을 것으로 짐작된다.

21 | 작자 미상, 인현왕후전

수능 국어 대비
실전 국어 전형태

STEP 01 지문 분석과 OX문제

나BS 수능특강 | 고전문학

이럭저럭하는 동안에 가을이 되어 칠월을 당하여 본가에서 송이를 들여오거늘, 후께서 보시고 척연히 안색을 변하시고 눈물을 흘리시니 궁녀가 꿇어
(근심스럽고 슬프게)

묻자오되,

"낭랑이 웬만한 어려운 일을 당하셔도 태연하시더니 요즘 서러워하심은 어쩐 일이옵니까?"
(왕비나 귀족의 아내를 높여 이르는 말)

후께서 눈물을 흘리며 말씀하시기를,

"내 이리 죄를 얻어 백옥무하하니* 시운만 한탄할 뿐 무엇을 서러워하리요마는, 〈내 대내*에 있을 때 본가에 기별하여 송이를 들여오면 두 대비 전에
(시운: 시대나 그때의 운수) (기별하여: 소식을 전하여) (대비: 선왕의 후비)

서 즐겨 진어하시던 고로, 위하여 수라에 쓰더니 오늘날 송이를 보니 마음이 저절로 아픈 듯하도다.〉"
(진어하시던: 드시던) 〈 〉: 후가 궁에서 시어른을 잘 섬겼음. → 시어른에게 효를 행하는 며느리의 면모가 드러남.

말씀하시며 따라 눈물을 흘리시니 좌우가 모두 흐느껴 울고 우러러뵈옵지 못하였더라.

《창호와 사벽을 바르지 않으시고, 넓은 동산과 집의 풀을 매게 아니하므로 사람 한 길만큼이나 자라 인적이 끊겼으니 귀신과 망령이 날고, 저물면
(사벽: 모래와 흙을 섞어서 바른 벽) (창호: 온갖 창과 문) 《 》: 후가 지내는 곳의 삭막한 분위기가 드러남.

예사 사람과 같이 다니니》 궁인이 움직이지 못하고 두려워하더니 하루는 난데없는 큰 개 한 마리가 들어오니 거동이 추한지라, 궁인들이 쫓아도 또 들
(큰 개: 집안의 평안이 유지되도록 도움을 주는 존재)

어오니 후께서 이르기를,

"그 개 출처 없이 들어와 쫓아도 가지 않으니 기이한지라. 내버려두어 그 하는 양을 보라."

하시매, 궁인들이 밥을 먹이며 두었더니 10여 일 뒤에 새끼를 세 마리 낳으니 매우 크고 모진지라. 이후는 날이 저물어 망령의 불과 도깨비의 자취

가 있으면 네 마리의 개가 함께 짖어 대므로 잡귀가 급히 물러가 종적을 감추니 그로 인하여 집안이 편안한지라. 〈대개 무지한 짐승도 도움이 있거늘
(기이한 능력으로 후를 잡귀로부터 지켜 줌.) ■: 서술자의 개입

하물며 신민이랴, 후 폐출하신 뒤로 조정에선 기뻐하는 소인이 많으니 도리어 금수만도 못하리로다.〉
(신민: 관원과 백성) (폐출하신: 작위나 관직을 떼고 내쳐진) (소인: 도량이 좁고 간사한 사람) 〈 〉: '소인'을 '금수'와 비교하여 인간의 당연한 도리가 지켜지지 않는 세태 비판

후가 천성이 단정하고 정중하여 요동하시는 바가 없으나, 매양 급한 풍우에 뇌성을 두려워하사 청사에 계시다가도 빨리 방으로 들어가시나 날마다
(인현 왕후의 성격 직접 제시) (풍우: 바람과 비) (뇌성: 천둥이 칠 때 나는 소리)

적적함을 이기지 못하시어 오라버님 민정자의 딸이 여덟 살이라 데려다가 두시고 『소학(小學)』과 『열녀전(烈女傳)』을 가르치시고 길쌈을 가르치시어 소
(길쌈: 실을 내어 옷감을 짜는 모든 일)

일하시고, 신세 구차하고 황량하시되 일찍이 사람을 탓하고 귀신을 원망하는 바가 없이 천연 자약하시니*, 좌우가 더욱 마음속으로 탄복해 마지않았다
(황량하시되: 아주 쓸쓸하시되) (탄복해: 매우 감탄해)

더라.

부원군의 삼년상을 마치시매 후께서 더욱 애처롭게 서러워하시어 옥체가 자주 편찮으시더라. 본가에서 색깔이 있는 옷을 들여오되 받지 아니하시고
(부원군: 왕비의 친아버지 = 후의 아버지) (삼년상: 부모의 상을 당해 삼 년 동안 거상하는 일) (옥체: 남의 몸을 높여 이르는 말)

이르기를,

"죄인이 어찌 색깔 있는 옷을 입으리요. 무명으로 의복 금침을 만들도록 하라."
(금침: 이부자리와 베개) (무명: 무명실로 짠 피륙)

하시어, 무명 치마와 순백 저고리를 들여오니 입으시고 보물과 진찬을 가까이 아니하시더라.
(진찬: 진귀하고 맛이 좋은 음식)

이때 상감께서 민후를 폐출하시고 희빈 장씨를 왕비로 책봉하여 곤위에 오르게 되어 궁중의 조하를 받게 하니, 궁내에 있는 모든 사람들이 궁중이
(곤위: 황후의 지위) (조하: 경축하는 것과 조문하는 일)

이렇듯이 됨을 서러워하고 장 씨의 참혹한 처사를 분하게 생각하되 조정 안에 어진 사람이 없으니, 누가 감히 말을 하리오. 그윽이 분한 마음을 품고

조하를 마치니, 희빈의 아비를 옥산 부원군으로 봉하고 빈의 오라비 장희재로 훈련대장을 제수하시니 백성들이 한심히 여기고 기강이 흩어져 팔도의
장희빈이 왕비가 된 후 그녀의 가족들에게도 벼슬이 내려짐.
↑ 남을 헐뜯어서 죄가 있는 것처럼 꾸며 윗사람에게 고하여 바침.
인심이 산란하여 별 소문이 다 도니, 대개 예로부터 성제명왕(聖帝明王)이라도 한 번은 참소하는 말을 귀담아듣기가 쉬운 법이거니와, 숙종 대왕과 같이

문무를 겸하신 어진 임금도 장 씨에게 이토록 침혹*하사 나라의 체면을 손상하심은 실로 의외라.
곁에 사람이 없는 것처럼 아무 거리낌 없이 함부로 말하고 행동하는 태도가 있으니
이듬해 경오년에 장 씨의 생자로 왕세자를 책봉하시니, 장 씨 양양자득하여 방약무인하니, 이러므로 발악을 일삼아 비빈을 절제하며 궁녀를 엄형하
아들   뜻을 이루어 뽐내며 꺼드럭거려   엄하게 형벌하여
여 포학한 말과 교만한 행실은 말로 다 할 수 없더라. 궁중에 기강이 없어지고 원망이 하늘을 찌르는 듯하였다. 장희재는 탁란하고* 음험하여 팔도에
음산하고 험악하여
장난하되 감히 말할 이가 아무도 없더라.

이렇듯 삼사 년이 지나가매 천운이 순환하여 즐거운 일이 지나면 슬픈 일이 닥쳐오고 고생이 끝나면 즐거움이 옴이라. 구름이 점점 걷힘에 태양이

다시 밝아 오니, 성총이 깨달으시어 민후의 억울하심을 알고 장희빈의 요사스럽고 악독함을 깨치사 의심이 가득하시니, 대하시는 기색이 전과 다르시고
숙종은 장희빈이 거짓과 모략으로 인현 왕후를 폐위시킨 사실을 알게 됨.
조정 소인들이 후의 삼촌 숙질을 다 처벌하시라고 날마다 아뢰기를 수년에 이르렀으나, 상감께서 마침내 허락하지 않으시니 이러므로 민씨 일문이 보

존함이 되니라.

〈장 씨 그윽이 임금의 뜻을 짐작하고 크게 두려워 오라비 희재와 더불어 꾀하여 갑술년에 죄 없는 사람을 무고하여 일으킨 옥사*를 다시 일으켜 무
〈 〉: 장 씨와 장희재가 거짓 옥사를 일으켜 후를 죽이려 함. → 악인의 면모를 확인할 수 있음.   사실이 아닌 일을 거짓으로 꾸미어 해당 기관에 고소하거나 고발하여
수리를 죽이고 폐비에게 사약하려 하니 변이 크게 나매,〉 상감께서 짐짓 그 하는 양을 보시고 궁중 기색을 살펴 망연히 간사한 사람의 흉모를 깨달으
갑자기 생긴 재앙이나 괴이한 일
사, 즉일 옥사를 뒤집으시고 비위만 맞추는 신하들을 다 물리시고, 옛 신하들을 불러 쓰실새, 갑술년 삼월에 대전별감이 세 번이나 안동 본가 궁을 둘

러보고 들어가더니, 《4월 9일에 비망기(備忘記)*를 나리시어 폐하신 중궁의 무죄하심을 밝히시고, 별궁으로 모시라 하시며, 어찰을 내리사 상궁 별감과
《 》: 자신의 잘못을 깨달은 숙종이 인현 왕후를 복위시키고자 함.   임금의 편지
중사를 보내시니》 후께서 사양하사 이르기를,

"죄인이 어찌 외인을 접하며 감히 어찰을 받으리오."
한집안 식구 밖의 사람
하시고, 문을 열지 않으시매, 연 삼 일을 별감이 문밖에서 밤새고 문을 열기를 청하되, 마침내 요동치 않으시니 이대로 복명한대, 상감께서 어렵게
명령을 받고 일을 처리한 사람이 그 결과를 보고한대
여기시고 또한 답답하시어 예조 당상으로 문 열기를 청하게 하나, 끝내 허락지 않으시니 예조와 승지, 국체 그렇지 않음을 아뢰나, 듣지 아니하시므로

상감께서 민부(閔府)에 엄지를 내리시어,
인현 왕후의 가문   ↳ 임금의 엄중한 명령
"이는 임금을 원망하는 일이라, 빨리 문을 열게 하라."

하시니, 민부에서 황송하여 서간을 올려 무수히 간하되, 끝내 열지 않으시므로 또 며칠 후에 이품 벼슬하는 신하를 보내시어 문 열기를 청하니 중신
소식을 적어 보내는 글
이 말씀을 아뢰되, 사체 그리 못하신 줄로 누누이 밝히고 개문을 청하니 후께서 궁녀를 시켜 전하여 이르기를,
사리와 체면   임금의 말이나 명령
"죄인이 천은을 입어 인명이 살았은즉, 이 집이 죄인의 뼈를 감출 곳이라 어찌 국명을 받자오며 번화히 사람을 인접하리오. 사명이 여러 번 내리니
들어오게 하여 대접하리오
더욱 불안하여이다."

사관이 절하여 명을 받잡고 재삼 간청하여 민부에 두 번 엄지를 내리시니, 후의 큰 오라버님 되시는 판서 민 공이 황송하여 간절히 권하여 겨우 '바

깥문만 열라' 하시어 4월 21일에야 비로소 대문을 여니, 초목이 무성하여 사람의 키와 같은지라. 왕명으로 일꾼을 시켜 풀을 베며 들어가니 풀 이끼가

섬돌 위에 가득하고, 먼지와 창호를 분별치 못하니 사관이 탄식하여 눈물을 흘리더라.
폐출된 후 황폐한 환경에서 지낸 후에 대한 안타까움
외당을 깨끗이 치우고 사관과 군사들이 들어앉으니, 쓸쓸하던 집이 번화한지라. 궁인들이 문틈으로 보고 일희일비하며 눈물을 흘리며 즐거하되, 후는

조금도 기쁜 기색이 없어 오히려 불안히 여기시더라.

　바깥문이 열리매 민씨 일가에서 가마가 수없이 들어가고 바깥문이 열렸음을 아뢰니, 상궁 넷을 보내사 어찰을 내리 오시니, 상궁이 왔음을 아뢴대

중문을 열지 아니하시니, 반나절을 밖에 있는지라. 그사이 별감이 길에 있었으니 연하여 어찰 보심을 청하는지라. 후의 오라버님 내인이 연하여 <u>국체</u>
나라의 체면 → 임금의 체면

불경하심을 누누이 <u>간권하시고</u> 체면을 불안히 여기시어 문을 열라 하시니, 상궁이 섬돌 아래에서 머리를 조아려 <u>청죄하고</u> 눈물을 흘리며 우러러뵈오매,
윗사람에게 잘못을 말하여 고치도록 권하시고　　　　　　　　　　　　　　　　　　　　저지른 죄에 대하여 벌을 줄 것을 청하고

용모 복색이 초췌 무색한지라. 슬픔을 이기지 못하여 소리 남을 깨닫지 못하여 애통하게 우나, 후께서는 두 눈을 내리뜨시고 못 보시는 체하고, 어찰을

드리니 <u>북향 사배하고</u> 얼마 후 펴 보시니 만지에 가득한 사연이 다 전과를 뉘우치고 시운을 슬퍼하시며 대내로 드심을 청하신지라.
남쪽을 향하여 앉아 있는 임금을 우러르거나 임금의 지시를 받을 때에 북쪽을 향해 네 번 하는 절

*백옥무하하니 : 아무런 흠이나 결점이 없으니. / *대내 : 임금이 거처하는 곳.

*자약하시니 : 큰일을 당해서도 놀라지 아니하고 보통 때처럼 침착하시니. / *침혹 : 무엇을 몹시 좋아하여 정신을 잃고 거기에 빠짐.

*탁란하고 : 정치나 사회를 흐리어 어지럽히고. / *옥사 : 살인 따위의 중대한 범죄를 다스림. 또는 그 사건.

*비망기 : 임금이 명령을 적어서 승지에게 전하던 문서.

OX문제

01 　시간 표지를 활용하여 사건의 추이를 드러낸다. [2024학년도 6월]　　　　　　　　　　　　　　(O / X)

02 　후는 큰 소리로 짖어 '불과 도깨비의 자취'를 불러와 집안을 소란스럽게 하는 개들을 기이하게 여겼다.　(O / X)

03 　이질적인 시선을 대비해 가며 역사적인 사건의 전모가 총체적으로 드러나도록 한다. [2014학년도 수능B]　(O / X)

04 　서술자가 개입하여 주관적 판단이나 감정을 노출하고 있다. [2013학년도 5월A]　　　　　　　　　(O / X)

05 　임금은 후에게 '어찰'을 내려 '별궁'으로 모시고자 했으나 후는 끝까지 '대문'을 열지 않았다.　　　　(O / X)

STEP 02 작품 해제

01 | 주제

폐위와 복위를 중심으로 한 인현 왕후의 삶과 덕행

02 | 특징

① 숙종 당시 궁중을 배경으로 한 전기체 소설임.
② 시·공간적 배경을 구체적으로 제시하여 사실성을 더함.
③ 서술자의 개입을 통해 상황에 대한 서술자의 생각을 드러냄.

03 | 작품 해제

이 작품은 조선 후기에 지어진 작자 미상의 전기체 소설로, 궁중의 역사를 다루고 있다는 점에서 「한중록」, 「계축일기」와 같은 궁중 문학으로 분류된다. 역사적 사실을 바탕으로 인현 왕후의 덕행과 장희빈의 악행을 대비하면서 흥미롭게 사건을 전개하는 가운데 인간의 도덕성과 관련한 주제 의식이 강하게 표출되어 교훈서로 높이 평가받고 있다.

04 | 등장인물

- 인현 왕후 : 민유중의 딸로, 덕이 높고 성품이 온화한 인물. 장희빈의 흉모로 인해 폐위되었다가 후에 복위한다.
- 장희빈 : 인현 황후가 폐출된 후 왕비로 책봉되는 인물. 인현 왕후를 모함하여 폐위되도록 하고, 사약하려는 변을 일으킨다.
- 장희재 : 장희빈의 오라비로, 장희빈의 계략에 가담하는 인물.
- 숙종 : 조선 제19대 왕. 인현 왕후와 장희빈 사이에서 갈등하며, 장희빈 편에 서 인현 왕후를 폐위시킨다. 후에 잘못을 깨닫고 인현 왕후를 복위시킨다.

05 | 상세 줄거리

인현 왕후는 병조 판서를 지낸 민유중의 딸로, 인경 왕후 사후 숙종의 외조부 김 공의 천거(어떤 일을 맡아 할 수 있는 사람을 그 자리에 쓰도록 소개하거나 추천함)로 왕후가 된다. 인현 왕후는 덕이 높고 효성이 깊었으나 후사(대를 잇는 자식)가 없어 왕에게 후궁을 들일 것을 청한다. 이에 시녀 출신 장 씨가 희빈이 되어 왕자를 낳는다.

장 씨는 거짓과 모략으로 왕의 총애를 얻고 인현 왕후를 폐위시킨다. 많은 신하들이 인현 왕후의 폐위를 반대하지만 왕은 듣지 않는다. 폐위된 인현 왕후는 안국동에서 죄인처럼 조용히 지내게 되고, 장 씨는 자신이 낳은 왕자의 세자 책봉 이후 기고만장하여 권세를 떨친다. 몇 해가 흐른 뒤 왕은 장 씨의 허물을 알게 되고 자신의 잘못을 깨달아 인현 왕후를 복위시킨다. 그러나 장 씨는 또다시 무속과 음모로 인현 왕후를 해치려 하고, 그사이 인현 왕후는 복위 8년 만에 35세로 세상을 떠난다. 이후 진상을 파악한 왕은 장 씨와 관련된 자들을 처형하고, 장 씨에게는 사약을 내리는 한편, 제문을 지어 인현 왕후의 넋을 위로한다.

인현 왕후의 숙명과 고뇌

「인현왕후전」은 조선 후기 궁중 문학류의 일종이며, 숙종 당시의 궁중을 배경으로 왕가 일문에서 인현 왕후가 겪어야 했던 생애를 소설체로 엮은 작품이다. 인현 왕후의 비극은 숙종에게 후사가 없어 후궁의 간택이 이루어지면서 비롯된다. 인현 왕후는 왕자를 낳지 못함을 자신의 덕이 부족하기 때문이라 여기고 숙종에게 후궁 간택을 권유하게 된다. 이외에도 인현 왕후가 장희빈을 맞이하여 왕자가 탄생했을 때에도 〈후가 매우 기뻐하사 어루만져 사랑하시기를 기출(자기가 낳은 자식)같이 하시니…… 중궁전 성덕과 용색이 일국에 솟아나고 인망이 나 돌아가니……〉 그리고 폐비 명령을 듣고도 〈후가 불변 안색하시고 왈, 이도 또한 천수이니, 누를 원망하리요. 화복이 재천하니 나의 행색이 천수이라, 다만 순수할 따름이라.〉와 같은 성자의 모습을 보여 주고 있다. 인현 왕후는 한 치의 불만이나 갈등도 없이 모든 것을 하늘에 맡기고 순종하는 미덕을 가진 인물로 그려진다. 이는 당시의 유교 사회가 여성에게 강요하는 사회적 규범이기도 했다.

이와 같이 인현 왕후는 조선 시대 사회에서 모든 이가 칭송하는 인물로, 인간적인 괴로움이나 갈등의 늪에서 헤치고 나오는 것이 아니라 어디까지나 성자와 같이 모든 것을 하늘에 맡기고 그 하늘의 뜻에 순종하는 인물로 나타나 있다.

「인현왕후전」의 내용을 살펴보면, 왕자를 낳을 수 없었던 인현 왕후는 자신의 숙명을 받아들이고 거기에 순종하는 자세를 취한다. 왕자를 낳을 수 있도록 후궁에게 보약을 내린 인현 왕후의 아름다운 행동에 주위의 사람들은 모두 칭송을 아끼지 않았다. 또한, 아들을 낳지 못해 궁에서 폐출된 인현 왕후는 무명 치마에 순백 저고리를 입고 무명 금침을 덮고 자기에게 주어진 불행을 오히려 자신의 덕이 부족함이라 여겨 운명에 순응한다. 이렇게 6년 동안 폐서인(벼슬이나 신분적 특권을 빼앗아 서민이 되게 함)이 되어 검소하게 살고 있는 인현 왕후의 집에 웬 커다란 개가 들어와서 쫓아내려다가 인현 왕후의 덕성으로 보살펴 먹여 주니 그 개는 새끼를 낳아 집 안에 떠돌아다니는 귀신과 망령을 짖어서 내쫓는다. 이는 인현 왕후의 덕성과 사람됨을 한낱 짐승조차 알아보아 인현 왕후를 위해 보탬이 되었다는 것을 강조하기 위한 장치로 볼 수 있다.

인현 왕후와 장희빈의 갈등 구조

인현 왕후가 성녀의 표상이라면, 장희빈은 악녀의 대표적 인물이다. 장희빈은 조선 역사상 악녀의 표상으로 낙인찍힌 여인이며, 한편으로는 일개 궁녀에서 왕비로 뛰어오른 신분 상승의 서사를 완성시킨 여인이기도 했다. 그러나 지나친 집착과 욕심으로 왕세자를 낳았음에도 불구하고 6년 동안의 중궁 자리에서 물러나 있었으며 한 그릇의 사약을 받게 되는 비운의 여인이었다. 심한 질투로 인현 왕후를 모함하는 소리를 숙종에게 아뢰고, 인현 왕후를 폐출하는데 주도적인 역할을 했지만, 그녀도 결국은 숙종으로부터 사약을 받고 처절한 죽음을 맞게 된 것이다.

인현 왕후가 인생을 수동적으로, 모든 운수를 하늘에 맡기고 살아간 것에 비해, 장희빈은 인현 왕후보다 세력이 약한 자신의 신분 때문이었는지 자신의 미래에 대해서 능동적으로 대처해 나갔다. 특히 장희빈이 자신의 미래를 타개해 가는 방법으로 선택한 것이 궁중 무속과 저주였다. 장희빈은 숙종의 사랑을 되찾기 위해 갖은 술수와 방법을 가리지 않으며 인현 왕후를 병들게 하고 죽음까지 몰고 간다. 작품에서 인현 왕후와 장희빈은 철저히 선인과 악인의 대결 구도를 형성하고, 결말에서는 권선징악이라는 전형적 소설적 기법에 따라 충실히 묘사되고 있다.

그러나 인현 왕후나 장희빈 두 여인 모두 일부다처제의 봉건 제도 속에서 희생당한 권력의 희생물이라고 밖에 말할 수 없을 것이다. 따라서 인현 왕후와 장희빈 모두 '한'의 여인으로 규정될 수 있다. 결국 왕비였지만 여인의 숙명을 벗어나지 못하고 당쟁과 외척이라는 권력에 의해 희생된 것이다. 인현 왕후는 수동적으로 자신의 삶을 받아들이고 거기에 순응해 가는 방식을 선택하지만, 장희빈은 가해자였음에도 불구하고 당시 시대가 요구하던 여성으로서의 삶과 자신에게 주어진 신분적인 한계와 여성의 제한된 삶을, 시대를 초월해 적극적으로 바꾸려 했기에 그에 따른 고통과 피해는 더 컸을 것이다.

22 | 김시습, 고금군자은현론

수능 국어 대비
실전 국어 전형태

STEP 01 지문 분석과 OX문제

나BS 수능특강 | 고전문학 ●

군자의 처신은 어렵다. 이롭다고 해서 조급하게 나가 벼슬해서도 안 되고, 위태롭다고 해서 거리낌 없이 용감하게 벼슬에서 물러나서도 안 된다. 공
'벼슬함'과 '은거함' 사이에서 올바른 결정을 내리는 것
자가 밥을 지으려고 쌀을 씻으시다가 건져서 급하게 제나라를 떠난 게 벼슬하려고 억지로 서두르신 것이 아니요, 벼슬하던 노나라를 떠나실 때 "더디

도다, 내 걸음이여!"라고 하신 게 억지로 느리게 하시려던 것이 아니다. 〈성현은 벼슬에 나아가는 일과 벼슬에서 물러나는 일을 의리에 합당한가와 시

의에 맞는가의 여부에 따라 결정했을 뿐이다.〉　　　　〈 〉: '벼슬함'과 '은거함'의 적절함은 의리와 시의에 부합하는지의 여부에 달림.
↳ 그 당시의 사정에 알맞음. 또는 그런 요구

　　　　　　　　　　　　　　　　　　　　　　　군자의 바람직한 거취를 판단하는 기준은 의리와 시의에 맞는가에 놓여 있음.
　　　　　　　　　　　　　　　　　　　(중략)
　　　　「 」: 선비가 벼슬에 나아가거나 물러나 은거할 때, 그 선택의 옳고 그름은 그 선택이 의리에 맞고 도를 행했는지에 따라 판단해야 함을 주장함.
그러므로 「선비의 거취, 은거함과 벼슬함은 반드시 먼저 그것이 의리에 맞는가 맞지 않는가, 도를 행함 직한가 행함 직하지 않은가를 헤아려서 결정
　　　　　어떤 사건이나 문제에 대하여 밝히는 태도
해야 하며, 꼭 자리를 박차고 떠났다고 하여 어질고, 벼슬길에 나아갔다고 해서 아첨이 되며, 은거했다고 하여 고상하고, 벼슬했다고 해서 구차한 것은
　　　　　　　　　　　　　　　　　　　　　남의 환심을 사거나 잘 보이려고 알랑거림.
아니다.」마땅히 떠나야 했기에 떠난 것이므로 미자(微子)*가 주(紂)* 임금을 떠난 것을 두고 은나라를 배반했다고 할 수 없고, 나아갈 만하기에 나아간
　　　　　　　　　　　　　■ : 벼슬에서 물러나 은거한 인물의 사례
것이므로 이윤과 부열*이 은나라에 벼슬한 것을 두고 뜻을 잃었다고 말할 수 없다. 은거할 만하기에 은거한 것이므로 백이와 숙제*가 수양산에 숨은 것
　　　　　　　　　　　　　　■ : 벼슬에 나아간 인물의 사례
을 고상하다고 할 수 없고, 마땅히 벼슬에 나아가야 했기에 나아간 것이므로 강태공*이 무왕*을 도와 위세를 떨친 것을 구차하다고 할 수 없다. 『주역』

고괘(蠱卦) 상구(上九)에 이르기를 "왕후를 섬기지 않는다."라고 했고, 건괘(乾卦) 구이(九二)에 이르기를 "대인을 만나 봄이 이롭다."라고 했으니, 각각 그

처한 상황에 따를 뿐이다.

　　　　　　　　　　　　　　　　　　　　　의리와 시의에 맞게 출세의 삶 또는 은거의 삶을 현명하게 선택했던 역사적 인물의 사례
〈간교한 신하가 이익을 탐하여 작록을 사양함으로써 임금의 마음을 얻는 것이라든가, 위선적인 선비가 이름을 얻으려고 은둔하는 척 땅을 피해 다니
간사하고 교활한　　　　　　　　　관작과 봉록
는 것이라든가, 심지어 재주도 없고 덕도 부족해 세상에 버림받아 스스로 궁벽한 고을에 살며 아무런 힘도 없는 주제에 남을 꾸짖고 힐난하면서 거들
　　　　　　　벼슬을 하지 않고 숨어 사는 사람　　　　　매우 후미지고 으슥한　　　　　　　　트집을 잡아 거북할 만큼 따지고 들면서
먹거리며 사람들에게 "나 또한 은자의 무리다."라고 말하는 것은, 추녀가 미녀 서시의 웃는 모습을 흉내 내는 격이니, 거론할 것도 없다.〉
　　　　　　　〈 〉: 사적인 이익과 명성에 대한 욕심에 '은거함'을 선택한 사람들에 대한 비판을 나타냄.
　　　　　　　의리와 시의가 아닌 개인의 이익과 명성을 위해 은거의 삶을 선택하는 간사한 인물의 사례

*미자 : 은나라 주왕의 이복형으로, 주왕이 자신의 간언을 받아들이지 않자 은나라를 떠났음.

*주왕 : 중국 은나라의 마지막 왕. 주색을 일삼고 포학한 정치를 하여 인심을 잃고 주나라 무왕에게 살해됨.

*이윤과 부열 : 이윤은 은나라를 세운 탕왕의 재상이고, 부열은 은나라를 중흥한 고종의 재상임. 탕왕과 고종 모두 어진 임금으로 각각 이윤과 부열의 도움을 받아 선정을
　　펼쳤음.

*백이와 숙제 : 은나라 말의 현인들로 은나라가 망하고 주나라가 천하를 통일하자 수양산에 들어가 굶어 죽었음.

*무왕 : 중국 주나라를 세운 왕으로 후대에 성군으로 평가받음.

OX문제

01 '군자의 처신'은 의리와 시의에 부합하는지에 따라 적절함을 판단할 수 있다.　　　　　　　　　(O / X)

02 고사를 인용하여 인물이 처한 쓸쓸한 상황을 부각한다. [2009학년도 수능]　　　　　　　　　(O / X)

03 글쓴이와 타인의 생각을 비교하며 세태를 비판하고 있다. [2026학년도 수능]　　　　　　　　(O / X)

04 직접 인용 표현을 활용하여 글쓴이의 생각을 드러내고 있다. [2026학년도 6월]　　　　　　　(O / X)

05 글쓴이는 덕이 부족해 스스로 '궁벽한 고을'에 들어가 남을 꾸짖고 힐난하며 사는 사람들을 부정적으로 인식하고 있다.　　　(O / X)

STEP 02 작품 해제

01 | 주제

선비의 바람직한 거취

02 | 특징

① 고사를 다양하게 인용하여 자신의 생각을 뒷받침함.
② 사적인 이익과 명성에 대한 욕심 때문에 은거하는 사람들을 부정적으로 바라봄.

03 | 작품 해제

이 작품은 조선 전기의 사상가이자 문인인 김시습이 선비의 바람직한 거취를 주제로 하여 쓴 한문 수필로, 그의 문집 『매월당집』에 수록되어 있다. 이 작품에서 글쓴이는 벼슬길에 올라 나라와 백성을 위해 노력하는 '출세의 삶'과 벼슬에서 물러나 도를 지키는 '은거의 삶'에 대해 논의하면서, 두 방식의 삶 가운데 무엇이 바람직한지 판단하는 기준은 그것이 '의리'와 '시의'에 맞는가에 놓여 있다고 주장한다. 글쓴이는 자신의 주장을 뒷받침하기 위해 공자, 이윤, 부열, 강태공, 도연명, 백이와 숙제 등 다양한 역사적 인물의 사례를 근거로 제시한다.

04 | 등장인물

- 글쓴이 : 군자의 바람직한 거취를 판단하는 기준을 제시하고, 사적인 이익과 명성에 대한 욕심에 은거하는 태도를 비판한다.

05 | 상세 줄거리

글쓴이는 군자의 처신이 매우 어려운 일이라고 보며, 조급하게 벼슬에 나아가서도 안 되고 함부로 물러나서도 안 된다고 말한다. 그리고 성현은 벼슬에 나아가는 일과 물러나는 일은 의리에 합당한가와 시의에 맞는가의 여부를 기준으로 결정했다고 설명한다. 따라서 선비의 은거함과 벼슬함은 그것이 의미에 맞는지, 도를 행함 직한지를 헤아려 결정해야 한다고 본다. 또한 이익을 탐해 벼슬을 사양함으로써 임금의 마음을 얻거나, 명성을 얻으려고 은둔하는 위선적인 태도를 강하게 비판한다.

STEP 03 논문으로 만나는 출제자의 시선

매월당 김시습

조선 유교 지식인 사회에서는 다른 것보다 유자로서의 삶이 더욱 강조된다. 김시습은 어린 시절부터 조수·금반·윤상에게 유가의 전통 지식과 사상을 제대로 배웠다. 또한 김시습의 가문은 상당히 높은 무반(무관의 반열) 가문으로서, 문치주의(무력을 배경으로 하는 무단 정치와는 달리 교화 또는 학문과 법령에 따라 정치를 펴는 태도)로 향하는 조선 사회의 흐름을 따르고 있었다. 그러나 어머니·외조모의 죽음과 진사시에서 낙방한 개인적 상황, 단종 복위 운동의 실패로 지기(자기의 속마음을 참되게 알아주는 친구)와 대신들이 죽어가던 정치적 상황, 이단의 성행으로 유교가 쇠락하던 사회적 상황을 목격하자, 고뇌와 번민 속에서 유람을 결심하였다.

그 이후의 삶을 개괄하자면, 관서·관동·호남·금오 지역을 방랑하고 1462년(세조 8)에 금오산에 머문다. 1463년(세조 9)에 효령 대군의 추천으로 묘법연화경 언해 사업에 참여하기도 하고, 1465년(세조 11)에 효령 대군의 부름으로 원각사 낙성연(낙성을 축하하는 잔치)에 참여하기도 한다. 그곳에서 세조의 부름을 받기도 하지만 사양하고 금오산으로 돌아온다. 시간이 흘러 성종이 즉위하자 김시습은 출사(벼슬을 하여 관청에 출근함)의 꿈을 가지고 재차 상경을 한다. 10여 년간 서울에 머물면서 이전의 소속으로 돌아가 제사를 지내고 결혼까지 하지만, 결국 출사에 실패하고 속세를 떠나 방랑하다 무량사에서 생을 마치게 된다. 흔히 김시습이 수양 대군의 계유정난에 비분강개(슬프고 분하여 마음이 북받침)하여 책을 불태우고 방랑을 떠나 현실과 단절된 삶을 살았던 것으로만 알고 있지만, 김시습의 삶은 이처럼 굴곡이 있고 고뇌가 가득한 지점들이 많다.

23 박지원, 능양시집 서

STEP 01 지문 분석과 OX문제

달사(達士)는 이상할 것이 없으나 속인(俗人)은 의심스러운 것투성이다. 이른바 본 것이 적으면 이상하게 생각되는 것이 많은 것이다. 그러나 달사라
■ ↔ ■ : '달사'와 '속인'을 대비하여 주제 의식을 강조함.   속인들에게 의심스러운 것이 많은 이유 → 견문이 적음.

고 해서 어찌 사물을 쫓아다니며 눈으로 보았겠는가? 하나를 들으면 눈으로 열 가지를 떠올리고 열 가지를 보면 마음에 백 가지를 펼치고 보니 수많은
연쇄법을 통해 달사의 특성을 부각함.

이상야릇한 것들은 도리어 사물에 붙은 것이고 나와는 상관이 없는 것이다. 그러므로 마음은 한가롭고 여유가 있어 무궁무진하게 맞대응할 수 있다.

본 것이 적은 사람은 백로를 기준 삼아 까마귀를 비웃고 물오리를 기준 삼아 학의 긴 다리가 위태롭다고 생각한다. 사물 자체는 이상할 것이 없는
자신의 주관적 기준에 빗대어 다른 것을 배척하고 인정하지 않는 태도

데 저 혼자 의심해 화를 내며 한 가지라도 생각과 다르면 만물을 모조리 비방한다.

아! 저 까마귀를 보라. 「그 날개보다 더 검은색이 없긴 하나 얼핏 옅은 황금색이 돌고, 다시 연한 녹색으로 반짝인다. 햇볕이 비추면 자주색으로 솟
「 」: 검은색으로만 보이는 까마귀가 실은 다채로운 빛깔을 지녔음을 드러냄.

구치다, 눈이 어른어른하면 비취색으로도 변한다.」 그러므로 내가 비록 푸른 까마귀라고 말해도 괜찮은 것이고 다시 붉은 까마귀라고 말해도 상관없는

것이다. 〈저 사물은 본디 정해진 색이 없는데도 내가 눈으로 먼저 정해 버리는 것이다. 어찌 그 눈에서만 판정할 따름이랴? 보지도 않으면서 마음속에
〈 〉: 선입견과 고정 관념에 얽매여 대상을 마음대로 재단하는 태도

서 미리 판정해 버린다.〉 슬프다! 까마귀를 검은색으로 고정한 것도 충분한데 다시금 까마귀를 갖고 세상의 온갖 색을 고정하려 하는구나. 까마귀가 과
주관적 기준으로 모든 것을 판단하려는 태도에 대한 글쓴이의 탄식

연 검기는 하다. 그러나 누가 다시 이른바 푸르고 붉은 색이 검은색 안에 깃들어 있는 빛깔인 줄 알겠는가?

검은 것을 일러 어둡다고 하는 자는 비단 까마귀를 알지 못하는 것뿐 아니라 검은색도 모르는 것이다.

왜냐? 물은 깊고 그윽하기 때문에 비출 수 있고, 옻칠은 검기 때문에 비쳐 볼 수 있는 것이다. 그러므로 빛깔[色]이 있는 것엔 빛[光]이 있지 않은
속인이 검은색과 어두움을 구별하지 못하는 이유 → 빛깔만 보고 빛은 보지 못하기 때문

것이 없고, 형체[形]가 있는 것엔 자태[態]가 있지 않은 것이 없다.

미인을 관찰하면 시[詩]를 알 수 있다. 『그녀가 고개를 숙이고 있는 것은 부끄러워하고 있음을 나타내고, 턱을 받치고 있는 것은 한스러워함을 나타
『 』: 미인의 모습을 관찰하는 것은 시를 감상하는 것과 유사함.

낸다. 홀로 서 있는 것은 누군가 그리워하고 있음을 나타내고, 눈썹을 찌푸리는 것은 근심하고 있음을 나타낸다. 기다리는 바가 있으면 난간 아래 서

있는 모습으로 보여 주고, 바라는 바가 있으면 파초 아래 서 있는 모습으로 보여 준다.』 만약 다시 그녀에게 서 있는 모습이 재계(齋戒)한 것처럼 단정
종교적 의식 따위를 치르기 위하여 몸과 마음을 깨끗이 하고 부정한 일을 멀리함.

하지 않다고 나무라거나 앉은 모습이 불상처럼 가부좌가 아니라고 나무란다면, 이는 양 귀비에게 치통을 앓는다고 꾸짖고, 번희에게 쪽 찐 머리를 감

싸 쥐지 말라고 금하며, 사뿐사뿐한 걸음걸이를 요염하다고 조롱하고, 손뼉 치며 추는 춤을 가볍다고 꾸짖는 격이다.

나의 조카 종선은 자가 계지(繼之)인데 시를 잘 썼다. 한 가지 법에 매이지 않고 온갖 시체(詩體)를 두루 갖추었으니, 우뚝이 동방의 대가가 된다. 성
본이름 외에 부르는 이름   시를 짓는 격식

당(盛唐)의 시인가 싶어 보면 어느새 한위(漢魏)의 시체를 띠고 또 홀연 송명(宋明)의 시체를 띤다. 겨우 송명체라고 말하려니 다시 성당의 시체를 띠고
한나라와 위나라   송나라와 명나라

있다.

아! 세상 사람들이 까마귀를 비웃고 학을 위태롭게 여기는 것이 또한 너무 심하다. 그러나 계지의 동산에는 까마귀가 문득 푸르렀다 붉었다 한다.
종선의 시 세계

세상 사람들은 미인을 재계하는 모습이나 불상처럼 만들고 싶어 하나, 손뼉 치며 추는 춤과 사뿐사뿐한 걸음걸이는 날이 갈수록 가볍고 요염해지고 쪽

찐 머리를 감싸 쥐거나 치통을 앓는 모습은 모두 각기 자태를 갖추고 있으니, 그 성내고 화를 내는 것이 심해질 것임은 의심할 바 없다.
선입견과 고정 관념에 사로잡힌 세상 사람들이 조카 종선의 시를 받아들이지 못할 것임을 예상함.

　세상에 달사는 적고 속인은 많다. 그러니 침묵하고 말하지 않는 것이 좋으리라. <u>그런데도 말을 그칠 수 없는 것은 왜일까? 아! 연암 노인이 연상각</u>
의문의 형식으로 글을 쓰게 된 계기를 강조함.

에서 쓴다.

*달사 : 이치에 밝아서 사물에 얽매여 지내지 않는 사람. / *양 귀비 : 중국 당나라 현종의 비로 춤과 음악에 뛰어난 미인.

*번희 : 중국 초나라 장왕의 아내로 총명한 미인. / *성당 : 당나라 때 한시가 융성했던 시기를 이름.

*연상각 : 연암 박지원이 안의 현감 시절 관아 안에 지은 누각 중 하나.

OX문제

01　영탄적인 어조로 표현하고자 하는 바를 강조하고 있다. [2005학년도 수능]　　(O / X)
02　서술자의 시각을 통해 상황에 대한 비관적 인식이 드러나고 있다. [2014학년도 수능A]　　(O / X)
03　글쓴이는 까마귀에게서 본 여러 빛깔을 언급하면서 까마귀는 검지 않다고 주장하였다.　　(O / X)
04　글쓴이는 세상에 달사는 적고 속인이 많기에 앞으로 침묵하고 말하지 않겠다고 다짐하고 있다.　　(O / X)
05　다른 사람의 체험을 듣고 독자에게 전해 주는 액자식 구성을 취하고 있다. [2016학년도 6월A]　　(O / X)

STEP 02　작품 해제

나BS 수능특강 | 고전문학

01 | 주제

고정 관념에서 벗어나 사물의 본질을 파악하는 사고의 중요성

02 | 특징

① 달사와 속인의 대비를 통해 주제 의식을 부각함.
② 까마귀와 미인을 예로 들어 서사를 전개함.
③ 영탄적·설의적 표현을 사용하여 자신의 주장을 강조함.

03 | 작품 해제

　이 작품은 고정 관념에서 벗어나 사물과 인간 사회의 다양성을 존중해야 한다는 주제를 전달하고 있는 한문 수필이다. 작가는 달사와 속인의 대비를 통해 세상을 받아들이는 인식 태도에 대해 전하면서, 피상적(본질적인 현상은 추구하지 않고 겉으로 드러나 보이는 현상에만 관계하는 것) 시선으로 생각을 가두지 말고 다양한 색으로 빛나는 세상을 인정하고 존중해야 한다고 주장한다.

04 | 등장인물

－ 나 : 속인들의 편협한 사고에 대해 문제의식을 가지고, 까마귀와 미인의 사례를 들어 열린 사고의 중요성에 대해 강조하는 인물. 세상에는 달사가 적고 속인이 많은 탓에 침묵하는 것이 더 좋다고 여기면서도, 그들을 깨우치게 하기 위해 말을 많이 하게 되는 자신의 모습을 인식하며 탄식한다.

05 | 상세 줄거리

　'나'는 본 것이 적으면 이상하게 생각되는 것이 많기에, 속인에게는 의심스러운 것이 많다고 전한다. 더하여 이러한 속인과 달리 달사는 하나를 들으면 열 가지를 떠올리고, 열 가지를 보면 백 가지를 마음속에 펼치니, 마음에 여유가 있어 세상에 대해서도 이상할 것이 없다고 여긴다고 말한다. '나'는 검은 새인 까마귀도 잘 들여다보면 다채로운 빛깔을 띠고 있음을 언급하며, 눈과 마음으로 미리 판정하여 대상을 고정하려는 태도를 비판한다. '나'는 검은 것을 두고 어둡다고 하는 사람은 까마귀뿐만 아니라 검은색에 대해서도 모르는 것이라며, 빛깔이 있는 것엔 빛이, 형체가 있는 것엔 자태가 있다고 역설한다. 이어 미인에게 재계한 것처럼 단정하라거나 불상처럼 가부좌해야 한다고 하는 것은 이치에 맞지 않는 일임을 드러낸다. 이를 기반으로 '나'는 자신의 조카 종선의 다채로운 시체에 대해 이야기하며, 까마귀를 비웃고 학을 위태롭게 여기는 속인들이 조카의 글에 대해서도 화를 낼 것이라 확신한다. '나'는 세상에 달사는 적고 속인은 많기에 침묵하는 편이 마땅하나, 말을 그칠 수가 없다며 글을 쓰게 된 경위를 밝힌다.

나IBS _ 나 없이 EBS 풀지마라

STEP 03 논문으로 만나는 출제자의 시선

나IBS 수능특강 | **고전문학** ●

박종선의 『능양시집』에 대한 비평문

박종선(1759~1819)은 연암 박지원의 유명한 산문 「능양시집 서」에서 비평의 대상이 되었던 바로 그 시인이다. 박종선의 시집이 바로 『능양시집』이고, 박지원은 그 시집에 서문을 지어 주었던 것이다. 박지원은 그 글에서 '아! 저 까마귀를 보라. 그 날개보다 더 검은색이 없긴 하나 얼핏 옅은 황금색이 돌고, 다시 연한 녹색으로 반짝인다. 햇볕이 비추면 자주색으로 솟구치다, 눈이 어른어른하면 비취색으로도 변한다.'라고 하는 감각적 표현을 동원하여 상식적인 언어로는 사물의 진실을 결코 포착할 수 없음을 설파하면서, '나의 조카 종선은 자가 계지인데 시를 잘 썼다. 한 가지 법에 매이지 않고 온갖 시체를 두루 갖추었으니, 우뚝이 동방의 대가가 된다. 성당의 시인가 싶어 보면 어느새 한위의 시체를 띠고 또 홀연 송명의 시체를 띤다. 겨우 송명체라고 말하려니 다시 성당의 시체를 띠고 있다.'라고 박종선의 시 세계를 설명하였다. 박종선의 시 세계는 어느 한가지의 잣대로는 설명할 수 없을 정도로 다채로우며 그 수준은 가히 '대가'라고 할 수 있다는 것이다.

색[色]과 빛[光]에 대한 새로운 인식

「능양시집 서」에서 연암은 달사와 속인의 차이를 말하면서, 자기가 본 것만을 기준 삼아 타자를 배척하는 속인이 되지 말고 미루어 남을 헤아리는 달사가 되어야 한다고 이야기한다. 특히 까마귀 날개 비유는 새롭다. 까마귀는 색이 까맣기 때문에 붙여진 명칭이다. 그래서 사람들은 응당 까마귀는 검다고 이야기한다. 그런데 연암은 그렇지 않다고 말한다. 햇빛이 비치면 까마귀는 얼핏 자주색도 되고 비취색으로도 빛난다는 것이다. 그러므로 푸른 까마귀라고 해도 좋고 붉은 까마귀라고 해도 상관없다고 한다.

연암은 '저 사물은 본디 정해진 색이 없는데도 내가 눈으로 먼저 정해 버리는 것이다.'라고 비판한다. 이는 다양한 현상을 자세히 살피지 않고 관습적인 눈으로 고정해 버리는 태도를 지적한 것이다. 나아가 연암은 보지도 않으면서 미리 판정해 버리는 선입견을 비판한다.

연암은 다양한 색으로 반짝이는 세계를 보지 못하고 하나의 색으로만 가두는 획일적이고 폐쇄적인 사회를 비판하려 한다. 나아가 선입견과 편견이 갖는 위험성에 대해 경고한다. 본래 이 글은 하나의 기준만을 강요하는 문학 현실을 비판하기 위한 것이지만 그의 문학론은 인식론, 미의식과 긴밀하게 연결되어 있다.

「능양시집 서」에는 연암의 창조적 사유가 어디까지 뻗어갔는지가 잘 나타나 있다. 중세기 우리나라에서 색[色]과 빛[光]에 대해 이와 같은 새로운 인식을 보여 준 예는 찾지 못했다. 연암은 검은 것을 어둡다고 하는 자는 까마귀를 알지 못할뿐더러, 검은색도 모르는 것이라 말한다. 검다고 해서 아무 것도 보이지 않는 어둠에 머무는 것이 아니라 검기에 비출 수가 있다는 것이다. 색마다 빛이 있다는 연암의 발언은 모든 사물은 다양한 색깔을 지니고 있음을 말하려는 의도를 갖는다. 즉, 다양한 색을 갖는 사물을 잘 관찰할 수 있어야 하며, 선입견으로 현실을 보아서는 안 된다는 당부를 하는 것이다.

STEP 04 나BS 실전 문제

다음 글을 읽고 물음에 답하시오. [22.6.고2 교육청 기출]

(가)

昨過永明寺	어제 영명사를 지나다가
暫登浮碧樓	잠시 부벽루*에 올랐네
城空月一片	텅 빈 성엔 조각달 떠 있고
石老雲千秋	천년의 구름 아래 바위는 늙었네
麟馬去不返	기린마*는 떠나간 뒤 돌아오지 않으니
天孫何處遊	천손*은 지금 어느 곳에서 노니는가
長嘯倚風磴	돌다리에 기대어 길게 휘파람 부노라
山靑江自流	산은 오늘도 푸르고 강은 절로 흐르네

– 이색, 「부벽루(浮碧樓)」 –

*부벽루 : 고구려의 수도였던 평양에 있는 누각.

*기린마 : 고구려 동명왕이 타고 하늘로 올라갔다고 전해지는 상상의 말.

*천손 : 고구려의 시조인 동명왕을 가리킴.

(나)

와룡산(臥龍山) 나린 아래 반무당(半畝塘)*을 새로 여니
티끌 없는 거울에 산영(山影)이 잠겼구나
이 내의 경영(經營)하는 뜻은 그를 보려 하노라

〈제1수〉

도원(桃源)이 있다 하여도 예 듣고 못 봤더니
홍하(紅霞)*이 만동(滿洞)하니 이 진짓 거기로다
이 몸이 또 어떠하뇨 ⓐ 무릉인(武陵人)인가 하노라

〈제14수〉

내 빈천(貧賤)을 보내려 한들 이 빈천 뉘게 가며
남의 부귀(富貴) 오라고 한들 저 부귀 내게 오랴
보내지도 청하지도 말오 내 분대로 하리라

〈제20수〉

다만 한 간 초옥(草屋)에 세간도 많기도 많구나
나하고 책하고 벼루 붓은 무슨 일인고
이 초옥 이 세간 가지고 아니 즐기고 어찌하리

〈제34수〉

어와 벗님네야 모두 모두 죄 오시니
이 산정(山亭) 이 늙은이 오늘날 더 즐겁다
비록 임심노흑(林深路黑)*하나 마나 자주 자주 오소서

〈제48수〉

– 김득연, 「산중잡곡(山中雜曲)」 –

*반무당 : 조그만 연못.

*홍하 : 해 주위에 보이는 붉은 노을.

*임심노흑 : 숲이 우거져 햇볕이 들지 않아 길이 어둑어둑함.

(다)

　달관한 사람에게는 괴이한 것이 없으나 ⓑ 속인(俗人)들에게는 의심스러운 것이 많다. 이른바 '본 것이 적으면 괴이하게 여기는 것이 많다.'는 것이다. 그러나 어찌 달관한 사람이라 해서 사물들을 일일이 찾아 눈으로 직접 보았겠는가. 한 가지를 들으면 열 가지를 눈앞에 그려보고, 열 가지를 보면 백 가지를 마음속으로 상상해 보았을 뿐이다. 천만 가지 괴기한 것들이란 도리어 사물에 잠시 붙은 것이고, 자기 자신과는 아무런 상관이 없는 것이다. 따라서 마음이 한가롭게 여유가 있으며, 사물에 응수함이 무궁무진하다.

　반면 본 것이 적은 자는 해오라기를 기준으로 까마귀가 검다고 비웃고, 오리를 기준으로 학의 다리가 길다고 위태롭다고 여긴다. 그 사물 자체는 본디 괴이할 것이 없는데 저 혼자 화를 내고, 한 가지 일이라도 제 생각과 같지 않으면 만물을 모조리 모함하려 든다.

　아! 저 까마귀를 보라. 그 깃털보다 더 검은 것이 없건만, 홀연 옅은 황금빛이 번지기도 하고 다시 연한 녹색을 발하기도 한다. 해가 비치면 자주색이 튀어 올라, 눈에 어른거리다가 비취색으로 바뀐다. 그렇다면 내가 그 새를 푸른 까마귀라 불러도 될 것이고, 붉은 까마귀라 불러도 될 것이다. 그 새에게는 본래 일정한 색이 없는데도, 내가 눈으로 먼저 그 색깔을 정한 것이다. 어찌 단지 눈으로만 정했으리오. 보지도 않고서 먼저 마음속으로 정해 버린 것이다.

　아! 까마귀를 검은색에 가두어 두는 것만으로 충분하거늘, 다시 까마귀를 기준으로 이 세상의 모든 색을 가두어 두려는구나. 까마귀가 과연 검기는 하지만, 앞서 말한 푸른색과 붉은색이 까마귀의 검은색 중에 들어 있는 빛인 줄 누가 또 알겠는가. 검은색을 일러 어둡다고 하는 것은 비단 까마귀만 알지 못하는 것이 아니라 검은색이 무엇인지조차도 모르는 것이다. 왜냐하면 물은 검기 때문에 사물을 비출 수가 있고, 옻칠도 검기 때문에 능히 거울이 될 수 있기 때문이다. 이런 까닭에 색이 있는 것치고 빛이 있지 않은 것이 없으며, 형체가 있는 것치고 맵시가 있지 않은 것이 없다.

(중략)

　세상에는 달관한 사람은 적고 속인들만 많으니, 내가 입을 다물고 말하지 않는 것이 좋을 것이다. 그럼에도 쉬지 않고 말을 하게 되는 것은 무슨 까닭인가? 아, 연암 노인이 연상각(烟湘閣)에서 쓰노라.

– 박지원, 「능양시집서(菱洋詩集序)」 –

01. (가)의 표현상의 특징에 대한 설명으로 가장 적절한 것은?

① 문답 구조를 활용하여 시적 의미를 드러내고 있다.
② 명령형 어조를 활용하여 시적 긴장감을 높이고 있다.
③ 반어적인 표현을 활용하여 시적 상황을 구체화하고 있다.
④ 색채어의 대비를 통해 시적 대상을 생생하게 드러내고 있다.
⑤ 세월의 흐름을 시각적으로 형상화하여 시적 분위기를 조성하고 있다.

02. (나)에 대한 설명으로 적절하지 않은 것은?

① 〈제1수〉: 화자는 대상이 지닌 속성을 활용하여 자신이 지향하는 가치를 드러내고 있다.
② 〈제14수〉: 화자는 아름다운 경치에서 이상 세계의 면모를 발견하고 있다.
③ 〈제20수〉: 화자는 세속적 가치에 집착하지 않고 자신의 분수를 지키려 하고 있다.
④ 〈제34수〉: 화자는 자신이 소유한 것을 쓰며 즐기는 삶을 부정적으로 인식하고 있다.
⑤ 〈제48수〉: 화자는 자신이 거처하는 곳에 사람들이 자주 오기를 희망하고 있다.

03. 〈보기〉를 바탕으로 (가)와 (나)를 감상한 것으로 적절하지 않은 것은?

> ───── 〈보기〉 ─────
>
> 문학 작품 속 공간은 단순한 배경을 넘어 현실에 대한 인식을 드러내는 장치로 사용되기도 한다. (가)에서 부벽루는 자연과 인간사를 대비하는 퇴락한 공간으로, 역사적 전환기를 맞는 지식인이 역사의 유한함에 대해 무상감을 느끼는 장소이다. (나)에서 산중은 화자가 만족감을 누리는 공간으로, 자연 속에서 삶을 즐기며 늙어가는 장소이다.

① (가)의 '텅 빈 성'에서 인간 역사의 유한함을 느낀 화자는 '구름'과 '바위'를 바라보며 감회에 젖어 있군.
② (가)의 '돌다리'에서 '휘파람'을 부는 화자는 역사적 전환기의 지식인인 '천손'을 떠올리며 쓸쓸함을 느끼고 있군.
③ (가)의 '산'과 '강'의 변함없는 모습은 퇴락한 역사적 공간과 대비되어 화자가 느끼는 무상감을 더욱 부각하고 있군.
④ (나)의 '한 간 초옥'에서 화자는 '책', '벼루 붓'과 함께하는 생활에 만족감을 느끼고 있군.
⑤ (나)의 '산정'에 있는 화자는 스스로를 '늙은이'라 칭하며 자연 속에서 삶을 즐기고 있음을 드러내고 있군.

04. 〈보기〉를 바탕으로 (다)를 감상한 것으로 적절하지 않은 것은?

> ───── 〈보기〉 ─────
>
> 글쓴이는 고정 관념에 사로잡혀 사물의 다양한 현상을 제대로 살피지 못하는 태도를 비판하고 있다. 대상의 외양에 얽매이지 않고 본질적 속성을 파악해야 대상의 참모습을 인식하고 있다고 본 것이다. 이를 통해 관습적인 태도에서 벗어나 열린 사고를 지향하는 글쓴이의 통찰을 드러내고 있다.

① 자기 생각과 '한 가지 일'이라도 다르면 '만물'을 모함하려는 것은 다양성을 인정하지 못하는 태도로 볼 수 있겠군.
② 까마귀를 '푸른 까마귀'나 '붉은 까마귀'로 부르는 것이 모두 옳다고 여기는 것은 대상의 참모습을 파악하려는 태도로 볼 수 있겠군.
③ 까마귀의 '일정한 색이 없다'는 인식은 '눈'으로 정한 대상의 외양보다는 '마음속'으로 정한 본질적 속성에 주목해야 함을 강조한 것으로 볼 수 있겠군.
④ '검은색을 일러 어둡다고 하는 것'은 '물'과 '옻칠'에서 사물을 비출 수 있다는 속성을 발견하지 못하고 관습적인 태도에 머물러 있는 모습으로 볼 수 있겠군.
⑤ '달관한 사람'이 적은 현실에서 '입을 다물'기보다 '쉬지 않고 말을 하'는 것은 사물의 본질을 파악하지 못한 어리석은 사람을 깨우치려는 의도로 볼 수 있겠군.

05. ⓐ와 ⓑ를 비교하여 이해한 것으로 가장 적절한 것은?

① ⓐ는 화자에게 과거에 대한 후회를, ⓑ는 글쓴이에게 미래에 대한 기대를 유발한다.
② ⓐ는 화자가 누리는 삶에 대한 자부심을, ⓑ는 글쓴이가 경계하는 삶의 태도를 드러낸다.
③ ⓐ는 화자에게 삶에 대한 인식의 전환을, ⓑ는 글쓴이에게 구체적 행동의 변화를 가져온다.
④ ⓐ는 화자가 동경하는 세계에 대한 예찬을, ⓑ는 글쓴이가 지향하는 세계에 대한 체념을 드러낸다.
⑤ ⓐ는 화자가 인식한 현실과 이상의 괴리감을, ⓑ는 글쓴이가 발견한 사물에 대한 경외감을 드러낸다.

24 | 이학규, 박꽃이 피어난 집

수능 국어 대비
실전 국어 전형태

STEP 01 지문 분석과 OX문제

나BS 수능특강 | 고전문학 ●

〈내가 사는 집은 높이가 한 길이 채 되지 않고 너비가 아홉 자가 되지 않는다. 일어나 인사하려면 갓이 걸리고, 드러누우려면 무릎을 구부려야 한
〔약 2.4~3m〕　　　　　　　　　　　　〔약 2.7m〕　　　〈 〉 : 글쓴이의 집이 협소함을 알 수 있음.
다.〉 한여름에는 햇볕이 쏟아져 들어와 창문이 열에 달아오른다. 그래서 집을 에워싼 담장 밑에 박을 십여 뿌리 심었더니 넝쿨이 뻗어 올라가 지붕을
〔박을 심게 된 원인〕
뒤덮었고, 그 그늘 덕을 보게 되었다. 그러나 《파리와 모기가 그 컴컴한 그늘에 서식하고 뱀과 구렁이가 서늘한 습지에 도사리고 있어서 어두컴컴해진
《 》 : 예상 밖의 부작용 → 벌레와 동물을 쫓기 위해 고생함.
밤이 되면 자주 일어나 등잔이나 촛불을 들고 마당을 왔다 갔다 하였다.》 조용히 앉아 있자니 벌레에 물린 자리를 긁어 대느라 지치고, 벌떡 일어나 빨
리 걸으면 저들에게 독하게 물릴까 겁이 났다. 걱정에 피곤이 날이 갈수록 심해지더니 병이 나서 소갈병도 생기고 우울증도 생겼다.
〔목이 말라 물이 자꾸 먹히는 병(당뇨병의 증상 중 하나)〕
　　손님을 만나기만 하면 그 처지를 털어놓곤 하였다. 서울에서 찾아온 과객이 있어 내 하소연을 듣고서 안타까워하더니 예전에 직접 겪은 일이라며 다
　　　　　　　　　　　　　　　〔지나가는 나그네〕　　　　　　　　　　　　　〔'나'에게 깨달음을 주는 일화〕
음과 같은 사연을 들려주었다.

　　　　　　　　　　　　　　　　　　　기 : 협소하고 열악한 집에서 더위와 싸우며 지내다 병까지 걸림.

　　저는 어려서부터 가난하여 장사를 해 왔습니다. 조령 이남의 나루터나 역마을의 여관에서부터 후미진 시골의 작은 주막집까지 발길이 닿지 않은 데
가 없습지요. 무더운 여름철이 되면 나그네들이 한데 모여듭니다. 〈지방 수령이나 사신들은 먼저 호젓한 안채에서 서늘한 바람을 쐬고, 바람 잘 드는
　　　　　　　　　　　　〈 〉 : 당대에는 신분이나 계층에 따라 휴식 공간이 정해졌음을 알 수 있음.　　　　　〔고요한〕
행랑이나 한데서 잘 수 있는 평상은 또 그들을 따라다니는 종이나 역졸들이 차지합니다.〉 남아 있는 곳은 벽을 후벼 파서 관솔불을 피운 후덥지근한
　↳ 대문간에 붙어 있는 방　　　　　　　　　　　　　　　　　　〔관원이 부리던 하인〕　　　　　　　　　〔소나무 가지나 옹이에 붙인 불〕
온돌방이나 대자리를 쳐서 빈대를 쫓아내는 뜨뜻한 평상이 그나마 깔끔한 자리인데 바로 우리 같은 과객들이 하루이틀 묵는 곳입니다.
　　　　　　　　　　　　　　　　　　　　　　　　〔장사를 하는 사람들〕
　　밤이 깊어 갈수록 사람들로부터 열기가 후끈 달아올라 마치 가마솥에서 밥을 짓는 김이 오르는 느낌입죠. 겨드랑이에서 냄새가 심히 나는 이도 있
고, 방귀 뀌는 자, 코를 드르렁드르렁 고는 자, 이를 부득부득 가는 자, 옴이 나서 긁어 대는 자, 잠꼬대하며 욕을 하는 자가 있어 나오는 소리와 하는
　　　　　　　　　　　　　　　　　　　〔옴진드기가 기생하여 일으키는 전염 피부병〕
짓이 천태만상이라 이루 다 표현할 수 없습니다.
〔천 가지 모습과 만 가지 형상이라는 뜻〕
　　그 고역을 견디지 못해 옷가지를 집어 들고 돗자리를 옆에 끼고 부엌두렁*이나 방앗간, 소 외양간이나 마구간을 두루 찾아다니다 보면 어느새 네댓
〔몹시 힘들고 고되어 견디기 어려운 일〕
번 자리를 옮기게 되더군요. 그런데 《여관집 머슴이나 종을 보면 땟국물이 흐르는 머리와 얼굴을 하고서 부산하게 소나 말처럼 뛰어다니면서 아침저녁
　　　　　　　　　　　　　　　　　　　　　　　　　　　　　　〔어수선하게〕
으로 행인들이 남긴 음식을 받아먹습니다.》 『먹다 버린 밥이나 국도 달게 먹지 않는 법이 없습니다. 술에 취하거나 배가 부르면 자리에 드러눕자마자
　《 》 : 여관집 노비들의 남루한 외양과 열악한 환경
바로 잠이 듭니다. 우리들이 접때 견디지 못하던 잠자리에서 그놈들은 마치 쌀쌀한 날씨에 시원한 집에서 잠을 자듯이 편안히 잘도 잡니다. 그놈들의
　　　　　　　　　　『 』 : 열악한 상황에서도 불평이 없으며, 탈 나지 않고 건강하게 지내는 여관집 노비들의 모습
행동이나 낯빛을 보면 남루한 누더기 옷을 걸치고는 있으나 살결은 튼튼하여 병도 고통도 없이 천수를 누리지요.』
　　　　　　〔옷 따위가 낡아 해지고 차림새가 너저분한〕　　　　　　　　　　　　　　　　〔타고난 수명〕
　　그건 다른 요인이 있어서가 아니더군요. 저들은 자기들이 사는 곳을 여관으로 간주하고 운명과 분수가 본래부터 그렇게 정해졌다고 여깁니다. 분개
　　　　　　　　　　　　　　　　　　〔여관집 노비들은 주어진 삶에 만족하며 운명에 순응함.〕
하거나 걱정함으로써 속을 상하게 하거나 끙끙대고 탄식하여 기운을 허비하는 일도 없습니다. 그러다 보니 병도 고통도 없이 천수를 누리는 게지요.
　　　　　　　　　　　　　　　　　　　　　　　　　　　　　　　서 : 과객이 본 여관집 머슴과 종의 여유로운 삶의 모습
　　다른 한편으로 보면, 〈지금 이 세상이란 우리들이 목숨을 이어 가며 죽은 이를 떠나보내는 여관인데 그 여관이란 게 또 하룻밤이나 이틀 밤을 자고
　　　　　　　　　　　　〈 〉 : 나그네의 인생관이 드러남.
떠나는 여관일 뿐입니다.〉 그런데 지금 어르신께서는 이 여관 안에서 몸을 부쳐 살면서 또 옹색하게 떠돌아 후미진 골짜기에 몸을 숨기는 처지이니 이
　　　　　　　　　　　　　　　　　　　　〔생각이 막혀서 답답하고 옹졸하게〕

나BS _ 나 없이 EBS 풀지마라

는 또 <u>여관 속의 여관</u>에서 머무는 꼴입니다.
세상이라는 여관 속 화자가 지내는 후미진 집

　저 <u>머슴이나 종은 무식하고 무지하여 여관을 여관이라 알고 있을 뿐 음식을 잘 먹고 잠을 편히 자므로 추위와 더위가 그에게 해를 가하지 못하고</u>
글쓴이와 대조적인 모습을 제시함.

질병이 그에게 재앙을 끼치지 못합니다. 반면에 어르신께서는 도를 지키고 운명을 순종하며 평상시의 살아가는 길을 잘 알고서 행하시는 분입니다. 그

러나 여관 속의 여관에서 머무는 처지임에도 여관이라 여기지 않고서 스스로 속에서 일어나는 불을 돋워 일으키고 <u>원기</u>를 해치니 질병이 생기고 위기
　　본디 타고난 기운

나 죽음이 당장 이를 것입니다. 어르신께서 배우고자 하는 분들은 옛날의 성현이건마는 여관의 머슴이나 종과 같은 자들보다 못하단 말입니까?

　　　　　　　　　　　　　　　　　　　　　　　　　　　　　집의 내력을 지은 글
　<u>과객의 말을 듣고서 그 말을 조리 있게 다듬어 벽에 써서 박꽃이 피어난 집의 기문으로 삼는다.</u>
　　　　글쓴이는 과객의 이야기를 통해 얻은 교훈을 오래 간직하고자 함.
　　　　　　　　　　　　　　　　　　　　　　　　　　　　　결 : 정해진 운명에 따라 살며 자신을 성찰해야 함.

*부엌두렁 : 독이나 단지 따위를 놓기 위하여 부엌 한쪽에 턱을 지어 쌓은 단.

OX문제

01　해소하기 어려운 문제적 상황에 당면하여 고뇌하는 태도가 드러나 있다. [2018학년도 수능]　　　　(O / X)

02　비유적 진술을 통해 인물이 처한 상황을 부각하고 있다. [2013학년도 5월A]　　　　(O / X)

03　인물의 외양을 묘사하여 글쓴이의 혼란스러운 심리 상태를 드러내고 있다. [2014학년도 수능B]　　　　(O / X)

04　글쓴이는 더위로 인한 고통에 '박'을 심어 더위를 피했지만, 벌레와 동물들에 의해 고통받고 있다.　　　　(O / X)

05　여관집 머슴이나 종들이 '병도 고통도 없이 천수를 누리'는 것은 자신들의 운명과 분수에 순응하기 때문이다.　　　　(O / X)

STEP 02 작품 해제

01 | 주제

고통스러운 삶의 조건을 극복하는 삶의 지혜

02 | 특징

① '나'에게 깨달음을 주는 일화를 제시함.
② '기-서-결'의 구성으로 삶의 교훈을 전달함.

03 | 작품 해제

이 작품은 유배지의 좁고 열악한 집에서 괴로워하며 살아가던 글쓴이가 한 과객이 들려준 머슴들에 대한 이야기를 통해 얻은 깨달음을 서술한 수필이다. 과객이 들려준 이야기를 인용하여 그와의 우연한 대화를 통해 자신이 잊고 지냈던 삶의 교훈을 깨닫게 되었음을 말하고 있다.

04 | 등장인물

- '나' : 과객의 사연을 듣고 삶의 교훈에 대한 깨달음을 얻는다.
- 과객 : 서울에서 찾아와 열악한 처지를 하소연하는 글쓴이에게 자신이 겪은 여관집 머슴 이야기를 들려주어, 현실의 고통을 너그럽게 바라볼 수 있도록 삶의 깨달음을 준다.

05 | 상세 줄거리

'나'는 작고 열악한 환경에 처한 집에서 제대로 적응하지 못해 병까지 얻는다. 이때 서울에서 찾아온 과객에게 하소연을 하자, 과객은 여관집 머슴이나 종의 삶에 대해 설명한다. 여관집 머슴이나 종은 열악한 환경에도 자기가 사는 곳을 여관으로 생각하고, 지금의 삶을 정해진 운명이라고 여기며 주어진 삶에 만족하며 살아간다. 자신과 대조적인 태도를 지닌 여관집 머슴이나 종들의 이야기를 들은 '나'는 현실의 견디기 힘든 상황을 견딜 수 있도록 하는 삶의 지혜를 깨닫게 된다.

STEP 03 논문으로 만나는 출제자의 시선

낙하생 이학규의 산문 세계

이학규의 자는 성수, 호는 낙하생으로, 젊은 나이에 글재주로 이름을 떨쳐 정조의 인정을 받았다. 1801년(순조 1) 신유사옥 때 천주교를 믿는다는 의심을 사고, 이후 천주교와 무관함이 밝혀졌으나 유배되었다. 이학규는 경상도 김해 지방에서 24년의 긴 유배 생활을 하면서 송곳 끝을 세울 땅조차 없는 가난하고 쓸쓸한 생활로 인하여 당장의 끼니 걱정을 해야 하는 자로 전락한 자신의 불우한 신세를 감내해야 했다. 항상 배고픔과 목마름을 참고 견디어야 하는 그의 가난과 고통은 벗어날 가능성이 없는 것이어서 더욱 절박하였다. 그가 남긴 거의 대부분의 작품들이 24년의 길고 긴 유배 생활 기간 동안 지어졌는바, 답답하고 우울한 심사의 자기 고백, 삶에 대한 허무와 애상의 감정 노출, 한가로운 정취 추구 등을 글에 형상화하였다. 형식적 파격과 기이함의 추구 및 해학미 등을 엿보기는 어렵지만, 불우한 심사 및 정신적 고뇌에 대한 자기 고백적 토로, 삶의 애상과 우수(근심과 걱정)의 표현, 그리고 간결하면서도 깨끗하고 맑은 언어를 통한 품위 있는 삶의 추구 등은 그의 산문 세계가 보여 주는 독특한 면모이다.

25 작자 미상, 황새결송

수능 국어 대비
실전 국어 전형태

STEP 01 지문 분석과 OX문제

나BS 수능특강 | 고전문학 ●

옛날 경상도 땅에 한 사람이 있으니, 대대 부자로 일 년 추수가 만석에 지나니, 그 사람의 무량대복을 가히 알지라. 일생 가산이 풍비하여 그릴 것
(만석: 곡식의 일만 섬 / 무량대복: 헤아릴 수 없을 만큼 큰 복 / 가산: 집안 재산 / 풍비: 풍부하게 갖추어)

이 없으되, 이웃 사람이 송덕 아니하는 이 없더라.
(송덕: 공덕을 기림.)

그중 일가에 한 패악무도한 놈이 있어 불분동서하고 유리표박하여 다니러니, 일일은 홀연 이르러 구박하여 왈,
(일가: 친척 / 패악무도한: 인간의 도리를 지키지 않고 흉악한 / 불분동서: 동서 방향을 가리지 못하고 = 사람이 어리석음을 비유적으로 이르는 말 / 유리표박: 일정한 집과 직업이 없이 이곳저곳으로 떠돌아)

"너희는 좋이 잘사는구나. 너 잘사는 것이 도시 조상 전래지물이니, 우리 서로 같은 고조의 자손으로 너만 홀로 잘 먹고 잘 입어 부족한 것 없이 지
(전래지물: 예전부터 전하여 내려오는 물건)

내니 어찌 애달프지 아니하리오. 이제 그 재물을 반 나누어 주면 무사하려니와 그러지 아니하면 너를 살지 못하게 하리라."
(그 재물을 반 나누어 주면 ~: 재산의 반을 나누어 달라며 억지를 부림.)

하고, 종야토록 광언망설을 무수히 하며 심지어 불을 놓으려 하더니, 동리 사람들이 그 거동을 보고 그놈의 몹쓸 심사를 헤아리매 차마 분함을 이기
(광언망설: 이치에 맞지 않고 도의에 어긋나는 말)

지 못하여 가만히 주인 부자를 권하여 왈,

"그놈을 그저 두지 말고 관가를 정하거나 감영에 의송하거나 하여 다시 이런 일 없게 함이 가하노라."
(의송: 백성이 고을 원의 판결에 불복하여 관찰사에게 올리던 민원서류 / 감영: 관찰사가 직무를 보던 관아)

그 부자 이 말을 듣고 옳이 여겨 왈,

"이놈은 좀처럼 속이지 못할지라. 서울에 올라가 형조를 정하여 후환을 없이하리라."
(형조: 법률·소송·형옥·노예 따위에 관한 일을 맡아보던 관아 / 후환: 어떤 일로 말미암아 뒷날 생기는 걱정과 근심)

하고, 그놈을 이끌고 한가지로 서울로 올라오니라.

이 부자는 본래 하향°에 있어 좀처럼 글자도 읽으며 상시 박람하여 구변도 있으며 주제넘은 문자도 쓰더니, 이러한 일을 당하매 득송°은 단단히 하
(박람: 책을 두루 많이 읽어 / 구변: 말을 잘하는 재주나 솜씨)

리라 하고 분하여 절통함을 이기지 못하여 이놈을 형추정배°하면 다시 꿈쩍 못 하게 하리라 하고 경성에 올라와 형조를 찾아 원정°을 올려 왈,
(절통함: 뼈에 사무치도록 원통함 / 〈 〉: 부자는 패악무도한 놈이 잘 살 수 있도록 도와주었음.)

"소인은 경상도 아무 고을서 사옵더니, 천행으로 가산이 풍족하오매 자연히 친척의 빈곤한 사람도 많이 구제하옵더니, 〈소인의 일가 중 한 놈이 있
(소인은 ~ 구제하옵더니: 부자는 어려운 처지에 있는 친척을 도와주기도 하며 사람들에게 인색하기 굴지 않았음을 알 수 있음.)

어 본디 허랑무도하므로 가산을 탕패°하고 동서로 유리하옵기로 불쌍히 여겨 다시 집도 지어 주며 전답도 사 주어 아무쪼록 부지하여 살게 하오되, 그
(허랑무도: 허황되고 착실하지 못하며 예의가 없음. / 유리: 떠돌아다니옵기로 / 전답: 논과 밭 / 부지하여: 유지하여)

놈이 갈수록 괴이하여 농사도 아니 하옵고 온갖 노름하기와 술 먹기를 좋아하온대, 그 가산을 지탱하지 못하와 일조에 다 팔아 없이하옵고, 또 정처 없
(일조에: 하루아침에)

이 다니기를 좋아하옵기로 이제는 장사질이나 하라 하고 돈을 주면 또 어찌 하여 없이하고 다니며, 혹 일 년 만에도 와 재물을 얻어 가옵고 혹 이 년

만에도 와 이삼백 냥, 사오백 냥을 물어내기도 무수히 하옵더니,〉 요사이는 더구나 흉악하온 마음을 먹고 소인을 찾아와 발악을 무수히 하옵고, 질욕을
(질욕: 꾸짖으며 욕함.)

대단히 하오며, 재물과 전답을 반씩 나누어 가지지 아니하면 너를 죽여 없이하리라 하옵고 날마다 싸우며 집에 불을 놓으려고 하오니, 이러한 놈이 천

하에 어디 또 있사오리이까. 차마 견디지 못하와 불원천리하옵고 세세 원정을 명정지하에 올리옵나니 복걸참상시후에 이러한 부도의 놈 각별 처치 하
(불원천리: 천 리 길도 멀다고 여기지 아니하옵고 / 복걸참상시후: 엎드려 바라건대, 부디 잘 살펴보신 후에)

와 하방 백성으로 하여금 부지하여서 살아가게 하옵심을 천만 바라옵나이다." / 하였더라.

관원이 그 원정을 자세히 보고 서리에게 분부하여 일후 좌기° 시에 처결하리라 하고 아직 추열°치 못하였더니, 여러 날이 되도록 좌기되기만 기다리
(서리: 관아에 속하여 말단 행정 실무에 종사하던 구실아치)

매, 그사이 서리나 찾아보고 낌이나 얻을 일이로되, 제 이양 그러지 아니하게 한 일을 전혀 믿고 아무 사람도 찾아보지 아니하고 그 절통한 심사를 견
(그사이 서리나 찾아보고 낌이나 얻을 일이로되: 편집자적 논평 → 부자가 서리를 찾아봤어야 한다는 서술자의 주관이 드러남.)

디지 못하여 그놈 속히 죽기만 기다리고 있는지라.

《그놈이 비록 놀기를 즐겨 허랑무도하여 <u>주유사방</u>하매, 문견이 너르고 겸하여 시속 물정 또한 아는지라. 이때 송사에 올라와 일변 친구도 찾으며 형
천하를 두루 돌아다니며 구경함.　↳ 보거나 듣거나 하여 깨달아 얻은 지식
조에 청길을 뚫어 당상이며 낭청이며 서리, 사령까지 겼으니》 자고로 송사는 눈치 있게 잘 돌면 이기지 못할 송사도 아무 탈 없이 득승하노니, 이는 이
《 》: 부자와 달리 일가 중 한 놈은 자신이 송사에 유리하도록 손씀.　　　송사의 진행이 부조리하게 진행되는 경우가 많음.
른바 녹비에 가로 왈 자를 씀이라. 아무렇거나 좌기 날을 당하여 당상은 주좌하고 낭청들은 동서로 열좌하고 서리들은 툇마루에서 거행할새 그 엄숙함
사람이 일정한 주견이 없이 남의 말을 좇아 이랬다저랬다 함을 비유적으로 이르는 말
이 비할 데 없더라.

사령에게 분부하여 양측을 불러들이라 하고 <u>계하</u>에 분부하되,
　　　　　섬돌이나 층계의 아래　　　　　　　가난한 족속이나 사람　　　　　　　　조상 때부터 대대로 내려오는 가업
"네 들으라. 부자는 너같이 무지한 놈이 어디 있으리오. 《네 자수성가를 하여도 <u>빈족</u>을 살리며 불쌍한 사람을 <u>구급하거든</u>, 하물며 너는 조업을 가지
　　　　　흉년을 당하여 가난한 백성을 도와줌.　친족　　　위급한 상황에서 구하여 내거든
고 대대로 치부하여 만석꾼에 이르니,》 족히 흉년에 일읍 백성을 진휼도 하려든 너의 지친을 구제치 아니하고 송사를 하여 물리치려 하니, 너같이 무도
〈 〉: 자수성가한 사람도 불쌍한 사람을 돕는데, 부자는 자수성가한 것이 아님에도 친척을 도우려 하지 않음을 꾸짖음.
한 놈이 어디 있으리오. 어느 자손은 잘 먹고 어느 자손은 굶어 죽게 되었으니 네 마음이 어찌 죄스럽지 아니하랴. 네 소위를 헤아리면 <u>소당 형추정배</u>
　　　　　잠시 보류함.　　　　　　　　　　　　　　　　　　　　　　이미 해 놓은 일이나 짓
할 것이로되 십분 안서하여 송사만 지우고 내치나니, 네게는 이런 <u>상덕</u>이 없는지라. 저놈 달라 하는 대로 나누어 주고 친척 간 서로 의를 상하지 말
↳ 마땅히 정강이를 때리며 죄를 캐묻고 유배를 보낼 것이로되　　　웃어른에게서 받는 은덕　　　　부자에게 내려진 부당한 판결 → 정의롭지 못한 현실을 보여 줌.
라."

하며, 그대로 다짐받고 끌어 내치라 하거늘, 부자 생각하매 이제 송사를 지니 가장 절통하고 분함을 이기지 못하여 <u>그놈의 청으로 정작 무도한 놈은</u>

착한 곳으로 돌아가고 나같이 어진 사람은 부도로 보내니, 그 가슴이 터질 듯하매 전후사를 고쳐 고하면 반드시 <u>효험</u>이 있을까 하여 다시 꿇어앉으며
　　　악한 사람이 착한 곳으로 가는 부정적 현실　　　　　　　　　　　어떤 일이나 작용의 좋은 결과
고하려 한즉, 호령이 서리 같아 등 밀어 내치려 하거늘 부자 생각하되,《'내 관전에서 크게 소리를 하여 전후사를 아뢰려 하면 필경 관전 발악이라 하
　　　　　뇌물을 받고 잘못된 판결을 내리는 현실을 의미함.
여 뒤얽어 잡고 <u>조율</u>할 양이면, 청 듣고 송사도 지우는데 무슨 일을 못 하여 무지한 사령 놈들이 만일 함부로 두드리면 고향에 돌아가지도 못하고 종
법원이 법규를 구체적인 사건에 적용하는 일　　　　　《 》: 부자는 자신이 억울함을 호소했을 때 더 큰 화를 입을까 두려워함.
신어혈될 것이니 어찌할꼬?'》
↳ 평생 살 속에 피가 맺힘.
　《이리 생각 저리 생각 아무리 생각하여도 그저 송사를 지고 가기는 차마 분하고 애달픔이 가슴에 가득하여 송관을 뚫어지게 치밀어 보다가 문득 생
　　　　　　　　　　　　　　　　　　　　　송사를 담당하던 벼슬아치
각하되, '내 송사는 지고 가거니와 이야기 한마디를 꾸며 내어 조용히 할 것이니, 만일 저놈들이 듣기나 하면 무안이나 뵈리라.'》
　　　〈 〉: 사사로이 판결을 내린 이들의 부당함을 드러내고 간접적으로 비판하여 무안하게 만들려는 부자의 의도
하고 다시 일어서 계하에 가까이 앉으며 왈고,

"소인이 천리에 올라와 송사는 지고 가옵거니와 들음직한 이야기 한마디 있사오니 들으심을 원하나이다."
　　　　　　: 액자식 구조의 전개를 암시함.

《관원이 이 말을 듣고 가장 우습게 여기나 상의 이야기 듣기를 좋아하는 고로, 시골 이야기는 재미있는가 하여 듣고자 하나 다른 송사도 결단치 아

니하고 저놈의 말을 들으면 남이 보아도 <u>체모</u>에 괴이한지라. 거짓 꾸짖는 분부로 일러 왈,
　　　　　　　남을 대하기에 떳떳한 도리나 얼굴
"네 본디 하향에 있어 <u>사체경중</u>을 모르고 관전에서 이야기한단 말이 되지 못한 말이로되, 네 원이나 풀어 줄 것이니 무슨 말인고 아뢰라."》
　　　일이 되어가는 형편이나 상황의 가볍고 중요한 정도　　　〈 〉: 남의 시선을 고려하여, 부자를 꾸짖으면서 선심 쓰는 척 이야기를 들어 보고자 하는 관원의 모습
하니 그 부자 그제야 잔기침하며 말을 내어 왈,
〔 〕: 액자식 구조의 전개
〔옛적에 꾀꼬리와 뻐꾹새와 따오기 세 짐승이 서로 모여 앉아 우는 소리 좋음을 다투되 여러 날이 되도록 결단치 못하였더니, 일일은 꾀꼬리 이르되
　　　　　　　명예를 얻고자 하는 욕망에서 비롯된 다툼
"우리 서로 싸우지 말고 송사하여 보자." 한대,
꾀꼬리는 송사를 통해 공정한 판결을 얻을 수 있을 것이라 생각함. → 부자가 송사를 결정한 것과 대응됨.
그중 한 짐승이 이르되,

"들으니 황새가 날짐승 중 귀 크고 부리 길고 몸집이 어방져워 통량이 있으며 범사를 곧게 한다고 하기로 이르기를 황 장군이라 하나니, 우리 그 황
　　　　　　　넓고 커

니BS _ 나 없이 EBS 풀지마라

장군을 찾아 소리를 결단함이 어떠하뇨.”

　세 짐승이 옳이 여겨 그리로 완정*하매, 그중 따오기란 짐승이 소리는 비록 참혹하나 소견은 밝은지라, 돌아와 생각하되, ‘내 비록 큰 말은 하였으나
　　　　　　　　　　　승소하기 위해 처세술을 펼치는 따오기 → 부자의 일가 중 한 놈과 대응됨.
세 소리 중 내 소리 아주 초라하니 날더러 물어도 나밖에 질 놈 없는지라. 옛사람이 이르되 모사는 재인이요, 성사는 재천이라* 하였으니, 아무렇거나
청을 들어주기를 부탁함.　　　↳ 자신이 송사에서 불리하다는 것을 인지하고 있음.
청촉이나 하면 필연 좋으리로다.’ 하더라.]
따오기가 황새에게 부당한 청탁을 하기로 결심함.

*하향 : 하방(서울에서 멀리 떨어진 지방). / *득송 : 소송에서 이기거나 유리한 판결을 받음.

*형추정배 : 심문을 하여 죄상을 밝히고 형량을 정하여 유배 등의 벌을 내림. / *원정 : 사정을 하소연함.

*탕패 : 재물 따위를 다 써서 없앰. / *좌기 : 관청의 우두머리가 근무지에 나가 일을 봄.

*추열 : 죄임을 심문함. / *완정 : 완전히 결정함.

*모사는 재인이요~재천이라 : ‘일을 꾸미는 것은 사람에게 달렸고, 일이 되고 안 됨은 하늘에 달려 있다’는 뜻임.

OX문제

01	내적 독백을 통해 극적 긴장감을 고조시키고 있다. [2014학년도 6월A]	(O / X)
02	주인 부자는 동리 사람들의 권유를 듣기 전 이미 친척과의 송사를 결정하였다.	(O / X)
03	액자 구조를 통해 상이한 이야기가 갖는 유사한 의미를 강조하고 있다. [2014학년도 수능A]	(O / X)
04	서술자의 개입을 통해 사건의 전모를 밝히고 있다. [2021학년도 수능]	(O / X)
05	‘들음직한 이야기’를 듣고 싶었던 관원은 남의 시선을 의식하여 부자를 거짓으로 꾸짖으며 아뢰도록 하였다.	(O / X)

STEP 02 작품 해제

01 | 주제

송사가 뇌물에 좌우되는 부정적 현실과 부패한 지배층에 대한 풍자·비판

02 | 특징

① 우화를 활용하여 작품의 풍자성을 강화함.
② 조선 사회의 부패와 비리를 사실적으로 그려 냄.
③ 액자식 구조로, 내화를 통해 작품의 주제 의식을 나타냄.

03 | 작품 해제

이 작품은 액자 구조의 소설로, 조선 후기 사회의 부패상을 풍자한 송사 소설이자 우화 소설이다. 조선 후기에는 송사가 비리로 얼룩지면서 법이 사회 정의를 실현하지 못하는 일이 많았고, 이로 인해 억울한 판결을 받는 백성들도 생겨났다. 이와 같은 현실을 반영하여, 이 소설의 외화(외부 이야기)에는 뇌물로 관원을 매수한 친척 탓에 송사에서 진 부자가 등장한다. 이 부자가 들려주는 내화(내부 이야기)는 날짐승들이 등장하는 우화로, 부자가 외화에서 겪은 사건을 풍자·비판하고 있다.

04 | 등장인물

- 부자 : 잘못된 송사로 인해 억울하게 피해를 입은 인물. 재산의 절반을 달라고 우기는 친척과의 문제를 해결하기 위해 송사를 통해 공정한 판결을 얻고자 했으나, 뇌물을 쓴 친척 때문에 송사에서 지게 된다. 더 큰 피해를 우려하여 판결에 대해 따지지는 못하나, 우화 하나를 이야기해 줌으로써 형조 관원들을 부끄럽게 한다.
- 관원 : 부패한 관리의 전형으로, 내화의 황새에 대응되는 인물. 법에 따라 판결하는 대신 자신에게 뇌물을 준 인물의 편을 들어준다.
- 친척 : 뇌물로 관원을 매수하는 약삭빠른 인물. 내화의 따오기에 대응되며, 능숙한 처세술로 자신이 불리한 상황에서 빠져나간다.

05 | 상세 줄거리

옛날 경상도 땅에 한 부자가 있었는데, 부자의 일가친척 중 한 사람이 그 부자로부터 거듭 재산을 얻어가다 못해 가진 재물의 반을 나누어 달라는 터무니없는 요구를 한다. 요구를 들어주지 않으면 불까지 지르겠다고 하니, 이를 괘씸히 여긴 동네 사람들은 부자에게 송사를 권한다. 부자는 서울에 올라가서 형조에 소송을 제기하고 재판을 기다리는데, 부자의 친척은 그동안 관원에게 뇌물을 주며 자신에 유리한 판결을 해 줄 것을 부탁한다. 결국, 부자는 부당하고 사리에 맞지 않는 판결로 패소하게 되고, 이에 항변하다 더 큰 피해를 입을 것을 우려하여, 항의하는 대신 이야기 하나를 꾸며 판결을 내린 관원에게 무안을 주고자 한다. 관원은 타인의 이목을 신경 써 마지못해 부자의 이야기를 들어주는 척 선심을 쓰고, 부자는 그 관원에게 꾀꼬리와 뻐꾹새와 따오기가 최고의 목소리를 가리고자 다투었던 이야기를 늘어놓는다. 꾀꼬리는 그들끼리 싸우는 대신 송사를 하자고 권하고, 이에 동의한 셋은 황새에게 가서 판결을 받기로 한다. 그러나 송사에서 자신이 불리하다고 생각한 따오기는 밤이 새도록 황새가 즐겨 먹는 음식을 모아 황새에게 가져간다. 이를 받은 황새는 자신에게 요긴한 물건임에 흡족해하며 따오기의 청을 들어주고자 한다. 그러자 따오기는 황새에게 송사에서 자신의 편을 들어 달라고 청하고, 황새는 이를 받아들인다. 결국, 황새는 꾀꼬리의 소리는 아름다우나 애잔하여 쓸데가 없고, 뻐꾹새의 소리는 근심이 가득하여 불쌍하다고 평가하는 한편, 따오기의 소리는 대장부의 기상을 담고 있다며 크게 칭찬하며 물욕에 따른 불평등한 판결을 내린다. 부자가 여기까지 이야기하고 본인의 판결도 이미 결론이 났으니 물러가겠다고 아뢰자, 형조 관원들은 답할 말이 없이 부끄러워한다.

N+BS _ 나 없이 EBS 풀지마라

STEP 03 논문으로 만나는 출제자의 시선

N+BS 수능특강 | **고전문학**

「황새결송」 내화의 의미

「황새결송」은 인간의 송사를 외화, 새들의 송사를 내화로 구성하여 서술한 액자식 구조의 소설이다. 인간과 새들의 이야기가 나란히 제시되어, 작품의 주제 의식을 강조하고 풍자성을 강화하고 있다. 이때 각 이야기에는 유사점과 차이점이 존재한다.

우선 외화와 내화의 유사점은 단연 이야기가 전개되는 구조이다. 부자가 친척과 재산 때문에 갈등하여 송사를 제기하고 이에 부당한 판결을 받는 외화와 목소리를 겨루기로 한 꾀꼬리, 뻐꾸기, 따오기가 황새를 찾아가 판결을 구하는 내화는 모두 '문제 발생 및 소송 - 뇌물 수수 - 판관의 부당한 판결'로 정리될 수 있다. 물론 각 단계가 묘사되는 정도의 상세함에는 차이가 있지만, 독자는 서술자의 서술을 통하여 충분히 그 상황을 짐작할 수 있다. 두 송사는 모두 갈등을 해결하고 모두를 수긍시킬 만한 사회 규범을 구하고자 하는데, 엄숙한 태도로 자신의 논리를 들어 불공정한 판결을 고집하는 판관이 등장한다는 점도 두 이야기의 공통점이다. 한편 송사의 원인에서는 차이가 나타난다. 부자와 친척 간의 송사는 친척의 행패에서 자신과 자신의 재산을 지키기 위한 것이고, 새들 간의 송사는 누구의 목소리가 최고인가를 가리기 위한 것이다. 이는 동물들이 키, 능력, 경험 등을 두고 뛰어남을 경쟁하는 내용의 기존 설화와 유사하다. 이러한 내화는 우화로서, 뇌물을 받은 사람들을 희화화하고 비판하며 골계미(현실의 모순이나 부조리함을 물음을 통해 드러내는 미적 가치)를 드러낸다. 현실 세계의 송사에서 직접 비판할 수 없었던 부분을 동물들의 이야기로 끌어오는 것은 상세한 묘사에도 지루함을 느끼지 않도록 하는 효과를 얻는다. 또 작품은 내화를 통해 관원의 부패상을 고발하는 동시에 뇌물을 사용하지 않으면 아무리 정당하고 똑똑한 사람이라도 피해를 보는 현실을 우회적인 방식으로 지적하고 있다.

송사 우화 소설의 의의

조선 후기에는 송사 소설, 송사 관련 전(傳)과 판례서 등 서사·교술 장르 모두에서 송사가 주요 문학적 제재로 다루어졌다. 이는 송사가 성행했던, 조선 후기라는 시대적 배경과 큰 관련이 있다. 이전까지 부당한 일을 당해도 고통과 억울함을 호소할 수 없었던 백성들에게 법은 특히 경제적 측면에서나마 정당한 이익을 지키고 부당함에 기인한 억울함을 해소할 수 있는 기준이라고 인식되었다. 따라서 신분을 가리지 않고 송사를 적극적으로 제기하여 의견을 관철하고자 했는데, 당시 국가에서도 어느 정도는 백성들이 공평한 판결을 기대할 수 있는 여건을 마련하기 위해 힘쓰고 있었다. 수령 대다수 역시 하층민의 억울함을 그것이 다른 범죄나 난리로 이어지기 전에 합리적으로 해소할 필요가 있음을 인식하고 있었기에, 형사에 관한 행정을 중시하기도 했다.

그러나 송사와 관련한 백성들의 기대는 충족되지 못하는 경우가 많았다. 부패하거나 무성의한 판관이 사실 관계를 제대로 파악하지 않고 뇌물을 준 사람의 논리에 설득되는 일이 자주 발생한 것이다. 이것은 지방 사회만의 문제가 아니라 중앙의 형조 관원에까지 퍼진 심각한 사회 문제였지만, 백성들이 직접 비판하기는 어려운 일이었다. 따라서 송사 우화 소설은 우화의 기법을 통해 송사 진행 양상을 풍자하고 올바른 판결을 내리지 못하는 판관을 비판하며, 소송과 관련하여 이전 시기부터 전 분야에서 고착된 뇌물 문제를 전면적으로 다룬다는 점에서, 송사와 관련된 백성들의 소박한 기대 및 욕구와 이를 충족시키지 못했을 때의 불만과 분노를 가장 사실적으로 드러낸 유일한 갈래라는 의의를 지닌다.

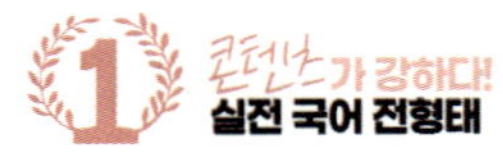

STEP 04 나BS 실전 문제

다음 글을 읽고 물음에 답하시오. [7.4.고3 교육청 기출]

[앞부분의 줄거리] 시골의 한 부자가 도리를 저버린 친척의 재산 분배에 대한 요구에 형조에 처벌을 요구하는 송사를 의뢰한다. 그러나 친척은 갖은 수단을 써서 형조의 관원들을 만난다. 그리하여 재판에서 패하게 된 부자가 관원들에게 서로 소리 겨룸을 하던 날짐승들의 송사 이야기를 들려준다.

황새놈이 덩싯 웃고 이르되,

"이런 급한 일이 있기에 나를 보러 왔지, 그렇지 아니하면 어찌 왔으리요. 그러나 ⓐ<u>네 무슨 일인지 네 소회를 자세히 아뢰어라.</u>"

따오기 아뢰되,

"다른 일이 아니오라 꾀꼬리와 뻐꾸기와 소인과 세 놈이 우는 소리 겨룸하였더니 자과(自誇)를 부지(不知)라. 그 고하를 정하지 못하옵기로 결단치 못하여 왔삽더니 서로 의논하되 장군께옵서 심히 명철처분하시므로 명일에 댁에 모여 송사하려 하오니 그 중 소인의 소리 세 놈 중 참혹하여 아주 껑짜치오니* 필야 송사에 이기지 못하올지라. 미련하온 소견에 남 먼저 사또께 이런 사연을 아뢰어 청이나 하옵고 그 두 놈을 이기고자 하오니, 사또 만일 소인의 전정(前情)을 잊지 아니하옵시고 명일 송사에 아래 하(下)자를 웃 상(上)자로 도로 집어 주옵심을 바라옵나이다."

황새놈이 이 말을 듣고 속으로 퍽 든든히 여겨 하는 말이,

[A]
"도시 상놈이란 것은 미련이 약차하여 사체경중(事體敬重)을 아지 못하고 ⓑ<u>제 욕심만 생각하여 아무 일이라도 쉬운 줄로 아는구나.</u> 대저 송사에는 애증(愛憎)을 두면 칭원(稱寃)도 있고 비례 호송하면 정체에 손상하나니 어찌 그런 도리를 알리요. 그러나 송사는 곡직을 불계(不計)하고 꾸며대기에 있나니 이른바 이현령비현령(耳懸鈴鼻懸鈴)이라 어찌 네 일을 범연히 하여 주랴. 전에도 네 내 덕도 많이 입었거니와 이 일도 내 아무쪼록 힘을 써 보려니와 만일 내 네 소리를 이기어 주어 필연 청 받고 그릇 공사한다 하면 아주 입장이 난처하게 되리니 이를 염려하노라."

따오기 고쳐 아뢰되,

"분부가 이렇듯 하시니 상덕(上德)만 믿고 가나이다."

황새 웃고 이르되,

ⓒ<u>"성사하기 전 세상사를 어찌 알리요, 어디 보자."</u>

하거늘, 따오기 하직하고 돌아왔더니, 날이 밝으매 세 짐승이 황새집에 모여 송사할새 황새놈이 대청에 좌기하고 무수한 날짐승이 좌우에 거행하는지라. 그 중 수리는 율관(律官)이요 솔개미, 까치, 징경이, 올빼미, 바람개비, 비둘기, 부엉이, 제비, 참새 등 짐승이 좌우에 나열하여 불러들이니 세 놈이 일시에 들어와 아뢰되,

"소인 등이 소리 겨룸 하옵더니 능히 그 고하를 판단치 못하오매, 부월(斧鉞)을 무릅쓰고 사또 전에 송사를 올리오니 명철처분하옵심을 바라옵나이다."

하되, 황새 정색하고 분부하여 이르되,

ⓓ<u>"너희 등이 만일 그러할진대 각각 소리를 하여 내게 들린 후 상하를 결단하리라."</u>

하니 꾀꼬리 먼저 날아들어 소리를 한번 곱게 하고 아뢰되,

"소인은 방춘화시 호시절에 이화도화 만발하고 앞내의 버들빛은 초록장 드리운 듯 뒷내의 버들빛은 유록장(柳綠帳) 드리운 듯, 금빛 같은 이내 몸이 날아들고 떠들면서 흥에 겨워 청아한 쇄옥성을 춘풍결에 흩날리며 구십춘광 보낼 적에 뉘 아니 아름답게 여기리이까."

황새 한번 들으매 과연 제 말과 같으며 심히 아름다운지라. 그러나 이제 제 소리를 좋다 하면 따오기에게 청받은 뇌물을 도로 줄 것이요, 좋지 못하다 한즉 공정치 못한 것이 정체가 손상할지라. 침음반향(沈吟半晌)*에 제사(題辭)하여 으르되,

"네 들어라. 당시에 운하되 타기황앵아(打起黃鶯兒)하여 막교지상제(莫敎枝上啼)라 하였으니 네 소리 비록 아름다우나 애잔하여 쓸데없도다."

꾀꼬리 점즉히 물러나올새 뻐꾹새 또 들어와 목청을 가다듬고 소리를 묘하게 하여 아뢰되,

"소인은 녹수천산(綠水千山) 깊은 곳에 만학천봉 기이하고 안개 피어 구름되며 구름 걷어 다기봉하니 별건곤이 생겼는데 만장폭포 흘러내려 수정렴을 드리운 듯 송풍은 소슬하고 오동추야 밝은 달에 섬꺼운 이내 소리 만첩산중에 가금성이 되오리니 뉘 아니 반겨하리이까."

황새 듣고 또 제사하여 이르되,

"월낙자규제(月落子規啼)하니 초국천일애(楚國千日愛)라 하였으니, 네 소리 비록 쇄락(灑落)하나 십분 궁수(窮愁)하니 전정을 생각하면 가히 불쌍하도다."

하니 뻐꾹새 또한 무료*하여 물러나거늘, 그제야 따오기 날아들어 소리를 하고자 하되 저보다 나은 소리도 벌써 지고 물러나거늘 어찌할꼬 하며 차마 남부끄러워 입을 열지 못하나 그 황새에게 약 먹임을 믿고 고개를 낮추어 한번 소리를 주하며 아뢰되,

"소인의 소리는 다만 따옥성이옵고 달리 풀쳐 고하올 일 없사오니 사또 처분만 바라고 있나이다."

하되, 황새놈이 그 소리를 문득 듣고 두 무릎을 탕탕치며 좋아하여 이른 말이,

"쾌재(快哉)며 장재(壯哉)로다. 음아질타에 천인이 자폐(自斃)함은 옛날 항장군의 위풍이요 장판교 다리 위에 백만군병 물리치던 장익덕의 호통이로다. ⓔ<u>네 소리 가장 웅장하니 짐짓 대장부의 기상이로다.</u>'

하고 이렇듯 처결하여, 따옥성을 상성으로 처결하여 주오니, 그런 짐승이라도 뇌물을 먹은 즉 오결하여 그 꾀꼬리와 뻐꾹새에게 못할 노릇 하였으니 어찌 앙급자손(殃及子孫) 아니 하오리이까. 이러하온 짐승들도 물욕에 잠겨 틀린 노릇을 잘 하기로 그 놈을 심히 욕하고 우셨으니, 이제 ㉠<u>서울 법관도 여차하오니 소인의 일은 벌써 판이 났으매 부질없는 말하여 쓸데없으니 이제 물러가나이다.</u>"

하니 형조 관원(刑曹官員)들이 대답할 말이 없어 가장 부끄러워하더라.

- 작자 미상, 「황새 결송(決訟)」 -

*껑짜치오니 : 면목이 없으니.

*침음반향 : 입속으로 웅얼거리며 반나절이나 깊이 생각함.

*무료 : 부끄럽고 열없음.

01. 윗글의 등장인물들에 대한 추리로 적절하지 <u>않은</u> 것은?

① '꾀꼬리'는 자신의 울음소리에 대해 자부심을 가지고 생활해 왔던 것 같아.
② '황새'가 불공평한 판결을 하는 건 자신의 욕심을 채우기 위해서인 것 같아.
③ '뻐꾹새'가 '황새'의 판결에 이의 없이 물러서는 것을 보니 소극적인 인물인 것 같아.
④ '따오기'가 자기 소리를 자랑하지 않고 사또의 처분만 기다리는 것은 겸손한 모습으로 보여.
⑤ '황새'가 '날짐승'들을 재판정에 부른 것은 판결이 공정하다는 것을 드러내려는 의도인 것으로 보여.

02. [A]에 나타난 '황새'의 태도로 가장 적절한 것은?

① 상대방을 존중하면서 자신의 권위를 세우고 있다.
② 상대방을 무시하면서 자신의 체면을 지키려고 한다.
③ 상대방을 훈계하면서 자신의 입장을 고수하려고 한다.
④ 상대방을 배려하면서도 자신의 겸손함을 드러내고 있다.
⑤ 상대방을 고려하면서도 자신의 결백함을 강조하고 있다.

03. ㉠에 해당하는 '황새의 행위'와 가장 관련이 깊은 것은?

① ⓐ   ② ⓑ   ③ ⓒ
④ ⓓ   ⑤ ⓔ

다음 글을 읽고 물음에 답하시오. [16.9.고2 교육청 기출]

[앞부분의 줄거리] 어느 시골에 한 부자가 있었는데, 그의 친척 중 한 명이 수시로 횡포를 부리더니, 어느 날은 재산의 절반을 달라고 위협한다. 그러자 부자는 서울 형조에 송사를 제기하지만 친척이 미리 관원들에게 뇌물을 준다. 부자는 결국 재판에 지게 되어 재산을 빼앗기게 된다.

부자 생각하되,

'내 관전에서 크게 소리를 하여 전후사를 아뢰려 하면 반드시 관전(官前) 발악(發惡)이라 하여 뒤얽어 잡고 법대로할 양이면 청 들고 송사도 지게 만드는데, 무슨 일을 할 것이며 무지한 사령 놈들이 만일 함부로 두드리면 고향에 돌아가지도 못하고 죽을 때까지 어혈(瘀血)만 될 것이니 어찌할꼬.'

이리 생각 저리 생각 아무리 생각하여도 그저 송사를 지고 가기는 차마 분하고 애달픔이 가슴에 가득하여 재판관을 뚫어지게 치밀어 보다가 문득 생각하되,

'내 송사는 지고 가거니와 이야기 한 마디를 꾸며 내어 조용히 할 것이니, 만일 저놈들이 듣기만 하면 무안이나 뵈리라.'

하고, 다시 일어서 계단 아래에 가까이 앉으며 하는 말이,

"소인이 천 리에 올라와 송사는 지고 가옵거니와 들음직한 이야기 한 마디 있사오니 들으심을 원하나이다."

관원이 이 말을 듣고 가장 우습게 여기나 평소에 이야기 듣기를 좋아하는 고로 시골 이야기는 재미있는가 하여 듣고자 하나 다른 송사도 결단치 아니하고 저놈의 말을 들으면 남들이 보는 눈이 격정되는지라. 거짓 꾸짖는 분부로 일러 하는 말이,

"네 본디 시골에 있어 일이 돌아가는 상황을 잘 모르고 관전에서 이야기한단 말이 되지 못한 말이로되, 네 원이나 풀어 줄 것이니 무슨 말인고 아뢰어라."

[중간 부분의 줄거리] 이렇게 시작된 부자의 이야기는 다음과 같다. 꾀꼬리, 뻐꾹새, 따오기가 서로 자기의 우는 소리가 최고의 소리라고 다투다가 황새를 찾아가 송사를 제기한다. 그런데 소리에 자신이 없었던 따오기는 송사에서 이기기 위해 황새에게 미리 청탁을 한다. 날이 밝아 세 짐승이 황새 앞에서 소리를 시작한다.

꾀꼬리 먼저 날아들어 소리를 한번 곱게 하고 아뢰되,

"소인은 바야흐로 봄이 한창 화창한 좋은 시절에 이화도화(梨花桃花) 만발하고, 앞내의 버들빛은 초록장 드리운 듯, 뒷내의 버들빛은 유록장 드리운 듯, 금빛 같은 이내 몸이 날아들고 떠다니면서 흥에 겨워 청아(淸雅)하고 옥을 깨뜨릴 만한 아름다운 목소리를 춘풍결에 흩날리며 봄의 석 달 동안 보낼 적에 뉘 아니 아름답게 여기리이까."

황새 한 번 들으매 과연 제 말과 같아 심히 아름다운지라.

그러나 이제 제 소리를 좋다 하면 따오기에게 청 받은 뇌물을 도로 줄 것이요, 좋지 못하다 한즉 내 공정치 못한 판결로 정체가 손상할지라. 반나절이나 깊이 생각한 끝에 판결하여 이르되,

"네 들어라. 당시(唐詩)에 타기황앵아(打起黃鶯兒) 막교 지상제(莫教枝上啼)'라 하였으니, 네 소리 비록 아름다우나 애잔하여 쓸데없도다."

꾀꼬리 점측히 물러 나올 새, 또 뻐꾹새 들어와 목청을 가다듬고 소리를 묘하게 하여 아뢰되,

"소인은 녹수청산(綠水青山) 깊은 곳에 만학천봉(萬壑千峯) 기이하고

안개 피어 구름 되며, 구름이 걷히고 많은 신기한 봉우리로 별세계가 펼쳐졌는데 만장폭포 흘러내려 수정렴을 드리운 듯 송풍(松風)은 소슬하고 오동추야 밝은 달에 이내 소리 만첩청산의 아름다운 새 소리가 되오리니 뉘 아니 반겨하리이까.”

황새 듣고 여러모로 생각해 본 후 판결하되,

“월락자규제(月落子規啼) 초국천일애(楚國千日愛)*라 하였으니, 네 소리 비록 깨끗하나 아주 어려웠던 옛날의 일을 떠오르게 하니, 가히 불쌍하도다.”

하니, 뻐꾹새 또한 부끄러워하며 물러나거늘, 그제야 따오기가 날아들어 소리를 하고자 하되, 저보다 나은 소리도 벌써 지고 물러나거늘 어찌할꼬 하며 차마 남부끄러워 입을 열지 못하나, 그 황새에게 약 먹임을 믿고 고개를 나직이 하여 한 번 소리를 주며 아뢰되,

“소인의 소리는 다만 따옥성이옵고 달리 풀쳐 고할 일 없사오니 사또 처분만 바라고 있나이다.”

하되, 황새놈이 그 소리를 듣고 두 무릎을 탕탕 치며 좋아하며 이른 말이,

“쾌재(快哉)며 장자(長者)로다. 화난 감정이 일시에 터져 나와서 큰 소리로 꾸짖음은 옛날 황장군(黃將軍)의 위풍이요, 장판교(長坂橋) 다리 위에 백만 군병 물리치던 장익덕의 호통이로소이다. 네 소리 가장 웅장하니 짐짓 대장부의 기상이로다.”

하고,

“이렇듯이 처결하여 따옥성을 상성(上聲)으로 처결하여 주오니, 그런 짐승이라도 뇌물을 먹은즉 잘못 판결하여 그 꾀꼬리와 뻐꾹새에게 못할 노릇 하였으니 어찌 화가 자손에게 미치지 아니 하오리이까. 이러하온 짐승들도 물욕에 잠겨 틀린 노릇을 잘 하기로 그놈을 개아들 개자식이라 하였으니, 이제 서울 법관도 여차하오니, 소인의 일은 벌써 판이 났으매 부질없는 말하여 쓸데없으니 이제 물러가나이다.”

하니, 형조 관원들이 대답할 말이 없어 가장 부끄러워하더라.

- 작자 미상, 「황새결송」 -

*타기황앵아 막교지상제 : ‘꾀꼬리를 날려 보내어 가지 위에서 울게 하지 마라.’는 뜻으로 전쟁으로 헤어진 임을 그리워하는 여인의 애절한 심정을 담고 있음.

*월락자규제 초국천일애 : ‘달이 지고 두견이 우니 초나라 천일의 사랑이라.’는 뜻으로 나라가 망할 것을 암시함.

---

04. 윗글에 대한 이해로 적절하지 <u>않은</u> 것은?

① ‘부자’는 송사 결과에 대한 자신의 생각을 제대로 말하지 못해 분해하였군.
② ‘관원’은 ‘부자’의 이야기를 듣고 싶어하나, 남들의 시선을 의식하고 있군.
③ ‘황새’는 ‘따오기’에게 받은 뇌물 때문에 송사에서 공정한 판결을 내리지 못하는군.
④ ‘따오기’는 자기 소리를 자랑하기보다는 ‘황새’의 처분만 기다리는 것으로 보아 겸손한 자세를 지니고 있군.
⑤ ‘꾀꼬리’는 자신의 소리를 누구든 아름답게 여긴다고 말하는 것으로 보아 자신의 소리에 자부심을 가지고 있군.

---

05. 윗글에 나타난 송사의 내용을 〈보기〉와 같이 정리해 보았다. (가), (나)에 대한 이해로 적절하지 <u>않은</u> 것은?

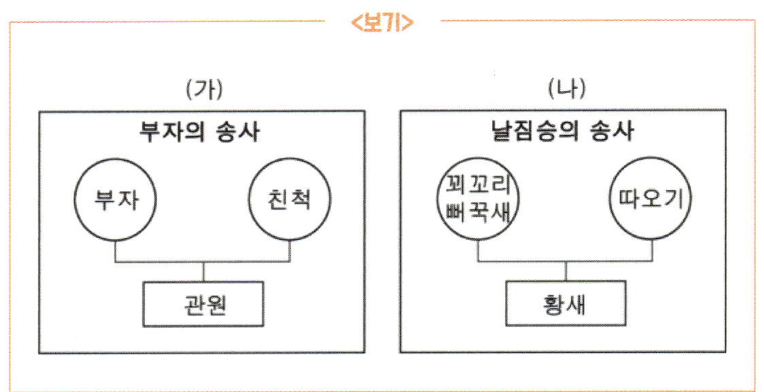

① (가)는 친척의 부당한 요구에서 비롯된다.
② (가)를 통해 (나)의 판결 이유가 밝혀지게 된다.
③ (가)의 결과는 부자가 (나)의 이야기를 시작하는 계기가 된다.
④ (가)에서 송사의 원인은 ‘재산’이고 (나)에서는 ‘최고의 소리’이다.
⑤ (가)와 (나) 모두 청탁이 판결에 중요한 영향을 미친다.

---

06. ‘부자’가 이야기를 한 의도로 가장 적절한 것은?

① 관원들에게 다른 송사를 청탁하기 위해서
② 무식한 관원에게 자신의 지혜를 뽐내기 위해서
③ 비리와 관련된 관원들을 우회적으로 비판하기 위해서
④ 예상과 다른 판결에 대해 관원들과 논쟁을 벌이기 위해서
⑤ 자신의 패배로 끝난 송사로 인해 잃게 된 재산을 되찾기 위해서

26 기대승, 장춘정기

STEP 01 지문 분석과 OX문제

천지의 조화가 잠시도 멈추지 않고 끊임없이 움직이며 만물을 감돌고 고금에 흐르는 데는 반드시 이유가 있다. 일 년으로 말하면 봄에서 여름이 되
_{만물이 필연적인 이치에 따라 변하는 원인 / 예전과 지금}
고 여름에서 가을이 되고 가을에서 겨울이, 겨울에서 다시 봄이 된다. 계절이 흐르고 추위와 더위가 바뀌며 만물을 피어나게 하고 시들게 한다. 마치

다그치는 것 같지만 멈추지 않는 데도 반드시 이유가 있다. 이 이치를 군자는 음미하여 마음을 다 쓰고, 소인은 모른 채 부림을 받는다. 모르는 데 만
_{만물이 바뀌는 이치를 알기 위한 노력을 했는가의 여부로 군자와 소인이 구별됨.}
족하지 못하여 음미하려 하고, 부려지는 것을 꺼려 마음을 다 쓰려 한다면 훌륭하지 않겠는가.

전 훈련원 첨정(訓鍊院僉正) 유중한(柳仲翰) 군이 죽포(竹浦) 어귀에 정자를 세웠다. 바위에 기대 물가를 굽어보며, 높은 산과 이어지고 무성한 숲이
_{각 관아의 낭청에 속한 종사품 벼슬 / 종이, 비단, 널빤지 따위에 그림을 그리거나 글씨를 써서 방 안이나 문 위에 걸어 놓는 액자}
어리비친다. 그 사이에 아름다운 꽃을 심고 '장춘정(藏春亭)'이라는 현판을 걸었다. 또 정자의 서쪽 땅에 작은 집을 짓고 '매귤당(梅橘堂)'이라는 편액을
_{글자나 그림을 새겨 문 위나 벽에 다는 널조각}
걸었다. 모두 난간을 두르고 단청을 칠하니 영롱한 빛이 감돌며 조용하고 시원하여 마치 별세계 같았다. 여기에 여러 명승지에서 지은 시를 새겨 문미

(門楣)*에 걸고, 아울러 내 글을 걸어 자랑하려고 했다. 내가 유중한 군에게 물었다.
_{유중한 군이 글쓴이에게 '장춘정'의 기록을 부탁함.}

"일 년 중에 봄은 석 달뿐인데, 지금 봄을 감추어 간직한다는 뜻의 장춘(藏春)이라고 하였으니, 여기에 대한 설명이 있겠는가?"

유중한 군이 말했다.

"그렇습니다. 사시(四時)와 팔절(八節), 이십사절기와 칠십이후(候)*는 일 년을 주기로 돌아오며 이 세상 밖에 숨어 있는데 사람들은 헤아리지 못합니

다. 그저 눈으로 보고 귀로 듣기만 할 따름입니다. 봄바람이 불어 얼음이 녹고 벌레가 나오면 작은 양(陽)의 기운이 전부 땅 위로 나옵니다. 그러다가

복숭아꽃이 피고 꾀꼬리가 울면 양의 기운이 가득하여 온갖 꽃이 피고 숲이 땅을 덮으며 고운 모습을 드러냅니다. 산은 무성하고 아름다우며 물은 깨

끗하고 멀리 흐르며, 태양은 빛을 더하고 하늘은 더욱 넓어지니, 이야말로 한창인 때입니다. 옛사람이 근심을 잊고 감상한 데는 참으로 이유가 있습니

다.

그렇지만 개구리가 울고 축융(祝融)*이 계절을 다스리면 봄이 여름으로 바뀌니, 봄을 간직할 수 없는 것은 사실입니다. 〈그렇지만 저의 정자는 그렇

지 않습니다. 기이한 화초를 무려 수십 종이나 모았고, 종마다 열 개씩 심었습니다. 뿌리가 엉키고 잎이 맞닿으며, 잎이 나란히 돋고 가지가 교차한답니

다. 붉은 꽃이 지면 흰 꽃이 남아 있고, 옥빛 꽃이 지면 누런 꽃이 피니, 비록 계절이 바뀌어도 꽃은 시들지 않습니다. 게다가 겨울에도 푸른 나무가
_{〈 〉: '장춘정'은 다른 곳과 달리 봄을 감추어 보관하는 것이 가능하다는 유중한 군의 생각}
있어 처마 사이로 푸르게 솟아 눈 속에서도 종종 꽃을 피우며, 향기를 풍기는 매화가 햇빛을 받으며 봄기운을 누설합니다. 이 때문에 정자에 들어온 사
_{새어 나가게 합니다}
람은 항상 그 사이에서 봄기운을 느낍니다.〉 이것이 저의 정자를 장춘정이라고 이름 지은 까닭입니다.
_{'장춘정'에서는 계절과 상관없이 봄의 기운을 느낄 수 있다고 생각함.}
옛날 조경순(기景純)이 장춘오(藏春塢)를 만들자*, 소동파가 장춘부(藏春賦)를 지었습니다. '세월을 조화의 변화 밖에 버리니, 봄은 선생의 지팡이와 짚

신 사이에 있다[年抛造化陶甄外 春在先生杖屨中].' 이 말이 여기에 가깝지 않습니까? 저는 옛사람에게서 증거를 찾았는데, 선생은 어떻게 생각합니까?"
_{고사를 들어 정자에 '장춘정'이라는 이름을 붙인 자신의 뜻을 뒷받침함.}
내가 말했다.

"그대의 말이 좋기는 하지만 미진한 점이 있구나. 천지의 조화에 따른 변화는 형체를 가진 존재라면 피할 수 없다. 봄은 사월이 지나면 사라지니, 어
_{부족한 / 거역할 수 없는 만물의 이치}

찌 그대의 정자에 간직할 수 있겠는가. 예컨대 사람이 나이가 들면 얼굴에 주름이 없고 머리가 빠지지 않고 근력이 약해지지 않더라도 젊음은 이미 사라진 지 오래이다. 그런데 억지로 젊은이로 남아 있고자 한다면 잘못이 아니겠는가. 《장자(莊子)의 말에 이르기를 '골짜기에 배를 간직하고, 못에 산을 간직하고는 잘 간직했다고 여기지만, 힘센 사람이 짊어지고 가 버리면 어리석은 자는 알 수 없다.'라고 하였다. 그대가 봄을 간직한다는 것도 이와 비슷
〈 〉: '장자의 말'을 근거로 유중한 군의 대답이 지닌 문제점을 지적함.
하지 않은가.》

봄은 조화의 자취이다. 조화는 마음이 없어 모든 것을 만물에게 맡기고 사사로운 짓을 하지 않는다. 봄조차 간직할 수 없는데, 〈하물며 높은 공명과
공을 세워서 자기의 이름을 널리 드러냄.
부귀, 풍요한 재물과 곡식, 비단처럼 없어지기 쉽고 사람들이 다투는 것은 어떻겠는가. 화려하게 쌓아 놓은 것이 며칠 되지도 않아 먼지로 변하여 바람
〈 〉: 순식간에 사라질 수 있다는 점에서 공명과 부귀, 재물 등에 연연할 필요가 없다는 '나'의 생각이 드러남.
에 날아가기란 잠깐이니, 붙잡아 두기에 부족하다.》 과거에 노심초사하여 급급히 도모하면서 차지하기에 힘썼던 것이 하루아침에 이 지경에 이른다면 슬프지 않겠는가. 그러니 간직해서 무엇 하겠는가?"

봄을 간직할 수 있다고 생각하는 유중한 군과 그렇지 않다고 생각하는 글쓴이의 문답

"그렇다면 어떻게 해야 하겠습니까?"

"회암 선생이 사계절을 끌어와 사람 본성의 네 가지 덕을 말씀한 적이 있다. 그분 말씀에 '봄은 봄이 생기는 때이고, 여름은 봄이 자라는 때이고, 가을은 봄이 완성되는 때이고, 겨울은 봄을 간직하는 때이다.'라고 하였다. 하늘의 성정(性情)은 원(元), 형(亨), 이(利), 정(貞)이 있어 낳고 자라고 거두고
성질과 심정. 또는 타고난 본성
숨기는 차이가 있다. 그렇지만 봄에 생긴 기운은 통하지 않는 때가 없다. 사람의 성정도 인(仁), 의(義), 예(禮), 지(智)에 따라 측은지심(惻隱之心), 수오지
불쌍히 여기는 마음
심(羞惡之心), 사양지심(辭讓之心), 시비지심(是非之心)의 각기 다른 명칭이 있으나, 측은지심이 모든 마음을 관통한다. 만약 하늘이 나에게 준 것을 가지
겸손히 남에게 사양하는 마음
옳지 못함을 부끄러워하고 착하지 못함을 미워하는 마음   ↳ 옳고 그름을 가릴 줄 아는 마음
고 거꾸로 찾아본다면, 간직할 수 없는 봄이 내게 없었던 적이 없음을 알게 될 것이다. 이 점을 음미하여 마음을 다 쓰면 되지 않겠는가?"

유중한 군이 그렇다고 하였다. 이 이야기를 정리하여 장춘정의 기문(記文)으로 삼는다.
기록한 문서   내 마음의 봄은 우리에게 없었던 적이 없다는 글쓴이의 대답

*문미 : 창문 위에 가로 댄 나무. 그 윗부분 벽의 무게를 받쳐 줌.

*칠십이후 : 음력에서 자연 현상에 따라 닷새를 한 후(候)로 하여 일 년의 기후(氣候)를 72로 나눈 것.

*축융 : 화신(火神)으로 남방(南方)과 여름철을 맡았다고 함.

*조경순이 장춘오를 만들자 : 경순은 북송 때의 문장가인 조약의 자로, 일찍이 진사에 급제하고 요직을 맡았지만 훗날 벼슬을 그만두고 고향으로 돌아가 장춘오라는 서재를 짓고 글을 지으며 여생을 마쳤다고 함.

OX문제

01 대상과의 문답을 통해 주제 의식을 부각하고 있다. [2023학년도 6월]   (O / X)
02 유중한 군은 '장춘정'에 온 사람들은 어느 계절이든 '봄기운'을 느낄 수 있다고 생각한다.   (O / X)
03 성현의 말을 인용함으로써 글쓴이가 지닌 궁금증을 드러내고 있다. [2024학년도 6월]   (O / X)
04 거리와 위치를 나타내는 표현을 사용하여 인물의 불안한 심리를 부각하고 있다. [2026학년도 6월]   (O / X)
05 '나'는 '천지의 조화'에 따른 변화는 '피할 수 없'기에 자연의 '봄'은 '징춘정'에 간직할 수 없다고 주장하였다.   (O / X)

나BS _ 나 없이 EBS 풀지마라

STEP 02 작품 해제

01 | 주제

마음의 봄을 간직할 수 있는 이유와 마음의 본성인 '인'을 보존하는 일의 중요성

02 | 특징

① 문답 형식을 통해 주제 의식을 드러냄.
② 감각적인 묘사를 통해 공간적 배경을 세밀하게 그려 냄.
③ 다양한 고사를 활용하여 글쓴이의 의견을 뒷받침함.

03 | 작품 해제

이 작품은 글쓴이가 '장춘정'의 주인인 유충정(유중한)의 부탁을 받고 적은 기문(기록한 문서)이다. 유충정은 무과에 급제해서 미관말직(지위가 아주 낮은 벼슬)을 전전하다가 마침내 관직을 버리고 고향 나주로 돌아간다. 이후 영산강이 보이는 곳에 집을 짓고, 그 주위에 기이한 화초를 심어 철따라 온갖 꽃이 만개한다는 점에서 '봄을 간직한 집'이라는 뜻을 지닌 '장춘정'이라는 이름을 붙인다. 글쓴이는 봄을 간직할 수 있다는 유충정에게 봄뿐만 아니라 부귀영화는 간직할 수 있는 것이 아니지만, 사람의 본성과 하늘의 성정에 대한 회암 선생의 말씀을 고려해 볼 때 봄은 내(우리의) 마음에 없었던 적이 없으며, 이때 마음에 있는 봄은 하늘이 사람에게 부여한 인(仁)이라는 점을 강조하고 있다.

04 | 등장인물

- 유충정 : 벼슬을 하다가 고향으로 돌아가 정자를 지은 인물로, 봄을 간직할 수 있다는 생각으로 이름을 '장충정'이라 짓는다.
- '나' : 봄을 간직할 수 있다는 유충정의 말을 지적하며, 자연의 변화에 따라 사라지는 봄을 간직할 수 없다고 지적한다.

05 | 상세 줄거리

죽포 어귀에 정자를 세운 전 훈련원 첨정 유중한은 '장춘정'이라는 현판을 걸고, 작은 집을 지어 '매귤당'이라는 편액을 걸었다. 글쓴이의 글을 걸어 문미에 걸고자 '장춘정'의 기록을 부탁한 유중한 군의 말에 글쓴이는 그 의도에 대해 묻는다. 이에 유중한 군은 사계절의 기운과 변화 속에서도 꽃과 나무를 가꾸어 사시사철 봄기운을 느낄 수 있도록 한 자신의 뜻을 설명하며 다른 곳에서와 달리 장춘정은 봄을 간직하는 것이 가능하다고 말한다. 하지만 글쓴이는 장자의 말을 근거로 유중한 군이 지닌 문제점을 지적하고, 회암 선생의 말을 빌려 진정으로 봄을 간직하는 방법을 제시한다.

STEP 03 논문으로 만나는 출제자의 시선

고봉 기대승 문학의 특징

고봉 기대승(1527~1572년)은 조선 중기의 도학자이며 문장가이다. 고봉은 449편 764수의 한시를 지었다. 고봉의 경우 그의 도학적 논의에 가려 문장에 대한 지적은 적은 편이나, 장유는 고봉의 문장에 대해 "선생은 문장에 대해서 새기고 꾸미기를 일삼지 않았는데도 기력이 굉후(도량이 넓고 심지가 깊음)하고, 문장이 노성(많은 경험을 쌓아 세상일에 익숙함)하여 높은 경지에 이르렀다고 말한다. 그리하여 당시 훌륭한 문장가들도 옷깃을 여미고 선생을 추앙과 존경하며 모두 스스로 바랄 수 없다고 여겼다."라고 높이 평가하고 있다.
고봉은 시를 읊조림에 '성정의 바름'을 드러내야 한다고 생각했으며, 그에 기반하여 자연스런 '흥취'를 그대로 형상화하는 것이 옳다고 생각하고, 그 흥취에 어떤 의도를 갖다 붙이는 것을 배척했다.

27 | 작자 미상, 금환기봉

STEP 01 지문 분석과 OX문제

바로 그때, 장선빙은 잠깐 정신이 들었으나 기운이 없고 어지러워 누워 있었다. 그런데 갑자기 공중에서 한 여자아이가 내려와 웃으며 말하였다.
아버지가 죽었음을 알게 된 후 약혼자인 김희경을 찾아갔지만 찾을 수 없게 되자 물에 몸을 던졌음.

"아가씨! 이제는 모든 액이 다하였으니, 조금도 걱정하지 말고 귀한 몸을 보중하십시오. 저는 남해 용왕의 시녀입니다. 오늘 아가씨의 목숨이 위급하
몸의 관리를 잘하여 건강하게 유지하십시오   ▇ : 초월적 존재

여, 용왕의 명으로 환혼주를 얻어 아가씨를 구하고 돌아갑니다."
장선빙을 구한 자신의 행위가 '용왕의 명'이었음을 밝힘.

「그러고는 소매에서 대추 비슷한 것을 내어 주었다.   「 」: 전기적 요소 → 초월적 존재의 도움으로 고난을 극복함.
환혼주

"그래도 아가씨의 정신이 평소와 같지 않을 것입니다. 이것을 먹으면 자연히 좋아질 것입니다."

말을 마치고는 병을 들고 표연히 구름에 싸여 가니 그 종적을 알 수가 없었다. 장선빙이 시녀가 준 것을 먹자, 기운이 상쾌해지고 정신도 또렷해졌
바람에 나부끼는 모양이 가볍게

다.」 가만히 눈을 들어 살펴보니 집이 아니라 배 안으로, 사람들이 바쁘게 오가고 있었다. 그리고 어떤 노인이 갈건에 베옷을 입고 앉아 있었다. 장선
장선빙의 유모   이영

빙은 노인이 자기를 구하여 살렸음을 짐작하고, 설랑과 영춘은 필시 죽었으리라 생각되어 길게 탄식하였다. 그때 노인이 곁에 와서 물었다.
장선빙의 시비

"어디 사람인데, 젊은 마음에 세상을 나쁘게 여겨 강물에 몸을 던졌는가? 옛날 멱라수에 빠져 죽은 굴원의 뒤를 따르려는 것인가?"

장선빙이 급히 절을 하고 애처롭게 눈물 흘리며 말하였다.

"저는 남방 사람입니다. 세상이 싫어서가 아니라, 스스로 액운을 면치 못하여 이 지경에 이르렀습니다. 다시 살려 주신 은혜를 입어 남은 목숨을 보
피할 수 없는 운명으로 인해 불행을 겪게 되었다는 생각을 드러냄.

전하게 되었으니, 어르신께서는 부모와 다름이 없습니다."

"이 모든 것이 하늘이 정하신 뜻이니, 어찌 나의 공이겠는가?"

장선빙이 다시 사례하다가 문득 보니, 설랑과 영춘이 사람들 사이에서 걸어오고 있었다. 장선빙이 놀라 붙들고 목 놓아 울었다. 설랑과 영춘 또한
상대에게 고마운 뜻을 나타내다가

장선빙이 죽지 않았다는 사실을 알고 대성통곡하였다. 그 소리가 하늘에 사무쳐 태양이 빛을 잃고 산천이 슬퍼하니, 주위의 모든 사람이 차마 보지 못
서로의 생사 여부를 몰랐음이 드러남.

하였다. 이영이 비로소 주인과 노비 사이인 줄 알고 눈물이 어리어 위로하고 차를 권하였다. 세 사람의 마음이 조금 진정되자, 이영이 눈을 들어 장선
장선빙을 구한 노인

빙을 살펴보았다. 〈얼굴은 흰 옥을 깎아 교묘하게 새긴 듯하였고, 눈썹과 샛별 같은 두 눈, 그리고 붉은 입술과 하얀 이는 맑고도 빛났다. 버드나무 같
〈 〉: 장선빙의 외양을 묘사하여 개성적 면모를 부각함.

은 허리에, 봄바람 같은 기상이 늠름하여 완연한 신선의 기질이 있었다. 마치 선계의 단산에 깃든 봉황과 같아 세속에 찌든 모습이 조금도 없었다.〉 이

영이 감탄하고 크게 아끼어 말하였다.

"기이하도다. 신선의 풍격이여! 무슨 일로 하늘에서 인간 세상으로 내려와 큰 강의 고기밥이 되려고 하였는가? 고향은 어디며 성은 무엇인가? 또한
사람의 풍채와 품격

아버님은 누구인가? 알고 싶도다."

장선빙이 울다가 경의를 표하며 자리에서 일어나며 대답하였다.
존경하는 뜻

"저는 전 이부 상서 장자영의 아들입니다. 이름은 수정이라고 합니다."
장선빙은 자신의 정체를 감추고 스스로 남성의 신분을 선택함.

"그럼 승상 익주후 장원의 친손자인가?" / "네, 그렇습니다."

[중략 부분 줄거리] 장선빙의 정혼자 김희경은 장선빙이 죽은 줄로 알게 되고, 벼슬에서 물러나 고향에서 지내던 이영은 장선빙을 양자로 삼는다. 후
　　　　　　　　　혼인을 약속한 사람
김희경과 장선빙은 모두 과거를 보게 된다.

　　한편, 장선빙은 이영의 권유로 과거를 보러 왔다가 마음속으로 결심하였다.

　　『'내가 4년 동안 남복을 입고 세상을 살았으니, 사람들이 모두 나를 남자로 알고 있다. 그런데 아버님은 만 리 먼 곳에서 원통함을 품고 돌아가셨으
　　　　남장 모티프 → 남성 중심 봉건 사회에서 여성이 사회적 활동을 할 수 있게 하는 장치
나 그 원을 풀어 줄 사람이 없다. 이제 내가 비록 여자이나 만약에 장원 급제하면 위로는 아버님의 원통함을 씻어 줄 수 있고, 이름을 후세에 전할 수
　　　　　　　　　　　　당대 여성은 과거 시험을 볼 수 없었음.
있으리니, 한번 나아가 구경이나 해 보리라.'』　　　　《 》: 장선빙이 과거 시험을 본 이유 → ① 아버지의 원통함을 씻음. ② 개인적 명예

　　이에 이날 과거에 참여하였는데, 호명하는 소리를 들으니 자기의 이름과 김희경이었다. 『김희경 또한 장자영의 아들이라는 말을 듣고는 놀라 생각하
　　　　　　　　　　　　　　　　　장수정 → 장선빙의 남장한 이름　　　　　　　　　『 』: 김희경은 자신이 알고 있던 사실에 대해 의문을 가짐.
였다.

　　'내가 북해에 갔을 때 장 상서의 아들이란 말을 믿지 않았었는데, 오늘 또 이 말을 들으니 아들이 있는 것이 분명하다. 그런데 왜 장 소저는 나에게

혼자라고 했는가? 혹시 나를 속인 것인가?' / 하다가 다시 생각하였다. / '혹시 동명이인인가?'』

　　의심하며 임금을 향하여 걸어가는데, 한 소년도 천천히 걸어오고 있었다. 고운 얼굴과 뛰어난 풍격이 여러 사람 가운데 뛰어난 것을 본 김희경은 놀
　　　　　　　　　　　　　　　　　　　　　장선빙
라면서도 한편으로는 기뻐하였다. 두 사람이 함께 어전에 이르자 임금과 여러 신하가 길이 칭찬하였다. 임금이 좌우 신하들을 돌아보며 말하였다.
　　　　　　　　　　　　　　　　　　임금의 앞
　　"옥을 얻기 위해 진주를 버릴 수는 없는 법. 내가 이 두 사람을 모두 쓰려고 하는데 경들의 생각은 어떠한가?"
　　　　　　　　　　　　　뛰어난 능력을 가진 장선빙과 김희경을 모두 중용하겠다는 의미
　　"폐하께서 오늘 주석 같은 두 신하를 얻었으니 국가의 큰 행운입니다. 신들이 어찌 폐하의 뜻을 거스르겠습니까?"
가장 중요한 자리에 있거나 구실을 하는 사람을 비유적으로 이르는 말
　　임금이 크게 기뻐하며 즉시 김희경을 한림학사에, 장수정을 태학사에 제수하니, 두 사람이 임금의 은혜에 감사를 드리고 물러났다. 김희경과 장수정
　　　　　　　　　　　　　　　　　　　　　　　추천의 절차를 밟지 않고 임금이 직접 벼슬을 내리니
이 뛰어난 모습으로, 장원의 푸른 옷을 입고 금빛 안장을 얹은 백마를 탄 채로 화려한 일산을 숙여 궐문을 나오니, 길가에서 구경하던 사람들이 모두
　　　　　　　　　　　　　　　　　　　　　　　　　　　　　　　　　　　　양산
그 기상과 풍도를 흠모하였다.
　　　　　　기쁜 마음으로 공경하며 사모하였다
　　김희경이 돌아오자 김정 부부가 더할 수 없을 정도로 기뻐하였다. 장선빙도 돌아오자 설랑과 영춘이 맞았다. 그런데 장선빙이 머리에 장원 급제한

계화를 꽂고, 푸른 옷을 입고 있었다. 또한 손에는 태학사 벼슬의 홀을 잡고 있자, 설랑과 영춘이 놀람과 기쁨을 감추지 못하였다. 그러나 잠시 후 한

숨을 내쉬며 나아가 아뢰었다.

　　"이제 아가씨께서 이렇게 귀한 몸이 되셨으니 기쁘기 그지없습니다. 또 도련님께서도 아가씨와 함께 급제하셨다고 들었습니다. 이는 고금에 드문 일
　　　　　　　　　　　　　　　　　　　　　　　　　　　　김희경
입니다. 하지만 아가씨께서는 나중에 어쩌시려고 이러십니까?"

　　"나도 본의 아니게 마지못해서 한 일이다. 아버님의 원통함을 풀기 위한 것이니, 만일 이 일만 이룰 수 있다면 죽어도 여한이 없다."
　　　　　　　　　　　　　　　　　장선빙은 애정의 성취보다 아버지의 원통함을 푸는 것이 중요하다고 생각함. → 가문의 문제 해결에 적극적인 모습을 보임.
　　영춘이 말하였다. / "도련님께서 함께 급제하셨다고 하니, 아가씨께서는 당초의 맹약을 어찌하실 겁니까?"

　　"일이 이미 이렇게 되었으니 어찌하겠느냐? 머지않아 나를 찾아올 것이니, 그때 내가 자연스럽게 대답할 말이 있다. 너무 걱정하지 말라."
　　　　　　　　장선빙은 후에 김희경이 찾아왔을 때 대처할 계획이 있음을 밝힘.
　　다음 날, 장선빙은 상소를 올려 장자영의 억울함을 풀어 주기를 청하였다. 임금이 그 품은 마음에 감동하여 즉시 애매함을 풀어, 장자영을 청주후로
죽은 아버지에게 벼슬을 주었다
추증하였다.

OX문제

01	환혼주를 먹고 깨어난 장선빙은 바로 설랑과 영춘을 만나 이영이 있는 곳으로 갔다.	(O / X)
02	인물의 외양 묘사를 통해 개성적 면모를 부각하고 있다. [2022학년도 9월]	(O / X)
03	내적 독백을 활용하여 난관을 극복하고자 하는 의지를 표현하고 있다. [2014학년도 수능B]	(O / X)
04	장면에 따라 서술자를 달리하여 사건의 의미를 입체적으로 조명하고 있다. [2023학년도 9월]	(O / X)
05	신하들은 장선빙과 김희경을 모두 등용하려는 임금의 입장에 반대하였다.	(O / X)

STEP 02 작품 해제

나BS 수능특강 | **고전문학**

01 | 주제

장선빙의 고난과 영웅적 활약

02 | 특징

① 여성 영웅의 영웅담을 중심으로 내용이 전개됨.
② 남장 모티프를 활용하여 봉건주의 사회의 한계를 드러냄.
③ 전지적 작가 시점으로 서술됨.

03 | 작품 해제

이 작품은 여성 주인공 장선빙이 남장을 하고 생활하면서 자신이 처한 고난을 극복하고 사회적, 국가적 능력을 인정받는 여성 영웅 소설이다. 남녀 주인공이 처음부터 천상계에서 예정한 운명적 관계로 맺어진 존재로 나타나며, 남녀의 결연담과 여성의 영웅담이 결합되어 있다는 점이 특징이다. 장선빙이 남성 주인공 김희경을 뛰어넘어 당대 최고의 영웅이 된다는 점은 당시 소설의 독자층이었던 여성들의 욕구를 반영하고 있다고 볼 수 있다.

04 | 등장인물

- 장선빙 : 장자영의 딸로, 아버지의 죽음을 알게 되자 남장을 하고 '장수정'이라는 이름으로 살아가는 인물. 과거에 급제한 후 아버지의 원통함을 풀고 전쟁에 참여해 공을 세웠으며, 후에 김희경과 혼인한다.
- 이영 : 벼슬에서 물러나 고향에서 지내는 인물. 배에서 만난 장선빙을 양자로 삼는다.
- 김희경 : 김정의 아들로, 과거에 급제하고 전쟁에 참여해 공을 세웠으며, 후에 장선빙과 혼인한다.

05 | 상세 줄거리

월궁 선녀와 천상계의 문창성은 적강하여 각각 장자영의 딸 장선빙과 김정의 아들 김희경으로 태어난다. 장선빙은 어머니가 돌아가신 후, 우연히 김희경을 만나 금지환을 주고받으며 백년가약을 맺는다. 이후 장선빙은 유배된 아버지를 찾아가기로 하고, 혹시 모를 위험에 대비하기 위해 남장을 한다.

장선빙은 어렵게 아버지가 있는 곳에 도착하지만, 이미 아버지가 죽었음을 알게 되고 정혼자인 김희경을 찾아가는데 김희경이 이사를 가 찾을 수 없게 되자 물에 몸을 던진다. 이때 남해 용왕의 시녀가 환혼주로 장선빙을 구하고, 이영을 만나 그의 양자가 된다. 이후 장선빙은 이영의 집에서 계속 남자의 신분으로 지내게 된다. 이 무렵 김희경은 장선빙이 죽은 줄 알고 결혼을 하지만 계속 장선빙을 그리워한다.

한편, 장선빙은 이영의 권유로 과거를 보러 갔다가 김희경과 함께 장원 급제한다. 장선빙과 김희경은 임금의 총애를 받으며 위왕의 반란군을 토벌하는 공을 세우는데, 이에 임금이 장선빙을 부마로 삼으려 하자 장선빙은 그간의 사정을 밝힌다. 이를 들은 임금은 장선빙과 김희경이 결혼할 수 있도록 하고, 둘은 결혼하여 행복하게 살다가 승천한다.

나BS _ 나 없이 EBS 풀지마라

STEP 03 — 논문으로 만나는 출제자의 시선

나BS 수능특강 | **고전문학** ●

「금환기봉」 장선빙의 남장 모티프

「금환기봉」의 서사는 크게 세 번의 각기 다른 삶을 살게 되는 여주인공 장선빙을 중심으로 초반부, 중반부, 후반부로 나누어 살펴볼 수 있다. 「금환기봉」의 초반부 서사는 절세가인으로 태어나 남주인공과 만나 결연을 맺는 장선빙의 삶을 중심으로 하며, 중반부는 장선빙이 남성의 삶을 택한 후 대외적으로 활약하며 영웅으로의 지위를 얻고 신이한 능력을 펼치는 남성 장수정의 삶을 중심으로 한다. 후반부에서는 장선빙이 여성이라는 자신의 정체를 밝히고 대외적 지위를 포기하고 돌아간 가문에서 남편이 된 남주인공과 남편의 결연자들로 엮이게 된 여성 인물들과의 균형을 찾아가는 삶을 중심적으로 다룬다. 이 중 중반부 양상을 살펴보면 다음과 같다.

강물에 뛰어들어 죽음을 선택한 장선빙은 용왕의 시녀가 준 환혼주를 마신 후, 강에서 배를 타고 있던 참정 이영을 만난다. 이영은 환혼주를 먹고 정신이 돌아오는 장선빙을 지켜보며 하늘에 있던 선인이 적강한 존재라 여긴다. 이영은 장선빙과 영춘과 설랑을 자신의 집으로 데려와 지낼 수 있도록 도움을 제공한다.

장선빙은 이영의 덕으로 구출된 이후 남성으로 사는 삶을 선택한다. 지난날 김희경과 결연을 이루지 못하면 죽음을 택하며 지키려 했던 여성으로서의 삶을 더는 지속하지 않는 것이다. 장선빙은 이영이 구해준 것에 대한 고마움을 표현하면서 자신의 정체를 밝힐 수도 있었다. 또한 물에 빠졌던 이유가 김희경을 찾으려 했지만 그가 죽었을 것이라 여겨 더 이상 삶의 이유를 찾지 못하고 죽음을 택한 것이었다. 그러므로 죽음에서 벗어났다 하더라도 결연자인 김희경을 찾고자 하는 의지가 우선이었다면 자신의 상황을 바로 밝히는 것은 어려울 수 있지만 이영에게 자초지종을 설명하고 도움을 청할 수도 있었다. 하지만 장선빙은 죽음에서 벗어난 이후 자신이 여성이라는 사실을 이영에게 밝히지 않는다. 그리고 자신의 정체를 이부 상서 장자영의 아들 장수정으로 소개하며 살아남기 위해 자신을 남성으로 속인다.

장선빙은 김희경과 이별하고 투신한 곳에서 이영의 도움으로 남성 장수정으로 변화하며 대외적 활약을 펼침으로써 남성이자 영웅의 삶을 살아간다. 장선빙이 애초에 여성으로 태어난 것에 불만을 품고 있었거나 남성의 삶을 동경하여 입신양명을 꿈꾸는 인물이었다면 부모와 분리되기 전부터 남복을 입고 아들로 여겨지길 바라거나, 과거 급제를 핑계로 가문을 떠나는 에피소드가 서사 전반부에 전개됐을 것이다. 하지만 장선빙은 자신에게 닥친 위기 속에서 삶의 방향을 정하는 과정을 통해 서서히 여성으로 살아가는 삶과 멀어진다. 아울러 여성으로 살아가는 삶에 스스로를 가둬 두려 했던 인식은 자신을 남성으로 인식하고 변화하며 서사의 중반부부터 장선빙이 아닌 장수정의 삶을 녹여 낸다.

STEP 04 나BS 실전 문제

다음 글을 읽고 물음에 답하시오. [25.3.고2 교육청 기출]

여러 신하들이 나아와 살펴보니, 두 글의 문체가 찬란하고 주제가 뛰어나 어느 것이 높거나 낮지 않은, 한 쌍의 주옥 같고 비단 같은 문장이었다. 신하들이 감히 우열을 정하지 못하자 좌승상 최후가 아뢰었다.

"이 두 글은 실로 고하가 없사오니, 둘 모두를 불러 폐하 앞에서 비교한 후 결정하는 것이 좋을 듯하옵니다."

임금이 옳게 여겨 이름을 부르게 하니, 하나는 하남 벽도촌 김희경으로 아버지는 평장 김정이요, 다른 하나는 청주 장수정으로, 아버지는 이부 상서 장자영이었다. 임금이 만면에 희색이 가득한 채로, 김정을 돌아보니, 김정 또한 기쁨을 감추지 못하였다.

한편, 장선빙은 이영의 권유로 과거를 보러 왔다가 마음속으로 결심하였다.

'내가 4년 동안 **남복을 입고** 세상을 살았으니, 사람들이 모두 나를 남자로 알고 있다. 그런데 아버님은 만 리 먼 곳에서 원통함을 품고 돌아가셨으나 그 원을 풀어 줄 사람이 없다. 이제 내가 비록 여자이나 만약에 장원 급제하면 위로는 아버님의 원통함을 씻어 줄 수 있고, 이름을 후세에 전할 수 있으리니, 한번 나아가 구경이나 해 보리라.'

[A] ─ 이에 이날 **과거에 참여**하였는데, 호명하는 소리를 들으니 자기의 이름과 김희경이었다. 김희경 또한 장자영의 아들이라는 말을 듣고는 놀라 생각하였다.

'내가 북해에 갔을 때 장 상서의 아들이란 말을 믿지 않았었는데, 오늘 또 이 말을 들으니 아들이 있는 것이 분명하다. 그런데 왜 장 소저는 나에게 혼자라고 했는가? 혹시 나를 속인 것인가?'

하다가 다시 생각하였다.

'혹시 동명이인인가?'

의심하며 임금을 향하여 걸어가는데, 한 소년도 천천히 걸어오고 있었다. 고운 얼굴과 뛰어난 풍격이 여러 사람 가운데 뛰어난 것을 본 김희경은 놀라면서도 한편으로는 기뻐하였다.

두 사람이 함께 어전에 이르자 임금과 여러 신하들이 모두 칭찬하였다. 임금이 좌우 신하들을 돌아보며 말하였다.

"옥을 얻기 위해 진주를 버릴 수는 없는 법. 내가 이 두 사람을 모두 쓰려고 하는데 경들의 생각은 어떠한가?"

"폐하께서 오늘 주석 같은 두 신하를 얻었으니 국가의 큰 행운입니다. 신들이 어찌 폐하의 뜻을 거스르겠습니까?"

[중략 줄거리] 임금이 위왕의 반란을 진압하는 공을 세운 장선빙을 사위로 삼으려고 하자 장선빙은 어쩔 수 없이 임금에게 자신의 정체를 밝히는 글을 써 올린다.

임금이 좌우에 명하여 지필묵을 가져오게 한 후, 답을 내렸다.

'천만뜻밖에, 경의 <u>표</u>를 받아보니 한편으로 놀랍고 의아한 마음을 어찌 다 적을 수 있겠는가? 처음과 끝이 이렇게 된 것은 일부러 경이 나를 속이려고 해서 그런 것이 아니라, 세상일이 그렇게 돌아갔기 때문이다. 무슨 **죄를 청하**느냐? 내가 경의 재주를 사랑하여 두터운 인연을 맺고자 하다가

뜻은 이루지 못하여 도리어 주석 같은 신하를 잃게 되니, 나의 두 손이 없는 것 같다. 내 뉘우침이 심하나 이미 지나감을 한탄하노라. 내가 경을 얻은 후, 군신의 의와 부자의 정을 겸하였다. 그래서 태자나 제왕, 연왕은 며칠 못 보아도 상관없었지만, 하루라도 경을 보지 못하면 나에게 무슨 허물이 있어서 그런가 하며 그리워하였다. 이제 표를 보니, 군신의 정이 오늘부터 없어지리니, 어찌 슬프지 않으리요? 경의 말이 옳지만, 내가 경의 공을 저버리는 것 또한 덕이 없는 일이다. **병부 상서 자리**는 여자에게 맞지 않아 거두지만, **태학사 자리**는 그대로 두어 경의 공에 감사를 표한다. 비록 벼슬에 나오지는 않더라도 매달 초하루에 한 번씩 들어와 조회하도록 하라. 경은 나의 뜻을 저버리지 말라.'

장선빙이 답을 받아 보고 황공함을 이기지 못하여 감당할 수 없다며 사양하였다. 임금이 듣지 않고, 내시에게 명하여 장선빙에게 태학사의 관을 주라고 하였다. 장선빙이 하는 수 없이 받아 들고, 임금을 향하여 네 번 절을 올린 후 궐문을 나와 즉시 집으로 돌아왔다. 곧장 사당으로 가서 통곡하며 남자에서 다시 여자로 돌아가리라는 뜻을 고하고 의복을 바꾸어 입었다. 늠름했던 남자가 **요조숙녀**로 바뀌니, 온 집안사람이 이 광경을 보고 놀라기도 하고 특이하게도 생각하였다. 장선빙이 슬픔을 금하지 못하고 크게 울다가 설랑과 영춘이 위로함에 그쳤다.

[B] ─ 이날, 임금이 장선빙의 행동거지를 사랑하여 여러 신하들에게 표를 보이며 모든 일을 이야기하였다. 마침 조정에 있던 김희경도 이 표를 보고는 가슴이 철렁하여 어찌할 줄 모르고 넋이 나간 채 다른 사람의 말만 듣고 있었다. 기운이 빠져 멍하니 있다가 날이 저물자 겨우 진정하고 표를 찾아 소매에 넣고 집으로 돌아왔다. 김정과 최 씨는 중당에서 이야기를 나누고 있었다. 김희경이 자리를 정해 앉고는 소매 속에서 표를 꺼내 펼치며 장선빙의 일을 자세히 고하자, 김정이 표를 보고는 놀라고 감탄하며 말하였다.

"기이하고 기이하도다! 여자의 행동이 **어찌 그리 장려**할 수 있단 말이냐? 붓을 들어 문장을 짓는 일을 한 여자는 있어도 칼을 들어 전장에서 적장을 벤 여자는 **만고에 없었다.** 어찌 기특하지 않겠는가?"

경탄하여 마지않으니, 좌우에 있던 사람들이 이 말을 듣고는 같이 탄복하였다. 최 씨는 더욱 칭찬하며 말하였다.

"장 소저의 행동이여! 규중 여자로 어찌 이런 큰 계략과 지혜가 있단 말인가? 자고로 들어 본 적이 없다."

훌륭하다며 그지없이 사랑하는데, 김정이 김희경에게 말하였다.

"장 소저는 이미 정체를 밝히고 벼슬을 버렸다. 그런데 표의 내용에 이미 너와의 **혼약을 적**었으면서도 수절하려는 뜻이 담겨 있으니, 이것이 또한 너의 골칫거리가 될 듯하다. 네가 이제 옥란을 취하고 명월 공주와도 연을 맺었으니, 장 소저를 마음대로 처리할 수는 없다. 네 생각에 어떻게 하려느냐?"

"이 또한 어렵지 않습니다. 중대하신 임금님께서 장선빙과 저와의 약속을 아셨으니, 명월 공주 때문에 장선빙을 혼자 늙게 내버려둘 리가 없습니다. 또한 다른 집안으로 가라고 명령할 리도 만무합니다. 임금님은 어질고 밝으신 분이니, 어찌 신하의 정을 헤아리지 않겠습니까?"

- 작자 미상, 「금환기봉」 -

01. 윗글에 대한 이해로 적절하지 <u>않은</u> 것은?

① 임금은 장선빙이 신하가 된 후 그를 자식처럼 생각하고 아꼈다.
② 신하들은 김희경과 장선빙 두 사람을 모두 쓰겠다는 임금의 뜻에 따랐다.
③ 김희경은 자신과 장선빙의 약속을 임금이 헤아려 줄 것이라고 예상하였다.
④ 장선빙은 사당으로 가 여자로 돌아가리라는 뜻을 고한 후 임금이 내린 답을 받았다.
⑤ 최후는 김희경과 장선빙이 쓴 문장의 우열이 가려지지 않자 그 둘을 임금 앞에 부르자고 아뢰었다.

02. 표에 대한 설명으로 가장 적절한 것은?

① 설랑에게 장선빙에 대한 반감을 불러일으켰다.
② 장선빙에게 누명을 벗을 수 있는 기회를 주었다.
③ 김정에게 김희경의 앞날에 대한 걱정을 유발하였다.
④ 임금으로 하여금 옥란과 명월 공주의 이해관계를 조정하게 하였다.
⑤ 장선빙에게 임금과의 관계를 회복할 수 있는 계기를 마련해 주었다.

03. [A]와 [B]에서 '김희경'에 대한 설명으로 가장 적절한 것은?

① [A]에서는 과거의 일을 회상하고, [B]에서는 미래의 일을 예상한다.
② [A]에서는 자신의 오해를 인정하고, [B]에서는 타인의 허물을 지적한다.
③ [A]에서는 상대의 반응을 이끌어 내고, [B]에서는 상대의 행동에 반응을 보인다.
④ [A]에서는 알고 있던 사실에 대해 의문을 갖고, [B]에서는 새롭게 알게 된 사실에 당황하고 있다.
⑤ [A]에서는 타인의 능력을 부정적으로 평가하고, [B]에서는 자신의 능력을 부정적으로 평가하고 있다.

04. 〈보기〉를 참고하여 윗글을 감상한 내용으로 적절하지 <u>않은</u> 것은?

<보기>

「금환기봉」에서 장선빙은 관직이나 지위와 같은 개인적 성취를 얻고 가문의 문제를 해결하기 위해 남자 복장을 한다. 여성이라는 사회적 제약을 벗어난 장선빙은 사회적으로 인정 받아 높은 지위에 오를 정도로 뛰어난 능력을 발휘한다. 하지만 성별이 밝혀진 후 지위를 일부 환수당하고 여자의 옷으로 갈아입는 등 여전히 여성이라는 사회적 관습에 얽매일 수밖에 없는 모습이 보인다.

① '남복을 입고' '과거에 참여'한 것에서 장선빙이 개인적 성취와 가문의 문제 해결을 위해 행동하는 모습을 찾아볼 수 있겠군.
② '죄를 청하'면서도 김희경과의 '혼약을 적'은 것에서 사회적 제약을 벗어나 개인적 성취를 이룬 장선빙의 모습을 확인할 수 있겠군.
③ '병부 상서 자리'에서 물러나게 된 것에서 장선빙이 이룬 개인적 성취가 일부 환수되는 모습을 확인할 수 있겠군.
④ '태학사 자리'를 유지하지만 옷을 갈아입어 '요조숙녀'로 변하는 것에서 장선빙이 사회적으로 능력을 인정받으면서도 사회적인 관습에 얽매이는 모습을 모두 확인할 수 있겠군.
⑤ '어찌 그리 장려'하냐고 감탄하며 '만고에 없었다'고 말한 것에서 뛰어난 능력을 발휘한 장선빙의 모습을 확인할 수 있겠군.

28 | 허균, 한정록 서

STEP 01 지문 분석과 OX문제

나BS 수능특강 | 고전문학 ●

오호라! 이 세상을 살아가는 선비가 벼슬을 하찮게 여겨 내던지고 아예 숲속으로 숨어들고 싶겠는가? 추구하는 도가 풍속과 어긋나고, 운명이 시대와 맞지 않을 때에만 고상한 생활에 몸을 던져 숲속으로 도피한다. 그런 선택을 하는 자의 마음이 가엾다.
은거에 대한 화자의 생각

「요순이 다스리던 세상에서는 요순을 임금으로 모시고 군주와 신하가 서로 화합하고 도와서 정치와 교화가 잘 펼쳐졌다. 그럼에도 소부와 허유 같은
요임금과 순임금의 덕으로 천하를 다스리던 태평한 시대
무리가 나타나 정사를 맡으라는 더러운 소리를 들었다고 귀를 씻었고, 제 몸이 크게 더러워지기라도 한 것처럼 표주박을 나뭇가지에 걸어 둔 채 세상을 버리고 떠나 버렸다. 이들은 또 무엇을 보여 주려는 것인가?」 「 」: 이상적인 시대에도 세상을 버리고 자연에 귀의한 소부와 허유
벼슬을 버리고 자연 속에 숨으려는 태도에 대한 의문

나는 어려서부터 제멋대로여서 아버지나 스승으로부터 제대로 가르침을 받지 못했고, 장성해서는 예의 염치를 지키는 행실을 하지 못했다. 세상에
자라 어른이 돼서는
보탬이 못 되는 자질구레한 문장 솜씨로 젊은 시절부터 조정에 나가 벼슬을 시작했다. 그러나 거침없고 도도한 행동 탓에 권세가로부터 미움을 사서
불교를 믿는 사람   육체
마침내 노장이나 불가의 무리 틈에 스스로 도피했다. 외물과 육신을 하찮게 여기고, 잃고 얻는 문제를 똑같이 보는 태도를 고상하게 보았다. 세상사에
나이 많은 사람   바깥 세계의 사물
휩쓸려 되어 가는 대로 내맡기면서 미치광이나 망령된 자들과 어울렸다.
글쓴이가 옛날의 현인들과는 다른 기준으로 살아왔음을 알 수 있음.

금년 내 나이 벌써 마흔두 살이다. 머리카락은 듬성듬성하지만 할 수 있는 일이 없다. 〈저물어 가는 세월은 서두르건만 이루어 놓은 공훈이나 업적
나라나 사회를 위하여 두드러지게 세운 공로
이 없다. 나 자신의 꼴이 적이나 안타깝다.〉 〈 〉: 글쓴이는 그동안 이루어 놓은 공훈과 업적이 없는 현실을 안타까워함.
다소

그러니 제일 낫기로는 사마자미나 방덕공처럼 산언덕이나 골짜기를 하나씩 차지하여 실컷 즐기고 마음먹은 대로 사는 것이지만 그렇게 하지 못했다.

그다음 낫기로는 상자평이나 도홍경처럼 자식을 다 키워 낸 뒤 멀리 은둔하거나 벼슬을 사직하고 영구히 속세를 떠나는 것이지만 그렇게도 하지 못했
맡은 직무를 내놓아 물러나고
다. 가장 못하기로는 사강락이나 백향산처럼 벼슬아치들과 뒹굴다가 산수에 오만한 기분을 푸는 것이지만 그렇게도 하지 못했다.

오히려 반대로 권세를 좇는 길 위에서 허둥대느라 한 해 내내 한가로운 때가 없었다. 털끝만 한 이익이나 손해에 넋은 경황이 없었고, 모기나 파리
글쓴이는 세속적 가치를 좇는 생활을 지속하느라 마음의 여유를 갖지 못했음.
같은 자들의 칭찬이나 비방에 마음은 요동을 쳤다. 걸음을 멈칫거리고 숨을 죽이면서 함정에 빠지지 않도록 조바심을 냈다. 큰 기러기가 높이 날고 봉황이 솟아오르며 매미가 허물 벗듯이 시원스럽게 혼탁한 속세를 벗어났던 옛날의 현자와 나 자신을 비교해 보았다. 지혜롭고 어리석기가 하늘과 땅 차이보다 훨씬 더 컸다.
세속적으로 살아온 삶에 대한 성찰과 옛사람들과의 비교

(중략)

나는 재주가 모자라서 미처 도를 듣지 못했다. 그러나 성인이 다스리는 세상에 태어나 관직은 고위 벼슬아치요, 직책은 임금님의 교서를 짓는 자리
왕이 신하, 백성, 관청 등에 내리던 문서
에 있다. 어찌 감히 소부나 허유의 자취를 따르고자 요순 같은 임금님과 결별하는 짓을 모질게 해치우고 고상한 척하겠는가?

다만 시대와 운명에 부합하지 않아서 옛사람이 탄식한 점과 비슷한 구석이 있다. 아직 몸이 건강할 때 조정에서 물러나기를 청하여 내게 주어진 천
글쓴이와 과거 선비들의 공통점 : 현재 삶이 시대와 운명에 부합하지 않아 자연으로 도피하려 함.   ↳ 속세를 떠나 자연에 귀의하고자 하는 소망을 드러냄.
수를 누릴 수만 있다면 그보다 더 큰 행복이 없겠다. 훗날 숲 아래에서 세상을 버리고 속세와 인연을 끊은 선비를 만나게 되거든 이 책을 내어놓고 서
소부나 허유 같은 인물을 의미
로 논평하며 읽고 싶다. 그렇게 하면서 처음 먹은 마음을 저버리지 않기를 바란다.
시대와 운명과 맞지 않은 속세를 떠나 자연에 귀의하고자 하는 소망

OX문제

01 '나'는 어렸을 적 제대로 된 교육을 받지 못해 벼슬길에 나아가지 못했다. (O / X)

02 의문형 어미를 활용하여 글쓴이의 정서를 강조하고 있다. [2019학년도 9월] (O / X)

03 공간의 이동을 통해 지향하는 가치를 드러내고 있다. [2013학년도 9월] (O / X)

04 '나'는 공훈이나 업적을 이루어 놓지 못한 현실을 안타까워하고 있다. (O / X)

05 미래에 대한 낙관적 전망이 신분이 낮은 인물의 발언을 통해 제시되고 있다. [2015학년도 수능AB] (O / X)

STEP 02 작품 해제

나BS 수능특강 | 고전문학

01 | 주제

자연에 귀의하여 살지 못한 이유와 자연 속에서 살고자 하는 소망

02 | 특징

① 옛사람들과의 비교를 통해 추구하는 가치를 드러냄.
② 속세를 떠나 자연에 귀의하고자 하는 소망을 나타냄.
③ 설의법, 영탄법을 활용하여 전달하고자 하는 바를 강조함.

03 | 작품 해제

이 작품은 『한정록』의 서문으로, 글쓴이가 자신의 삶을 성찰하며 옛사람들과 같이 자연 속에 귀의하는 삶을 살지 못한 이유를 밝히고, 시대와 운명에 부합하지 않는 속세에서 벗어나 자연으로 들어가 살고 싶은 소망을 나타낸 작품이다. 글쓴이는 자연에 귀의하여 살았던 옛사람들을 분류하는 한편, 관직을 가진 신하로서 사회적 책무를 무시하고 자연으로 떠나는 것은 적절하지 않다고 생각한다. 그리고 자신의 삶을 되돌아보며 옛사람들과 같이 자연 속으로 들어가 살고 싶다는 소망을 드러낸다.

04 | 등장인물

- 글쓴이 : 자신의 삶이 시대와 운명에 맞지 않는다고 생각하는 인물. 속세를 떠나 자연 속에서 살고자 하는 소망을 드러낸다.

05 | 상세 줄거리

글쓴이는 도가 세상 풍속과 어긋나고 운명이 시대와 맞지 않을 때 숲 속으로 도피하는 선비에 대해 언급하며, 요순 시대처럼 태평성대에도 소부와 허유처럼 벼슬을 거부하고 은둔한 인물들에 대한 의문을 나타낸다. 이어 글쓴이는 자신의 삶을 돌아보며 마흔 두 살에도 이루어 놓은 공훈이나 업적이 없음을 안타까워한다. 그는 옛사람들과 자신을 비교하는 한편, 시대와 운명에 맞지 않는 속세를 떠나 자연에 귀의하고자 하는 바람을 드러낸다.

『한정록』의 문학사적 의미

허균은 1610년에 관직에서 물러나게 되면서 질병에 시달렸다. 이때 허균의 나이는 42세였으며 요양하는 동안 질병에 시달리고 관직을 잃은 우울한 심정에서 벗어나기 위해 많은 서책들을 열중하여 읽었다. 그 가운데 서정적인 책과 문장들을 접하면서 마음을 움직이는 내용에 감명 받아 스스로를 돌아보려는 의도로 『한정록』을 편찬하려고 하였다.

『한정록』은 은둔 생활을 하는 선비가 정신적·물질적 생활을 유지할 수 있도록 돕기 위해 중국 은거자들의 사례와 농사법에 관한 정보를 수록한 서책이다. 허균이 『한정록』을 처음 저술하기 시작한 시기는 1610년이었는데, 바빠서 완성을 보류하다가 1614~1615년 간에 다시 중국에서 서책을 구입해 결국 1617년에 『한정록』을 완성하였다. 허균은 죄명을 얻어 관직을 잃었다는 두려움과 우울함에 파묻힌 허균은 한적하고 유유자적한 내용을 담은 서책에서 위로를 받았고 속세를 떠난 은일한 생활을 바랐던 것으로 보인다. 이러한 은일에 대한 그의 지향은 『한정록』의 서문('한정록 서')의 대목 중 '나의 산림으로 돌아가고픈 마음이 이로써 더욱 드러났구나.'에서 확인할 수 있다.

Memo

나 없이
EBS
풀지마라

EBS 수특 국어
완벽 대비!

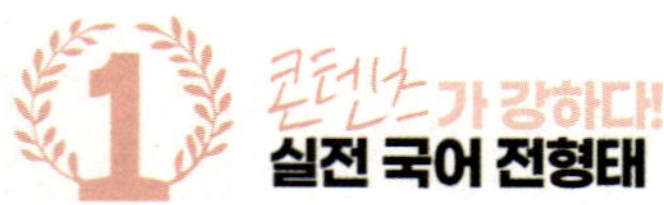

정답과 해설

| Part 1. 고전시가 | 01 | 고울사~, 꾀꼴꾀꼴~, 농부를 대신하여 읊다 |

O/X 정답

| 01. X | 02. O | 03. O | 04. O | 05. X |

1. (가)의 화자가 꽃을 보며 '매양 그만하여 있'길 바라는 것은 맞으나, 화자가 주목하고 있는 것은 '반만 야윈 저 꽃'이다. 이는 반만 피어난 꽃이 아니라 반쯤 지고 있는 꽃이므로 선지의 내용은 적절하지 않다.

2. (나)의 중장 '작은아들 글을 읽고 며늘아기 베 짜는데 어린 손자는 꽃놀이한다'에서 가족들이 하고 있는 다양한 행위를 연속적으로 나열하여, 화자가 누리고 있는 생활의 일면을 제시하고 있다.

3. (가)에서는 '춘풍', (나)에서는 '꾀꼴꾀꼴'과 '꽃놀이'에서 봄이라는 계절적 배경이 드러나고 있으며, 이를 통해 시적 분위기를 조성하고 있다. 참고로 '꾀꼬리'는 4~5월에 한국에 날아오는 새이고, '꽃놀이'는 '봄'을 대표하는 행사이기에 계절감을 드러낸다.

4. (다)의 화자는 '흙투성이 험한 꼴'로 농사를 지으면서도, '왕손 공자들'의 '부귀 호사'가 '우리 농부로부터 나온'며 '힘써서 경작하여 나라 부유케 한' 것이 '우리들'이라고 자부하고 있다.

5. (다)의 '침탈하는가'에서 설의적 표현을 활용하고 있다. 그러나 이를 통해 지배층에 대한 반감을 드러낼 뿐, 자족감(스스로 넉넉하게 여김)을 표출하고 있지는 않다.

| Part 1. 고전시가 | 02 | 원가, 진중음 |

O/X 정답

| 01. X | 02. X | 03. O | 04. X | 05. O |

1. (가)의 '너를 중히 여겨 가겠다'에서 남의 말을 인용하고 있으나, 이를 통해 화자가 지닌 궁금증을 드러내고 있지는 않다.

2. (나)의 화자는 나라가 '큰 난리를 겪고 있는' 상황에서 '업적'을 쌓고 있다. 이를 통해 화자는 탈속이 아닌 세속적 공간에 있음을 알 수 있다. 또한 화자는 이후 '도연명의 귀거래사'를 '응당 읊을 것이라며 속세를 벗어난 전원생활에 대한 지향을 드러내고 있으므로, 화자가 현재 위치한 시적 공간이 탈속성을 지니고 있다고 볼 수 없다.

3. (가)의 3~4구에서 화자는 '너를 중히 여겨 가겠다 하신 것과는 달리 / 낯이 변해 버리신' 임의 모습을 '겨울'로 형상화하고 있다.

4. (나)의 화자는 자신의 업적을 '많은 사람들이 깎아내리려 하는' 상황에 처해 있다. 그러나 '큰 난리'는 이를 가리키는 표현이 아니라, 태평하지 않은 나라의 상황을 가리키는 것이므로 선지의 내용은 적절하지 않다.

5. (가)의 화자는 '세상 모든 것 여희여 버린 처지'라며 한탄하고 있고, (나)의 화자는 '큰 난리를 겪는 나라에 대한 걱정을 하고 있으므로 선지의 내용은 적절하다.

| Part 1. 고전시가 | 03 | 만전춘별사, 내 영혼~, 창밖에~ |

O/X 정답

| 01. O | 02. X | 03. X | 04. O | 05. X |

1. (가)의 '오리야 오리야 아련 비오리야'에서 명시적 청자에게 말을 건네는 방식을 사용하여 방탕한 생활을 하는 임에 대한 화자의 감정을 드러내고 있다.

2. '동일한 구절'은 동일한 단어 둘 이상이 반복되어야 한다. (가)에서는 '얼음 위에 댓잎 자리 보아' 등 동일한 구절의 반복이 많이 나타난다. 하지만 (나)에서는 나타나지 않는다. '굽이굽이'는 동일한 '시어'의 반복이지, '구절'의 반복이 아니다.

3. (가)에서 화자가 '도화'를 보고 있는 것은 맞다. 그러나 '도화'는 화자와 대비되는 객관적 상관물로, 화자의 외로운 정서를 더욱 심화하는 대상이다. 따라서 '도화'를 화자와 같은 처지라고 볼 수 없으며, 이로부터 화자가 위로를 받고 있다고 볼 수도 없다.

4. (나)의 화자는 자신의 '영혼'이 '술에 섞여 임의 속에 흘러들어' 곳곳을 다 찾아다니며 '남 향한 마음'을 모두 태우고자 하고 있으므로 선지의 내용은 적절하다.

5. (다)의 '장사의 대답하는 말이~말이 아마도 우스워라'에서 역사적 인물들이 '이별 나는 구멍'을 막지 못한 예들을 나열하고 있는 것은 맞다. 그러나 상황을 부정적으로 규정하고 나서 나열한 것은 아니므로 선지의 내용은 적절하지 않다.

나BS 실전 문제 정답

| 01. ② | 02. ④ | 03. ② |

01.

(가)는 '-오리오', '-니까', (나)는 '-ㄹ까', '하랴', '-인가', '-ㄹ쏘냐' 등의 물음 형식을 통해 임과 이별한 상황을 드러내고 있다.

오답 풀이

① (가), (나) 모두 시적 공간이 변화하지는 않는다. ③ (가)는 시구의 반복을 통해 화자의 정서를 강조하고 있으나 (나)는 그렇지 않다. ④ (가)에는 독백체와 말을 건네는 방식, (나)에는 독백체만 사용되었다. ⑤ (가), (나) 모두 임과 이별한 상황에서 임에 대한 그리움을 드러내고는 있으나, 임을 만나려는 의지는 드러나지 않는다.

02.

㉠에서 화자는 임과 함께하는 '오늘 밤'이 시간이 빠르게 흐른다고 인식하여 그 시간을 지연하고 싶어 한다. ㉢에서 화자가 '열두 때', '서른 날'의 시간을 길고 지루하다고 느끼는 이유는 임이 없기 때문이다. ㉣에서 화자는 임이 부재하기 때문에 꽃 피고 새 잎 나는 좋은 시절인 봄이지만 아무런 감흥을 느끼지 못한다.

오답 풀이

㉡은 화자가 자신이 아름답던 젊은 시절이 빨리 지났다고 느끼고 있음을 드러내는 것이므로 ⓑ의 진술은 적절하지 않다.

03.

ⓑ는 아무런 걱정 없이 봄바람에 웃고 있는 대상으로, 임의 부재로 인해 잠을 이루지 못하고 있는 화자의 처지와 대조된다.

Part 1. 고전시가 | **04 | 정훈, 월곡답가**

O/X 정답

| 01. X | 02. O | 03. X | 04. O | 05. X |

1. 제시된 지문에서 대상과의 문답은 나타나지 않으므로 선지의 내용은 적절하지 않다. 참고로, 화자는 독백적 어조로 시상을 전개하고 있다.
2. 〈제1수〉에서 화자는 '옛사람을 그리'고 있다고 말하였다. 이에 〈제6수〉에서 '달이 밝은 제'에는 생각하고, '시절이 좋은 제'에는 그리워한다고 하였으므로 선지의 내용은 적절하다.
3. 〈제4수〉의 '청송'과 '백운'에서 색채의 대비가 나타나고 있다. 그러나 이를 통해 안빈낙도의 삶을 사는 '벗'을 예찬하고 있을 뿐, 현실에 대한 화자의 안타까움을 드러내고 있지는 않다.
4. 〈제1수〉의 '나 혼자 어찌하여 옛사람을 그리는가' 등에서 설의적 표현을 통해 벗이 자신이 추구하는 가치를 지닌 사람임을 예찬하고 있다.
5. 화자는 벗님 사는 곳이 '용추동 밖' '구름다리 위'라고 하였으므로, '구름다리' 위에 있는 것은 화자가 아니라 벗임을 알 수 있다.

LiBS 실전 문제 정답

| 01. ① | 02. ③ | 03. ⑤ | 04. ④ |

01.

(가)에서는 흠모하는 임과 이별한 화자가 부재하는 임을 그리워하는 태도가, (나)에서는 흠모하는 벗을 만날 수 없는 화자가 부재하는 벗을 그리워하는 태도가 드러나고 있다.

오답 풀이

② (가), (나)에서 화자가 사랑하는 대상과 이별하거나 만나지 못하는 상황에 처해 있는 것은 맞지만 화자가 외면당했다고 보기 어렵고, 체념의 태도도 드러나지 않는다. ③ (가), (나) 모두 화자가 세상 사람들에게 인정받지 못한 모습이 제시되어 있지 않으며, 세상에 대한 화자의 냉소적인 태도도 드러나지 않는다. ④, ⑤ (가), (나) 모두 화자가 사모하는 대상을 지키지 못한 모습과 인생의 덧없음을 느끼는 모습은 제시되어 있지 않으며, 자신의 행동에 대해 후회하는 태도와 자신을 성찰하는 태도도 드러나지 않는다.

02.

'추풍'은 가을이라는 계절을 환기하며, 이별의 마음을 느끼는 화자에게 이별의 정서를 더욱 심화시키고 있다. 따라서 ⓒ은 임에 대한 화자의 정서를 심화시키는 자연물로 볼 수 있다.

오답 풀이

① ㉠은 임과의 만남을 가능하게 하는 통로가 아니라 임의 부재에서 오는 화자의 막막함을 일부나마 해소하려는 화자의 태도가 반영된 소재이다. ② ㉡은 임을 원망하는 화자의 심정이 아니라 임과 화자가 나누었던 사랑을 나타내는 시어이다. ④ ㉢은 임과의 만남을 방해하는 장애물이 아니라 속세에서 벗어나 은둔하는 삶을 사는 벗의 친자연적 삶을 드러내는 소재이다. ⑤ ㉣은 연모하는 임과 함께 지내는 공간이 아니라 화자가 벗과 함께 있고 싶은 공간이다.

03.

[E]에서는 대상으로 '아해'가 제시되어 있지만 '아해'는 화자의 처지와 대비되는 대상이 아니라 화자에게 '술'을 따라 주는 대상으로 제시되어 있다.

오답 풀이

① [A]에서는 '여름 구름이 흩어지고', '찬 기운' 등의 감각적 이미지를 활용하여 여름에서 가을로의 변화에 따른 화자의 정서를 표현하고 있다. ② [B]에서는 '정원에~알리는 듯', '추국에~머금은 듯'에서 동일한 문장 구조를 반복하여 임을 떠나보낸 화자의 정서와 쓸쓸한 가을의 분위기를 조응시켜 시적 분위기를 자아내고 있다. ③ [C]에서는 화자의 정서가 투영된 '가을 잔나비'를 의인화하여 화자의 슬픈 정서를 우회적으로 표현하고 있다. ④ [D]에서는 '삼춘에~꿈이련가'에서 회상의 방식을 사용하여 임과 함께하던 과거와 달라진 현재 상황에서 느끼는 외로움의 정서를 부각하고 있다.

04.

'뫼', '구름'은 작가가 벗을 찾아갈 수 없게 만드는 장애물로서의 역할을 하고 있다. 따라서 '뫼'와 '구름'을 매개로 작가가 추구하는 친자연적 삶의 가치를 드러낸 것은 아니다.

오답 풀이

① 작가는 '월곡'을 '벗'으로 설정하여 그의 충의적 삶과 친자연적인 삶을 긍정적으로 바라보는 인식을 드러내고 있다. ② 작가는 자연 속에서 '사념' 없이 살아가는 벗의 맑고 깨끗한 삶의 가치를 높이 평가하고 있다. ③ 작가는 현실적으로는 갈 수 없는 '구름다리' 위를 '꿈' 속에서나마 다녀옴으로써 만날 수 없는 벗을 보고 싶은 간절함을 드러내고 있다. ⑤ 작가는 '나'와 '벗'을 '우리'라는 시어로 표현함으로써 같은 삶을 추구하는 사람으로서의 동질감을 드러내며, '어즈러온 일'은 듣지도 보지도 말자고 함으로써 혼탁한 현실을 경계하는 인식을 드러내고 있다.

Part 1. 고전시가 | **05 | 두류산~, 요일월~, 대장부 공 이루고~**

O/X 정답

| 01. O | 02. X | 03. O | 04. O | 05. X |

1. (가)의 '아희야 무릉이 어디오 나는 옌가 하노라'에서 청자에게 말을 건네는 방식으로 아름다운 경치에 대한 화자의 만족감을 드러내고 있다.
2. (가)는 현재 '두류산 양단수'를 바라보고 있다. 그러나 '무릉이 어디오 나는 옌가 하노라'라며 '두류산 양단수'의 아름다움이 '무릉'과 같음을 예찬하고 있을 뿐, '무릉'보다 뛰어남을 예찬하고 있지는 않으므로 선지의 내용은 적절하지 않다.
3. (나)의 화자는 '요일월 순건곤은 옛날대로 있건마는 / 세상 인사는 어이 저리 달랐는고'라며 요임금과 순임금 시절의 자연은 예전과 다르지 않지만, 세상 사람들의 삶은 달라졌음을 탄식하고 있다.
4. (나)는 '옛날'과 현재의 대비를 통해, '자연'과 '세상 인사'를 대조하여 혼란스러운 시대에 대한 한탄을 부각하고 있다. 한편, (다)는 화자가 누리는 평화로운 일상의 대상들을 열거하여 삶에 대한 만족감을 드러내고 있다.
5. (가)~(다) 모두 영탄적 어조를 활용하고 있으나, (가)와 (다)는 대상에 대한 그리움을 부각하고 있지 않으므로 선지의 내용은 적절하지 않다. (나)는 '달랐는고', '슬퍼하노라'라며 변한 세상에 대한 탄식과 슬픔을 드러내고 있다. 이를 통해 대상(과거 요순시대)에 대한 그리움을 드러냈다고 볼 수 있다. 참고로 (가)는 '잠겼어라', '하노라'를 통해 아름다움 풍경에 대한 만족감을, (다)는 '하노라'를 통해 현재 자신이 누리고 있는 삶에 대한 만족감을 드러내고 있다.

Part 1. 고전시가 06 | 눈 맞아~, 연못에 비~, 임으란 회양~

O/X 정답

01. X	02. X	03. X	04. X	05. O

1. (가)의 '눈'은 부정적인 상황으로 볼 수 있지만, '눈 맞아 휘어진 대'는 화자가 예찬하는 대상이므로, 화자와의 정서적 거리를 부각하고 있다고 볼 수 없다.

2. (나)의 화자가 '비 오는 소리'를 들은 것은 맞지만, 화자는 '잎 위에 구슬'을 보고 '눈물'이 방울져 떨어지는 것과 같은 모습을 연상한 것이므로, '눈물' 소리라고 한 선지의 내용은 적절하지 않다.

3. (다)는 '임'은 '오리나무'에, 화자 자신은 '칡넝쿨'에 빗대어 칡넝쿨이 나무를 칭칭 감아 떨어지지 않는 것처럼 임과 함께하고 싶어 하는 화자의 의지를 드러내고 있다. 그러나 (나)에서는 자연물의 속성에 빗대어 화자의 의지를 드러내는 부분을 찾아볼 수 없다.

4. (가)의 '대'가 화자를 상징한다는 것을 고려했을 때, '눈 맞아 휘어진 대'에서 '눈'은 화자가 과거에 겪은 시련을 뜻한다는 것을 알 수 있다. 그러나 (다)의 '눈서리'는 화자가 과거에 겪은 시련이 아닌, 앞으로 다가올 시련을 상징하는 것이므로 선지의 내용은 적절하지 않다.

5. (가) 초장의 '굽다던고', (나) 중장의 '깨끗던고', (다) 종장의 '있으랴'에서 모두 의문형 어미를 찾을 수 있다.

Part 1. 고전시가 07 | 송순, 면앙정가

O/X 정답

01. X	02. X	03. O	04. X	05. X

1. '이백'과 같은 역사적 인물이 언급되어 있으나, 역사적 인물을 호명하고 있지는 않다. 또한 이를 통해 과거를 돌이켜 생각하는 회고적 분위기를 조성하고 있지도 않다.

2. 봄, 여름, 가을, 겨울의 계절 변화에 따른 면앙정 주변의 풍경을 묘사하고 있을 뿐, 이를 통해 과거와 대비되는 현재의 상황을 드러내고 있지는 않다. 화자의 긍정적 상황은 변하는 계절의 자연 속에서 일정함을 유지하고 있다.

3. '따르는가', '산인가 병풍인가' 등에서 의문형 어미를 활용하여 화자의 정서를 강조하는 설의법을 사용하고 있다.

4. '청학'은 '정자', 즉 면앙정을 표현하기 위해 사용한 보조 관념이며, '쌍룡'과 '긴 비단'은 '정자 앞 넓은 들에 올올이 펼친 듯이' 흐르는 시냇물의 모습을 표현하기 위해 사용한 보조 관념이다. 즉, 화자가 하늘을 나는 '청학'을 실제로 본 것이 아니며, '청학'의 모습을 '쌍룡'과 '긴 비단'에 빗대어 표현한 것도 아니므로 선지의 내용은 적절하지 않다.

5. 화자가 '인간 세상 떠나와도 내 몸이 쉴 틈 없다'라고 표현한 것은, 자연을 완상하느라 시간이 부족할 지경임을 강조하기 위함이며, '번거로운 마음'도 자연에서 즐거움을 느끼느라 바쁜 마음을 나타내는 표현이므로 선지의 내용은 적절하지 않다.

나BS 실전 문제 정답

01. ⑤	02. ①	03. ④	04. ⑤	05. ②
06. ②				

01.

(가), (나), (다) 모두 원경에서 근경으로의 시선의 이동은 드러나지 않으며, 이를 통해 심리의 변화를 드러내고 있지도 않다.

오답 풀이

① (가)와 (나) 모두 4음보 율격을 사용하여 리듬감을 형성하고 있다. 기본적으로 시조와 가사는 4음보의 리듬을 가지고 있다. ② (가)는 '온가짓 소리로 취흥을 비야거니(온갖 소리로 취흥을 재촉하니)', '을프락 프람호락(읊었다가 휘파람을 불었다가)'에서, (다)는 '쏴아 하고 쏟아지는 폭포 소리' 등에서 청각적 심상을 활용하여 상황을 나타내고 있다. ③ (나)는 〈제5수〉 '믈결이 비단 일다(물결이 비단 같다)'에서, (다)는 '폭포 소리가 마치 요란한 관현악기 소리 같아서 귀를 즐겁게 한다.' 등에서 비유적 표현을 통해 주관적 인식을 드러내고 있다. ④ (가)에서는 '이태백'과 화자 자신을 비교하여 자신의 풍류와 회포가 이태백보다 낫다는 자부심을 드러내고 있으며, (나)는 〈제9수〉에서 '혬 업슨 아히들'과 화자 자신을 비교하여 자연 속에서 한가로이 살아가는 삶에 대한 만족감을 드러내고 있다. 한편 (다)에서는 가짜 산을 만든 '옛사람들'과 자신을 비교하여 석가산에 대한 자부심을 드러내고 있으므로 선지의 설명은 적절하다.

02.

ㄱ : (가)의 '이 몸이 이렁굼도 역군은이샷다'와 (나)의 〈제3수〉 '긔 성은인가 호노라'에서 임금의 은혜를 떠올리며 감사하는 태도를 확인할 수 있다. ㄴ : (가)의 '인간을 떠나 와도 내 몸이 겨를 업다'와 (나)의 〈제3수〉 '강호에 바리연디 십년 밧기 되어세라'에서 속세를 떠나 자연에서 지내는 삶의 모습을 확인할 수 있다.

오답 풀이

ㄷ : (가) O, (나) X / (가)는 '술리 닉어거니 벗지라 업슬소냐'에서 자연 속의 흥취를 타인과 나누려는 마음가짐을 확인할 수 있다. 반면 (나)는 〈제5수〉 '백구야 하 즐겨 말고려 세상 알가 호노라'에서 세상 사람들이 화자가 누리는 자연 속의 흥취를 알지 못하기를 바라는 심정이 나타나 있다. ㄹ : (가) X, (나) X / (가)와 (나) 모두 궁핍한 생활상은 드러나지 않으며, 이를 수용하는 자세 역시 드러나지 않는다.

03.

ⓓ 앞부분의 '그러나 나처럼 연못의 한가운데 산을 만들고 사면이 물로 둘러싸인 곳에 물을 끌어들여 산 위에 폭포를 만든 사람은 없었다.'를 통해 ⓓ는 옛사람과 다른 방식으로 석가산을 만든 것에 대한 자부심을 표출한 것임을 알 수 있다.

오답 풀이

① ⓐ는 '오늘도 자연을 즐길 시간이 부족한데 내일이라고 넉넉하겠느냐'라는 뜻으로, 화자가 주변에 즐길 것이 많다고 인식하고 있음을 알 수 있다. ② ⓑ에서 화자는 '이태백'과의 비교를 통해 '호탕정회(넓고 끝없는 정과 회포)'는 자신이 낫다는 인식을 드러내고 있다. 이는 자신의 풍류와 회포가 이태백보다 낫다는 자부심을 드러낸 것이므로 선지의 설명은 적절하다. ③ ⓒ는 자연을 사랑하는 병이 깊이 들어 약으로도 고칠 수 없다는 뜻으로, 자연을 사랑하는 마음이 그만큼 깊음을 강조하여 표현한 것이다. ⑤ ⓔ는 석가산과 폭포의 경치가 당나라 화가들도 그리지 못할 정도로 아름답다는 뜻으로, 자신이 만든 석가산과 폭포에 대한 화자의 만족감이 드러난다.

04.

이 글에서 글쓴이가 언급한 세 가지 즐거움은 석가산을 만든 후 이를 완상하는 과정에서 맛볼 수 있는 것이며, 글쓴이가 석가산을 만드는 과정에서 고충을 겪었다는 내용은 나타나지 않는다. 또한 글의 마지막 문장에서 글쓴이가 '세상의 호걸들은 모두 나의 이 취미를 비웃지만 나는 이것을 좋아하여 이것으로써 저들이 좋아하는 것과 바꾸지 않겠다.'라고 말한 것은 글쓴이의 자부심을 드러낸 것이지,

자신을 비웃는 사람들을 설득하려는 것으로 볼 수 없다.

오답 풀이

① (다)의 글쓴이는 '나이가 많아 다리에 힘이 없어지'자 산수를 직접 찾아가기 어려워 부득이하게 이름난 화가들의 산수화를 감상하였다. 그럼에도 허전함을 채울 수 없자 별장의 정원에 석가산을 만들어 완상하게 된 것이므로 선지의 설명은 적절하다. ② 〈보기〉에 따르면 조선 시대 사대부들은 요산요수(산과 물을 즐기고 좋아함)를 통해 심미적 가치를 추구하였다. 이를 통해 글쓴이도 요산요수를 위해 별장에 연못을 만들고 그 연못 가운데에 돌을 쌓아 석가산을 만들어 심미적 가치를 추구한 것임을 알 수 있다. ③ 2문단에서 글쓴이는 산수화를 모아 벽에 걸어 놓고 감상을 하였지만, 생동하는 맛은 찾아볼 수 없어 허전함을 느꼈음을 알 수 있다. ④ 〈보기〉에 따르면 석가산을 만들어 완상하는 것은 진가(진짜와 가짜)의 분별이 무의미하다는 인식과 관련이 있다. 7문단의 '무엇 때문에 진가를~그만인 것이다.'를 통해 글쓴이가 진가를 논할 필요가 없으며 자신이 좋아하는 것만 취하면 된다고 생각했음을 알 수 있다.

05.

'나'는 [A]에서 석가산을 만들었고, 이로 인해 [B]에서 미각, 시각, 청각과 관련한 세 가지 즐거움을 얻게 된 것이므로 선지의 설명은 적절하다.

오답 풀이

① '나'는 [A]에서 내적 갈등을 보이지 않고 있다. ③ [A]의 '계단'과 [B]의 '절벽'은 모두 석가산 안에 조성된 실재적 소재이다. ④ [A]의 '놀랍고 신기함에 감탄하였다.'를 통해 '사람들'이 '물'을 긍정적으로 평가하고 있다는 것을 확인할 수 있다. 한편 [B]에서는 '이웃들'이 '물'을 부정적으로 평가하는 내용이 나타나지 않는다. '아침저녁으로 마시니 입맛에 맞다'로 볼 때 오히려 긍정적으로 평가할 것이라고 짐작할 수 있다. ⑤ [A]에 '물'을 집 안으로 끌어들이는 과정은 나타나 있으나, [B]에서 '물'을 집 밖으로 흘려보내는 과정은 나타나지 않는다.

06.

있는 그대로의 해석을 강조하는 평가원 스타일의 문제다. 〈보기〉에 따르면 작가는 객관적 자연물에 인간적 생명력과 의지를 부여하는 방식으로 자신의 이상과 세계관을 표출했다. 이를 고려할 때 '늙은 용'이 '선잠을 갓' 깼다는 구절은 나이가 많은 화자의 이제라도 무언가를 하겠다는 의지로 볼 수는 있다. 하지만 '이미 늦었다고 여기는 작가의 조바심'으로 보는 것은 작품에서 근거를 확인할 수 없는 과한 해석으로 적절하지 않은 해석이다.

오답 풀이

① 넓은 들판에 (우뚝 솟은) '제월봉'은 '자연물에~의지를 부여'했다는 〈보기〉의 내용을 고려할 때, '작가의 의지'로 충분히 허용 가능하다. ③ '청학'이 두 날개를 벌린 것은 비상하려는 화자의 내면을 표출한 것으로 볼 수 있다. 따라서 '정자'가 '청학'처럼 '두 날개 벌렸는 듯'하다는 표현을 통해 면앙정이 비상을 위한 심성 수양의 장소임을 알 수 있다. ④ 〈보기〉에서 면앙우주는 천지만물의 이치를 심성의 수양으로 내면화하는 공간이라고 하였으므로, '물'이 밤낮으로 쉬지 않고 흐르는 모습은 작가가 자신이 추구하는 바를 쉼 없이 행해야 한다는 것과 연결됨을 알 수 있다. ⑤ 〈보기〉의 '작가는 자연 세계를 통해~조화와 합일을 추구했다.'를 통해, '추월산'을 비롯한 여러 산들이 '높은 듯 낮은 듯 궂는 듯 잇는 듯' 서 있다는 표현이 조화와 합일을 추구하는 삶의 태도와 연결됨을 알 수 있다.

O/X 정답

| 01. X | 02. O | 03. O | 04. X | 05. X |

1. (가)의 '세모에 날씨 차고 온 산에 눈 덮이니 / 인적은 끊어지고 우는 새도 없는 때에'에서 대구 표현이 사용되었으나, 이를 통해 화자의 괴로운 처지를 드러내고 있지는 않다. '인적은 끊어지고 우는 새도 없는 때'는 '온 산에 눈 덮'인 겨울 산의 풍경을 드러낸 것일 뿐, 화자는 '언덕과 골짜기는 백옥 궁궐, 경요굴'이라며 아름다운 겨울 산의 풍경을 감상하고 있으므로 화자가 괴로운 처지에 있다고 볼 수 없다.
2. (가)는 '기러기 한 소리에 맑은 서리 물들이고'에서 가을의 계절감을, '온 산에 눈 덮이니'에서 겨울의 계절감을 확인할 수 있으므로 선지의 내용은 적절하다.
3. (나)의 1~3구에서 '임금'은 아버지에, '신하'는 어머니에, '백성'은 어린아이에 비유하여 '임금', '신하', '백성'의 관계를 가족의 관계에 빗대고 있다.
4. (가)는 가정적 표현이 사용되지 않았으며, 부정적 전망을 제시하고 있지도 않다. 한편, (나)는 '백성은 어린아이라고 하신다면', '어디로 가리 한다면', '임금답게 신하답게 백성답게 한다면'에서 가정적 표현이 사용되었으나, 이를 통해 올바른 통치가 이루어지는 긍정적 전망을 제시하고 있으므로 선지의 내용은 적절하지 않다.
5. (가)는 감탄사를 활용하고 있지 않으며, 정서의 변화를 드러내고 있지도 않다. 한편, (나)는 낙구(9~10구)에서 '아야'라는 감탄사를 활용하여 화자의 고조된 감정을 나타내고 있을 뿐, 정서의 변화를 드러내고 있지는 않다.

나BS 실전 문제 정답

| 01. ① | 02. ⑤ | 03. ③ | 04. ③ | 05. ④ |

01.

(가)는 자연에 주목하여 자연 친화적인 삶을 추구하는 자세를 나타내고 있다. (나) 역시 자연에 주목하여 자연이 가지고 있는 아름다운 가치를 추구하는 자세를 나타내고 있다. 한편, (다)는 겸재의 그림에 주목하여 세계를 관찰하는 인간과의 관계 속에서 사물들의 사실성이 정립된다는 가치를 추구하고 있다.

오답 풀이

② (가) X, (나) X, (다) X / (가)와 (나)에는 부정적인 현실이 드러나지 않는다. (다)에서 옛 망양정 자리가 변한 것을 부정적인 현실로 볼 수는 있으나, 화자가 이를 비판하거나 좌절을 느낀 것은 아니므로 선지의 내용은 적절하지 않다. ③ (가) X, (나) X, (다) X / '관용'이란 남의 잘못을 너그럽게 받아들이거나 용서하는 태도를 말하는데, (가)~(다)는 이러한 삶의 태도와는 관련이 없다. ④ (가) O, (나) X, (다) X / (가)에서는 '춘풍에 화만산하고 추야에 월만대라'에서 선지의 내용을 허용할 수 있으나, (나)와 (다)에서는 계절감을 활용하여 환경의 다양한 변화를 표현한 부분이 없다. ⑤ (가) X, (나) X, (다) X / (가)~(다) 모두 가상의 상황을 제시하여 환상적 분위기를 강화하고 있지 않다.

02.

[A]에서 '허물이나 없고자'의 '-고자'는 어떤 행동을 할 의도나 욕망을 가지고 있음을 나타내는 어미로, 이를 활용해 화자는 앞으로 잘못을 저지르지 않는 삶을 살기 바라는 마음을 드러내고 있다. 그런데 [B]에서 '티 없어'는 화자가 자연을 관찰한 후 발견한 자연의 가치이므로, 대상을 관찰하기 전의 화자의 심리를 표현한 것으로 볼 수 없다.

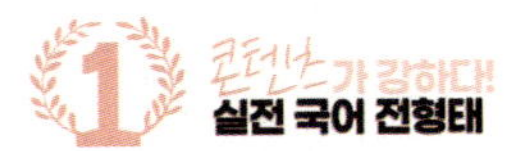

오답 풀이

① 〈제1수〉의 초장에서는 '이런들'과 '저런들', '어떠하며'와 '어떠하료'라는 유사한 어휘를 반복하여 리듬감을 형성하고 있다. ② 〈제1수〉의 종장에서는 '천석고황(자연을 좋아하는 병)'을 고칠 수 없다며 자연 친화적인 태도를 보이고 있다. 이러한 화자의 태도는 〈제2수〉에도 이어져 안개와 노을로 집을 삼고 바람과 달로 벗을 삼고 싶다고 하였으므로 선지의 설명은 적절하다. ③ [B]에서는 '티 없이' '맑은 거울'과 같은 '작은 연못'이 '산 그림자'를 담고 있는 모습을 묘사하고 있다. 이때 '맑은 거울'이 '티 없다'는 것은 깨끗한 자연의 형상을 표현하는 구절이므로 선지의 설명은 적절하다. ④ [A]의 '연하', '풍월'은 자연 친화적 태도를 가진 화자가 가깝게 느끼는 대상(자연물)이다. 따라서 이들과 호응하는 '집을 삼고', '벗을 삼아'는 화자와 대상의 가까운 관계를 제시한 것으로 볼 수 있다. 한편 [B]에서는 화자가 인위적으로 연못을 파고 '활수를 끌어 들여'와 '머물게' 하였으므로, 화자가 '활수'를 가까이하려고 했음을 알 수 있다.

03.

(나)에서 화자는 자신이 지은 정자가 이상향을 의미하는 '무릉도원'이라고 했으므로, '무릉도원'에는 현실적 공간을 이상적 공간으로 바라보는 화자의 인식이 반영됐다고 할 수 있다. 그러나 (가)의 '천석고황'은 화자가 자연을 사랑하는 마음을 '병'으로 표현한 것일 뿐, 화자의 아쉬움을 나타낸 것이 아니다. 또한 〈보기〉에 따르면 (가)의 화자는 자연을 이상적 공간으로 보았으므로, 현재 자연에 위치한 화자가 이상적 공간에 다다르지 못한 아쉬움을 느낄 리가 없다.

오답 풀이

① '초야우생'은 (가)의 화자가 자기 자신을 겸손하게 이르는 표현이다. 〈보기〉에 따르면 '강호는 자연의 이치와 인간이 지향하는 이치가 일치된 이상적 공간'인데, 화자는 이러한 공간에 존재하므로 선지의 내용은 적절하다. ② 〈보기〉에 따르면 (나)의 강호는 '자연에서 생활하면서 자연의 가치를 새롭게 발견할 수 있는 공간'이다. 이를 고려할 때 화자가 자연의 진면목을 '내 혼자 알았노라'라고 표현한 것은 자연의 가치를 발견한 자신의 심정을 드러낸 것으로 볼 수 있다. ④ (가)에서 사계절의 아름다운 흥취를 '사람과 한가지라'라고 표현한 것은, 〈보기〉를 고려할 때 자연의 이치와 인간이 지향하는 이치가 일치함을 드러낸 것으로 볼 수 있다. 한편 〈보기〉에 따르면 (나)에서 강호는 '자연의 가치를 새롭게 발견할 수 있는 공간'이므로, '가지가지 다 좋구나'에는 연못 주변의 경치를 보고 자연의 가치를 확인한 화자의 만족감이 나타났다고 할 수 있다. ⑤ 〈보기〉에 따르면 (가)에는 조화로운 자연의 모습이 제시된다. 따라서 '춘풍에 화만산하고 추야에 월만대라'는 산에 꽃이 가득한 봄의 모습과 달이 가득 찬 가을밤의 모습을 통해 조화로운 자연의 모습을 드러낸 것이라 할 수 있다. 한편 〈보기〉에 따르면 (나)에서는 '자연의 구체적인 모습을 묘사하며 자연의 가치를 확인한 화자가 등장'한다. 따라서 '벽류는 콸콸 흘러 옥 술잔을 때리는 듯'은 화자가 발견한 시냇물의 아름다움을 구체적으로 묘사한 것으로 볼 수 있다.

04.

(나)의 화자는 ㉠(작은 정자)을 보며 고사를 인용해 자연에서 머무르는 삶에 대한 긍정적 인식을 보이고, (다)의 글쓴이는 ㉡(옛 망양정 자리)에 정자가 없어졌음에도 '그다지 허전하지 않은' 것에 대해 '왜 그런가.'라며 이유를 생각하였으므로 선지의 내용은 적절하다.

오답 풀이

① ㉠ O, ㉡ X / ㉠은 (나)의 화자가 직접 만든 인공물이지만, ㉡은 (다)의 글쓴이가 겸재의 화폭에 그려진 공간을 찾아다니는 과정에서 일부러 방문한 곳이므로 의도하지 않게 찾아낸 장소로 볼 수 없다. ② ㉠ X, ㉡ O / ㉡이 '도로 공사'로 인해 예전의 모습을 잃은 것에서 현실에서 편의를 실현한 결과를 보여 준다고 할 수 있으나, (나)의 화자가 ㉠을 통해 명예를 실현하려고 하지는 않는다. ④ ㉠ X, ㉡ O /

(다)의 글쓴이는 겸재의 화폭에 그려진 공간을 찾아갔으나 ㉡은 예전 모습과 다르므로 본래적 유용성을 상실한 공간임을 허용할 수 있다. 그러나 (나)의 화자는 자연에서 은거할 거처로 ㉠을 만든 것이므로, 일상적인 유용성을 상실한 공간으로 볼 수 없다. ⑤ ㉠ X, ㉡ X / (나)의 화자가 자신의 삶을 가다듬으려 하거나, (다)의 글쓴이가 자신의 삶을 비판하는 태도는 보이지 않는다.

05.

〈보기〉에서 '겸재의 그림은 실물과 똑같이 그리는 것이 능사가 아니라는 점을 증명'한다고 하였으므로, '보이는 그대로 실현해야 한다'는 이해는 적절하지 않다. 지문에서도 겸재의 그림 속 '비교적 명료한 사실성'은 원근에 의해 정립되는 것이 아니라, 세계를 관찰하는 인간과의 관계에서 정립되는 것으로 설명하고 있다.

오답 풀이

①, ② (다)에서 '먼 산을 그릴 때 그는 그 산과 인간 사이의 거리를 그리는 것이 아니라, 그 거리를 들여다보는 시선의 깊이를 그린다.'라고 하였는데, 이는 〈보기〉에서 말하는 실물과 똑같이 그리는 것이 아니라 화가가 자신의 시선으로 풍경을 재구성하는 것을 가리키므로 선지의 내용은 적절하다. ③ '가깝다는 이유만으로 사실성을 부여받지 않는다'는 것은 가깝더라도 인간과 직접 관련된 것이 아니면 빼고, 멀더라도 인간과 직접 관련된 것이라면 과장하여 그린다는 화자의 생각을 반영한 것으로 파악할 수 있다. ⑤ 겸재의 그림 속에서는 '세계를 관찰하는 인간과의 관계 속'에서 사실성이 '정립'된다고 하였는데, 이는 〈보기〉에서 말한 '모든 대상이 화가의 시선에 의해 재구성되어 회화의 구도상 의미를 지닌 자리에 놓일 때야말로 진정한 그림의 요체(중요한 점)가 드러나기 때문'으로 파악할 수 있다.

Part 1. 고전시가　　**09 | 작자 미상, 사친가**

▍O/X 정답

01. O	02. X	03. X	04. O	05. O

1. '정월이라 십오 일에 달구경하는 소년들아~부모 봉양 생각하라'에서 말을 건네는 방식을 통해 화자의 요구를 전달하고 있다.
2. '정월 → 이월 → 삼월 → 사월 → 오월'로의 시간의 흐름이 드러나나, 이를 통해 인물의 심리 변화가 드러나고 있지는 않다.
3. 화자는 '달구경하는 소년들'에게 '부모 봉양 생각하라'고 권한 후, '인력'으로는 '불로초와 불사약'을 얻을 수 없음에 대해 슬퍼하였다. '달구경하는 소년들'이 '불로초와 불사약'을 얻지 못한 것을 슬퍼한 것이 아니므로 선지의 내용은 적절하지 않다.
4. 화자는 '단오일'에 '녹의홍상 미인들'이 '송백양류 긴긴 나무에 높다랗게 그네 매고' '오락가락하는' 모습을 보았으므로 선지의 내용은 적절하다.
5. '슬프다 우리 부모 대보름인 줄 모르시나', '슬프도다 우리 부모 청명인 줄 모르시나' 등에서 유사한 통사 구조를 반복하여 '사친'의 주제 의식을 부각하고 있다.

Part 1. 고전시가　　**10 | 이진유, 속사미인곡**

▍O/X 정답

01. X	02. O	03. O	04. X	05. X

1. '해도'라는 공간적 배경이 제시되었을 뿐, 공간의 이동은 드러나지 않는다. 또한 화자는 유배 생활에서 벗어나 임금에게 다시 돌아가고자 하는 마음을 드러내고

있을 뿐, 탈속적 가치를 지향하고 있지도 않으므로 선지의 내용은 적절하지 않다.

2. 화자는 '여름 석 달 다 지내고 괴로움 실컷 겪으니 / 찌는 더위도 그지없고 습한 기운도 더욱 심하다'라며 부정적 상황을 규정하고, '파리 떼와 모기떼는 백 가지로 쏘아 제치고~백악만 구비하다'라며 유배지의 고통스러운 삶을 드러내는 다양한 소재들을 나열하고 있으므로 선지의 내용은 적절하다.

3. '추운 겨울 깊어지고', '설날 큰 명절에', '여름 석 달 다 지내고' 등의 계절감을 드러내는 표현을 통해 유배 생활이 오랜 시간 지속되고 있음을 보여 주고 있다.

4. '가을 부채'는 철이 지나 쓸모없어진 물건을 뜻한다. 화자는 '광주리의 가을 부채 어느 날 다시 날꼬'라며 임에게서 잊힌 자신의 처지를 가을 부채에 빗대어 표현하고 있다. 즉, '가을 부채'는 임에게 버려진 자신의 쓸쓸한 처지를 드러낸 표현이므로, 화자가 '가을 부채'와 같은 존재가 되고자 한다는 선지의 내용은 적절하지 않다.

5. '옥루 높은 곳에 밤마다 임을 모셔'라는 표현은 현실이 아니라 화자가 유배지에서 상상을 통해 임금을 떠올리는 것을 의미하며, 이후 화자는 '어느 날 이내 꿈을 진짜로 삼을 건가'라고 하였으므로 화자가 아직 유배에서 벗어나지 못한 상황임을 알 수 있다. 따라서 화자가 이를 통해 갈등을 해소하고 있다는 선지의 내용은 적절하지 않다.

나BS 실전 문제 정답

01. ⑤	02. ②	03. ③	04. ④	05. ③
06. ④				

01.

(가), (나)는 임을 만나고 싶은 마음, (다)는 참된 벗을 만나고 싶은 마음을 다루고 있다. (가)는 연군의 마음을 바탕으로 쓴 유배 가사이므로 여기서 임은 임금을 상징하는 말로 이해된다. (가), (나)의 임과 (다)의 참된 벗은 모두 만나고 싶지만 만나기 힘든 대상이며 그러한 상황에 대해 (가), (나)의 화자와 (다)의 글쓴이가 안타까움을 나타내고 있다는 점에서 세 작품은 공통점을 갖는다.

02.

〈보기〉에 제시된 자료를 참고할 때 '일월 같은~굽어볼까'는 해와 달처럼 밝은 지혜를 지닌 임금이 자신의 죄 없음과 충정의 마음을 알아주리라는 작가의 믿음과 기대감을 나타낸 것으로 이해된다. 따라서 유배지에서 생활하는 자신의 일상에 임금이 관심을 보여 준 것을 감사해하는 마음에서 작가가 그와 같이 표현했다는 설명은 적절하지 않다.

오답 풀이

④ '눌 위해 단장할꼬'에서 '단장'은 임에 대한 정성을 나타내는 행위로, 작가의 연군 지정을 뜻하며 '내 얼굴 고왔던지', '유한한', '치마' 등의 표현과 함께 화자가 여성임을 짐작하게 하는 말이다. 이 구절에서 작가는 의문의 형식을 사용해 아름답게 단장해도 보아 줄 임이 없는 상황을 강조함으로써 자신의 연군지정이 임금에게 전해지기 힘든 상황을 부각했다. ⑤ '행여 고치시기를 날마다 고대하노라'에는 유배된 자신의 상황을 고칠 수 있는 주체가 임금이므로, 자신의 상황이 임금에 의해 변화되기를 바라는 작가의 심정이 담겨 있다.

03.

〈제2수〉의 종장에서는 화자의 슬픈 마음('진주')과 임을 향한 정성이 담긴 물건('진짜 진주')을 임에게 보내고 싶은 소망이 나타나 있다. 그러나 〈제3수〉의 초장에서 화자는 '아실까'라고 물으며 소망 실현에 대한 확신 없음을 드러내고 있다. 따라서 소망 실현에 대한 화자의 믿음이 드러난다는 설명은 적절하지 않다.

오답 풀이

① 〈제1수〉에서는 '임 생각→꿈을 꿈→꿈속에서 임과 만남→잠에서 깨어남'의 순서로 시상이 전개된다. 이는 화자에게 일어난 일이 시간 순으로 제시된 것이다. ④ 〈제3수〉의 종장에서 화자는 임의 뜻이 자신과 다를 경우 자신을 향해 크게 웃을 것이라며 특정 상황을 가정하고 있다. 〈제4수〉의 초장에서는 '대소 마시고'라고 하며 〈제3수〉의 종장에서 가정한 상황이 발생하지 않기를 바라는 화자의 마음이 나타나 있다.

04.

(가)와 (나)의 화자는 모두 현재 상황에서 만나기 힘든 임을 꿈속에서 만나고 있다. 임을 만나고 싶은 현실의 소망이 꿈속에서나마 잠시 이루어지는 것이다. 그러므로 현재 상황에서 이루기 힘든 화자의 소망이 '꿈'에 투영되어 있다는 설명은 적절하다.

오답 풀이

① (가)의 '닭'과 (나)의 '꾀꼬리' 모두 화자의 꿈을 깨워, 꿈속에서 화자와 임이 만나는 것을 방해하는 존재이다. ② (가)의 '치마'는 임을 위해 단장하려고 화자가 지은 것이다. (나)의 '진짜 진주'는 임에게 보내고자 하는 화자의 정표이다. '치마'와 '진짜 진주' 모두 임에 대한 화자의 애정을 담고 있는 소재라는 점에서 성격이 같다. ③ (가)와 (나)의 '얼굴'은 시간의 흐름에 따라 변화한 화자의 처지와는 관계가 없다. (가)의 '얼굴'은 '뭇 여자'의 '질투'를 불러일으켰다는 점에서 화자의 훌륭함을 뜻하는 것으로 해석할 수 있다. (나)의 '얼굴'은 그다음에 나오는 '일촌간장'과 대비되는 시어로 '일촌간장'은 화자의 마음을, '얼굴'은 육신을 뜻하는 말로 이해된다. ⑤ (가)의 '옥루'는 화자와 임의 만남이 이루어지는 꿈속의 공간이므로, 죽음 이후에 임과의 재회가 이루어지는 공간이라는 설명은 적절하지 않다.

05.

ⓒ에서 '죽어 진토가 되다'(죽어 먼지가 된다 한들)는 상황을 가정한 표현이다. 이 표현은 그다음에 나오는 '이 마음 썩을손가'와 연결되어, '내 육신은 죽어 먼지가 되어도 임을 향한 내 마음에는 변함이 없을 것'이라는 화자의 의지적 태도를 부각한다. 따라서 ⓒ이 임을 향한 사랑을 포기해야 하는 것에 대한 절망감을 강조하고 있다는 설명은 적절하지 않다.

오답 풀이

④ ⓓ에는 '명성'과 '비방', '송곳 끝'과 '산더미'가 대조되어 있다. 이를 통해 글쓴이는 허황된 명성을 추구했던 젊은 시절 자신의 삶에 대해 명성은 보잘것없는 데 비해 그것이 초래한 사람들의 비방은 매우 심했다고 말하고 있다. ⑤ ⓔ은 사람들이 이익과 권세를 좇다가 낭패를 보는 상황을 기름을 가까이했다가 옷만 더럽히는 상황에 비유하고 있다. 이를 통해 글쓴이는 이익과 권세라는 세속적 가치를 좇는 사람들에 대한 비판적 생각을 나타내고 있다.

06.

(다)에서 글쓴이는 종놈이나 나무하는 아이와 같이 신분이 낮은 사람들 가운데에서 참된 벗을 찾으려 했으나 그들에게 부족한 점이 있어 결국 참된 벗을 찾지 못한다. 그 결과로 글쓴이가 느낀 안타까운 마음이 '어찌 마음이 답답하지 않을 수 있겠습니까'라는 표현에 담겨 있다. 신분이 낮은 이들조차 글쓴이와 참된 벗 사귐을 하지 않으려고 하는 상황은 작품에 나와 있지 않다.

| Part 1. 고전시가 | 11 | 작자 미상, 몽금포 타령 |

O/X 정답

| 01. X | 02. O | 03. O | 04. X | 05. X |

1. 화자는 '늦바람'이 불라고 성황님께 빌고 있다. 이는 바람을 맞아 배가 빨리 돌아 오길 바라는 것이지, 무사귀환(아무 사고 없이 안전하게 돌아옴)을 빌고 있는 것은 아니다.
2. '푸른'에서 색채어를 활용하고 있으며, 이를 통해 몽금포 백사장이 만들어 내는 분위기를 드러내고 있다.
3. '금일도 상봉에~에헤야 임 만나 보겠네', '바람새 좋다고 돛 달지 말고요', '몽금포 백사장 해당화 불고요' 등에서 '~네', '~고요' 등의 반복적 사용으로 운율의 효과를 얻고 있다.
4. 임 실러 갈 때의 '반돛'과 임 싣고 올 때의 '온 돛'을 대립적 이미지로 제시하고 있지만, 이를 통해 계절의 변화를 부각하고 있지는 않다.
5. 고기를 가득 잡아 만선이 된 것을 황해도에서는 '봉죽을 받았다'라고 표현하며, '무정한 우리 임~돌아를 오셨네'는 생계를 위해 바다로 나가 만선을 이루고 장산 곶으로 돌아오는 임의 모습을 드러낸 것이므로 선지의 내용은 적절하지 않다.

| Part 1. 고전시가 | 12 | 이중경, 어부별곡 |

O/X 정답

| 01. X | 02. X | 03. O | 04. X | 05. O |

1. '일삼도다', '바라도다' 등에서 영탄적 어조를 사용하고 있으나, 이를 통해 대상에 대한 그리움을 부각하고 있지는 않다.
2. '처음에 못 생각하여~명리를 바라도다'에서 자신의 과거를 회상하고 있다. 그러나 이를 통해 속세에 대한 부정적 반응을 드러낼 뿐, 현실의 덧없음을 환기하고 있지는 않다.
3. 화자는 자신이 '시서를 일삼'았던 것을 '못 생각'했기 때문으로 보고 있으며, '명리를 바랐던 것을 '망령되'었기 때문으로 보고 있다. 이후 현재 자신이 머무는 '풍월강산이 내 분인가' 한다며 현재의 삶에 대한 만족감을 드러냈으므로 선지의 내용은 적절하다.
4. '필부의 위국 충심을 내어 뵐 데 없'는 현실에 대해 안타까워하고 있는 것에서, 나라를 위한 화자의 '충심'이 나타난다고 볼 수 있다. 그러나 '제세할 이'는 '경륜'을 모르는 화자 말고도 세상을 구제할 이가 있을 것이라는 화자의 인식을 드러내는 것이므로, '제세할 이'가 화자를 가리킨다는 선지의 내용은 적절하지 않다.
5. '창산은 높고 높고~그 아니 좋을쏘냐'에서 자연의 가치를 부각하여 화자가 즐기는 흥취를 강조하고 있다.

나BS 실전 문제 정답

| 01. ④ | 02. ① | 03. ③ |

01.

'푸른 산'에 시각적 심상이 사용되었으나 계절의 흐름이 나타나 있지 않으므로 적절하지 않다.

오답 풀이

① 〈전 1장〉의 '아이고 애달플사 아이고 서러운지고', 〈전 3장〉의 '이런들 뉘 옳다

하며 저러한들 뉘 외다 하료', 〈후 2장〉의 '내 나이 많거나마나 머리도 세었거나마나', 〈후 3장〉의 '푸른 산은 높고 높고 흐르는 물은 길고 길고' 등에서 대구를 사용하여 운율감을 형성하고 있으므로 적절하다. ② 〈전 1장〉의 '내 마음 둘 데 없어라'에서 화자의 슬픔을, 〈전 2장〉의 '물외에 풍월강산이 내 분수인가 하노라', 〈후 3장〉의 '산수간 한가한 사람되어 허물 없이 사노라'에서 영탄적 표현을 사용하여 화자의 만족감을 드러내고 있으므로 적절하다. ③ 〈전 3장〉의 '어부가 무엇 그르리', 〈후 3장〉의 '그 아니 좋을 소냐' 등에서 설의적 표현을 사용하여 자연에서 살아가는 만족감을 강조하고 있으므로 적절하다. ⑤ 〈전 2장〉에서 세속적 삶을 의미하는 '시서', '명리'와 자연 속에서의 삶을 드러내는 '풍월강산'을 대조하여 화자의 삶의 태도를 부각시키고 있으므로 적절하다.

02.

㉠은 '그 아니 좋을 소냐'를 통해 화자가 긍정적으로 인식하는 대상이라고 볼 수 있으며, ⓐ는 '가고 아니 오는도다'를 통해 불변성을 지닌 '산'과 달리 가변성을 지니고 있어 화자가 긍정적으로 인식하는 대상이라고 볼 수 없으므로 적절하다.

오답 풀이

② ㉠은 무상감을 준다고 볼 수 없으므로 적절하지 않다. ③ ㉠은 과거와의 단절감을 느끼게 한다고 보기 어려우므로 적절하지 않다. ④ ⓐ는 화자가 친밀감을 느끼는 대상이라고 볼 수 없으므로 적절하지 않다. ⑤ ⓐ는 가변성을 지니므로 적절하지 않다.

03.

〈전 2장〉에서는 '처음에'와 '중간에'를 통해 시간의 흐름에 따라 변화한 화자의 내면을 알 수 있으나, 〈후 2장〉에서는 '젊은 적'과 '날마다'를 통해 시간의 흐름에도 불구하고 젊은 시절의 마음을 갖고 있는 화자의 변하지 않는 내면을 알 수 있으므로 적절하지 않다.

오답 풀이

① 〈전 1장〉의 '애달플사', '서러운지고'에는 어머니가 돌아가신 후 화자가 느낀 슬픔이 직접적으로 드러나 있다고 볼 수 있으므로 적절하다. ② 〈후 1장〉의 '경륜을 내어더내', '필부'를 통해 작가가 벼슬을 하지 않은 신분으로 살았음을 짐작할 수 있으므로 적절하다. ④ 〈전 3장〉의 '어부'와 〈후 3장〉의 '한가한 사람'을 통해 어부로 살고 있는 현재 화자의 삶의 모습을 나타내고 있으므로 적절하다. ⑤ 〈전 3장〉의 초장인 '이런들 뉘 옳다 하며 저러한들 뉘 외다 하료'가 중장의 '옳거나 외거나'에 집약되어 있으며, 〈후 3장〉의 초장인 '푸른 산은 높고 높고 흐르는 물은 길고 길고'가 중장의 '산고수장'에 집약되어 있으므로 적절하다.

| Part 1. 고전시가 | 13 | 작자 미상, 유산가 |

O/X 정답

| 01. O | 02. X | 03. X | 04. O | 05. O |

1. '원산은 첩첩 태산은 주춤 기암은 층층 장송은 낙락' 등에서 의태어를, '폭포수는 콸콸~저 골 물이 솰솰' 등에서 의성어를 사용하여 생동감을 부각하고 있다.
2. 도연명이나 소부 허유 등의 고사를 인용하기는 하였으나, 이는 화자 자신의 만족감을 드러내기 위함이다. 작품에서 특정 대상을 풍자(남을 비웃으며 비판)하고 있지는 않으므로 선지의 내용은 적절하지 않다.
3. '만산 홍록들은 일년일도'는 매년마다 꽃이 아름답게 피는 것을 나타내는 구절이지, 화자가 세월의 덧없음을 한탄하는 것은 아니다.
4. '죽장망혜 단표자로 천리 강산 들어가니'에서 알 수 있다. '죽장망혜 단표자'는 대

지팡이와 짚신, 한 개의 표주박을 가리키는 것으로, 화자의 간편한 옷차림을 나타내는 표현이다.

5. '유상 앵비는 편편금이요 화간접무는 분분설이라'에서 대구법을 통해 안정적인 운율감을 조성하고 있다.

나BS 실전 문제 정답

01. ④	02. ④	03. ③	04. ④	05. ⑤
06. ②	07. ④	08. ①		

01.

(가)에는 백화가 만발한 화창한 봄날 산의 경치를 즐기는 화자의 흥겨움이 잘 드러나 있고 (나)에는 자연과 더불어 한가롭게 유유자적하면서 살아가는 흥겨운 삶이 잘 드러나 있기 때문에 두 작품은 모두 '자연에서 비롯된 화자의 감흥을 드러내고 있다.'는 설명에 부합한다.

02.

(가) 시에는 역설적인 표현이 보이지 않는다.

오답 풀이

① '하늘 → 원산 → 태산(기암 → 장송 → 폭포)'으로 이어지는 시선의 이동을 확인할 수 있다. ② '기암은 층층 / 장송은 낙락', '이 골 물이 주루루룩 / 저 골 물이 쌀쌀' 등에서 대구를 통한 리듬감을 느낄 수 있다. ③ 의인법(장송은 ~ 춤을 춘다), 직유법(수정컴 드리운 듯, 은옥같이 흩어지니) 등을 통해 자연의 시각적 이미지를 드러내고 있다. ⑤ '펄펄펄, 우줄우줄, 콸콸, 주루루룩, 쌀쌀, 으르렁' 등의 고유어뿐 아니라 '첩첩, 층층, 낙락' 등 한자어로 된 의성어와 의태어를 사용하여 대상의 동적 이미지를 생동감 있게 드러내고 있다.

03.

'물러남'은 현실적으로 정쟁에서 밀려나거나 임금의 부름을 받지 못하는 등 현실적 이유가 있을 수 있지만, 화자는 그런 외적인 이유를 내세우지 않고 '성이 게으르다'는 것을 표면적 이유로 제시하고 있다. 또한 '하늘'이 화자의 게으름을 알고 '물러남'을 지시했다는 인식을 통해 화자가 이를 떳떳하지 못하게 느끼는 것이 아님을 알 수 있다.

04.

(나)와 (다)는 은유법과 직유법 같은 비유적 표현을 활용하여 봄의 아름다운 경치에 대한 흥취나 금강산의 절경에 대한 예찬의 태도를 드러내고 있다. 즉 대상을 긍정적으로 인식하고 있는 것이다.

오답 풀이

① (나)는 '콸콸, 주루루룩, 쌀쌀' 등 음성 상징어를 사용하여 생동감을 높이고 있으나, (가)에는 음성 상징어가 나타나지 않는다. ② (가)는 과거와 현재를 대비하는 측면이 있다고 볼 여지가 있으나, (나)에서는 과거와 현재를 대비하여 지향하는 가치를 밝히는 내용을 찾을 수 없다. ③ (가)와 (다)에서 어휘의 반복은 확인할 수 있으나 움직임을 나타내는 어휘를 반복하는 것은 아니고, (가)의 경우 대상의 역동적 측면은 나타나지 않는다. ⑤ (나)와 (다)에 어조의 변화는 나타나지 않는다.

05.

ⓜ은 마하연의 여사가 산중에 있어 여행객 외에는 찾는 사람이 드물다는 것을 나타낸 구절이다. (다)에서 마하연의 여사가 퇴락(허물어질 듯 노후함)했다는 내용은 찾을 수 없다.

오답 풀이

① '십장 홍진'은 혼잡한 속세를 의미한다. 그것이 가려져 차단되었다는 것은 화자가 속세와 거리를 둔 상황임을 나타내는 것이다. ② '벗님네'에게 '산천경개를 구경을 가세.'라고 권유하고 있는데, 여기서 '산천경개'는 봄의 아름다운 경치를 의미한다. ③ '만산 홍록'은 온 산에 꽃이 활짝 핀 상황을 나타낸 것으로, '춘색'으로 제시된 봄의 계절감을 부각하고 있다. ④ 단풍으로 물든 산속을 걸어가며 단풍과 하나가 된 심정을 제시하고 있다.

06.

(가)의 '조그만 이 내 몸'은 자연 속에서 생활하는 화자 자신을 겸손하게 표현한 것이다. 즉 (가)의 화자는 자연에 이미 귀의한 상황이므로, '조그만 이 내 몸'을 자연 속에서 심리적 위안이 필요한 속세에서의 화자의 모습으로 볼 수는 없다.

오답 풀이

① '공명부귀'는 화자가 관직에 올라 역량을 발휘하여 이룰 수 있는 세속적 가치를 상징하는 것으로 볼 수 있다. ③ 화자가 '송죽'을 의인화하여 조화를 이루는 친밀감을 드러낸 것으로 볼 수 있다. ④ '무릉도원'은 동양적 이상향을 상징하는 표현으로 (나)의 화자는 봄의 아름다운 경치를 이상향의 이미지와 연결시켜 이상적인 유흥의 공간으로 제시한 것으로 볼 수 있다. ⑤ '경개 무궁 좋을씨고'는 화자가 아름다운 풍광에 대해 감각적으로 느낀 흥을 드러내는 상황으로 볼 수 있다.

07.

글쓴이는 망군대 등정 과정과 망군대에서의 조망과 관련해 여정이나 '삼백 단'의 사닥다리와 '해발 오천 척' 같은 객관적 사실과 '한사코 기어오르는', '일망무제로 탁 트인다.', '아! 천하는 이렇게도 광활하고 웅장하고 숭엄하던가!' 등의 소감을 제시하고 있다.

오답 풀이

① 마하연 여사에서 과거를 회상하고 있으나, 여정을 계속하려는 이유는 제시하지 않았다. ② 글쓴이는 망군대에서 백마봉과 비로봉을 바라본 것이지, 백마봉에서 비로봉으로 이동한 것은 아니다. ③ 연화담과 수렴폭을 둘러볼 때 기상 상황이 좋지 않았다는 내용은 나타나지 않는다. '마지막 발걸음에서 시야는~탁 트인다'라는 표현으로 볼 때 기상 상황이 좋았음을 짐작할 수 있다. ⑤ 마하연 여사에서 동행인인 문 형이 한 말인 "남포등은 참말 오래간만인데."를 소개하고 있으나, 이것이 일행 사이의 갈등 해소를 드러내는 것은 아니다. (다)에 일행 사이의 갈등은 나타나지 않는다.

08.

글쓴이가 두목의 한시 대신 영일의 한시를 인용한 이유는 마하연사에서 느낀 분위기(고즈넉함 : 고요하고 아늑함)와 그곳에 노승이 많다는 인상을 전달하는데 더 적합하다고 느껴서임을 짐작할 수 있다.

오답 풀이

② (다)에 글쓴이가 마하연사에서 자신의 삶을 반성하고 깨달음을 얻었다는 내용은 나타나지 않는다. ③ '선원'이라는 표현을 통해 마하연사가 어떤 역할을 수행하는 절인지는 알 수 있으나, (다)에 마하연사의 유래는 나타나지 않는다. ④ (다)에 글쓴이가 마하연사를 방문하는 데에 고생이 많았다는 점을 알리는 내용은 나타나지 않는다. ⑤ '불경 공부하는 승려분이라고 한다.'를 통해 종교적 교리를 익히기 위해 애쓰는 승려들이 있는 절임을 알 수 있다.

Part 1. 고전시가   14 | 신교, 백석정별곡

| O/X 정답

| 01. O | 02. X | 03. O | 04. O | 05. X |

1. '은촉(은색)', '취장(취색=푸른색)', '백암(흰색)', '금병(금색)' 등의 색채어를 통해 아름답고 평온한 자연의 분위기를 드러내고 있다.

2. '물결에 비친 다리 반공에 무지개로다'에서 '무지개'는 물에 비친 다리의 모습을 비유적으로 표현한 보조 관념이므로, 화자가 무지개가 뜬 풍경을 감상한 것으로 볼 수 없다. 또한 화자가 '붉은 난간'에서 자연 풍경을 감상하다 '석양이 고개에 걸릴 때 '돌길로 돌아'간 것은 맞으나, '철쭉과 살구꽃은 바람에 흩날리고 / 둔덕 위의 버들가지 냇가에 푸르'른 모습을 감상하다 '이끼 긴 돌'이 있는 공간으로 이동하였으므로 다시 '붉은 난간'으로 돌아갔다고 보기는 어렵다.

3. 화자는 '붉은 난간'에 기대어 자연을 바라보다가 '돌길'을 따라 이동하고, 이후 '이끼 긴 돌에 앉아 벽담을 굽어보니'와 같이 공간을 이동하였다. 이러한 과정 속에서 '지담에 떴는 배', '물결에 비친 다리', '철쭉과 살구꽃', '버들가지', '낚싯줄에 오른 고기' 등의 다양한 사물을 포착하여 자연 속에서 한가롭고 여유로운 태도를 드러내고 있으므로 선지의 내용은 적절하다.

4. 화자는 '공명을 다 잊으니 부귀인들 부러우랴'라며 부귀에 대한 미련이 없음을 드러내고 있으며, '화평한 풍미를 누가 아니 부러워하리'라며 자신이 누리는 자연 속 삶의 즐거움을 다른 사람들이 부러워할 것이라고 인식하고 있다.

5. '물결에 비친 다리 반공에 무지개로다'에서 자연물을 빗댄 표현이 드러나나, 이는 사물('다리')의 모습을 감각적으로 드러낸 것일 뿐 화자의 움직임을 드러낸 것이 아니다.

Part 1. 고전시가   15 | 성패관천운, 정처관군동

| O/X 정답

| 01. X | 02. X | 03. O | 04. X | 05. O |

1. (가)의 '아침과 저녁을 바꿀 수 있을망정'과 '권은 혹 어진 이도 그르칠 수 있으나'에서 가정적 상황을 제시한 것은 맞지만, 이를 통해 환상적 분위기를 강화하고는 있지 않다.

2. (가)에서 '아침과 저녁'을 바꾸는 행위는 인간의 힘으로 어찌할 수 없는 불가항력의 상황을 뜻하지만, '권'은 상황에 따른 임기응변을 가리키므로 서로 상통한다고 보기 어렵다. 또한 '윗옷과 아래옷을 거꾸로' 입는 것은 원칙에 어긋나는 행위이므로 이는 '경'에 해당한다고 볼 수 없다.

3. (나)의 화자는 '고요한 곳에서 뭇 움직임을 볼 수 있어야 / 진실로 원만한 귀결을 지을 수 있다'고 말하고 있다. 맥락상 '원만한 귀결'은 화자의 지향을 가리키며, '이 이치' 역시 화자가 지향하는 바이자 '그대'가 깨닫길 소망하는 것이므로 선지의 내용은 적절하다.

4. (가)의 '입을쏘냐', (나)의 '어긋나겠는가'에서 의문형 어미를 활용하였음을 확인할 수 있으므로 선지의 내용은 적절하지 않다.

5. (가)와 (나) 모두 7~8구에서 청자에게 말을 건네는 방식을 통해 화자의 요구를 전달하고 있다.

Part 1. 고전시가   16 | 김창협, 산민

| O/X 정답

| 01. X | 02. O | 03. X | 04. X | 05. X |

1. 화자는 '바깥어른은 어디 계시오'라며 '부인'에게 '바깥어른'의 행방을 묻고 있다. 그러나 화자는 '초가집'에 들른 '나그네'이며, '사방을 둘러봐도 이웃은 없다'고 하였으므로 '바깥어른'을 마을 이웃의 관계로 볼 수 없다.

2. '두메산골'과 '평지'가 대조되며, 이를 통해 관리들의 횡포와 산골의 척박한 환경 탓으로 인해 힘겨운 백성들의 삶에 대한 글쓴이의 인식이 드러나고 있으므로 적절하다.

3. '평지'는 '편안'한 삶의 공간으로 제시되지만, 실제로는 '고을 관리 너무 무서워' 가지 못하는 공간이다. 따라서 '평지'는 관리의 억압이 존재하는 공간이라고 할 수 있으므로, 관리의 횡포를 피할 수 있는 도피처로 볼 수 없다. 오히려 척박하더라도 관리의 간섭을 피해 살아갈 수 있는 공간은 '두메산골'이므로 선지의 내용은 적절하지 않다.

4. 관리의 횡포가 만연한 현실에 대한 비판 의식이 드러나고 있으나, 명령적 어조는 사용되지 않았다.

5. 청자를 호명하고 있지 않으며, 즐거움을 함께하려는 화자의 마음이 드러나고 있지도 않다.

| 나BS 실전 문제 정답

| 01. ⑤ | 02. ④ | 03. ① | 04. ⑤ | 05. ③ |

01.

(가)는 '논밭', '무림산중', '샘'으로 이어지는 공간에서 전개되는 화자의 행위가 구체적으로 묘사되어 있으며, (나)에는 화자를 맞이하는 아낙네의 모습이 구체적으로 제시되어 있다. 또한 (다)에는 첫눈이 내린 운동장을 걸어가는 어린이의 모습이 생생하게 묘사되어 현장감을 살리고 있다.

02.

(나)와 〈보기〉의 '호랑이'는 모두 다른 것을 비유한 것이 아니라 실제 호랑이를 가리킨다.

오답 풀이

② '아낙네'와 '여인' 모두 관리들의 횡포에서 도피한 인물들로, 현재의 처지가 개선의 여지가 없음을 보여 주고 있다. ⑤ (나)의 화자는 '아낙네'의 처지에 대하여 '슬프다'는 표현을 사용하여 자신의 감정을 직접적으로 드러내고 있다.

03.

농부인 화자에게 '무림산중'은 일상적인 일터인데, 비록 그가 힘겨운 노동을 낙천적으로 수용하는 건강한 삶의 자세를 보여 주고는 있다 하더라도, 그곳이 그에게 자연의 정취를 향유하고 그것과의 일체감을 확인하는 공간인 것은 아니다.

오답 풀이

④ '호랑이'보다 더 두려운 '벼슬아치' 때문에 '평지'에서 살지 못하는 '아낙네'에게 '산골짝'은 부정적 현실 공간인 '평지'로부터 도피한 공간이라 볼 수 있다.

04.

(다)에서 '눈 덮인 운동장 위를 걸어가는 저 어린이'를 고난을 이겨내고자 하는 모습으로 이해하기는 어렵다.

오답 풀이

② 말을 타고 다닌다는 사실에서 화자가 양반 신분임을 짐작해 볼 수 있다. ④ '발자국'을 삶의 모습으로 본다면, '복잡한 곡선'은 많은 시련 속에 살아가는 인간의 모습으로 생각해 볼 수 있다.

05.

(다)의 '어린이'는 자신이 반듯하게 걸어가고 있는지를 확인하기 위해 가끔 뒤돌아 보곤 하는데, 화자는 이 어린이의 행동에서 우리가 지향해야 할 삶의 자세를 발견해 내고 있다. 즉, 지나온 삶을 반성하고 성찰하는 자세가 필요하다는 것이다.

Part 1. 고전시가   17 | 작자 미상, 합강정가

O/X 정답

01. O	02. O	03. O	04. X	05. X

1. '홍수 가뭄에 피해 입은 백성이~지나는 곳마다 죄를 묻는 폐단 있네'에서 확인할 수 있다.
2. '관찰사 부임 뜻밖이나~조금도 원망마라', '오 리 밖 기화정에~백성의 피와 기름 아닌가' 등에서 비판적 태도로 부패한 관리의 뱃놀이로 인해 고통 받는 백성의 현실에 대한 부정적 측면을 드러내고 있다.
3. '저녁 구름 슬프도다', '백성에겐 원수로다', '백지징세 하는구나' 등에서 영탄법을 사용하여 화자의 정서를 표출하고 있다.
4. '울부짖는 저 귀신아~우리 감사 조금도 원망 마라'에서 반어적 표현이 드러나지만, 이를 통해 인물에 대한 기대감을 높이고 있지는 않으므로 선지의 내용은 적절하지 않다.
5. '해는 기울고 이정은 저녁밥 재촉할 때~그릇은 누구에게 빌리꼬'는 '아낙'이 관아의 장정들이 밥을 재촉하자 먹을 것을 준비하지만, 이 음식을 담아낼 그릇이 없어 토로하는 모습이다. 즉, '아낙'은 '이정'에게 '양식'과 '채소'가 있지만 이를 담아낼 '그릇'이 없다며 발을 구르고 우는 것이므로 선지의 내용은 적절하지 않다.

나BS 실전 문제 정답

01. ⑤	02. ④	03. ①	04. ④	05. ③

01.

(가)는 '한 마을 닭과 개 다 먹어 치우고 집집마다 또 거둔단 말인가'를 통해 지배층의 계속되는 수탈에 대한 부정적 인식을 드러내고 있다. (나)는 '인사 변한다고 산천이야 변할 것인가'를 통해 화자가 농암에 올라 둘러본 자연이 인간사와 대비하여 변함없다는 인식을 드러내고 있다. (다)는 '이러한 방법을 가지고 미루어 이용한다면 그것이 어찌 낚시 놓는 데만 응용되겠는가?'를 통해 글쓴이가 그 사람이 말한 고기 잡는 묘리에 대한 이야기를 듣고, 이것이 다른 상황에도 적용될 수 있다는 인식을 드러내고 있다.

02.

'산천'은 화자가 농암에 올라 둘러본 자연으로, 변화하는 인간사와 대비되는 공간이며 불변성을 상징하는 공간이다. 따라서 산천이 인사로 변해 버린다는 감상은 적절하지 않다.

오답 풀이

① '논밭'은 백성들이 농사를 지으며 살아가는 삶의 터전인데, 관찰사의 순행을 위해

논밭이 길로 넓혀지고 있다. 따라서 백성들이 빼앗긴 삶의 터전을 의미하는 공간으로 보는 것은 적절하다. ② '텅 빈 부엌'은 아낙이 방아품 삯으로 받은 양식을 관아에 바치기 위해 음식을 조리해야 하는 공간으로, 음식을 만들어도 담을 그릇마저도 없는 공간이다. 따라서 '텅 빈 부엌'을 아낙이 자신의 처지에 대해 슬픔을 느끼는 공간으로 보는 것은 적절하다. ③ '초당'은 청풍명월이 나며 들며 화자를 기다리는 공간으로, 화자가 청풍명월을 즐길 수 있는 공간이자 화자가 돌아가고 싶은 자연을 의미한다. 따라서 초당을 화자가 지향하는 공간으로 보는 것은 적절하다. ⑤ '연못가'는 글쓴이가 낚시를 하면서 그 사람에게 고기를 잡는 방법을 배우고, 고기를 잡는 묘리에 대해 이야기를 들으며 삶의 깨달음을 얻는 공간이다. 따라서 글쓴이의 배움이 확장되는 공간으로 보는 것은 적절하다.

03.

(나)의 화자는 팔십 세를 넘겨서도 봄(㉠)을 여러 번 맞이했고, 공명을 누리며 장수하고 있음에 만족감을 드러내고 있다. 그리고 그것을 임금님의 은혜로 생각하고 있다. 따라서 ㉠은 화자가 한 해를 또 맞이하게 되는 기쁨과 자신의 상황에 대한 만족감, 그리고 임금님의 은혜에 대해 감사를 느끼는 시간으로 볼 수 있다. (다)의 글쓴이는 여름(㉡)에 이웃 사람이 나에게 낚싯대를 만들어 주어 낚시를 하게 되면서 고기 잡는 방법을 배우고 고기 잡는 묘리에 대해 들으며 깨달음을 얻고 있다. 따라서 ㉡은 글쓴이가 낚싯대를 만들어 준 이웃의 친절에 고마움을 느끼는 시간이고, 새로운 것을 시도하는 시간으로 볼 수 있다.

04.

(가)의 '참람한 과거장서 재주 겨루는 유생들아 / 오십삼 주 시예향에 의로운 선비 하나 없단 말인가'를 보면, 화자는 분수에 넘치는 과거장에서 유생들이 재주를 겨루고 있다고 생각하는 것을 알 수 있으며, 또한 전라도에 의로운 선비들이 없는 현실을 비판하고 있음을 알 수 있다. 따라서 '과거 장'에서 '재주'를 '겨루는' 것을 유생들이 의로운 선비가 되기 위해 과거에 통과하기를 바라는 기대를 드러낸다고 보는 것은 적절하지 않다.

오답 풀이

① '한 마을 닭과~못 살겠네'를 보면, 관찰사를 위한 뱃놀이를 위해 집집마다 세금을 또 걷는 것에 대한 비판이 드러난다. 그렇기 때문에 '이 놀이'를 '다시' 하게 되면 백성들이 '못 살겠'다고 한 것을 지배 계층의 유흥을 위해 수탈을 당하는 백성들의 현실을 드러낸다고 보는 것은 적절하다. ② '낙토에서 태어나~가잔 말인고'를 보면, 관찰사의 뱃놀이를 위한 수탈로 인해 백성들이 집과 논밭을 다 팔고 유랑길에 오를 수밖에 없음을 드러내고 있다. 따라서 가렴주구로 인해 유랑의 길을 떠나야 하는 백성들의 고통스러운 현실을 드러낸다고 보는 것은 적절하다. ③ '노예 차출~트집 잡네'를 보면, 뇌물을 받고 권력을 남용하는 지배층의 모습을 드러내고 있다. 따라서 뇌물을 받으며 관리들이 부정을 저지르는 것에 대한 비판을 드러낸다고 보는 것은 적절하다. ⑤ '망극하도다 나라~화가 미치리라'를 보면, 임금님의 한없는 은혜와 관찰사에게 임금님의 은혜를 잊어서는 안된다고 말하고 있다. 따라서 '배은망덕'하면 '자손에게 화가 미치리라'라고 말하는 것은 임금님의 은혜를 잊지 말라는, 관찰사를 향한 경고를 드러낸다고 보는 것은 적절하다.

05.

'그러나 내가 자네에게~그 묘법을 터득할 수 있다는 것일세'를 통해 그 사람이 가르쳐 준 고기 잡는 방법(ⓐ)대로 낚싯대를 물속에 드리워 놓고 정신을 집중하여 늘 그 방법을 익히면 고기 잡는 묘리(ⓑ)를 터득할 수 있다는 것을 확인할 수 있다. 따라서 ⓐ에 집중하기 위해서 ⓑ에 대한 의혹에서 벗어나야 한다는 설명은 적절하지 않다.

🔸 오답 풀이

④ '낚싯대를 물속에~묘법을 이해하게 될 것일세'를 통해 ⓐ를 꾸준히 반복하여 익힌다면 마음은 스스로 ⓑ를 이해하게 된다는 것을 확인할 수 있다. ⑤ '그는 내가 낚던~세는 것 같았다'를 통해 ⓑ를 터득한 그 사람은 ⓐ만을 알고 있는 글쓴이에 비해 같은 조건에서 더 많은 고기를 낚고 있다. 따라서 ⓑ를 알게 된 후에는 ⓐ만 알고 있을 때보다 더 많은 수확을 거둘 수 있음을 확인할 수 있다.

Part 1. 고전시가 | **18 | 작자 미상, 계녀가**

O/X 정답

| 01. O | 02. X | 03. O | 04. X | 05. O |

1. '자녹자녹 하여서라', '속이지 말아서라', '기수를 잃지 마라' 등과 같이 명령형 어조를 활용하여 '아해'의 행동을 유도하고 있다.
2. 화자는 '신행'을 앞둔 '아해'에게 시가에 가서 지켜야 할 덕목에 대해 교훈하고 있을 뿐, 현실에 대한 부정적 인식을 바탕으로 앞날에 대한 회의를 드러내고 있지는 않다.
3. 화자는 '부모', 즉 '친정을 하직하고 시가로 들어가'는 '아해'에게 '경계할 말'이 많아 '대강으로 기록하여 책을 매서 경계'한다고 하였으므로 선지의 내용은 적절하다.
4. '더위에 농사지어 상전을 봉양하며 / 추위에 물을 끼려 상전을 공양'하는 것은 '시가'에 간 '아해'가 아니라 '노비'들이다. 화자는 이렇게 고생하는 '노비'들을 잘 다스려야 한다고 전하고 있을 뿐, '아해'에게 '더위에 농사'짓고, '추위에 물을 끼'리라고 한 것은 아니므로 선지의 내용은 적절하지 않다.
5. 현재 '아해'가 '신행'을 앞둔 상황임을 전제로, 미래에 '아해'가 부녀자로서의 덕목을 지키며 '책을 잃지 말고' 올바르게 '처세'했으면 하는 바람을 드러내고 있다.

Part 1. 고전시가 | **19 | 허난설헌, 규원가**

O/X 정답

| 01. X | 02. O | 03. O | 04. O | 05. O |

1. '소상야우의 대 소리 섯도는 듯 / 화표천년의 별학이 우니는 듯'에서 고사를 활용하였으나 이를 통해 대상을 풍자한 것은 아니다. 고사가 사용된 부분은 화자의 슬픈 거문고 소리를 표현하기 위한 것이다.
2. '옥창에 심은 매화 몇 번이나 피어 진고'에서 '매화'는 봄에 피는 꽃이다. 이것이 몇 번이나 피었냐고 묻는 것은 이미 봄이 여러 번 지나갔음을 말한다. 또한 '겨울밤 차고 찬 제 자췬눈 섞어 치니 / 여름날 길고 길 제 굿은비는 므슴 일고'에서도 겨울과 여름이 여러 번 지났음을 암시하며 시간의 경과를 보여 주고 있다.
3. '스스로 참괴하니 누구를 원망하리', '인연을 그쳤은들 생각이야 없슬쏘냐', '부용장 적막하니 뉘 귀에 들릴소니', '오거니 가거니 소식조차 그쳤는고' 등에서 설의법을 사용하여 임이 떠나고 시간이 많이 흘러 소식이 끊긴 현실에 대한 화자의 안타까움을 드러내고 있다.
4. '실솔(귀뚜라미)'이 운다고 표현하고, '새소리'가 '섧다(서럽다)'고 하여 화자의 슬픈 감정을 이입하고 있다.
5. 화자는 '설빈화안'과 '면목가증'의 대비를 통해 흐르는 세월로 인해 늙은 자기 자신에 대한 한탄의 감정을 심화하고 있으므로 선지의 내용은 적절하다.

📕 나BS 실전 문제 정답

| 01. ⑤ | 02. ③ | 03. ① | 04. ④ | 05. ② |
| 06. ② | | | | |

01.

'소상야우의 댓잎 소리 섞여 도는 듯 / 화표 천 년의 별학이 울고 있는 듯'과 같이 대구법이 사용된 것을 확인할 수는 있으나, 이는 녹기금 연주 소리에 대한 표현일 뿐 운명에 맞서려는 의지가 나타나지는 않는다.

02.

'천상의 견우직녀'는 화자의 상황과 달리 일 년에 한 번은 만날 수 있으므로, '화자의 처지와 동일하다는 점에서 슬픔을 대변'한다고 보는 것은 적절하지 않다.

03.

본문의 '꿈'은 그리운 임을 보기 위한 수단이며 〈보기〉의 '꿈' 역시 볼모로 잡혀간 두 왕자에 대한 그리움으로 인한 것이다.

🔸 오답 풀이

② 화자의 내적 갈등은 현실의 문제로 발생한 것이다. ⑤ 현실의 문제가 꿈을 통해 극복되지 않았으므로, 그 결과 역시 나타나지 않는다.

04.

[A] O, [B] X / [A]에서는 '봄바람'과 '가을 물'이라는 계절적 배경을 알려 주는 시어를 활용하여 시간의 흐름에 따라 화자가 '설빈화안'에서 '면목가증'이 되었다고 말하고 있으므로, 시간에 따라 화자의 처지가 달라졌음을 드러냈다고 볼 수 있다. 반면 [B]에서는 '겨울밤'과 '여름날'이라는 계절적 배경을 알려 주는 시어가 제시되었으나, 이는 오랜 시간이 흘러도 언제나 화자는 외로운 처지임을 나타내는 것이지 시간의 흐름에 따라 화자의 처지가 달라졌음을 드러낸 것이 아니므로 선지의 내용은 적절하지 않다.

🔸 오답 풀이

① [A]는 '베오리에 북 지나듯'에서, '베오리(베틀)'와 '북'이라는 당대 여성의 생활에 밀접한 소재를 활용하여 흘러가는 세월이 빠름을 비유적, 시각적으로 드러내고 있으므로 적절하다. ② [B]는 '차고 찬 제'와 '길고 길 제'와 같이 단어 '차다'와 '길다'를 반복하는 구절을 행마다 사용하여 화자가 주목하는 겨울밤의 특성 '차다'와 여름날의 특성 '길다'를 강조하고 있으므로 적절하다. ③ [C]는 '소나무'와 '버들'을 발음이 비슷한 의태어 '흔덕흔덕'과 '흔들흔들'로 표현하여 움직이는 모습의 유사성을 드러내고 있으므로 적절하다. ⑤ [B]에서는 '겨울밤 차고 찬 제 자췬눈 섯거 치고'와 '여름날 길고 길 제 굿은비는 무슨 일고'에서 문장의 구조가 비슷한 두 문장이 이어져, 두 문장이 짝을 이루는 대구를 이루고 있음을 알 수 있다. [C] 역시 '재 위에 우뚝 선 소나무 바람 불 적마다 흔덕흔덕'과 '개울에 섰는 버들 무슨 일 좋아서 흔들흔들'에서 역시 유사한 문장 구조가 짝을 이루어 반복되고 있으므로 대구가 쓰였다고 볼 수 있다. 이처럼 대구가 쓰이면, 리듬감이 나타난다.

05.

ⓒ에서 화자는 잠에 들어 꿈에나 남편을 보려 한다고 하였으므로, ⓒ은 화자가 현실에서는 남편을 만나지 못하는 문제를 해결할 수 없어 선택한 방법임을 알 수 있다.

🔸 오답 풀이

① ⑤은 서울의 경박한 사람을 남편으로 만나게 되었다는 의미로, 흐릿한 기억 때문에 혼란스러운 화자의 심정은 드러나지 않는다. ③ 임과의 만남에 대한 기대에서 ⑤

이 비롯된 것은 아니다. 또한 화자는 임과 만나지 못해 꿈에서나마 만나고자 하므로 임과의 이별을 망각하여 ⓛ이 비롯된 것은 아님을 알 수 있다. ④ 화자는 ㉠을 통해 임과의 만남을 회상하고 있으나, 화자가 꿈을 통해 임을 볼 것임을 단정하고 있지 않으므로 ⓛ이 곧 일어날 일에 대한 단정이 아님을 알 수 있다. ⑤ 화자는 '삼생의 원업이오 월하의 연분으로' 임을 만나게 됨을 언급하는 운명론적 태도를 보이고 있을 뿐, 인연의 우연성에 대한 우려를 드러내고 있지 않다. 또한 ⓛ에서는 꿈에서나마 임과의 재회를 갈망하는 화자의 심리가 드러나나, 재회의 필연성에 대한 우려를 드러내고 있지는 않다.

06.

> 〈보기〉를 대충 보고 선지와 비교한 학생들이 많이 틀린 문제. 시 문학에서 '화자가 원하는 것'은 상황과의 관계를 규정하기에 반드시 신경을 써야 한다. 여기서 화자가 원하는 것은 외부에 있는 '임'이다. '임의 부재'로 인해 화자는 그리움과 한탄의 정서를 표출하고 있는 것이다. 따라서 〈보기〉에 나온 '외부와의 단절'은 화자가 원하는 것이 아니라, 화자에게 주어진 부정적 상황일 뿐이다.

'부용장 적막하니 뉘 귀에 들리소니'는 화자가 자신의 거문고 소리가 아무에게도 들리지 않음을 자각하고 쓸쓸함을 느끼는 대목으로, 〈보기〉에 따르면 이는 외부와 단절된 화자가 자신의 쓸쓸한 내면에 몰입하는 것이라고 볼 수 있다. 그러나 화자가 외부와의 교감을 거부하고 있는 것은 아니므로 적절하지 않다.

오답 풀이

① '실솔이 상에 울 제'는 귀뚜라미가 침상에서 우는 모습에 감정 이입한 것으로, 〈보기〉에 따르면 이는 화자가 자신의 슬픔을 주변으로 확장한 것에 해당하므로 적절하다. ③ 화자는 '바람 불 적마다 흔덕흔덕'하는 '소나무'의 모습을 바라보고 있는데, 〈보기〉에 따르면 이는 외부 대상의 모습에서 자신과의 동질성을 발견하며 슬픔을 확인하는 것으로 볼 수 있으므로 적절하다. ④ (가)의 '삼춘화류'는 '봄의 꽃과 버드나무'를 일컫는다. 화자는 임을 그리워하는 자신의 슬픈 내면과 대비되는 이러한 '호시절(좋은 시절)'의 경치를 언급하고 있는데, 〈보기〉에 따르면 이는 외부와의 단절감을 강조하고 있는 것으로 볼 수 있다. 느낌이 잘 안 오는 학생이라면, 발렌타인데이나 화이트데이에 연인들이 웃으면서 들고 다니는 초콜릿 박스와 꽃을 생각하면 된다. 연인들이 들고 다니는 '화려한 포장의 초콜릿 박스와 꽃'은 '독서실에서 외롭게 공부하는 나의 처지'를 부각하여 '외부와의 단절감'을 충분히 강조할 수 있다. 반면 (나)의 '버들'은 '흔들흔들'거리는데 〈보기〉에서 화자는 이러한 외부 대상의 모습에서 자신과의 동질성을 발견하고 있다고 하였으므로, 화자의 슬픈 내면과 일치함을 확인할 수 있다. ⑤ (나)의 '후루룩 비쭉'하는 '입하고 코'는, 〈보기〉에 따르면 슬픔을 분출하는 자신의 우스운 외양에 주목한 것으로, 이는 슬픔과 거리를 둠으로써 이별에 대처하는 방법임을 알 수 있다. 반면 (가)의 '긴 한숨 지는 눈물'에서는 화자가 자신의 슬픔을 확장하고 있으므로 적절하다.

Part 1. 고전시가　　**20 | 임유후, 목동가**

O/X 정답

01. O	02. O	03. X	04. X	05. O

1. (중략) 이전의 화자는 살아 있는 동안 '공명'을 이루기 위해 힘써야 하는 태도를 강조하여, 후대에 '이름'을 남겨야 한다는 생각을 드러내고 있으므로 선지의 내용은 적절하다.
2. '소 먹이는 저 아이야', '어와 그 뉘신고 그 어떤 사람인고'에서 말을 건네는 방식을 사용하여 주제 의식을 심화하고 있다.
3. 이름을 빛내며 화려하게 사는 관인의 삶을 가상의 존재인 '희생'에 빗대어 표현하

고 있으나, 이를 통해 자연 현상의 변화를 드러내고 있지는 않다.
4. (중략) 이후의 화자는 입신양명의 삶에 대해서는 알지 못하지만 자연에서 '소 치기'를 하며 사는 삶에 대해서는 안다고 말하고 있다. 이는 입신양명의 삶을 예찬하는 대화 상대((중략) 이전의 화자)의 발언에 대한 반박을 드러낸 것이라 볼 수 있다. 또한 자신은 세간의 이목이 모이는 자리에 있다가 희생되고 싶지 않기 때문에 분수에 맞게 살고 싶다는 뜻을 밝히고 있으므로, 제 '분수'에 맞는 삶에 대한 회의감(의심이 드는 느낌)을 드러내고 있다고 보기 어렵다.
5. '눈썹을 찡그리니 시름이 많으신가 / 발끝으로 서시니 어디를 보시는가', '아름다운 기약을 바라는가 이별의 슬픔이 중하신가' 등에서 구조가 유사한 문장을 반복적으로 제시하여 시상에 통일성을 부여하고 있다.

나BS 실전 문제 정답

01. ⑤	02. ④	03. ③	04. ②	05. ①
06. ②				

01.

(가)에서 '답하는 노래'의 화자는 인간의 삶을 소에 빗대어 바람직한 삶에 대한 생각을 드러낸다. 화자는 '푸성귀와 시냇물과 같은 평범한 먹이를 먹지만 녹음간에 자유롭게 사는 소(송아지)'와 '곤 콩대와 삶은 콩과 같은 좋은 먹이를 먹지만 고단하게 일해야 하는 소' 그리고 '잠시 화려한 삶을 살지만 이내 제사에 쓰여 백정의 도끼에 죽음을 당하는 소(희생)' 이렇게 3종류의 소를 비교하면서 '어느 소 되려 할꼬'하고 질문을 한다. 여기서 3종류의 소는 인간 삶의 3가지 유형을 비유적으로 나타낸다. 화자는 인간을 소에 비유하고 질문의 형식을 사용하여 욕심 없이 자유롭게 사는 삶이 바람직한 삶이라는 인식을 드러낸다. (나)에서 화자는 '뜬구름 같은 부귀', '일산 풍월'이 각각 상징하는 세속적 욕망을 좇는 삶과 자연을 즐기며 욕심 없이 사는 삶을 서로 견주면서 자연에서의 삶이 더 소중하다는 생각을 드러낸다. (다)의 글쓴이는 몸과 정신을 비교해 몸에 대한 정신의 우월성을, 광대무변한 세상과 몸을 견주어 우리 몸의 한없이 작음을, 무한한 시간과 인간의 삶을 비교해 삶의 찰나성을 부각한다. 이를 통해 정신이 몸에 구속되지 않게 하고, 삶의 집착에서 벗어나 만물이 하나임을 깨닫고 이기심으로부터 자유로운 삶을 살아야 한다고 말한다. (가)~(다) 모두, 비교되는 소재를 제시하여 삶에 대한 인식과 태도를 드러낸다는 점에서 공통점을 지닌다.

오답 풀이

① (가)와 (나) 모두, 어떤 대상을 예찬하고 있지는 않다. ③ (나)와 (다) 모두, 이상과 현실 사이의 괴리를 보여 주고 있지는 않다.

02.

(나)에서 '답하는 노래'의 화자가 '우리는 어리석어 대도를 몰라'라고 할 때 '대도'는 묻는 노래의 화자가 강조하는 바로, 입신양명의 삶을 통해 실현하려는 것이다. 하지만 '답하는 노래'의 화자는 묻는 노래의 화자가 주장하는 삶의 방식을 따르지 않고, '인생 저렇도다 소 치기에 아니니라'라고 말하며 욕심을 잊고 자연에서 사는 자신의 삶에 가치를 부여한다. 그러므로 화자('답하는 노래'의 화자)가 자신의 무지를 인식하여 상대('묻는 노래'의 화자)에게 배우고자 했다는 설명은 적절하지 않다.

03.

㉠은 사대부가 경세제민(벼슬길에 나아가 세상을 다스리고 백성을 구제함)의 포부를 이루어 얻는 성취이니, 이는 (나)의 화자가 득군행도를 통해 얻으려는 바와 통한다. ㉡은 자연의 아름다움을 의미하는 말이니 ㉡을 즐기는 일은 (나)의 화자가 말하는 '고반'과 그 의미가 같다. (나)의 화자, 즉 '나'는 〈제12수〉에서 득군행도,

즉 임금의 신임을 얻어 벼슬길에 나아가 도를 실천하는 일에 뜻을 두어야 하지만, 때를 못 만나면 정치 현실에서 물러나 자연을 즐기는 것이 군자가 지녀야 할 바람직한 삶의 태도라고 말한다. 이러한 생각을 ㉠과 ㉡을 사용해 표현하면, '㉠의 성취에 뜻을 두어야 하지만 때를 못 만나면 ㉠을 이루는 일에서 물러나 ㉡을 즐길 수 있어야 한다'로 정리된다. 그러므로 ㉠을 이루는 일에서 물러나 ㉡을 즐겨야 하는 때도 있다는 설명은 적절하다.

🟠 오답 풀이

① (나)의 '나'는 ㉠의 성취, 즉 득군행도가 군자가 뜻을 두어야 할 일이라고 말한다. 그러므로 ㉠을 멀리해야 한다는 설명은 적절하지 않다.

04.

(가)에서 '묻는 노래'의 화자는 '썩지 않을 이름을' '영구히 전하여 천지와 함께 무궁하려고' 한다며 평생을 통해 의미 있는 삶의 자취를 남기고 싶은 욕망을 드러낸다. 이러한 욕망은 인생이 매우 짧다는 생각 때문에 더욱 부각되는데, 이러한 생의 유한성에 대한 인식은 '인생 백년이 풀 끝에 이슬'과 같고 '생애는 유한하'다는 말에 잘 나타나 있다.

🟠 오답 풀이

① ⓐ에는 공명을 이루지 못하고 죽는 것이 안타깝고 슬픈 일이니, 살아 있는 동안 공명을 이루기 위해 힘써야 한다는 화자의 생각이 담겨 있다. 따라서 화자가 느끼는 후회의 감정을 드러낸다는 설명은 적절하지 않다. ③ ⓒ는 '묻는 노래'의 화자에 대해 '답하는 노래'의 화자가 갖는 부정적 시선을 드러내는 표현이다. '묻는 노래'의 화자는 공명을 이루는 것이 삶의 목표가 되어야 한다고 주장하지만, '답하는 노래'의 화자에게 그는 굴원이나 유자후처럼 부질없이 세상일로 근심하고 스스로를 힘들게 만드는 자일 뿐이다. '답하는 노래'의 화자의 눈에 비친 '묻는 노래'의 화자의 외롭고 근심스러운 모습을 표현한 것이 바로 ⓒ이다. ④ ⓓ에서 '말'은 정치 현실을 떠난 지 오래되었지만 여전히 임금을 걱정하고 세상을 근심하는 화자를 상징한다. 그러므로 '말'이 속세를 잊고 근심 없이 사는 자신의 모습을 나타낸다는 설명은 적절하지 않다. ⑤ ⓔ에서 화자는 의문의 형식을 사용해 '기한(배고픔과 추위)을 두려워할까'라고 말하며 가난을 두려워하지 않는 자신의 태도를 부각하고 있다.

05.

(가)에서 '여관 같은 세상에 하루살이같이 나왔다가'라는 표현에는 삶이 몹시 짧다는 화자의 생각이 담겨 있다. '대장부의 할 일이라'에서 '대장부의 할 일'은 공명을 이루는 일이다. 두 표현을 통해 화자는 인생이 몹시 짧으니 공명을 이루는 일에 더욱 힘써야 한다고 말하며, 벼슬길에 나아가 더 나은 세상을 만드는 관인의 삶에 대한 지향을 드러낸다.

06.

(다)에서 글쓴이는 '삶은 낮, 죽음은 밤과 같다'는 것을 알게 되면 오래 사는 것을 부러워하지 않고, 일찍 죽는 것을 슬퍼하지 않게 될 것이라고 말한다. 오래 살고 일찍 죽는 일 때문에 마음이 흔들리지 않는 까닭은 낮과 밤이 서로 이어져 있는 것처럼 삶과 죽음이 서로 나뉘어 있는 것이 아님을 깨달았기 때문이다. 따라서 '삶은 낮, 죽음은 밤과 같다'는 표현은 삶과 죽음이 서로 다름을 뜻하는 것이 아니라 삶과 죽음이 결국 하나임을 뜻하는 것이다.

🟠 오답 풀이

④ '남이 내가 되고 내가 남이 되는' 것은 본래 만물이 하나임을 깨달아 나와 너를 구분하지 않게 된 상태를 뜻한다. 나와 너를 구분하지 않게 되었다는 것은 '몸이 나누어져 생긴 거리'가 없어진 상태를 말하는데 이러한 상태는 정신이 몸의 얽매임에서 벗어날 때 얻어지는 것이다. 그리고 정신과 몸 가운데 본질적인 것은 정신임을 깨달아, 정신이 몸의 얽매임에서 벗어나도록 하는 것이 '순리대로 하는' 것이다. 그러므로

'순리대로 하면'(정신이 몸의 얽매임에서 벗어나도록 하면) '남이 내가 되고 내가 남이 되는 것'(만물이 하나임을 알아 나와 너를 구분하지 않게 됨)은 정신이 몸의 얽매임에서 벗어나 '몸이 나누어져 생긴 거리'가 없어지기 때문이라는 설명은 적절하다.

Part 1. 고전시가　　**21 | 이정, 풍계육가**

▌O/X 정답

01. X	02. O	03. X	04. O	05. X

1. '청풍을 좋이 여겨 창을 아니 닫았노라 / 명월을 좋이 여겨 잠을 아니 들었노라'에서 대구 표현을 사용하고 있다. 그러나 이를 통해 자연에서 느끼는 즐거움을 표현하고 있을 뿐, 화자의 괴로운 처지를 드러내고 있지는 않다.
2. '오두미 위하여 홍진에 나아가지 마라'에서 명령형의 문장을 사용하여 속세에 대해 경계하고 자연에서의 삶을 추구하는 주제 의식을 부각하고 있다.
3. 화자는 '청풍'과 '명월'을 즐기기 위해 각각 '창을 아니 닫'고 '잠을 아니' 드는 모습을 보였을 뿐, 오지 않는 '옛사람'을 그리워하고 있지는 않다.
4. 화자는 '두고 또 두고 저 욕심 그지 없다'라며 속세 사람들의 끝없는 욕심을 비판한 뒤, '내 세간을 살펴보니~전혀 없어라'라며 '낚싯대 하나 외'에는 '세간'이 없는 자신의 처지에 대해 자부심을 드러냈으므로 선지의 내용은 적절하다.
5. 자연 속에서 살아가는 삶에 대한 화자의 만족감이 드러나고 있으나, 이를 바탕으로 자연물에 대한 연민을 드러내고 있지는 않다.

▌나BS 실전 문제 정답

01. ②	02. ④	03. ④	04. ②	05. ④
06. ⑤				

01.

(가)에서는 '노송'을 통해 삶의 정신적 가치를, (나)에서는 보이지 않는 '수색'을 통해 소박하고 진정한 삶의 가치를, (다)에서는 속세의 공명과 욕심에서 벗어난 무욕의 삶의 자세를 제시하고 있다.

02.

(나)의 '태백 같은 산'은 화자가 추구하는 수색의 모습을 암시하는 긍정적인 공간이며, (다)의 '띠집'은 화자가 만족감을 느끼는 긍정적인 공간이다.

🟠 오답 풀이

① (가)의 '길가'는 화자가 추구하는 노송이 존재하는 공간으로 긍정적 의미를 발견할 수도 있으나 현재는 노송이 베어져 없기에 부정적 의미를 드러내는 공간이기도 하다. 화자의 의지에 따라 변화할 수 있는 공간은 아니고 화자의 외부에 이미 존재하고 있는 외적 세계이다. (나)에 표시된 '수색'은 화자가 추구하는 공간을 상징하는 것으로 인간적 정감이 살아 있는 순수한 세계이다. ② (가)의 '바람'은 노송의 가치를 드러내 주는 것이며 (다)의 '청풍'은 화자가 좋아하는 자연물이다. ③ (나)의 '행정과 기사'는 화자와 달리 천박한 수색을 인정하는 사람이며 (다)의 '옛사람'은 자연을 두고 떠난 존재이다. ⑤ (나)의 '서울'은 진정한 수색이 가능하지 않은 부정적 공간이며, (다)의 '홍진'은 자연과 대립되는 어지러운 속세를 나타낸다.

03.

(가)에서는 '탄식하듯 울고 있어', '선한 나무' 등의 의인화된 표현을 통해 화자가 대상에 대해 느끼는 감정을 드러내고 있다. (나)에서 작품의 마지막 부분의 잃고 있는 수색을 의인화로 본다고 하더라도 대상에 대한 친근감을 나타내는 표현은

아니다.

04.

'내 항상 그 아래 한때를 머물러'에는 노송이 바람에 흔들리는 소리를 즐겨 들으며 그로부터 정신적 가치를 찾고자 하는 화자의 태도가 드러나 있다. 따라서 이 행동은 현실에 대한 안타까움이 아니다.

05.

화자의 정서를 추리하여 일기를 썼을 때 적절한 내용을 찾는 유형이다. 화자는 이름뿐이고 말뿐인 수색에 대해 의문을 느낀다. 이 공간은 자신이 찾고자 하는, 가고자 하는 수색이 아니기 때문이다. 화자가 추구하는 수색은 태백 같은 산이 있는 곳, 석탄을 캐는 노동이 있는 곳, 남포등의 소박함이 존재하는 곳이다. 이런 수색과 너무도 다른 현실의 수색은 화자에게 '날이 갈수록 낯선' 감정을 불러일으킨다.

06.

제4수의 '욕심'은 세속적인 욕심을, 제6수의 '홍진'은 세속을 뜻한다. 화자는 세속을 멀리하고 자연에서 만족하는 태도를 지니므로 '홍진'과의 거리를 좁히려고 한다는 것은 적절하지 않다.

🔶 **오답 풀이**

① '청풍, 명월, 산, 물'은 화자가 좋아하고 즐기는 자연물이다. ② '문'은 '창'과 달리 세속으로 통하는 통로로 화자는 이를 차단하고 있다. ③ '바람비'는 어지러운 속세를 상징하고 있다. 그래서 화자는 '작록'을 맘에 두지 않는다. ④ '낚싯대'는 화자가 지닌 소박한 삶의 태도를 보여주고, 화자는 '처간'에서의 삶에 대해 만족하고 있다.

Part 1. 고전시가　　**22 | 윤선도, 만흥**

■ O/X 정답

01. X	02. O	03. X	04. O	05. X

1. 윗글은 계절감이 느껴지는 시어가 쓰이지 않았다.
2. 자연에 속하는 '산수, 물가, 먼 뫼, 임천 한흥, 강산' 등의 시어와 속세에 속하는 '남들, 여남은 일, 삼공, 만승, 인간 만사' 등의 시어가 서로 대조되며 자연 속에서 사는 삶을 추구하는 글쓴이의 인식을 드러내고 있다.
3. 윗글에서 유사한 시구를 점층적으로 변주한 부분은 나타나지 않았다.
4. '그 누가 삼공보다 낫다 하더니 만승이 이만하랴에서 '만승'보다도 자연에서의 삶이 낫다는 화자의 인식이 나타나며, '아마도 임천 한흥을 비길 곳이 없어라'에서도 '임천 한흥'이 다른 무엇과도 비교할 수 없다는 화자의 긍정적인 인식이 드러나고 있다.
5. '잔 들고 혼자 앉아 먼 뫼를 바라보니 / 그리던 임이 온들 반가움이 이러하랴'는 화자가 먼 산을 바라보며 느끼는 감정이, 그리던 임이 와서 반가운 것보다 더욱 좋다는 의미이므로 선지의 내용은 적절하지 않다.

■ 나BS 실전 문제 정답

01. ①	02. ③	03. ①	04. ⑤	05. ④
06. ④	07. ④	08. ③		

01.

〈제1수〉의 '산슈 간 바회 아래 뛰집'은 화자가 현재 거처하고 있는 공간으로, 경험적 성격과 연결된 일상의 공간이다. 〈제6수〉의 '강산'은 자연을 상징하는 시어로 화자에게 '님군 은혜'를 더욱 잘 알 수 있도록 하는 공간이므로, 관념적 성격과 연결된 공간으로 볼 수 있다. 〈제1수〉에서는 경험적 성격과 연결된 공간으로부터, 〈제6수〉에서는 관념적 성격과 연결된 공간으로부터 시상이 전개되고 있다.

🔶 **오답 풀이**

② 〈제2수〉의 '보리밥 픗ᄂᆞ물'은 일상 속의 구체적 소재에 해당한다. 〈제3수〉의 '잔' 역시 일상 속의 구체적 소재에 해당한다. 그러므로 〈제3수〉에서 추상성이 강화된 소재로 시상이 시작된다는 설명은 적절하지 않다. ③ 〈제2수〉의 '그 나믄 녀나믄 일이야 부ᄅᆞᆯ 줄이 이시랴'를 통해 설의적 표현을 확인할 수 있다. 그러나 이 표현은 '바횟 긋 믉ᄀᆞ'에서 즐거움을 누리는 삶에 대해 화자의 긍정적 인식을 드러내는 것이지, 의문을 제기하고 있는 것이 아니다. 그리고 〈제5수〉에서 화자의 의문이 해소되었음이 드러나고 있지도 않다. ④ 〈제3수〉에서의 '뫼'에 대한 긍정적 인식은 자연 속에 거처하는 현재에 대한 긍정으로 이해할 수 있다. 한편 〈제4수〉에 '소부', '허유' 같은 고대 중국의 은자들에 대한 언급은 있지만, 역사에 대한 부정이 드러나지는 않는다. 〈제4수〉에서는 자연 속에서 지내는 삶에 대한 자부심을 드러내고 있다. ⑤ 〈제3수〉에는 '뫼'에 대한 정서적 반응이 드러나 있다. 그러나 〈제6수〉에서 감각적 표현을 통해 이를 구체화하지는 않았다.

02.

〈제3수〉에서 화자는 '뫼'를 바라보는 감흥이 그리운 임이 오는 반가움보다 크다고 말하고 있다. 이는 '뫼'의 의미를 부각하여 자연에 대한 화자의 긍정적 인식과 만족감을 드러낸 것으로, 이를 통해 자기와 외부 세계 사이의 친화적 관계가 형성된다. '뫼'의 의미를 부각하여 화자와 '님' 사이의 거리가 드러나는 것은 아니며, 이를 통해 자기와 외부 세계 사이의 소원한 관계가 유지되는 것도 아니다.

🔶 **오답 풀이**

① 〈제1수〉에서는 '산슈 간 바회 아래 뛰집'을 짓고 거처하고 있는 화자를 '눔들'이 이해하지 못하는 상황이 드러나 있다. 자연 속에서 지내고자 하는 화자의 마음과 이에 공감하지 못하는 '눔들'의 생각이 대비되면서 화자와 '눔들' 사이의 거리가 드러난다. 이를 통해 자기와 외부 세계 사이의 소원한 관계가 유지된다고 할 수 있다. ② 〈제2수〉에서 '바횟 긋 믉ᄀᆞ'에서 즐거움을 누리는 삶을 사는 화자는 속세의 일을 '녀나믄 일'이라고 말하며 '녀나믄 일'과의 거리를 두고자 하는 마음을 드러내고 있다. 이를 통해 자기와 외부 세계 사이의 소원한 관계가 유지된다고 할 수 있다. ④ 〈제4수〉에서는 '님천'에서의 '한흥'이 '삼공'이나 '만승'보다 낫다고 말하고 있다. 이는 화자가 자연 속에서의 삶에 대해 가치를 부여하고 있음을 드러낸 것으로서, 화자와 '님천' 사이의 거리가 가깝다는 것을 보여 준다. 이를 통해 자기와 외부 세계 사이의 친화적 관계가 형성된다고 할 수 있다. ⑤ 〈제6수〉에서 화자는 '강산' 속에서의 삶이 '님군'의 은혜 덕택이라고 말하며 임금의 은혜에 감사하는 마음을 드러내고 있다. 화자와 '님군' 사이의 거리가 가까워짐으로써 자기와 외부 세계 사이의 친화적 관계가 형성된다고 할 수 있다.

03.

'나'는 자신이 시정에 살면서 은거에 마음을 두고 있으므로 작은 즐거움을 누리는 자이며, 이 작은 즐거움이 '가장 높은 것'이라 말하고 있다. 글쓴이는 부끄러움과 즐거움을 조화시켜 더 나은 삶의 방식을 결정할 수 있다고 말하는 것이 아니라, 작은 즐거움을 누리는 삶의 가치와 그러한 삶을 사는 것에 대한 자부심을 드러내고 있다.

오답 풀이

② '나'는 산림에 사느냐, 시정에 사느냐와 명리에 마음을 두느냐, 은거에 마음을 두느냐를 고려하여 삶의 유형을 나누고 있다. ③ '나'는 산림에 살면서 명리에 마음을 두는 것은 큰 부끄러움인데, 큰 부끄러움을 안고 사는 자는 백에 반이라고 말하고 있다. 또한 '나'는 산림에 살면서 은거에 마음을 두는 것은 큰 즐거움인데, 큰 즐거움을 안고 사는 자는 백에 서넛쯤 된다고 말하고 있다. 이를 통해 산림에 사는 사람들 중에는 즐거움을 누리는 경우보다 부끄러움을 가진 경우가 더 많다는 것을 알 수 있다. ④ 산림에 살면서 명리에 마음을 두는 것은 큰 부끄러움이고, 시정에 살면서 은거에 마음을 두는 것은 작은 즐거움이라고 하였다. 큰 부끄러움과 작은 즐거움은 어디에 사느냐와 어디에 마음을 두느냐가 모두 서로 다르다. ⑤ '나'는 은거에 마음을 두는 것은 큰 즐거움이든 작은 즐거움이든 '즐거움'에, 명리에 마음을 두는 것은 큰 부끄러움이든 작은 부끄러움이든 '부끄러움'에 대응시키고 있다. 은거의 가치를 명리의 가치보다 더 높이 두고 있는 것이다.

04.

㉠에서 화자는 자신을 '하암'이라고 낮추어 표현하면서 자연 속에서 거처하는 삶이 자신의 분수에 맞는 것이라고 말하고 있다. 이는 자연에서의 삶의 가치를 모르는 '뉘들'과 달리, 자연 속에서 만족감을 느끼며 살아가는 자신의 삶에 대한 자부심을 우회적으로 표현한 것이라고 할 수 있다. 한편 (다)의 글쓴이는 자신이 작은 즐거움을 누리는 자라고 하면서 작은 즐거움을 누리는 자가 가장 높은 것이라고 하였다. 그러면서 ㉡에서는 작은 즐거움을 가장 높은 것이라고 하는 자신의 말이 '물정을 모르는 소리'일 수도 있다고 말하고 있다. 이는 자신의 삶이 일반적인 사람들의 삶의 방식이나 가치관과는 다른, '백에 하나 있거나 아주 없거나' 한 것임을 부각하는 것으로, 자신의 삶에 대한 자부심을 우회적으로 표현한 것이라고 할 수 있다.

오답 풀이

① ㉠에서 화자가 자신의 문제를 회피하고 있지는 않다. ㉠에서 화자는 자신의 삶에 대한 만족감을 드러내고 있다. ② ㉡에서 글쓴이가 자신의 행동을 성찰함으로써 과오를 인정하고 있는 것은 아니다. ㉡에서 글쓴이는 작은 즐거움을 누리는 자신의 삶에 대한 자부심을 드러내고 있다. ③ ㉠과 ㉡ 모두 자문자답의 형식을 활용하고 있지 않다. ④ ㉠이 자신의 생각을 남의 말을 인용하여 표현한 것은 아니다. 또한 ㉡도 자신의 생각을 다른 사람들의 생각과 비교하고 있는 것이지, 자신의 생각을 남의 말을 인용하여 표현한 것은 아니다.

05.

(나)의 〈제4수〉에 '소부', '허유' 같은 고대 중국의 선인들이 등장하기는 하지만 (나)에 선인들의 삶의 태도를 자기 내면으로 수용하는 과정이 드러나 있지는 않다. 한편 (다)에서는 작은 즐거움을 누리는 자가 가장 높은 것이라는 자신의 생각이 대다수 사람들의 생각과 다른 것임을 말하고 있다. 그러므로 (다)에 대다수 사람들의 뜻을 자기 내면으로 수용하는 과정이 제시되어 있는 것은 아니다.

오답 풀이

① (나)에서는 무정물인 '뫼'를 반갑고 좋은 대상으로 여기며 그것에 대해 호감을 표현하고 있다. 이는 자연 속에서의 삶에 대한 만족감, 즉 자신의 정서를 대상에 투영한 것이라고 볼 수 있다. ② (다)에서 '산림'은 큰 부끄러움을 누릴 수도, 큰 즐거움을 누릴 수도 있는 공간이다. '산림'을 자연물로만 이해하지 않고 의미를 부여한 것은 자신의 생각을 투영하여 세계를 해석하는 것이라고 볼 수 있다. ③ (다)에서는 어디에 사느냐와 어디에 마음을 두느냐에 따라 삶의 방식을 나누고 그중에서 시정에 살면서 은거에 마음을 두는 것이 가장 높은 것이라는 평가를 제시하고 있다. 또한 이러한 생각이 '대부분의 사람들의 생각과는 거리가 먼' 것일 수 있다고 말하고 있다. 이는 자신의 가치관과 세상 사람들의 생각을 비교하여 세계의 의미를 새롭게 파

악한 것이라고 할 수 있다. ⑤ (나)에서는 본성이 게을러서 하늘이 자신에게 인간 만사를 맡기지 않았다고 하며 자기 본성을 하늘의 뜻에 연관 짓고 있다. (다)에서는 작은 즐거움을 누리는 자는 백에 하나 있거나 아주 없다고 하면서 자기의 삶의 방식이 일반적인 삶의 방식과 다르다는 것을 드러내고 있다. 이를 통해 (나)와 (다)는 자기 삶의 가치를 새롭게 해석하여 의미를 만들어 냈다고 할 수 있다.

06.

(가)에는 백화가 만발한 화창한 봄날 산의 경치를 즐기는 화자의 흥겨움이 잘 드러나 있고 (나)에는 자연과 더불어 한가롭게 유유자적하면서 살아가는 흥겨운 삶이 잘 드러나 있기 때문에 두 작품은 모두 '자연에서 비롯된 화자의 감흥을 드러내고 있다.'는 설명에 부합한다.

07.

(가) 시에는 역설적인 표현이 보이지 않는다.

오답 풀이

① '거지 중천 → 원산 → 태산(기암 →장송 → 폭포)'로 이어지는 시선의 이동을 확인할 수 있다. ② '기암은 층층 / 장송은 낙락', '이 골 물이 주루루룩 / 저 골 물이 쏼쏼' 등에서 대구를 통한 리듬감을 느낄 수 있다. ③ 의인법(장송은~춤을 춘다), 직유법(수정렴 드리운 듯, 은옥같이 흩어지니) 등을 통해 자연의 시각적 이미지를 드러내고 있다. ⑤ '펄펄펄, 우줄우줄, 콸콸, 주루루룩, 쏼쏼, 으르렁' 등의 고유어뿐 아니라 '첩첩, 층층, 낙락' 등 한자어로 된 의성어와 의태어를 사용하여 대상의 동적 이미지를 생동감 있게 드러내고 있다.

08.

'물러남'은 현실적으로 정쟁에서 밀려나거나 임금의 부름을 받지 못하는 등 현실적 이유가 있을 수 있지만, 화자는 그런 외적인 이유를 내세우지 않고 '성이 게으르'다는 것을 표면적 이유로 제시하고 있다. 따라서 물러남이 떳떳하지 못하다는 진술은 시의 내용에 부합하지 않는다.

Part 1. 고전시가 **23 | 규수상사곡, 임 그린 상사몽이~**

O/X 정답

01. X	02. X	03. O	04. X	05. X

1. (가)의 '나 죽은 무덤 위에 네가 나를 찾아오며 / 너 죽은 무덤 위에 내가 너를 찾아가랴'에서는 설의적 표현을 사용해 죽은 뒤에도 서로 찾아갈 수 없음을 드러내고 있으므로, 화자가 임과의 재회를 기대하고 있다는 선지의 내용은 적절하지 않다.

2. (나)에서는 '임 그린 상사몽이 실솔의 넋'이 되어 '깊은 밤'에 임의 방에 들어간다고 하였으나, 임은 '날 잊고 깊이 든 잠'을 자고 있는 것으로 제시되었으므로, 화자가 자신을 기다리고 있는 임을 만나고자 한다는 선지의 내용은 적절하지 않다.

3. (나)에서는 임을 그리워하는 화자의 감정을 가을밤에 우는 '실솔(귀뚜라미)'에 이입하여 화자의 애상감을 심화하고 있다.

4. (가)에서는 '저 여자야', '임아 임아 각시님아' 등과 같이 표면에 드러난 청자에게 말을 건네는 방식으로 자신의 감정을 드러내고 있다. 반면, (나)에서는 표면에 드러난 청자에게 말을 건네는 방식이 드러나지 않으므로 선지의 내용은 적절하지 않다.

5. (가)의 '나 죽은 무덤 위에 네가 나를 찾아오며 / 너 죽은 무덤 위에 내가 너를 찾아가랴'에서 대구적 표현이 사용되었으나, 이를 통해 죽은 뒤에도 이루어질 수

없는 사랑을 강조하고 있을 뿐, 화자의 태도 변화를 드러내고 있지는 않다. 한편, (나)에서는 대구적 표현이 활용되지 않았으며, 이를 통한 인물에 대한 태도의 변화도 드러나지 않는다. 따라서 선지의 내용은 적절하지 않다.

Part 2. 고전 산문 | **01 | 작자 미상, 임진록**

┃ O/X 정답

01. X	02. O	03. O	04. X	05. O

1. 윗글은 시간의 흐름에 따라 사건이 전개되고 있을 뿐, 다른 장소에서 동시에 벌어진 사건을 병치하고 있지 않다.

2. '비수를 끼고~인적이 고요한지라,'와 '응서 힘을 다하여 싸우다가~진중으로 돌아와 전말을 고하니,'에서 인물의 연속적인 행위를 제시하여, 응서가 적진으로 들어가는 긴박한 상황과 종일의 목을 벤 후 탈출하는 응서의 긴박한 상황을 드러내고 있다.

3. '한 도사가 원익의 위태함을 보고~발이 땅에 붙는지라.'와 '종일의 머리 떨어지며~보검으로 들보를 치니,' 등에서 전기적 요소를 활용하여 비현실적 장면을 부각하고 있다.

4. 원익의 부탁을 받아 전쟁에 참여하게 된 응서가 종일을 상대하기 위해 혼자 떠난 것은 맞다. 그러나 '원익이 사랑하며 보검을 주어 연습하라 하더니, 하루는 응서 왈,'이라는 서술을 통해 응서가 전쟁터에 도착하자마자 떠난 것이 아님을 알 수 있으므로 선지의 내용은 적절하지 않다.

5. 응서에게 종일이 완전히 잠드는 시간을 알리고 솜으로 방울을 막는 등의 도움을 준 기생은, 종일의 목을 베고 나오는 응서를 보고 "장군이 소첩을 사지에 두고 가려 하느뇨?"라며 탈출하는 응서에게 자신을 데리고 가 줄 것을 요청하였으므로 선지의 내용은 적절하다.

┃ 나BS 실전 문제 정답

01. ②	02. ⑤	03. ⑤

01.

> 인물의 외양을 묘사하여 성격을 제시한 부분은 없고 주로 인물 간의 대화를 통해 인물의 성격을 제시하고 있다.

오답 풀이

① 사명당과 왜왕의 갈등은 사명당의 압도적인 힘에 의해 해결되고 있다. ③ '벽력 소리 진동하며~물에 빠져 죽는 자 수를 아지 못하되' 등에서 과장된 비유를 통해 상황의 급박함을 드러내고 있다. ④ 사명당이 도술을 부리는 부분에서 전기적 요소를 통해 비현실적 장면이 부각되고 있음을 확인할 수 있다. ⑤ 국내에서 벌어지는 사명당과 송정의 대립은 사명당의 일방적인 징벌로 간단히 마무리되는 반면, 국외에서 벌어지는 사명당과 왜왕의 대립은 수차례 반복되면서 상대적으로 갈등과 긴장감이 크게 느껴지는 것으로 볼 수 있다.

02.

> "조정에 사람이 무수하거늘~이는 더욱 패망할 징조라."라는 송정의 말과 "네 벼슬이 비록~국법을 엄히 하라."라는 사명당의 말에서 사명당은 자신이 임금의 명을 받은 사신(명분)이며, 대사마대장군(직위)이라는 점을, 송정은 자신의 신분(옥당)을 중시하고 있음을 알 수 있다.

오답 풀이

① '하인'은 사명당이 온다는 소식을 전달했을 뿐 둘 사이의 오해를 일으킨 것으로 볼 수 없다. ② 둘의 갈등을 외교적 문제의 핵심 사안에 대한 인식 차이에 기인한 것으로 볼 수 없다. ③ 사대부의 사회적 소임이 아니라 봉명 사신을 대하는 지방관으로서의 도리에 관한 문제가 갈등의 중심에 있다. ④ 종교적 신념과 윤리적 신념의 충돌은 드러나지 않는다.

03.

신이한 능력을 지닌 사명당 개인의 활약상을 보인 것을 종교를 중심으로 상하층이 단결하는 모습을 형상화한 것으로 보기 어렵고, 〈보기〉를 참고한 감상으로 볼 수도 없다.

오답 풀이

① 역사적으로 패한 전쟁인 왜란의 수치를 왜를 철저히 응징하는 사명당의 통쾌한 복수 이야기로 바꿈으로써 민중들이 받은 고통을 정신적으로 보상하고 있다고 볼 수 있다. ② 신이한 능력을 지닌 사명당을 주인공으로 설정하여 왜에 대한 조선인의 우월성을 드러내고 있다. ③ "지방관의 도리에~화를 면치 못하리로다."라는 하인의 말을 통해 어리석은 지배층에 대한 민중들의 비판적 인식을 엿볼 수 있다. ④ 압도적인 힘으로 왜왕을 수차례 굴복시키는 이야기 전개는 전란으로 짓밟힌 민족적 자존감을 회복하기 위한 설정이라 볼 수 있다.

Part 2. 고전 산문 | **02 | 백문보, 율정설**

O/X 정답

01. O	02. X	03. X	04. X	05. X

1. '윤 상군'과 '밤나무'라는 대상에 주목하여, 인간과 사물의 공통된 이치에 대한 깨달음을 드러내 관련된 가치를 추구하고 있으므로 선지의 내용은 적절하다.
2. 글쓴이가 '윤 상군'에 대해 우호적 관점을 가진 것은 맞지만, 그로 인해 중심 제재인 '밤나무'가 함의한 가치에 주목하고 있을 뿐, 심미적(아름다움을 살펴 찾으려는) 속성을 강조하고 있지는 않다.
3. 자연물인 '밤나무'를 소재로 하고 있으나, 서로 대립하던 것들이 타협에 이른 모습을 제시하고 있지는 않다. 참고로, '풀과 나무의 뿌리', '샘물' 등 다양한 자연물을 언급한 것은 자신이 깨달은 이치를 설명하기 위함이며, 이 또한 각각 '느린 것'과 '멈춘 것'으로 서술되므로 '밤나무'와 비슷한 속성을 가진 대상이라고 볼 수 있다.
4. 글쓴이는 늦게 싹트는 '뿌리'는 '줄기'가 되고, '샘물'이 '바다'에 이르는 과정을 설명하며, '그 느린 것(뿌리)은 빨라지고 멈춘 것(샘물)은 반드시 먼 곳'에 도달한다고 말하고 있다. 즉, '뿌리'와 '샘물' 사이의 차이점을 든 것이 아닌, '뿌리'와 '샘물' 모두 느리지만 꾸준히 나아가 결실을 맺는다는 점에서 '밤나무의 꽃과 열매'와 유사한 속성을 가졌다고 강조한 것이므로 선지의 내용은 적절하지 않다.
5. '윤 상군'은 글쓴이에게 "봄이면 성근 가지가~아궁이에 불을 땐다."는 이유로 '곤강 남쪽에 집터를 마련'하였다고 말하였을 뿐, 자신이 밤나무와 닮았다는 점을 언급하고 있지는 않으므로 선지의 내용은 적절하지 않다. 참고로 '윤 상군'과 '밤나무'가 닮았다고 여긴 인물은 글쓴이이다.

나BS 실전 문제 정답

01. ①	02. ④	03. ②	04. ③	05. ⑤
06. ③	07. ⑤	08. ①	09. ③	

01.

(가)는 '석양', '달' 등을 통해, (나)는 '서산에 해 져 간다'는 표현을 통해 시적 분위기를 형성하고 있다.

오답 풀이

② (가)와 (다)에는 반어적 표현이 사용되지 않았다. ③ (나)와 (다)는 근경에서 원경으로 시선이 이동하고 있지 않다. ④ (가)의 '녹초변'과 (나)의 '백구'는 색채어라 할 수 있으나, (다)에는 색채어가 사용되지 않았다. ⑤ (가), (나), (다) 모두 공간의 이동을 통한 대상의 변화는 드러나지 않았다.

02.

[D]에서 화자는 자신이 있는 공간을 '경요굴 은세계'라고 표현하며, 자연의 아름다움과 이에 대한 만족감을 드러내고 있다. 그러면서 이곳을 찾을 사람이 있을까 걱정되니 이 상황을 '남에게 전하지' 말라고 하고 있으므로, '은세계'를 찾는 사람들이 많아지기를 바라고 있다는 설명은 적절하지 않다.

오답 풀이

① 화자는 '소 먹이는 아이들'이 '흥이 겨워 피리' 부는 것을 듣고, '물 아래 잠'겨 있다가 '잠을 깨어 일어날 듯'한 '용'과 '제 집을 버리고 / 반공에 솟아 뜰 듯'한 '학'을 떠올리면서 강변에서의 흥취를 표현하고 있다. ② '소선 적벽'에서는 '가을 칠월'이 좋다고 했으나 '팔월 보름달'을 모두가 칭찬한다고 말하면서, 달의 아름다움에 취해 달을 잡으려다 물에 빠진 '적선(이태백)'의 이야기를 떠올리며 '달'이 '솔' 위에 걸린 풍경에서 느끼는 감흥을 드러내고 있다. ③ '공산'에 '삭풍'이 불고 '눈'이 오니, 마치 조물주인 '천공'이 '옥'으로 꽃을 만들어 '만수 천림'을 꾸며낸 것 같다며 산의 아름다운 겨울 풍경을 예찬하고 있다. ⑤ 책을 읽고 있던 화자가 책 속의 '성현'과 '호걸'에 대해 생각하면서 '시운'이 흥했다가 망했다가 하는 것이 애달프다며 안타까움을 느끼고 있다.

03.

㉠은 자연 속 생활의 만족감이 드러나 있는 소재이며, ㉡은 버려야 할 세속적 가치를 표현하고 있는 소재이다. 따라서 ㉠과 달리 ㉡은 화자가 추구하는 가치와 거리가 먼 대상이다.

04.

'잎이 매우 늦게 돋지만, 돋기만 하면 곧 그늘을 쉽게 만들어 주는 것'은 윤상군이 등용은 늦게 되었지만 큰 성취를 이루었다는 내용과는 연결할 수 있지만, 벼슬에 오르기까지 직무에 조심하면서 충실히 임했다고는 볼 수 없다.

오답 풀이

① '불이 마른 것에 잘 붙고 물이 축축한 곳으로 흐르는 것'은 성질이 같은 것끼리 서로 찾아가는 이치를 설명하고 있는 것이므로 밤나무와 같은 성질을 가지고 있는 윤상군이 밤나무가 있는 곳을 선택하여 집을 구한 것과 연관 지어 볼 수 있다. ② '밤나무는 늦게 나고 기르는 데 시간도 오래 걸리는 것'은 사람들이 모두 늦었다고 할 정도로 늦게 벼슬에 나아간 윤상군의 삶과 연관 지어 볼 수 있다. ④ '별로 손질을 하지 않았는데도 무성하게 뻗어 나간 것'은 '그 기틀을 세우는 것이 처음에는 어려웠으나 그 성취하는 것이 뒤에는 쉬'운 밤나무의 성질로, 등용까지는 오래 걸렸지만 일단 등용이 되고 나서는 하루 동안에 아홉 번이나 자리를 옮겨 대신의 지위에까지 이르게 되었던 윤상군의 삶과 연관 지어 볼 수 있다. ⑤ '밤나무의 생장함'은 윤상군이 출세하여 영화롭게 된 것과, '밤을 수확하여 간직하는 것'은 윤상군이 은퇴하는 것과 연관 지어 볼 수 있다.

05.

(다)에서 정자의 이름을 '율정'이라고 지은 것은 윤상군이 밤나무를 좋아해서이고, 작가는 등용이 늦었지만 큰 성취를 이룬 윤상군이라는 인물을 통해 '차고 이지러지고 줄어들고 보태는' 모든 사물에 공통되는 이치를 말하고 있지만, 당시 현실을 비판하려는 시각을 드러내고 있는 것은 아니다.

오답 풀이

① (가)에서 화자는 기산에 숨어 살던 허유가 귀를 씻었다는 고사를 인용하며 그의

기개와 품행이 높다고 평가하고 있다. 이를 통해 바람직한 삶의 자세에 대한 화자의 시각을 알 수 있다. ② (가)에서 화자는 '세사'가 '구름'처럼 험하다고 하면서 '술'을 마시며 '마음에 맺힌 시름'을 적게 만들고 싶어 한다. 이를 통해 화자는 속세를 부정적 대상으로 인식하고 있음을 알 수 있다. ③ (나)에서 화자는 자연물인 '백구'를 자신과 동일시하며 날지 말고 자신과 함께 속세의 일을 잊자고 말하고 있다. 이를 통해 자연물을 물아일체의 대상으로 인식하고 있음을 알 수 있다. ④ (나)에서 화자는 고깃배가 떠 있는 삶의 터전인 '어촌'이 마치 이상향의 세계인 '무릉'과도 같다고 말하며 생활에 대한 만족감을 비유적으로 표현하고 있다. 이를 통해 일상의 공간을 긍정적으로 바라보고 있는 화자의 인식을 알 수 있다.

06.

(가)는 '가난'을 의인화하여 평생 동행해야 하는 상황을 해학적으로 그리면서 가난을 수용하는 모습을 노래한 가사이다. (나)는 자신을 알아주지 않는 세상에 대비하여 외진 곳에서도 아름다움을 유지하는 석죽화의 모습에 자신을 비유한 시이다. (다)는 밤나무와 같이 더디 성장하더라도 자신이 생각하는 길에 최선을 다하고 수양하는 자세를 갖춘다면 저절로 이룬다는 설이다. 이를 바탕으로 (나)와 (다)는 자연물을 통해 화자의 의도를 드러내고 있는 것을 확인할 수 있다.

07.

(가)의 '므슴하리'에는 화자가 가난을 운명으로 받아들여 체념하는 태도가, (나)의 '붙이누나'에는 '외진 땅'에 있는 자신의 처지에 대한 안타까움의 정서가 드러난다.

08.

'좋은 꽃'은 화자 자신의 긍정적인 모습을 비유한 소재이고, '밤나무'는 글쓴이가 삶을 살아가는 진정한 태도를 표현하기 위해 사용한 소재이다.

09.

ⓒ에서 윤상군은 밤나무를 통해 긍정적 미래를 성취하려는 의지를 드러낸 것은 아니다.

Part 2. 고전 산문 **03 | 이현기, 포천이문**

O/X 정답

01. O	02. X	03. O	04. X	05. X

1. '하륜의 귀신'과 '정 공'이라는 두 인물의 대화를 통해, 사후 세계 및 북벌과 국정에 대한 인물들의 생각이 구체적으로 드러나고 있다.
2. "병자년"등의 표현을 통해 시대적 상황을 구체화하고 있으나, 실제 공간의 실감 있는 묘사는 나타나지 않으므로 선지의 내용은 적절하지 않다.
3. "사또는 아직도 탁상공론을 하고 있소?~동맹하는 것은 불가하오."나 "우리나라 사람들은 허황된 논의를~부질없는 생각에 지나지 않소." 등 하 공의 발화에서 냉소적 어조를 통해 세태(세상의 상태나 형편)에 대한 비판적 태도가 드러나고 있으므로 선지의 내용은 적절하다.
4. 하 공이 "천시와 지리와 인사의 제약"을 근거로 북벌이 허황된 꿈임을 지적한 것은 맞다. 그러나 우리나라 군인들을 "오합지졸"이라 부르거나 "우리나라 사람들은~막상 일이 닥치면 겁부터 집어먹소."라고 말하였으므로 선지의 내용은 적절하지 않다.
5. 하 공은 "권세가"가 "용렬하고 게으른 종"을 도태시키고 "똑똑하고 부지런한 자"로 대체시킨다면 "모든 일이 잘 돌아가게 될" 것이라며, "나랏일" 역시 이와 마찬

가지라고 말하였으므로 선지의 내용은 적절하지 않다.

Part 2. 고전 산문 **04 | 작자 미상, 왕수재취득용녀설**

O/X 정답

01. O	02. X	03. X	04. X	05. X

1. '상사'와 '왕수재'의 대화를 통해 배가 목적지로 향하지 못하는 상황에 대한 해결책을 제시하고 있으며, '왕수재'와 '노인'의 대화를 통해 '구미호'를 물리칠 해결책을 제시하고 있다.
2. 윗글에서 서술자의 개입은 드러나지 않았다.
3. 윗글은 시간 순서대로 사건이 전개될 뿐, 과거와 현재를 교차하고 있지 않다.
4. "제가 이번 사행에 따라 오기를 자청했던 건~심사를 풀고 싶어서였습니다."라는 '왕수재'의 발화를 통해, 그가 사신 행차에 합류하게 된 것은 스스로가 원했기 때문임을 알 수 있다.
5. '왕수재'는 '가마 위에 앉은 '부인'의 모습을 보고, '노인'에게 그녀가 여우임을 확인 받은 이후 "빨리 활과 화살을 갖다주세요! 가마 위의 부인을 쏴 죽여야겠으니."라고 말하였다. 즉, '부인'이 여우라고 생각해 쏴 죽이려 한 것이므로 선지의 내용은 적절하지 않다. 참고로, '왕수재'가 '부인'의 아름다운 모습에 홀려 쏘지 못한 것은 그 다음 날에 '노인'과 '부인'이 싸울 때의 일이다.

Part 2. 고전 산문 **05 | 작자 미상, 서해무릉기**

O/X 정답

01. O	02. O	03. O	04. X	05. X

1. '비몽사몽 사이에~꿈에서 깨어났다.'와 '이부자리에 기대어 잠깐 졸다가~잠결에 꾼 한바탕 꿈이었다.'에서 꿈과 현실의 교차를 확인할 수 있으며, 두 꿈에서 모두 '금산사 부처'가 나와 앞으로 일어날 사건을 암시하고 있으므로 선지의 내용은 적절하다.
2. 장면이 세 번 이상 바뀔 때 '장면의 빈번한 교차'를 허용할 수 있다. 유생이 동굴에 머무는 장면, 정 부인이 최 씨에게 혼인을 종용하는 장면, 최 씨가 금산사 부처를 만나는 장면, 최 씨가 축원을 올리고 유생의 목소리를 듣는 장면 등에서 최 씨와 장군, 정 부인 사이의 갈등이 입체적으로 드러나고 있다.
3. '푸른 산들이 첩첩이~깊숙하고 한가한 풍치를 비할 데가 없었다.'에서 공간적 배경을 상세하게 묘사하여 사건 전개의 속도를 지연시키고 있으므로 선지의 내용은 적절하다. 참고로, '상세한 묘사'는 사건의 속도감을 떨어뜨리므로 사건 전개를 지연시킨다는 선지를 허용할 수 있다.
4. 최 씨가 여승의 얼굴을 보고서야 비로소 그가 자신의 남편임을 깨달은 것은 맞다. 그러나 최 씨는 유생이 우물 앞에 '표연히 서 있을' 때 그의 얼굴을 확인한 것이지, 자신에게 인사를 올리는 여승의 얼굴을 확인한 것이 아니다.
5. "그사이 제 자식이 오히려 소저를 핍박하지 않은 것은"이라는 정 부인의 발화를 통해 장군은 최 씨를 겁박하지 않았음을 알 수 있으므로 선지의 내용은 적절하지 않다.

Part 2. 고전 산문　　06 | 작자 미상, 반씨전

O/X 정답

| 01. X | 02. O | 03. X | 04. X | 05. O |

1. "만일 도적 같으면 우리를 찾을 바 없거니와,~이곳에 있지 못할지니 멀리 가사이다."에서 난관을 극복하고자 하는 의지를 표현하고 있으나, 이는 위흥의 발화이지 내적 독백이 아니므로 선지의 내용은 적절하지 않다.

2. '반 씨는 정히 혼미하여 잠깐 졸더니,~침상일몽이라.'에서 꿈과 현실을 교차하여 앞으로 반 씨 모자에게 좋지 않은 일이 일어날 것임을 암시하고 있다.

3. 반 씨의 참소를 피해 본부로 돌아가 있으라는 채 씨의 말을 들은 맹 씨는 "첩도 미상불~얼마나 오래 견딜 수 있을꼬."라며 눈물을 흘렸을 뿐, 친정으로 돌아가지는 않았다.

4. '한 노인'이 반 씨 모자에게 정신이 쇄락해지는 '줄 같은 것들'을 준 후 자신의 정체가 "이 산을 지키는 신령"임을 밝힌 것은 맞으나, 노인이 꿈속에 나타난 것은 아니므로 선지의 내용은 적절하지 않다.

5. 장면이 세 번 이상 바뀔 때 '장면의 빈번한 교차'를 허용할 수 있다. 양 씨에게 하직한 채 씨와 맹 씨가 대화하는 장면, 친정에 돌아간 채 씨의 말을 듣고 채영 부부와 부자가 절치부심하는 장면, 채 씨가 위진에게 반 씨 모자를 처치할 것을 이야기하는 장면 등 장면이 빈번하게 교차하고 있음을 확인할 수 있다. 이를 통해 인물 간 갈등을 입체적으로 드러내고 있으므로 선지의 내용은 적절하다.

나BS 실전 문제 정답

| 01. ① | 02. ② | 03. ① | 04. ④ | 05. ④ |
| 06. ① | | | | |

01.

> 흥은 위진이 양 부인의 유언을 거스르면서 채씨에게 부고를 알리려고 하자 문중의 '공론이 여차'하다는 것을 근거로 '할머니의 유언을 저버리'는 것이 문중의 뜻에도 맞지 않고 소질의 마음에도 불가하다며 반대하고 있다.

오답 풀이

② 부고를 듣고 온 채씨가 자신이 '득죄하여 본가에 있기로 존고께 통신을 못'했다며 반씨에게 비아냥거리는 말을 하는 것으로 보아, 채씨가 본가에 가서 지속적으로 양 부인에게 사죄의 뜻을 전했다고 볼 수 없다. ③ 반씨는 위진의 행동에 반대하는 흥을 질책한다. 반씨가 위진을 질책한 것은 아니다. ④ 문중 사람들은 위진이 채씨에게 부고를 알리고 장손의 대상을 반대하며 피신하여 더 이상 위진 형제와 논의할 수 없게 되자 귀가한다. 문중 사람들이 위진에게 모친의 묘소를 정하도록 위임했다는 것은 적절하지 않다. ⑤ 위진은 형에게 미처 부고를 알리지 못했고 '형님이 아니 계시어 내가 주장할 것'이라고 말한다. 위진이 위윤의 뜻에 따라 자신이 대상하겠다는 것은 아니다.

02.

> ⓒ에서 흥은 자신이 누군가의 부탁을 듣고 말한 것이 아니며, 스스로 옳고 그름을 판단하여 결정한다는 뜻을 드러내고 있다. 따라서 다른 사람의 권위에 기대며 자신의 생각이 옳음을 강조한 것은 아니다.

오답 풀이

① ㉠에서 위진은 과거에 채씨가 본가에 보내진 사건은 채씨의 잘못이 아니라 '모친이 잠깐 노하여 보'낸 것이라고 하며, 채씨에게 부고를 전하려는 자신의 행위가 정당하다는 것을 강조하고 있다. ③ ⓒ에서 위진은 형님이 귀양살이를 하고 있지만 죽지

않았고 미처 부고를 알리지 못했다는 상황을 설명하며, 흥의 말에 대해 조그만 아이가 알 바가 아니라고 무시하는 태도를 보인다. ④ @에서 흥은 문중과 의견을 달리하며 피신한 숙부의 행동에 대해 '불의를 행'했다고 평가하며, 문중이 모두 귀가한 현재 상황에 대해 '무슨 아름다운 일이 있으리오.'라고 실망감을 드러내고 있다.

03.

> 위진은 모친 양 부인의 유언을 저버리고 채씨에게 부고를 전하도록 한다. 이는 장자의 부재 시 상례가 발생한 상황에서 가권을 차지하려는 욕망을 드러낸 것이지 수직적 위계질서를 지키려고 한 것은 아니다.

오답 풀이

④ 채씨가 흥을 꾸짖는 것에서 적대감을 드러내는 것을 알 수 있다. 또한 장례 후 맹씨와 함께 집안일을 자신들의 뜻대로 처리하려는 것에서 가권을 차지하려는 욕망을 지닌 인물이라고 할 수 있다. ⑤ 집안 형세가 채씨와 맹씨에게 돌아가고 반씨 모자가 화를 피하고자 산중으로 들어가는 것에서 가권을 차지하려는 욕망을 지닌 쪽으로 가권이 기울었다고 볼 수 있다.

04.

> 반씨 모자가 채씨와 위진이 해치려는 계략을 피해 산으로 피신하여 노인(신령)을 만나 도움을 얻게 된 것은 양부인의 청에 의한 것이지 반씨 모자가 노인을 찾아가서 도움을 구한 것은 아니다.

05.

> 반씨의 꿈에 양부인이 나타나 위험에 처했음을 알려 줌으로써 반씨 모자는 위험에서 벗어날 수 있게 된다. 그러나 양부인이 '산'이라는 피신처를 안내해 준 것은 아니다.

06.

> [A]에서 채씨는 남편인 위진에게 반씨가 비도덕적인 행위를 한다고 사실을 왜곡하여 반씨 모자를 처치하도록 부추기고 있다.

Part 2. 고전 산문　　07 | 작자 미상, 현몽쌍룡기

O/X 정답

| 01. O | 02. X | 03. X | 04. O | 05. O |

1. '풍채가 시원하고 깨끗하며~누에가 누워 있는 듯한 두 눈썹'에서 두 공자의 외양을 묘사하여 비범한 성격을 제시하고 있다.

2. 춘앵과 벽란의 발화를 통해 과거 사건이 요약적으로 전달될 뿐, 현재와 과거를 교차하여 장면의 전환을 보여 주고 있지는 않다.

3. 두 공자가 춘앵과 벽란에게 남장을 한 채 떠돌아다니는 이유에 대해 묻자, 춘앵과 벽란은 "천인이 무식하여~소저께 물어서 자세히 아뢰겠습니다."라고 말하고 물러난 뒤 소저와 대화를 마친 후에 그간 있었던 일에 대해 고하였으므로 선지의 내용은 적절하지 않다.

4. 춘앵과 벽란으로부터 사실을 듣게 된 두 공자는 '그 계모 박 씨가 자애롭지 못해 이 변을 일으킴을 짐작'하였으므로 선지의 내용은 적절하다.

5. 춘앵과 벽란의 "소저께서 차마 상공께 근본을 바로~다 갚지 못할 것입니다."라는 말을 제시하여 정 소저 일행이 남장을 한 채 떠돌아다니다 강물에 몸을 던지게 된 사건의 인과 관계를 드러내고 있다.

나BS 실전 문제 정답

01. ②   02. ②   03. ⑤   04. ⑤

01.

'용홍 공자의 두 눈에는 가을 물처럼 고운 광채가 어리었다.'에서 '용홍 공자의 두 눈'에 어린 '광채'를 '가을 물'에, '소저가 조 상국이 왔다는 말을 듣고~부끄러워 옥 같은 얼굴이 발그스레해졌다.'에서 정 소저의 부끄러워하는 '얼굴'을 '옥'에 비유하고 있으므로 적절하다.

02.

두 시비가 조 공자에게 정 소저가 '이평장 부인'을 '찾아가 의지하고자 하'였으나 '이평장 부인이 이사를 가신 지 수일이 지났고 가신 곳을 모르기 때문에 강변에서 방황하'였다고 하는 것에서 이평장 부인이 이사해 살고 있는 곳을 찾아가지 못했음을 확인할 수 있으므로 적절하지 않다.

🔶오답 풀이

① 벽난과 춘앵이 "저희의 주인은 정참정의 딸로 외가에서 조 공자와 정혼하였습니다."라고 하는 것을 통해 정 소저가 조 공자와 정혼한 인물임을 확인할 수 있으므로 적절하다. ③ 조 공자가 "너희들은 우리가 집에 들어가 일을 처리할 사이에 소저를 보호하라."라고 하는 것을 통해 정 소저를 보호할 것을 명령했음을 확인할 수 있으므로 적절하다. ④ 석공이 정 소저에게 "이제 조 상국이 밖에 와서는 너와의 혼인을 완전하게 정하고 너의 뜻을 알려고 하니"라고 하는 것을 통해 조 상국이 정 소저의 뜻을 알려고 한다고 말했음을 확인할 수 있으므로 적절하다. ⑤ 정 소저를 만나기 위해 '석 학사 부인이 나오고 석공 부인이 정 공자와 함께 나와 소저를 보았'다고 하는 것을 통해 석공 부인과 정 공자가 함께 나와 정 소저를 보았음을 확인할 수 있으므로 적절하다.

03.

[A]에서 벽난과 춘앵이 대화 상대인 조 공자에게 "우리 소저께서는 타향에서 떠돌아다니시다 친척을 찾으러 왔다가 도적을 만나 물에 빠져 죽게 되었습니다."라고 하는 것을 통해 과거에 일어난 일을, [B]에서 석공이 대화 상대인 정 소저에게 "완고한 아비와 어리석은 어미의 흉계에서 벗어나 목숨을 보전하여"라고 하는 것을 통해 과거에 일어난 일을 언급하고 있으므로 적절하다.

04.

조공이 "정 소저의 일과 행동은 여자 중에 군자"라고 칭하며 칭찬하고 정 소저의 혼인에 대해 "이것은 신부와 의논할 말이 아니니 현형이 혼인을 관장하십시오."라고 하는 것을 통해 조공이 석공에게 혼인을 관장할 것을 부탁했음을 알 수 있다. 그러므로 이를 통해 가부장적 사회에서도 정 소저가 혼사를 주관할 수 있는 권리를 인정받았다고 볼 수 없으므로 적절하지 않다.

🔶오답 풀이

① 정 소저가 "저 집에서 우리 집의 허물을 알게 되면 매우 부끄럽게 될 것"이라고 하는 것을 통해 친정 가문의 일원으로서 소속감을 지니고 있음을 알 수 있으므로 적절하다. ② 벽난과 춘앵이 "가내에 어질지 못한 사람이 있어서 수많은 방법으로 정참정을 보채고 소저를 재해에 빠지게 하였습니다."라고 하는 것을 통해 고난이 친정 식구로부터 비롯되었음을 알 수 있으므로 적절하다. ③ 두 공자가 두 시비에게 정 소저의 사연을 듣고 '정 소저의 굳은 절개와 아름다운 행동은 깊이 사람을 감동시킬 만하였다'라고 여긴 것을 통해 정 소저가 당대에 요구되던 여성의 덕목을 갖춘 인물임을 알 수 있으므로 적절하다. ④ 정 소저가 석공에게 "소녀의 도리로 차마 아버지를 속이고 혼인을 못 하겠습니다."라고 하는 것을 통해 자식으로서의 도리를 따르고자 함을 알 수 있으므로 적절하다.

Part 2. 고전 산문   08 | 심의, 대관재몽유록

O/X 정답

01. O   02. O   03. X   04. X   05. X

1. '벼슬한 지 10년에 아들을 낳고 손자를 길러 문벌이 빛났으며, 많은 녹을 받아 집안 재산이 넘쳤다.'에서 사건을 요약적으로 제시하여 서사를 빠르게 전개하고 있다.
2. 휘파람을 불어 적진을 물리치는 등의 전기적 요소를 활용하여 비현실적 장면을 부각하고 있다.
3. 천자가 '나'를 탄핵하는 상소문을 읽고 '나'에게 고향으로 돌아갈 것을 권한 것은 맞다. 그러나 상소문을 올린 인물은 '한림 선생'이며, '대관 선생'은 천자가 '나'에게 내린 호이므로 선지의 내용은 적절하지 않다.
4. '이색'이 '나'를 '협실로 꾀어 들'인 것은 맞으나, '나'는 '이색'을 의심하지 못했던 것에 대해 한탄하지 않았다.
5. 꿈에서 현실로의 장면 전환만 나타날 뿐, 동시에 일어나는 두 개의 사건을 병치하고 있지는 않다.

Part 2. 고전 산문   09 | 작자 미상, 금방울전

O/X 정답

01. O   02. X   03. X   04. O   05. O

1. '비몽사몽간에 백발노인이~깨어나니 남가일몽이라.'에서 꿈 장면을 삽입하여 사건을 입체적으로 구성하고 있다.
2. '어찌 슬프고 기이하지 아니하리오?', '뉘 아니 신기하게 여기며 뉘 아니 이상히 여기리오?'에서 서술자의 개입이 드러나나, 이를 통해 사건의 전모를 밝히고 있지는 않다.
3. '황제'는 공주의 꿈 얘기를 들어 '해룡'에게 '공주'와 혼인할 것을 권했을 뿐, '공주'에게 '해룡'과 혼인할 것을 권하지는 않았으므로 선지의 내용은 적절하지 않다.
4. "내 아이는 등에 일곱 개의 사마귀가 북두칠성처럼~내 아들임을 아노라."라는 사또의 말을 들은 어사는 '실성통곡'하며, "소자, 정성이 부족하여 이제야 부모를 만나 뵈오니~되었습니다."라고 하였으므로 선지의 내용은 적절하다.
5. '공주가 울기를 그치고~전말을 낱낱이 고하니', '어사 또한 신기하게 여겨 자세히 자초지종을 일일이 다 고한 후에~낱낱이 고하니,'와 같은 요약적 서술과, "하늘이 이로써~장해룡의 공이라.", "노부가 늦게 아들~걸어 두고 보나이다." 등의 등장인물의 말을 통해 사건의 경과를 드러내고 있다.

나BS 실전 문제 정답

01. ②   02. ④   03. ①   04. ①   05. ④

06. ⑤

01.

서술상의 특징을 물어보는 문제는 지문을 거시적으로 볼 수 있어야 한다. 게다가 이처럼 적절한 것을 고르는 문제에서는 지문의 특성을 대표적으로 보여 주는 선지를 골라야 한다. [A]는 직접 제시와 간접 제시가 적당하게 섞여 있다. '장 공이 뇌양에 온 후로 몸이 평안하나~더불어 슬퍼하더니' 부분은 서술자의 말로 요약적 제시에 해당한다. 그리고 "첩의 팔자 기박하여~길이 보중 하소서."는 등장인물의 말로 간접 제시에 해당한다. 참고로, '요약적 제시'란 그간의 사건이나 일을 대화나 행동을 통해 제시하지 않고, 서술자가 서술자의 말로 요약하고 재구성하여 독자에게 전달하는 서술 방식을 의미한다. 따라서 요약적 서술이 있는지를 묻는다면, '무엇인가를 요약한 부분'을 찾는 것이 아니라, 대화가 아닌 서술(직접 제시)이 있는지 확인하고, 그 서술을 통해 사건이나 심리, 상황을 제시하고 있는지 찾으면 된다. 그리고 예외적으로 대화를 통해 과거 사건을 요약적으로 제시하는 경우도 있지만 그리 많지는 않다.

오답 풀이

① 이 소설은 서술자가 작품 밖에 있는 3인칭 전지적 작가 시점이다. 따라서 주인공으로 등장한다는 것도 적절하지 않고, 자신의 체험을 사실적으로 서술한다는 내용도 적절하지 않다. 서술자가 주인공으로 등장하여 자신의 체험을 서술하는 것은 '1인칭 주인공 시점'의 특징이다. 고전 소설은 대부분 3인칭 전지적 작가 시점이다. ③ 제시된 부분에서는 인물 간의 갈등이 드러나지 않는다. 오히려 금방울은 '보은초'를 놓고 가며 은혜를 갚고 있기에 갈등이 아니라 감사의 마음이 드러난다고 보는 것이 적절하다. ④ 장 공의 집이라는 것을 추측할 수는 있으나, 배경에 대한 묘사나 언급은 직접적으로 드러나지 않는다. ⑤ 등장하는 인물은 '장 공'과 '부인', '금방울'인데 이 중에는 부정적인 인물이 없다. 따라서 부정적 인물에 대한 비판 의식을 표현한다는 것은 적절하지 않은 설명이다. 첫 부분에 막 씨를 제압한다는 부분이 있어서 '장 공'을 부정적으로 해석할 여지가 있으나 이후에 이어지는 행동으로 보아 부정적인 인물로 볼 수 없다.

02.

금방울의 보은초로 인해 부인의 병세는 회복이 되어 부인은 막 씨에게 감사하며 형제를 맺었다고 하였다. 따라서 '집'은 막씨와 장 공 부인의 갈등이 심화되는 공간이 아니라, 둘의 사이가 더욱 돈독해지는 공간이라고 할 수 있다.

오답 풀이

① 초막은 말 그대로 초가로 지은 집을 이야기한다. 막 씨가 아이를 낳을 당시의 빈곤하고 힘겨운 상황을 알려 준다고 할 수 있다. ② 불을 땔 때에 아궁이에 넣었는데 금빛이 더욱 씩씩하고 향내가 진동하였다고 했다. 일반적인 상황이라면 불 속에서 죽거나 변해야 하는데, 더욱 향기를 풍기고 빛이 나는 것은 금방울의 신이한 면모라고 할 수 있다. ③ 정문은 효자나 열녀들을 표창하기 위해 집 앞에 세우던 붉은 문을 의미한다. 장 공이 막 씨의 효행을 듣고 뉘우쳐서 효행에 대한 정문을 세워 달마다 돈까지 주며 일생을 편안하게 해 주었다. 따라서 정문은 효행에 대한 사회적인 보상이라고 볼 수 있다. ⑤ '내가 그의 이름을 불러 주기 전에는 그는 다만 하나의 몸짓에 지나지 않았다. 내가 그의 이름을 불러주었을 때, 그는 나에게로 와서 꽃이 되었다.' 김춘수의 「꽃」이라는 시다. 한 번쯤은 들어 봤겠지? 이름을 붙인다는 것은 존재를 인정받음을 의미한다. 그동안 이름 없이 존재하던 금방울이 '금령'이라는 이름을 통해 인격체이자 가족이라는 지위를 획득하였고, 존재 가치를 인정받았다고 볼 수 있다.

03.

〈보기〉에서 금방울은 태어나자마자 어머니로부터 시련을 겪었다고 하였다. 따라서 금방울을 낳고 막 씨가 크게 놀라 괴이하게 여기며 손으로 누르고 돌로 깨뜨렸던 것은 태어나자마자 겪었던 시련으로 볼 수 있다. '집어다가 멀리 버리고 돌아보니'라는 부분에서 버리려는 의도를 확인할 수 있다.

오답 풀이

② 정답 해설에서 설명한 바와 같이 막 씨는 금방울을 낳고 크게 놀라 해치려 하였다. 버리기도 하고, 물에 던지기도 하고, 터뜨리려고도 하였는데, 이는 〈보기〉에서 설명한 어머니로부터 시련을 겪는 내용에 해당한다. ③ 물에 버려도 떠오르고, 불에 넣어도 더욱 향내가 나고 빛을 냈으며, 거듭 버려도 여전히 굴러 따라오는 것은 〈보

기〉에서 설명한 '방울의 모습을 한 채로 자신의 의지를 지니고 다양한 능력을 발휘'하는 것으로 볼 수 있다. ④ 방울의 모습을 하고도 나는 새도 잡고, 산을 평지처럼 올랐다는 것은 일반적으로 하기 힘든 것이다. 이러한 것을 사람도 아닌 방울의 형상이 해냈다는 것은 금방울의 다양한 능력이라고 볼 수 있다. ⑤ 〈보기〉에서 금방울은 주인공이면서도 타인을 돕는 조력자로서의 모습을 강하게 지닌다고 설명하였다. 지문에서 보은초를 구해 와 장 공의 부인을 살려 내는 부분은 조력자로서의 성격이 드러난 것이라고 볼 수 있다.

04.

변 씨는 잠자는 해룡을 직접 부르고 있다. 해룡이 얼어 죽지 않은 것을 확인한 후 이상한 일이니 두고 보자고 소룡에게 이야기할 뿐, 소룡에게 잠자는 해룡을 깨우라고 지시한 부분은 찾아볼 수 없다.

오답 풀이

② 해룡은 방아질을 하다가 얼어 죽을 뻔한 상황에서 금방울의 도움으로 살고, 방아질, 비질도 금방울의 도움을 받는다. 하지만 변 씨는 이를 알지 못하고 해룡이 요술을 부려 사람을 속인 것이라고 생각하고 있다. ③ 해룡은 얇은 홑옷만 입고 추운 겨울날 밤에 방아질을 하다가 추위를 이기지 못해 잠깐 쉬려고 방 안으로 들어갔다. ④ 해룡은 자신의 방에서 금방울을 발견하고 잡으려 하지만 방 안을 굴러다니며 잡히지 않는 금방울을 신통하게 여겼다. ⑤ 금방울은 해룡이 호랑이를 잡도록 도와준 후 해룡이 산을 내려오면서 돌아볼 때는 이미 사라지고 없었으나, 해룡이 집에 돌아와 제 방에 들어가 보니 금방울이 방에 먼저 도착해 있었다.

05.

변 씨는 해룡에게 구호동 논밭을 일굴 것을 제안하며, 해룡도 장가를 가고 변 씨와 소룡도 잘살게 된다면 좋다는 말을 하고 있다. 즉 해룡이 구호동에서 논밭을 일구는 것이 변 씨와 해룡 모두에게 도움이 된다는 것을 근거로 해룡을 설득하고 있는 것이다.

오답 풀이

① 가산이 줄어든 것에 대해서 언급하고 있으나 해룡에게 이에 대한 책임을 묻고 있지 않다. ② 변 씨는 해룡이 논밭을 일구면 도움이 될 것이라고 말하고 있을 뿐, 해룡으로 인한 손해를 언급하고 있지 않다. ③ 변 씨는 해룡의 역할에 대해서 의문을 제기하고 있지 않으며, 입장을 수정하고 있지도 않다. ⑤ 변 씨는 해룡에게 구호동에 가서 논밭을 일굴 것을 제안하고 있는 것일 뿐 해룡이 취하려는 행위를 만류하려고 하고 있지 않다.

06.

해룡이 집에서의 첫 번째 위기와 구호동에서의 두 번째 위기를 겪는 과정에서 변 씨는 해룡을 걱정하는 척, 겉과 속이 다른 모습을 보인다. 하지만 해룡은 구호동에서 돌아와서도 변 씨의 칭찬에 감사를 표하며 변 씨에게 예의 바른 모습을 보이고 있을 뿐 변 씨의 이중성에 대해 반발하고 있지 않다.

오답 풀이

① 해룡의 첫 번째 위기는 집에서 방아질을 하면서 얼어 죽을 뻔한 것이고, 두 번째 위기는 호랑이가 나오는 구호동에서 짐승에게 해를 입을 뻔한 것이다. ② ㄱ에서는 해룡에게 아이가 견디기 어려운 추위에 방아질이라는 어려운 과제가 주어졌고, ㄴ에서는 해룡에게 호랑이가 나오는 곳에서 논밭을 일구어야 하는 어려운 과제가 주어졌다. ③ 해룡이 첫 번째 위기를 극복한 뒤 변 씨는 금방울의 도움이 있던 것을 모르고, 해룡의 요술로 인한 것이라고 생각한 뒤 해룡을 오래 두었다가는 화를 당할 것이라 생각해, 해룡을 죽일 계획을 생각하게 된다. ④ 금방울은 첫 번째 위기 상황에서 자신의 능력을 바탕으로 해룡의 방을 따뜻하게 해 해룡의 목숨을 구하고, 두 번째 위기 상황에서 해룡을 공격하는 호랑이를 공격해 제압한다. ㄴ과 ㄹ에서 해룡이

위기를 벗어나는 것은 금방울의 주도로 진행된 것이다.

Part 2. 고전 산문　**10 | 작자 미상, 적벽가**

O/X 정답

01. O	02. X	03. X	04. X	05. O

1. '흰 비단 펼쳐 놓은 듯,', '그림 병풍 두른 듯,' 등에서 비유적인 언어를 적절하게 구사하여 작품의 미적 효과를 높이고 있다.
2. '장강 일대 맑은 강물~북쪽으로는 오림이라.'에서 배경을 묘사하고 있으나, 이를 통해 인물의 성격 변화를 암시하고 있지는 않다.
3. '조조'가 승전을 호언장담할 때 까마귀가 울고 갔고, 이를 본 '조조'가 노래를 지은 것은 맞다. 그러나 그가 상서롭지 않음을 걱정하지는 않았으므로 선지의 내용은 적절하지 않다.
4. '헌걸찬 풍채의 군사'가 "이 손이 의젓하지 아니하네. 전쟁에 나온 놈이 고향 생각 어디 쓰리."라며 다른 병사들을 나무란 것은 맞다. 그러나 "그들 머리 한칼에 베어 들어 깃발에 매달아~고향으로 돌아가네. 그게 대장부 바라는 바,"라고 했을 뿐, 전쟁에서 이길 수 있다면 고향에 가지 않아도 좋다고 말하지는 않았다.
5. '이 말에 조조가 크게 화를 내며'에서 서술자가 인물의 분노를 직접적으로 제시함으로써 상황에 대한 인물의 태도를 드러내고 있다.

나BS 실전 문제 정답

01. ④	02. ③	03. ③	04. ④	05. ②
06. ⑤	07. ③			

01.

> 조조 그리고 정욱을 비롯한 부하들은 전투에서 패배하여 도망을 가고 있다. 도망 가는 상황 역시 매우 급박하게 전개되고 있다. 이러한 장면 전개를 통해 조조가 커다란 낭패를 당했음을 알 수 있다. 그런데 조조는 자신이 전투에서 패배하고 수많은 군사들을 잃었음에도 불구하고 '내 웃는 게 다름 아니라~생각하여 웃노라."와 같이 오나라 장군인 주유와 촉나라의 군사 지휘자인 제갈공명을 비웃는다. 그러나 그 비웃음이 끝나자마자 조자룡이 등장하여 조조를 공격하고 조조는 남은 군사들마저 잃게 된다. 따라서 조조는 자신이 완전히 패배했음을 인정하지 않고 오히려 자신을 패배시킨 적국의 장수를 비웃음으로써 어리석고 허세를 부리는 인물로 그려지고 있다고 할 수 있다.

🟠 **오답 풀이**

① (다)의 '산천은 험준하고~골짜기 눈 쌓이고 봉우리 바람 칠 제'에서 겨울의 산속을 배경으로 하고 있음을 알 수 있다. ② 제시된 지문에서 조조는 정욱을 비롯한 부하들과 도망을 가고 있다. (마)에서 조자룡이 조조를 습격하자, '장졸의 머리 추풍 낙엽'처럼 떨어지는 것을 통해 조조의 군사들이 조조와 함께하고 있었음을 알 수 있다. ③ 조조는 '오림산 험한 산'에 숨어들었지만 이내 조자룡에게 잡히게 되므로 적절하지 않다. ⑤ 조조는 새소리를 듣고 "너희가 모두 다 내 제장 죽은 원귀가 나를 원망하여서 우는구나."라며 죽은 군사들을 생각하고 있는 모습을 보인다.

02.

> (나)는 조조와 정욱의 대화 장면으로 구성되어 있다. 조조는 도망 중에 겁먹은 행동을 계속 보여 주는 동시에 상황과 동떨어진 '술안주' 이야기를 하는 등 어처구니없는 말을 하는 어리석은 인물로 그려지면서 해학성을 보여 준다. 따라서 인물

간의 갈등이 해소된다는 진술은 (나)의 장면에 해당하지 않는다. (마)는 조자룡의 등장으로 조조가 다시 패퇴하게 되는 장면을 3·3 또는 3·4조의 음수율을 기본으로 하여 진술하고 있다. 따라서 인물 간의 갈등이 고조된다는 진술은 적절하지 않다.

🟠 **오답 풀이**

① (나)에서는 조조가 메추리를 보고 자신의 목이 날아갔는지 걱정하는 모습을 통해 희극적 상황을 연출하여 골계미(예술 작품 속에서 느껴지는 익살스러운 아름다움. 해학의 미.)를 드러내고 있으므로 적절하다. ② (마)에서는 조자룡의 습격을 받은 급박한 상황을 드러내고 있어, 조조가 메추리를 보고 겁먹은 (나)에 비해 정서적 긴장감이 높아지고 있다. ④ (나)는 주로 조조와 정욱 간의 대화에 의해, (마)는 주로 서술자의 서술에 의해 사건이 진행되고 있다. ⑤ (나)는 [아니리]로 산문적 진술이 나타나지만, (마)는 [엇모리]로 반복과 열거를 통해 리듬감을 형성하고 있으므로 적절하다.

03.

> ©에서 조조의 웃음은 자신이 전투에서 패배하고 도망을 가는 상황에 있으면서도 자신에게 승리한 주유와 제갈공명을 비웃는 웃음이다. 그러나 곧 조자룡의 등장으로 다시 한번 패배하게 되면서 이 웃음이 상황을 제대로 파악하지 못한 어처구니없는 태도였음이 다시 입증된다. 따라서 이 웃음은 반어적 표현이라고 볼 수 없으며 상황의 반전을 암시한다고 해석할 수도 없다.

🟠 **오답 풀이**

① ㉠은 주변인물인 정욱의 발화로, 이를 통해 조조의 유약한 성정을 보여 주고 있으므로 적절하다. ② ㉡에서는 새 소리를 '처량하'다고 표현하여, 대상인 '새'와의 거리감을 좁혀 수용자의 공감을 유도하고 있다. ④ ㉣에서는 얼굴을 '형산백옥', 눈을 '소상강 물결'에 비유하는 관습적인(상투적인) 표현을 통해 인물 조자룡의 특성을 묘사하고 있으므로 적절하다. ⑤ ㉤에서는 '~듯'이라는 비유적 표현을 반복하여 리듬감과 생동감을 살리고 있으므로 적절하다.

04.

> 작품 속에서 까마귀와 관련된 진술은 '들판 대로를 마다하고 심산 숲 속에 고리각 까옥 저 까마귀.'이다. 여기서 까마귀는 들판 대로로 길을 가지 못하고 적에게 쫓겨 이리 저리 숨어 도망할 수밖에 없는 조조의 처지를 상징하는 소재라고 할 수 있다. 따라서 까마귀를 효조와 연결하여 군사들이 부모를 그리는 상황을 나타낸다는 해석은 적절하지 않다.

05.

> '관공'은 자신의 목숨을 걸고 '조조'를 꼭 잡아 오겠다는 군령장을 쓴다. 그러나 과거 자신을 살려 준 '조조'의 은혜를 생각하여, '조조'를 잡고서도 풀어 준다. 목숨을 살려 준 것에 대한 의리를 지키려 '관공'은 군율을 어긴 것이다.

06.

> [A], [B] 모두 관습적 표현으로 배경을 묘사하고 있는 부분은 없다.

🟠 **오답 풀이**

①, ② [A]에는 관공의 위협에 비굴하게 비는 '조조'의 행동이 과장되고 희화화되어 있다. ③ [B]에서는 '비나이다 비나이다', '살려주오 살려주오'에서 동일한 어구가 반복되어 율격을 형성하고 있다. ④ [B]에는 말 아래 떨어진 '조조'를 보고 '장졸들'이 어쩔 줄 몰라 하는 상황에 대한 서술자의 주관적 평가가 '사람의 인륜에 못 볼래라'에서 나타난다.

07.

'조조'는 살길을 도모하려고 상대 적장에게 비는 비굴한 모습을 보인다. 하지만 자신을 살려 달라고 비는 장졸들에게 권위를 내세우는 모습은 드러나지 않는다.

| Part 2. 고전 산문 | 11 | 작자 미상, 옹고집전 |

▌O/X 정답

| 01. O | 02. O | 03. X | 04. X | 05. X |

1. 실옹가와 허옹가라는 대립적인 두 인물을 배치하여 인물 간 갈등을 구체화하고 있다.
2. '만첩청산 들어가니 산은 높아 천봉이요,~쌍거쌍래 날아들 제.'에서 묘사의 방식을 통해 장면이 전환되었음(실옹가의 아내와 허옹가의 대화 장면 → 실옹가가 죽으려는 마음으로 산속에 들어가는 장면)을 드러내고 있다.
3. 실옹가의 아내가 하늘에서 수많은 허수아비가 떨어져 내리는 꿈을 꾼 것은 맞다. 그러나 실옹가의 아내가 아니라, 아내의 몽사를 들은 허옹가가 허수아비를 낳을 것이라 예상한 것이므로 선지의 내용은 적절하지 않다.
4. 실옹가가 백발 도사에게 늙은 모친과 어린 처자를 다시 보고 싶다고 빈 것은 맞다. 그러나 백발 도사는 "천지간에 몹쓸 놈아,~돌아가 개과천선하라."라며 부적을 써 주었으므로 선지의 내용은 적절하지 않다.
5. '벌떼 같은', '금옥같이' 등에서 상황에 어울리는 비유를 사용하고 있을 뿐, 상황에 어울리지 않는 비유로 반어적인 효과를 낳아 웃음을 유발하는 부분은 찾을 수 없다.

▌나BS 실전 문제 정답

| 01. ③ | 02. ③ | 03. ① | 04. ④ | 05. ③ |
| 06. ⑤ | 07. ② | | | |

01.

[A]는 '참옹고집'과 '짚옹고집'이 송사 가는 길에 누군가를 만날 때, '참옹고집'이 할 만한 말과 행동을 '짚옹고집'이 먼저 하고 있는 장면이다. 자신이 하고 싶은 말들을 '짚옹고집'이 먼저 꺼내고 있는 상황에 대한 '참옹고집'의 답답한 심정이, '참옹고집이 뒤에 오면서 기가 막히고 얼척도 없어 말도 못하고 울음 울 제'라는 서술자의 설명을 통해 드러나 있다.

🔸오답 풀이

① 송사 원인이 금전적 이해관계에 있음은 밝혀지지 않았다. ② 행인들은 송사 가는 두 옹고집을 보며 누가 '참옹고집'인지 분별하지 못했다. 즉, '짚옹고집'이 승소하는 송사의 결과와 행인들의 상반된 예측이 제시되지 않았다. ④ '참옹고집'과 '짚옹고집'이 서로를 비방하는 대화가 제시되지 않았다. ⑤ 송사 가는 길에 '읍의 촌가인 하나', '또 하나', '또 하나', '노변에서 지나가는 사람' 등 새로운 인물이 많이 등장하지만 이들의 외양이 묘사되지는 않았다.

02.

'짚옹고집'은 도술을 부려 '참옹고집'이 집으로 오고 있다는 사실을 알았을 뿐, 그의 거동을 수상히 여기고 있지는 않다.

🔸오답 풀이

① (중략) 이후 '송사를 이긴 내력을 말하니 처자 권속이며 상하 노복 등이 참옹고집

으로 알고,'에서 확인할 수 있다. ② '참옹고집'은 '짚옹고집'이 자신의 재물과 곡식으로 구차한 사람을 구제한다는 소식을 듣고는 이를 못마땅하게 여기고 있다. ④ 송사에서 진 '참옹고집'은 자신의 집에 들어가지 못한 채 눈물을 흘리며 서러워하고 있다. ⑤ '짚옹고집'의 명령에 사환들이 '참옹고집'을 데리러 갔으나 '참옹고집'은 이를 거절하였다.

03.

〈보기〉를 통해 「옹고집전」은 향촌 사회의 부유층에게 가난한 이들을 구제하지 않고 외면하면 공동체로부터 소외될 수 있음을 보여 주며 그들에게 사회적 책무를 다할 것을 요구하고 있음을 알 수 있다. '짚옹고집'이 '내 좋은 형세와 처자를 빼앗기지 아니하였다'고 말한 이유는, 송사에서 이기고 돌아와 '참옹고집' 행세를 하기 위함이지, 옹고집이 송사 이전부터 가족에게 소외되어 온 정황을 드러내는 것은 아니다.

🔸오답 풀이

② 부유하게 살면서도 가난한 이들을 구제하지 않고 외면한 '참옹고집'의 행적이 '짚옹고집'을 통해 언급되었다. 이는 "만가 동냥 거지들을 독하게 박대"하였다는 데서 확인할 수 있다. ③ 부유층이 이행해야 할, 가난한 이들을 구제하는 사회적 책무가 '짚옹고집'을 통해 이행되고 있다. 이는 '전곡을 흩어 사방에 구차한 사람을 구제'한다는 데서 확인할 수 있다. ④ '짚옹고집'은 '참옹고집'의 재산을 '백 냥 돈 천 냥 돈 흩어' 가난한 사람들을 구제했다. 이는 그만큼 '참옹고집'이 부유함을 의미하고, 이를 통해 조선 후기 향촌 사회의 부유층을 연상할 수 있다. ⑤ 갈 곳이 없어 전전걸식하는 '참옹고집'의 모습을 통해, 가난한 이들을 외면한 부유층이 공동체로부터 소외받는 모습을 보여 주고 있다.

04.

[B]에서 '참옹고집'은 '짚옹고집'에게 용서를 구하지 않았다. 〈보기〉에서는 '참옹고집'이 용서를 구하기 전 '참옹고집'에게 개과천선라는 인물의 발화가 나온 것이 아니므로 선후관계가 잘못되었다.

🔸오답 풀이

① [B]의 "나의 어진 용심으로 살린 것이니,"를 통해 '짚옹고집'이 자신의 마음을 고려하여, 〈보기〉의 "정상이 불쌍하고"를 통해 '도사'가 '참옹고집'의 처지를 고려하여 '참옹고집'을 살려 두었음을 알 수 있다. ② [B]의 "이만해도 후생에게 너 같은 행실을 징계한 사례가 될 듯싶으니"를 통해 '짚옹고집'이 '참옹고집'의 징계의 사회적 효용을 고려했음을, 〈보기〉의 "너의 처자 가여운 고로 놓아주니"를 통해 도사가 징계로 인한 가족의 피해를 고려했음을 알 수 있다. ③ [B]의 "부모 박대하니 세상에 용납지 못할 놈이요,"와 〈보기〉의 "늙은 모친 냉돌방에 구박할까,"를 통해 '참옹고집'은 비인륜적 행위를 했고, 이것이 그의 징계 사유에 포함되었음을 알 수 있다. ⑤ [B]의 '좌상에 나앉으며 문득 자빠지니 허수아비 찰벼 짚 묶음이라.'를 통해, 〈보기〉의 '홀연 간데없거늘'을 통해 [B]와 〈보기〉 모두에서 신이한 사건이 벌어짐을 알 수 있다.

05.

'양 옹이 이 말을 듣고~그동안의 진위를 뉘가 알리오.'에서 참옹을 외모를 근거로 판단하지 못했음을 알 수 있다.

🔸오답 풀이

① '민이 옹당촌에서 대대로 살아왔사온데'에서 확인할 수 있다. ② '허옹가 거동보소 승소하고 돌아올 제 의기양양 하는 거동~조롱하여 하는 말이'에서 확인할 수 있다. ④ '실옹이 할 일 없어 거리에서 빌어먹어'에서 확인할 수 있다. ⑤ '성주 덕택에 흑백을 가려 주옵시니 은혜 백골난망이로소이다.'에서 확인할 수 있다.

06.

㉠은 옹고집 모친이 옹고집의 학대를 서러워하면서 떠올린 노래이고, ㉡은 집에서 쫓겨난 실옹이 자신의 처지를 서러워하면서 떠올린 노래이다.

07.

효를 인간이 지켜야 할 근본 도리로 숭상하던 시대를 배경으로 하고 있는 작품이다. 옹고집은 효의 가치를 폄하하고 노모를 학대하는 등 악행을 일삼고 있기 때문에 가족 공동체로부터 축출된 것이다. 옹고집의 불효에 대해 그 모친은 서러운 심정을 말하고 있으나, 옹고집은 어머니의 말을 전적으로 무시하고 있으므로 어머니의 말을 경고로 받아들인 것으로 볼 수 없다.

Part 2. 고전 산문 · **12 | 작자 미상, 옥단춘전**

▍O/X 정답

01. O	02. X	03. X	04. X	05. X

1. '연광정' 잔치 장면에서 화려한 잔치의 모습과 봄 경치, 모여든 새의 모습 등을 상세히 묘사하고 있으므로 선지의 내용은 적절하다.
2. 이혈룡이 "네 이놈 김진희야, 나 이혈룡을 모른단 말이냐?"라며 호통을 치자 김진희는 '크게 노하여 이혈룡을 잡아들이라'고 하였으므로 선지의 내용은 적절하지 않다.
3. 윗글은 시간의 흐름에 따라 사건을 순차적으로 전개하고 있으므로 선지의 내용은 적절하지 않다.
4. 사공들은 "감사님 명령이 지엄하시니 살릴 묘책이 없소이다."라며 이혈룡이 물에 들어갈 것을 재촉하였을 뿐, 옥단춘만 물에 빠져 죽으면 이혈룡을 살려 주겠다고 말하지 않았다. 또한 옥단춘이 '풍덩 뛰어들려고 하는 순간'에 '이혈룡이 깜짝 놀라서 옥단춘의 손을 부여잡'았으므로 선지의 내용은 적절하지 않다.
5. 윗글에서는 동시에 일어나는 두 개의 사건을 병치하고 있지 않다. 참고로, 지문 내에서 극적 긴장감은 세 번의 북소리를 통해 고조되고 있다.

▍나BS 실전 문제 정답

01. ⑤	02. ③	03. ②	04. ②	05. ⑤
06. ②				

01.

이혈룡이 "소신과 같은 무재무능한 자를 이처럼 충신지자충신이라 하시오니 황공무지하오며"라고 말하는 것은 겸양의 자세를 드러낸 것으로 볼 수 있다. 하지만 "한림을 제수하시니 더욱 황공하옵니다."는 임금의 은혜에 감사하는 것이지 임금이 내린 한림학사라는 벼슬을 거절하는 것은 아니다.

> **오답 풀이**

① '쓸데없고', '쓸데없구나'를 반복하여 김진희에 대한 배신감을 드러내고 '내가 네 처지라면'을 통해 역지사지를 가정하여 상대방을 질책하고 있다. ② ㉡ 앞에서 옥단춘이 몸값을 후하게 준다며 이혈룡을 죽이지 말라고 사공들에게 부탁하자, 사공들은 '어찌 우리 손으로 죄 없는 사람을 죽이겠는가.'라는 설의적 표현으로 자신들의 생각을 드러내고 있다. ③ '죽었던 자식 다시 본 듯', '잃었던 낭군 다시 본 듯'처럼 모친과 부인의 입장에 어울리는 직유법을 통해 재회의 기쁨을 표현하고 있다. ④ '글을 지을 생각을~단숨에 일필휘지하여 바쳤는데'까지가 글 짓는 과정을 행동의 순차적 나

열로 보여 준 것이고, 글자마다 비점(시가나 문장을 비평하여 아주 잘된 곳에 찍는 둥근 점)을 찍고 글귀마다 관주를 치는 행위는 임금이 이혈룡의 글을 읽고 그의 재능에 대해 높이 평가한 것이다.

02.

이혈룡은 김진희의 '학정'을 나라와 백성을 위해 임금께 아뢰어야 한다고 생각하고, 전후 사실을 일일이 비밀스럽게 기록하여 임금에게 바쳤다. 임금이 이를 보고 수없이 탄식한 후에 이혈룡을 암행어사로 임명한 것이므로, '학정'은 사실대로 보고된 것이며, 반어적으로 표현한 것은 아니다.

> **오답 풀이**

① 이혈룡은 과거의 글제인 '천하태평춘'에 대한 탁월한 답안을 제출해 장원급제를 한 것이다. ② 이혈룡이 장원급제를 하여 한림학사 지위를 제수 받게 되었으므로, '장원급제'는 이혈룡이 공적 임무를 수행할 수 있는 자격을 얻고, '밀록'을 임금에게 올릴 수 있는 계기가 된다고 볼 수 있다. ④ '밀록'은 김진희의 '학정' 때문에 작성된 것이고, 김진희가 학정을 한다는 것은 천하(나라)가 아직 태평하지 못하다는 것을 보여 준다. ⑤ 첫째 봉서 안에 이혈룡을 평안도 암행어사로 봉하는 사령장과 마패가 들어 있었기 때문에 '봉서'는 임금이 이혈룡에게 김진희의 '학정'을 바로잡도록 하는 임무를 수행하도록 하는 내용을 담고 있다고 볼 수 있다.

03.

이 글에서 옥단춘은 김 감사(김진희)가 이혈룡을 대동강 한가운데 던져 죽이라고 명령을 내리는 것을 보고 이혈룡을 동정하여 스스로 나서서 이혈룡의 목숨을 구한다. 그러므로 옥단춘이 이혈룡을 구해 줄 수 있는 인물로 김 감사를 선택한 것도 아니다.

> **오답 풀이**

① 옥단춘은 사공들을 회유하여 이혈룡의 목숨을 구하기 위해 오한을 핑계대고 연회장을 빠져나왔으므로 특별하고 뛰어난 지혜를 지닌 인물로 평가할 수 있다. ③ 〈보기〉에 따르면 '지인지감'은 인물의 비범함을 알아보는 능력이다. 옥단춘이 이혈룡의 의복은 남루하나 얼굴이 비범한 것을 보고 불쌍히 여긴 것은 그녀가 지인지감을 소유했음을 알려 준다. ④ '동시에 옥단춘이 이혈룡을 구제한 전후 사실을 듣고 그 은혜를 서로 치사하여 마지않았다.'를 통해 이혈룡의 가족들이 조력자로서 옥단춘의 역할을 인정했음을 알 수 있다. ⑤ 연회장에서 처음 본 이혈룡의 비범함을 보고 그를 동정하여 사공들에게 후한 몸값을 주고 살리려는 옥단춘의 태도에서 그녀의 적극적인 조력 의지를 엿볼 수 있다.

04.

제시문은 이혈룡이 김 감사의 잔치 자리에 참석하면서 벌어지는 일들과 암행어사 출두 이후 김 감사를 처벌하는 모습을 보여 주고 있다. 그러나 외양 묘사를 통해 인물의 성격 변화를 보여 주는 부분은 찾을 수 없다.

> **오답 풀이**

① 제시문은 이혈룡, 김 감사, 옥단춘 등의 대화와 여러 등장인물의 행동 묘사를 중심으로 사건이 전개되고 있다. ③ 암행어사 출두 직후 놀란 김 감사와 수령들의 모습을 과장된 행동으로 묘사하여 해학성을 드러내고 있다. ④ 이혈룡의 첫 번째 말에서 지난 사건들을 요약하여 전달하고 있다. ⑤ '통곡하는 옥단춘의 정상을 누가 아니 슬퍼하랴.', '그중에서~거동 가관이다.', '평양 감사 김진희의 거동이 가장 볼만하니라.'에서 서술자의 주관적 감정을 확인할 수 있다.

05.

옥단춘은 김 감사의 잔치 자리에 가면서 이혈룡에게 '집을 보고 있으라고 신신당부'를 하였다. 그러나 이혈룡이 예고 없이 잔치 자리에 와서 죽을 위기에 처하자

'모든 것이 허사로다.'라고 하며 낙담을 하고 있다.

오답 풀이

① 이혈룡이 옥단춘과 언약을 후회했다는 내용 자체를 찾을 수 없다. ② 김 감사는 이혈룡이 이미 죽었을 것이라고 생각하고 있기 때문에 찾아올 것은 짐작하지 못하였다. ③ 비장은 이혈룡을 죽은 원혼이 아닐 것이라고 말은 하고 있으나 이혈룡을 모함하지는 않았다. ④ 김 감사는 수청을 거역하였다며 옥단춘을 위기 상황에 빠뜨리고 있다.

06.

뱃사공들이 이혈룡을 죽이라는 명을 거역하여 문초를 당하는 장면은 김 감사의 악행을 보여 주는 장면이다. 따라서 뱃사공에 대한 문초를 악인을 징계하는 것으로 판단하는 것은 적절하지 않다.

오답 풀이

① 친구인 이혈룡을 죽이려는 김 감사는 오랜 우정을 저버리는 부도덕한 사대부라고 할 수 있다. ③ 목숨이 위태로운 상황에서도 이혈룡의 안위를 먼저 걱정하는 것을 통해 옥단춘의 신의 있는 모습을 찾을 수 있다. ④ 자신의 재물만으로도 호의호식할 수 있을 것이라고 말하는 것을 통해 옥단춘이 상당한 경제력을 지녔음을 확인할 수 있다. ⑤ 이혈룡이 암행어사가 되어 죄 없는 백성들을 괴롭히는 김 감사와 그의 무리를 벌하는 것은 암행어사 모티프를 활용한 것이라고 할 수 있다.

O/X 정답

01. O	02. O	03. X	04. O	05. O

1. "너만 년이 수절한다고 관정 포악하였으니 살기를 바랄쏘냐? 죽어 마땅하되 내 수청도 거역할까?"라는 어사또(이몽룡)의 말을 들은 춘향이 "내려오는 관장마다 개개이 명관이로구나.~어서 바삐 죽여 주오."라고 말한 것에서 춘향은 어사또의 정체가 이몽룡임을 모르고 있음을 알 수 있다. 이를 통해 어사또는 춘향이 자신의 정체를 모르는 것을 알고 일부러 수청을 요구하며 춘향의 정절을 시험한 것임을 알 수 있다.
2. 춘향은 본관 사또의 수청을 거절하여 옥에 갇혔으며 새로 온 어사또마저 수청을 요구하자 "내려오는 관장마다 개개이 명관이로구나."라고 말한다. 이는 관장들이 자신들의 업무와 상관없는 수청만 밝히는 것을 비판하는 반어적 발화이므로 선지의 내용은 적절하다.
3. 춘향은 어사또의 얼굴을 보고 그가 낭군(이몽룡)임을 안 후 '반 웃음 반 울음'으로 기쁨을 표출했을 뿐, 자기 정체를 미리 밝히지 않았다는 이유로 어사또에게 원망을 표출하지는 않으므로 선지의 내용은 적절하지 않다.
4. 춘향은 "층암절벽 높은 바위 바람 분들 무너지며, 청송녹죽 푸른 남기 눈이 온들 변하리까?"에서 자신의 지조를 '층암절벽 높은 바위'와 '청송녹죽 푸른 남기'에 빗대어, 옥에 갇힌 상황에서도 이몽룡이 아닌 다른 이의 수청을 들지 않을 것임을 강조하고 있다. 또한 "남원 읍내 추절 들어 떨어지게 되었더니, 객사에 봄이 들어 이화 춘풍 날 살린다."에서 본관 사또의 만행이 만연했던 상황과 이몽룡이 암행어사가 되어 자신을 살린 상황을 각각 '추절'과 '이화 춘풍'에 비유하고 있으므로 선지의 내용은 적절하다.
5. 윗글은 자신의 정체를 숨긴 이몽룡(어사또)과 춘향이 대화를 주고받는 장면으로, 수청을 둘러싸고 갈등이 드러나다가 춘향이 이몽룡을 알아보면서 갈등이 해소되므로 선지의 내용은 적절하다.

O/X 정답

01. X	02. O	03. O	04. X	05. X

1. 김씨 집안사람들은 관청의 신문을 두려워하여 가장 능력 있는 '순부를 제일 먼저 모임을 주창한 사람으로 관청에 알렸'으므로 선지의 내용은 적절하지 않다.
2. '며칠이 지나자', '이보다 앞서', '경신년(1740) 정월 초하룻날' 등에서 시간 표지를 활용하여 사건의 추이(일이나 형편이 시간의 경과에 따라 변하여 나감)를 드러내고 있다.
3. 김순부와 진수 정양빈 사이에서는 반란죄에 대한 갈등이 나타나고, 김순부와 지부 사이에서는 김씨 가문의 문장과 유사를 대신 고발하라는 요구를 둘러싼 갈등이 나타나므로 선지의 내용은 적절하다.
4. '친구가 옷소매 속에 일가친척의 편지를 넣어 왔으나, 순부는 뜯어보지도 아니하고 돌려보냈다.'를 통해 순부가 편지의 내용을 확인조차 하지 않고 돌려보냈음을 알 수 있으므로 선지의 내용은 적절하지 않다.
5. 서술자가 개입하여 '순부는 총명함이 남보다 뛰어나', '나는 항상 그의 탁월함을 사랑했다.' 등과 같이 순부의 총명함과 인품을 긍정적으로 평가하고 있을 뿐, 그에 대한 풍자를 하거나 비판적 입장을 드러내고 있지는 않다.

O/X 정답

01. O	02. X	03. X	04. X	05. O

1. 표 생원과 꼭두각시의 대화, 평안 감사와 홍동지의 대화에서 인물을 우스꽝스럽게 만드는 희화화가 드러나므로 선지의 내용은 적절하다.
2. 박 첨지는 표 생원의 재산을 배분할 때 돌모리집에게는 좋은 것을 주고, 꼭두각시에게는 형편없는 것들만 주었다. 이후 꼭두각시는 "나는 가네. 나 돌아가네. 덜덜거리고 그 돌아가네."라고 말하며 춤을 추면서 퇴장하였다. 이는 판결에 만족해서 기뻐한 모습이 아니라, 불리한 분배에 실망하고 체념하여 떠난 것이므로 선지의 내용은 적절하지 않다.
3. 박 첨지는 '닷 마지기 고추밭 하루갈이', '장마에 떠밀리는 나무뿌리', '개똥밭 하루갈이와 매운 짓독 깨진 걸'과 같이 형편없는 것은 꼭두각시에게 배분해 주고, '은 두 되 하는 논 네 마지기', '용산 삼개 들어오는 뗏목', '은장 봉장 자개 함롱 반닫이'와 같이 좋은 것들은 돌모리집에게 배분해 줌으로써 돌모리집에게만 유리한 판결을 내렸으므로 선지의 내용은 적절하지 않다.
4. 홍동지는 박 첨지의 말을 곧바로 따르지 않고 "왜 그래쌌소?"라고 되물었으며, "빨가벗어도 좋소?"라고 묻는 등 장난스럽게 대응하였다. 이는 박 첨지의 권위를 두려워하지 않는 태도이므로 선지의 내용은 적절하지 않다.
5. 평안 감사는 어머니의 상중임에도 "콩나물 안방 차지 내 차지."라며 기뻐하고 노래까지 불렀는데, 이는 상주로서 부적절한 태도이다. 이후 홍동지에게 조롱당하는 감사의 모습에서 부정적 인물에 대한 비판 의식이 드러나므로 선지의 내용은 적절하다.

Part 2. 고전 산문   16 | 김금원, 호동서락기

O/X 정답

01. O	02. X	03. X	04. O	05. X

1. 글쓴이는 자연을 즐기고자 했던 공자의 제자 증점이 칭찬을 받았다는 사례를 제시하며, 자신의 유람 의지 또한 성인이 동의했을 것이라고 하였다. 이는 옛 성현의 말과 사례를 근거로 자신의 생각이 정당함을 주장한 것이므로 선지의 내용은 적절하다.

2. '한양으로 향하여 가다가~한양은 제왕의 도읍으로', '남산에 올라 대궐을 내려다보니', '창의문을 지나 세검정을 찾았다.' 등에서 글쓴이의 이동 경로를 제시하여 공간의 이동에 따른 글쓴이의 경험이 드러나고 있다. 그러나 다른 인물의 시선을 통해 서술된 것은 아니므로 선지의 내용은 적절하지 않다.

3. '용이 서리고 호랑이가 웅크린 듯', '칼날이 서고 깃발이 펼쳐진 것 같기도 하다.' 등과 같은 비유적 표현이 반복적으로 사용되고 있다. 그러나 이를 통해 공간에 대한 화자의 감상을 강조하고 있을 뿐, 상황의 급박함을 드러내고 있지는 않으므로 선지의 내용은 적절하지 않다.

4. '높고 높은 봉우리와~배와 수레가 모여든다.', '시내를 내려다보니 회칠한 담장과~붉은 수레바퀴, 푸른 말발굽이 길을 비키라는 소리와 함께 동서로 내달리고', '시냇가 바위 위에 지어진 몇 칸 정자는 설계가 정교하고 깔끔했다.~책상 위에 쌓인 듯했다.' 등과 같이 사물의 세부를 구체적으로 묘사하고 있다. 이러한 묘사는 장면의 현장성을 강화하므로 선지의 내용은 적절하다.

5. 글쓴이는 세검정을 보고 '설계가 정교하고 깔끔했다.'라며 정자의 건축적 아름다움에 대해 먼저 언급하고 이후 자연 경관의 아름다움에 대해 묘사하였으므로 선지의 내용은 적절하지 않다.

Part 2. 고전 산문   17 | 김석주, 해갑와기

O/X 정답

01. X	02. X	03. O	04. X	05. O

1. '세속의 말에 집이 작은 것을 두고 게딱지라고 하니', '무릇 돌피 같은 몸뚱이' 등과 같은 표현은 웃음을 유발하기 위한 반어가 아니라, 크고 작음의 상대성을 설명하기 위한 적절한 비유이므로 선지의 내용은 적절하지 않다.

2. '가난한 선비의 즐거움이란 기껏해야 도서와 문사로 옛 성현을 사모하며 홀로 즐기는 것에 지나지 않을 따름이다. 노래와 춤, 관현악기, 금수와 꽃과 풀을 쌓아 둠도 없으니'를 통해 글쓴이는 가난한 선비의 즐거움은 화려한 향락이 아니라 독서와 학문에 있다고 생각함을 알 수 있다. 그러나 '홍언명의 집은 내가 비록 한 번도 찾아가 본 적은 없지만'이라고 하였으므로, 글쓴이가 홍언명의 집을 방문하였다는 선지의 내용은 적절하지 않다.

3. "내 들으니 옛사람이 돌피를 가지고 사람의 몸뚱이에 비유했다고 하더군."에서 간접 인용을, '나는 또 두보가 "어찌해야 넓은 집 천만 칸을 얻어서, 천하의 빈한한 선비를 덮어 주어 모두 기쁜 얼굴을 짓게 할 수 있을까?"라고 했다는 말을 들은 적이 있다.'에서 직접 인용을 확인할 수 있다. 이를 통해 글쓴이는 크고 작음이나 선비가 갖추어야 할 덕목에 대한 생각을 드러내고 있으므로 선지의 내용은 적절하다.

4. 글쓴이는 '학문이 크지 않으면 도에 임하기에 부족하고, 사업이 크지 않고는 백세에 전하여도 썩지 않기에는 부족하다.'라며 학문과 사업은 모두 중요하다는 생각을 드러냈다. 그러나 '그 사업을 능히 크게 할 수 있는 자가 진실로 학문을 급선

무로 삼지 않는다면 또 어쩌겠는가?'라며 학문을 근본으로 삼아야 함을 강조하였으므로 선지의 내용은 적절하지 않다.

5. 글쓴이는 소박한 궁궐과 화려한 궁궐을 대비하여, 외형은 작아도 내적 가치는 클 수 있으며 외형이 크다고 해서 본질까지 훌륭한 것은 아니라는 인식을 드러내고 있다.

Part 2. 고전 산문   18 | 이첨, 응계설

O/X 정답

01. O	02. X	03. O	04. X	05. O

1. 닭이 한 번 울자 응방이 폐지된 사건을 반복적으로 서술하여 이 사건의 의미를 강조하고 있다.

2. 윗글에서 반어적 표현은 사용되지 않았으므로 선지의 내용은 적절하지 않다.

3. '임금에게 평소 백성을 자식처럼 여기는 마음이 있었다면,'에서 가정의 진술을 활용하였으며, 이를 통해 백성의 고통에 귀 기울이지 않는 현실과 백성을 자식처럼 아끼고 사랑하는 이상 사이의 거리감을 드러내고 있으므로 선지의 내용은 적절하다.

4. '임금에게 평소 백성을 자식처럼 여기는 마음이 있었다면, 어찌 닭이 울기를 기다린 뒤에야 측은하게 여기겠는가.'를 통해, 임금에게 백성을 자식처럼 여기는 마음이 없었다는 것을 알 수 있으므로 선지의 내용은 적절하지 않다.

5. 글쓴이는 '임금이 측은하게 여기는 마음이 들었을 때'가 '신하들'이 '쉽게 간언할 기회'였으나, 이때 '응방을 혁파하라고 말하지 못'한 것을 '늦은 일'이라며 안타까움을 드러내고 있으므로 선지의 내용은 적절하다.

Part 2. 고전 산문   19 | 정약용, 상론

O/X 정답

01. O	02. X	03. O	04. X	05. O

1. 글쓴이는 '상'에 대한 통념을 가진 타인의 생각과 그것을 반박하는 자신의 생각을 비교하며 세태를 비판하고 있다.

2. '공자'와 '자우'의 고사를 인용한 것은 맞으나, 오용(잘못 사용함)하지는 않았으므로 선지의 내용은 적절하지 않다.

3. '무리가 나누어짐으로써~상도 이로 인해 변하게 된다.', '서당의 무리는 그 상이~그 상이 사납고 약빠르다.', '거처는 기질을 변화시키고,~슬프게 하여', '어제는 초췌했다가~사람도 있게 되니,' 등에서 유사한 통사 구조를 반복하여 주제 의식을 부각하고 있다.

4. '대체로 그 익히는 것이 오래됨으로써 그 성품이 날로 옮겨 가게 되니, 그 마음속에 생각하고 있는 것이 겉으로 나타나서, 상이 이로 인하여 변하게 되는데,'를 통해 글쓴이가 '익히는 것'에 따라 '상'이 달라질 수 있다고 생각함을 알 수 있다. 그러나 '사람들은 그 상의 변하는 것을 보고 또한 말하기를'을 통해 '사람들'이 '상'의 변화를 인지하고 있음을 알 수 있으므로, 선지의 내용은 적절하지 않다.

5. '눈동자가 빛나'는 아이와 '얼굴이 풍만하게 생긴' 아이는 '상'에 대한 사회적 통념으로 인해 성공한 경우의 예시로, 이는 '상'으로 '형세'를 이룬 예시라고 할 수 있다.

나BS 실전 문제 정답

| 01. ④ | 02. ⑤ | 03. ⑤ | 04. ③ |

01.

정보로서의 가치를 높이기 위해 재상이나 큰 부자가 되기 위한 다양한 방법을 제시하고 있는 것은 아니다. 본문에서는 주변 사람들이 많은 지원을 하고 당사자가 노력을 할 때 재상이나 큰 부자가 될 수 있다는 정도의 부수적 정보를 추리할 수 있을 뿐이다.

02.

[A] 부분을 보면 글쓴이는 '상'은 정해진 것이 아니라고 하면서 상이 나쁜 사람도 분야별로 필요한 뒷받침을 해 주면 성공할 수 있다는 견해를 피력하고 있다. 또한, 마지막 문단에서는 용모로써 사람을 취하는 것은 좋지 못한 결과를 맺게 된다는 점을 강조하고 있다. 따라서, 외모보다는 성품을 닦고 능력을 기르는 것에 힘써야 한다는 견해가 글쓴이와 상통하는 관점으로 볼 수 있다.

03.

㉠은 익힌 것에 따라 상이 변한 것인데도, 이를 거꾸로 판단하여 상 때문에 효과가 나타나는 것이라고 보고 있는데, 이는 원인이 아닌 것을 원인으로 이해하는 잘못을 범하고 있다는 것이다.

오답 풀이

상을 보고 사람을 평하는 것은 허례허식에 집착한 것으로 보기 어려우므로 ①은 적절하지 않고, 비관적인 인생관을 가진 것으로 보기 어려우므로 ②도 적절하지 않다. 상과 관련하여 다양한 직업을 지닌 사람들을 언급하고는 있으나 직업에 관한 편견이 나타나 있지는 않으므로 ③도 적절하지 않으며, 세태 변화에 대한 반응은 나타나 있지 않으므로 ④도 적절하지 않다.

04.

[A]는 재덕을 발휘하지 못한 사람과 큰 부자가 되지 못한 사람에 대해 언급하면서 이들에게 적절한 환경과 여건을 충분히 제공해 주었다면 성공했을 것이라는 견해를 피력하고 있다. 주어진 환경과 여건에 따라 그 가치가 다르게 형성될 수 있다는 ③의 비유가 이에 가장 가깝다.

오답 풀이

생존에 필요한 조건의 중요성을 강조한 ①, 다른 것을 흉내는 낼 수 있어도 본바탕은 바꿀 수 없다고 한 ②, 동일한 물건도 상대적으로 그 가치가 달리 쓰일 수 있다는 견해를 표현한 ④, 사물마다 서로 다른 고유의 역할이 있음을 언급한 ⑤는 [A]의 글쓴이의 견해와는 거리가 있다.

Part 2. 고전 산문   **20 | 이항복, 허균의 문집에 부치는 서문**

O/X 정답

| 01. X | 02. O | 03. X | 04. O | 05. X |

1. 글쓴이는 '힘든가 편한가로 말하자면 벌레는 몹시 편하고 광대가 그다음이며 시인이 가장 힘들다.', '벌레는 때가 되면~오장육부를 힘들게 만들어 부지런히 짓는 것이 삼분의 이다.'라며 시인의 소리는 벌레나 광대의 소리와 달리 쉽게 나오는 것이 아니라 고민과 노력을 거쳐 나온 것임을 강조하였다. 그러나 글쓴이는 시인, 광대, 풀벌레에 대해 '소리 내는 방법은 다르지만 그 재주로 사람을 기쁘게 하기는 마찬가지다.'라고 하였으므로 시인만이 사람을 기쁘게 하는 재주가 있다고 말하였다는 선지의 내용은 적절하지 않다.

2. '마치 병이 나서 술을 절제하는 사람이 문득 술 생각이 나는 것 같았다.', '좋은 벼를 뽑아 버리고 잡초를 키우는 것과 같다.' 등에서 비유법이, '풀벌레는 배로 소리를 내는 놈도 있고, 날개로 소리를 내는 놈도 있고, 다리로 소리를 내는 놈도 있고, 가슴으로 소리를 내는 놈도 있다.'에서 열거법이 나타나므로 선지의 내용은 적절하다.

3. '지금 허 군은 유, 불, 도 삼교와 제자백가에 통달했는데, 불교의 말을 더욱 믿어 시를 지어 장식했다. 이것은 좋은 벼를 뽑아 버리고 잡초를 키우는 것과 같다.'에서 '허 군'이 불교 사상을 빌려 시를 지은 것을 비판하고 있으나, 웃음이나 과장을 통한 풍자적 방식으로 서술하고 있지는 않으므로 선지의 내용은 적절하지 않다.

4. 글쓴이는 "귀한 사람은 남을 부리고 천한 사람은 남에게 부림을 받는다."라는 타인의 말을 인용하여 차별과 불평등이 존재하는 현실을 제시한다. 이를 통해 세상은 모든 존재를 같은 기준으로 대하지 않는다는 깨달음을 드러내고 있다. 또한 "마음은 거북 등껍데기와 같아~생각이 움직여 시를 읊는 것과 같다."라는 타인의 말을 인용하여, 시를 창작하는 것은 내면의 생각과 감정이 자극을 받아 밖으로 드러나는 과정임을 설명한다. 이를 바탕으로 글쓴이는 시의 본질에 대한 자신의 깨달음을 전달하고 있다.

5. '나는 늦게야 그러한 줄 깨닫고, 마침내 손가락을 깨물어 맹세하여 시에 대해 말하기를 기피했다.'라고 하였으므로 선지의 내용은 적절하지 않다.

Part 2. 고전 산문   **21 | 작자 미상, 인현왕후전**

O/X 정답

| 01. O | 02. X | 03. X | 04. O | 05. X |

1. '경오년', '갑술년', '4월 9일', '4월 21일' 등의 시간 표지를 활용하여 사건의 추이를 드러내고 있다.

2. 후가 '큰 개'를 기이하게 여긴 이유는 "출처 없이 들어와 쫓아도 가지 않"았기 때문이다. 큰 개는 새끼를 낳아 '불과 도깨비의 자취'가 있으면 함께 짖어서 잡귀를 물러나게 했으며, 이로 인해 집안을 평안하게 해 주었으므로 선지의 내용은 적절하지 않다.

3. 숙종 당시 궁중을 배경으로 하고 있으며, 인현 왕후와 장희빈의 갈등이 제시되고 있다는 점에서 역사적인 사건의 전모가 드러난다고 볼 수 있다. 그러나 이를 이질적인 시선을 대비해 가며 드러내고 있지는 않으므로 선지의 내용은 적절하지 않다.

4. '대개 무지한 짐승도~금수만도 못하리로다.', '누가 감히 말을 하리오.' 등에서 서술자가 개입하여 주관적 판단이나 감정을 노출하고 있다.

5. 임금은 '폐하신 중궁의 무죄하심을 밝히시고, 별궁으로 모시라 하시며, 어찰을 내'렸으나, 후는 "죄인이 어찌 외인을 접하며 감히 어찰을 받으리오."라며 거절하였다. 그러나 후는 큰 오라버님의 권유에 의해 4월 21일에야 비로소 대문을 열었다고 하였으므로 선지의 내용은 적절하지 않다.

O/X 정답

01. O	02. X	03. X	04. O	05. O

1. '군자의 처신은 어렵다.~성현은 벼슬에 나아가는 일과 벼슬에서 물러나는 일을 의리에 합당한가와 시의에 맞는가의 여부에 따라 결정했을 뿐이다.'에서 알 수 있다.
2. '미자가 주 임금을 떠난 것', '이윤과 부열이 은나라에 벼슬한 것' 등에서 고사를 인용하고 있으나, 이를 통해 인물이 처한 쓸쓸한 상황을 부각하고 있지는 않다.
3. 글쓴이가 역사적 인물의 사례를 바탕으로 군자의 바람직한 거취를 판단하는 기준을 제시하며, 의리나 시의가 아닌 이익과 명성을 쫓는 세태에 대해 비판하고 있다고 볼 수 있다. 그러나 타인의 생각과 비교하며 세태를 비판하고 있지는 않으므로 선지의 내용은 적절하지 않다.
4. "더디도다, 내 걸음이여!", "왕후를 섬기지 않는다.", "대인을 만나 봄이 이롭다." 등에서 직접 인용 표현을 활용하여 글쓴이의 생각을 드러내고 있다.
5. '재주도 없고 덕도 부족해 세상에 버림받아 스스로 궁벽한 고을에 살며~웃는 모습을 흉내 내는 격이니, 거론할 것도 없다.'에서 확인할 수 있다.

O/X 정답

01. O	02. O	03. X	04. X	05. X

1. '아!', '슬프다!' 등과 같이 영탄적인 어조를 사용하여 표현하는 바를 강조하고 있다.
2. 서술자는 '그 성내고 화를 내는 것이 심해질 것임은 의심할 바 없다.'라며 자신의 조카 종선의 시에 대한 사람들의 부정적 반응을 예상하고 있다. 이는 상황에 대한 비관적 인식이라 볼 수 있으므로 선지의 내용은 적절하다.
3. 글쓴이가 까마귀에게서 본 여러 빛깔을 언급한 것은 맞다. 그러나 '까마귀가 과연 검기는 하다.'라고 하였으므로 선지의 내용은 적절하지 않다.
4. 글쓴이는 '세상에 달사는 적고 속인은 많다. 그러니 침묵하고 말하지 않는 것이 좋으리라.'라고 하면서도 '그런데도 말을 그칠 수 없는 것은 왜일까?'라며 침묵하지 못하고 경계하는 글을 쓰게 되었음을 부각하고 있다. 앞으로 침묵하고 말하지 않겠다고 다짐하지는 않았으므로 선지의 내용은 적절하지 않다.
5. 윗글은 글쓴이 자신의 이야기를 전하고 있는 수필로, 다른 사람의 체험을 듣고 독자에게 전해 주는 액자식 구성을 취하고 있지 않다.

니BS 실전 문제 정답

01. ⑤	02. ④	03. ②	04. ③	05. ②

01.

'천년의 구름', '바위는 늙었네'에서 시각적 이미지를 활용하여 인간이 느끼기 힘들 정도로 긴 세월의 흐름을 나타내고 있다. 이를 통해 세월의 무상감이 느껴지는 쓸쓸한 시적 분위기를 조성하고 있다.

오답 풀이

① 문답 구조는 나타나지 않는다. ② 명령형 어조는 나타나지 않는다. ③ 반어적 표현은 나타나지 않는다. ④ '산은 오늘도 푸르고'에서 색채어가 사용되었지만, 색채어

의 대비가 나타나지는 않는다. 참고로 색채어의 대비는 두 가지 이상의 색채어가 제시되어야 한다.

02.

화자는 자연 속 소박한 공간인 '한 간 초옥'에서 자신이 소유한 '세간'인 '책, 벼루, 붓'이 많다고 여기고, 이를 가지고 즐기겠다고 표현하며 자신의 삶에 대한 긍정적인 인식을 드러내고 있다.

오답 풀이

① 화자는 티끌 없는 거울처럼 깨끗한 '반무당(연못)'의 속성을 활용하여 자연에 묻혀 살아가고자 하는 뜻을 드러내고 있다. ② 화자는 '홍하(붉은 노을)'가 골짜기에 가득한 경치의 아름다움을 표현하고, 그에 대한 만족을 드러냄으로써 자신이 거처하는 공간이 '도원'에 견줄 수 있는 이상 세계임을 드러내고 있다. ③ 화자는 남의 '부귀'와 자신의 '빈천'을 바꿀 수 없는 것으로 여기고, 세속적 가치에 집착하지 않고 자신의 분수를 지키려 하고 있다. ⑤ 화자는 자신이 거처하는 '산정'에 '벗님네'를 불러 그들과 함께 즐기는 상황을 긍정하고 있으며, 자신이 있는 곳으로 사람들이 자주 오기를 희망하고 있다.

03.

화자는 역사적 전환기의 지식인으로서 '돌다리'에서 '휘파람'을 부는 행위를 통해 인간 역사의 유한함에서 느껴지는 쓸쓸함을 표현하고 있다. 또한 '천손'은 고구려의 동명왕을 가리키는 것으로, 화자는 고려의 국운 회복을 바라기에 천손과 같은 영웅이 나타나지 않는 상황에 대한 안타까움을 드러내고 있다.

오답 풀이

① 황폐해진 고구려의 '텅 빈 성'을 통해 인간사의 유한함을 느낀 화자는 '구름'과 '바위'를 바라보며 감회에 젖어 있다. ③ 퇴락한 역사적 공간인 '부벽루'와 변함없는 '산'과 '강'의 대비는 화자가 느끼는 무상감을 더욱 부각한다. ④ 화자는 '한 간 초옥'에서 자신이 소유한 '책, 벼루, 붓'을 가지고 즐기겠다고 말하며 자신의 삶에 대한 만족감을 드러내고 있다. ⑤ 자연 속 공간인 '산정'에서 화자는 자신을 '늙은이'로 칭하며 삶을 즐기고 있다.

04.

까마귀의 '일정한 색이 없다'는 인식은 사물의 본질을 하나에 가두려는 고정 관념과 폐쇄적 사고를 비판한 것으로, 다양한 현상을 자세히 살피지 않고 '눈'과 '마음속'으로 섣불리 본질을 정해버리는 태도를 비판한 것이다.

오답 풀이

① 자기 생각과 '한 가지 일'이라도 다르면 '만물'을 모함하려는 것은 다양성을 인정하지 못하고 자신의 기준으로 모든 것을 판단하려는 폐쇄적 사고를 나타낸다고 볼 수 있다. ② 까마귀를 '푸른 까마귀'나 '붉은 까마귀'로 부르는 것이 모두 옳다는 인식은 '검다'라는 일률적 규정의 한계를 지적한 것으로, 사물이 '일정한 색'이 없음에도 한 가지 색만 고집하려는 태도를 비판하는 것으로 볼 수 있다. 따라서 이는 대상의 참모습을 파악하려는 태도로 볼 수 있다. ④ '검은색을 일러 어둡다고 하는 것'은 '물'과 '옻칠'의 검은색이 사물을 비출 수 있다는 속성을 갖는다는 것을 발견하지 못하고 기존의 관습적 태도에 머물러 있는 모습으로 볼 수 있다. ⑤ '달관한 사람'이 적은 현실에서 글쓴이가 '입을 다물'지 않고 '쉬지 않고 말을 하'는 것은 사물의 본질을 제대로 파악하지 못한 어리석은 속인들을 깨우치려는 글쓴이의 의도로 볼 수 있다.

05.

(가)의 화자는 자신이 거처하는 공간을 '도원'이라는 이상향에 견주고, 그 속에서 살아가는 자신을 ⓐ(무릉인)라고 칭하며 스스로의 삶에 대한 자부심을 드러내고

있다. 한편, (나)의 글쓴이는 고정 관념에 빠져 올바른 인식을 하지 못하는 삶을 ⓑ(속인)를 통해 경계하고 있다.

오답 풀이

① ⓐ X, ⓑ X / ⓐ에는 과거에 대한 후회가 드러나지 않는다. 한편, (다)의 글쓴이는 '달관한 사람에게는 괴이한 것이 없으나 속인들에게는 의심스러운 것이 많다'고 하였으므로, ⓑ에 미래에 대한 기대가 나타난다고 볼 수 없다. ③ ⓐ X, ⓑ X / ⓐ는 이미 자연과 어우러진 삶을 즐기는 모습을 표현한 것일 뿐, 삶에 대한 인식의 전환을 가져오지 않는다. 한편, ⓑ는 글쓴이가 비판하는 대상일 뿐, 글쓴이에게 구체적인 행동 변화를 유도하는 대상으로 볼 수 없다. ④ ⓐ O, ⓑ X / (가)의 화자는 실제로 마주한 자연 경관을 '도원'이라 여기며 감탄하고, 스스로 ⓐ라 말할 만큼 자연과 조화된 세계를 예찬하고 있다. 반면, (나)의 글쓴이는 ⓑ를 비판하면서 달관을 지향하는 태도를 보이고 있을 뿐, 체념을 드러내고 있지는 않다. ⑤ ⓐ X, ⓑ X / ⓐ는 현실 속 자연이 '도원'과 같다며 만족하는 태도를 드러낼 뿐, 현실과 이상의 괴리감을 드러낸 것이 아니다. 한편, ⓑ는 사물에 대한 경외감을 드러내고 있지 않다. 참고로, 선지에서 '경외감'은 '자연이나 신 혹은 자연의 섭리에 대한 존경, 놀라움, 긍정적 태도' 등이 드러날 때 허용할 수 있다.

Part 2. 고전 산문 **24 | 이학규, 박꽃이 피어난 집**

O/X 정답

01. O	02. O	03. X	04. O	05. O

1. '그러나 파리와 모기가 그 컴컴한 그늘에~소갈병도 생기고 우울증도 생겼다.'에서 글쓴이는 해소하기 어려운 문제적 상황에 당면하여 고뇌하는 태도를 드러내고 있다.
2. '마치 가마솥에서~느낌 입죠.', '시원한 집에서 잠을 자듯이' 등에서 비유적 진술을 통해 인물이 처한 상황을 부각하고 있다.
3. '여관집 머슴이나 종을 보면 땟국물이 흐르는 머리와 얼굴을 하고서'에서 인물의 외양을 묘사하고 있다. 그러나 이를 통해 글쓴이의 혼란스러운 심리 상태를 드러내고 있지는 않다.
4. '집을 에워싼 담장 밑에 박을 십여 뿌리 심었더니~저들에게 독하게 물릴까 겁이 났다.'에서 확인할 수 있다.
5. '저들은 자기들이 사는 곳을 여관으로 간주하고 운명과 분수가 본래부터 그렇게 정해졌다고 여깁니다.~그러다 보니 병도 고통도 없이 천수를 누리는 게지요.'에서 확인할 수 있다.

Part 2. 고전 산문 **25 | 작자 미상, 황새결송**

O/X 정답

01. O	02. X	03. O	04. X	05. O

1. '내 관전에서 크게~어찌할꼬?', '내 송사는 지고 가거니와~무안이나 뵈리라.', '내 비록 큰 말은 하였으나~필연 좋으리로다.'에서 내적 독백을 통해 극적 긴장감을 고조시키고 있다.
2. "너희는 좋이 잘사는구나.~너를 살지 못하게 하리라."라는 친척의 말을 들은 주인 부자는, 동리 사람들이 "그놈을 그저 두지 말고 관가를 정하거나 감영에 의송하거나 하여 다시 이런 일 없게 함이 가하노라."라는 권유를 듣고 송사를 결정한

것이므로 선지의 내용은 적절하지 않다.

3. '들음직한 이야기'에서 액자 구조가 나타나고 있으며, 액자 구조에서 삽입된 내화는 외화의 인물 및 상황과 유사하게 대응되어 부패와 비리의 불공정과 불합리를 드러내는 데 효과적으로 기능하고 있으므로 선지의 내용은 적절하다.
4. '그사이 서리나 찾아보고 낌이나 얻을 일로되,', '자고로 송사는~가로 왈 자를 씀이라.' 등에서 서술자가 개입하고 있다. 그러나 이를 통해 상황이나 인물에 대한 화자의 생각을 드러낼 뿐 사건의 전모를 밝히고 있지는 않으므로 선지의 내용은 적절하지 않다.
5. "소인이 천리에 올라와~들음직한 이야기 한마디 있사오니 들으심을 원하나이다."라는 부자의 말에 관원은 '다른 송사도 결단치 아니하고 저놈의 말을 들으면 남이 보아도 체모에 괴이'하다며 다른 사람의 시선을 의식하였다. 이에 관원은 부자에게 '거짓 꾸짖는 분부로 일러' "네 본디 하향에 있어~무슨 말인고 아뢰라."라고 하였으므로 선지의 내용은 적절하다.

나BS 실전 문제 정답

01. ④	02. ②	03. ⑤	04. ④	05. ②
06. ③				

01.

이 작품 속에서 등장인물은 우화 형식을 이용하여 타락한 사회상을 비판하는 한편 당대 인간 유형의 전형을 보여 주어 인생과 사회의 단면을 압축적으로 제시하고 있다. 그런 점에서 '따오기'가 소리를 하지 않고 사또에게 미리 선물을 바친 뒤 안심하고 있는 것은 '따오기'의 약삭빠른 성격을 나타낸 것으로 볼 수 있으며, 이를 바탕으로 '따오기'가 겸손한 성격을 지녔다고 추론하기는 어렵다.

02.

따오기가 온갖 물건을 가지고 찾아와 자신이 유리한 위치에 서게 할 것을 부탁하자 [A] 부분에서 황새는 따오기를 "도시 상놈이란 것은 미련이 약차하여 사체경중을 아지 못" 한다고 무시하면서, "송사는 곡직을 불계하고 꾸며대기에 있나니~아무쪼록 힘을 써 보려니와 만일 내 네 소리를 이기어 주어 필연 청 받고 그릇 공사한다 하면 입장이 난처하게 되리니 이를 염려하노라."와 같이 자기 스스로 체면을 유지하려고 한다.

03.

이 작품은 송사 사건의 발생 경과와 해결 과정을 중심으로 이야기가 전개되는데, 당시 이루어지던 송사의 판결이 뇌물에 의해 좌지우지되는 것을 은근히 비판하고 있는 글이다. "서울 법관도 여차하오니"는 황새가 물욕에 어두워 잘못 판결한 것과 같이 서울 법관도 부자의 송사를 잘못 판결했다는 것을 말한다. 즉, ⊙은 황새가 소리가 좋지 않은 따오기를 ⓔ의 '네 소리 가장 웅장하니 짐짓 대장부의 기상이로다.'와 같이 최고의 소리로 잘못 판결 내린 것을 가리킨다고 볼 수 있다.

04.

'따오기'는 '황새'에게 미리 뇌물을 주고 자신에게 유리한 판결이 내려질 것을 알고 말하는 상황이므로 겸손하다고 볼 수 없다.

오답 풀이

① 부자는 '관전 발악'이라 해서 처벌 받을까 두려워 송사 결과에 대한 자신의 생각을 제대로 말하지 못해 분해하고 있다. ② 관원은 부자의 이야기를 듣고 싶지만, '저놈의 말을 들으면 남들이 보는 눈이 걱정'되어 거짓으로 꾸짖고 있다. ③ 황새가 따오기의 소리가 '상성'이라고 판결하는 것은 그에게 받은 뇌물 때문이다. ⑤ 꾀꼬리는

자신의 청아하고 맑은 목소리를 누가 아름답다 여기지 않겠느냐고 말하며, 자신의 소리에 대한 자부심을 드러낸다.

05.

(나)의 판결 이유는 (가)와 마찬가지로 청탁 때문이다. (나)는 (가)의 상황을 빗대어 비판하기 위해 제시된 것이지 (가)를 통해 (나)의 판결 이유가 밝혀지게 되는 것은 아니다.

오답 풀이

① (가)는 재산의 절반을 내놓으라는 친척의 요구에서 비롯된다. ③ (가)의 송사 결과에 억울함을 느낀 부자가 (나)의 이야기를 시작한다. ④ (가)에서 송사의 원인은 돈이지만 (나)에서는 '최고의 소리'이다. ⑤ (가)에서는 친척이 관원에게 준 뇌물이, (나)에서는 따오기가 황새에게 준 뇌물이 송사의 판결에 중요한 영향을 미친다.

06.

부자는 잘못된 판결을 내린 관원들에게 무안함을 주기 위해 새들의 이야기를 하고 있다. 따라서 이야기의 의도는 송사와 관련된 형조 관원들의 부패상을 우회적으로 비판하기 위한 것이라 볼 수 있다.

Part 2. 고전 산문　　**26 | 기대승, 장춘정기**

O/X 정답

01. O	02. O	03. X	04. X	05. O

1. '나'는 유중한 군과의 문답을 통해 주제 의식을 부각하고 있다.
2. "그렇지만 저의 정자는~이 때문에 정자에 들어온 사람은 항상 그 사이에서 봄기운을 느낍니다."에서 확인할 수 있다.
3. '세월을 조화의 변화 밖에 버리니, 봄은 선생의 지팡이와 짚신 사이에 있다.'에서 소동파의 장춘부, '골짜기에 배를 간직하고~어리석은 자는 알 수 없다.'에서 장자의 말을 인용하고 있다. 그러나 이를 통해 글쓴이가 지닌 궁금증을 드러내고 있지는 않다.
4. '정자의 서쪽 땅', '멀리' 등에서 거리와 위치를 나타내는 표현이 사용된 것은 맞다. 그러나 이를 통해 인물의 불안한 심리를 부각하고 있지는 않다.
5. "천지의 조화에 따른 변화는 형체를 가진 존재라면 피할 수 없다.~그대가 봄을 간직한다는 것도 이와 비슷하지 않은가."라는 '나'의 발화를 통해 알 수 있다.

Part 2. 고전 산문　　**27 | 작자 미상, 금환기봉**

O/X 정답

01. X	02. O	03. O	04. X	05. X

1. 환혼주를 먹고 정신을 차린 장선빙은 배 안에서 베옷을 입고 앉아 있던 이영을 만났으며, 이영과 대화를 나눈 이후 설랑과 영춘을 만난 것이므로 선지의 내용은 적절하지 않다.
2. '얼굴은 흰 옥을 깎아 교묘하게 새긴 듯하였고,~세속에 찌든 모습이 조금도 없었다.'에서 장선빙의 외양 묘사를 통해 개성적 면모를 부각하고 있다.
3. '내가 4년 동안 남복을 입고 세상을 살았으니,~구경이나 해 보리라.'에서 내적 독백을 활용하여 난관을 극복하고자 하는 장선빙의 의지를 표현하고 있다.

4. 윗글은 전지적 작가 시점으로 서술되고 있으며, 장면에 따라 서술자를 달리하고 있지는 않으므로 선지의 내용은 적절하지 않다.
5. "옥을 얻기 위해 진주를 버릴 수는 없는 법.~경들의 생각은 어떠한가?"라는 임금의 말에 신하들은 "폐하께서 오늘 주석 같은 두 신하를 얻었으니 국가의 큰 행운입니다. 신들이 어찌 폐하의 뜻을 거스르겠습니까?"라고 하였으므로 선지의 내용은 적절하지 않다.

나BS 실전 문제 정답

01. ④	02. ③	03. ④	04. ②

01.

장선빙은 태학사의 지위를 유지시키겠다는 임금의 답을 받아 보고 황공한 마음을 가지고 이를 사양하지만, 결국 태학사의 관을 받는다. 태학사의 관을 받은 장선빙은 집으로 돌아와 사당으로 가서 남자에서 다시 여자로 돌아가리라는 뜻을 고한 뒤에 여자의 모습으로 의복을 바꾸어 입게 된다.

오답 풀이

① 임금은 장선빙을 신하로 얻은 후 군신의 의와 부자의 정을 겸하였다고 이야기하며 장선빙을 하루라도 보지 못하면 그리워하는 마음이 생긴다고 말할 정도로 아끼고 있다. 부자의 정을 겸하였다는 데에서 그를 자식처럼 생각했다는 것을 알 수 있다. ② 임금은 장선빙과 김희경의 모습을 직접 본 후 옥을 얻기 위해 진주를 버릴 수 없다며 그 둘을 모두 쓰겠다고 신하들에게 말한다. 임금의 말에 신하들은 국가의 큰 행운이라며 어찌 뜻을 거스르겠냐고 대답하며 이를 따르고 있다. ③ 김희경은 임금이 어질고 밝으신 분이라고 생각하고 있기에 임금이 장선빙과 자신의 약속을 알게 된 이상 사정을 헤아려 줄 것이라고 생각하고 있다. ⑤ 신하들은 김희경과 장선빙의 두 글의 문체가 모두 찬란하고 주제가 뛰어나기에 우열을 정하지 못하고 있다. 그 상황에서 최후는 둘 모두를 불러 임금 앞에서 비교한 후 결정하자고 아뢰었다.

02.

장선빙은 임금이 자신을 사위로 삼으려고 하자 어쩔 수 없이 자신의 정체가 여성이라는 것을 밝히며 죄를 고하는 표를 지어 임금에게 올린다. 그 표를 본 임금은 장선빙에게 죄가 없다고 두둔하며 장선빙이 벼슬에서 물러나려고 하는 것에 슬퍼한다. 한편 김희경의 아버지 김정은 김희경에게 장선빙이 작성한 표의 내용을 전해 듣고 장선빙의 내력에 대해 알게 된 후에 뛰어난 능력을 지닌 장선빙을 기특하다고 생각한다. 그러나 자신의 아들인 김희경에게 이미 부인이 있고 명월 공주와 혼인을 약속했기 때문에 장선빙과 김희경이 혼인하는 것은 쉽지 않으리라는 우려를 드러낸다.

오답 풀이

① 설랑은 장선빙의 시비로 슬픔을 금치 못하고 우는 그녀를 위로하는 모습을 보인다. 장선빙이 작성한 표를 보고 장선빙에게 반감을 가지게 되었다고 보는 것은 적절하지 않다. ② 장선빙이 누명을 썼다고 한 부분은 드러나지 않는다. 장선빙은 임금의 명을 수락할 수 없는 이유와 자신의 내력을 밝히기 위해 표를 작성하였다. ④ 임금이 옥란과 명월 공주의 이해관계를 조정했다는 내용은 적절하지 않다. ⑤ 표를 작성하기 전에도 임금이 사위로 삼기를 원할 정도로 그 둘의 관계는 좋았다고 볼 수 있다.

03.

[A]에서 김희경은 과거 시험장에서 장자영의 아들이라는 장수정이 호명되자 자신이 예전에 장자영의 아들이 있다는 것을 믿지 않았던 사실을 떠올린다. 자신과 혼인을 약속했던 장선빙이 말했던 사실과 맞지 않는 상황에서 자신이 알고 있던 것에 대해 의문을 품게 된다. [B]에서 김희경은 장수정이라고 알고 있던 인물이

사실은 여자였을 뿐만 아니라, 자신과 예전에 결혼을 약속했던 장선빙이라는 사실을 듣고 어찌할 줄 모르고 넋이 나간 모습을 보여 주고 있다.

오답 풀이

① [A]에서 김희경이 과거에 장자영의 아들이 있다는 사실을 믿지 않았던 것을 떠올리고 있다. [B]에서 미래의 일을 예상하는 부분은 없다. ② [A]에서 장자영에게 아들이 있던 것인지, 동명이인인지, 장선빙이 자신을 속인 것인지에 대해 의문을 드러내고 있다. [B]에서 타인의 허물을 지적하는 부분은 드러나지 않는다. ③ [A]에서 김희경이 다른 사람의 반응을 이끌어 내는 부분은 없다. ⑤ [A]에서 타인의 능력을 부정적으로 평가하는 부분은 드러나지 않고 [B]에서 자신의 능력을 부정적으로 평가하는 부분도 드러나지 않는다.

04.

장선빙은 임금에게 자신의 성별을 속인 죄를 청하며 자신의 지위를 내려놓겠다고 하고 있다. 이는 뛰어난 능력을 지니고 있음에도 여성에게 강요되는 사회적 관습에 얽매이는 모습이라고 할 수 있다. 장선빙이 혼약의 뜻을 밝힌 것은 장선빙이 이룬 성취와는 관련이 없다.

오답 풀이

① 남복을 입고 과거에 참여한 장선빙은 아버지의 원통함을 풀어 주고 이름을 후세에 전하기 위해 과거에 참여할 것을 결심한다. 여성이기에 자신에게 역량을 발휘하는 것이 허락되지 않은 과거 시험에 성별을 속이고 참여한 모습에서 여성에게 가해진 사회적 제약을 극복하고자 노력하는 장선빙의 모습을 확인할 수 있다. ③ 장선빙은 무인으로서 탁월한 역량을 발휘하고 공을 세웠으나, 자신의 성별이 밝혀지자 여성에게는 적합하지 않은 지위라는 이유로 그 지위를 잃게 된다. 자신의 성별을 알리고 자신의 지위를 거두어 갈 것을 스스로 표의 내용에 담아 올리고, 임금이 병부 상서의 지위를 거두어 가는 것을 받아들이는 부분에서 장선빙의 성취가 일부 환수되는(도로 거두어지는) 모습을 확인할 수 있다. ⑤ 장선빙은 뛰어난 능력을 발휘하여 사회적으로 인정받고 있고 김희경의 아버지 김정은 장선빙을 기특하게 여기고 있다.

Part 2. 고전 산문   28 | 허균, 한정록 서

▌ O/X 정답

01. X	02. O	03. X	04. O	05. X

1. '나는 어려서부터 제멋대로여서 아버지나 스승으로부터 제대로 가르침을 받지 못했고,'를 통해 '나'는 어렸을 적 제대로 된 교육을 받지 못했음을 알 수 있다. 그러나 '나'는 '세상에 보탬이 못 되는 자질구레한 문장 솜씨로 젊은 시절부터 조정에 나가 벼슬을 시작했다.'라고 하였으므로 선지의 내용은 적절하지 않다.
2. '이 세상을 살아가는 선비가~아예 숲속으로 숨어들고 싶겠는가?', '이들은 또 무엇을 보여 주려는 것인가?' 등에서 의문형 어미를 사용하여 글쓴이의 정서를 강조하고 있다.
3. 글쓴이가 자연 속에서의 삶을 지향하고 있음이 드러나나, 공간의 이동은 나타나지 않으므로 선지의 내용을 적절하지 않다.
4. '금년 내 나이 벌써 마흔두 살이다. 머리카락은 듬성듬성하지만 할 수 있는 일이 없다. 저물어 가는 세월은 서두르건만 이루어 놓은 공훈이나 업적이 없다. 나 자신의 꼴이 적이나 안타깝다.'에서 확인할 수 있다.
5. 미래에 대한 낙관적 전망이 나타나지 않으며, 글쓴이가 신분이 낮은 인물임도 명확히 드러나지 않으므로 선지의 내용은 적절하지 않다.

Memo

Memo